ワンアジア財団
7年のあゆみ
―2009〜2016―
資料編

ワンアジア財団
7年のあゆみ編纂委員会 編

はじめに―資料編の目的と意義―

　『ワンアジア財団7年のあゆみ―2009〜2016　資料編―』にはこれまでにアジア共同体講座を開講した231大学における講義内容（シラバス）を掲載した。さらに，アジア共同体講座で講義をしてくださった講師の方々およびワンアジアコンベンションスピーカーのリスト（3982名）を掲載した。

　シラバスは2年間分を掲載することにしたが，未だ1年しか開講していない大学はこの限りではない。また，3年以上開講している大学も多数あるが，それらの大学においても2年分のシラバスを掲載するに留めた。

　講師の方々およびワンアジアコンベンションスピーカーのリストについては，氏名，講義（講演）タイトル，講義大学（講演コンベンション），所属，講義日（講演日）を掲載した。複数回あるいは複数の大学で講義を担当してくださった講師の方もたくさんいらっしゃるが，初回の講義についての情報のみを掲載することを基本とした。

　なお，シラバス，講師リストとも，助成講座開設大学から提出された「助成結果報告書」および「講座開設助成金申請書」に基づいて作成した。

　情報量が膨大になり紙幅にゆとりがないため，ここに掲載できなかったシラバスについても財団はデータベース化して保有している。ご関心をおもちの方はお問い合わせいただければ幸いである。

　さて，この「資料編」を作成した目的であるが，まずこれまでのアジア共同体講座の足跡を記録することである。しかし，財団がこの「資料編」の作成でもっとも意図したことは，この資料を今後のアジア共同体講座の開設に役立てていただきたいということである。講座開設校の先生方がこの資料を活用してくださることを願っている。

　シラバスおよび講師リストでは現時点までの全体像を一覧できるので，今後

のアジア共同体講座の開講にあたって講義テーマの決定，講師の選定に活用していただきたいと思っている。シラバスおよび講師の方々のリストにある講義タイトルからはその先生がどのような専門領域を担当できるかが明らかになるので，講師を依頼するうえで役立つであろう。また，シラバスからは，ある特定領域について連続した講義を依頼したい場合などに，関連性のある複数の講師をピックアップできるであろう。さらに，新しくアジア共同体講座を申請する大学の場合，ある先生が講座を開設したいと思っても講座の全体像を言葉や限られた資料で関係者に説明することは難しい場合が多い。「アジア共同体講座など必要ない」といわれても，講座についてうまく説明ができない。この資料編さえあれば講座全体の現状を目に見える形で説明していただけるのではないだろうか。より視覚的な説明が求められる場合には『ワンアジア財団7年のあゆみ―2009〜2016』（本編）をも活用していただければ幸いである。このように，必要に応じてそれぞれの先生が工夫してご活用願えればと考えている。

　いま述べた活用方法などを通じて，アジア共同体講座が今後もさらに活発化することを思い描いている。現在，年間約50校の大学がアジア共同体講座を新規に開設しているが，今後年間の新規開講数がさらに増えていくことを願っている。講座の現在の開講状況と先生方のネットワークの広がりをみると，それは単なる願いではなく，実現の可能性に富んだプランであり，しかもその実現はより加速する可能性すらあると考えている。そのため，財団事務局を充実させながら，さらに増加する大学のフォローをしっかりと遂行していきたい。財団が，皆様の期待に応える歩みをさらに続けていけるよう願っている。

資料編をお読みになる方へ

【アジア共同体講座のシラバス】

「2010 年 12 月～2016 年 12 月」に終了した初年度および 2 年目の講座データです（1 年目のみの場合もあります）。

大学名，創立年，講座名，申請者名，受講生数，奨学生数，開講日，講義名，講師名，講師の所属等を掲載しました。

大学に関する情報は「講座開設助成金申請書」から，講座に関する情報は「助成結果報告書」（2011 年 2 月～2017 年 3 月受領分）の情報をもとに掲載しています。

掲載順：初年度講座承認順

【講義担当者およびワンアジアコンベンションスピーカーのリスト】

「助成結果報告書」（2011 年 2 月～2017 年 3 月受領分）のデータをもとに掲載しています。※講師総数は 3982 名です。

掲載順：講義日順

【ワンアジアコンベンション発表論文】

『ワンアジア財団 7 年のあゆみ―2009～2016―』（本編）に付属の CD に収録されています。

所属・肩書きについては，コンベンションでの発表当時とは異なる場合があります。

掲載順：コンベンションプログラム順

各論文は，本文，図表，写真の出所，注を含め執筆者より提出された内容のままを掲載しています。執筆内容についての責任は各執筆者にあります。

も く じ

資料1

アジア共同体講座のシラバス　*7*

資料2

講義担当者およびワンアジアコンベンション
スピーカーのリスト　*343*

資料3（CD）

ワンアジアコンベンション発表論文　*617*

資料 1
アジア共同体講座のシラバス

日本大学国際関係学部（日本・静岡県）

初年度講座名　「特殊講義I　ワンアジア財団寄付講座」　申請者　佐藤三武朗
受講生 150 名，奨学生 15 名

2010/9/30	アジア共同体の構想と進展	鄭勛燮	日本大学国際関係学部
2010/10/7	いま，何故アジア共同体なのか：その原点を考える	鄭俊坤	ワンアジア財団
2010/10/14	グローバル化と国家の変容（地域統合）	石渡利康	日本大学国際関係学部
2010/10/21	EU 統合と拡大の軌跡	坂井一成	神戸大学
2010/10/28	アジア全体について概観	井上桂子	日本大学国際関係学部
2010/11/4	経済共同体の構築	川戸秀昭	日本大学短期大学部
2010/11/11	安全保障共同体の形成と条件（軍事・安全保障）	吉本隆昭	日本大学国際関係学部
2010/11/18	エネルギーと資源の協力	岡本博之	日本大学国際関係学部
2010/11/25	環境問題と環境協力	堅尾和夫	日本大学国際関係学部
2010/12/2	文化交流と人的交流の拡大	吉田正紀	日本大学国際関係学部
2010/12/9	アジア共同体形成のための克服すべき課題（阻害要因）	川副令	日本大学国際関係学部
2010/12/16	市民交流から東アジア共同体へ	鄭俊坤	ワンアジア財団
2011/1/13	講義のまとめ（アジア共同体の夢とビジョン）	佐藤洋治	ワンアジア財団

2 年目講座名　「特殊講義II　アジア共同体・ワンアジア財団寄付講座」　申請者
佐藤三武朗
受講生　200 名，奨学生 14 名

2011/9/22	講義ガイダンス，本講義の意義，シラバスの説明等	鄭勛燮	日本大学国際関係学部
2011/9/29	いま，何故アジア共同体なのか：その原点を考える	鄭俊坤	ワンアジア財団
2011/10/6	東アジア共同体の構想と進展	鄭勛燮	日本大学国際関係学部
2011/10/13	グローバル化と国家の変容（地域統合）	石渡利康	日本大学国際関係学部

資料 1　アジア共同体講座のシラバス　9

2011/10/20	EU 統合と拡大の軌跡	坂井一成	神戸大学
2011/10/27	アジア全体について概観	井上桂子	日本大学国際関係学部
2011/11/10	経済共同体の構築	川戸秀昭	日本大学短期大学部
2011/11/24	安全保障共同体の形成と条件（軍事・安全保障）	吉本隆昭	日本大学国際関係学部
2011/12/1	環境問題と環境協力	堅尾和夫	日本大学国際関係学部
2011/12/8	エネルギーと資源の協力	岡本博之	日本大学国際関係学部
2011/12/15	文化交流と人的交流の拡大	吉田正紀	日本大学国際関係学部
2011/12/22	アジア共同体形成のための克服すべき課題（阻害要因）	川副令	日本大学国際関係学部
2012/1/12	市民交流から東アジア共同体へ	鄭俊坤	ワンアジア財団
2012/1/19	講義のまとめ（アジア共同体の夢とビジョン）	佐藤洋治	ワンアジア財団
2012/2/2	定期試験, 定期試験の説明	鄭勛燮	日本大学国際関係学部

又石大学（韓国・鎮川）

創立 1979 年　在学生 8,000 名
初年度講座名　「アジア共同体論」　申請者　羅鍾一受講生 200 名

2010/9/6	アジアに対する理解	羅鍾一	漢陽大学
2010/9/13	共同體とヨーロッパ統合に対する理解	Lee Giga	慶熙大学
		Hwang Insoo	民主平和統一諮問
2010/9/27	アジア共同體の起源と歴史	趙法鍾	又石大学
		權正基	又石大学
2010/10/4	アジア地域統合の現在と未来	Skand R. Tayal	駐韓インド大使館
		金裕殷	漢陽大学
2010/10/11	アジア経済協力の現在と未来	金鍾台	又石大学
		李玖	又石大学
		宋在薫	又石大学
2010/10/18	アジア安保協力の現在と未来	李玖	又石大学
		Shin Soosik	慶熙大学

2010/10/25	アジア文化：茶・美術・飲食	權寧弼 Yoon Gyesoon	尚志大学
2010/11/1	アジアの文化交流と人的交流	李甲憲	又石大学
		艾宏歌	中国駐韓大使館
2010/11/8	アジアの文化：文学・言語・放送	宋俊鎬	又石大学
		鄭光	韓国カトリック大学
		Song Inho	全州文化放送報道局
2010/11/15	アジアの文化：音楽・舞踊・風水	Shin Yong Moon	又石大学
		金科圭	又石大学
		本田修	日本国際交流基金ソウル文化
2010/11/22	アジア共同体と各国の立場	Yokota Kazuhiko	早稲田大学
		Muanpuii Saiawi	インド駐韓大使館
2010/11/29	アジア共同体と東南・中央アジア	全濟成	全北大学
		成東基	釜山外国語大学
2010/12/6	アジア共同体と多文化	安玉姫	又石大学
		朴慶淳	又石大学
2010/12/13	アジア共同体と北朝鮮	金昶熙	全北大学
		金正奉	前国家安保戦略研究所
2010/12/20	アジアの未来とアジア共同体のビジョン	佐藤洋治	ワンアジア財団

2 年目講座名　「アジア共同体論」　申請者　姜哲圭
受講生 200 名，奨学生 20 名

2011/9/15	アジア共同体の創設に向けて	佐藤洋治	ワンアジア財団
	日本の姿：日本の政治・経済・社会・文化	李道烈	又石大学

2011/9/22	アジア共同体の疎通言語としての英語	權正基	又石大学
	アジアの食文化と韓食世界化	李普淳	又石大学
2011/9/29	アジアでの漢字と中国語使用について	李海雨	又石大学
	中国と中国人の理解	全弘哲	又石大学
2011/10/6	我々が東南アジアに注目すべき理由	全濟成	全北大学
2011/10/13	社会的技術とEU統合	姜哲圭	又石大学
	社会的技術が経済的成果に及ぼす影響	李再炯	又石大学
2011/10/20	東アジアの帰還と韓半島平和	李鍾奭	世宗研究所
2011/10/27	韓国と中国・日本の音楽	申龍文	又石大学
	韓国の多文化事業	安玉姫	又石大学
2011/11/3	'(東) アジア共同体'談論の認知陥穽（？）	崔尚明	又石大学
	グローバル化とFTA	金ゼンマ	関西外国語大学
2011/11/10	東アジア地域統合と韓国	金裕殷	漢陽大学
	グローバル金融危機と東アジア金融協力	金鍾杰	漢陽大学
2011/11/17	北韓，統一，韓半島，対北政策	金根植	北韓大学院大学
2011/11/24	我々にシルクロードとは何か	鄭守一	韓国文明交流研究所
	東北アジア時代と韓国の進路	李洙勲	慶南大学
2011/12/8	東アジア固有談論としての風水地理	金枓圭	又石大学
	中国の文化交流と孔子アカデミー	劉鑽擴	又石大学孔子学院
2011/12/15	中国の平和発展と韓中関係が東アジア共同体に及ぼす影響	閻鳳蘭	駐韓中国総領事

高麗大学（韓国・ソウル）

創立 1905 年　在校生 28,000 名
初年度講座名　「アジア共同体論」　申請者　朴鴻圭受講生 120 名

2010/9/1	特別講義："激変の時代：東アジアでの一日"	朴鴻圭	高麗大学
2010/9/6	なぜ東アジアか。東アジアとは何か。	朴鴻圭	高麗大学
2010/9/8	地域主義の一般理論：新機能主義，自由主義的政府間主義，構成主義	朴鴻圭	高麗大学
2010/9/13	東アジアの伝統的地域秩序1：明朝の中華秩序と大清秩序，中華主義	朴鴻圭	高麗大学
2010/9/15	東アジアの伝統的地域秩序2：朝鮮主義と日本主義	朴鴻圭	高麗大学
2010/9/27	西勢東漸と日本の地域帝国主義および美蘇冷戦とアメリカの覇権	朴鴻圭	高麗大学

2010/9/29	ヨーロッパ統合の現況：成果と展望	梁昌洙	外交部
2010/10/4	ヨーロッパ統合が東アジアに与える含意と展望	金南局	高麗大学
2010/10/6	経済共同体1—"地域統合の競争的パラダイム"	李容旭	高麗大学
2010/10/11	経済共同体2—現況と前望—"東アジア経済共同体の現況と前望"	金在仁	ソウル市立大学
2010/10/13	安保共同体1—"中堅国家大韓民国の地域協力政策"	崔永宗	韓国カトリック大学
2010/10/25	政治共同体—"東アジア地域秩序と韓半島統一"	玄仁澤	高麗大学
2010/10/27	安保共同体2—"21世紀東アジアの安保：競争かそれとも共生か"	辛星昊	ソウル大学
2010/11/1	市民社会交流・ＮＧＯ連帯—現況と前望—"東アジア共同体と市民社会の役割"	李星勲	韓国人権財団
2010/11/3	エネルギー協力体—"東アジア共同体におけるエネルギー協力の課題と方向"	金鎮禹	エネルギー経済研究院
2010/11/8	環境協力体—"東アジア環境レジームの発展と実践的地域協力の可能性模索"	尹利淑	光雲大学
2010/11/10	文化・学問共同体—"東アジア知識・文化共同体の必要性と実現可能性"	白永瑞	延世大学
2010/11/15	米国の国家戦略（1,2組学生のグループ発表及び討論）	朴鴻圭	高麗大学
2010/11/17	中国の国家戦略（3,4組学生のグループ発表及び討論）	朴鴻圭	高麗大学
2010/11/22	生の共同体—"東アジア人として生きること"	保坂祐二	世宗大学
2010/11/24	ロシアの国家戦略（5,6組学生のグループ発表及び討論）	朴鴻圭	高麗大学
2010/11/29	日本の国家戦略（7,8組学生のグループ発表及び討論）	朴鴻圭	高麗大学
2010/12/1	韓国の国家戦略（9,10組学生のグループ発表及び討論）	朴鴻圭	高麗大学
2010/12/6	基調演説：アジア共同体のための未来指向的発想	佐藤洋治	ワンアジア財団

2年目講座名　「アジア共同体論」　申請者　朴鴻圭
受講生 120 名，奨学生 8 名

2011/9/1	講義の紹介と理論の概観（講義の紹介，地域統合理論の紹介 Part1）	崔永宗	韓国カトリック大学

2011/9/8	東アジア共同体の構想と進展停滞性（地域統合理論の紹介 Part2，地域統合理論の東アジアへの適用：経済地域化の急速な進展と制度化の停滞性に対する理論的分析）	崔永宗	韓国カトリック大学
2011/9/15	東アジア共同体（東アジア共同体理論の紹介，ヨーロッパ統合との比較，東アジア共同体の現況）	崔永宗	韓国カトリック大学
2011/9/22	戦後における東アジア地域協力の歴史（第2次世界大戦より東アジアの危機まで）	崔永宗	韓国カトリック大学
2011/9/29	東アジア地域秩序に対する歴史的考察（東アジアの伝統秩序（明朝，清朝），朝鮮主義と日本主義，大東亜共栄圏）	朴鴻圭	高麗大学
2011/10/6	東アジア経済共同体（経済共同体）	金在仁	ソウル市立大学
	東アジア経済共同体（自由貿易協定）	崔源起	外交安保研究所
2011/10/13	金融および歴史共同体（経済金融共同体）	廉東浩	法政大学
	金融および歴史共同体（歴史共同体）	俞垣濬	慶熙大学
2011/10/27	安保および環境共同体（安保共同体）	李壽炯	国家安保戦略研究所
	安保および環境共同体（環境協力）	芮鍾永	韓国カトリック大学
2011/11/3	ヨーロッパ共同体（ヨーロッパ共同体の現況：アゼンダと争点）	裵炳寅	国民大学
	ヨーロッパ共同体（文化共同体）	崔晉宇	漢陽大学
2011/11/10	地域統合に対する国家の選好度および戦略（国家の選好度の形成，FTA戦略）	崔永宗	韓国カトリック大学
2011/11/17	主要国家の戦略（1）アメリカ，中国，日本	朴鴻圭	高麗大学
2011/11/24	主要国家の戦略（2）オーストラリア，インド，ロシア，ASEAN	朴鴻圭	高麗大学
2011/12/1	主要国家の戦略（3）南アメリカ，中アメリカ，中東，期末試験	朴鴻圭	高麗大学
2011/12/8	東アジア共同体の展望と韓国の戦略基調演説：アジア共同体のための未来指向的発想	佐藤洋治	ワンアジア財団

建国大学（韓国・ソウル）
創立 1946 年　在校生 25,018 名
初年度講座名　「アジア共同体論　動画講義」　申請者　白賢東
受講生 100 名，奨学生 17 名

2012/8/27	アジア未来論の概要と目標	文興安	建国大学
2012/9/3	ワンアジア財団の目標と活動	佐藤洋治	ワンアジア財団
2012/9/10	外部の視線で見たアジア	金鍾甲	建国大学
2012/9/17	経済的観点から見たアジア	朴繁洵	三星経済研究所
2012/9/24	歴史，文化的観点から見たアジア	尹明鐵	東国大学
2012/10/1	デザインを通じたアジアの疏通	孟亨在	建国大学
2012/10/8	アジアを結ぶ道路，アジアハイウェー	金尙珉	毎日経済新聞社
2012/10/22	エンターテインメントを通じたアジアの疏通	鄭旭	JYP entertainment
2012/10/29	未来，夢，ビジョン，そしてアイティー	丁甲注	建国大学
2012/11/5	アイティー経済的観点から見たアジア	張裕相	KDI 国際政策大学院
2012/11/12	エイシアンにとっての航空宇宙技術	卞瑩煥	建国大学
2012/11/19	名作の条件と匠人精神	兪弘濬	明知大学
2012/11/26	エネルギーの未来	鄭善浩	建国大学
2012/12/3	アジア地域協力	裵英子	建国大学
2012/12/19	東アジアの過去と現在	鄭俊坤	ワンアジア財団

2 年目講座名　「アジア未来論（アジア共同体論）」　申請者　鄭善浩
受講生 100 名，奨学生 26 名

2013/9/2	ワンアジア財団の目標と活動	佐藤洋治	ワンアジア財団
2013/9/9	アジアを結ぶ道路，アジアハイウェー	金尙珉	毎日経済新聞社
2013/9/16	歴史，文化的観点から見たアジア	尹明鐵	東国大学
2013/9/23	デザインを通じたアジアの疏通	孟亨在	建国大学
2013/9/30	エンターテインメントを通じたアジアの疏通	鄭旭	JYP entertainment
2013/10/7	政治的観点から見たアジア	崔政旭	建国大学
2013/10/14	経済的観点から見たアジア	朴繁洵	三星経済研究所
2013/10/28	アジア地域協力	裵英子	建国大学
2013/11/4	メディアの観点から見たアジア	呉大泳	嘉泉大学
2013/11/11	外部の視線で見たアジア	金鍾甲	建国大学
2013/11/18	多文化主義とアジアの未来	崔潤哲	建国大学
2013/11/25	エイシアンにとっての航空宇宙技術	卞瑩煥	建国大学
2013/12/2	アジア的価値としての儒教は依然として有効か	申福龍	建国大学

資料 1　アジア共同体講座のシラバス　15

2013/12/9	アイティー経済的観点から見たアジア	張裕相	KDI 国際政策大学院

日本大学芸術学部（日本・東京都）
初年度講座名　「アジア共同体としての芸術の価値と役割」　申請者　木村政司
受講生 72 名，奨学生 14 名

2011/4/15	いまなぜアジア共同体なのか？	鄭俊坤	ワンアジア財団
2011/4/22	ライブエンタテイメントからアジア共同体の可能性を考える	北谷賢司	エイベックス・グループ・ホールディングス
2011/5/6	音楽からアジア共同体を考える	小日向英俊	東京音楽大学
		逆瀬川健治	
2011/5/13	写真からアジア共同体を考える	原直久	日本大学芸術学部
2011/5/20	舞踊のシルクロードからアジア共同体を考える	小林直弥	日本大学芸術学部
2011/5/27	文芸からアジア共同体を考える	佐藤洋二	日本大学芸術学部
		川村湊	法政大学
2011/6/3	美術からアジア共同体を考える	高橋幸次	日本大学芸術学部
		古市保子	国際交流基金文化事業部造形美術チーム
2011/6/10	アジアの食と文化からアジア共同体を考える	深谷基弘	日本大学芸術学部
		重森貝崙	
2011/6/17	ドキュメンタリーからアジア共同体を考える	鈴木康弘	日本大学芸術学部
2011/6/24	テレビドラマに描かれるアジアのメンタリティ	中町綾子	日本大学芸術学部
2011/7/8	演劇からアジア共同体を考える	周龍	中国戯曲学院
2011/7/15	（無題）	楊逸	
		川村湊	法政大学
2011/7/22	アジア共同体への道	佐藤洋治	ワンアジア財団

2 年目講座名　「ワン・アジアから芸術の役割を考える」　申請者　木村政司
受講生 60 名

2012/4/13	芸術学部にとってのワンアジア	木村政司	日本大学芸術学部
2012/4/20	いまなぜワンアジアなのか？	鄭俊坤	ワンアジア財団

2012/4/27	ライブエンタテイメントからワンアジアの可能性を考える	北谷賢司	エイベックス・グループ・ホールディングス
2012/5/11	アジアの戦場から世界を考える	渡部陽一	株式会社 Be.Brave
2012/5/18	中国文学からワンアジアを考える	呉川	日本大学国際関係学部
2012/5/25	テレビドラマに描かれるアジアのメンタリティ	中町綾子	日本大学芸術学部
2012/6/1	演奏家としてのワンアジア	呉汝俊	
2012/6/8	オペラクラシックのアジアにおける広がりを考える	金明信	ソウルオペラクラシック㈱
2012/6/15	ＮＨＫドラマ制作からアジアを考える—大河ドラマ「江」担当者から	丸山純也	
2012/6/22	ドキュメンタリーからアジア共同体を考える	鈴木康弘	日本大学芸術学部
2012/6/29	舞踊のシルクロードからワンアジアを考える	小林直弥	日本大学芸術学部
2012/7/6	アジアのコンテンツの在り方からワンアジアを考える	福田淳	
2012/7/20	総括—ワンアジアへの道	木村政司	日本大学芸術学部
2012/10/26	ライブエンタテイメントからワンアジアを考える（アジアのライブ・エンタテイメントビジネスを体験する）	北谷賢司	エイベックス・グループ・ホールディングス
		木村政司	日本大学芸術学部

仁川大学（韓国・仁川）

創立 1979 年　在校生 15,000 名
初年度講座名　「アジア共同体論」　申請者　朴済勲
受講生 60 名

2011/3/8	序論—アジア時代の到来とアジア共同体構想	朴済勲	仁川大学
2011/3/15	ヨーロッパ統合とジャン・モネ（Jean Monnet）の役割	朴済勲	仁川大学
2011/3/22	東アジア地域主義	チェ・ヨンジュン	カトリック大学
2011/3/29	東北アジア時代の構想とアジア共同体	李洙勲	慶南大学
2011/4/5	アジアのアイデンティティと文化—アジア価値調査を中心に	鄭賢淑	祥明大学
2011/4/12	アジア金融協力の戦略と意義	ホ・イン	KIEP

2011/4/19	日本民主党政府の東アジア共同体構想	金聖哲	ソウル大学
2011/4/26	中国と東アジア共同体	金民洙	仁川大学
2011/5/3	東北アジア経済協力とロシア	ソン・ウォンヨン	仁川大学
2011/5/17	ヨーロッパ経済統合の歴史と示唆点	玉佑錫	仁川大学
2011/5/24	ASEAN 経済統合の進歩と示唆点	金泰潤	KIEP
2011/5/31	アジア共同体　創成の道	佐藤洋治	ワンアジア財団
2011/6/7	アジア共同体と市民社会の役割―ワンアジアクラブの場合	鄭俊坤	ワンアジア財団
2011/6/14	結論：アジア共同体のビジョンと韓国の役割	朴済勲	仁川大学

2 年目講座名　「アジア共同体論（II）」　申請者　朴済勲
受講生 60 名，奨学生 13 名

2012/3/9	アジア時代の到来とアジア共同体の構想	朴済勲	仁川大学
2012/3/16	ヨーロッパ統一と Jean Monnet の役割	朴済勲	仁川大学
2012/3/23	東アジア地域主義	崔永宗	韓国カトリック大学
2012/3/30	東アジア地域意義	曹成煥	京畿大学
2012/4/6	アジアの独立性 - アジア価値調査を中心として	鄭賢淑	祥明大学
2012/4/12	アジア金融協力の戦略と意義	パク・ヨンジュン	亜洲大学
2012/4/20	日本の東アジア進行	金聖哲	ソウル大学
2012/4/27	中国と東アジア共同体	李鎬鐵	仁川大学
2012/5/4	東北アジア経済協力とロシア	ソン・ウォンヨン	仁川大学
2012/5/11	ヨーロッパ経済統合の歴史と示唆点	玉佑錫	仁川大学
2012/5/18	ASEAN 経済統合の進歩と示唆点	金泰潤	KIEP
2012/5/25	アジア共同体創成の道	佐藤洋治	ワンアジア財団
2012/5/26	アジア共同体と市民社会の役割	鄭俊坤	ワンアジア財団
2012/6/8	結論－アジア共同体のビジョンと韓国の役割	朴済勲	仁川大学
2012/6/15	期末試験	朴済勲	仁川大学

湖南大学（韓国・光州）
創立 1978 年　在校生 8,000 名
初年度講座名　「アジア共同体論」　申請者　申一燮
受講生 180 名，奨学生 26 名

2011/3/2	アジアの過去と現在，未来	徐康錫	湖南大学（韓国）
	アジア共同体の内容と意味	申一燮	湖南大学（韓国）
	アジアの国と宗教	朴順愛	湖南大学（韓国）
2011/3/9	一つの文化で通じるアジア	李載鎬	晋州教育大学
	東アジアの歴史	李京禧	湖南大学（韓国）
	近代日本の帝国主義とアジア	朴順愛	湖南大学（韓国）
2011/3/16	東アジア経済の特性及び協力法案	張斗英	湖南大学（韓国）
	アジア地域安保の現状と協力の見通し	白雲善	湖南大学（韓国）
	変化する世界と東アジア諸国の協力	金漢培	湖南大学（韓国）
2011/3/23	アジアの近代と国民国家建設	申一燮	湖南大学（韓国）
2011/3/30	儒教思想の伝来と需要	金洪中	湖南大学（韓国）
2011/4/6	牧民心書と茶山と改革思想	崔炳賢	湖南大学（韓国）
	茶山と丁若鏞	朴　武	韓国古典翻訳院
2011/4/13	近・現代日本美術の影響	李政龍	湖南大学（韓国）
	アジアと韓国と陶磁器文化	姜星坤	湖南大学（韓国）
	北朝鮮関係産業の現状及び南北関係交流産業	禹燦卜	湖南大学（韓国）
2011/4/20	私はあなただ，そしてあなたは私だの世界	金準泰	朝鮮大学
	東洋の伝統思想と韓国の伝統建築文化	朴益秀	湖南大学（韓国）
	事例から見るアジアの文化交流	権慶安	朝鮮日報広州地域本部
2011/4/27	アジア文化と疎通について一考察	趙鎔澈	湖南大学（韓国）
	光州のアジア文化全党の現在と未来	張榮柱	光州 MBC
	ディアスポラの形成と理解	朴順愛	湖南大学（韓国）
2011/5/4	在日韓国人と政治性の変化	金太基	湖南大学（韓国）
	朝鮮族の文化の原型保存と変容の可能性	李廷植	湖南大学（韓国）
	通貨で見る多文化社会	呉承容	全南大学
2011/5/11	激励が作る創成 21 世紀の激励リーダーシップ	金光云	韓国保健大学
	中国と台湾の大文化革命	朴相領	湖南大学（韓国）
	韓・中・日の交渉史	李載鎬	晋州教育大学
2011/5/18	中国の中華主義の復活と―少数民族文化と関連して	李京禧	湖南大学（韓国）
	東アジア共同体の必要性とビジョン	呉守烈	朝鮮大学

資料 1　アジア共同体講座のシラバス　19

2011/5/25	アジア地域役割の出発—韓・中・日の役割	イ・ホンギル	
	東アジア経済交流の現状	キム・ググウン	
2011/6/1	アジア共同体国家の役割	和田春樹	東京大学
	私が見たヨーロッパ世界とEU	朴相哲	湖南大学（韓国）
2011/6/8	アジア共同体を目指した提言	金奎澤	韓国ＯＡＣソウル
	やがて世界は一つになる	佐藤洋治	ワンアジア財団

2年目講座名　「アジア共同体論（II)」　申請者　申一爕
受講生180名，奨学生28名

2012/3/2	アジア共同体の必要性	徐康錫	湖南大学（韓国）
		申一爕	湖南大学（韓国）
		朴順愛	湖南大学（韓国）
2012/3/9	アジアの理解	李京禧	湖南大学（韓国）
		朴順愛	湖南大学（韓国）
		李載鎬	晋州教育大学
2012/3/16	アジアの地域協力	張斗英	湖南大学（韓国）
		白雲善	湖南大学（韓国）
		金漢培	湖南大学（韓国）
2012/3/23	アジアの近代と国民国家建設	申一爕	湖南大学（韓国）
2012/3/30	中国の儒教思想の伝播と受容	金洪中	湖南大学（韓国）
2012/4/6	茶山　丁若鏞とアジア	崔炳賢	湖南大学（韓国）
		朴錫武	韓国古典翻訳院
2012/4/13	アジアの芸術	李政龍	湖南大学（韓国）
		姜星坤	湖南大学（韓国）
		禹燦卜	湖南大学（韓国）
2012/4/20	伝統と文学	金準泰	朝鮮大学
		簡文子	湖南大学（韓国）
		朴益秀	湖南大学（韓国）
2012/4/27	交流と疎通	権慶安	朝鮮日報広州地域本部
		趙鎔澈	湖南大学（韓国）
		張榮柱	光州MBC
2012/5/4	ディアスポラの形成と理解	朴順愛	湖南大学（韓国）
		金太基	湖南大学（韓国）
		李政植	湖南大学（韓国）
2012/5/11	21世紀のアジア的価値観の照明	呉承龍	全南大学
		金光云	韓国保健大学
		朴相領	湖南大学（韓国）

2012/5/18	多文化シンポジウム	李京禧	湖南大学（韓国）
		李載鎬	晋州教育大学
		申一燮	湖南大学（韓国）
2012/5/25	アジア共同体と欧州統合の示唆点	呉守悦	朝鮮大学
		李洪吉	全南大学
		金國雄	異業種連合会
2012/6/1	アジア共同体のビジョンと国家の役割	和田春樹	東京大学
		朴相哲	湖南大学（韓国）
2012/6/8	アジア共同体の構想と市民団体の役割	金奎澤	韓国ＯＡＣソウル
		佐藤洋治	ワンアジア財団

河南大学（中国・開封）

創立 1912 年　在校生 60,000 名
初年度講座名　「アジア共同体の創成に向けた課題」　申請者　李麦收
受講生 120 名，奨学生 27 名

2011/9/6	アジア共同体構築の必要性と今後の課題	李麦收	河南大学
2011/9/13	やがて世界は一つになる	佐藤洋治	ワンアジア財団
2011/9/20	経済社会転換と中部経済	耿明斎	河南大学
2011/9/27	労働市場の男女差別	張抗私	東北財経大学
2011/10/11	貿易の壁と中国の輸出	楊宏恩	河南大学
2011/10/18	アジア市場の拡大と経済一体化	李新功	河南大学
2011/10/25	日本の労働問題と労働派遣・人材育成	李麦收	河南大学
2011/11/1	アジア科学技術協力	馬軍営	河南科技学院
2011/11/8	人民元切り上げとアジア貨幣	李恒	河南大学
2011/11/15	企業経営のあり方	劉勝見	河南大学
2011/11/22	アジア環境問題協力	趙剛	中国社会科学院
2011/11/29	アジア近代史とアジア共同体	苗書梅	河南大学
2011/12/6	アジア美術交流の歴史	可宏偉	河南大学
2011/12/13	会計と企業経営	李暁亭	河南大学
2011/12/20	奨学金授与式	西塚英和	ワンアジア財団

2 年目講座名　「アジア共同体の創成と相互信頼関係の構築」　申請者　李麦收
受講生 100 名，奨学生 6 名

2012/9/7	日本の首相はなぜこんなに頻繁に代わるのか	黒川祐次	日本大学国際関係学部
2012/9/14	アジア共同体に関するオリエンテーション	李麦收	河南大学
2012/9/21	国際協力とアジア共同体	李麦收	河南大学

2012/9/28	東アジアの国際協力	高橋章	日本大学
2012/10/12	名曲とっておきの話	宮本英世	音楽評論家
2012/10/19	日中関係とアジア共同体	李麦收	河南大学
2012/10/26	非正規雇用と人材育成	李麦收	河南大学
2012/11/2	技術交流とアジア共同体	馬軍営	河南科技学院
2012/11/9	労働市場における男女差別	張抗私	東北財経大学
2012/11/16	居住証制度と人材交流	張玮	河南大学
2012/11/23	東アジアの経済関係と経済共同体の構築	楊宏恩	河南大学
2012/11/30	アジア近代史からアジア共同体を見る	苗書梅	河南大学
2012/12/7	国際貨幣体系と人民元国際化	李新功	河南大学
2012/12/14	戦後日本の技術選択	村上直樹	日本大学
2012/12/18	アジア共同体の創成	鄭俊坤	ワンアジア財団

ラジオテレビ大学（モンゴル国立文化芸術大学）（モンゴル・ウランバートル）
初年度講座名　「アジア共同体の創成とアジアの将来」
申請者　ルブサンドルジ・ツェツェゲー
受講生 550 名，奨学生 20 名

2011/9/7	アジア共同体の理念と目標	R. Badamdamdin	ワンアジアクラブ・ウランバートル
2011/9/14	モンゴル―日本の政治，経済関係	S. Otsu	在モンゴル日本大使館
2011/9/21	モンゴル―日本の文化歴史，発展	D. Aoyama	在モンゴル日本大使館
2011/9/28	モンゴルでの技術協力プロジェクト	Y. Ishida	国際協力機構（JICA〉）
2011/10/12	日本の伝統	Undarmaa	日本センター
2011/10/19	モンゴル―日本協力関係の 20 年	Kh. Batjargal	ウランバートル新空港建設プロジェクト
2011/10/26	韓国・モンゴルの関係史	Kim Choi	文人大学
2011/11/2	元の時代のモンゴル―中国関係	B. Byambatsend	文人大学
2011/11/9	中国モンゴル外交史	D. Ariunjargal	文人大学

2011/11/16	日本モンゴル中国言語比較論	D. Purev-suren	文人大学
2011/11/23	モンゴル‐インドの関係発展歴史	Mohan Lal	在モンゴルインド国大使館
2011/12/7	モンゴル‐インドの文化関係	D. Gan-tumur	インド‐モンゴル文化センター
2011/12/14	台湾におけるモンゴル資料研究	O. Bat-saikhan	モンゴル科学院
2011/12/21	シルクロードを通じたモンゴルとアジア各国との関係史	Z. Bat-saikhan	モンゴル国立大学
2012/1/4	欧州連合発展史	E. Saran-togos	モンゴル国外務省
2012/1/11	欧州連合の現状とアジア共同体の特徴	E. Saran-togos	モンゴル国外務省
2012/1/18	モンゴル‐韓国 19 世紀関係研究	Sosor-baram	モンゴル科学アカデミー
2012/1/25	台湾‐モンゴル関係	S.K. Liu	ウランバートル‐台北経済センター
2012/2/15	1990 年以降のタイ国モンゴルの関係	L. Lkhag-va	タイ国名誉領事
2012/2/22	日本・モンゴル学生の比較論	K. Os-hima	ラジオテレビ大学（モンゴル国立文化芸術大学）
2012/2/29	アジアにおける宗教論	D・ダワースレン	ラジオテレビ大学（モンゴル国立文化芸術大学）
2012/3/7	遊牧・定住文化の比較論	D. Odsuren	ラジオテレビ大学（モンゴル国立文化芸術大学）
2012/3/14	21 世紀における日本の精神論	O. Mi-yata	ジャーナリスト
2012/3/23	やがて世界はひとつになる	佐藤洋治	ワンアジア財団

2 年目講座名 「アジア共同体の創成とアジアの将来」 申請者 ルブサンドルジ・ツェツェゲー
受講生 270 名，奨学生 16 名

2013/9/4	モンゴルの大学におけるアジア共同体講座	ルブサンドルジ・ツェツェゲー	ラジオテレビ大学（モンゴル国立文化芸術大学）

2013/9/11	アジア共同体の理念と目標	R. Badamdamdin	ワンアジアクラブ・ウランバートル
2013/9	アジア共同体とアジアの未来役割	鄭俊坤	ワンアジア財団
2013/10/2	モンゴル―日本の文化歴史，発展	D. Aoyama	在モンゴル日本大使館
2013/10/9	モンゴル国ドルノド県の模範地区開発プロジェクトへのアジア諸国の参加	E. Saranchimeg	外国投資局
2013/10/16	アジア太平洋放送連合の活動について	D. Tsedevsuren	MNC テレビ局
2013/10/23	アジアにおけるリベラル思考の発展	S. basbish	ラジオテレビ大学（モンゴル国立文化芸術大学）
2013/10/30	モンゴル国の国際協力中期的戦略	Kh. Erdene–Ochir	モンゴル国外務省経済局
2013/11/6	農業分野における韓国―モンゴル協力関係	Yun San Chol	KOIKA モンゴル事務局
2013/11/20	欧州連合の政治・経済の現状	Erdene–Ochir	モンゴル国外務省欧州局
2013/12/4	モンゴルにおける文化協力プロジェクト実施と結果	H. Sumu	JICA　モンゴル事務局
2013/12/18	元の時代のモンゴル―中国関係	B. Byambatsend	文人大学
2014/2/12	モンゴル‐インドの発展歴史	Mohan Lai	ラジオテレビ大学（モンゴル国立文化芸術大学）
2014/2/26	中国モンゴル外交史	D. Ariunjargal	文人大学
2014/3/5	アジアにおける宗教の比較論	D. Davaasuren	ラジオテレビ大学（モンゴル国立文化芸術大学）
2014/3/19	1990 年以降のタイ国‐モンゴルの関係	L. Lkhagva	元駐タイ国モンゴル大使
2014/3/26	学生卒業作品評価発表会	アジア共同体講座関係者	ラジオテレビ大学（モンゴル国立文化芸術大学）
2014/4/9	シルクロードを通じたモンゴルとアジア各国との関係史	Z. Batsaikhan	モンゴル国立大学
2014/4/16	やがて世界はひとつになる	佐藤洋治	ワンアジア財団

嘉悦大学（日本・東京都）

創立 1903 年　在校生 1,381 名
初年度講座名　「アジア共同体創成へ，アジアの声を聴こう」　申請者　黒瀬直宏
受講生 50 名，奨学生 10 名

2011/9/30	なぜ，今アジア共同体なのか	佐藤正文	嘉悦大学
2011/10/7	タイとアジア共同体	バンディット・ロートアラヤノン	
2011/10/14	アジア共同体と再生可能エネルギー開発	カマルディン・アブドゥラ	ダルマ・プルサダ大学
2011/10/21	ベトナムとアジア共同体	黄未	タンロン技術学院
2011/10/28	バングラデシュとアジア共同体	モアゼム・フセイン	Japan–Bangladesh Chamber of Commerce and Industry (JBCCI)
2011/11/11	アジア地域における原子力エネルギー分野での日印協力	アショク・チャウラ	インド国立科学コミュニケーション情報資源研究所
2011/11/18	シンガポールとアジア共同体	黄名光	元駐中国シンガポール大使館
2011/11/25	中国とアジア共同体	劉鋒	一般財団法人アジア現代経済研究所
2011/12/2	ＥＵとアジア共同体	邢福忠	元ボン大学
2011/12/9	韓国とアジア共同体	崔相龍	法政大学
2011/12/16	アジアの未来形	杉浦正健	弁護士
2012/1/6	ＥＲＩＡとアジア共同体	西村英俊	東アジア・アセアン経済研究センター（ERIA）
2012/1/13	アジアの友	小木曽友	財団法人アジア学生文化協会
2012/1/20	東アジア共同体をどうつくるか	進藤榮一	国際アジア共同体学会
	アジア共同体への道	佐藤洋治	ワンアジア財団

2 年目講座名 「アジア共同体創生へ，アジアの声を聴こう」 申請者 黒瀬直宏
受講生 50 名，奨学生 10 名

2012/9/26	なぜ，今アジア共同体なのか	佐藤正文	嘉悦大学
2012/10/3	アジアの将来と産業人材の育成・日タイ協力でアセアンに未来を拓こう	プラユーン・シオワッタナ	泰日経済技術振興協会
2012/10/10	東南アジア支援プロジェクトとカンボジア	ペン・セタリン	王立プノンペン大学
2012/10/17	日本とアジアの中小企業協力（ベトナムの声）	ダオ・ユイ・アン	COPRONA 株式会社
2012/10/24	アジアの産業人材育成・中小企業協力（学生討論会）	ダオ・ユイ・アン	COPRONA 株式会社
		佐藤正文	嘉悦大学
2012/10/31	アジアの小さな国から世界へ	ダヤシリ・ワルナクラスリヤ	ミダヤセラミック社
2012/11/7	医師が繋ぐ日本とアジア	ベ・チョ・キム	ハートスキャンインターナショナル
2012/11/14	アジアの未来へ，日系インドネシア人の想い	ヘル・サントソ衛藤	パナソニック・マニュファクチャリング社
2012/11/21	ミャンマーとアジアの未来	ウ・ミン・ウェイ	ワ・ミン・グループ
2012/11/28	アジアに架ける橋・ミャンマーの少数民族を支援して	根本悦子	NPO 法人ブリッジ・エーシア・ジャパン
2012/12/12	アジア共同体に寄せて	檜田松瑩	三井物産株式会社
2013/1/9	アジア共同体への道	佐藤洋治	ワンアジア財団
2013/1/16	アジア共同体と日本	赤澤正人	嘉悦大学

韓国外国語大学 （韓国・ソウル）

初年度講座名 「アジア共同体論」 申請者 朴哲
受講生 146 名，奨学生 10 名

2011/8/29	アジア共同体の成立に向かって	佐藤洋治	ワンアジア財団
2011/9/5	アジア共同体の過去と現在	ホン・キファ	京畿中小企業総合支援センター

2011/9/19	アジア共同体のビジョンと政治	イ・サンファン	韓国外国語大学
2011/9/26	アジア共同体のビジョンと歴史	イ・グンミョン	韓国外国語大学
2011/10/10	アジア共同体のビジョンと経済	呉承烈	韓国外国語大学
2011/10/17	アジア共同体のビジョンと地域協力1	キム・チャンワン	韓国外国語大学
2011/10/24	アジア共同体のビジョンと地域協力2	ヤン・インジプ	韓国外国語大学
2011/10/31	アジア共同体のビジョンと歴史，文化	孫正男	韓国外国語大学
2011/11/7	アジア共同体のビジョンと言語1	李寅泳	韓国外国語大学
2011/11/14	アジア共同体のビジョンと外交	ソク・ドンヨン	外務省
2011/11/21	アジア共同体の歴史的認識	オ・ジョンジン	韓国外国語大学
2011/11/28	アジア共同体のビジョンと市民団体の役割	イ・ビョンド	韓国外国語大学
2011/12/5	アジア共同体のビジョンと言語2	許龍	韓国外国語大学
2011/12/12	試験及び講義評価	朴哲	韓国外国語大学

2年目講座名 「アジア共同体論」 申請者 朴哲
受講生143名，奨学生10名

2012/9/3	アジア共同体と小アジア：中東の新しい理解	ソ・ジョンミン	韓国外国語大学
2012/9/10	アジア共同体と中央アジア　中アジアの社会と文化	キム・デソン	韓国外国語大学
2012/9/17	アジア共同体とタイ　タイの社会と文化	ジョン・ファソン	韓国外国語大学
2012/9/24	アジア共同体と日本	チェ・チェチョル	韓国外国語大学
2012/10/8	アジア共同体とアジア	キム・ジョンギル	韓国外国語大学
2012/10/15	アジア共同体とインド	イ・ウング	韓国外国語大学
2012/10/22	中間試験	朴哲	韓国外国語大学
2012/10/29	アジアの過去・現在・未来：アジアの理解	クォン・テミョン	外務省外交通商部国立外交院
2012/11/5	アジア共同体と中国Ⅰ：中国負傷の地域的含意	康竣栄	韓国外国語大学

資料1　アジア共同体講座のシラバス　27

2012/11/12	アジア共同体と音楽：韓中日クラシック音楽三国志	張一範	韓国放送公社
2012/11/19	アジア共同体と韓国	Werner Sasse	
2012/11/26	アジア共同体と中国Ⅱ：中国の未来と我々の対応	石東演	東北亜歴史文化財団
2012/12/3	アジア共同体と多文化	梁珉禎	韓国外国語大学
2012/12/10	アジア共同体の創成に向けて	鄭俊坤	ワンアジア財団
2012/12/17	期末試験及び講義評価	朴哲	韓国外国語大学

漢陽大学（韓国・ソウル）

創立 1939 年　在校生 25,734 名
初年度講座名　「アジア論およびアジア共同体と世界」　申請者　羅鍾一
受講生 200 名，奨学生 71 名

2011/9/2	なぜアジア論なのか？	羅鍾一	漢陽大学
	講座について	金裕殷	漢陽大学
2011/9/9	東アジア統合と EU	パク・ジュンウ	外交通商部本部
2011/9/16	アジア共同体のビジョンと歴史	チェ・ドクス	高麗大学
2011/9/23	アジア共同体のビジョンと文化	キム・クァンオク	ソウル大学
2011/9/30	アジア共同体構成の倫理的背景	李承哲	漢陽大学
2011/10/7	アジア共同体のビジョンとエナジー	キム・ヨンギュ	漢陽大学
2011/10/14	アジア共同体のビジョンと経済	キム・ジョンゴル	漢陽大学
2011/10/21	アジア共同体のビジョンと国家の役 - インド -	Skand R. Tayal	駐韓インド大使館
2011/10/28	アジア共同体のビジョンと安全保障：中国と朝鮮半島	ムン・フンホ	漢陽大学
2011/11/4	アジア共同体のビジョンと経済 - FTA を中心に -	キム・ジェンマ	関西外国語大学
2011/11/11	アジア共同体のビジョント北朝鮮 - 韓国の立場 -	イ・ジョンソク	世宗研究所
2011/11/18	ガンジーと脱近代	ホ・ウンソン	慶熙大学
2011/11/25	東アジア地域統合と韓国	金裕殷	漢陽大学

| 2011/12/2 | 日本の外交官が見た韓国と中国 | 道上尚史 | 在韓国日本大使館公使 |
| 2011/12/9 | アジア共同体の課題と市民社会（民間）の役割 | 佐藤洋治 | ワンアジア財団 |

2年目講座名 「アジア論」 申請者 羅鍾一
受講生 190 名，奨学生 56 名

2012/9/5	なぜアジア論なのか？	羅鍾一	漢陽大学
	講座について	金裕殷	漢陽大学
2012/9/12	東北アジア地域統合と韓国	金裕殷	漢陽大学
2012/9/19	アジア統合から成る社会的経済と福祉国家	金鍾杰	漢陽大学
2012/9/26	アジア共同体のビジョンと安全保障：中国と朝鮮半島	ムン・フンホ	漢陽大学
2012/10/3	アジア共同体校正の倫理的背景	李承哲	漢陽大学
2012/10/10	アジア共同体と中央アジアの文化比較	ドゥラド・バキシェヴ	駐韓カザフスタン大使
2012/10/17	ディスカバリー・オブ・ザ・ワールド	羅鍾一	漢陽大学
2012/10/24	外国人学生が見た韓国文化とその比較	(国際学部韓国語学科学生5名)	
2012/10/31	アジア全体における東北アジアの教育支援	ハ・テユン	国立国際教育院
2012/11/7	EU 統合と韓国	チェ・ジンウ	漢陽大学
2012/11/14	日本の外国感が見た韓国と中国	道上尚史	在韓国日本大使館公使
2012/11/21	韓国の ODA とアジア共同体	パク・テウォン	KOICA
2012/11/27	アジア構成国家としてのインドとその役割	ビ・シュヌ	駐韓インド大使館
2012/12/5	やがて世界は一つになる	佐藤洋治	ワンアジア財団
2012/12/12	期末試験	金裕殷	漢陽大学

北京大学国際関係学部（中国・北京市）
創立 1898 年　在校生 35,000 名
初年度講座名　「東アジア共同体特別講座」　申請者　範士明
受講生 40 名，奨学生 16 名

2012/2/27	東アジア共同体の構想と進展について	李玉	北京大学国際関係学院
2012/3/5	東アジアの概況	陳峰君	北京大学国際関係学院
2012/3/12	グローバル化と地域化	董昭華	北京大学国際関係学院
2012/3/19	EU 一体化の経験	連玉如	北京大学国際関係学院
		許振洲	
2012/3/26	東アジア経済共同体の建設	晏智傑	北京大学経済学院
2012/4/2	東アジア安全共同体の建設	于鉄軍	北京大学国際関係学院
		初暁波	北京大学国際関係学院
2012/4/9	東アジアの資源とエネルギー協力	陳紹峰	北京大学国際関係学院
2012/4/16	東アジアの環境問題と協力	張海濱	北京大学国際関係学院
2012/4/23	世論の広がりと東アジア協力	範士明	北京大学国際関係学院
2012/4/30	歴史認識と東アジア協力	王新生	北京大学歴史学部
2012/5/7	政治観念と東アジア協力	李寒梅	北京大学国際関係学院
2012/5/14	法律，制度と東アジア協力	呉志攀	北京大学法学院
2012/5/21	韓国と東アジア共同体	訪問教授	
2012/5/28	アメリカと東アジア共同体	訪問教授	
2012/6/4	ASEAN と東アジア共同体	訪問教授	
2012/6/11	東アジア共同体の理想と遠景	佐藤洋治	ワンアジア財団

2 年目講座名　「東アジア共同体総合研究」　申請者　範士明
受講生 50 名，奨学生 10 名

| 2013/3–2013/6 | 東アジア共同体の構想と進展について | 宋成有 | 北京大学歴史学部 |
| 2013/3–2013/6 | 東アジア諸国の近代化とその歴史経験 | 王暁秋 | 北京大学歴史学部 |

2013/3–2013/6	東アジア協力の歴史的進化	王正毅	北京大学国際関係学部
2013/3–2013/6	グローバル化と地域化の視点からの東アジア共同体	董昭華	北京大学国際関係学部
2013/3–2013/6	東アジア経済共同体の建設	李光輝	中国商務部
2013/3–2013/6	東アジア安全保障共同体の建設	于鉄軍	北京大学国際関係学部
2013/3–2013/6	東アジアにおける文化共同体の建設	初暁波	北京大学国際関係学部
2013/3–2013/6	東アジア共同体と資源・エネルギー協力	呉強	北京大学国際関係学部
2013/3–2013/6	東アジア共同体と環境協力	張海濱	北京大学国際関係学部
2013/3–2013/6	東アジア共同体とマスメディア	範士明	北京大学国際関係学部
2013/3–2013/6	東アジア共同体と歴史認識	王新生	北京大学歴史学部
2013/3–2013/6	東アジア共同体とナショナリズム	李寒梅	北京大学国際関係学部
2013/3–2013/6	東アジア共同体と法制度の構築	呉志攀	北京大学法学院
2013/3–2013/6	東アジア共同体の理想と遠景	佐藤洋治	ワンアジア財団

同済大学（中国・上海市）
創立 1907 年　在校生 51,031 名
初年度講座名　「東アジア共同体論」　申請者　蔡敦達
受講生 120 名，奨学生 29 名

2012/2/21	東アジアにおける中国の役割	胡令遠	復旦大学
2012/3/6	東アジアにおける朝鮮半島の役割と日朝関係	石源華	復旦大学
2012/3/13	中日経済協力からみる東アジア共同体の可能性	樊勇明	復旦大学
2012/3/20	食文化から見る東アジア	徐静波	復旦大学
2012/3/27	朝鮮半島と東北アジアの情勢	崔志鷹	同済大学
2012/3/28	いま何故アジア共同体か	鄭俊坤	ワンアジア財団
2012/4/3	東アジアの茶道文化—日本の茶道文化を中心に	陸留弟	華東師範大学

2012/4/10	水資源と東アジアの協力	李建華	同済大学
2012/4/17	人口学からみる東アジアの福祉問題	馬利中	上海大学
2012/4/24	空間文化から見る日本の建築	李斌	同済大学
2012/5/8	東アジア都市文化財の保存と協力	張松	同済大学
2012/5/15	近代文学と東アジア国民文化の形成	劉曉芳	同済大学
2012/5/22	東アジアにおける留学生交流の役割	蔡建国	同済大学
2012/5/29	漢語と東アジア文化の形成	厐志春	復旦大学
2012/6/5	いかにして違う国，違う民族の文化を見るか—中日韓の祭りを中心に	蔡敦達	同済大学
2012/6/12	アジア共同体の創成に向かって	佐藤洋治	ワンアジア財団

2年目講座名 「アジア共同体論」 申請者 蔡敦達
受講生 120 名，奨学生 20 名

2013/2/27	アジア共同体の夢とビジョン	佐藤洋治	ワンアジア財団
2013/3/6	アジア経済共同体の可能性	陳文挙	日本大学
2013/3/13	アジア共同体構築における中国の役割	胡令遠	復旦大学
2013/3/20	文学の交流からアジアを考える	呉川	日本大学国際関係学部
2013/3/27	東西の交流からアジアを考える	高橋章	日本大学
2013/4/3	中日経済協力からみるアジア共同体の可能性	樊勇明	復旦大学
2013/4/10	文学の交流からアジアを考える	施小煒	上海杉達学院
2013/4/17	アジアにおける教育交流の役割	蔡建国	同済大学
2013/4/24	東アジアにおける朝鮮半島の役割と日朝関係	石源華	復旦大学
2013/5/8	人口学からみる東アジアの福祉問題	馬利中	上海大学
2013/5/15	食文化から見る東アジア—日本の場合	徐静波	復旦大学
2013/5/22	朝鮮半島と北東アジアの情勢	崔志鷹	同済大学
2013/5/29	茶道と東アジア	張厚泉	東華大学
2013/6/5	漢語と東アジア文化の形成	厐志春	復旦大学
2013/6/12	アジアの民間芸能—中日韓の祭りを中心に	蔡敦達	同済大学
2013/6/19	今何故アジア共同体か，その原点を考える	鄭俊坤	ワンアジア財団

インドネシア教育大学（インドネシア・バンドン）
創立 1954 年　在校生 37,000 名
初年度講座名　「グローバリゼーションとアジア共同体」　申請者　ディアンニ・リスダ
受講生 200 名，奨学生 20 名

2011/11/4	グローバリゼーションと共同体について	ディアンニ・リスダ	インドネシア教育大学
2011/11/11	アジア的価値観	ハエダル・アルワシラー	インドネシア教育大学
2011/11/18	教育	Sunaryo Kartadinata	インドネシア教育大学
2011/11/25	言語	フアド・アブズール・ハミド	インドネシア教育大学
2011/12/2	アジアにおける統合の現状	ナナ・ウプリアトナ	インドネシア教育大学
2011/12/9	アジア共同体の必要性	ユフス・アンワル	パジャジャラン大学
2011/12/16	アジア諸国について	イドルス・アファンディ	インドネシア教育大学
2011/12/23	アジア安全保障	ムハマッド・ルトフィ	Embassy of Indonesia
2011/12/30	経済共同体	ユスフ・アンワル	パジャジャラン大学
2012/1/6	政治	ギナンジャール・カルタサスミタ	大統領顧問官
2012/1/13	社会	ディアンニ・リスダ	インドネシア教育大学
		吉田正紀	日本大学国際関係学部

2012/1/20	環境問題	エフェンディ・スマルジャ	元環境大臣顧問官
2012/1/27	期末試験		
2012/2/13	ワンアジア財団の会長佐藤洋治の講義・授与式	佐藤洋治	ワンアジア財団

2 年目講座名　「アジア共同体講座」　申請者　ディアンニ・リスダ
受講生 200 名，奨学生 20 名

2012/9/21	アジア共同体とは	ディアンニ・リスダ	インドネシア教育大学
2012/9/28	アジアの社会	エリー・マリハ	インドネシア教育大学
2012/10/5	教育	フルコン	インドネシア教育大学
2012/10/12	言語	アミヌディン・アジズ	インドネシア教育大学
2012/10/25	アジア共同体を目指すアジアの観光の開発	Diyah Setiyorini	
2012/11/2	芸術	テンディ・Y・ラマディン	バンドン工科大学
2012/11/9	アジア共同体を目指す異文化理解	ムハマッド・ルトフィ	Embassy of Indonesia
2012/11/16	アジア共同体の歴史的な背景	ナナ・ウプリアトナ	インドネシア教育大学
2012/11/23	アジアの人材育成	ヤヌアル・アンワス	インドネシア大学
2012/11/30	経済共同体	ユスフ・アンワル	パジャジャラン大学
2012/12/7	政治	イドルス・アファンディ	インドネシア教育大学
2013/2/22	社会	吉田正紀	日本大学国際関係学部

| 2013/3/8 | 環境問題 | エフェンディ・スマルジャ | 元環境大臣顧問官 |
| 2013/3/21 | ワンアジア財団の会長佐藤洋治氏の講義 | 佐藤洋治 | ワンアジア財団 |

キルギス国立大学（キルギス・ビシュケク）

創立 1932 年　在校生 29,535 名
初年度講座名「アジア共同体（過去・現在と結成の見込み）」申請者　ダミール・D・アサノフ
受講生 100 名，奨学生 20 名

2011/9/1	導入講義	Beibu-tova Yrys	
2011/9/15	共同体の概念，アジア共同体を中心に本特別講義の対象となる地域の説明	キルギス国立大学	キルギス国立大学
2011/9/29	過去の政治・国家・経済・軍事統合—その形成の理論と原則	ダミール・D・アサノフ	キルギス国立大学
2011/10/13	過去の統合期間が短かった理由	ダミール・D・アサノフ	キルギス国立大学
2011/10/27	アジア共同体—リベラルで普遍的な原則に基づく新しい種類の政府間関係	Beibu-tova Yrys	
2011/11/10	アジア諸国の共同体と矛盾を歴史的に振り返る	ダミール・D・アサノフ	キルギス国立大学
2011/11/24	経済，文化，科学，スポーツ，およびその他の分野における関係を通して疎外を克服し，誤解という歴史的な障壁を克服する	Bayalieva Chynar	
2011/12/8	移住過程—アジア共同体を形成する最も重要な条件の一つとして	Jorobeko-va Gulnura	キルギス国立大学
2011/12/22	現代の挑戦　最新のアジア共同体構想（1）	Djumak-adyrov Temir	
2012/1/5	現代の挑戦　最新のアジア共同体構想（2）	ジュルディズ・バカショワ	アラバエワ記念キルギス大学

資料1　アジア共同体講座のシラバス　35

2012/1/19	アジア共同体の原則（1）	Beibu-tova Yrys	
	アジア共同体の原則（2）	Beibu-tova Yrys	
2012/2/2	アジア諸国統合の構造（1）	Murzaev Salih	Public Adminis-tration Depart-ment
2012/2/16	アジア諸国統合の構造（2）	Murzaev Salih	Public Adminis-tration Depart-ment
2012/3/1	統合の経済的要素	Kazak-baev Marat	キルギス国立大学
2012/3/15	統合の政治的・文化的要素	Bayalieva Chynar	
2012/3/29	アジア共同体諸国の国家安全保障と地域安全保障	Djumak-adyrov Temir	
2012/4/12	高度科学技術・エネルギー・原料資源の分野における協力	Kazak-baev Marat	キルギス国立大学
2012/4/26	アジア共同体形成の帰結	Beibu-tova Yrys	
2012/5/10	本講義の成果。最終講義	佐藤洋治	ワンアジア財団

2年目講座名「アジア共同体（過去・現在と結成の見込み）」申請者　ダミール・D・アサノフ
受講生 150 名，奨学生 15 名

2012/10/13	導入ワークショップ	Beibu-tova Yrys	
2012/10/27	現代世界における共同体の概念	ダミール・D・アサノフ	キルギス国立大学
2012/11/10	世界の共同体の過去と現在	ダミール・D・アサノフ	キルギス国立大学
2012/11/24	過去に連合の脆弱性を引き起こした主な理由。これらの大陸間の連携が破壊された理由	ダミール・D・アサノフ	キルギス国立大学
2012/12/8	アジア共同体－リベラルで普遍的な原則に基づく新しい種類の政府間関係	Beibu-tova Yrys	

2012/12/22	アジアの初期の歴史。アジア共同体の終焉について考えた人々	ダミール・D・アサノフ	キルギス国立大学
2013/1/5	経済，文化，科学，スポーツ，およびその他の分野における関係を通して誤解や疎外という歴史的な障壁を克服するうえで鍵となる世界的グローバリゼーション	Bayalieva Chynar	
2013/1/19	移住過程―アジア共同体を形成する最も重要な条件の一つとして	Dzhoro bekova Gulnura	
2013/2/2	現代の挑戦　最新のアジア共同体構想（1）	Sarygulov Bulat	
2013/2/16	現代の挑戦　最新のアジア共同体構想（2）	ジュルディズ・バカショワ	アラバエワ記念キルギス大学
2013/3/2	アジア共同体の原則（1）	Beibu-tova Yrys	
2013/3/16	アジア共同体の原則（2）	Beibu-tova Yrys	
2013/3/30	アジア諸国統合の構造（1）	Murzaev Salih	Public Administration Department
2013/4/13	アジア諸国統合の構造（2）	Murzaev Salih	Public Administration Department
2013/4/27	今後アジア共同体に含まれるであろう諸国を結びつける経済的基盤	Imanaliev Abdykaly	
2013/5/11	政治的・文化的な要素の結合	Altmysh-baeva Janyl	キルギス国立大学
2013/5/25	アジア共同体における国家安全保障と地域安全保障	Djumak-adyrov Temir	
2013/6/8	高度科学技術・エネルギー・原料資源の分野における協力	Sarygulov Bulat	
2013/6/22	結果として形成されるアジア共同体	Beibu-tova Yrys	
2013/7/6	本講義の成果。まとめの会議	Isamidi-nov I.	

広島市立大学（日本・広島県）
創立 1994 年　在校生 1,776 名
初年度講座名　「ワンアジア共同体講座」　申請者　金泰旭
受講生 29 名，奨学生 6 名

2012/10/3	開かれた共同体としての東アジア：論議の展開と発展	和田春樹	東京大学
2012/10/10	変化する国際関係とアジア太平洋における多国間安全保障の行方	西田竜也	広島市立大学
2012/10/17	新しい自由貿易としてのTPP：形成の論理と共同体的含意	鍋島郁	アジア経済研究所
2012/10/24	東北アジア非核化地帯の構想と実践：安保協力のモデル	水本和実	広島平和研究所
2012/10/31	東アジア地域の漢字という視点から見た言語的共通性	岩田一成	広島市立大学
2012/11/7	アジアにおける企業間協力関係：半導体産業における競争から競走の時代に向けての課題	金泰旭	広島市立大学
2012/11/14	アジアにおける多国籍企業の展開：地域との共生の試み	大東和武司	広島市立大学
2012/11/21	アジア地域統合のマクロ経済学的分析	後藤純一	慶應義塾大学
2012/11/28	東アジアに共生の回路を開くために	柿木伸之	広島市立大学
2012/12/5	東アジアにおける仏教の受容，文化的共有，現代的意味	李鍾徹	韓国学中央
2012/12/6	国際敬遠論II（担当者：金泰旭）における特別講座として	金井一頼	大阪商業大学
2012/12/12	アジアの中のアラブ―アジアとアラブの接点	宇野昌樹	広島市立大学
2012/12/19	東アジアから見たグローバリゼーションと人の移動：現状と認識	伊豫谷登士翁	一橋大学
2013/1/9	東アジアにおける海外移住および永住：制度的課題	金聖哲	ソウル大学
2013/1/16	アジア共同体の形成と市民社会の役割	鄭俊坤	ワンアジア財団
2013/2/6	アジア共同体の創成に向けて	佐藤洋治	ワンアジア財団

2 年目講座名　「国際研究特講II－アジアにおける開かれた共同体－」　申請者
金泰旭
受講生 102 名，奨学生 9 名

2013/10/2	グローバル空間としての戦後「東アジア」における人の移動	伊豫谷登士翁	一橋大学

2013/10/9	アジアにおける企業間協力関係：半導体産業における競争から競走の時代に向けての課題	金泰旭	広島市立大学
2013/10/16	新しい自由貿易としてのTPP：形成の論理と共同体的含意	鍋島郁	アジア経済研究所
2013/10/23	ひとつのアジア共同体を目指して	西田竜也	広島市立大学
2013/10/30	アジアとアラブの接点	宇野昌樹	広島市立大学
2013/11/6	開かれた東アジア共同体：歴史と領土の超克	東郷和彦	京都産業大学
2013/11/13	東北アジア＝東アジアの過去と現在	和田春樹	東京大学
2013/11/20	アジアの言語事情とハイパー言語「英語」の役割	岩井千秋	広島市立大学
2013/11/27	東北アジア非核兵器地帯の構想と実践：安全保障協力のモデル	水本和実	広島平和研究所
2013/12/4	東アジアにおける仏教の受容，文化的共有，その現代的意味	李鍾徹	韓国学中央
2013/12/11	東アジア地域の漢字という視点から見た言語的共通性	岩田一成	広島市立大学
2013/12/18	朝鮮半島から見た東アジア地域主義	任爀伯	高麗大学
2014/1/8	東アジアにおける外国人労働者政策及び人権問題：日本の日系人と韓国の朝鮮族の事例	金聖哲	ソウル大学
2014/1/15	アジアにおける金融・通貨統合の前提条件について 1980 年代，1990 年代，2000 年代	後藤純一	慶應義塾大学
2014/1/29	いま，なぜアジア共同体なのか	鄭俊坤	ワンアジア財団

チュラロンコン大学サシン経営大学院（タイ・バンコク）

創立 1917 年　在校生 37,000 名
初年度講座名　「アジア共同体と経営におけるグローバル・イニシアチブ」　申請者　藤岡資正
受講生 70 名

2011/11/21	GIM（経営におけるグローバル・イニシアチブ）アジアの紹介	Piyachart	Sasin
2011/11/28	GIM ジャパン 2010 の経験を共有する	Sasin MBA 2010 Student	チュラロンコン大学サシン経営大学院
2012/1/10	日本について考える	Kritika	Sasin
2012/1/11	やがて世界は一つになる	佐藤洋治	ワンアジア財団

2012/1/17	アジア共同体構築のための指針・原則	朴済勲	仁川大学
2012/1/26	日本における消費者行動	Jatuphon Tantisuntharodom	General Manager of C.P. Merchandising Co., Ltd.
2012/2/2	日本における金融システム／金融機関の運営	Ohashi	Vice President of Mizuho Bank Thailand
2012/2/3	日本におけるサービス管理	Hizaka Koji	桜美林大学
2012/2/8	危機の時代の経営	Vudhigorn Suriyachantananont	Toyota Motors Thailand
2012/2/9	日本の経済発展と中小企業政策	加賀美充洋	帝京大学

2 年目講座名　「アジア共同体と経営におけるグローバル・イニシアティブ 2012」
申請者　藤岡資正
受講生 50 名

2012/12/10	ＧＩＭジャパン 2011 のリーダーからの経験談	スチャイ	サシン　ＭＢＡ 201
	韓国の文化・生活など	カモン・ブッサバン	チュラロンコン大学
2012/12/27	日本人とのビジネスについて	ペチャラット	イーソンペイント
	韓国ドラマなどのブランディング	ホン・ジーヒー	韓国－タイ・コミュニケーションセンター
2013/1/9	日本人の消費者行動	ジャトポン	ＣＰマーチャンダイジング
	韓国の自動車戦略	ジョ・キョ・ワン	キアモータース
2013/1/10	日本人向けの製品デザイン	マコン	ＩＤＳ
	タイ韓国の貿易	シリラット・ラスタパナ	タイ国商務省国際貿易促進局
2013/1/17	タイの日系企業向け金融サーブス	ソンポン	カシコン銀行

2013/1/30	アジアの新興国における産業政策の調和の重要性	松島	ＮＥＳＤＢ
2013/2/4	日本の文化，社会，政治の概要	シリモンポーン	チュラロンコン大学
	Ｍｕｊｉとタイの文化	カタギユキノリ	Muji リテイル
2013/2/5	7–11 のマーケティングと流通技術	チュアン	ＣＰオール
2013/2/6	日本の業務管理	サトウヤスヒコ	Viewquest
2013/2/7	やがて世界は一つになる	佐藤洋治	ワンアジア財団
2013/2/14	韓国マクロ経済について	ヨン・ユーン	チュラロンコン大学
2013/2/21	在タイ韓国のげんじょ貿易戦略について	タニン・パーエム	タイ国経済・社会開発委員会

国立済州大学（韓国・済州）

創立 1952 年　在校生 16,343 名
初年度講座名　「アジア共同体論」　申請者　金汝善
受講生 60 名，奨学生 43 名

2012/3/8	アジア共同体論とアジアの共通価値観の意味―講座紹介	金汝善	国立済州大学
2012/3/15	アジア共同体論とは何か？	鄭俊坤	ワンアジア財団
2012/3/22	アジア紛争克服を通じてのアジア共同体認識の増大	金富燦	国立済州大学
2012/3/29	アジア各国の歴史問題の認識と調和―アジア共通価値観の探索	朴韓容	民族問題研究所
2012/4/5	アジア共同体始作－地域（自治体）間交流	李昌基	大田発展研究員
2012/4/12	アジア共同体の本質	金汝善	国立済州大学
2012/4/19	アジア共同体形成のための韓半島の役割	宋叙順	国立済州大学
2012/4/26	アジア経済統合（FTA）と市場開放	金鎭玉	国立済州大学
2012/5/3	人間と創造	文局鉉	New Paradigm Institute
2012/5/10	アジアの交流と教育問題―アジア共通価値	李栄穂	京畿大学
2012/5/17	アジア共同体のためのアジアの役割―アジア人の視覚	趙忠然	City Media
	アジアの交流と SNS の重要性	黄基錫	Right Brain

2012/5/24	アジア共同体論のための EU 経験 − アジア共通価値観	徐憲濟	中央大学（韓国）
2012/5/31	①アジア経済共同体と歴史を通じてみるわが国の道②アジア経済共同体とⅠTパラダイムの変化と未来	李光宰	前江原道知事
2012/6/7	アジア共同体論	佐藤洋治	ワンアジア財団

2 年目講座名 「アジア共同体論」 申請者　金汝善
受講生 100 名，奨学生 16 名

2013/3/7	アジア共同体の形成	鄭俊坤	ワンアジア財団
2013/3/14	SNS の発展と，これを通じたアジア共同体	黄基錫	Right Brain
2013/3/21	アジアの対立の克服 − 領土，海洋，紛争と解決	金富燦	国立済州大学
2013/3/28	アジア経済共同体	金鎮玉	国立済州大学
2013/4/4	アジア共同体の意味	金汝善	国立済州大学
2013/4/11	ニューパラダイム，アジア共同体	趙啓垣	New Paradigm Institute
2013/4/18	中間試験	金汝善	国立済州大学
2013/4/25	アジア共同体と地方行政	李光宰	前江原道知事
2013/5/2	現代社会を読み一つの見方	李英穂	教授新聞
2013/5/9	外国人労働者に対する私たちの態度	高彌秀	国立済州大学
2013/5/16	アジア共同体，新しい時代	文局鉉	New Paradigm Institute
2013/5/23	中国とアジア共同体	張学安	西北政法大学
2013/5/30	アジア共同体と国際法的問題	徐憲濟	中央大学（韓国）
2013/6/3	アジア共同体の歴史	朴韓用	民族問題研究所
2013/6/13	アジア共同体	佐藤洋治	ワンアジア財団

香港理工大学（香港・九龍）

創立 1937 年　在校生 31,864 名
初年度講座名 「アジア共同体への理解：文化と社会の視点から」 申請者　黄居仁
受講生 79 名，奨学生 10 名

2012/9/20	講義 CBS 1B03 への導入	キム・スナ	香港理工大学
2012/9/27	日本の茶道（文化活動：第 1 回）	Saito Sachiko	Chado Urasenke Tankokai Hong Kong Assosiation
	日本の伝統舞踊を学ぶ（文化活動：第 2 回）	Kajimoto Yuka	Japanese Traditinal Dance Master

2012/10/4	ワン・アジア共同体への展望	佐藤洋治	ワンアジア財団
2012/10/11	教育から見たアジア共同体	Suzuki Kazuko	早稲田大学
2012/10/18	アジア系ディアスポラから見たアジア共同体	Wasana Wong-surawat	チュラロンコン大学
2012/10/25	能楽を体験する（文化活動：第3回）	Richard Emmert	Noh Gaku
2012/11/1	アジア共同体の社会問題を解決する	Lee Juyean	Pastor, Author and Social Innovator
2012/11/8	言語から見たアジア共同体	Ki Shim Nam	延世大学
2012/11/15	韓国音楽祭と体験の共有（文化活動：第4回）	Dasoni	Korean Traditional Music Performing Team
2012/11/22	宗教から見たアジア共同体	Ryu Tongshik	延世大学
2012/11/29	大衆文化から見たアジア共同体	Larissa Heinrich	カリフォルニア大学
2012/12/6	アジア共同体と東アジアの政治	Kitamura Takanori	香港中文大学
2012/12/13	アジア共同体と日本の大衆文化	Tamaji Mizuho	香港理工大学
2012/12/20	講義のまとめ：グループプロジェクトの最終発表。日本と韓国を味わう（文化活動：第5回）	キム・スナ	香港理工大学

2年目講座名　「アジア共同体への理解：文化と社会の視点から」　申請者　陳愛蓮
受講生74名，奨学生7名

2013/9/5	講義 CBS 1B03 への導入	キム・スナ	香港理工大学
2013/9/12	アジア共同体と言語芸術：落語	Katsura Kaishi	株式会社よしもとクリエイティブ・エージェンシー
2013/9/19	伝統的な日本舞踊	Wakayagi Chika	Konokai–Traditional Japanese Dance Institution
2013/9/26	解釈による文化間コミュニケーションとアジア共同体	Ogawa Masako	ニューサウスウェールズ大学

2013/10/3	アジア共同体と伝統文化の伝達	Chon Songbae	The Korean Music Teaching Academy for Children
2013/10/10	日本の諸宗教	Seo Masaki	香港理工大学
2013/10/17	アジア共同体と朝鮮半島の文化	Steven D. Capener	ソウル女子大学
2013/10/24	中国系ディアスポラから見たアジア共同体	Lan Shanshan	香港浸会大学
2013/10/31	芸術から見たアジア共同体	Sim Hwasuk	The traditinal Hanji Craftsman association
		Hye Kyeong Kim	Gangdong Hanji Club
2013/11/7	朝鮮半島と中国との文化的差異	Seunghee Shin	梨花女子大学
2013/11/14	香港と中国における社会的性差と結婚	Sandy To Sin Chi	香港大学
2013/11/21 2013/11/28	グループプロジェクトの最終発表	キム・スナ	香港理工大学
2013/12/5	やがて世界は一つになる	佐藤洋治	ワンアジア財団

キルギス・ロシア スラブ大学 （キルギス・ビシュケク）
創立 1993 年　在校生 10,000 名
初年度講座名　「特別講座：アジア共同体−歴史的および文化的共通性の探究−」
申請者　アスカー・ジャキシェフ
受講生 112 名，奨学生 18 名

2011/9/2	「アジア共同体」をよりよく理解するための導入	Vladimir Ploskih	キルギス・ロシア スラブ大学
2011/9/9	アジア統合の歴史的経験としてのチンギス・ハンとティムール帝国		
2011/9/16	マナス叙事詩におけるアジア統合の理念		
2011/9/23	欧州連合の事例に基づいてアジア共同体を構築するという観点		
2011/9/30	中央アジア諸国における社会・経済・文化の発展に対する国際協力機構（JICA）の貢献		

2011/10/14	アジア諸国：発展の方法を選択する	Djenish Dju-nushaliev	キルギス・ロシアスラブ大学
2011/10/21	宗教―東洋の開発途上国による選択の一因である文明基盤		
2011/10/28	21世紀における東洋諸国の政治的不安定要素：危機を乗り越えるという問題		
2011/11/11	東洋の文明と，それが中央アジア諸国の近代化に対して有する影響力	Zainidin Kur-manov	キルギス・ロシアスラブ大学
2011/11/18	現代の世界的な近代化過程における東洋文明の役割		
2011/11/25	キルギスタンと日本：共通点と相違点		
2011/12/2	キルギスタンと中国：貿易と経済協力		
2011/12/9	キルギスタンとアジア太平洋地域の諸国		
2011/12/16	中央アジア諸国の歴史における仏教の役割	Valentine Voro-paeva	キルギス・ロシアスラブ大学
2011/12/23	アジア諸国の発展に対する大シルクロードの影響		
2012/2/3	アジア諸国の文化：共通性と特異性		
2012/2/17	中央アジアにおける民族・政治過程の調和の問題	アスカー・ジャキシェフ	キルギス・ロシアスラブ大学
2012/2/24	中央アジアの安全保障における日本と中国の役割。および近代期の日本		
2012/3/2	近代における中央アジア諸国と日本の政治・経済協力		
2012/3/9	中央アジア諸国と中国：協調に関する問題		
2012/3/16	中央アジアとアジア太平洋地域間の協力という観点		
2012/3/23	統合された歴史文化空間としてのアジア	Nina Kharch-enko	キルギス・ロシアスラブ大学
2012/3/30	中央アジア諸国と日本の文化協力		
2012/4/6	東洋の歴史文化空間における統合過程と豊かさ		
2012/4/13	中央アジアにおける科学・教育・文化の実現のための現代的な優先課題および科学技術		

2012/4/20	遊牧民と稲作文明の文化的相互作用（歴史的側面）	Gulmira Dzhu-nusha-lieva	キルギス・ロシアスラブ大学
2012/4/27	文化遺産の保存に関する東洋諸国間の国際協力		
2012/5/11	戦争，自然災害，および人災・技術による災害における文化遺産の保存		
2012/5/18	ワン・アジアについて	鄭俊坤	ワンアジア財団
2012/6/4	試験（2012年6月4日～6月8日）	アスカー・ジャキシェフ	キルギス・ロシアスラブ大学

2年目講座名　「特別講座：ワン・アジア」　申請者　アスカー・ジャキシェフ
受講生 111 名，奨学生 20 名

2012/9/5	「アジア共同体」をよりよく理解するための導入	Vladimir Ploskih	キルギス・ロシアスラブ大学
2012/9/12	アジア統合の歴史的経験としての古代アジア帝国		
2012/9/19	キルギスの叙事詩「マナス」におけるアジア統合の理念		
2012/9/26	欧州連合の事例に基づいてアジア共同体を構築するという観点		
2012/10/3	宗教－東洋の開発途上国による選択の一因である文明基盤	Djenish Dju-nushaliev	キルギス・ロシアスラブ大学
2012/10/10	アジア諸国：発展の方法を選択する		
2012/10/17	21世紀における東洋諸国の政治的不安定要素：危機を乗り越えるという問題		
2012/10/24	中央アジア諸国における社会・経済・文化の発展に対する国際協力機構（JICA）の貢献	Zainidin Kur-manov	キルギス・ロシアスラブ大学
2012/10/31	東洋の文明と，それが中央アジア諸国の近代化に対して有する影響力		
2012/11/7	現代の世界的な近代化過程における東洋文明の役割		
2012/11/14	統一されたアジア共同体の創設における中央アジアの立場と役割	メン・ドミトリー	カザフ国立大学
2012/11/21	カザフスタンと東南アジア諸国：貿易と経済協力		
2012/11/28	アジア諸国の発展に対する大シルクロードの影響	Valentine Voro-paeva	キルギス・ロシアスラブ大学
2012/12/5	中央アジア諸国の歴史における仏教の役割		

2012/12/12	シンガポール―中央アジアの発展のための事例	アスカー・ジャキシェフ	キルギス・ロシアスラブ大学
2012/12/19	現代の中央アジア諸国と東南アジア諸国との経済協力		
2012/12/26	試験		
2013/2/6	アジア諸国における民族・政治過程の諸問題と調和の方法		
2013/2/13	アジア諸国間に文化的・政治的・経済的な橋を架ける際の原則		
2013/2/20	現代の中央アジア諸国と東南アジア諸国との政治協力		
2013/2/27	中央アジアにおける東南アジアとの統合の重要な要素としての交通手段（鉄道・道路・航空）	Nina Kharch-enko	キルギス・ロシアスラブ大学
2013/3/6	アジアの人々の文化間の相互影響		
2013/3/13	帰属係争地域について解決し，アジア諸国間の国境を確定するという問題：解決策の模索		
2013/3/20	東洋の歴史文化空間における統合過程と豊かさ		
2013/3/27	遊牧民と稲作文明の文化的相互作用（歴史的側面）	Gulmira Dzhu-nusha-lieva	キルギス・ロシアスラブ大学
2013/4/3	文化遺産の保存に関するアジア諸国間の協力という問題		
2013/4/10	アジアにおける水問題：解決策		
2013/4/17	伝統的なアジアの服飾と現代の潮流		
2013/4/24	今日の伝統的アジア料理		
2013/5/8	伝統的なアジアの家屋と近代性		
2013/5/15	アジアの人々の心性における共通点と相違点		
2013/5/22	アジア共同体基金の目的と目標	佐藤洋治	ワンアジア財団
2013/5/29	試験	アスカー・ジャキシェフ	キルギス・ロシアスラブ大学

富山大学（日本・富山県）
創立 1949 年　在校生 9,266 名
初年度講座名　「アジア共同体論」　申請者　星野富一
受講生 50 名，奨学生 10 名

2012/4/11	イントロダクション	星野富一	富山大学
2012/4/18	東アジア経済圏の必然性	金奉吉	富山大学
2012/4/25	東アジア共同体構築と地域金融協力の進展	星野富一	富山大学
2012/5/2	―都市間競争論のブームとその問題点―	小柳津英知	富山大学
2012/5/9	中国人技能実習生の日本滞在と離脱	坂幸夫	富山大学
2012/5/16	東アジア共同体と経済格差の平準化	モヴシュク・オレクサンダー	富山大学
2012/5/23	東アジアの中の日本：　共生を求めて「東アジアの共生とアパレル産業の棲み分け」	根岸秀行	富山大学
2012/5/30	東アジアの観光流動と東アジア共同体	渡邉康洋	桜美林大学
2012/6/6	中台経済協力枠組協定と東アジア地域経済統合	王大鵬	富山大学
2012/6/13	「東アジアの地域的統合をめぐって」―ＦＴＡと食糧・農業問題―	酒井富夫	富山大学
2012/6/20	企業間における日中協力―池貝と上海電気集団の事例から―	青地正史	富山大学
2012/6/27	中国との共生をめざして	藤野文晤	富山県新世紀産業機構
2012/7/4	アジア共生社会の基礎作り―富山発国際教育交流	雨宮洋司	富山商船高専
2012/7/11	東アジア地域統合の課題と展望	進藤榮一	国際アジア共同体学会
2012/7/18	基調講義	佐藤洋治	ワンアジア財団

2 年目講座名　「アジア共同体論」　申請者　星野富一
受講生 70 名，奨学生 9 名

2013/4/17	イントロダクション	坂幸夫	富山大学
2013/4/24	北東アジアにおける地域経済圏形成の必然性	金奉吉	富山大学
2013/5/1	東アジア共同体と地域金融協力の展開	星野富一	富山大学
2013/5/8	東アジアの地域統合と産業・地域分析	小柳津英知	富山大学

2013/5/15	試験	坂幸夫	富山大学
2013/5/22	東アジアの共同体と経済格差の標準化	モヴシュク・オレクサンダー	富山大学
2013/5/29	東アジアの共生とアパレル産業の棲み分け	根岸秀行	富山大学
2013/6/5	東アジアの観光流動と東アジア共同体	渡邉康洋	桜美林大学
2013/6/12	東アジア地域の経済的連携と経済統合の可能性	王大鵬	富山大学
2013/6/19	アジアの地域的統合の総合的研究	酒井富夫	富山大学
2013/6/26	東アジア地域統合の探究	青地正史	富山大学
2013/7/3	中国の発展と現代	藤野文晤	富山県新世紀産業機構
2013/7/10	環日本海域共生社会づくりへの挑戦—富山での実践	雨宮洋司	富山商船高専
2013/7/17	アジア共同体と市民社会の役割	鄭俊坤	ワンアジア財団
2013/7/24	アジア力の世紀	進藤榮一	国際アジア共同体学会

祥明大学（韓国・ソウル）
創立 1937 年　在校生 10,000 名
初年度講座名　「アジア共同体論」　申請者　鄭賢淑
受講生 101 名，奨学生 19 名

2012/3/8	講義紹介及び課題※事前調査	鄭賢淑	祥明大学
2012/3/15	アジア時代の到来とアジア共同体構想	朴済勲	仁川大学
2012/3/29	アジア共同体創成の道	佐藤洋治	ワンアジア財団
	東アジア地域主義－理論と現実	崔永宗	韓国カトリック大学
2012/4/5	アジア統合の必要性と障害要因－アジア価値調査を中心に	鄭賢淑	祥明大学
2012/4/12	アジアの文化と歴史	崔載憲	建国大学
2012/4/19	アジアの歴史の葛藤と和解	朱鎭五	祥明大学
2012/4/26	中間試験	鄭賢淑	祥明大学
2012/5/3	アジアの宗教と文化	呉仁軾	祥明大学
2012/5/10	韓中日の大衆文化産業の比較と協力法案	Shin Hakyo-ung	淑明女子大学

2012/5/24	韓中日のゲーム産業と協力法案	Rhee Dae-woong	祥明大学
2012/5/31	韓中日の大学生の価値比較	張秀智	国立慶尚大学
2012/6/7	韓中日の家族と親子関係	Jung Suny-oung	仁川大学
2012/6/14	アジア共同体のビジョンと韓国の役割	鄭賢淑	祥明大学
2012/6/21	アジア共同体と市民社会の役割	鄭俊坤	ワンアジア財団

2年目講座名 「アジア共同体論」 申請者 鄭賢淑
受講生 120 名，奨学生 17 名

2013/3/6	アジア共同体論の講義オリエンテーション	鄭賢淑	祥明大学
2013/3/13	アジア時代の到来とアジア共同体構想	朴済勲	仁川大学
2013/3/20	アジア統合の必要性と障害要因	鄭賢淑	祥明大学
2013/3/27	東アジア地域主義－理論と現実	崔永宗	韓国カトリック大学
2013/4/3	中国経済とアジア経済協力	金民洙	仁川大学
2013/4/10	アジア共同体創成の道－哲学的アプローチ	パク・ヨンジュン	亜洲大学
2013/4/17	アジア金融協力	パク・ヨンジュン	亜洲大学
2013/5/1	アジアの歴史の葛藤と和解	朱鎮五	祥明大学
2013/5/8	アジアの地理と文化	崔載憲	建国大学
2013/5/15	アジアの宗教と文化	Lee Heesoo	漢陽大学
2013/5/22	日本の社会と文化－大衆文化を中心に	Shin Hakyo-ung	淑明女子大学
2013/5/29	韓中日の文化産業と協力法案	Rhee Dae-woong	祥明大学
2013/6/5	公募展報告書提出	鄭賢淑	祥明大学
2013/6/12	アジア共同体と市民社会の役割	鄭俊坤	ワンアジア財団

清華大学（中国・北京市）

創立 1911 年　在校生 39,470 名

初年度講座名　「アジア共同体講義シリーズ：東洋と西洋の建築及び都市文化の比較」　申請者　劉健

受講生 67 名

2012/2/20	アジア共同体を理解する	佐藤洋治	ワンアジア財団
2012/2/27	現代の地域主義と共同体	Alexander Tzonis	TU Delft
2012/3/5	共同体と第三のエコロジーの設計	Alexander Tzonis	TU Delft
2012/3/12	建築の連続性について	Zhang Li	清華大学
2012/3/19	共存と発展：21 世紀のアジア共同体のための建築パラダイム	国広ジョージ	国士舘大学
2012/3/26	文化と環境の持続可能性に関するある建築家の話：アジアの都市の事例	国広ジョージ	国士舘大学
2012/3/31	中間試験	劉健	清華大学
2012/4/9	1950 年以降の中国の都市形成：遠くから見る	Peter Rowe	ハーバード大学
2012/4/16	東アジア都市における新興建築地域	Peter Rowe	ハーバード大学
2012/4/23	中国の都市指数と，勃興しつつあるアジア共同体に対するその含意	Zhu Wenyi	清華大学
2012/5/7	欧州におけるゆとりある社会のための空間計画と，アジア共同体に対するその含意	Klaus Kunzmann	ドルトムント工科大学
2012/5/14	創造的文化の発展と，欧州の都市に対するその影響	Klaus Kunzmann	ドルトムント工科大学
2012/5/21	気候変動と居住地域の科学	Gary Hack	ペンシルベニア大学
2012/5/28	アジア共同体における西洋都市モデルの定着	Gary Hack	ペンシルベニア大学

2 年目講座名　「アジア共同体講義シリーズ：東洋と西洋の建築及び都市文化の比較」　申請者　劉健

受講生 32 名，奨学生 6 名

| 2013/2/25 | 世界的問題：アジア共同体への／からの影響と変化とは | Gaetan Siew | Past UIA President |

資料 1　アジア共同体講座のシラバス　51

2013/3/4	グローバリゼーションと都市：アジア共同体への／からの影響と変化とは	Gaetan Siew	Past UIA President
2013/3/11	文化，社会，環境：アジア共同体における建築の役割	国広ジョージ	国士舘大学
2013/3/18	東アジアの近代：現代都市の形成	Peter Rowe	ハーバード大学
2013/3/21	アジア共同体の建築：近代中国における本質・形式と建築との邂逅	Peter Rowe	ハーバード大学
2013/4/1	アジア共同体における景観建築の伝統	Zhu Yufan	清華大学
2013/4/8	欧州から見たアジアの都市	Michele Bonino	Politecnico di torino
2013/4/22	アジア共同体の建築：韓国における建築の新潮流	Chough Sungjung	Ilkun Architects and Engineers
2013/4/29	古代中国における空間の文化形態	Zhang Jie	清華大学
2013/5/6	住宅と社会的衡平性：アジアの諸共同体と欧州の諸共同体にとっての課題	Jurgen Rose-mann	デルフト工科大学
2013/5/13	持続する都市：アジアと欧州における伝統と機会	Jurgen Rose-mann	デルフト工科大学
2013/5/20	アジア共同体の伝統を尊重した景観建築の実践	Ron Hender-son	デルフト工科大学
2013/5/27	中国の新しいグローバル共同体の形成	Gary Hack	ペンシルベニア大学
2013/6/3	地域社会にとって都心は住みやすい場所であり得るか：アジア共同体に対する示唆	Gary Hack	ペンシルベニア大学
2013/6/10	最終試験および奨学金授与	佐藤洋治	ワンアジア財団

東京大学教養学部（日本・東京都）
創立 1868 年　在校生 27,348 名
初年度講座名　「東アジア共同体論」　申請者　木宮正史
受講生 30 名

2012/4/13	イントロダクション	木宮正史	東京大学
2012/4/20	東アジア共同体の戦前と戦後	浅野豊美	中京大学
2012/4/27	冷戦と東アジア地域主義	李鍾元	早稲田大学
2012/5/11	東アジア地域主義の歴史的展開	曹良鉉	韓国国立外交院
2012/5/16	歴史認識と東アジア共同体	和田春樹	東京大学

2012/5/25	日韓国交正常化交渉と歴史認識	李元徳	国民大学
2012/6/1	歴史認識問題の解法をめぐって	南基正	ソウル大学
2012/6/8	日韓ＦＴＡ・ＴＰＰ・東アジア共同体	深川由起子	早稲田大学
2012/6/15	外交の現場から見た東アジア共同体	金炳辰	韓国外交通商部
2012/6/22	安全保障と東アジア共同体	陳昌洙	世宗研究所
2012/6/29	北朝鮮を東アジア共同体にどのように組み入れるか	朴正鎮	ソウル大学
2012/7/6	中国と東アジア共同体	朱建榮	東洋学園大学
2012/7/13	まとめ・総合討論	姜尚中	東京大学情報学環

2年目講座名 「アジア共同体の展望と歴史認識問題」 申請者 外村大
受講生29名

2013/10/11	「亜細亜」の発明	三谷博	東京大学
2013/10/18	第二次世界大戦の歴史（再）記述：戦後台湾における台湾人日本兵の忘却と記憶	藍適斉	中山大学
2013/10/25	歴史とモノ：台湾の和風古民家が繋ぐ時空間	松田ヒロ子	神戸女学院大学
2013/11/1	「中国朝鮮族」という枠組みの過去と現在―東アジア近現代史の視座から―	李海燕	東京理科大学
2013/11/8	市民の協働による新たな歴史認識の可能性―米国における従軍慰安婦記念碑運動―	李洙任	龍谷大学
2013/11/15	文化財「返還」からみた日韓関係と歴史認識の問題	柳美那	国民大学
2013/11/19	日中韓の３国共通歴史教材について	松本武祝	東京大学
2013/12/6	蒙民厚生会の設立とその活動	那荷芽	内蒙古大学
2013/12/13	帝国主義の時代の東アジアとその理解	村田雄二郎	東京大学
2013/12/20	在日外国人子どもたちの現場から～ともに生きるための課題を考える～	大石文雄	ＮＰＯ法人　在日外国人生活教育相談センター信愛塾
2014/1/10	日韓葛藤の背景と未来に向けての展望―ふたたび和解のために―	朴裕河	世宗大学
2014/1/24	いま，なぜアジア共同体なのか	鄭俊坤	ワンアジア財団
2014/1/27	日韓関係と歴史的課題	石坂浩一	立教大学
2014/11/11	特別講演会	朴裕河	世宗大学

東京大学情報学環（日本・東京都）

創立 1868 年　在校生 27,642 名
初年度講座名　「アジアの広域的統合をめぐるプロジェクト」　申請者　姜尚中
受講生 30 名

2012/10/17	イントロダクション	姜尚中	東京大学
2012/10/24	グローバル化と地域統合	ケント・E・カルダー	ジョンズ・ホプキンス大学
2012/10/31		和田春樹	東京大学
2012/11/7		進藤榮一	筑波大学
2012/11/14	新しい地域主義（NewRegionalism）の可能性	B・ヘトゥネ	Gothenburg 大学
2012/11/21		蔡東杰	台湾国立中興大学
2012/11/28		丁世鉉	元韓国統一部
2012/12/5		P・エンガルディオ	Business Week 誌アジア版
2012/12/12	東アジアとＥＵ	谷口誠	前岩手県立大学
2012/12/19		植田隆子	国際基督教大学
2013/1/9	東アジアとアメリカ	李鐘元	立教大学
2013/1/16		高原明生	東京大学
2013/1/23		金ヒョンジン	韓国外交通商部北米局
2013/1/30	総括	姜尚中	東京大学
		木宮正史	東京大学
		佐藤洋治	ワンアジア財団

2 年目講座名　「危機のなかの東アジア共同体」　申請者　木宮正史
受講生 17 名

2013/10/8	授業のイントロダクション	木宮正史	東京大学
2013/10/15	休講		
2013/10/22	日韓共同授業：東アジア海洋領土紛争		
2013/10/29	日本から見た 2013 年の日中関係	天児慧	早稲田大学大学院
2013/11/5	中国の視点から見た朝鮮半島	金景一	北京大学
2013/11/12	韓国の視点から見た朝鮮半島：経済協力の視点から	梁文秀	北韓大学院大学
2013/11/19	北朝鮮	朴正鎮	津田塾大学

2013/11/26	日韓領土問題の新たな解法模索：歴史と国際法学の視点から	玄大松	国民大学
2013/12/3	日韓関係の未来構想	朴喆熙	ソウル大学
2013/12/10	日中関係	劉傑	早稲田大学大学院
2013/12/17	韓国の視点から見た中国	李南柱	聖公会大学
2014/1/7	休講		
2014/1/14	アジア共同体の構想とワンアジア財団の活動	佐藤洋治	ワンアジア財団
2014/1/21	各自のレポートをめぐる議論	木宮正史	東京大学

筑波大学（日本・茨城県）

創立 1973 年　在校生 15,800 名
初年度講座名　「アジア共同体の政治経済学−第二段階に入った地域統合の動きをどう進めるか−」　申請者　波多野澄雄
受講生 30 名

2012/9/26	「東アジア共同体」構想と日本	波多野澄雄	筑波大学
2012/10/10	政治指導者の秩序観と戦後日本の対中外交—拙著『冷戦構造の変容と日本の対中外交』を中心に	神田豊隆	早稲田大学
2012/10/30	日ロ関係の現状と将来	Dmitri Streltsov	モスクワ国際関係大学
2012/11/7	ASEAN+3 を中心としたアジアの統合酵素の消長を国際政治経済学の観点から考察する	鈴木隆	愛知県立大学
	アジア共同体に向けて ASEAN の貢献の可能性と課題	鈴木隆	愛知県立大学
2012/11/14	近年の中国の対 ASEAN 政策	川島真	東京大学
2012/12/4	SMK　トランスナショナル経営におけるアジアビジネス	池田靖光	ＳＭＫ株式会社
2012/12/18	中国の台頭と東アジア	川島真	東京大学
2012/12/19	東アジアの経済発展と中小企業	黒瀬直宏	嘉悦大学
2013/1/9	日米関係・鹿児島	孫崎享	東アジア共同体研究所
2013/1/30	革新的エネルギー・環境戦略をめぐる議論	松下和夫	京都大学
2013/2/6	リオからリオ +20 へ—私たちの望む未来—	松下和夫	京都大学

資料 1　アジア共同体講座のシラバス　55

2013/2/13	「ポスト・ベトナム」における東南アジアと日本の関わり	佐藤晋	二松学舎大学
2013/2/20	本講座寄付財団理事長講義	佐藤洋治	ワンアジア財団
2013/2/27	日本外交と「歴史問題」	波多野澄雄	筑波大学

2年目講座名 「グローバル・アジアと日本－アジア共同体への道筋を探る－」 申請者 波多野澄雄
受講生 40 名

2013/10/2	地域主義と日本外交	波多野澄雄	筑波大学
2013/10/9	「ＡＳＥＡＮ共同体」の可能性についての現状と課題	首藤もと子	筑波大学
2013/10/16	日本・東南アジア関係史における沖縄	後藤乾一	早稲田大学
2013/10/23	核不拡散・軍縮とアジア共同体の役割について考察を試みる。	佐藤丙午	拓殖大学
2013/10/30	日ロ関係の現状と将来	Dmitri Streltsov	モスクワ国際関係大学
2013/11/13	チベット仏教	牛黎濤	大正大学
2013/11/20	東南アジアの現状	鈴木隆	愛知県立大学
2013/11/27	韓国から見たアジア共同体	尹文九	東京福祉大学
2013/12/4	ＳＭＫ　トランスナショナルとアジア戦略	池田靖光	ＳＭＫ株式会社
2013/12/11	中国経済の台頭と東アジア	関志雄	野村市場資本研究所
2013/12/18	中国の台頭と東アジア	川島真	東京大学

九州大学（日本・福岡県）
創立 1911 年　在校生 18,967 名
初年度講座名 「トランスボーダー時代の東アジア市民社会論－東アジア共同体に向けたビジョンの共有－」 申請者 松原孝俊
受講生 213 名，奨学生 10 名

2012/4/11	海峡あれど，国境なし──東アジア地域連携とグローバル人材育成戦略	松原孝俊	九州大学
2012/4/18	東アジアの双子国家	小比木政夫	韓国研究センター
2012/4/25	日本外交官が見た中国と韓国〜日本へのメッセージ	道上尚史	在韓国日本大使館公使
2012/5/2	日韓海峡圏でアジアを学ぶ	佐々木亮	朝日新聞諫早支局

2012/5/9	LOOK KOREA ～学ぶべき対象としての韓国	加峯隆義	九州経済調査協会
2012/5/16	我が国の経験と国際社会～高齢化社会の現実～	菊池和博	福岡財務支局
2012/5/23	東アジア・サイエンスイノベーションエリア構想の実現に向けて	角南篤	政策研究院大学院大学
2012/5/30	東アジアの安全保障と日韓関係	崔慶原	韓国研究センター
2012/6/6	世界におけるアジアのアートマーケット	辛美沙	MISA SHIN GALLERY
2012/6/13	東アジアの科学技術～競争と協力のために～	岩渕秀樹	内閣官房参事官
2012/6/20	学生に望むこと，三井物産の挑戦と創造	福地和彦	三井物産株式会社
2012/6/27	韓国・朝鮮史を理解することの意味	濱田耕策	九州大学
2012/7/4	東アジア共通課題の解決——エネルギー環境理工学の国際連携教育と研究	寺岡靖剛	九大総合理工研究院
2012/7/11	東アジア地域統合へのロードマップ——九州大学生への提言	鄭俊坤	ワンアジア財団
		松原孝俊	九州大学
2012/7/25	試験	松原孝俊	九州大学

2 年目講座名 「東アジア地域統合論」 申請者 松原孝俊
受講生 250 名，奨学生 10 名

2013/10/2	オリエンテーション	松原孝俊	九州大学
2013/10/9	グローバル貿易の形態の変化と地域サプライチェーンの役割の成長	金昌洙	釜山大学
2013/10/16	「アジアに軸を置く（Pivot to Asia）」方針を定義する：北東アジアにおける米国の外交政策目標	Robert Kelly	釜山大学
2013/10/23	東アジア地域主義：貿易および金融における協力と東アジア共同体の展望	Kim Jinyoung	釜山大学
2013/10/30	東アジア・儒教社会の変容	松原孝俊	九州大学
2013/11/6	2～5 回について遠隔討論	松原孝俊	九州大学
2013/11/13	東アジアにおける「儒教の長い平和」？	Robert Kelly	釜山大学
2013/11/20	日本の科学技術外交	Sunami Atsushi	政策研究大学院大学
2013/12/4	日本と韓国における意思決定	Joe Phillips	釜山大学

2013/12/11	シャーマンとサムライ：スポーツを通して韓国と日本の国民性を解釈する	William Pore	釜山大学
2013/12/18	近年の危機における韓国人の経験と開放経済	金栄載	釜山大学
2014/1/8	1905 年～1945 年の朝鮮半島と満州国における日本の植民地教育「言葉の力を信じる」	Andrew Reed Hall	九州大学
2014/1/15	アジア共同体の創成に向かって	佐藤洋治	ワンアジア財団

中山大学（中国・広州）

創立 1924 年　在校生 42,926 名
初年度講座名　「アジア共同体のビジョンと実践」　申請者　魏志江
受講生 230 名，奨学生 20 名

2012/9/15	ASEAN とアジア共同体の構築	王子昌	暨南大学
2012/9/21	国際関係学的な視点による東アジア共同体の研究	汪新生	中山大学
2012/9/25	アメリカのオバマ政権と東アジア共同体	周琪	中国社会科学院
2012/9/28	東アジア共同体の構築における文化的要素	張宇権	中山大学
2012/10/12	アジア・太平洋における戦略的環境の変化と共同体の障害	林利民	現代国際関係研究院
2012/10/19	中米関係とその東アジア共同体に対する影響	沈丁立	復旦大学
2012/10/22	アジアの金融と地域経済協力	張志文	中山大学
2012/10/25	南海の環境協力と環境安全共同体	王小民	広東外語外貿大学
2012/10/29	アジア共同体の展開	鄭俊坤	ワンアジア財団
2012/11/2	中日韓三国の戦略的関係と東アジア政治共同体	喻常森	中山大学
2012/11/8	中韓歴史文化関係とアジア共同体	李钟书	蔚山大学
2012/11/13	東アジアの歴史教育とアジア共同体	許寿童	三亜学院
2012/11/20	東アジアの非伝統安全協力とアジア共同体	余瀟枫	浙江大学
2012/11/25	東アジアの新地域主義とアジア共同体	魏志江	中山大学
2012/11/30	アジア共同体のビジョン	佐藤洋治	ワンアジア財団

2 年目講座名 「東アジア共同体の理論と実践」 申請者　魏志江
受講生 120 名，奨学生 15 名

2013/9/27	国際関係学視野下の東アジア共同体研究	汪新生	中山大学
2013/10/4	中日韓三カ国の関係と東アジア共同体	魏志江	中山大学
2013/10/18	周辺からみる中国——一つ新しい研究の視野	孫衛国	南開大学
2013/10/25	"アジア論術"の再構築と解構	金俊	浙江樹人大学
2013/11/1	東アジア共同体のビジョンと実践	谷垣真理子	東京大学教養学部
2013/11/6	米国の再バランスの戦略とアジア太平洋地域の雰囲気	楚樹竜	清華大学
2013/11/8	韓中関係と東北アジアの国際区域と提携する	李奎泰	カトリック関東大学
2013/11/15	アジア通貨協力とアジア共同体の構築	張志文	中山大学
2013/11/29	東南アジア諸国連合（asean）とアジア共同体の構築	王子昌	曁南大学
2013/12/6	北朝鮮の経済開発戦略と東アジア経済協力	張東明	遼寧大学
2013/12/7	安全を共有して，新しい安全研究する中国の視野	余瀟枫	浙江大学
2013/12/9	オーストラリアの外交政策と中国：新たな時代	Andrew O'Neil	Griffith Asia Institute
2013/12/19	インド，中国，および世界秩序の再編成が生じる過程	Manoranjan mohanty	デリー大学
2013/12/20	北東アジア安保環境と中米新型大国関係の構築	仇華飛	同済大学
2013/12/27	今なぜアジア共同体なのか——その必要性と意味—	鄭俊坤	ワンアジア財団

東北財経大学（中国・大連）

創立 1952 年　在校生 15,000 名
初年度講座名 「アジア共同体の創成に向けた課題」 申請者　張抗私
受講生 108 名，奨学生 15 名

2012/3/8	アジア共同体構築の必要性と今後の課題	張抗私	東北財経大学
2012/3/15	中国労働市場と性別就業差別問題	張抗私	東北財経大学
2012/3/22	アジア文化の遡源と経済合作組織	王詢	

2012/3/29	労働市場の男女差別とアジア共同体	張抗私	東北財経大学
2012/4/5	アジア経済の比較研究	陳勇	東北財経大学
2012/4/12	アジア産業構造の現状，問題	于左	産業組織と企業組織研究センター
2012/4/19	アジア社会保障問題の比較研究	趙秋成	東北財経大学
2012/4/26	日本の労働問題と労働派遣・人材育成	李麦收	河南大学
2012/5/10	アジア大学生就職の現状及び問題の比較研究	趙建国	東北財経大学
2012/5/17	アジア社会と価値観	王詢	
2012/5/24	アジア性別保護政策の比較研究	張抗私	東北財経大学
2012/5/31	アジア経済合作の文化と経済基礎	陳勇	東北財経大学
2012/6/7	アジア金融合作の潜在エネルギーと展望	趙建国	東北財経大学
2012/6/14	日本就職の現状及び問題	李麦收	河南大学
2012/6/19	鄭俊坤による講演	鄭俊坤	ワンアジア財団

2 年目講座名　「アジア共同体の創成に向けた課題」　申請者　張抗私
受講生 70 名，奨学生 13 名

2013/3/12	アジア共同体中の労働市場	張抗私	東北財経大学
2013/3/19	アジア共同体中の女性労働	張抗私	東北財経大学
2013/3/26	アジア経済合作組織の文化背景	王詢	
2013/4/2	アジア共同体の必要性と労働合作	泉田真理	東北財経大学
2013/4/9	アジア経済の比較研究	陳勇	東北財経大学
2013/4/16	アジア産業構造および問題	于左	産業組織と企業組織研究センター
2013/4/23	アジア社会保障問題の比較研究	趙秋成	東北財経大学
2013/4/30	アジア共同体に関するオリエンテーション	李麦收	河南大学
2013/5/7	アジア大学生就職の現状及び問題の比較研究	趙建国	東北財経大学
2013/5/14	アジア社会と価値観	王詢	
2013/5/21	労働派遣・人材育成など労働問題の比較研究	張抗私	東北財経大学
2013/5/28	アジア経済合作の文化と経済基礎	陳勇	東北財経大学
2013/6/4	アジア金融合作の潜在エネルギーと展望	趙建国	東北財経大学
2013/6/11	アジア共同体中の金融リスク管理について	金在仁	ソウル市立大学
2013/6/18	今なぜアジア共同体なのか	鄭俊坤	ワンアジア財団

国立曁南国際大学（台湾・南投県）

創立 1995 年　在校生 6,116 名
初年度講座名　「アジア共同体と教育」　申請者　楊武勲
受講生 58 名，奨学生 33 名

2012/2/20	アジア共同体とアジア文化のアイデンティティ	蔡東傑	国立中興大学
2012/3/5	アジア各国の教育革新	呉清山	国家教育研究院
2012/3/12	アジア共同体の創成に向かって	佐藤洋治	ワンアジア財団
2012/3/19	台湾高等教育の東南アジアへの輸出	陳佩修	国立曁南国際大学
2012/3/26	台湾高等教育の発展と財団法人国際合作基金会（ＩＣＤＦ）の役割	李栢淳	財団法人国際合作基金会
2012/4/9	アジアと台湾との国際教育交流の現状	林文通	教育部国際與兩岸教育司
2012/4/16	東アジア共同体と人権の保障	江林英基	明海大学
2012/4/23	韓国の教育発展：比較的視野から	申正澈	ソウル大学
2012/4/28	教育国際化シンポジウム：大学学生の理解，世界観の経験とグローバル市民性	Luanna H.Meyer	ヴィクトリア大学
	教育国際化シンポジウム：日本における国際教育（国際化）の最近の発展と課題	太田浩	一橋大学
	教育国際化シンポジウム：ヨーロッパ高等教育の発展	Juan Manuel Fernandez Soria	バレンシア大学
2012/4/29	教育国際化シンポジウム：台湾における日本教育研究・日本における台湾教育研究	山崎直也	国際教養大学
2012/5/7	日本における教師改革の趨勢の分析	楊思偉	国立台中教育大学
2012/5/14	地域内の協力か競争か？アジアにおける越境する高等教育と影響力をもつ地域主義	莫家豪	香港教育大学
2012/5/21	高等教育の国際ネットワークと東アジアの統合	杉村美紀	上智大学
2012/5/28	東アジア地域協力	岡田健一	日本交流協会
2012/6/4	新しい移民・心でサービス―多文化を尊重する新しい措置―	謝立功	内政部出入国・移民署
2012/6/11	期末テスト	楊武勲	国立曁南国際大学
2012/6/18	授業の回顧と奨学金表彰式	楊武勲	国立曁南国際大学

2 年目講座名　「アジア共同体と教育」　申請者　楊武勲
受講生 107 名，奨学生 31 名

2013/2/18	東アジア共同体：地縁政治下における各自の表現	蔡増家	国立政治大学
2013/2/25	台湾とアジアにおける客家の社会文化：一つの比較	蕭新煌	中央研究院
2013/3/4	日本における高等教育の発展と留学奨学金制度	楊武勲	国立暨南国際大学
2013/3/11	台日交流の現況	黄明朗	亜東関係協会
2013/3/25	アジアにおける台湾の国際教育戦略	林文通	教育部国際與両岸教育司
2013/4/8	今後の東アジア情勢を地政学的に考える	梅原克彦	国際教養大学
2013/4/15	中国大陸における教育公平性の現状分析と対策	楊雄	上海社会科学院
	多元文化社会と教育—日本の華僑学校における 100 年の実践	裴暁蘭	上海社会科学院
2013/4/22	東アジア時代の文化展望	崔官	高麗大学
2013/4/27	広く認識されている問題と，論争的な解決策：アジアにおける高等教育開発の課題と戦略	David Chap-man	Distinguished Internatinal
	日本の高等教育・仕事の特徴と課題	金子元久	筑波大学
	経済の柱を多様化し，技術革新と研究開発を強化する：香港の経験から	莫家豪	香港教育大学
2013/4/29	脱コモディティ化時代における中国高等教育の課題—学生の変化と教育機関の対応—	鮑威	北京大学
2013/5/6	アジアの若い消費者にとっての日本の大衆文化	Lynne Y. Nakano	香港中文大学
2013/5/13	東アジアの戦略環境	岡田健一	日本交流協会
2013/5/20	日本，安倍新政権新動向	江林英基	明海大学
2013/5/27	教育，政治，および現代の日中関係	Edward Vickers	九州大学
2013/6/10	2013 年マレーシア全国大会	陳佩修	国立暨南国際大学
2013/6/17	アジア共同体の創成に向かって	佐藤洋治	ワンアジア財団

北海道大学（日本・北海道）

創立 1876 年　在校生 18,227 名

初年度講座名　「（前期）アジア政治論　北海道大学　（後期）国際政策持論－東アジア共同体を考える」　申請者　遠藤乾

受講生 30 名

2012/4/6	アジアとは何か？	中島岳志	北海道大学
2012/4/13	オリエンタリズム論とアジアの近代		
2012/4/20	「不二一元」論とアジア的認識－ヒンドゥー教の近代		
2012/4/27	植民地支配とポスト・コロニアル		
2012/5/11	ナショナリズム論－国民主権・平等・愛国		
2012/5/18	アジア的宗教多元主義へ		
2012/5/25	ガンディーの思想と理想		
2012/6/1	世界は多元的であるがゆえに一つである	安藤礼二	
2012/6/8	井筒俊彦とアジア	若松英輔	
2012/6/15	近代日本のアジア主義とナショナリズム―西郷隆盛から玄洋社へ	中島岳志	北海道大学
2012/6/22	「アジアは一つ」の理想と現実―岡倉天心と大川周明		
2012/6/29	岡倉天心とアジア	稲賀繁美	
2012/7/6	アジア主義と超国家主義	片山杜秀	
2012/7/13	田中智学の超国家主義とアジア	大谷栄一	
2012/7/20	アジア共同体論の課題	中島岳志	北海道大学
2012/9/28	ガイダンス	池直美	北海道大学
2012/10/5	地域統合の理論化と問題点	林成蔚	公共政策大学院
2012/10/12	地域統合と主権ディスコース	池直美	北海道大学
2012/10/19	東アジア共同体と憲章草案	林成蔚	公共政策大学院
2012/10/26	東アジア共同体と朝鮮半島	池直美	北海道大学
2012/11/2	アジア地域安全保障制度化と中国	林成蔚	公共政策大学院
2012/11/9	地域統合と移動するマイノリティ	池直美	北海道大学
2012/11/16	地域統合とアイデンティティ	林成蔚	公共政策大学院
2012/11/30	（無題）	張鳴	中国人民大学
2012/12/7	（無題）	光辻克馬	東京大学
2012/12/14	（無題）	陳昌洙	世宗研究所
2012/12/21	（無題）	柿澤未知	外務省
2013/1/11	（無題）	龍澤武	東アジア出版人会議

資料 1　アジア共同体講座のシラバス　63

| 2013/1/18 | アジア共同体の創成に向けて | 佐藤洋治 | ワンアジア財団 |
| | アジア共同体論を考える！ | 三村光弘 | ＥＲＩＮＡ |

2年目講座名　「（前期）一般教育演習：アジアにおける境界線−姿見を抜けて　北海道大学　（後期）国際政策持論−東アジア共同体を考える」　申請者　遠藤乾
受講生 57 名

2013/4–2013/7	ガイダンス	池直美	北海道大学
2013/4–2013/7	グローバル移民の時代とアジア共同体		
2013/4–2013/7	エスニシティの多様性		
2013/4–2013/7	グローバリエーション・移民・都市		
2013/4–2013/7	アジア移民の展開		
2013/4–2013/7	タイにおけるラオス移民	Decha Tang-seefa	タマサート大学
2013/4–2013/7	フィリピン人の労働移民	矢野秀徳	広島修道大学
2013/4–2013/7	シンガポールにおけるマレーシア労働移民	田村慶子	北九州大学
2013/4–2013/7	韓国における移民	池直美	北海道大学
2013/4–2013/7	日本における移民	明石純一	筑波大学
2013/4–2013/7	台湾における移民	陳天璽	早稲田大学
2013/4–2013/7	旧ソ連圏における移民	堀江典生	富山大学
2013/4–2013/7	サハリン韓人	韓恵仁	成均館大学

2013/9/29	ガイダンス	池直美	北海道大学
2013/10/4	地域統合の理論化と問題点		
2013/10/11	地域統合と主権ディスコース		
2013/10/18	東アジア共同体と憲章草案		
2013/10/25	東アジア共同体と朝鮮半島		
2013/11/1	アジアの地域安全保障制度化と中国		
2013/11/8	地域統合と移動するマイノリティ		
2013/11/15	地域統合とアイデンティティ		
2013/11/29	アジア共同体論を考える！（現代中国）	津上俊哉	津上工作室
2013/12/6	アジア共同体論を考える！（政治）	小林万里子	文部科学省
2013/12/13	アジア共同体論を考える！（メディア論）	津田大介	慶應義塾大学
2013/12/20	アジア共同体論を考える！（平和構築）	古沢嘉朗	関西外国語大学
2014/1/10	アジア共同体論を考える！（日本政治）	陳昌洙	世宗研究所
2014/1/17	アジア共同体論を考える！（政治）	細野豪志	衆議院
2014/1/24	なぜ今アジア共同体なのか	鄭俊坤	ワンアジア財団
	本講義のまとめ	池直美	北海道大学

立命館大学（日本・京都府）
創立 1900 年　在校生 32,449 名
初年度講座名　「アジア共同体形成のための課題と展望－理論，歴史，地域，方法－」　申請者　中戸祐夫
受講生 84 名，奨学生 10 名

2012/4/13	アジア共同体について考える	中戸祐夫	立命館大学
2012/4/20	東アジア FTA とアジア共同体	裴光雄	大阪教育大学
2012/4/27	北朝鮮経済とアジア共同体	キム・ビョンヨン	ソウル大学
2012/5/11	日韓関係とアジア共同体	キム・ポソプ	中央大学（韓国）
	金正恩体制とアジア共同体	チェ・ジンウク	韓国統一研究院
2012/5/18	インドとアジア共同体	押川文子	京都大学
2012/5/25	ヨーロッパの経験から考えるアジア共同体	星野郁	立命館大学
2012/6/1	韓国の国防改革とアジア共同体	ホン・キュドク	淑明女子大学
2012/6/8	中朝関係とアジア共同体	李虎男	大阪経済法科大学

資料 1　アジア共同体講座のシラバス　65

2012/6/15	ブータンとアジア共同体	Manfred Ring-hofer	大阪産業大学
2012/6/22	ロシアからみるアジア共同体	アレクサンダー・ヴォロンチョフ	ロシア科学アカデミー
2012/6/29	アジア共同体の方法	鄭俊坤	ワンアジア財団
2012/7/6	ミャンマーとアジア共同体	松田正彦	立命館大学
2012/7/13	中国からみるアジア共同体	賀平	復旦大学
2012/7/21	中央アジアとアジア共同体	李愛俐娥	早稲田大学
2012/7/27	アジア共同体への理念と道	鄭俊坤	ワンアジア財団

2年目講座名 「アジア共同体形成のための課題と展望」 申請者 文京洙
受講生70名，奨学生12名

2013/4/12	授業計画と概要	文京洙	立命館大学
2013/4/19	混迷する東アジアのリージョナリズムとTPP－東アジアのリージョナリズムの危うさ	坂田幹男	福井県立大学
2013/4/26	ヨーロッパの経験から考えるアジア共同体	星野郁	立命館大学
2013/5/10	中央アジアとアジア共同体	李愛俐娥	早稲田大学
2013/5/17	「東アジア金融統合の国際政治」	中逵啓示	立命館大学
2013/5/18	移住労働者と東アジア共同体	全信子	縁辺大学
2013/5/24	北朝鮮：金正日から金正恩へ	平井久志	立命館大学
2013/5/31	グローバリゼーションとアジア共同体	小倉和夫	国際交流基金
2013/6/7	インドとアジア共同体	押川文子	京都大学
2013/6/14	東アジアの経済発展と地域協力	西口清勝	立命館大学
2013/6/21	アジア地域とラテンアメリカの関係における新潮流	ビクトル・ロペス・ビジャファーニエ	モンテレー工科大学
2013/6/28	欧州連合の対外活動：波及と欧州近隣国政策	Carlos de Cueto	グラナダ大学
2013/7/5	ミャンマーとアジア共同体	松田正彦	立命館大学
2013/7/12	東アジアのCSRとアジア共同体	Lee Hyun-sook	ハンギョレ経済研究所
2013/7/19	アジア共同体への理念と道	佐藤洋治	ワンアジア財団

アバイ記念カザフ国立教育大学（カザフスタン・アルマティ）

創立 1928 年　在校生 25,000 名
初年度講座名　「アジア協力の視点」　申請者　メン・ドミトリー

2012/2/2	アジア共同体の概念のその進展	D. V. Men	アバイ記念カザフ国立教育大学
2012/2/16	グローバリゼーションと民族国家の変容	A. K. Abisheva	アバイ記念カザフ国立教育大学
2012/3/1	EU の統合と拡大	Agnes Tuck	ペーチ大学
2012/3/29	アジアの民族政治プロセス	D. V. Men	アバイ記念カザフ国立教育大学
2012/4/5	アジアの異教徒間関係：これまでの経験と今後の趨勢		
2012/4/19	カザフ－朝鮮の経済的・文化的紐帯	Chong Beng Soon	
2012/5/10	カザフスタンの石油・ガスコンビナートの現況と今後の展望	O. I. Egorov	カザフスタン教育科学省経済研究所
2012/5/14	アジア地域のエネルギー分野での協力		
2012/9/27	アジア共同体の技術面のリーダーである日本の役割	G. B. Nurli-hina	アバイ記念カザフ国立教育大学
2012/10/11	アジアの環境保護分野における協力	B. N. Myubayeva	アバイ記念カザフ国立教育大学
2012/10/21	世界文学の分野におけるアジアのアイデンティティ現象	L. V. Safrono-va	アバイ記念カザフ国立教育大学
2012/10/25	グローバル化現象としての移住	B. O. Zhangut-tin	アバイ記念カザフ国立教育大学
2012/11/15	アジアの労働移住	M. S. Sadyrova	アバイ記念カザフ国立教育大学
2012/11/29	アジアの状況に即した人間開発のための移住政策	B. O. Zhangut-tin	アバイ記念カザフ国立教育大学
2012/12/6	北東アジアの隣国同士間の移住		
2012/12/20	西と東：伝統と近代性	D. A. Aman-zholova	モスクワ・観光・サービス産業大学

2013/2/7	アジアの文化と伝統	L. Larina	ロモノソフ記念モスクワ大学
2013/2/14	アジアの現代民族国家の精神と価値観に拠る統一体形成問題	A. K. Abisheva	アバイ記念カザフ国立教育大学
2013/2/19	カザフスタンと日本の文化交流による対話		
2013/2/25	旧ソ連内欧亜の「中央」言語対「周辺」言語の機能に見る	Rafael Guzman Tirado	グラナダ大学
2013/2/27	アジアの少数民族言語の調査・育成・保存問題		
2013/2/28	①アジアの教育制度と社会的・職業的移住性	M. S. Sadyrova	アバイ記念カザフ国立教育大学
	②アジアの技術開発の一要因としての成人教育	B. A. Turgun-baeva	アバイ記念カザフ国立教育大学
2013/5/25	総括－アジア共同体の夢とビジョン－	佐藤洋治	ワンアジア財団

釜山大学（韓国・釜山）
創立 1946 年　在校生 30,030 名
初年度講座名　「アジア共同体論」　申請者　柳玫和
受講生 120 名，奨学生 35 名

2012/9/7	今，なぜアジア共同体なのか	鄭俊坤	ワンアジア財団
	大衆文化の往来から見るアジアの価値観	金香淑	日白大学
2012/9/14	宇宙の重要性：宇宙空間とワン・アジア共同体	Romana Kofler	United Nations Office for Outer Space Affairs
2012/9/21	伝統文化とアジア共同体の形成	金玉英	釜山大学
2012/9/28	文字と言語から見るアジア共同体	柳玫和	釜山大学
2012/10/5	外国語教育とアジア共同体	趙堈熙	釜山大学
2012/10/12	アジア共同体の思想的基盤―古典小説を中心に―	金任淑	釜山大学
2012/10/26	アジア共同体における近代文学の位相―岡倉天心のアジア主義―	呉京煥	釜山大学
2012/11/2	発掘遺物から見るアジア共同体論―文字資料を中心に―	李鎔賢	韓国国立中央博物館
2012/11/9	アジアの大学生の共同体意識の比較	鄭賢淑	祥明大学
	アジア的な思惟方式を通してみたアジア共同体の未来	金蘭珠	檀国大学

2012/11/16	地方自治体から見るアジア共同体の形成	姜再鎬	釜山大学
2012/11/23	アジアにおける非言語行動	金裕卿	釜山大学
	東アジアのリンがフランか（外効用言語）	朴美賢	
2012/11/30	外交使節団を通したアジア共同体の文化交流	韓泰文	
	アジアの現在と未来のビジョン	余田幸夫	在釜山日本国総領事館
2012/12/7	アジア共同体論	佐藤洋治	ワンアジア財団

2年目講座名　「アジア共同体論」　申請者　金栄載
受講生 120 名，奨学生 28 名

2013/9/6	今，なぜアジア共同体なのか	鄭俊坤	ワンアジア財団
2013/9/13	宇宙の重要性：宇宙空間とワン・アジア共同体	Romana Kofler	United Nations Office for Outer Space Affairs
2013/9/27	アジア共同体と言語社会	生越直樹	東京大学
2013/10/4	アジア共同体論―台湾・日本の外国人留学生政策に関する視点から―	楊武勲	国立暨南国際大学
2013/10/11	ディアスポラ公共外交および青年たちの海外進出（国際機関やＫＯＩＣＡ中心）	尹喜粲	韓国外交通商部
2013/10/18	大衆文化の往来から見たアジア社会・文化の変容	金香淑	目白大学
2013/10/25	トルコの「新しい貧困」：新興国における社会的排除	村上薫	アジア経済研究所
2013/11/1	世界貿易パターンの変化とアジア供給連絡網の役割	金昌洙	釜山大学
2013/11/8	近代日本のアジア主義とアジア共同体	榎本泰子	中央大学（日本）
2013/11/15	東アジアの経済発展と文化	曺俊鉉	釜山大学
2013/11/22	中日韓3カ国の関係と東アジア共同体の構築	魏志江	中山大学
2013/11/29	アジア同伴成長のための金融安定網の構築	金栄載	釜山大学
2013/12/6	東アジア文化の感性的特徴と相互理解	李晋吾	釜山大学

早稲田大学大学院（日本・東京都）

創立 1882 年　在校生 57,487 名
初年度講座名　「アジア共同体の課題と展望」　申請者　林華生
受講生 40 名，奨学生 6 名

2012/4/9	中朝経済協力の現状と展望	伊集院敦	日本経済新聞社
2012/4/12	欧州から見た東アジア地域主義と日本の役割	Bart Gaens	Finnish Institute
2012/5/11	東アジア共同体のもう一つの姿—市民社会とジェンダー——	西川潤	早稲田大学
2012/5/18	アジアにおいて台頭するインドの諸共同体	A. Mani	立命館アジア太平洋大学
2012/5/23	いま，なぜアジア共同体なのか	鄭俊坤	ワンアジア財団
2012/5/29	米国・欧州の債券危機と，日本と中国に対するその影響	林華生	早稲田大学大学院
2012/6/6	米国の TPP 戦略と東アジア共同体	谷口誠	北東アジア研究交流ネットワーク
2012/6/12	日印関係の変容と，アジアの発展に対するその含意	H.S. Prabhakar	ジャワハルラール・ネルー大学
2012/6/19	中国のパラダイムと持続可能な発展における日本	黄枝連	香港アジア太平洋二十一学会
2012/6/20	BRIICS の形成における日本：10＋3 FTA と，BRICS へのインドネシアの参加		
2012/6/22	インドネシア：新興経済—インドネシア経済と，アジア太平洋地域におけるその役割について考える	ムハマッド・ルトフィ	Embassy of Indonesia
2012/7/11	国境を越える汚染—アジアに注目して	ユートン・クア	南洋理工大学
2012/7/13	東アジア共同体—構想から現実へ	小島明	政策研究大学
2012/7/17	日本経済：過去，現在，未来：私の三位一体型成長・開発理論から見て	Lim Chong Yah	シンガポール工業大学
2012/7/24	アジア共同体の可能性を探る	佐藤洋治 鄭俊坤	ワンアジア財団

2 年目講座名　「アジア共同体を如何に構築するか」　申請者　林華生
受講生 40 名，奨学生 8 名

2013/4/16	歴史に新たな始まりを	黄枝連	香港アジア太平洋二十一学会
2013/4/24	アジアの経済発展—課題と展望	林華生	早稲田大学大学院

2013/5/17	アジアにおける国境を越えた汚染	ユートン・クア	南洋理工大学
2013/5/21	グローバリゼーションと東アジア地域主義は歴史的"大分岐"を克服可能か	西川潤	早稲田大学
2013/5/29	東アジア共同体と上海協力機構（ＳＣＯ）	中川十郎	名古屋市立大学
2013/6/5	世界経済の構造転換と新興経済―東アジア構造転換と共同体への課題	平川均	国士舘大学
2013/6/12	中国経済―期待と限界	林華生	早稲田大学大学院
2013/6/19	欧州，日本，東アジア地域主義	Bart Gaens	Finnish Institute
2013/6/29	領土問題に必要な大局的視点	西原春夫	アジア平和貢献センター
2013/7/3	今，なぜアジア共同体なのか	鄭俊坤	ワンアジア財団
2013/7/9	汎アジア共同体を考える―経済発展および環境とエネルギー	武石礼司	東京国際大学
2013/7/17	アジア共同体とは何か	奥島孝康	白鴎大学
2013/7/23	成長する北東アジアの現状と課題	吉田進	環日本海経済研究所

東京学芸大学（日本・東京都）
創立 1949 年　在校生 6,000 名
初年度講座名　「比較教育学特講－アジア共同体の創成に向けた教育－」　申請者　渋谷英章
受講生 17 名

2012/10/9	アジア社会の教育の特質	渋谷英章	東京学芸大学
2012/10/16	アジア地域の日本語教育	谷部弘子	東京学芸大学
2012/10/23	シンガポールの多文化多言語教育	渋谷英章	東京学芸大学
2012/10/30	韓国の小学校のさまざまな活動	Jang Soyoung	西廿初等学校
	タイの学校	Phunkeson Wachiraphong	Princess Chulabhorn's College Phitsanulok
2012/11/6	中国の学校（「私の学校」）	馬静	北京師範大学付属実験中学
	アジア共同体にとってのクロアチア（クロアチアの高校の生活）	Zgela Marijana	

資料 1　アジア共同体講座のシラバス　71

2012/11/13	ルーマニアの教育に関する問題を考える	Chirita Laura Luliana	
2012/11/27	アジア諸国の教育外交	Sylvano D. Mahiwo	フィリピン大学
2012/12/4	ラオスの教育	Mani-poun Sithisack	
	トンガの教育	Finau Lute	
2012/12/11	各国の学校教育についてのフローバルディスカッション①＊学校とコミュニティー＊言語教育＊学校と塾	東京学芸大学学生	東京学芸大学
2012/12/18	ハワイの多文化教育：「公正」な社会判断力を育てる教育	川崎誠司	東京学芸大学
2013/1/8	各国の学校教育についてのディスカッション②	東京学芸大学学生	東京学芸大学
2013/1/15	モンゴルにおける教育政策と日本語教育	小林基起	国際協力機構（JICA)
2013/1/22	アジア共同体について	佐藤洋治	ワンアジア財団
2013/1/29	ミャンマーの教育（教員養成，外国語教育，地域連携を中心に）	島田めぐみ	東京学芸大学
		谷部弘子	東京学芸大学
		渋谷英章	東京学芸大学
2013/2/5	アジア共同体創成に向けての教育の課題―ＥＵ，インドなどの経験をもとに考える，地域共同体における多様性を尊重する教育―	渋谷英章	東京学芸大学

2年目講座名「アジア地域における言語・文化の多様性と共有−アジア共同体創成を考える−」 申請者 谷部弘子
受講生 40 名，奨学生 15 名

2014/10/21	オリエンテーションおよびアイスブレーキング	谷部弘子	東京学芸大学
		島田めぐみ	東京学芸大学
2014/10/28	言語・文化の多様性に関する知識と体験の共有（1）：アジア地域における外国語教育	谷部弘子	東京学芸大学
2014/11/11	日本国内の多言語文化状況（1）：インドネシア人コミュニティー	助川泰彦	東北大学（中国）

2014/11/18	アジア地域における言語・文化の多様性・各論（1）：インドの多言語多文化状況	サンジェイ・クマール・パンダ	IJ KAKEHASHI
2014/11/25	アジア地域における言語・文化の多様性・各論（2）：ミャンマーにおけるエスニシティーの多様性と教育	ティダ・ウェイ	ヤンゴン教育大学
2014/12/2	アジア地域における言語・文化の多様性・各論（3）：フィリピンの学校教育	渋谷英章	東京学芸大学
2014/12/9	言語・文化の多様性に関する知識と体験の共有（2）：開発教育の観点からの学習とディスカッション	臼井香里	開発教育を考える会
2014/12/16	言語・文化の多様化に関する知識と体験の共有（3）：各自・各国の言語使用状況	島田めぐみ	東京学芸大学
2015/1/6	アジア地域における言語・文化の多様性・各論（4）：インドネシアにおけるイスラーム女子教育	服部美奈	名古屋大学
2015/1/13	日本国内の多言語文化状況（2）：外国籍児童と言語・文化教育	善元幸夫	元新宿区立大久保小学校
2015/1/20	日本国内の多言語多文化状況（3）：新大久保多文化共生タウン[フィールドワーク・イン新宿]	善元幸夫	元新宿区立大久保小学校
2015/1/27	日本国内の多言語多文化状況（4）：言語・文化の多様性をうみだす現代世界・人の動き	椿真智子	東京学芸大学
2015/2/3	ワンアジア財団鄭俊坤首席研究員講座	鄭俊坤	ワンアジア財団
2015/2/10	日本国内の多言語多文化状況（5）：札幌大学ウレシパクラブの試み―アイヌ民族の文化と歴史を学ぶ―	本田優子	札幌大学
	振り返りとディスカッション	島田めぐみ	東京学芸大学
	日本国内の多言語多文化状況（5）：札幌大学ウレシパクラブの試み―アイヌ民族の文化と歴史を学ぶ―	ウレシパクラブ奨学生	

泰日工業大学（タイ・バンコク）
創立 2007 年　在校生 4,394 名
初年度講座名　「アジア共同体創成へ向けて－アセアン経済共同体（AEC）の産業協力」　申請者　ランサン・レートナイサット
受講生 149 名，奨学生 20 名

2012/6/15	シンガポールとアセアン経済共同体	黄名光	元駐中国シンガポール大使館
2012/6/22	ベトナムとアセアン経済共同体	黄未	タンロン技術学院
2012/6/29	バングラデシュとアセアン共同体	モアゼム・フセイン	Japan–Bangladesh Chamber of Commerce and Industry (JBCCI)
2012/7/6	タイとＡＳＥＡＮ経済共同体	スパット・サグワンディークン	タイ政府・商務省
2012/7/13	アジア共同体の人づくり協力	バンディット・ロートアラヤノン	
2012/7/20	アジア共同体と再生可能エネルギー	カマルディン・アブドゥラ	ダルマ・プルサダ大学
2012/7/24	アジア共同体と再生可能エネルギー（ベトナムにて IMT ①）		
2012/7/27	アセアン経済共同体の産業協力	パヴィダ・パナノン	タマサート大学
2012/7/31	アジア共同体の形成と市民社会（ベトナムにて IMT ②）	鄭俊坤	ワンアジア財団
2012/8/1	アジア共同体の形成と市民社会		
2012/8/8	アセアン経済共同体の産業協力（ベトナムにて IMT ③）	パヴィダ・パナノン	タマサート大学
2012/8/10	日本とアジアの中小企業協力	黒瀬直宏	嘉悦大学
2012/8/14	日本とアジアの中小企業協力（ベトナムにて IMT ④）		
2012/8/17	アジアの中小企業憲章	渡辺俊三	名城大学
2012/8/21	アジアの中小企業憲章（ベトナムにて IMT ⑤）		
2012/8/24	アジア共同体への道	鄭俊坤	ワンアジア財団

2年目講座名　「アジア共同体創成へ向けて―ASEAN 経済共同体（AEC）の理解と取り組み」　申請者　ランサン・レートナイサット
受講生 108 名，奨学生 25 名

2013/11/1	『アジア共同体と地域協力―日タイ協力事例』	佐藤正文	嘉悦大学
2013/11/8	フィリピンと ASEAN 経済共同体	シャービア・ドゥラ・ロボス	Immaculate Mother School Foundation
2013/11/15	マレーシアと ASEAN 共同体	ニコル・ペック・シュー	Advance Carbon Securities Ventures Co., Ltd
2013/11/22	タイと ASEAN 共同体	ルックサナノーイ・プンクラサミー	The Siam Cement Public Company Limited
2013/11/29	ミャンマーと ASEAN 共同体	ウ・ミン・ウェイ	ワ・ミン・グループ
2013/12/6	アジア共同体のための人づくり	バンディット・ロートアラヤノン	
2013/12/13	ラオスと ASEAN 経済共同体	ブンルアン・ドゥアングーン	ラオス日本センター
2014/1/10	ベトナムと ASEAN 経済共同体	黄未	タンロン技術学院
2014/1/17	インドネシアと ASEAN 経済共同体	ジョン・バーリヤンタ	Asian Netwaork for Free Elections
2014/1/24	アジア共同体への道	佐藤洋治	ワンアジア財団

資料 1　アジア共同体講座のシラバス　75

延辺大学（中国・延吉）

創立 1949 年　在校生 21,815 名

初年度講座名　「アジア共同体構築に向けての異文化理解と多言語教育の理論と実践」　申請者　権宇

受講生 180 名，奨学生 20 名

2012/4/13	アジア共同体に向けての歴史的情緒と文化的摩擦	権宇	延辺大学
2012/4/26	アジア共同体の展開	鄭俊坤	ワンアジア財団
2012/5/10	東アジア国際秩序の転換と大国役割の位置付け	金強一	延辺大学
2012/5/18	アジア地域統合と日中関係	王勇	浙江工商大学
2012/5/24	アジア共同体とポスト金正日時代	姜龍範	天津外国語大学
2012/5/30	アジアの歴史認識問題	李宗勲	延辺大学
2012/6/6	長吉図先導区と羅津特別市との経済貿易	林今淑	延辺大学
2012/6/12	アジア共同体とアジア主義	山泉進	明治大学
2012/6/20	19 世紀末東アジアにおける言語の接触と交流について	李漢燮	高麗大学
2012/6/29	東アジア共同体の構想と民族主義	孫春日	延辺大学
2012/7/3	大正思想の東アジア認識	徐東周	ソウル大学
2012/7/16	アジア宗教とアジア共同体	安達義弘	福岡国際大学
2012/7/20	多元文化教育と多元文化人	張貞愛	延辺大学
2012/7/24	東アジアの法治社会に向けての歩みと展望	呉東鎬	延辺大学
2012/9/4	アジア共同体のビジョン	佐藤洋治	ワンアジア財団

2 年目講座名　「東アジア共同体構築に向けての異文化間対話と学際的言語教育の研究と実践」　申請者　権宇

受講生 112 名，奨学生 20 名

2013/10/15	アジア共同体への眼差し	権宇	延辺大学
2013/10/23	近代開港都市の華人社会と東アジアネットワーク	李玉蓮	延辺大学
2013/11/1	今なぜアジア共同体なのか―その意味と必要性について	鄭俊坤	ワンアジア財団
2013/11/13	『万葉集』と東アジア	崔光準	新羅大学
2013/11/22	中日韓経済協力と東アジア共同体	権哲男	延辺大学
2013/11/27	東アジア三国の基礎教育改革と発展管見	崔成学	延辺大学
2013/12/6	アジア共同体構築と多言語教育	李東哲	延辺大学
2014/3/14	アジア共同体構築と通訳人材の育成	宋協毅	大連大学

2014/3/28	東アジア共同体構築に向けての異文化理解	潘暢和	延辺大学
2014/4/11	中日韓三国の歴史認識と東アジア共同体	李宗勲	延辺大学
2014/4/18	マンガ・アニメと緩やかな東アジアの文化共同体	白石さや	岡山女子大学
2014/4/25	現代日本文化と日本人のアイデンティティー――日韓の宗教文化の接点を中心に	鄭澂	檀国大学
2014/5/9	漢字文化とアジア共同体	崔崟	吉林華橋外国語学院
2014/5/16	東アジア共同体という視域での異国現象	徐東日	延辺大学
2014/5/29	ワンアジア財団の事業紹介及び奨学金授与式	鄭俊坤	ワンアジア財団

愛知大学（日本・愛知県）

創立 1946 年　在校生 9,877 名

初年度講座名　「比較文化特講 I（アジア共同体論の文化的基層を探る）」

申請者　鈴木規夫

受講生 126 名，奨学生 18 名

2012/9/18	イントロ―方法としての〈イメージング・アジア〉	鈴木規夫	愛知大学
2012/9/25	アジア共同体とアジア太平洋の平和	グレン・フック	シェフィールド大学
2012/10/2	アジア共同体論の歴史学	板垣雄三	東京大学
2012/10/9	近代日本における〈アジア〉イメージの変容	鈴木規夫	愛知大学
2012/10/16	東アジア共生学の可能性	佐藤幸男	富山大学
2012/10/23	中国民衆にみる〈アジア〉イメージ	周星	愛知大学
2012/10/30	鏡像としての日中関係からみるアジア共同体	加々美光行	愛知大学
2012/11/17	シンポジウム「国際情報戦略とアジア―1930～40 年代上海を中心に」視覚化されたアジアとアジア共同体への新たな視座①	鈴木規夫	愛知大学
	シンポジウム「国際情報戦略とアジア―1930～40 年代上海を中心に」視覚化されたアジアとアジア共同体への新たな視座②	鈴木規夫	愛知大学

2012/11/20	アジア共同体の平和	森川裕二	長崎大学
2012/11/27	ＩＡと視覚化されたアジアとの交錯	鈴木規夫	愛知大学
2012/12/4	モンゴル草原から見るアジア共同体	ウラッディーン・ブラグ	ケンブリッジ大学
2012/12/11	中国西部から見るアジア共同体	王建新	蘭州大学
2013/1/8	アジア共同体の未来	佐藤洋治	ワンアジア財団
		鈴木規夫	愛知大学

２年目講座名　「比較文化特講Ⅰ：アジア共同体論の文化的基層を探る」
申請者　鈴木規夫
受講生 102 名，奨学生 16 名

2013/9/24	イントロダクション―方法としての〈イメージング・アジア〉	鈴木規夫	愛知大学
2013/9/28	ＩＣＣＳ政治外交班学術シンポ（共催）「尖閣から東アジア共同体へ」	仙台由人	元官房長官
2013/10/1	現代中国社会における〈東亜〉	顧令儀	ＩＣＣＳ
2013/10/12	アジア共同体シンポⅠ　アジア共生学の可能性	佐藤幸男	富山大学
		小倉利丸	富山大学
		武者小路公秀	元国連大学副学長
2013/10/22	アジア共同体の平和	森川裕二	長崎大学
2013/11/8	アジア共同体シンポⅡ近代日本における〈アジア〉のイメージの変容と鏡像としての日中関係	篠田正浩	映画監督
2013/11/12	中国民衆にみる〈アジア〉のイメージ	周星	愛知大学
2013/11/19	アジア共同体の社会学	今井隆太	社会学者
2013/11/26	尾崎秀美のアジア共同体論をめぐって	鈴木規夫	愛知大学
2013/12/3	中国西部から見るアジア共同体	王建新	蘭州大学
2013/12/10	アジア共同体へのモンゴル的視座	ウラッディーン・ブラグ	ケンブリッジ大学
2013/12/21	アジア共同体シンポⅢ　アジアをめぐる平和	臧志軍	復旦大学
		グレン・フック	シェフィールド大学
		馮瑋	復旦大学
		徐青	浙江理工大学
2014/1/7	アジア共同体の未来	鄭俊坤	ワンアジア財団

ガジャマダ大学（インドネシア・ジョグジャカルタ）
創立 1946 年　在校生 57,000 名
初年度講座名　「アジア共同体とグローバル化におけるその展開」
申請者　ヌル・アイニ・セティアワティ
受講生 73 名，奨学生 20 名

2012/9/20	アジア共同体とグローバル化に対する米国の姿勢	Ida Rochani Adi	ガジャマダ大学
2012/9/27	アジアの統合とその必要性に関する諸問題	Johanes Nicolass Warouw	ガジャマダ大学
2012/10/4	アジアの諸共同体における文化とグローバル化	Heddy Shri Ahimsa P	ガジャマダ大学
2012/10/11	アジアの女性とグローバル化：	Atik Tri Ratnawa-ti	ガジャマダ大学
2012/10/18	東アジアにおける地域的アイデンティティの構築：政治経済学の視点から	Mohtar Mas'oed	ガジャマダ大学
2012/10/25	アジアにおける諸共同体の展望・政治・安全保障	Siti Daulah Khoriati	ガジャマダ大学
2012/11/1	アジアの経済的中心地と遺産の形成	Sri Mar-gana	ガジャマダ大学
2012/11/8	アジアのアイデンティティと未来：インドネシアと韓国の経験を比較する	M.Muk-htasar Syamsu-ddin	ガジャマダ大学
2012/11/14	アジア共同体における文化間コミュニケーション	Hj Nu-ryah Asri Sjafirah	パジャジャラン大学
2012/11/22	アジアの諸共同体における創造的産業	テンディ・Y・ラマディン	バンドン工科大学
2012/11/29	グローバル化への対応：アジアの技術に関する経験	ヤヌアル・アンワス	インドネシア大学
2012/12/6	歴史から見たアジア共同体とグローバル化との関係	ヌル・アイニ・セティアワティ	ガジャマダ大学

2012/12/13	アジアにおける諸共同体の構築に向けた国際協力の発展段階	金裕殷	漢陽大学
2012/12/20	国家安全保障の政策構想におけるアイデンティティーという側面：韓国の経験の概要	全炳淳	カザフ国立大学
2012/12/27	試験／論文 修了式	Pujo Semedi	

2 年目講座名　「アジア共同体とグローバリゼーションにおけるその展開」
申請者　ヌル・アイニ・セティアワティ
受講生 75 名，奨学生 20 名

2013/10/21	東アジアの 3 カ国における文化の比較研究：韓国の枠組み	Yang Seung Yoon	韓国外国語大学
2013/10/28	国益，グローバリゼーション，地域化：インドネシアのジレンマ	Singgih Tri Sulistyo-no	パジャジャラン大学
2013/11/11	アジア共同体はどこへ向かうのか：東南アジアの多様性に対応する方法	Wening Udas-moro	ガジャマダ大学
2013/11/18	アジアのためのアジア；アジア的方法によるアジアの発展，アジア的価値観の検証	Tulus Warsito	Universitas Muhammadiyah
2013/11/25	アジア社会の課題と生活様式：教育界にとっての含意	Sunaryo Kartadi-nata	インドネシア教育大学
2013/12/2	アジアの経済的中心地と遺産の形成	Sri Margana	ガジャマダ大学
2013/12/9	アジア共同体の文化と基礎的概念	ロイ・レスミー	王立プノンペン大学
2013/12/16	南西アジア共同体の構築方法	Siti Mutiah Setiawati	ガジャマダ大学
2013/12/23	グローバリゼーションへの対応：アジアの技術に関する経験（アジアの諸共同体におけるバイオテクノロジー）	Yudha Heru Febri-anto	ガジャマダ大学

2013/12/30	アジアの女性とグローバリゼーション：	Atik Tri Ratnawati	ガジャマダ大学
2014/1/6	アジアの諸共同体における文化とグローバリゼーション	Pujo Semedi	
2014/1/13	歴史上のアジア共同体とグローバリゼーションとの関係	ヌル・アイニ・セティアワティ	ガジャマダ大学
2014/1/20	アジアにおける地域的アイデンティティーの構築：文化	Agus Suwignyo	ガジャマダ大学
	アジア共同体：グローバリゼーションの進化	Suhartono	ガジャマダ大学
2014/1/27	試験／論文		

カザフ国立大学（カザフスタン・アルマティ）

創立 1934 年　在校生 18,000 名
初年度講座名　「アジア共同体とカザフスタン」　申請者　全炳淳
受講生 95 名，奨学生 15 名

2012/9/12	アジア共同体に関する考古学的視点	Zhaken Taimagambetov	
2012/9/19	文化研究とアジア共同体の展望	Beket Nurzhanov	カザフ国立大学
2012/9/26	アジア共同体の哲学と相互理解	Aliya Massalimova	
2012/10/3	アジア共同体の一体的発展	全炳淳	カザフ国立大学
2012/10/10	アジア共同体の共同的な展望	Zhakibek A. Altaev	Council Membe onYouth Policy under the President of the Republic of Kazakhstan
2012/10/17	アジア共同体の地政学的統合	Aliya Balapanpva	カザフ国立大学

資料 1　アジア共同体講座のシラバス　81

2012/10/24	アジア諸国間の政治的紛争を理解する	Gulnar O. Nassimova	カザフ国立大学
2012/10/31	カザフの国民文化とアジアの伝統との結びつき	Tursun H. Gabitov	
2012/11/7	アジアにおける統合と国際関係の展望	メン・ドミトリー	カザフ国立大学
2012/11/14	アジア共同体に関する考古学的視点	Zhaken Taimagambetov	
2012/11/21	アジア共同体の共同的な展望	Zhakibek A. Altaev	Council Membe onYouth Policy under the President of the Republic of Kazakhstan
2012/11/26	アジアの地域統合	金裕殷	漢陽大学
2012/12/5	アジア諸国の理解と宗教	Aslan Mehmet	カザフ国立大学
2012/12/12	シルクロードと仏教	Pankaj Mohan	The Academy of Korean studies
2012/12/19	評価	全炳淳	カザフ国立大学
2013/2/13	アジア共同体に関する考古学的視点	Zhaken Taimagambetov	
2013/2/20	文化研究とアジア共同体の展望	Beket Nurzhanov	カザフ国立大学
2013/2/27	アジア共同体の哲学と相互理解	Aliya Massalimova	
2013/3/6	シルクロードと仏教	Pankaj Mohan	The Academy of Korean studies
2013/3/13	アジア共同体の共同的な展望	Zhakibek A. Altaev	Council Membe onYouth Policy under the President of the Republic of Kazakhstan

2013/3/20	アジア共同体の地政学的統合	Aliya Balapan-pva	カザフ国立大学
2013/3/27	アジア諸国間の政治的紛争を理解する	Gulnar O. Nassi-mova	カザフ国立大学
2013/4/3	カザフの国民文化とアジアの伝統との結びつき	Tursun H. Gabitov	
2013/4/17	アジアにおける統合と国際関係の展望	メン・ドミトリー	カザフ国立大学
2013/4/24	アジア諸国の理解と宗教	Aslan Mehmet	カザフ国立大学
2013/4/30	アジア諸国間関係への歴史的視点	ヌル・アイニ・セティアワティ	ガジャマダ大学
2013/5/2	世界の発見：朝鮮半島から見て	羅鍾一	漢陽大学
2013/5/8	なぜアジアの統合が必要なのか	全炳淳	カザフ国立大学
2013/5/15	評価	全炳淳	カザフ国立大学
2013/5/16	世界は一つになる	佐藤洋治	ワンアジア財団

2年目講座名　「グローバリゼーションの中のアジア共同体：過去と現在の CIS と西アジアの考察」　申請者　全炳淳
受講生 33 名，奨学生 17 名

2014/2/14	講義の紹介，アイデンティティの問題	Myong Soonok	カザフ国立大学
2014/2/21	北東アジアにおける地域エネルギー協力と戦略	キム・ヨンギュ	漢陽大学
2014/2/28	中央アジアの資源戦略？	Sanat K. Kushkum-baev	Kazakhstan institute for Strategic Studies under the President of the Republic of Kazakhstan
2014/3/7	精神的統合の条件としての自己開発環境の創造（「万葉集」を例として）	Kim Ryud-mila	

2014/3/14	現代カザフスタンの考古学研究	Zhaken Taimagambetov	
2014/3/21	モスクワとワルシャワの間のウクライナ	Aslan Mehmet	カザフ国立大学
2014/3/28	アル・ファーラービーの哲学	Zhakibek A. Altaev	Council Membe onYouth Policy under the President of the Republic of Kazakhstan
2014/4/4	「東と西」を二分する文脈におけるカザフ文化	Tursun H. Gabitov	
2014/4/11	アジアにおけるナノ科学技術の未来と戦略	Lee Haiwoon	漢陽大学
2014/4/17	文化：グローバリゼーションと周縁化	Aliya Massalimova	
2014/4/25	中央アジアにおける紛争の特徴	Gulnar O. Nassimova	カザフ国立大学
2014/5/5	東アジアの統合と展望	金裕殷	漢陽大学
2014/5/6	ワン・アジア共同体に関する内容の報告およびレポートの評価	全炳淳	カザフ国立大学
2014/5/16	今なぜアジア共同体なのか―その必要性と意味―	鄭俊坤	ワンアジア財団

華僑大学（中国・泉州）
創立 1960 年　在校生 30,000 名
初年度講座名　「アジア共同体に関する基本問題」　申請者　許少波
受講生 240 名，奨学生 15 名

2012/9/3	アジア共同体の創設と将来	許少波	華僑大学
2012/9/10	中日韓三国の司法改革について	許少波	華僑大学
2012/9/17	特別講演	佐藤洋治	ワンアジア財団
2012/9/24	アジア諸国間における司法協力メカニズムの検討	王敏遠	華僑大学
2012/10/8	アジア共同体社会価値観の養成	楊楹	華僑大学
2012/10/15	アジア貿易障壁の解消	李暁峰	厦門大学

2012/10/22	日本の労働問題と労働派遣・人材育成	李麦収	河南大学
2012/10/29	アジア自由貿易地域の構築	胡日東	華僑大学
2012/11/5	アジア法律文化系統の類似性について	張国安	華僑大学
2012/11/12	アジア諸国間における環境保護協力メカニズムの研究	蘆炯星	厦門大学
2012/11/19	アジアにおける政治的相互信頼メカニズムの構築	王立霞	華僑大学
2012/11/26	アジア諸国における紛争改称への調停について	李浩	南京師範大学
2012/12/3	アジア通貨一体化の問題	荘培章	華僑大学
2012/12/10	アジア言語，文学の交流と鑑賞	王建設	華僑大学
2012/12/17	特別講演	アジア駐中国大使・領事	

2年目講座名 「アジア共同体の構築に関する理念と行動」 申請者 許少波
受講生 75 名，奨学生 15 名

2013/9/4	アジア共同体の構築に関する理念と行動	許少波	華僑大学
2013/9/11	アジア共同体に関する哲学的分析	楊楷	華僑大学
2013/9/18	理事長による特別講演	佐藤洋治	ワンアジア財団
2013/9/25	アジア通貨一体化の問題	林俊国	華僑大学
2013/10/9	アジア各国における歴史の残留問題とその解消	蒋立峰	中国社会科学院
2013/10/16	アジア各国における領土紛争とその解決方法	劉江永	清僑大学
2013/10/23	日本の労働問題と労働派遣・人材育成	李麦収	河南大学
2013/10/30	アジア自由貿易地域の構築	林俊国	華僑大学
2013/11/6	アジア経済の一体化	陳斌彬	厦門大学
2013/11/13	環境保護とアジア経済の発展戦略	楊玉傑	華僑大学
2013/11/20	犯罪行為の共同的制止とアジア共同体の構築	閻二鵬	華僑大学
2013/11/27	日中韓における民事的紛争の処理とその示唆	李浩	南京師範大学
2013/12/4	ヨーロッパ共同体の経験とその示唆	劉超	武漢大学
2013/12/11	アジア言語，文学の興隆と鑑賞	王建設	華僑大学
2013/12/18	いま，なぜアジア共同体なのか	鄭俊坤	ワンアジア財団

三亜学院（中国・三亜）
創立 2005 年　在校生 18,216 名
初年度講座名　「アジア共同体論−東アジアの過去と現在の視点から−」
申請者　許寿童
受講生 133 名

2012/9/17	歴史認識の問題と東アジア社会	許寿童	三亜学院
2012/9/28	東アジアとは何か	金俊	浙江樹人大学
2012/10/12	日本従軍慰安婦と東アジア共同体	朱徳蘭	台湾中央研究院
2012/11/1	アジア共同体論の意義と展望	鄭俊坤	ワンアジア財団
2012/12/7	東アジア民族国家の新しいフレーム認識とアジア共同体論	李永昌	華東師範大学
2013/5/8	日本の歴史認識とアジア社会発展	許寿童	三亜学院
2013/5/15	中国経済再発展のアジアへの影響	陸徳明	三亜学院
2013/5/17	朝鮮半島安全保障とアジア社会発展	方秀玉	復旦大学
	中韓社会階層，階級の比較	韓錫政	東亜大学（韓国）
2013/5/24	「東亜学」構想	王勇	浙江工商大学
2013/5/29	地域協力とアジア社会発展	孫仁佳	三亜学院
2013/5/31	平和公園と東アジアネットワーク	都珍淳	昌原大学
2013/6/5	社会発展の意義と目標	沈関宝	三亜学院
2013/6/7	中日韓関係と東アジア共同体の構築	魏志江	中山大学
2013/6/13	海南国際観光島開発とアジア社会発展	王毅武	海南大学

2 年目講座名　「アジア共同体とアジア社会発展」　申請者　許寿童
受講生 142 名，奨学生 15 名

2013/9/16	社会転換と社会建設—社会構造の視点から	文軍	華東師範大学
	市場建設と社会の建設	曹錦清	華東師範大学
2013/10/8	日本の歴史認識問題と東アジア国家の対応	許寿童	三亜学院
2013/10/11	海南島観光資源とアジア社会発展	喬淑英	海南熱帯海洋学院
2013/10/18	朝鮮使節の中国観と東アジア共通認識	徐東日	延辺大学
2013/10/23	「アジア」談論のデコンストラクションと再建	金俊	浙江樹人大学
2013/11/1	日中，日韓関係とアジア共同体	田中宏	一橋大学
2013/11/8	中日経済とアジア共同体	孫仁佳	三亜学院
2013/11/15	「戦争国家」日本とアジア共同体	李盛煥	啓明大学
2013/11/22	東アジアにおける儒教文化とアジア共同体	金在国	杭州師範大学
2013/11/29	日中戦争期日本における東亜連盟運動	松田利彦	国際日本文化研究センター

2013/12/6	中日両国の民族性とアジア共同体	王勛銘	三亜学院
2013/12/13	安重根義士の東洋平和論とアジア共同体の未来	崔徳圭	韓国東北アジア歴史財団
2013/12/20	海南島の生態文明とアジア社会発展	李利	三亜学院
2013/12/25	やがて世界はひとつになる	佐藤洋治	ワンアジア財団

嘉泉大学（韓国・城南）

創立 1982 年　在校生 19,267 名
初年度講座名　「アジア共同体論」　申請者　鄭美羅
受講生 250 名，奨学生 20 名

2012/9/6	いま，何故アジア共同体なのか？	鄭俊坤	ワンアジア財団
2012/9/13	アジアコミュニティーの形成にむけた児童福祉政策	Romana Kofler	United Nations Office for Outer Space Affairs
2012/9/20	大衆文化交渉からみるアジア的価値	金香淑	目白大学
2012/9/27	アジア共同体形成にむけた宗教の役割	鎌田東二	京都大学
2012/10/4	アジア共同体の形成に向けた大衆文化の理解とアプローチ方法	朴柄植	東国大学
2012/10/11	服飾を通じてみたアジア文化共同体	趙孝淑	嘉泉大学
2012/10/18	子供の遊びを通じてみたアジア文化共同体	鄭美羅	嘉泉大学
2012/10/25	中間試験	鄭美羅	嘉泉大学
2012/11/1	アジア共同体と大学の役割	佐藤弘毅	目白大学
2012/11/8	楽器と音楽を通じてみたアジア文化共同体	寅光赫	韓国芸術総合学校
2012/11/15	胎教を通じてみたアジア教育文化共同体	李御寧	嘉泉大学
2012/11/22	アジアの大学生の共同体意識比較	鄭賢淑	祥明大学
2012/11/29	幼児教育及び教育文化を通じてみるアジア文化共同体	李慶和	ジョージア大学
2012/12/6	アジア共同体の創成に向けて／奨学金授与式	佐藤洋治	ワンアジア財団
2012/12/13	アジア共同体の形成のための児童文化の役割	朴真秀	嘉泉大学

2 年目講座名　「アジア共同体形成のための社会および教育文化」
申請者　鄭美羅
受講生 150 名，奨学生 16 名

2013/9/5	いま，なぜアジア共同体論なのか	鄭俊坤	ワンアジア財団

2013/9/12	宇宙の重要性：宇宙空間とワン・アジア共同体	Romana Kofler	United Nations Office for Outer Space Affairs
2013/9/26	大衆文化の往来から見たアジアの社会・文化の変容	金香淑	目白大学
2013/10/3	Group 討議	鄭美羅	嘉泉大学
2013/10/10	台湾・日本の外国人留学生政策—東アジア内の流動の視点から—	楊武勲	国立暨南国際大学
2013/10/17	アジア共同体のための地域史教育	鄭文祥	嘉泉大学
2013/10/24	中間テスト	鄭美羅	嘉泉大学
2013/11/7	アジア共同体のための社会福祉政策	陳壽姫	嘉泉大学
2013/11/14	服飾を通してみるアジア文化共同体	趙孝淑	嘉泉大学
2013/11/21	楽器と音楽を通してみたアジア文化共同体	寅光赫	韓国芸術総合学校
2013/11/28	子供の養育文化を通してみるアジア文化共同体	李慶和	ジョージア大学
	アジア共同体形成のための児童文学の役割	朴真秀	嘉泉大学
2013/12/5	アジア共同体形成のための養育文化	山田美香	名古屋市立大学
2013/12/12	子供教育期待を通じて見たアジア文化共同体	鄭美羅	嘉泉大学
2013/12/19	アジア共同体の創生のため	鄭俊坤	ワンアジア財団

慶熙大学（韓国・ソウル）
創立 1949 年　在校生 35,953 名
初年度講座名　「アジア研究：アジア共同体の形成基盤」　申請者　宋錫源
受講生 30 名，奨学生 8 名

2012/9/6	アジアとは何か，アジア共同体に関する議論の歴史的展開と課題および展望	宋錫源	慶熙大学
2012/9/13	中央アジアの文化と政治	李愛俐娥	早稲田大学
2012/9/20	アジアにおける域内移住：国境を超える政治地理	朴浩成	国際移住文化フォーラム
2012/9/27	ヨーロッパ統合がアジア共同体構想に与える訓練	洪起峻	慶熙大学
2012/10/4	「アジア文学」の可能性	安永勲	慶熙大学
2012/10/11	健康な暮らしとアジア医学：薬草物語	崔湖榮	慶熙大学
2012/10/18	インドとヒンドゥ世界とアジア	趙英喆	Jidal 大学
2012/10/25	辺境からみるアジア共同体：台湾の「アジア」観を中心として	陳永峰	東海大学

2012/11/1	アジアの市民社会：「市民」に何ができるか	鄭俊坤	ワンアジア財団
2012/11/8	アセアン共同体の文脈におけるタイの民主主義	Viengrat Nethipo	チュラロンコン大学
2012/11/15	アジア共同体に関する出版事情	龍澤武	東アジア出版人会議
2012/11/22	アジアの食文化	朝倉敏夫	大阪国立民族学博物館
2012/11/29	グローバル・パワーとしての中国とアジア	鄭鍾弼	慶熙大学
2012/12/6	アジア芸術とデザイン	金亨錫	慶熙大学
2012/12/13	アジアの未来とアジア共同体のビジョンに対する理解	佐藤洋治	ワンアジア財団

2年目講座名　「アジア研究：アジア共同体の形成基盤」　申請者　宋錫源
受講生42名，奨学生8名

2013/9/3	アジアの未来とアジア共同体のビジョンに対する理解	佐藤洋治	ワンアジア財団
2013/9/10	ヨーロッパ統合がアジア共同体構想に与える教訓	洪起峻	慶熙大学
2013/9/17	アジア共同体に関する議論の歴史的展開および展望	宋錫源	慶熙大学
2013/9/24	歴史から東アジア共同体の可能性と不可能を問う	鄭址鎬	慶熙大学
2013/10/1	グローバル・パワーとしての中国とアジア	鄭鍾弼	慶熙大学
2013/10/8	アセアン共同体の文脈におけるタイの民主主義	Viengrat Nethipo	チュラロンコン大学
2013/10/15	アジア共同体とアメリカ	柳正完	慶熙大学
2013/10/22	アジア共同体に関する出版事情	龍澤武	東アジア出版人会議
2013/10/29	中央アジアの文化と政治	李愛俐娥	早稲田大学
2013/11/5	「アジア文学」の可能性	安永勲	慶熙大学
2013/11/12	東南アジアの経済金融	李孝根	大宇証券株式会社
2013/11/19	アジア共同体と法学教育の新しい展開	崔光濬	慶熙大学
2013/11/26	アジアにおける域内移住：国境を超える政治地理	朴浩成	国際移住文化フォーラム
2013/12/3	アジアの食文化	朝倉敏夫	大阪国立民族学博物館

2013/12/10	アジアの市民社会：「市民」に何ができるか	鄭俊坤	ワンアジア財団

延世大学経済学部（韓国・ソウル）

創立 1885 年　在校生 3,900 名
初年度講座名　「アジア共同体論」　申請者　李栄善
受講生 110 名，奨学生 11 名

2012/9/7	序論－なぜアジア共同体なのか	李栄善	延世大学経済学部
2012/9/14	EU と Jean Monnet	朴済勲	仁川大学
2012/9/21	東アジア周囲の政治思想	曺成煥	京畿大学
2012/9/28	東アジアの歴史と太平洋時代	白永瑞	延世大学
2012/10/5	東アジアの経済思想	フン・フン	延世大学
2012/10/12	アジアのアイデンティティーと文化―アジアの価値調査を中心に	鄭賢淑	祥明大学
2012/10/19	アジア地域経済統合の現在と未来	金興鍾	KIEP
2012/10/26	中国と東アジアの問題	呉承熱	韓国外国語大学
2012/11/2	日本と東アジアの共同体	鄭成春	KIEP
2012/11/9	アジア共同体と通貨統合	尹徳龍	KIEP
2012/11/16	東アジア共同体と南北韓国，そして統一	金埅允	統一研究院
2012/11/23	東アジア経済統合と韓中日の FTA	ジョン・インキョ	仁荷大学
2012/11/24	アジア共同体と市民社会の役割―ワンアジアクラブの場合	鄭俊坤	ワンアジア財団
2012/12/7	佐藤理事長（One Asia）の講義と学生の発表及び討論	佐藤洋治	ワンアジア財団
2012/12/14	アジア共同体のビジョンと韓国の役割	李濟民	延世大学

2 年目講座名　「アジア経済共同体論」　申請者　李栄善
受講生 120 名，奨学生 10 名

2013/9/7	導入，東洋と西洋	崔英鎮	延世大学アンダーウッド国際学部
		李栄善	延世大学経済学部
2013/9/13	ジャン・モネと欧州連合	朴済勲	仁川大学
2013/9/27	アジア経済と地政学	文正仁	延世大学
2013/10/11	アジアのアイデンティティと文化	全寅初	延世大学
2013/10/18	日本のマクロ経済状況と貿易政策	鄭成春	KIEP
2013/10/25	韓国・中国間の FTA（自由貿易協定）と経済協力	呉承熱	韓国外国語大学

2013/11/1	岐路に立つ日韓関係：東アジアの平和と中国の役割	小此木政夫	慶應義塾大学
		Jin Jingil	北京大学
2013/11/8	東アジアにおける金融協力	尹德龍	KIEP
2013/11/15	東アジア共同体と朝鮮半島統一	金埈允	統一研究院
2013/11/22	韓国の地域経済統合戦略	金興鍾	KIEP
2013/11/29	近い将来のワン・アジア	佐藤洋治	ワンアジア財団
2013/12/6	今なぜアジア共同体なのか	鄭俊坤	ワンアジア財団
2013/12/13	アジア共同体の展望と韓国の役割	李濟民	延世大学

桃山学院大学（日本・大阪府）
創立 1959 年　在校生 7,032 名
初年度講座名　「アジア経済の発展におけるアジア共同体の役割」
申請者　竹歳一紀
受講生 167 名，奨学生 10 名

2013/9/25	ガイダンス（本講座の趣旨について）	竹歳一紀	桃山学院大学
2013/10/2	日本の対外直接投資とアジアの経済発展	モグベル・ザファル	桃山学院大学
2013/10/9	中国・アジアへの企業進出と課題—中国および日本の自動車会社のメコン経済圏進出—	高村幸典	諏訪大連会
2013/10/16	東アジアの貿易構造と国際分業	唐成	桃山学院大学
2013/10/23	アジア地域からの技能研修性の受け入れと課題	西野真由	愛知県立大学
2013/10/30	アジアにおける安全保障と協力—中国の抬頭と覇権国・米国の相対的凋落を焦点に—	松村昌廣	桃山学院大学
2013/11/6	インドネシアにおける日本と韓国のポップ・カルチャーの人気—K—P OP と J K T 48—	小池誠	桃山学院大学
2013/11/13	アジア共同体と安定的な食料供給システムの構築—世界から愛される日本の食，その現状と課題—	大島一二	桃山学院大学
2013/11/27	アジアの金融システム安定のための課題と国際協力	中野瑞彦	桃山学院大学
2013/12/4	日本の大衆文化開放（韓国）と韓流ブーム（日本）	青野正明	桃山学院大学
2013/12/11	アジアの環境問題と国際協力—中国を中心に—	竹歳一紀	桃山学院大学

2013/12/18	離島経済―石垣島を一例として―	辻維周	首都大学東京
2014/1/8	南アジアの若者が担う経済発展	南出和余	桃山学院大学
2014/1/15	いま，なぜアジア共同体なのか	鄭俊坤	ワンアジア財団
2014/1/22	まとめとテスト	竹歳一紀	桃山学院大学

2年目講座名　「アジア経済の発展におけるアジア共同体の役割」
申請者　木村二郎
受講生183名，奨学生15名

2014/9/24	ガイダンス（本講座の趣旨について）	大島一二	桃山学院大学
2014/10/1	日本の対外直接投資とアジアの経済発展	モグベル・ザファル	桃山学院大学
2014/10/8	中国・アジアへの企業進出と課題―中国および日本の自動車会社のメコン経済圏進出―	高村幸典	諏訪大連会
2014/10/15	日本企業に勤務する中国人労働者	原田忠直	日本福祉大学
2014/10/22	アジア地域からの技能研修生の受け入れと課題	西野真由	愛知県立大学
2014/10/29	アジア共同体と安定的な食料供給システムの構築―世界から愛される日本の食，その現状と現状と課題―	大島一二	桃山学院大学
2014/11/5	上海における日本経済と文化	根師梓	在上海日本国総領事韓
2014/11/19	インドネシアにおける日本と韓国のポップ・カルチャーの人気―K―POPとJKT48―	小池誠	桃山学院大学
2014/11/26	東アジアの貿易構造と国際分業	唐成	桃山学院大学
2014/12/3	日本の大衆文化開放（韓国）と韓流ブーム（日本）	青野正明	桃山学院大学
2014/12/10	香港における日本経済と日本文化	浜口夏帆	香港貿易発展局
2014/12/17	アジアの観光と相互交流―石垣島を一例として―	辻維周	首都大学東京
2014/12/24	アジアの外食産業と日本	口野直隆	営業本部パートナーズ有限会社
2015/1/7	アジア共同体の未来	鄭俊坤	ワンアジア財団
2015/1/14	まとめ	大島一二	桃山学院大学

新潟県立大学（日本・新潟県）

創立 1963 年　在校生 1,090 名

初年度講座名　「アジア共同体と環日本海」　申請者　権寧俊

受講生 100 名，奨学生 15 名

2013/4/9	東アジア海地域社会とアジア共同体	権寧俊	新潟県立大学
2013/4/16	いま，なぜアジア共同体なのか	鄭俊坤	ワンアジア財団
2013/4/23	東アジアにおける人権保障機構創設の可能性	堀江薫	新潟県立大学
2013/4/30	グローバル化する東アジアのイスラーム社会とアジア共同体	松本ますみ	敬和学園大学
2013/5/7	アジア共同体と東アジア国際関係	若月章	新潟県立大学
2013/5/14	「アジア共同体」へのまなざし	権宇	延辺大学
2013/5/21	グローバル化するアジアの環境問題と東アジア成熟社会の模索	窪田順平	総合地球環境学研究所
2013/5/28	モンゴルとアジア共同体	田中克彦	一橋大学
2013/6/4	中国経済とアジア共同体	小島麗逸	大東文化大学
2013/6/11	21世紀の政界政治の動向と地域共同体の行方（ロシアとの関係を中心に）	袴田茂樹	新潟県立大学
2013/6/18	香港とアジア共同体	谷垣真理子	東京大学教養学部
2013/6/24	北朝鮮とアジア共同体	三村光弘	ＥＲＩＮＡ
2013/7/2	アジアにおける韓国語教育の現状および特徴—日本と中国の大学を中心に—	南星祐	韓国外国語大学
2013/7/9	アジア地域統合	猪口孝	新潟県立大学
2013/7/23	やがて世界は一つになる	佐藤洋治	ワンアジア財団

2 年目講座名　「環日本海地域とアジア共同体」　申請者　権寧俊

受講生 98 名，奨学生 15 名

2014/4/15	人的・文化交流からみるアジア共同体	権寧俊	新潟県立大学
2014/4/22	イスラーム社会とアジア共同体	松本耿郎	聖トマス大学
2014/5/1	いま，なぜアジア共同体なのか	鄭俊坤	ワンアジア財団
2014/5/13	東南アジア社会からアジア共同体を考える	木佐木哲朗	新潟県立大学
2014/5/20	南アジア社会とアジア共同体	松尾瑞穂	国民族学博物館
2014/5/27	国際政治からみた東アジア共同体	山本吉宣	東京大学
2014/6/3	アジア共同体構築と多言語教育	李東哲	延辺大学
2014/6/10	ロシアとアジア共同体	中澤孝之	日本対外文化協会
2014/6/17	沖縄の共同体—基地とシマの論理—	山内健治	明治大学
2014/6/24	中国の文化大革命民族問題—モンゴルから考える	楊海英	静岡大学

2014/7/1	北朝鮮と北東アジア共同体	蓮池薫	新潟産業大学
2014/7/8	安重根の東洋平和論	韓相禱	建国大学
2014/7/15	抗日戦争期の中国重慶市における人的交流	内田知行	大東文化大学
2014/7/22	アジア共同体のビジョン	鄭俊坤	ワンアジア財団
	アジア共同体のビジョン（ディスカッション）	木佐木哲朗	新潟県立大学
		若月章	新潟県立大学
		堀江薫	新潟県立大学
2014/7/29	アジア地域統合論	猪口孝	新潟県立大学

一橋大学（日本・東京都）

創立 1875 年　在校生 6,431 名
初年度講座名「アジアをつなぐことば—言語と文化からみたアジア共同体」
申請者 糟谷啓介
受講生 281 名，奨学生 33 名

2013/4/8	講義全体のオリエンテーション	イ・ヨンスク	一橋大学
2013/4/15	日本における〈アジア共同体論〉の系譜	松永正義	言語社会研究科
2013/4/22	『ソウル市民』五部作からみた〈アジア共同体〉	平田オリザ	劇作家
2013/4/29	インドネシアの多言語社会を考える	高地薫	大東文化大学
2013/5/13	大衆治世時代と知識人共同体	高美淑	カムイ堂
2013/5/20	東アジア宮廷音楽の固有性とネットワーク：韓国・朝鮮を中心に	植村幸夫	東京芸術大学音楽学部
2013/5/27	東南アジアの少数言語からみた〈アジア〉	ネイサン・バデノック	京都大学
2013/6/3	「東アジア共同体」構想と日中韓の歴史の壁	朴一	大阪市立大学
2013/6/10	世界史のなかの東アジア	スティーブン・リー	ブリティッシュ・コロンビア大学
2013/6/17	日本史での経験を学ぶ	王汎森	台湾中央研究院
2013/6/24	非漢字圏のモンゴルにおける語彙の近代化	フフバートル	昭和女子大学
2013/7/1	イスラームとジェンダー－イランの現代文学と女性詩人たち	鈴木珠里	中央大学（日本）

2013/7/8	共鳴するアジアの島嶼文学：台湾と沖縄	朱惠足	国立中興大学
2013/7/15	現代中国の社会意識とアジア認識	王暁明	上海大学
2013/7/22	講義全体のまとめ──「アジア共同体」現実に向けて	佐藤洋治	ワンアジア財団

2年目講座名「アジアをつなぐことば‐言語と文化からみたアジア共同体」申請者　糟谷啓介
受講生 341 名

2014/4/7	オリエンテーション	イ・ヨンスク	一橋大学
2014/4/14	アジア共同体の意味	鄭俊坤	ワンアジア財団
2014/4/21	アジアからみた朝鮮の民俗音楽	植村幸夫	東京芸術大学音楽学部
2014/4/28	日本の現代文化とアジア	William Matorri	カリフォルニア大学
2014/5/12	中国大型映画の変身	毛尖	華東師範大学
2014/5/19	高き峰々，清き大地，チベットの人々と文化	Tsering Shakya	ブリティッシュ・コロンビア大学
2014/5/26	東アジアにおける宗教と近代社会	崔鐘成	ソウル大学
2014/6/2	世界の手話	森壮也	アジア経済研究所
2014/6/9	Pop Asianism と文化アジアの未来	ペク・ウォンダム	聖公会大学
2014/6/16	アジア共同体論と東アジアの近代	パク・サンス	高麗大学
2014/6/23	アジアへの旅──故郷，移民，ディアスポラ	姜信子	作家
2014/6/30	文学と映画にみる近代の日本と台湾	呉佩珍	国立政治大学
2014/7/7	映画祭を通したアジアとの触れ合い	藤岡朝子	山形国際ドキュメンタリー映画祭
2014/7/14	近代中国文学とモダニティ	高遠東	北京大学
2014/7/21	アジア共同体の実現に向けて	佐藤洋治	ワンアジア財団

東国大学（韓国・慶州）
創立 1906 年（ソウルキャンパス），1978 年（慶州キャンパス）　在校生 10,000 名
初年度講座名　「アジア共同体論」　申請者　朴柄植
受講生 150 名，奨学生 15 名

| 2013/3/6 | いま，なぜアジア共同体なのか | 鄭俊坤 | ワンアジア財団 |

2013/3/13	アジア共同体のための多文化政策　アジア共同体の歴史的背景と特徴	朴柄植	東国大学
2013/3/20	アジアの大衆文化と共同体の価値観	金香淑	目白大学
2013/3/27	アジア共同体と宗教の役割	鎌田東二	京都大学
2013/4/3	アジア共同体創成における文化の異同をいかに見るか	蔡敦達	同済大学
2013/4/10	アジア共同体形成のための経済協力	鄭聖勲	東国大学
2013/4/17	アジア共同体形成のための環境・エナジー・自然保護政策	金圭泰	東国大学
2013/4/24	アジアの特徴とアジア的価値，地理，文化，歴史	姜文晧	東国大学
2013/5/1	アジア共同体と歴史的背景と特徴	小林	East–West Center
2013/5/8	アジア共同体形成のための観光の役割	李相振	昌信大学
2013/5/15	夢骨とアジア共同体	宋儀珉	モンゴル国立教育大学
2013/5/22	アジア共同体形成のための政治	李哲基	東国大学
2013/5/29	アジア的思惟方式からみるアジア共同体の未来	朴熙英	韓国外国語大学
2013/5/29	アジアの特徴とアジア的価値，地理，文化，歴史	姜文晧	東国大学
2013/6/5	アジア共同体に向かって	佐藤洋治	ワンアジア財団
2013/6/12	学期末試験	朴柄植	東国大学

2年目講座名　「アジア共同体論」　申請者　朴柄植
受講生135名，奨学生17名

2014/3/5	いま，なぜアジア共同体論なのか？	鄭俊坤	ワンアジア財団
2014/3/12	アジア共同体形成の多文化政策の方向	朴柄植	東国大学
2014/3/19	大衆文化から考えるアジア共同体	金香淑	目白大学
2014/3/26	アジア共同体の歴史的背景と教育	姜イルギュ	韓国職業能力開発院
2014/4/2	アジア共同体の文化異質性と同質性の調和方案	李テヒ	光雲大学
2014/4/9	アジア共同体形成のための経済協力	鄭聖勲	東国大学
2014/4/16	映画を通して見るアジア共同体の未来ビジョン	金ボラ	映画監督
2014/4/23	アジア的思惟方式によるアジア共同体の未来	鎌田東二	京都大学
2014/4/30	アジア共同体のための環境保存政策	金圭泰	東国大学
2014/5/7	アジア歴史・地理・文化とアジア的価値	姜文晧	東国大学

2014/5/14	アジア共同体形成と文化的交流—モンゴルとアジア—	宋義敏	モンゴル国立教育大学
2014/5/21	政治学の視点でのアジア共同体研究	李哲基	東国大学
2014/5/28	経済学視点でのアジア共同体研究	金在仁	ソウル市立大学
2014/6/4	発表と討論，質疑応答	朴柄植	東国大学
2014/6/11	発表と討論，試験評価	朴柄植	東国大学

昌信大学（韓国・昌原）
創立 1991 年　在校生 1,500 名
初年度講座名　「アジア共同体論」　申請者　李相振
受講生 150 名，奨学生 20 名

2013/3/6	いま，なぜアジア共同体なのか	鄭俊坤	ワンアジア財団
2013/3/13	アジア共同体の歴史的背景と特徴	神野志隆光	東京大学
2013/3/20	大衆文化を通じてみるアジアの社会・文化変容	金香淑	目白大学
2013/3/27	アジア共同体としての英語と異文化コミュニケーション	印田佐知子	立教大学
2013/4/3	アジア共同体実現のための韓国の多文化家庭青少年の学校教育	趙玉姫	昌信大学
2013/4/10	アジア共同体，文化多様性と差別禁止	金汝善	国立済州大学
2013/4/17	アジア共同体と在外韓国人の位相	李漢正	祥明大学
2013/4/24	アジア共同体のための多文化理解と接近法	朴柄植	東国大学
2013/5/1	アジア共同体定着のための地自体の支援政策	姜沅錫	慶南女性政策室
2013/5/8	アジア共同体構想を支える国際教育	佐藤弘毅	目白大学
2013/5/15	多文化社会，多文化家族理解	承海京	慶南多文化家族支援センター
2013/5/22	アジア共同体に備えるための幼児教育	安富今	昌信大学
2013/5/29	アジア共同体と多文化福祉	林聖蕙	昌信大学
2013/6/5	多文化社会と異文化コミュニケーション	李相振	昌信大学
2013/6/12	アジア共同体に向かって	鄭俊坤	ワンアジア財団

2 年目講座名　「アジア共同体論」　申請者　李相振
受講生 121 名，奨学生 12 名

2014/3/4	いま，なぜアジア共同体なのか	鄭俊坤	ワンアジア財団
2014/3/11	アジア共同体と大学の役割	佐藤弘毅	目白大学
2014/3/18	アジアの大衆文化と共同体の価値観	金香淑	目白大学

2014/3/25	アジア共同体の効率的実現のための国際法的接近	鄭順燮	ソウル大学
2014/4/1	アジア共同体と技術経営	金ゼイン	高麗大学
2014/4/8	アジア文化共同体の思想的基盤	ロイ・レスミー	王立プノンペン大学
2014/4/15	アジア共同体のための多言語多文化コミュニケーション	鄭起永	釜山外国語大学
2014/4/22	アジア共同体とモンゴルの役割	宋義敏	モンゴル国立教育大学
2014/4/29	アジア共同体への眼差し	権宇	延辺大学
2014/5/13	アジア共同体にそなえるための幼児教育	安富今	昌信大学
2014/5/20	アジア共同体時代における韓国多文化社会の特徴と未来	張有美	昌信大学
2014/5/27	アジア共同体社会における人権問題に対する社会福祉学的接近法	林聖蕙	昌信大学
2014/6/3	世界化・国際化・グローバル化社会におけるアジア共同体	李相振	昌信大学
2014/6/10	アジア共同体実現のための韓国の多文化家庭青少年の学校教育	趙玉姫	昌信大学
2014/6/17	アジア共同体に向かって	佐藤洋治	ワンアジア財団

重慶師範大学（中国・重慶市）
創立 1954 年　在校生 22,000 名
初年度講座名　「アジア共同体と反戦平和－抗戦時期の重慶とアジア」
申請者　靳明全
受講生 120 名，奨学生 15 名

2013/3/8	アジア共同体と反戦平和	靳明全	重慶師範大学
2013/3/13	人口変動とアジア共同体	内田知行	大東文化大学
2013/3/29	多言語多文化社会と共同体	権宇	延辺大学
2013/4/5	アジア経済とアジア共同体	林克勤	四川外国語大学
2013/4/12	アジアの国際関係と共同体意識	李奎泰	カトリック関東大学
2013/4/26	アジア共同体と現代重慶文芸市民運動	馬福群	重慶工程職業学院
2013/4/28	アジア共同体と国際文化交流	崔学松	静岡文化芸術大学
	多言語教育と大学の国際化	黄郁蘭	元智大学
2013/5/7	アジア共同体と戦前重慶人権運動	郎艶麗	重慶第二師範学院
2013/5/10	華僑華人社会とアジア共同体	劉宏	南洋理工大学
2013/5/17	安全保障とアジア共同体	魏志江	中山大学

2013/5/20	アジア共同体と戦前の大空襲	劉暁琴	重慶工商大学
2013/5/24	戦前の文献整理とアジア共生	譚言紅	重慶理工大学
2013/5/31	伝統的な東アジア関係とアジア共同体	孫衛国	南開大学
2013/6/1	アジア共同体論	佐藤洋治	ワンアジア財団

2年目講座名　「アジア共同体と反戦平和－抗戦時期の重慶」　申請者　靳明全
受講生 110 名，奨学生 14 名

2014/3/8	抗日戦争中の重慶における反戦平和運動	靳明全	重慶師範大学
2014/3/31	アジア共同体と反戦平和運動	崔学松	静岡文化芸術大学
2014/4/5	抗日戦争中の重慶経済と地域経済	Lin Keqin	四川外国語大学
2014/4/7	抗日戦争中の重慶関連文書の整理	譚言紅	重慶理工大学
2014/4/12	抗日戦争中の重慶における教育の特徴	劉静	重慶師範大学
2014/4/18	抗日戦争中の重慶における定期刊行物と出版物	宋嘉楊	重慶師範大学
2014/4/26	抗日戦争中の市民運動	馬福群	重慶工程職業学院
	近現代の重慶におけるアジア共同体と文学・芸術運動	Lu Lina	中北大学
	抗日戦争中の重慶における人権擁護運動	郎艶丽	重慶第二師範学院
2014/5/10	抗日戦争中の重慶について	Liu Xiaoqin	重慶工商大学
2014/5/26	抗日戦争中の重慶における民謡・歌謡	Huang Janping	四川大学
2014/5/28	抗日戦争中の重慶における外国為替	李冬媛	重慶抗戦文史研究基地
2014/5/30	抗日戦争中の重慶における金融協力	Jin Anli	重慶師範大学
2014/6/10	抗日戦争中の重慶における大韓民国臨時政府	Xiong Feiyu	重慶師範大学
2014/6/25	アジア共同体の進展	鄭俊坤	ワンアジア財団

四川大学（中国・成都）

創立 1896 年　在校生 61,000 名
初年度講座名　「アジア共同体と多民族・多文化の共生」　申請者　周毅
受講生 133 名，奨学生 15 名

2013/4/4	アジア共同体の構築と少数民族文化の概述	周毅	四川大学
2013/4/11	アジア共同体の展開	鄭俊坤	ワンアジア財団

2013/4/18	アジア共同体と中日文化交流	内田行之	大東文化大学
2013/4/25	アジア共同体における中韓文化交流	石源華	復旦大学
2013/5/9	チベット族の経済とアジア共同体	陳思廣	四川大学
2013/5/16	彝族の生活環境とアジア共同体	周維東	四川大学
2013/5/23	回族の信仰とアジア共同体	姜飛	四川大学
2013/5/30	苗族の文化とアジア共同体	曹順慶	四川大学
2013/6/6	アジア地域経済と共同体形成	熊秉元	台湾大学
2013/6/13	世界の華人華僑社会とアジア共同体	劉宏	南洋理工大学
2013/6/20	アジア共同体と歴史認識	楊棟梁	南開大学
2013/6/27	アジア共同体と民間の文化交流	王勇	北京大学
2013/7/3	アジア共同体における日中韓文化交流	崔学松	一橋大学
2013/7/10	アジア共同体と重慶の文化遺産	李漢燮	高麗大学
2013/7/17	アジア共同体論	佐藤洋治	ワンアジア財団

2 年目講座名　「アジア共同体と多民族多文化共生」　申請者　周毅
受講生 150 名，奨学生 10 名

2014/3/4	アジア共同体と少数民族文化	周毅	四川大学
2014/3/11	アジア共同体の展開	鄭俊坤	ワンアジア財団
2014/3/18	アジア共同体と中日文化比較	靳明全	重慶師範大学
2014/3/25	アジア共同体と日中韓文化比較	崔学松	静岡文化芸術大学
2014/4/1	アジア共同体と蔵族経済発展	陳思広	四川大学
2014/4/8	アジア共同体と彝族生存環境	周維東	四川大学
2014/4/15	アジア共同体と回族的精神信仰	姜飛	四川大学
2014/4/22	アジア共同体と比較言語学	郭盈伶	四川大学
2014/4/29	アジア共同体と民族史	王紹東	内蒙古大学
2014/5/6	アジア共同体と経済	熊秉元	台湾大学
2014/5/13	アジア共同体と華僑華人	劉宏	南洋理工大学
2014/6/20	アジア共同体と歴史認識	石原華	復旦大学
2014/6/27	アジア共同体と中米文学比較	曹順慶	四川大学
2014/7/18	アジア共同体と古都	牛潤珍	中国人民大学
2014/7/25	アジア共同体論	佐藤洋治	ワンアジア財団

長江師範学院（中国・重慶市）
創立 1931 年　在校生 18,000 名
初年度講座名　「アジア共同体と多民族・多文化の共生」　申請者　金哲
受講生 466 名，奨学生 15 名

2013/2/28	アジア共同体構築における多民族相互の文化認知	金哲	安徽三聯学院

2013/3/7	アジア共同体における民族歴史観の共有	張明富	長江師範学院
2013/3/14	アジア共同体と EU の比較	趙洪尹	長江師範学院
2013/3/21	アジア共同体構築における新公共管理の共有	葛天博	長江師範学院
2013/3/28	中国民族政策とアジア共同体の多民族共生	李良品	長江師範学院
2013/4/4	アジア共同体構築における多民族相互の歴史認知	周紹東	長江師範学院
2013/4/11	アジア共同体構築における民族・文化教育	于海洪	長江師範学院
2013/4/18	歴史から見るアジア共同体構築	曾超	長江師範学院
2013/4/25	アジア共同体構築における多文化共有	徐澤勝	長江師範学院
2013/5/2	多民族・多文化の相互依存から見るアジア共同体	李未酔	長江師範学院
2013/5/9	アジア共同体構築とアジアの未来	余文模	長江師範学院
2013/5/16	アジア共同体構築における多民族文学の比較	魏洪丘	長江師範学院
2013/5/23	アジア共同体と東アジア共同体	姚春海	長江師範学院
2013/6/1	近い将来は一つの世界	佐藤洋治	ワンアジア財団
2013/6/8	アジア共同体における民族自治政策	金山	海南大学

2 年目講座名 「アジア共同体構築・建設における民族・文化からの超越」
申請者 金哲
受講生 230 名, 奨学生 36 名

2014/3/6	アジア共同体構築における国際政治の課題	熊野直樹	九州大学
2014/3/13	アジア共同体構築における文化の共有	金山	海南大学
2014/3/20	アジア共同体とヨーロッパの比較研究	姚継中	四川外国語大学
2014/3/27	アジア共同体の創生 1	鄭俊坤	ワンアジア財団
2014/4/3	アジア共同体構築における文化からの超越	葛天博	長江師範学院
2014/4/10	アジア共同体構築における民族政策の位置	于海洪	長江師範学院
2014/4/17	アジア共同体構築からみる文化の共有・共存	小秋元段	法政大学
2014/4/24	アジア共同体構築と日中韓の歴史認識の超越	石川庄治	久留米大学
2014/4/30	アジア共同体構築からみるアジアの未来図	平井一臣	鹿児島大学

2014/5/8	アジア共同体における多民族の共存	石川英昭	鹿児島大学
2014/5/16	アジア共同体構築における民族からの超越	金哲	安徽三聯学院
2014/5/22	アジア共同体構築における民族文化の衝突	三浦国雄	大阪市立大学
2014/5/29	アジア共同体構築と東アジアの役割	米原謙	大阪大学
2014/6/5	アジア共同体構築における平和の課題	木村朗	鹿児島大学
2014/6/26	アジア共同体の創生2	鄭俊坤	ワンアジア財団

青島農業大学（中国・青島）
創立 1951 年　在校生 26,000 名
初年度講座名　「アジア共同体特別講座」　申請者　朴京玉
受講生 159 名，奨学生 20 名

2013/2/28	やがて世界は一つになる	佐藤洋治	ワンアジア財団
2013/3/6	アジア共同体における経済協力の現状	大島一二	桃山学院大学
2013/3/7	日本語授業における活動型学習の展開	大島弥生	東京海洋大学
2013/3/13	アジア共同体と言語習得聴解素材を利用してコミュニケーション能力を向上させよう——N1・N2の聴解問題を例にして——	王文賢	中国海洋大学
2013/3/20	日本農家の収益を増やす産業経路とその教え	徐哲根	青島大学
2013/3/20	樋口一葉の『たけくらべ』	庞在玲	青島農業大学
2013/4/6	日中漢語副詞「いちいち」について	万礼	青島農業大学
2013/4/12	アジア共同体及び中日韓自由貿易区について	潘桂栄	青島農業大学
2013/4/25	中日韓三国のFTA：現状，問題と展望	徐永輝	青島大学
2013/5/4	新の日本経済を知る	張季風	中国社会科学院
2013/5/11	金史良の後植民創作策略	李春梅	青島農業大学
2013/5/19	東アジア合作社の発展経験と新しい課題—中国山東省農民専門合作社を例にして	王勇	浙江工商大学
2013/5/25	東北アジア共同体の必要性とその限界	白誠虎	東亜大学（韓国）
2013/6/2	謝罪表現の日中対照研究	紀偉	青島農業大学
2013/6/17	中国における国際労務輸出の現状と課題	朴京玉	青島農業大学
2013/6/21	奨学金授与式	鄭俊坤	ワンアジア財団

2 年目講座名 「アジア共同体の構築と中国経済」 申請者 朴京玉
受講生 125 名，奨学生 21 名

2014/3/8	特別講座プレゼンテーション	朴京玉	青島農業大学
2014/3/15	日本の移民系コミュニティの変化とアジア共同体	崔学松	静岡文化芸術大学
2014/3/22	アジア共同体と中国における外国語教育の役割	潘桂荣	青島農業大学
2014/4/2	日本農業の現状と中国との食品貿易の変容	佐藤敦信	桃山学院大学
2014/4/5	日本漢文学者金谷治ると秦漢思想史	万礼	青島農業大学
2014/4/12	アジア共同体と日本文化交流	紀偉	青島農業大学
2014/4/19	中日韓自由貿易区に関する研究	徐修徳	青島大学
2014/5/10	世界から愛される日本の食，その現状と課題	大島一二	桃山学院大学
2014/5/17	アジア共同体と中国・韓国経済の協力	徐哲根	青島大学
2014/5/24	アジア共同体と農産物貿易	王勇	浙江工商大学
2014/5/31	日本語本教育と日本文化理解	李光貞	山東師範大学
2014/6/7	韓日中の古典にみられるアジア的人本主義	金蘭珠	檀国大学
2014/6/14	日本における外国人研修・技能実習制度の現状	朴京玉	青島農業大学
2014/6/20	特別講演・奨学金授与式	鄭俊坤	ワンアジア財団
2014/6/23	私の知っている日本人	李長波	同志社大学

国立政治大学（台湾・台北）

創立 1927 年　在校生 15,687 名
初年度講座名 「東アジア共同体論」 申請者　蔡増家
受講生 110 名，奨学生 46 名

2013/2/27	尖閣諸島の主権と東シナ海の平和提唱	楊永明	国立台湾大学
2013/3/6	日本の福島原発災害から見た原子力発電の危機	劉黎兒	専職作家
2013/3/13	最近の日台関係と台湾情勢	岡田健一	日本交流協会
2013/3/20	我が国の対外関係と NGO の国際的な参画	呉榮泉	非政府組織国際事務会
2013/3/27	日本における高等教育の発展と留学奨学金制度	楊武勲	国立暨南国際大学
2013/4/3	「東アジア共同体」地域統合の概念に関する論述―東方の歴史的経験と文化的価値の分析	張啟雄	中国文化大学

2013/4/10	東アジア共同体：地縁政治下における各自の表現	蔡増家	国立政治大学
2013/4/17	東アジア共同体と韓国が果たす役割	丁相基	駐台北韓国代表部
2013/4/24	両岸関係	趙春山	淡江大学
2013/5/1	グローバル化の中の両岸経済関係に関する回顧と展望	劉大年	中華経済研究院
2013/5/8	視野と情勢：東アジアとラテンアメリカの発展比較	鄧中堅	国立政治大学
2013/5/15	北朝鮮による危機は過ぎ去ったのか？	郭崇倫	聯合新聞社
2013/5/22	日本・安倍新政権の新たな動向	江林英基	明海大学
2013/6/5	両岸の好機と課題：異なる形式の民主	蔡瑋	国立政治大学
2013/6/19	講義（アジア共同体の創成に向って）/ 奨学金授与式	佐藤洋治	ワンアジア財団

2 年目講座名　「東アジア共同体論（II）」　申請者　蔡増家
受講生 142 名，奨学生 42 名

2014/2/26	中華民国にとっての機会とアジア政策とを再調整する米国	陳一新	淡江大学
2014/3/5	アジア共同体とアジアの文化的アイデンティティ	蔡東杰	国立中興大学
2014/3/12	両岸関係の発展：好機と課題	張五岳	淡江大学
2014/3/19	タイにおける政争と難局の短期的な難解さ	郭崇倫	聯合新聞社
2014/3/26	民族の遷移と宗教の転化：アジア・太平洋における華人の信仰を例に	劉阿榮	国立台湾大学
2014/4/2	日本と周辺国の連動に関する観察	呉明上	義守大学
2014/4/9	放浪者か隠士か：北朝鮮，イラン，ミャンマー	王麗美	聯合報
2014/4/16	投資は簡単にできる	邱沁宜	壹電視財経主播
2014/4/23	台北から見たソウル	倪炎元	
2014/4/30	凋落した日本　再起の可能性	陳世昌	聯合新聞社
2014/5/7	新世代の未来はどこに？	劉姿麟	シンガポール創新発展株式会社
2014/5/14	日本における留学生と奨学金制度	楊武勲	国立暨南国際大学
2014/5/21	世界の華人の台湾に対する影響	邱立本	亜州週刊
2014/5/28	自己実現と未来の創造	蘇定東	外務省事務局翻訳組
2014/6/11	東アジアの憲法条文に関する概要比較	江英居	高雄大学

バンドン工科大学（インドネシア・バンドン）

創立 1959 年　在校生 19,440 名

初年度講座名　「アジア共同体講座 – アジア共同体形成におけるアートとデザインの役割」　申請者　テンディ・Y・ラマディン

受講生 80 名，奨学生 20 名

2012/9/7	アジア共同体における創作活動の一般的概要に関する序論	RR. Sri Wachyu-ni	バンドン工科大学
2012/9/14	漫画による外国語教育と，アジア共同体の形成におけるその貢献	ディアンニ・リスダ	インドネシア教育大学
2012/9/21	言語から見たアジアの諸共同体間の関係	Asep Wawan Jatnika	バンドン工科大学
2012/9/28	アジアのデザインと建築によって特徴を創る	テンディ・Y・ラマディン	バンドン工科大学
2012/10/5	アジアの歴史からアジア共同体までを学ぶ	ナナ・ウプリアトナ	インドネシア教育大学
2012/10/12	アジア共同体の形成において独立性と関係づくりを目指す芸術およびデザインによる創造と起業家精神	Soebroto Hadis-oegondo	ボゴール農科大学
2012/10/19	アジアの美術と，アジア共同体の形成におけるその貢献	Setiawan Sbana	バンドン工科大学
2012/11/8	学生の創造性を高める	Sandro Mihradi	バンドン工科大学
2012/11/9	アジアの諸共同体の形成における起業家精神という動機	Yan Yan Sunarya	バンドン工科大学
2013/1/31	アジア統合のための視覚言語	Ono Kosei	国士舘大学
	漫画言語による社会批判とアジア共同体の発展に対する貢献	Muliyadi Maham-ood	マラ技術大学
	権力，アイデンティティ，技術科学：アジアにおける国民国家の探求	Sulfikar Amir	南洋理工大学
	ガジャ・マダ大学のワン・アジア講義シリーズ	ヌル・アイニ・セティアワティ	ガジャマダ大学

2年目講座名 「アジア共同体における創造的思考方法」 申請者 テンディ・Y・ラマディン
受講生 400 名，奨学生 20 名

2013/8/26	アジア共同体における創作活動の一般的概要に関する序論	RR. Sri Wachyu-ni	バンドン工科大学
2013/10/7	漫画による外国語教育と，アジア共同体の形成におけるその貢献	ディアンニ・リスダ	インドネシア教育大学
2013/10/14	言語から見たアジアの諸共同体間の関係	Asep Wawan Jatnika	バンドン工科大学
2013/10/21	技術・デザイン・文化によるインドネシアの変化	テンディ・Y・ラマディン	バンドン工科大学
2013/10/28	なぜ漫画か	Ono Kosei	国士舘大学
2013/11/4	グローバルな発想を持つ人々のための創造的思考	エリー・マリハ	インドネシア教育大学
2013/11/11	アジアの美術と，アジア共同体の形成におけるその貢献	Setiawan Sbana	バンドン工科大学
2013/11/18	学生の創造力を高める	Sandro Mihradi	バンドン工科大学
2013/11/25	デザインにおける創造力とデザインの創造力	Yan Yan Sunarya	バンドン工科大学
2014/1/29	やがて世界は一つになる	佐藤洋治	ワンアジア財団
2014/2/26	漫画言語による社会批判とアジア共同体の発展に対する貢献	Muliyadi Maham-ood	マラ技術大学
2014/3/26	アジアにおけるデザインと社会	Sulfikar Amir	南洋理工大学
2014/5/28	ガジャ・マダ大学のワン・アジア講義シリーズ	ヌル・アイニ・セティアワティ	ガジャマダ大学

ケラニヤ大学（スリランカ・ダルガマ）
創立 1959 年　在校生 8,400 名
初年度講座名　「アジア共同体と多民族・多言語共生」
申請者　マッラワアー・ラッチゲー・ニマル・カルナーラトナ
受講生 120 名，奨学生 20 名

2013/5/8	アジアにおけるサンスクリットの深い影響	Darshana Rathnayake	ケラニヤ大学
2013/5/15	近現代言語学に対するアジアの貢献	R.M.W. Rajapaksha	ケラニヤ大学
2013/5/22	アジアの社会と文化	K. Karunat hilake	ケラニヤ大学
2013/5/29	プラークリットの社会・文化的環境	Nabiritthan kadawara Gnanaratana	ケラニヤ大学
2013/6/12	インド・アーリア語族とアジア社会	Thissa Jayawardhana	コロンボ大学
2013/6/19	中国と日本における伝統劇の独特な一致	Kulathilaka Kumarasinghe	ケラニヤ大学
2013/6/26	アジアにおける現代政治の動向	Terence Purasingha	スリジャヤワルダナプラコッテ大学
2013/7/3	「スラビャヌモダナ」（東洋詩の音楽的歓び）	Aruna Gamage	
2013/7/10	アジア言語共同体における二言語体制	K.N.O. Dharmadasa	ペラデニア大学
2013/7/13	よりよいアジアのための教育の発展	Upali M. Sedera	ブダペスト工科経済大学
2013/7/17	アジア地域の宗教的・哲学的背景	Asanga Thilkara–thne	コロンボ大学
2013/7/24	「ひとつのアジア文学：シンガポールの作家，エドウィン・タンブーの作品における多民族・多文化の声」	王潤華	南方大学学院

資料 1　アジア共同体講座のシラバス　107

2013/7/31	近現代における言語体制の変遷—二言語使用から国語へ	糟谷啓介	一橋大学
2013/8/1	中国文化・日本文化・朝鮮半島文化の特別なアイデンティティ	崔学松	静岡文化芸術大学
2013/8/2	アジア共同体の確立に向けて	佐藤洋治	ワンアジア財団

2年目講座名 「アジア共同体と多民族・多文化共生」
申請者 マッラワアー・ラッチゲー・ニマル・カルナーラトナ
受講生124名，奨学生25名

2014/3/5	アジア地域への南アジアの言語と文学の影響	M. A. N. Kurunarathne	ケラニア大学
2014/3/12	東南アジアの社会と文化	K. N. O. Dharmadasa	シンハラ・エンサイクロペディア
2014/3/19	アジア社会と，中東および東南アジアの文化	Okkampitie Pannasara Thero	ケラニア大学
2014/3/26	アジア地域の原住民社会とその文化的アイデンティティ	Thilakasri Ramya Gamini Dela Bandara	ケラニア大学
2014/4/2	アジア地域の識字率，非識字率の問題	J. B. Dissanayake	コロンボ大学
2014/4/9	アジア地域の高等教育の諸問題	Gunawardhana Nanayakkara	ケラニヤ大学
2014/4/23	アジア地域の少数民族の権利とタミル族	Darshana Rathnayake	ケラニヤ大学
2014/4/30	東南アジアにおける東・北アジア文学の影響	Kulatilaka Kumarasinghe	ケラニヤ大学

2014/5/7	アジア経済とグローバル化の課題	Upali Hetti Arachchi	ケラニヤ大学
2014/5/14	世界宗教としてのヒンズー教と仏教の影響	Un-uwatura-bubule Mahinda	ルフナ大学
2014/5/28	アジア地域におけるキリスト教とイスラム教の影響	Ashoka Prema-rathne	ケラニヤ大学
2014/6/4	アジア地域における農業と工業の役割の変遷	Sunil Ari-yarathne	スリ・ジャヤワルダプラ大学
2014/6/11	アジア地域における女性の権利	イ・ヨンスク	一橋大学
2014/6/25	アジア地域における貧困と生活水準	ヌル・アイニ・セティアワティ	ガジャマダ大学
2014/7/2	アジア地域における言語政策の特異性	Nimal Parawa-hera	パース大学

ビシュケク人文大学（キルギス・ビシュケク）

創立 1979 年　在校生 10,500 名
初年度講座名　「特別コース：世界の発展の基本趨勢：アジアの過去，現在と未来」　申請者　イシェンバイ・アブドゥラザコフ
受講生 120 名，奨学生 15 名

2012/9/5	世界文明の揺籃：西アジア，南アジア，東アジア	タラスベク・マシュラポフ	ビシュケク人文大学
2012/9/12	人類の精神的発達の根底としての世界宗教：アブラハム系諸宗教の起源	イシェンバイ・アブドゥラザコフ	ビシュケク人文大学
2012/9/19	道徳的・哲学的教えの発展における歴史的類似点	イシェンバイ・アブドゥラザコフ	ビシュケク人文大学
2012/9/26	枢軸時代：老子，孔子，ソクラテスなど	Emilia Ismailova	ビシュケク人文大学

2012/10/4	アジアの仏教	S. Dush-enbiev	ビシュケク人文大学
2012/10/11	アジアにおけるイスラームとその広がり	タラスベク・マシュラポフ	ビシュケク人文大学
2012/10/18	人々の認識における生態学的意識の基礎：テングリズム，道教，神道における共通の接触点	K. Bo-konbayev	キルギス・ロシアスラブ大学
2012/10/25	大シルクロード―ユーラシアの最初の橋：貿易と文化	A. Abdu-razakov	ビシュケク人文大学
2012/11/1	今日の現実を踏まえた大シルクロードの復活。未来のアジア共同体という文脈の中で東洋と西洋による達成を総合する	M. Imanaliev	American University
2012/11/8	意識における自己中心性形成の諸起源：客観的基礎と主観的基礎	M. Suyun-baev	
2012/11/15	無知・偏見・自己満足から解放される主な手段としての教育	イシェンバイ・アブドゥラザコフ	ビシュケク人文大学
2012/11/22	教育制度の開発における経験の交換―時代が必要とする条件	タラスベク・マシュラポフ	ビシュケク人文大学
2012/11/29	情報技術（IT）の開発における経験の交換と相互支援―アジア共同体の形成のためにアジアの人々の間によりよい理解を促進する効果的な方法	アスカー・クタノフ	キルギス工科大学
2012/12/6	文化―他者の心と繋がる糸	イシェンバイ・アブドゥラザコフ	ビシュケク人文大学
2012/12/13	観光―相互に知り合うことから，よりよい相互理解と親密さへ	T. Ma-mashev	ビシュケク人文大学
2012/12/20	他の国々の経験を研究し，効率的な発展モデルを採用する―アジア共同体の形成を目指す中央アジア諸国の持続的発展に向けた最も効果的な方法	イシェンバイ・アブドゥラザコフ	ビシュケク人文大学

2012/12/27	中央アジア─ユーラシアの中心。その安定的な発展の成功は，アジアにおける平和と安全保障の重要な要素であり，アジア共同体の形成にとってきわめて重要である	A. Abdu-razakov	ビシュケク人文大学
2013/2/7	アフガニスタンという諸問題の結び目：背景，現状，見通し	A. Abdu-razakov	ビシュケク人文大学
2013/2/14	「三つの悪」の根源と，それらを克服する合理的な方法	E. Abdyl-daev	Institute of War and Peace
2013/2/21	私たちはアジア主義の意味をどう理解すべきか？「ユーラシア主義」という概念との連続性の範囲	イシェンバイ・アブドゥラザコフ	ビシュケク人文大学
	「歴史的記憶」の偽った表明の克服が可能であるとすれば	A. Mokeyev	Kyrgyz–Tutkish University
2013/2/28	今日の領土紛争：厳しい対立か相互利用か	A. Abdu-razakov	ビシュケク人文大学
2013/3/14	（キルギスタンは，他の国々における発展の経験から，何を引き出すことができるのか：）日本について	A. Abdu-razakov	ビシュケク人文大学
2013/3/20	（キルギスタンは，他の国々における発展の経験から，何を引き出すことができるのか：）韓国について	M. Sheriku-lova	ビシュケク人文大学
2013/3/28	（キルギスタンは，他の国々における発展の経験から，何を引き出すことができるのか：）中国について	M. Imanaliev	American University
2013/4/4	（キルギスタンは，他の国々における発展の経験から，何を引き出すことができるのか：）東南アジア諸国について	A. Beshi-mov	Diplomatic Academy of Kyrgystan
2013/4/11	（キルギスタンは，他の国々における発展の経験から，何を引き出すことができるのか：）インドについて	E. Kablu-kov	ビシュケク人文大学
2013/4/16	（キルギスタンは，他の国々における発展の経験から，何を引き出すことができるのか：）トルコについて	M. Begaliyev	ビシュケク人文大学
2013/4/18	（キルギスタンは，他の国々における発展の経験から，何を引き出すことができるのか：）アフガニスタンについて	A. Abdu-razakov	ビシュケク人文大学

資料1　アジア共同体講座のシラバス　111

2013/4/23	（キルギスタンは，他の国々における発展の経験から，何を引き出すことができるのか：）アラブ世界について	Valimjan Tan-yrykov	ビシュケク人文大学
2013/4/25	（キルギスタンは，他の国々における発展の経験から，何を引き出すことができるのか：）イランについて	A. Abdu-razakov	ビシュケク人文大学
2013/5/15	「ワンアジア財団」の著名な理事長による講演	佐藤洋治	ワンアジア財団

2年目講座名「アジア共同体形成のための前提条件」
申請者 イシェンバイ・アブドゥラザコフ
受講生100名，奨学生20名

2013/9/9 2013/912 2013/9/13	伝統の弁証法：アジア共同体の形成という文脈における力と弱さ	イシェンバイ・アブドゥラザコフ	ビシュケク人文大学
2013/9/16 2013/9/19 2013/9/20	アジアの近代化：アジア共同体の形成という文脈における「課題」と「対策」	タラスベク・マシュラポフ	ビシュケク人文大学
2013/9/23	アジアのイスラーム地域（近東および中央アジア）の文化的・精神的特徴と，近代化の過程を妨げる諸要因	Valimjan Tan-yrykov	ビシュケク人文大学
2013/9/26	アジアのインド仏教地域（中国南部および東南アジア）の人々の文化的・精神的特徴と，近代化の過程を促進する諸要因	S. Dush-enbiev	ビシュケク人文大学
2013/9/27	アジアの儒教地域（中国東部）の人々の文化的・精神的特徴と，近代化の過程を促進する諸要因	イシェンバイ・アブドゥラザコフ	ビシュケク人文大学
2013/9/30	アジア諸国における政治の近代化：アジア共同体の形成という文脈において，その過程を理論的にとらえる	M. Begaliyev	ビシュケク人文大学
2013/10/3	アジア共同体の形成という文脈における伝統主義・保守主義・実用主義という諸思想	S. Dush-enbiev	ビシュケク人文大学
2013/10/4	伝統的な諸共同体とそれらの近代化：抑制の欠如と民主主義を相関させるというアジアの実験について	V. Khamisov	ビシュケク人文大学
2013/10/7	部族制の時代から近代化の時代までのキルギスタン	K. Bo-konbayev	キルギス・ロシアスラブ大学

2013/10/10	グローバリゼーションという条件下における伝統，アジア人の心性，および文化と宗教の近代化	S. Dush-enbiev	ビシュケク人文大学
2013/10/11	アジア共同体の形成という文脈におけるアジアの人々の一般性と相違点に関する情報提供	T. Ishem-kulov	ビシュケク人文大学
2013/10/14 2013/10/17 2013/10/18	建設的な労働―人間の本質を高める基盤	イシェンバイ・アブドゥラザコフ	ビシュケク人文大学
2013/10/21 2013/10/24 2013/10/25	アジア共同体の形成という文脈における東西の文明と労働倫理	タラスベク・マシュラポフ	ビシュケク人文大学
2013/11/4	仏教・儒教・神道を信じる人々の思考文化と労働倫理	Emilia Ismailova	ビシュケク人文大学
2013/11/7	道徳的・倫理的価値観は，アジア共同体の形成という文脈における人々の生活形態と生活条件の反映である	イシェンバイ・アブドゥラザコフ	ビシュケク人文大学
2013/11/8	イスラームを信じる人々の思考文化と労働倫理の特徴	Valimjan Tan-yrykov	ビシュケク人文大学
2013/11/11 2013/11/14 2013/11/15	アジア共同体の形成という文脈における大陸アジア的な考え方の諸問題について	V. Khamisov	ビシュケク人文大学
2013/11/18	歴史・文化・道徳・倫理に関するアジアの人々の誤った考えを克服することが，アジア共同体形成への道である	A. Mokeyev	Kyrgyz–Tutkish University
2013/11/21	アジア共同体の形成という文脈にある現状での情報セキュリティーと情報戦に関する諸問題	T. Ishem-kulov	ビシュケク人文大学
2013/11/25	生態学的倫理，テングリ信仰，アジア共同体	K. Bo-konbayev	キルギス・ロシアスラブ大学
2013/12/12	キルギスタンは，アジア共同体形成の結果として，将来，マレーシアとシンガポールの経験から何を学ぶことができるか	Abdulla Musayev	ビシュケク人文大学
		イシェンバイ・アブドゥラザコフ	ビシュケク人文大学
		タラスベク・マシュラポフ	ビシュケク人文大学

資料1　アジア共同体講座のシラバス　113

2014/2/3 2014/2/6 2013/2/7	質の高い教育は，偏った考え方を克服するための基盤である	イシェンバイ・アブドゥラザコフ	ビシュケク人文大学
2014/2/10	アジア共同体の形成という文脈の中で，アジアにおいて一般的な人道的価値観を公的に促進し希求する方法を探る	タラスベク・マシュラポフ	ビシュケク人文大学
		A. Tokto-mushev	Journalists' Union of Kyrgyzstan
2014/3/12	キルギスタンは，アジア共同体形成の結果として，将来，日本の発展経験から何を学ぶことができるか	イシェンバイ・アブドゥラザコフ	ビシュケク人文大学
2014/3/13	キルギスタンは，アジア共同体形成の結果として，将来，日本の発展経験から何を学ぶことができるか	タラスベク・マシュラポフ	ビシュケク人文大学
		Abdulla Musayev	ビシュケク人文大学
2014/3/17	アジアの人々が発展の方法を選択する一要素として「伝統的社会」という構想を支持する者と「近代化」という構想を支持する者の間の科学的議論	S. Dush-enbiev	ビシュケク人文大学
2014/3/20	キルギスタンは，アジア共同体形成の結果として，将来，イランと湾岸諸国の経験から何を学ぶことができるか	タラスベク・マシュラポフ	ビシュケク人文大学
		イシェンバイ・アブドゥラザコフ	ビシュケク人文大学
		Valimjan Tan-yrykov	ビシュケク人文大学
2014/3/27 2014/3/28	合理主義と精神性の総合　現代アジア社会における近代化の要素	Murat-bek Imanali-yev	American University
2014/3/31	アジアの人々の関係をより緊密にする情報通信技術の能力	アスカー・クタノフ	キルギス工科大学
2014/4/4	アジア人の合理主義と精神性がアジア共同体の形成の基礎となる	Emilia Ismailova	ビシュケク人文大学

2014/4/7	21世紀におけるアジアの「オクシデンタリズム」と西洋の「オリエンタリズム」の諸問題について	V. Khamisov	ビシュケク人文大学
2014/4/10	アジア共同体の形成という文脈にある現状下のアジアにおける国際関係の報道と諸問題	T. Ishem-kulov	ビシュケク人文大学
		A. Tokto-mushev	Journalists' Union of Kyrgyzstan
2014/4/11	技術者と消費者のパラダイムの帰結としての地球規模の生態学的危機	K. Bo-konbayev	キルギス・ロシアスラブ大学
2014/4/14	キルギスタンは，アジア共同体形成の結果として，将来，CIS（独立国家共同体）諸国の経験から何を学ぶことができるか	タラスベク・マシュラポフ	ビシュケク人文大学
		A. Murza-kulova	ビシュケク人文大学
2014/4/29	アジアの人々の関係をより緊密にする情報通信技術の能力	アスカー・クタノフ	キルギス工科大学
2014/5/15	講演と奨学金授与式	鄭俊坤	ワンアジア財団
2014/6/26	キルギスタンは，アジア共同体形成の結果として，将来，韓国の発展経験から何を学ぶことができるか	タラスベク・マシュラポフ	ビシュケク人文大学
2014/6/27		Beak Tkhe Hyon	
2014/7/3	キルギスタンは，アジア共同体形成の結果として，将来，中国の発展経験から何を学ぶことができるか	Abdulla Musayev	ビシュケク人文大学
2014/7/4		タラスベク・マシュラポフ	ビシュケク人文大学
		Murat-bek Imanali-yev	American University

東北福祉大学（日本・宮城県）

創立 1962 年　在校生 9,309 名

初年度講座名　「高齢社会をめぐる諸課題とアジア共同体～政治・経済・災害・宗教そして福祉～」　申請者　萩野浩基

受講生 124 名，奨学生 19 名

2013/4/10	アジア主義とアジア共同体	長谷川雄一	東北福祉大学
2013/4/17	アジア共同体論の現在	生田目学文	東北福祉大学
2013/4/24	日中の高齢社会：アジア共同体の縮図	浅野勝人	東北福祉大学
2013/5/1	老年学の視点からみる高齢社会アジア共同体	白澤正和	桜美林大学
2013/5/8	福祉国家の東アジアモデルからみる高齢社会とアジア共同体	古川孝順	西九州大学
2013/5/15	宗教の視点からみる高齢社会とアジア共同体	蓑輪顕量	東京大学
2013/5/22	韓国からみる高齢社会とアジア共同体	尹永洙	東北福祉大学
2013/5/29	経済の視点から見る高齢社会とアジア共同体	鴨池修	東北福祉大学
2013/6/5	高齢社会をめぐる諸課題とアジア共同体	小山剛	こぶし園
2013/6/12	コミュニティーソーシャルワークの視点からみた高齢社会とアジア共同体	大橋謙策	東北福祉大学
2013/6/19	国際結婚の視点からみる高齢社会とアジア共同体	黒木保博	同志社大学
2013/6/26	アジア主要国の視点から見るアジア共同体　ベトナム	ウィンミン・フェン	オープン大学
2013/7/2	アジア主要国の視点からみるアジア共同体　中国	崔保国	清華大学
2013/7/9	大規模災害とアジア共同体	萩野寛雄	東北福祉大学
2013/7/16	ワンアジア財団の紹介	西塚英和	ワンアジア財団

2 年目講座名　「高齢社会をめぐる諸課題とアジア共同体～政治，経済，災害，文化，宗教，そして福祉～」　申請者　萩野浩基

受講生 134 名，奨学生 20 名

| 2014/4/9 | アジア主義の歴史的考察 | 長谷川雄一 | 東北福祉大学 |
| 2014/4/16 | アジア共同体論の現在 | 生田目学文 | 東北福祉大学 |

2014/4/23	諸外国との対比と日本の仕組みから考える 2014	小山剛	こぶし園
2014/4/30	老年学の視点からみる高齢社会アジア共同体	白澤正和	桜美林大学
2014/5/7	女性問題とアジア共同体	川条志嘉	東北福祉大学
2014/5/14	グローバル化と高齢者介護におけるソーシャルネットワーカーの役割	ウィンミン・フェン	オープン大学
2014/5/21	アジアの未来を予測する！	浅野勝人	東北福祉大学
2014/5/28	韓国からみるアジア共同体	尹永洙	東北福祉大学
2014/6/4	女性移民（移住）労働者からみる福祉社会とアジア共同体	黒木保博	同志社大学
2014/6/11	高齢社会下でのアジア共同体を巡る経済問題	鴨池修	東北福祉大学
2014/6/18	高齢社会における自然災害とアジア共同体	萩野寛雄	東北福祉大学
2014/6/25	宗教の視点からみる高齢社会とアジア共同体（2）	蓑輪顕量	東京大学
2014/7/2	福祉コミュニティづくりとソーシャルワークの視点からみた高齢社会とアジア共同体	大橋謙策	東北福祉大学
2014/7/9	社会福祉における東アジアモデルの可能性	古川孝順	西九州大学
2014/7/16	「2014 年度の講義の振り返り」	萩野寛雄	東北福祉大学
	「ワンアジア財団の紹介」	西塚英和	ワンアジア財団

東京外国語大学（日本・東京都）

創立 1897 年　在校生 4,342 名
初年度講座名　「アジア共同体を考える」　申請者　渡邊啓貴
受講生 80 名

2012/10/1	イントロダクション——欧州連合〜地域共同体のさきがけ—アジアへの新たな関心 ASEM	渡邊啓貴	東京外国語大学
2012/10/15	東アジア共同体構想と日本の立場	伊藤憲一	東アジア共同体評議会
2012/10/22	欧州との比較からの東アジア共同体論	羽場久美子	青山学院大学
2012/10/29	ASEAN・タイ経済とアジア共同体	宮田敏之	東京外国語大学
2012/11/5	北東アジアの安全保障とアジア共同体の展望	吉野文雄	拓殖大学

2012/11/12	東アジア，ASEAN からみた共同体	井尻秀憲	東京外国語大学
2012/11/19	環太平洋地域の安全保障	滝田賢治	中央大学（日本）
2012/12/3	中国から見たアジア共同体	高文勝	天津師範大学
2012/12/10	中央アジアから見たアジア共同体	松長昭	笹川平和財団
2012/12/17	韓国と東アジア共同体	丹羽泉	東京外国語大学
2013/1/21	ベトナムとアジア共同体	五島文雄	静岡県立大学
2013/1/28	ロシアから見た東アジア	名越健郎	拓殖大学
2013/2/4	アジア地域共同体と日本	山本吉宣	東京大学
2013/2/12	アジア共同体を考える	鄭俊坤	ワンアジア財団

2年目講座名 「アジア共同体を考えるⅡ」 申請者 渡邊啓貴
受講生202名

2013/10/7	なぜEUが重要か—欧州統合からみたアジア共同体	田中俊郎	慶應義塾大学
2013/10/16	ヨーロッパから見たアジアの統合（台風のため全学休講により中止：報告論文のみ）	Alain–Marc Rieu	リヨン大三大学
2013/10/21	アジア文化と共同体	近藤誠一	前文化庁長官
2013/10/28	ロシアから見たアジア共同体：東アジア地域経済圏の可能性と現実	鈴木義一	東京外国語大学
2013/11/7	東アジア共同体と最近のアジア太平洋情勢	井尻秀憲	東京外国語大学
2013/11/11	グローバル時代のパワーシフトとアジアの地域統合	羽場久美子	青山学院大学
2013/11/18	中央アジア・コーカサスにおける地域主義と共同体構築の可能性について	松長昭	笹川平和財団
2013/12/2	東アジア共同体と韓国，朝鮮半島	丹羽泉	東京外国語大学
2013/12/9	文化・スポーツから見たアジア共同体：2020年東京オリンピック誘致をめぐる日本外交	斎藤泰雄	ＪＯＣ国際委員会
2013/12/16	インド・中国関係より見る現代アジア	藤井毅	東京外国語大学
2014/1/20	人民元の国際化を考える	曽根康雄	日本大学
2014/1/27	アメリカの東アジア政策	小谷哲男	日本国際問題研究所
2014/2/3	今，なぜアジア共同体なのか	鄭俊坤	ワンアジア財団
2014/2/10	東アジアの国際関係の変容～安全保障，経済，価値規範～	山本吉宣	東京大学

中国外交学院（中国・北京市）
創立 1955 年　在校生 2,500 名
初年度講座名　「アジア共同体の課題と展望について」　申請者　陳奉林
受講生 80 名

2012/11/5	東亜地域意識の起源，発展とその現代意義	陳奉林	中国外交学院
2012/11/12	東亜経済圏の発展とその歴史経験	陳奉林	中国外交学院
2012/11/18	中国，日本と韓国の経済協力を推進することが東北アジア協力の重点だ	刘赛力	中国外交学院
2012/11/23	東方外交と古代西太平洋貿易ネットワークの盛衰	陳奉林	中国外交学院
2012/12/28	二十二世紀の大国外交，大国協力と文明に向こう：朝貢システムが必要か，可能か	黄枝連	香港アジア太平洋二十一学会
2013/1/4	東亜経済協力と西太平洋経済圏の構築	陳奉林	中国外交学院
2013/1/12	中日関係の現状とその前途	黄大慧	中国人民大学
2013/3/10	不備な歴史認識と悪い周辺関係	徐波	《世界知識》雑誌社
2013/3/15	東亜現代化過程の権威政治に対しての考え	陳奉林	中国外交学院
2013/3/20	シンガポールの腐敗反対経験と示唆	王春英	中国外交学院
2013/3/25	中国と周辺国家の協力と関係発展	李文	中国社会科学院
2013/3/29	東亜共同体理論の構想と実践	宋成有	北京大学
2013/3/31	中国経済：期待と界限	林華生	早稲田大学大学院
2013/4/2	まもなく世界が全体になる	佐藤洋治	ワンアジア財団
2013/4/10	全球温暖化対策：中日協力と中米協力の長短	宋云伟	中国人民大学

2 年目講座名　「アジア共同体の課題と展望について」　申請者　陳奉林
受講生 450 名

2014/3/8	東方文化の中から協力発展に役立つ積極的な要素の発掘	陳奉林	中国外交学院
2014/3/15	古代天朝礼治系から東アジア共同体目標までの探求と反省	黄枝連	香港アジア太平洋二十一学会
2014/3/18	東アジア協力に対して中日関係の発展の意義	黄枝連	香港アジア太平洋二十一学会
2014/3/22	世界経済に東アジア協力の地位と戦略的選択	林華生	早稲田大学大学院
2014/3/30	協力の力でアジア経済発展のなかの環境汚染問題を解決	宋成有	北京大学
2014/4/5	東アジア協力の道の探求	史桂芳	首都師範大学

資料 1　アジア共同体講座のシラバス　119

2014/4/12	未来世界に対して東方国家全体な上昇の影響	魏志江	中山大学
2014/4/18	東アジア協力の中の区域文化建設問題	王少普	上海交通大学
2014/4/23	中日韓協力の中の主なマイナス要素，進路と対策	呂耀東	中国社会科学院
2014/4/30	西洋経済圏を築く中のこと	李文	中国社会科学院
2014/5/6	東アジアに東方伝統思想の中の調和協力の啓示	黄大慧	中国人民大学
2014/5/30	戦後日本の東アジア協力思想	劉賽力	中国外交学院
2014/6/15	日本老齢化社会問題の解決の目標とルート	馬銘	中国外交学院
2014/6/25	いま，なぜアジア共同体なのか	鄭俊坤	ワンアジア財団
2014/7/10	やがて世界はひとつになる	佐藤洋治	ワンアジア財団

上海交通大学（中国・上海市）

創立 1896 年　在校生 18,500 名
初年度講座名　「アジア共同体構築の課題と展望について」　申請者　王少普
受講生 50 名，奨学生 20 名

2013/9/9	アジア共同体に含まれる内容と意義	王少普	上海交通大学
2013/9/16	アジア共同体と異文化コミュニケーション	谷垣真理子	東京大学教養学部
2013/9/23	アジア共同体と文化交流	崔学松	静岡文化芸術大学
2013/9/30	アジア共同体においてアメリカの役割	林華生	早稲田大学大学院
2013/10/7	中日関係について	胡令遠	復旦大学
2013/10/14	如何にしてアジア共同体を形成させるか	黄枝連	香港アジア太平洋二十一学会
2013/10/21	中，日，韓間の争いの解決策について	方秀玉	復旦大学
2013/10/28	世界に対するアジア共同体の役割	胡偉	上海交大国際与公共事務学院
2013/11/4	アジア共同体形成の問題点を論ずる	楊魯慧	
2013/11/11	アジア共同体の貿易関係について	博均文	復旦大学
2013/11/18	アジア共同体における各国文化の違い	郭潔敏	上海社科院
2013/11/25	アジア共同体の軍備と安全について	高蘭	上海社会科学院
2013/12/2	アジア共同体における製造業の現状	陳子雷	上海対外経貿大学
2013/12/9	アメリカからアジア共同体を見る	白永輝	米国サンフランシスコ州立大学
2013/12/16	アジア共同体のビジョン	佐藤洋治	ワンアジア財団

2年目講座名 「アジア共同体の課題と展望」 申請者 王少普
受講生50名，奨学生10名

2014/9/9	アジア共同体に含まれる内容と意義	王少普	上海交通大学
2014/9/16	日中関係について	胡令遠	復旦大学
2014/9/23	アジア共同体の貿易関係について	李秀石	上海国際問題研究院
2014/9/30	世界に対するアジア共同体の役割	夏立平	同済大学
2014/10/7	アジア共同体形成の問題点を論ずる	楊伯江	中国社会科学院
2014/10/14	アジア共同体における各国文化との違い	劉鳴	上海社科院
2014/10/21	アメリカからアジア共同体を見る	白永輝	米国サンフランシスコ州立大学
2014/10/28	中，日，韓間の島争対策について探求	包霞琴	復旦大学
2014/11/4	アジア共同体の軍備と安全について	呉寄南	上海国際問題研究院
2014/11/11	アジア共同体における製造業の現状	陳子雷	上海対外経貿大学
2014/11/15	釣魚島の問題について	矢吹晋	横浜市立大学
2014/11/25	アジア共同体と異文化の融和	沈丁立	復旦大学
2014/12/2	中日軍事対立の緩和について	江新風	中国軍事科学院
2014/12/9	アジア共同体においてアメリカの役割	兪新天	上海国際問題研究院
2014/12/22	アジア共同体について	崔学松	静岡文化芸術大学
		鄭俊坤	ワンアジア財団

南洋理工大学（シンガポール・シンガポール）

創立1955年　在校生33,500名
初年度講座名 「アジア・セミナー・シリーズ」 申請者 ユートン・クア
受講生40名

2013/2/27	米国・欧州の債券危機と，日本・中国の経済に対するその影響	林華生	早稲田大学大学院
2013/3/26	ラオス人民民主共和国の汚染と貧困に対する貿易自由化の影響—応用一般均衡モデルとマイクロ・シミュレーション・アプローチ—	Phouphet Kyo-phila-vong	ラオス大学
2013/4/25	東南アジアにおけるグローバル金融危機と景気循環の連動	Bhanu-pong Nidhip-rabha	タマサート大学

2013/5/8	タイ・バーツの評価とタイ銀行の独立	Chayo-dom Sab-hasri	チュラロンコン大学
2013/7/22	保護の政治：最近の諸問題，保護主義の詩，研究者が支援できること	Edward Tower	デューク大学
2013/8/28	マレーシアの経済成長と発展：成果と課題	Tan Eu Chye	マラヤ大学
2013/9/9	インドネシアにおける研究と農業生産性	Peter Warr	オーストラリア国立大学
2013/9/12	日本の自然災害：経済，エネルギー，環境	Managi Shun-suke	東北大学（中国）
2013/9/23	世界貿易と成長におけるBRICSの力：中国とインドは世界の金融を支配する独占力を発揮するか	Ahmed Khalid	ボンド大学
2013/11/14	高い住宅所有率は労働市場を損なうか	Andrew Oswald	ウォーリック大学
2014/2/11	価格補助金対所得移転	Parkash Chander	Jindal University
2014/2/20	中国の最低賃金と雇用	Tony Fang	モナシュ大学
2014/3/13	人民元の交換価値と中国の貿易収支	Zhang Zhaoy-ong	エディスコーワン大学
2014/3/18	農業に対する気候変動の影響をモデル化する	Shree-kant Gupta	デリー大学
2014/8/27	世界の石油価格の変動が，アジアの開発途上諸国の総体的経済活動に及ぼす影響	Mehmet Bilgin	イスタンブル大学
2014/9/1	地方分権化されたインドネシアの地域動態	Hal Hill	オーストラリア国立大学
2014/9/30	アジア・セミナー・シリーズ（マクロ経済学と福祉）	Pundarik Mukho-padhaya	マッコーリー大学
2015/1/7	コースと，コアのないゲーム	Parkash Chander	Jindal University
2015/2/17	グローバリゼーションのパラドックス	James Dean	サイモンフレーザー大学

2015/4/7	インドのインフラにおける PPP（官民パートナーシップ）：いくつかの疑問点	Partha Sen	Delhi School of Economics

延世大学アンダーウッド国際学部（韓国・ソウル）

創立 1886 年　在校生 28,148 名
初年度講座名　「東アジア国際関係論：アジア共同体に向けて」　申請者　孫冽
受講生 30 名，奨学生 10 名

2013/3/4	本講義への導入	孫冽	延世大学アンダーウッド国際学部
2013/3/11	歴史的に見た伝統的制度：中国の世界秩序とその現代的含意	Chun Chae-sung	ソウル大学
2013/3/18	近代帝国体制とその現代的含意	孫冽	延世大学アンダーウッド国際学部
2013/3/25	冷戦とアメリカの覇権	Park Inhui	梨花女子大学
2013/4/1	金融地域主義	Lee Yong-wook	高麗大学
2013/4/8	地域生産ネットワークと FTA（自由貿易協定）	Kimura Fukunari	慶應義塾大学
2013/4/15	東アジアにおける安全保障協力	Tekeuchi Toshi-taka	大阪大学
2013/4/18	東アジア地域主義とミドルパワーの役割	Richard Higgott	マードック大学
2013/4/29	領土紛争と海洋東アジアの将来	Koo Mingyo	ソウル大学
2013/5/6	韓国の戦略	Lee Sookjong	成均館大学
2013/5/13	日本の戦略	Terada Takashi	同志社大学
2013/5/20	地域主義と朝鮮半島	文正仁	延世大学
2013/5/21	中国の戦略	Dali Yang	シカゴ大学
2013/5/27	東アジアにおける開発協力	Kim Eunmee	梨花女子大学
2013/6/3	特別講義	佐藤洋治	ワンアジア財団
	まとめ	孫冽	延世大学アンダーウッド国際学部

2年目講座名 「東アジアの国際関係：ワンアジア共同体に向かって」
申請者　孫洌
受講生 30 名，奨学生 10 名

2014/3/3	本講義への導入	孫洌	延世大学アンダー
2014/3/10	歴史的に見た伝統的制度		ウッド国際学部
2014/3/17	近代帝国体制		
2014/3/24	地域主義の台頭	Lee Seungjoo	中央大学（韓国）
2014/3/31	金融地域主義	Lee Yong-wook	高麗大学
2014/4/7	貿易と地域協力	Urata Shujiro	早稲田大学
2014/4/14	東アジアにおける安全保障協力	Chun Chae-sung	ソウル大学
2014/4/28	ASEAN（東南アジア諸国連合）と地域主義	Kitti Prasirt-suk	タマサート大学
2014/5/12	東アジアにおける米国の戦略	TJ Pem-pel	UC バークレー
2014/5/19	日本の戦略	Terada Takashi	同志社大学
2014/5/26	東アジアに安心をもたらす	Atsushi Ishida	東京大学
2014/6/2	東アジアの地域主義	Lee Sookjong	成均館大学

浙江工商大学（中国・杭州）

創立 1911 年　在校生 34,400 名
初年度講座名　「アジア共同体の文化的基盤－ブックロードの視点より」
申請者　王勇
受講生 203 名，奨学生 20 名

2012/9/14	オリエンテーション	金俊	浙江樹人大学
2012/9/28	「学」と「問」：筆談という研究を通じて	王勇	浙江工商大学
2012/10/11	日文の起源	王宝平	浙江工商大学
2012/10/25	東アジアの平和的環境を創るための儒教的思想基盤	方浩範	延辺大学

2012/11/1	東アジア地域協力の進展と中国の政策的選択肢	姜躍春	中国国際問題研究院経済研究所
2012/11/15	歴史認識と中日韓の合作	許寿童	三亜学院
2013/3/14	「権力中心論」の産生，伝播と変容―古代東アジアにおける政治文化公証の一例―	王貞平	新加坡南洋理工大学
2013/3/28	中韓交流からみる政府の文化建設	金健人	浙江大学
2013/4/11	中日関係の歴史，現状と政策上の思考	楊棟梁	南開大学
2013/4/25	グロバーリゼーション，東アジア地域化と中国	湯重南	中国社会科学院
2013/5/9	中日韓三国関係と東アジア共同体の構築	魏志江	中山大学
2013/5/23	「アジア共同体」の構想	石源華	復旦大学
2013/6/6	いま，なぜアジア共同体なのか	鄭俊坤	ワンアジア財団
	東アジアの文化力	王勇	浙江工商大学

2年目講座名「アジア共同体の創成を考える―歴史・文化・思想の側面から―」
申請者　王勇
受講生 216 名，奨学生 20 名

2013/9/11	オリエンテーション	王勇	浙江工商大学
2013/9/17	やがて世界は一つになる	佐藤洋治	ワンアジア財団
2013/9/26	現在の音楽の霊感と言葉―アジアを中心に	林志宣	延世大学
2013/10/3	釣魚島の問題について問題と東アジア関係	陳小法	浙江工商大学
2013/10/10	東アジア世界文化の「源」と「流れ」	王勇	浙江工商大学
2013/10/17	アジア共同体と儒教文化	金在国	杭州師範大学
2013/10/24	日本問題の歴史淵源を簡析	張煥利	新華社日本問題研究中心
2013/10/31	朝鮮王朝の知識人における中国の江南のイメージとその意味	張東杓	釜山大学
2013/11/7	文学と共同体	殷企平	杭州師範大学
2013/11/14	アジア言説の回顧と新たな構築	金俊	浙江樹人大学
2013/11/21	どのように百歳の人生を過ごすか	韓奎良	韓国交通大学
2013/11/28	東アジアの言葉と文字	李鐘書	蔚山大学
2013/12/5	朝鮮人は中国人を描き，中国人は朝鮮人を描く	黄普基	浙江工商大学
2013/12/11	いま，なぜアジア共同体なのか	鄭俊坤	ワンアジア財団
2013/12/19	ある殺人事件からみる日本の人権	黄錦標	香港大学

資料1　アジア共同体講座のシラバス　125

防衛大学校（日本・神奈川県）

創立 1952 年　在校生 2,068 名

初年度講座名　「アジアにおける域内安全保障の現状と課題－アジア共同体創成に向けての展望－」　申請者　山口昇

受講生 55 名，奨学生 10 名

2013/10/18	ガイダンス	山口昇	防衛大学校
2013/10/22	米国のアジア太平洋防衛戦略における自衛隊の役割：米国の海洋的視点	Grant News-ham	米海兵隊予備
2013/10/25	米国の対中・対日戦略	Joseph Nye. Jr	ハーバード大学
2013/10/29	アジア太平洋地域における地域安全保障：マレーシアの概要	Elina Noor	マレーシア戦略国際問題研究所
2013/11/5	いまなぜアジア共同体か	鄭俊坤	ワンアジア財団
2013/11/12	反芻授業	山口昇	防衛大学校
2013/11/19	北東アジアの安全保障環境	Choi Kang	アサン政策研究所
2013/11/26	地域安全保障に対するベトナムの視点と ASEAN（東南アジア諸国連合）の役割	Nguyen Hung Son	ヴェトナム外交学院
2013/12/3	反芻授業	吉富望	陸上自衛隊研究本部
2013/12/10	ピースウィンズ・アメリカ；	Charles Aanen-son	ピース・ウェインズ・アメリカ
	日本赤十字社の国際活動	斎藤之弥	日本赤十字社
2014/1/7	米国太平洋軍の人道支援・災害対応の取り組み：過去，現在，未来；	Jessica Ear	アジア太平洋戦略研究センター
	日本の災害対応体制の概要	勝部司	国際協力機構（ＪＩＣＡ)
2014/1/14	アジア太平洋地域の安全保障関係における信用・信頼・共感	David Welch	ワーテルロー大学
2014/1/17	積極的な中国？ 東アジアの海洋に対する中国の姿勢を考える	James Mani-com	ＣＩＧＩ
2014/1/21	中国政治の基本知識	國分良成	防衛大学校
2014/1/28	米中関係と，アジア太平洋地域における地域安全保障秩序に対するその影響	Zhu Feng	北京大学
2014/2/4	反芻授業	佐野秀太郎	防衛大学校
2014/2/18	やがて世界は一つになる	佐藤洋治	ワンアジア財団

フェリス女学院大学（日本・神奈川県）

創立 1870 年　在校生 2,700 名

初年度講座名　「アジア共同体論－多角的な視点から－」　申請者　金香男

受講生 288 名

2013/9/25	イントロダクション―アジア共同体とは	金香男	フェリス女学院大学
2013/10/2	アジア共同体の構想と展開	鄭俊坤	ワンアジア財団
2013/10/9	日中韓の歴史認識をめぐって	並木真人	フェリス女学院大学
2013/10/16	アジアの家族と親密性の労働（台風のため 1 月 29 日補講）	落合恵美子	京都大学
2013/10/23	アジアにおける平和と共生	横山正樹	フェリス女学院大学
2013/11/6	日中韓の文化交流とアジア共同体	金哲	安徽三聯学院
2013/11/13	アジアのなかのジェンダー	江上幸子	フェリス女学院大学
2013/11/20	西洋から見たアジア	大野英二郎	フェリス女学院大学
2013/11/27	ヨーロッパ統合とアジア共同体	上原良子	フェリス女学院大学
2013/12/4	アジアの国際協力とＮＧＯの役割	馬橋憲男	フェリス女学院大学
2013/12/11	インドの自然エネルギー開発から見たアジアの展望	和田幸子	名古屋学院大学
2013/12/18	中国から見たアジアの政治・安全保障と地域統合	臧志軍	復旦大学
2014/1/8	韓日経済関係の再設計―東アジア経済共同体への道	金鍾杰	漢陽大学
2014/1/15	ブータンから見たアジアの未来像	ラム・ドルジ	王立自然
2014/1/22	やがて世界は一つになる	佐藤洋治	ワンアジア財団

2 年目講座名　「アジア共同体研究－多角的な視点から（Ⅱ）」　申請者　金香男

受講生 232 名

2014/9/24	イントロダクション―アジア共同体とは―	金香男	フェリス女学院大学
2014/10/1	いま，なぜアジア共同体なのか	鄭俊坤	ワンアジア財団
2014/10/8	日中韓の歴史認識問題―日韓歴史摩擦の政治学	三谷博	東京大学

2014/10/15	アジアにおける平和と共存	古内洋平	フェリス女学院大学
2014/10/22	東アジアの歴史摩擦を超えて	李元徳	国民大学
2014/11/5	上海FTZ（自由貿易地域）は中国経済に何をもたらすのか	孫立堅	復旦大学
2014/11/12	アジアの国際協力とＮＧＯの役割	高柳彰夫	フェリス女学院大学
2014/11/19	アジアにおけるオリンピズムとレガシー	和田浩一	フェリス女学院大学
2014/11/26	アジアのなかの女性	安里和晃	京都大学
2014/12/3	大国のパワーシフトとアジア地域協力，日本の役割	羽場久美子	青山学院大学
2014/12/10	東アジアの和解のために	朴裕河	世宗大学
2014/12/17	ＩＴは，アジアの相互理解を深めるか	黄昇民	中国伝媒大学
2015/1/7	国際都市横浜とアジア	大西比呂志	フェリス女学院大学
2015/1/14	アジアにおける環境保全と持続可能な発展	寺西俊一	一橋大学
2015/1/21	本講座の総括と試験	金香男	フェリス女学院大学

明治大学（日本・東京都）
創立 1881 年　在校生 32,904 名
初年度講座名　「応用総合講座Ⅲ（アジア共同体に向けての相互理解)」
申請者　小西徳應
受講生 79 名

2013/9/30	ガイダンス・東アジア連合の可能性	新田功	明治大学
		高橋一行	明治大学
2013/10/7	「アジア」と今日の私たち	孫歌	中国社会科学院
2013/10/12	日本の安全保障を考える軍事的手段，平和的手段	孫崎享	東アジア共同体研究所
2013/10/21	感染症と向きあうアジア	若杉なおみ	筑波大学
2013/10/28	ＡＳＥＡＮと日本―その過去と将来	中邨章	明治大学
2013/11/2	在日韓国・朝鮮人とはだれか―五つの視点	鄭大均	首都大学東京
2013/11/18	アジア共同体 2015：挑戦と展望	Orly Mercado	フィリピン大学

2013/11/25	良いガバナンスと相互理解によるアジアの創造	Eko Prasojo	インドネシア大学
2013/12/2	東アジアの危機とは何か？	汪暉	清華大学
2013/12/9	スポーツを通してみる日本とコリア	大島裕司	フリージャーナリスト
2013/12/16	半導体とエレクトロニクス産業から見る今後のアジア	坏昭二	Ｏ２Ｍｉｃｒｏ
2013/12/21	ワンアジア実現のために	佐藤洋治	ワンアジア財団
2014/1/18	プラグマティズムと持続的発展	Joe DesJardins	ベネディクト大学
2014/1/20	まとめ・アジアの相互依存	大六野耕作	明治大学
		丸川	明治大学

2年目講座名「応用総合講座Ⅹ（アジア共同体構築に向けての相互理解）」
申請者　小西徳應
受講生 96 名

2014/4/14	アジアの多様性をどう捉えるか	堀金由美	明治大学
		山岸智子	明治大学
2014/4/21	アジアは太平洋島嶼をどう捉えるか？	小林泉	大阪学院大学
2014/4/28	基地問題から見る，日本・アジア・米国関係	前泊博盛	沖縄国際大学
2014/5/12	マレーシアの対アジア戦略	Hamid Hamidin	ラザク行政学院
2014/5/19	台湾の対日，対アジア戦略	孫同文	国立暨南国際大学
2014/5/26	西アジアと日本	大野元裕	参議院
2014/6/2	韓国から見る日本，アジア	金パンスク	延世大学
2014/6/9	アジアに向かう日本（外務省の政策）	山本恭司	外務省
2014/6/16	アジアとの共同関係（ＪＩＣＡの役割）	佐久間潤	国際協力機構（ＪＩＣＡ）
2014/6/23	インドと日本の友好関係	ディーバ・ワドワ	インド大使館
2014/6/30	タイと日本の友好関係	Thanatip Upatising	タイ大使館
2014/7/7	ワンアジアを目指して	鄭俊坤	ワンアジア財団

2014/7/14	近代日本とアジア・世界	大久保健晴	慶應義塾大学
		小西德應	明治大学
2014/7/21	アジアから見える世界	末延吉正	フリージャーナリスト

帝京大学（日本・東京都）

創立 1966 年　在校生 23,960 名
初年度講座名　「特別講座　アジアにおける経済統合と共同体」
申請者　加賀美充洋
受講生 915 名，奨学生 10 名

2013/4/9	イントロダクション	加賀美充洋	帝京大学
2013/4/16	ヨーロッパ歴史的経験	廣田功	帝京大学
2013/4/23	インドネシアの立場 1	長田博	帝京大学
2013/5/7	インドネシアの立場 2	長田博	帝京大学
2013/5/14	中国の立場 1	山本裕美	中央大学（日本）
2013/5/21	中国の立場 2	山本裕美	中央大学（日本）
2013/5/28	インドの立場 1	清水学	帝京大学
2013/6/4	インドの立場 2	清水学	帝京大学
2013/6/11	韓国の立場 1	奥田聡	亜細亜大学
2013/6/18	韓国の立場 2	奥田聡	亜細亜大学
2013/6/25	金融的側面	若山昇	帝京大学
2013/7/2	米国の立場 1	松井範惇	帝京大学
2013/7/9	米国の立場 2	松井範惇	帝京大学
2013/7/16	アジア共同体創成に向かって	佐藤洋治	ワンアジア財団
2013/7/23	まとめ	加賀美充洋	帝京大学
2013/9/24	イントロダクション	加賀美充洋	帝京大学
2013/10/1	EU の現状と課題 1	廣田功	帝京大学
2013/10/8	EU の現状と課題 2	廣田功	帝京大学
	インドネシアからの展望 1	長田博	帝京大学
2013/10/15	インドネシアからの展望 2	長田博	帝京大学
2013/10/22	中国からの展望 1	山本裕美	中央大学（日本）
2013/10/29	中国からの展望 2	山本裕美	中央大学（日本）
2013/11/5	インドからの展望 1	清水学	帝京大学
2013/11/12	インドからの展望 2	清水学	帝京大学
2013/11/19	韓国からの展望 1	奥田聡	亜細亜大学

2013/11/26	韓国からの展望2	奥田聡	亜細亜大学
2013/12/3	米国からの展望1	松井範惇	帝京大学
2013/12/10	米国からの展望2	松井範惇	帝京大学
2014/1/7	日本からの展望	若山昇	帝京大学
2014/1/14	まとめ	加賀美充洋	帝京大学

2年目講座名　「特別講座　アジアにおける経済統合と共同体」
申請者　加賀美充洋
受講生 517 名，奨学生 8 名

2014/4/8	イントロダクション	加賀美充洋	帝京大学
2014/4/15	ヨーロッパの歴史的経験　1	廣田功	帝京大学
2014/4/22	ヨーロッパの歴史的経験　2		
2014/5/13	インドネシアの紹介	長田博	帝京大学
2014/5/20	マレイシアの紹介	Khoo Boo Teik	アジア経済研究所
2014/5/27	中国の紹介　1	山本裕美	中央大学（日本）
2014/6/3	中国の紹介　2	任哲	アジア経済研究所
2014/6/10	インドの紹介	清水学	帝京大学
2014/6/17	ラオスの紹介	Souknilanh Keola	アジア経済研究所
2014/6/24	韓国の紹介　1	奥田聡	亜細亜大学
2014/7/1	韓国の紹介　2	柳学洙	アジア経済研究所
2014/7/8	金融的側面	若山昇	帝京大学
2014/7/15	米国の紹介	松井範惇	帝京大学
2014/7/22	ワンアジア財団について並びに奨学金授与式	西塚英和	ワンアジア財団
2014/7/29	まとめ	加賀美充洋	帝京大学
2014/9/23	イントロダクション		
2014/9/30	EU の現状と課題　1	廣田功	帝京大学
2014/10/7	EU の現状と課題　2		
2014/10/14	インドネシアからの展望　1	長田博	帝京大学
2014/10/21	インドネシアからの展望　2		
2014/10/28	中国からの展望　1	山本裕美	中央大学（日本）
2014/11/4	中国からの展望　2		
2014/11/11	インドからの展望　1	清水学	帝京大学
2014/11/18	インドからの展望　2		
2014/11/25	韓国からの展望　1	奥田聡	亜細亜大学
2014/12/2	韓国からの展望　2		

2014/12/9	米国からの展望	松井範惇	帝京大学
2014/12/16	日本からの展望	若山昇	帝京大学
2015/1/6	経済統合の行方	加賀美充洋	帝京大学
2015/1/13	まとめ・小テスト		

明海大学（日本・東京都）
創立 1970 年　在校生 5,163 名
初年度講座名「言葉と文化からアジア共同体を考える（日本語対照研究）」
申請者　柳澤好昭
受講生 34 名，奨学生 2 名

2013/4/17	ガイダンス	柳澤好昭	明海大学
2013/4/24	アジア演習	西川博之	明海大学
2013/5/8	自然観から見たアジア共同体	岩下哲典	明海大学
2013/5/15	民話から見たアジア共同体	柳澤好昭	明海大学
2013/5/22	歴史から見たアジア共同体	斎藤成也	国立遺伝学研究所
2013/5/29	宗教から見たアジア共同体	岩下哲典	明海大学
2013/6/5	音声から見たアジア共同体	青島広志	東京芸術大学
		小野つとむ	テノール歌手
2013/6/12	言語政策から見たアジア共同体	山本忠行	創価大学
2013/6/19	日本語教育から見たアジア共同体	飯澤展明	国際交流基金
2013/6/26	言葉から見たアジア共同体	柳澤好昭	明海大学
2013/7/3	企業・経済から見たアジア共同体	渋谷晴正	凡人社
2013/7/10	言語教育から見たアジア共同体	Dao Thi Thuy Nhi	フエ外国語大学
2013/7/17	教育から見たアジア共同体		
2013/7/24	音楽から見たアジア共同体	浦本裕子	武蔵野音楽大学
2013/7/27	アジア共同体の創成を目指して	鄭俊坤	ワンアジア財団

2 年目講座名「多言語相互教育からアジア共同体創成を考える（比較文化）」
申請者 柳澤好昭
受講生 34 名，奨学生 4 名

2014/4/9	オリエンテーション，アジア共同体について	柳澤好昭	明海大学
2014/4/16	アジアにおける相互外国語教育とアジア共同体	中野佳代子	国際交流基金

2014/4/23	企業の経営戦略とアジア共同体構想—言語教育を手掛かりとして—	井上洋	経団連
2014/5/7	アジアの人口移動と社会生活の変容がもたらす共同体意識の変化	下田直樹	明海大学
2014/5/14	アジアの自国語普及政策と共同体意識	田中清泰	言語政策学会
2014/5/21	アジアの共通語とアジア共同体	ダニエル・ロング	首都大学東京
2014/5/28	アジアのメディアとコンテンツからみるアジア共同体の可能性	鄭起永	釜山外国語大学
2014/6/4	アジアの歴史と諸問題からみるアジア共同体の可能性	許衛東	大阪大学
2014/6/11	アジア共同体がもたらすアジアの技術発展と開発促進	デディ・ステディ	インドネシア教育大学
2014/6/18	世界の中のアジアと地域共同体	嘉数勝美	元政治大学
2014/6/25	アジアの伝承文化と社会生活からみるアジア共同体の可能性	直井謙二	フリージャーナリスト
2014/7/2	アジア共同体の促進要因としてのアジアにおける食文化の共通性	秋野晃司	女子栄養大学
2014/7/9	アジア共同体の促進要因としてのアジアのサブカルチャー	中野敦	国際文化フォーラム
2014/7/16	アジア共同体の促進要因としてのアジアの地域特性	古沢広祐	國學院大学
2014/7/23	アジア共同体の創成をめざして	佐藤洋治	ワンアジア財団

青山学院大学（日本・東京都）
創立 1949 年　在校生 25,000 名
初年度講座名　「アジアの地域統合 – 政治，経済，文化からの多角的検討 –」
申請者　羽場久美子
受講生 500 名，奨学生 11 名

2013/4/12	アジア地域統合と共同大学院構想	羽場久美子	青山学院大学
2013/4/19	アジア共同体の現状と課題	鳩山由紀夫	元内閣総理大臣
2013/4/26	アジアの共同発展とアメリカの役割	藤崎一郎	駐米日本大使館
2013/5/10	アジアのエネルギー問題	寺島實郎	三井物産，日本総合研究所

2013/5/17	アジアにおけるシンクタンク形成	伊藤憲一	東アジア共同体評議会
2013/5/24	アジア地域統合における中国の役割	程永華	中国大使館
2013/5/31	北東アジア地域の安全保障	天児慧	早稲田大学
2013/6/7	韓国とアジアの地域統合	申珏秀	韓国国立外交院国際法センター
2013/6/14	朝鮮半島の地域統合	李鍾元	早稲田大学
2013/6/21	アジア地域の課題と国連	明石康	元国連事務
2013/6/28	アジアバロメータとアジア・アイデンティティ	猪口孝	新潟県立大学
2013/7/5	アジア共同体の創設にむけて	鄭俊坤	ワンアジア財団
		Zhao Quansheng	アメリカン大学
2013/7/12	アジアの安全保障	土山實男	青山学院大学
2013/7/19	アジアの文化交流の意義	青木保	青山学院大学
	学術奨励賞　奨学金授与	西塚英和	ワンアジア財団
2013/7/26	パネルディスカッション　アジアの未来に向けて	北岡伸一	政策大学大学院
		パク・チョルヒ	ソウル大学
		天児慧	早稲田大学
		羽場久美子	青山学院大学
		青木保	青山学院大学

2年目講座名　「アジアの地域協力－経済発展，信頼醸成と，和解の促進－」
申請者　羽場久美子
受講生307名，奨学生8名

2014/9/19	欧州とアジアの領土問題—アメリカの関与の違い	羽場久美子	青山学院大学
2014/9/26	東アジア共同体をどう再構築するか	鳩山由紀夫	元内閣総理大臣
2014/10/6	アジアにおける核不拡散と軍縮に向けて	猪口邦子	日本大学
2014/10/17	アジアにおける平和構築と東アジア共同体	西原春夫	アジア平和貢献センター
2014/10/24	アジアの経済発展とIMF（国際通貨基金）	篠原尚之	国際通貨基金
2014/10/31	米国のアジア戦略とTPP	谷口誠	北東アジア研究交流ネットワーク

2014/11/7	東アジアの安全保障とアメリカの位置	孫崎享	東アジア共同体研究所
2014/11/14	アジア開発発展と，金融統合の意義	河合正弘	アジア開発銀行研究所
2014/11/28	欧州連合と東アジア共同体	Fraser Cameron	the EU Asia Centre
2014/12/5	中日領土問題についての新見解	劉江永	清華大学
2014/12/12	アジアの安全保障と歴史問題	北岡伸一	政策大学大学院
2014/12/19	アジア文化統合の歴史と未来，パネル	青木保	青山学院大学
		王敏	法政大学
2015/1/9	ASEAN 地域統合の新段階	Surin Pitswan	元 ASEAN
2015/1/23	アジア共同体の創生と課題	佐藤洋治	ワンアジア財団
2015/1/30	まとめ，レポート提出	羽場久美子	青山学院大学

日本大学文理学部（日本・東京都）

創立 1889 年　在校生 80,000 名
初年度講座名　「アジアにおける地域協力の可能性－いま，なぜアジア共同体なのか－」　申請者　青木一能
受講生 65 名，奨学生 17 名

2013/9/24	グローバル時代におけるアジア共同体への要請	青木一能	日本大学文理学部
2013/10/1	アジアの国際関係とアジア共同体	初暁波	北京大学
2013/10/8	韓国からみたアジア共同体への経済・金融面のアプローチ	金在仁	ソウル市立大学
2013/10/15	台湾からみたアジア共同体構想	段瑞聡	慶應義塾大学
2013/10/22	ＡＳＥＡＮの経験から見るアジア共同体—タイからの視線	バンディット・ロートアラヤノン	
2013/10/29	中国からみたアジア共同体—文化面からのアプローチ	張永宏	雲南大学
2013/11/12	モンゴルからみたアジア共同体	エンクバヤル	環日本海経済研究所
2013/11/19	台湾とアジア共同体	陳永峰	東海大学
2013/11/26	韓半島の安全保障とアジア共同体	鄭勛燮	日本大学国際関係学部

資料 1　アジア共同体講座のシラバス　135

2013/12/3	ＡＳＥＡＮの経験から見るアジア共同体—インドネシアからの視線	ディアンニ・リスダ	インドネシア教育大学
2013/12/10	日本から見たアジア共同体構想	日吉秀松	日本大学
2013/12/17	ナショナリズムとインターナショナリズムの相克	石川晃司	日本大学
2014/1/14	アジア共同体と市民	鄭俊坤	ワンアジア財団
2014/1/28	アジア共同体の創設をめざして	鄭俊坤	ワンアジア財団

2年目講座名 「アジアにおける地域協力の可能性」 申請者 青木一能
受講生 50 名，奨学生 12 名

2014/9/23	グローバル時代におけるアジア共同体への要請	青木一能	日本大学文理学部
2014/9/30	ベトナムからみたアジア共同体	ホー・ミン・クアン	ベトナム国家大学ホーチミン校
2014/10/7	台湾からみたアジア共同体	段瑞聡	慶應義塾大学
2014/10/14	東・東南アジア情勢概観	青木一能	日本大学文理学部
2014/10/21	中国からみたアジア共同体	金哲	安徽三聯学院
2014/10/28	日本からみたアジア共同体	日吉秀松	日本大学
2014/11/11	カンボジアからみたアジア共同体（1）	ロイ・レスミー	王立プノンペン大学
2014/11/18	ミャンマーからみたアジア共同体	Ngun Ling	ミャンマー工科大学
2014/11/25	スリランカからみたアジア共同体	マッラワアー・ラッチゲー・ニマル・カルナーラトナ	ケラニヤ大学
2014/12/2	日中関係からみる両国の経済関係	陳思翀	中南財経政法大学
2014/12/9	カンボジアからみたアジア共同体	Sieng Emtotim	バッタンバン大学
2014/12/16	韓国からみたアジア共同体	金香淑	目白大学
2015/1/13	アジア共同体と市民	鄭俊坤	ワンアジア財団
2015/1/20	受講生による総括討論	青木一能 日吉秀松	日本大学文理学部 日本大学
2015/1/27	アジア共同体の創設をめざして	鄭俊坤	ワンアジア財団

韓国カトリック大学（韓国・ソウル）
創立 1855 年　在校生 14,496 名
初年度講座名　「経済統合論－東アジア共同体を中心に－」　申請者　崔永宗
受講生 39 名，奨学生 8 名

2013/9/5	東アジア共同体の神話と現実	河英善	ソウル大学
2013/9/12	東アジアの伝統的地域秩序	朴鴻圭	高麗大学
2013/9/26	中国と東アジアに対する歴史的視点	金澤敏	高麗大学
2013/10/10	日本と東アジア共同体：歴史と遺産	韓相一	国民大学
2013/10/17	東アジア共同体　理論と歴史	朴済勲	仁川大学
2013/10/29	欧州統合と ASEAN（東南アジア諸国連合）の比較	Kim Min-hyung	イリノイウェズリアン大学
2013/10/31	欧州統合の成果と課題，そして東アジアの夢	James A. Caporaso	ワシントン大学
2013/11/7	日本と東アジア共同体	蓑原俊洋	神戸大学
2013/11/14	中国の力の勃興と東アジアの新秩序	Suh Jinyoung	神戸大学
2013/11/21	ASEAN と東アジア地域主義	裴肯燦	The Institute of Foreign Affairs & National Security
2013/11/28	朝鮮半島の平和と東アジア共同体	文正仁	延世大学
2013/12/5	東アジアと市民社会の役割	鄭俊坤	ワンアジア財団

2 年目講座名　「アジアと地域共同体」　申請者　崔永宗
受講生 45 名，奨学生 17 名

2014/9/1	導入：地域統合の諸理論	崔永宗	韓国カトリック大学
2014/9/15	地域共同体の概念と現実		
2014/9/22	主要国の地域主義政策	崔永宗	韓国カトリック大学
	東アジアにおける領土紛争と地域共同体	Koo Mingyo	ソウル大学
2014/10/6	東アジアにおける経済紛争と地域共同体	Kim Yanghee	大邱大学
2014/10/13	東アジアにおける歴史問題と地域共同体	Hyw Tak Yoon	韓京大学校
2014/10/27	東アジアにおける文化と地域共同体	姜泰雄	光云大学
2014/11/3	仏教と地域共同体	Hur Insup	同徳女子大学
	シャーマニズムと地域共同体	Park Ilyoung	韓国カトリック大学

2014/11/10	東アジアにおける環境問題と地域共同体	Oh Kyung-taek	全南大学
2014/11/17	朝鮮半島と東アジア共同体	Yoon Yeong-gwan	ソウル大学
2014/11/23	日本と東アジア地域主義	Kim Keeseok	国立江原大学
	東アジア地域主義に対する中国の政策	Byung Kwang Park	Institute for National Security Strategy
2014/11/30	韓国と中国の小説における地域共同体の理念	Kim Jung-hyun	Freelancer
2014/12/7	今なぜ地域共同体なのか	鄭俊坤	ワンアジア財団

釜山外国語大学（韓国・釜山）

創立 1982 年　在校生 8,912 名
初年度講座名　「アジア共同体論」　申請者　鄭起永
受講生 200 名，奨学生 30 名

2013/3/4	いま，なぜアジア共同体論なのか？	鄭俊坤	ワンアジア財団
2013/3/11	アジア共同体の歴史的背景と特徴	神野志隆光	東京大学
2013/3/18	大衆文化を通して見たアジアにおける社会・文化の変容	金香淑	目白大学
2013/3/25	アジア共同体のための多言語多文化コミュニケーション―韓日中の生活文化とマナー	鄭起永	釜山外国語大学
2013/4/1	アジア共同体創生における文化の異同をいかに見るか	蔡敦達	同済大学
2013/4/8	アジア交流の活性化のための新しい外国語教育政策のロール・モデル―ＥＵの外国語教育政策―	河洙権	釜山外国語大学
2013/4/15	アジア共同体のためのアジアの地域事情と言語の理解―東南アジアのアイデンティティーを中心に―	朴章植	釜山外国語大学
2013/4/22	伝承譚から見るアジア芸能の美学	韓京子	慶熙大学
2013/4/29	韓国のディアスフォーラ公共外交の方向	尹喜粲	韓国外交通商部

2013/5/6	中国の地域事情と言語を通してみたアジア共同体論	金東河	釜山外国語大学
2013/5/13	アジア文化共同体のための多文化コミュニケーション教育	李相振	昌信大学
2013/5/20	都心を中心に考えるアジア共同体間の交流と疎通	金永椿	釜山国際交流財団
2013/5/27	アジアの文化交流―過去と未来	川本皓嗣	東京大学
2013/6/3	アジア共同体と韓国語教育	鄭明淑	釜山外国語大学
2013/6/10	アジア共同体に向かって	鄭俊坤	ワンアジア財団

2年目講座名 「アジア共同体論」 申請者 鄭起永
受講生 150 名, 奨学生 18 名

2014/3/3	韓国の多文化政策の現状と課題	呉喜順	多文化家族支援センター
2014/3/10	いま, なぜアジア共同体論なのか?	鄭俊坤	ワンアジア財団
2014/3/17	大衆文化を通して見たアジアにおける社会・文化の変容	金香淑	目白大学
2014/3/24	アジア共同体と韓国語教育	鄭明淑	釜山外国語大学
2014/3/31	アジア共同体への眼差し	権宇	延辺大学
2014/4/7	アジア文化共同体の思想的基盤	ロイ・レスミー	王立プノンペン大学
2014/4/14	東アジアの統合の現状と韓国	金裕殷	漢陽大学
2014/4/21	アジア共同体としてのアラビア社会の特性と機能	尹鋪秀	釜山外国語大学
2014/4/28	アジア共同体とモンゴルの役割	宋義敏	モンゴル国立教育大学
2014/5/5	アジア共同体のための多言語多文化コミュニケーション	鄭起永	釜山外国語大学
2014/5/12	アジア共同体のための外国語教育の役割	ディアンニ・リスダ	インドネシア教育大学
2014/5/19	アジア交流の活性化のための新しい外国語教育政策のロール・モデル	河泆権	釜山外国語大学
2014/5/26	アジア文化共同体のための多文化コミュニケーション教育	李相振	昌信大学
2014/6/2	アジア共同体と文化の多様性	金汝善	国立済州大学
2014/6/9	アジア共同体に向かって	佐藤洋治	ワンアジア財団

資料1 アジア共同体講座のシラバス 139

檀国大学（韓国・龍仁）

創立 1947 年　在校生 25,767 名
初年度講座名　「アジア共同体と 21 世紀の未来ビジョン」　申請者　徐榮洙
受講生 150 名，奨学生 14 名

2013/3/8	アジア文化圏と東アジア	徐榮洙	檀国大学
	いま，なぜアジア共同体論なのか	鄭俊坤	ワンアジア財団
2013/3/15	大衆文化からみるアジア社会，文化の変容	金香淑	目白大学
2013/3/22	アジア共同体文化と漢文学	尹載煥	檀国大学
2013/3/29	アジア共同体とアジア市民社会	朴恩弘	聖公会大学
2013/4/5	アジア共同体創成における文化の異同をいかに見るか	蔡敦達	同済大学
2013/4/12	アジア文学とアジア人の生き方を語る	Kwon Young-min	檀国大学
2013/4/19	アジア説話世界からみるアジアの価値観	尹勝俊	檀国大学
2013/4/26	アジア経済交流の現状と未来展望	李昌在	対外経済政策研究院
2013/5/3	20 世紀東北アジア外交史の教訓と 21 世紀アジア共同体の未来	金昇泳	シェフィールド大学
2013/5/10	アジアの映画を通して見る文化の交流と拡散	姜泰雄	光云大学
2013/5/24	アジアの文化交流―過去と未来	川本皓嗣	東京大学
2013/5/31	アジア共同体の歴史的背景と特徴	神野志隆光	東京大学
2013/6/14	アジア時代の大学生の役割	Uhm Kiho	徳成女子大学
2013/6/17	アジア共同体に向かって	佐藤洋治	ワンアジア財団

2 年目講座名　「アジア共同体と 21 世紀の未来ビジョン」　申請者　金蘭珠
受講生 100 名，奨学生 18 名

2014/3/7	私たちはなぜアジア共同体について話しているのか	鄭俊坤	ワンアジア財団
2014/3/14	伝統芸術の世界に基づいてアジア人の価値を提案する	金蘭珠	檀国大学

2014/3/21	大衆文化から見たアジアの社会と文化の変容	金香淑	目白大学
2014/3/28	アジアの物語の世界に基づいてアジア人の価値を提案する	尹勝俊	檀国大学
2014/4/4	アジア共同体の歴史的背景と認知	Xu Shou-tong	三亜学院
2014/4/11	アジア映画に基づく文化の交流と拡大	金ボラ	映画監督
2014/4/18	アジアの経済交流の現状と将来予測—F.T.A（自由貿易協定）に基づいて	李昌在	対外経済政策研究院
2014/4/25	アジア共同体にとっての東南アジア諸国と韓国	朴恩弘	聖公会大学
2014/5/2	アジア共同体にとってのモンゴルと韓国	宋義敏	モンゴル国立教育大学
2014/5/9	北東アジアの国際関係とアジア共同体の未来	金裕殷	漢陽大学
2014/5/16	朝鮮半島統一とアジア共同体の未来	Shin Chang Min	中央大学（韓国）
2014/5/23	教育政策とアジア共同体の未来	佐藤弘毅	目白大学
2014/6/13	アジア共同体にとってのインドと韓国	Vishnu Prakash	Embassy of India
2014/6/18	アジア共同体とアジアの市民社会	Paek Gayoon	People's Solidarity for Participatory Democracy

中央民族大学（中国・北京市）

創立 1951 年　在校生 15,822 名
初年度講座名　「アジア共同体と多民族の共生」　申請者　鄭喜淑
受講生 120 名，奨学生 19 名

2013/9/8	アジアとアジア共同体と多民族文化	黄有福	中央民族大学
2013/9/15	アジア共同体と多民族共生	鄭喜淑	中央民族大学
2013/9/22	アジア共同体の展開	蔡峰林	中央民族大学
2013/9/29	グローバル化とアジア地域統合	黄有福	中央民族大学
2013/10/5	アジアの安全保障と地域統合	林永尚	韓国外国語大学
2013/10/12	アジアの人権ガバナンス	劉宏	南洋理工大学
2013/10/19	日中韓の文化交流とアジア共同体	金俊	浙江樹人大学
2013/10/26	アジアの民族文学とアジア共同体	鄭喜淑	中央民族大学
2013/11/10	東北亜の歴史文化共同体	林成姫	北京大学

2013/11/17	アジア文学と地域統合	梅家玲	国立台湾大学
2013/11/24	東北亜の伝統芸術と共同体意識の形成	蔡峰林	中央民族大学
2013/12/7	アジアの共同体研究構想	祁進玉	中央民族大学
2013/12/14	アジア共同体と安全保障	魏志江	中山大学
2013/12/21	東北亜地域の和諧制度形成	鄭信哲	中国社会科学院
2013/12/28	アジア共同体のビジョン	鄭俊坤	ワンアジア財団

2年目講座名　「アジア共同体と多民族共生」　申請者　祁進玉
受講生 110 名，奨学生 10 名

2014/9/12	東アジアとアジア共同体	黄有福	中央民族大学
2014/9/19	アジア共同体の展開	鄭俊坤	ワンアジア財団
2014/9/26	東北亜地域の和諧制度形成	鄭信哲	中国社会科学院
2014/9/29	グローバル化とアジア地域統合	高原明生	東京大学
2014/10/10	アジアの安全保障と地域統合	林永尚	韓国外国語大学
2014/10/17	アジアの人権ガバナンス	劉宏	南洋理工大学
2014/10/24	日中韓の文化交流とアジア共同体	崔学松	静岡文化芸術大学
2014/10/31	アジアの金融と地域経済協力	熊秉元	台湾大学
2014/11/7	東北亜の歴史文化共同体	林成姫	北京大学
2014/11/14	アジアの安全保障と地域統合	魏志江	中山大学
2014/11/21	東北亜の伝統芸術と共同体意識の形成	蔡峰林	中央民族大学
2014/11/28	アジアの共同体研究構想	祁進玉	中央民族大学
2014/12/5	アジアの文化比較研究	鄭喜淑	中央民族大学
2014/12/12	東アジアの地域協力とアジア共同体	金俊	浙江樹人大学
2014/12/19	アジア共同体のビジョン	佐藤洋治	ワンアジア財団

南開大学（中国・天津市）

創立 1919 年　在校生 24,525 名
初年度講座名　「アジア共同体とアジアの国際関係史」　申請者　楊棟梁
受講生 100 名，奨学生 15 名

2013/2/23	中日関係の移り変わりと現実思考	楊棟梁	南開大学
2013/2/25	"周囲から中国を見るために"…一種新興の研究視野	孫衛国	南開大学
2013/3/4	中国伝統史学は対日本の影響と両国政治歴史観のもつれ	喬治忠	南開大学
2013/3/11	中韓関係史上の幾個理論問題	曹中屏	南開大学
2013/3/18	明代における中朝関係史の専門的課題	高豔林	南開大学
2013/3/25	無聲の対話——東亜筆談文化芻議	王勇	浙江工商大学
2013/4/1	中日韓三国関係と東亜共同体の構建	魏志江	中山大学
2013/4/3	世界は一体化へと向かう	佐藤洋治	ワンアジア財団

2013/4/8	東亜世界の自他構圖と艱難表達	韓東育	東北師大学
2013/4/15	成吉思汗世界帝国と元王朝東亜統治秩序	李治安	南開大学
2013/4/22	整体世界史観から東亜格局變動みて	陳志強	南開大学
2013/4/29	中日早期西学差異の歴史影響	趙徳宇	南開大学
2013/5/6	日本の中国明史研究概述について	姜勝利	南開大学
2013/5/13	台湾局勢と両岸関係	崔之清	南京大学
2013/5/20	マリアルズ号事件と近代中日関係	劉岳兵	南開大学

2 年目講座名 「アジア共同体とアジアの国際関係史」 申請者 楊棟梁
受講生 120 名，奨学生 20 名

2014/2/17	中日古代関係論	楊棟梁	南開大学
2014/2/24	中日関係の移り変わりと現実思考	楊棟梁	南開大学
2014/3/3	古代中韓関係論	孫衛国	南開大学
2014/3/10	世界歴史進程中の文化借鑒と吸収：中国と日本の例	王曉徳	福建師範大学
2014/3/17	東亜視域中の漢字	王勇	浙江工商大学
2014/3/24	日本の中国明史研究概述について	姜勝利	南開大学
2014/3/31	中国と周辺国家の関係	李文	中国社会科学院
2014/4/14	中国伝統編年体史学は対日本の影響	喬治忠	南開大学
2014/4/21	黄遵憲の日本観と亜洲観	劉雨珍	南開大学
2014/4/28	戦後東亜の政治発展	王新生	北京大学歴史学部
2014/5/5	東京審判と国際関係	宋志勇	南開大学
2014/5/12	日本神道と中国思想	趙徳宇	南開大学
2014/5/19	東北亜諸国民族国家建構視域下の歴史失憶と歴史建構	于逢春	中国社科院
2014/5/26	日本"北方領土"問題の抉擇：1955–1956 年日蘇恢復邦交正常化の談判	李凡	南開大学
2014/6/25	東亜共同体と東亜政治	鄭俊坤	ワンアジア財団

浙江大学（中国・杭州）

創立 1897 年　在校生 44,000 名
初年度講座名 「アジア共同体と歴史的視点からの探究」 申請者 楊雨蕾
受講生 45 名，奨学生 15 名

2013/9/13	「東アジア」研究への導入	楊雨蕾	浙江大学
2013/9/24	「東アジア史」から「東ユーラシア史」へ	Suzuki Yasutami	横浜歴史博物館
2013/10/13	東アジア史における人種問題	Tang Kaijian	澳門大学

資料 1　アジア共同体講座のシラバス　143

2013/10/17	中国文化と日本文化の違いについて	李卓	南開大学
2013/10/24	「欧州連合の統合と拡大」「国民国家の グローバル化と変容（地域統合）。 中央アジア研究教育ネットワーク 」	戚印平	浙江大学
2013/10/31	漢字と東アジア文化	金健人	浙江大学
2013/11/15	唐時代の使節と東アジアの文化交流	拝根興	陝西師範大学
2013/11/18	日本・中国・朝鮮半島の関係と東アジア共同体の構築	魏志江	中山大学
2013/11/21	明末における中国絹の外国貿易	戚印平	浙江大学
2013/11/28	近現代の日本における東アジア同盟構想	Chen Quanyu-an	浙江大学
2013/12/5	古代東アジア世界における日本	王海燕	浙江大学
2013/12/12	中国の仏教徒と文化外交	張家成	浙江大学
2013/12/19	第二次世界大戦後の東アジア諸国における経済発展	Chen Jianjun	浙江大学
2013/12/26	今なぜアジア共同体なのか	鄭俊坤	ワンアジア財団
2014/1/9	文化交流と東アジア共同体に関する知識	楊雨蕾	浙江大学

南京大学（中国・南京）

創立 1902 年　在校生 50,000 名
初年度講座名　「アジア共同体と情報管理社会」　申請者　李剛
受講生 225 名，奨学生 15 名

2013/3/7	中日韓三国関係とアジア共同体の構想と設立	魏志江	中山大学
2013/3/16	日本の移民系コミュニティの変化	谷垣真理子	東京大学教養学部
2013/3/20	中国古代の低調な哲学とそれは東アジアへの影響	胡発貴	江蘇省社会科学院
2013/3/27	中日文学の縁	馮羽	南京暁庄学院
2013/4/6	中日韓の移動通信インターネット産業	鄧泰霖	香港科学技術大学
2013/4/11	二十一世紀のコミュニケーション社会	李志鐘	ドミニカン大学
2013/4/18	中日大学の改革の対比に対する研究	胡建華	南京師範大学
2013/4/26	南シナ海問題と東アジアの外交関係	代兵	南京政治学院
2013/5/2	中国近代のナショナリズム	李良玉	南京大学
2013/5/9	巨大なデータの発掘と内緒事安全	慶海涛	南京森林警察学院
2013/5/16	中国の利益グループと外交関係戦略	李剛	南京大学

2013/5/23	アメリカのアジア太平洋に戻る戦略とアジア共同体	李剛	南京大学
2013/5/30	間もなく世界はひとつの全体になります	佐藤洋治	ワンアジア財団
2013/6/6	アメリカの東アジアに対する研究	陳粛	カリフォルニア大学
2013/6/27	情報の社会化の獲得	何大慶	ピッツバーグ大学

2 年目講座名　「アジア共同体と情報管理社会」　申請者　李剛
受講生 186 名，奨学生 20 名

2014/9/7	東アジアとアジア共同体	李剛	南京大学
2014/9/14	アジア共同体の展開	鄭俊坤	ワンアジア財団
2014/9/21	アジア地域統合の制度形成	張薀嶺	中国社会科学院
2014/9/28	グローバル化とアジア地域統合	高原明生	東京大学
2014/10/5	アジアの安全保障と地域統合	文正仁	延世大学
2014/10/12	アジアの人権ガバナンス	劉宏	南洋理工大学
2014/10/19	日中韓の文化交流とアジア共同体	崔学松	静岡文化芸術大学
2014/10/26	アジアの金融と地域経済協力	魏志江	中山大学
2014/11/9	東亜史前考古的理論と実践	黄建秋	南京大学
2014/11/16	アジアのエネルギーガバナンス	朴晟浚	全南大学
2014/11/23	中日近代文化的相互激蕩	張学峰	南京大学
2014/11/30	アジアの歴史文化とアジア共同体	李文	中国社会科学院
2014/12/7	新文化運動時期日本思想的輸入	李良玉	南京大学
2014/12/14	東アジアの地域協力とアジア共同体	石原華	復旦大学
2014/12/21	アジア共同体のビジョン	佐藤洋治	ワンアジア財団

極東連邦大学（ロシア・ウラジオストック）

創立 1899 年　在校生 25,000 名
初年度講座名　「東アジア共同体：歴史的実践と理論構想」
申請者　タギル・フジヤートフ
受講生 50 名，奨学生 10 名

2013/3/22	講座開始にあたって―北東アジアに対するロシアの政策	タギル・フジヤートフ	極東連邦大学
2013/3/29	北東アジアに対する共通の歴史としての渤海	Mikhail Krupy-anko	極東連邦大学

2013/4/1	欧州，ロシア，北東アジアの連携—ウラジオストックの過去と現在	Nelli Miz	沿海州地域博物館
2013/4	ロシア極東知己と中国東北県との交流		
2013/4/18	韓国とロシア極東地域	Kim Hyun-taek	韓国外国語大学
2013/4/19	ロシアと日本の関係—過去，現在，未来	Dmitry Streltsov	モスクワ国立国際関係研究所
2013/4/26	北東アジアの文化の多様性と共通性		
2013/4/29	東アジア共同体—日本からの視点		
2013/5	東アジア共同体—中国からの視点	Cai Peng-hong	上海社会科学院
2013/5	東アジア共同体—韓国からの視点	Lee Jay	APEC 研究韓国協会
2013/5/16	東アジア共同体—ロシアからの視点	Sergei Luzyanin	ロシア科学アカデミー
2013/5/25	共通の未来のための朝鮮半島と北東アジアのインフラプロジェクト	Pavel Minakir	ロシア科学アカデミー
2013/5/26	北東アジアにおける運輸と流通—人的，物的交流	Mikhail Kholosha	設計・技術研究所
2013/5/27	アジア共同体へ向かって	佐藤洋治	ワンアジア財団

光州大学（韓国・光州）
創立 1981 年　在校生 7,000 名
初年度講座名　「アジア共同体論」　申請者　金貳謙
受講生 100 名，奨学生 23 名

2013/3/8	アジア共同体の構想と背景及び講義紹介	金貳謙	光州大学
2013/3/15	アジアの近代と国民国家の建設	申一燮	湖南大学（韓国）
2013/3/22	①アジア三国の歴史から見た共同体文化	殷美姫	小説家
	②日本文化	加田玲子	湖南大学（韓国）
2013/3/29	EU の統合のから見たアジア国家の経済共同体の過去と現在，未来	金成厚	東新大学
2013/4/5	東アジアの FTA の展望と韓国の経済的効果	金甲用	光州大学
2013/4/12	①韓国 - ベトナムの関係と韓国の同伴者と HUFLIT の 20 年以上の発展同盟	Huynh The Cuoc	ベトナム国家大学ホーチミン校

2013/4/19	東アジア共同体の展望	鞠淳郁	光州大学
2013/4/26	アジアと韓国の陶磁文化	姜星坤	湖南大学（韓国）
2013/5/3	〈特別講義〉アジア共同体　なぜ必要か	鄭俊坤	ワンアジア財団
2013/5/10	中韓の貿易と開発状況及び高等教育交流の見通し	趙前程	大連海洋大学
2013/5/18	東アジアの物流協力体構想	李揆勲	光州大学
2013/5/24	①楽しい韓国伝統音楽の理解	金廣福	全南大学
	②情報共同体の展望	韓相吉	大林大学
2013/5/31	①東アジアの科学をどうやってみるか？	金成根	全南大学
	②東アジアの図書館交流協力体の構想	崔錫斗	漢城大学
2013/6/7	①東アジアの地域協力	梁峰烈	光州科学技術院
	②東アジアの社会福祉と国際NGO	李容教	光州大学
2013/6/14	①佐藤洋治理事長はどのような人なのか？	申一燮	湖南大学（韓国）
	②やがて世界は一つになる	佐藤洋治	ワンアジア財団

2年目講座名　「アジア共同体論」　申請者　金貳謙
受講生223名，奨学生18名

2014/3/7	アジア共同体論の構想と背景　講義紹介	金貳謙	光州大学
2014/3/14	アジアの近代と国民国家建設	申一燮	湖南大学（韓国）
2014/3/21	東アジアの科学をどうするのか？	金成根	全南大学
	北東亜細亜3カ国の歴史から見えてきた共同体文化	殷美姫	小説家
2014/3/28	EUの統合から見たアジア国家経済共同体の過去と現在，未来	金成厚	東新大学
2014/4/4	東アジアのFTA展望と経済的効果	金甲用	光州大学
2014/4/12	国際経済秩序の変化とアジアの経済協力課題	鄭哲基	光州大学
2014/4/18	東アジア国家の社会変化による共同体的協力方案	鞠淳郁	光州大学
2014/4/25	アジアの青少年協力と価値観	崔峻榮	光州大学
	アジアの印刷文化史	安賢周	全南大学
2014/5/2	中国の韓国に対する農産物輸出貿易の発展概況	胡建恩	大連海洋大学

2014/5/9	アジアと陶磁器文化	姜星坤	湖南大学（韓国）
2014/5/16	ベトナム文化の理解	Bui Phan Anh Thu	Hong Bang archi-tecture University International
2014/5/23	多文化家庭の幼児の幼児教育	金徳建	光州大学
2014/5/30	和解のための序曲	閔惠淑	湖南神学大学
2014/6/11	今なぜアジア共同体なのか：その必要性と意味	鄭俊坤	ワンアジア財団

王立プノンペン大学（カンボジア・プノンペン）

創立 1960 年　在校生 20,000 名
初年度講座名　「アジア共同体論」　申請者　ロイ・レスミー
受講生 80 名，奨学生 21 名

2013/8/19	ガイダンス	ロイ・レスミー	王立プノンペン大学
	大衆文化の往来から見る社会・文化の変容	金香淑	目白大学
2013/8/20	伝承譚から見るアジア芸能の美学	韓京子	慶熙大学
	近代日本の「アジア主義」とアジア共同体	榎本泰子	中央大学（日本）
2013/8/21	いま，なぜアジア共同体論なのか	鄭俊坤	ワンアジア財団
2013/8/22	アジア文化共同体のための多文化コミュニケーション教育	ロイ・レスミー	王立プノンペン大学
2013/8/23	アジア共同体の歴史的背景と特徴	ペィン・メァサック	王立プノンペン大学
2013/8/26	アジア共同体の政治	ペィン・メァサック	王立プノンペン大学
	アジア共同体の経済協力		
2013/8/27	アジア共同体の環境・エネルギー・自然保存	スパン・ヴィン	王立プノンペン大学
2013/8/29	アジア共同体の文化芸術	チェァ・パリー	王立プノンペン大学
	アジア共同体の教育	タン・ユー	王立プノンペン大学
2013/8/30	アジア共同体の観光・スポーツ	リット・サムオル	王立プノンペン大学

2013/9/2	発掘遺物から見るアジア共同体	ポン・チャイ	王立プノンペン大学
	外国語教育とアジア共同体	ダォ・ティガミー	国立ハノイ外国語大学
2013/9/3	アジア共同体と市民とＮＧＯの役割	加藤久典	大阪物療大学
2013/9/4	アジア共同体の思想的基盤	ロイ・レスミー	王立プノンペン大学
2013/9/5	アジア共同体における近代文学の位相	トッチ・パラー	王立プノンペン大学
2013/9/9	ラオ国家教育の改善	カンパイ・シサヴァン	ソパンナヴォン大学
2013/9/13	アジアの文化交流—過去と未来	大川玲子	明治学院大学
2013/9/19	アジア共同体に向かって	佐藤洋治	ワンアジア財団

2 年目講座名 「アジア共同体論」 申請者 ロイ・レスミー
受講生 80 名，奨学生 15 名

2014/8/18	ガイダンス	ロイ・レスミー	王立プノンペン大学
2014/8/19	文化と背景（日本の建築について）	脇田義久	近畿大学
2014/8/21	韓国の歴史と政治について	文興安	建国大学
2014/8/22	アジア共同体向けの教育	タン・ユー	王立プノンペン大学
2014/8/25	カンボジアの社会現状とこれからの変化	Kok Sothea	王立プノンペン大学
2014/8/26	アジア共同体向けの文学の役割	ポン・チャイ	王立プノンペン大学
2014/8/27	アジアの人々の心理	Ouk Vanna	王立プノンペン大学
2014/8/28	アジアにおける文化交流—過去と未来	加藤久典	大阪物療大学
2014/8/29	アジア共同体に向ける人材育成	ロイ・レスミー	王立プノンペン大学
2014/9/1	カンボジアのＩＴ事情とこれから	Kean Tak	王立プノンペン大学
2014/9/2	カンボジアにおける顧客サービスの貧しさ	Sok Seang	国立経営大学
2014/9/3	アジアにおけるビジネス日本語の状況	高見澤孟	城西国際大学
2014/9/4	歴史とカンボジアの経済発展への役目	Vorn Sotheara	王立プノンペン大学

2014/9/5	アジア共同体向けの歴史学	ヌル・アイニ・セティアワティ	ガジャマダ大学
2014/9/8	ASEAN（東南アジア諸国連合）の社会・文化共同体「文化の統合と地域の統合」	Chea Vanny	
2014/9/9	カンボジアの歴史と平和構築	Chin Socheat	
2014/9/10	アジア共同体と外国語学との関係	鄭起永	釜山外国語大学
2014/9/11	アジア共同体に向ける観光・スポーツ開発	リット・サムオル	王立プノンペン大学
2014/9/12	アジア共同体に向かって	佐藤洋治	ワンアジア財団

文教大学（日本・神奈川県）

創立 1966 年　在校生 8,604 名
初年度講座名　「アジア統合のための国際理解教育－東アジアの近現代史から何を学ぶのか」　申請者　丸山鋼二
受講生 54 名，奨学生 11 名

2013/9/23	アジア共同体と歴史問題	丸山鋼二	文教大学
2013/9/30	いま，なぜアジア共同体論なのか	佐藤洋治	ワンアジア財団
2013/10/7	中日韓三カ国の関係とアジア共同体の構築	魏志江	中山大学
2013/10/14	日本における「アジア主義」/「東アジア共同体への道」研究序説	奥田孝晴	文教大学
2013/10/21	「満州国」という国際空間—「民族協和」の理想と「日本人」	遠藤正敬	早稲田大学
2013/11/4	朝鮮半島の地域統合平和とアジア共同体	鄭喜淑	中央民族大学
2013/11/11	日本の戦争責任とアジア共同体	大谷猛夫	中国人戦争被害者を支える会
2013/11/18	東アジアにおける「二つの戦後」—冷戦とアジア共同体—	松村史紀	宇都宮大学
2013/11/25	東アジアにおける国際化教育	三橋秀彦	亜細亜大学
2013/12/2	東アジアにおける言語意識：「英語は東アジア共同体の共通言語となり得るのか」	生田祐子	文教大学
2013/12/9	シベリア鉄道に見るアジア共同体の可能性—夢のシベリア・ランドブリッジの過去・現在・未来—	麻田雅文	東北大学（中国）

2013/12/16	アジア共同体と民主主義―「言論の自由」の視点から	梅村卓	明治学院大学
	アジア共同体の構築と中日関係	楊棟梁	南開大学
2013/12/23	中国・香港・台湾・韓国における英語教育	出野由起子	共栄大学
2014/1/20	アグロフォレストリーをめぐるインドネシア　現地の生活から見た国際理解教育	黛陽子	文教大学
2014/1/27	アジア共同体のビジョン：市民の役割	鄭俊坤	ワンアジア財団

2 年目講座名　「アジア共同体のための国際理解教育」　申請者　丸山鋼二
受講生 16 名，奨学生 4 名

2016/4/12	21 世紀は「アジアの時代」：東アジアの現状とＥＵ	丸山鋼二	文教大学
2016/4/19	アジア共同体と民主主義：「言論の自由」の視点から	梅村卓	明治学院大学
2016/4/26	帝国日本の歴史経験――「満州国」の「農業遺産」	湯川真樹江	学習院大学
2016/5/7	「満州国」という歴史経験―日本人の「国籍概念」	遠藤正敬	早稲田大学
2016/5/10	欧州から見た日本と中国	董宏	オランダ在住・日中翻訳家
2016/5/17	アジア理解のための基本的議論：今なぜアジア共同体か？	鄭俊坤	ワンアジア財団
2016/5/24	英語はアジア共同体の共通言語となり得るのか	生田祐子	文教大学
2016/5/31	東アジア福祉共同体は可能か：少子高齢化から考える	金香男	フェリス女学院大学
2016/6/7	アジア地域協力の再考――ふたつの『戦後』と地域覇権	松村史紀	宇都宮大学
2016/6/14	アジア共同体とＮＧＯ――ＮＧＯは社会を変える力となるか	渡邉暁子	文教大学
2016/6/21	アジア共同体の可能性と市民意識の変革（北東アジアを中心として：記憶・課題，そして我々の未来)	暉峻僚三	東洋学園大学
2016/6/28	アジア共同体とグローバル教育	寺野摩弓	国際教養大学
2016/7/12	ＩＴはアジアの相互理解を深めるか	黄昇民	中国伝媒大学
2016/7/19	台湾の歴史認識	許育銘	東華大学

| 2016/7/26 | 期末試験・論題「東アジアの和解と協力はどうすれば実現できると考えるか」「アジア共同体のビジョン：市民の役割」 | 鄭俊坤 | ワンアジア財団 |

北京大学歴史学部（中国・北京市）

創立 1998 年　在校生 39,714 名
初年度講座名　「東アジア共同体：歴史実践と理論構想」　申請者　王新生
受講生 51 名，奨学生 20 名

2013/9/12	ＥＵの歴史及び東アジアへの啓発	高毅	北京大学歴史学部
2013/9/19	中日関係と東アジア共同体	蒋豊	日本新華僑報
2013/9/26	国際秩序と東アジア共同体	張啓雄	台湾中央研究院
2013/10/10	第4の産業革命と東アジアの協力	藤原洋	株式会社ブロードバンドタワー
2013/10/17	近代中日関係史と東アジア共同体	臧運祜	北京大学歴史学部
2013/10/24	アメリカと東アジア共同体	帰永濤	北京大学国際学部
2013/10/31	東アジア共同体の背景・問題・未来	鄭俊坤	ワンアジア財団
2013/11/7	中日経済協力のある実証的な研究——農民協同組織実践の歴史と現状	章政	北京大学
2013/11/14	宗教と民衆——日本禅宗の発展と葬式	広瀬良弘	駒澤大学
2013/11/21	周辺関係と東アジア共同体	李文	中国社会科学院
2013/11/28	環境問題と東アジア共同体	包茂紅	北京大学歴史学部
2013/12/5	文化交流と東アジア共同体	王暁秋	北京大学歴史学部
2013/12/12	歴史問題と東アジア共同体	王元周	北京大学歴史学部
2013/12/19	地域安全保障と東アジア共同体	于鉄軍	北京大学国際学部
2013/12/26	東アジア共同体の将来の目標	佐藤洋治	ワンアジア財団

2 年目講座名　「東アジア共同体：歴史的実践と理論構想」　申請者　王新生
受講生 52 名，奨学生 20 名

2014/9/16	戦後東アジアおける政治発展	王新生	北京大学歴史学部
2014/9/23	ＥＵの歴史及び東アジアへの啓発	高毅	北京大学歴史学部
2014/9/26	歴史問題と東アジア共同体	王元周	北京大学歴史学部
2014/10/14	禅文化と日中関係	大谷哲夫	駒澤大学
2014/10/21	道教と日中文化交流	王永平	日本道教文化交流協会
2014/10/28	中日経済協力と東アジア共同体	関山健	東京財団研究員
2014/11/4	アメリカと東アジア共同体	渡部恒雄	東京財団研究員
2014/11/11	マスコミと東アジア共同体	矢板明夫	産経新聞記者
2014/11/18	中小企業と日中経済協力	汪志平	札幌大学

2014/11/25	日中関係の過去，現在，未来	高原明生	東京大学
2014/12/2	日清戦争と日本のマスコミ	蔣豊	日本新華僑報
2014/12/9	地域安全保障と東アジア共同体	于鉄軍	北京大学国際学部
2014/12/16	日本の教育と東アジア協力	加野芳正	香川大学
2014/12/23	北東アジアの環境保護協力	染野憲治	東京財団研究員
2014/12/30	東アジア共同体の将来の目標	佐藤洋治	ワンアジア財団

キルギス工科大学（キルギス・ビシュケク）
創立 1954 年　在校生 21,600 名
初年度講座名　「アジア共同体に向かって－E（電子）アジア共同体の形成」
申請者　アスカー・クタノフ
受講生 50 名，奨学生 10 名

2013/9/13	講義の案内；講義「アジア共同体に向かって」の目的。シラバスについてのコメント	アスカー・クタノフ	キルギス工科大学
2013/9/20	アジア共同体の展望と目的　連携のための架け橋としての情報通信技術		
2013/9/27	環境問題　アジア諸国における環境協力と災害危機管理		
2013/10/4	アジア共同体における情報通信技術開発・産業	Bubusara Medralieva	キルギス工科大学
2013/10/11	教育分野における情報通信技術の応用	Aizat TURDA LIEVA	キルギス工科大学
2013/10/18	米国・欧州・日本におけるテレマティクスの技術標準：共通点と相違点	Rena Sultan-gazieva	キルギス工科大学
2013/10/25	キルギスタンと日本との協力関係の20年	アスカー・クタノフ	キルギス工科大学
2013/11/1	キルギスタンと日本との政治・経済関係		
2013/11/15	「欧州連合の統合と拡大」「国民国家のグローバル化と変容（地域統合）」		
2013/11/16	e ラーニングによるアジア共通教育空間の形成	Usen Omu-raliev	キルギス工科大学
2013/11/16	電子調達を通したアジア市場における国内生産の促進		

資料 1　アジア共同体講座のシラバス　153

2013/11/22	アジア共同体のための次世代ネットワークの開発	Aizat TURDALIEVA	キルギス工科大学
2013/11/29	アジア諸国における現代の電子通信の基礎	Rena Sultan-gazieva	キルギス工科大学
2013/12/6	アジア共同体諸国におけるテレマティクス・サービスの開発		
2013/12/13	「アジア経済における物流情報システムの役割と重要性」、「アジア共同体における物流情報システムの経験」	Akylbek Umet-aliev	キルギス工科大学
	アジア共同体における衛星機器の開発と応用	Aizat TURDALIEVA	キルギス工科大学
2013/12/20	アジア諸国における軽合金の結晶粒微細化	Talant Rysbaev	キルギス工科大学
2013/12/27	I・ラザコフ記念キルギス国立工科大学における遠隔教育：アジア諸国の経験から	Turat Duish-enaliev	キルギス工科大学
2014/2/26	今なぜアジア共同体なのか―その必要性と意味	鄭俊坤	ワンアジア財団

2年目講座名「アジア共同体に向かって－Eアジア共同体の形成」
申請者 アスカー・クタノフ
受講生 36 名，奨学生 15 名

2014/9/8	講義の案内；講義「アジア共同体に向かって」の目的，シラバスについてのコメント	アスカー・クタノフ	キルギス工科大学
2014/9/15	アジア共同体の展望と目的　連携のための架け橋としての情報通信技術		
2014/9/22	アジア共同体諸国におけるテレマティクス・サービスの開発	Rena Sultan-gazieva	キルギス工科大学
2014/9/29	アジア共同体における情報通信技術開発・産業	Bubusara Medral-ieva	キルギス工科大学
2014/10/6	アジアにおける無線通信と発展	Rahat Es-him-bekova	キルギス工科大学
2014/10/13	米国・欧州・日本におけるテレマティクスの技術標準：共通点と相違点	Rena Sultan-gazieva	キルギス工科大学

2014/10/20	キルギスタンと日本との協力関係の20年	アスカー・クタノフ	キルギス工科大学
2014/11/3	e ラーニングによるアジア共通教育空間の形成	Ysen Omu-raliev	キルギス工科大学
2014/11/10	電子調達を通したアジア市場における国内生産の促進		
2014/11/17	アジアにおける遠隔医療の開発	Bibigul Koshoeva	キルギス工科大学
2014/11/24	アジアのエネルギー問題	Rena Sultan-gazieva	キルギス工科大学
2014/11/27	キルギスタンと日本との政治・経済関係 「欧州連合の統合と拡大」「国民国家のグローバル化と変容（地域統合）。中央アジア研究教育ネットワーク」	アスカー・クタノフ	キルギス工科大学
2014/12/1	環境問題　アジア諸国における環境協力と災害危機管理	アスカー・クタノフ	キルギス工科大学
2014/12/8	アジアにおける携帯通信技術の社会・文化的側面	Rahat Es-him-bekova	キルギス工科大学
2014/12/15	アジアの教育分野におけるマルチメディア技術の開発と応用	Almina Alymku-lova	キルギス工科大学
2014/12/22	アジアの教育における情報通信技術	Rena Sultan-gazieva	キルギス工科大学
	I・ラザコフ記念キルギス国立工科大学における遠隔教育：アジア諸国の経験から	Turat Duish-enaliev	キルギス工科大学
2015/2/22	アジア共同体の展望	鄭俊坤	ワンアジア財団

資料 1　アジア共同体講座のシラバス　155

復旦大学（中国・上海市）
創立 1905 年　在校生 30,893 名
初年度講座名　「アジア共同体論」　申請者　胡令遠
受講生 74 名，奨学生 17 名

2013/9/9	序論：「アジア共同体の創生」講座の設置趣旨	徐静波	復旦大学
2013/9/16	「東アジア文化圏」は幻なのか		
2013/9/23	アジア伝統文化の継承（食文化を中心に）		
2013/9/30	「東アジア共同体」についての中国の構想	石源華	復旦大学
2013/10/7	アジアの文化交流（文学作品の翻訳を中心に）	施小煒	上海杉達学院
2013/10/14	戦後アジア経済の発展（東アジアの視点から）	魏全平	復旦大学
2013/10/21	東アジア民族間の和解と東亜共同体の構築	胡令遠	復旦大学
2013/10/28	アジア共同体の創成における異文化交流の役割	蔡敦達	同済大学
2013/11/4	アジア共同体の創生へ向かって（中央アジア諸国と中国に関係を中心に）	趙華勝	復旦大学
2013/11/11	アジアの経済発展と協力（産業再編を中心に）	張浩川	復旦大学
2013/11/18	アジア共同体創成における民間交流の役割	蔡建国	同済大学
2013/11/25	インド・中国の立ち上がりとアジア共同体の創生	杜幼康	復旦大学
2013/12/2	東アジアの学生の交流から見る民間交流の重要性	沈浩	復旦大学
2013/12/9	「価値」「利益」のパラダイムの中の東アジア共同体	胡令遠	復旦大学
2013/12/16	復旦で「巨匠」を語る	王韌	テレビ上海
2013/12/23	アジアの言語（日本語教育を中心に）	厖志春	復旦大学
2013/12/30	アジア共同体の夢とビジョン	佐藤洋治	ワンアジア財団

2 年目講座名　「アジア共同体論」　申請者　胡令遠
受講生 81 名，奨学生 20 名

2014/9/15	アジア共同体論序論	徐静波	復旦大学
2014/9/22	端午文化から見た東アジアの文化交流	蔡敦達	同済大学
2014/9/29	「東アジア文化圏」は幻なのか	徐静波	復旦大学

2014/10/6	東アジア交流の視点から見た日本の食文化	徐静波	復旦大学
2014/10/13	中国から見た東アジア共同体の未来	石源華	復旦大学
2014/10/20	中国企業のグローバルーへの途	郭広昌	復華国際株式会社
2014/10/27	ＴＰＰ・ＦＴＡとアジア太平洋諸国の貿易の成り行き	賀平	復旦大学
2014/11/3	翻訳文学と国際理解	施小煒	上海杉達学院
2014/11/10	アジアの言語（日本語教育を中心に）	厖志春	復旦大学
2014/11/17	「縁」に視点から見る東アジア共同体	武心波	上海外国語大学
2014/11/24	東アジア民族間の和解と東亜細亜共同体の構築	胡令遠	復旦大学
2014/12/1	戦後アジア経済の発展	魏全平	復旦大学
2014/12/8	中央アジア諸国と中国の関係	趙華勝	復旦大学
2014/12/15	中日韓三カ国学生交流の意義	沈浩	復旦大学
2014/12/22	韓国の視点から見た東アジアの未来	金汝善	国立済州大学
2014/12/29	アジア共同体の夢とビジョン	佐藤洋治	ワンアジア財団

雲南大学（中国・昆明）

創立 1923 年　在校生 29,067 名
初年度講座名　「アジア共同体とアジアの国際関係」　申請者　畢世鴻
受講生 70 名，奨学生 15 名

2014/3/7	アジア共同体と東アジアの国際関係	畢世鴻	雲南大学
2014/3/15	南シナ海における紛争と協力	Li Guoqiang	Chinese Academy of Social Sciences
2014/3/24	2000 年以降の日本による中国理解と対中行動	楊棟梁	南開大学
2014/3/28	今なぜアジア共同体なのか―その必要性と意味	鄭俊坤	ワンアジア財団
2014/3/31	メコン地域における協力の現状	Fujimura Manabu	青山学院大学
2014/4/11	中国・ASEAN（東南アジア諸国連合）間の関係の発展とアジア共同体構築への影響	李晨陽	雲南大学
2014/4/18	中国と近隣諸国間の国としての関わりの歴史	Fang Yun	雲南省社会科学院
2014/5/8	ASEAN に対するインドと中国の制度的関与	Rahul Mishra	India Council of World Affairs
2014/5/16	地域主義とアジア共同体の構築	盧光盛	雲南大学

資料 1　アジア共同体講座のシラバス　157

2014/6/3	中国とASEAN諸国間の文化交流	Kong Jianxun	農学院
2014/6/9	新時代のASEANと中国の経済協力	Tan Sri Dr Koh Tsu Koon	Wawasan Open University
2014/6/13	アジア共同体の構築とエネルギー安全保障との関係	呉磊	雲南大学
2014/6/20	インドと中国の関係をどう見るか	Varaprasad Sekhar Dolla	ジャワハルラール・ネルー大学
2014/6/27	世界のあり方の変容	Zhang Wenmu	北京航空航天大学
2014/7/1	やがて世界は一つになる	佐藤洋治	ワンアジア財団

2年目講座名 「アジア共同体とアジアの国際関係」 申請者 畢世鴻
受講生80名，奨学生14名

2015/9/2	国交正常化以来の中日関係―歴史と現在	川島真	東京大学
2015/9/2	中国と日ASEAN関係―長期的視点から	大庭三枝	東京理科大学
2015/9/11	バングラディシュ・中国・インドミャンマー経済回廊のパブリック・ディプロマシーに関するマクロ・デザイン	翟崑	北京大学
2015/9/25	成長の悩み―復興する中国は如何にASEANと共存共栄を求めるか	曹雲華	暨南大学
2015/10/12	東南アジアと南アジアにおける中国の海洋シルクロードとその課題：地政学，国内紛争，民族紛争	Lam Penger	シンガポール国立大学
2015/10/13	包括的方法により，シンガポール，中国，およびその南西国境地域間の連携を促進する	Lye Liangfook	シンガポール国立大学
2015/10/25	やがて世界は一つになる	佐藤洋治	ワンアジア財団
2015/10/30	一帯一路と地政的交通，経済，政治の連動	楊沐	華南理工大学
2015/11/6	中国外交大戦略と西に向けた開放	潘志平	新疆大学
2015/11/13	国際関係における政治と経済の連動―中国とASEANの協力を視点に	範祚軍	広西大学
2015/11/20	一帯一路の企画と建設における西南民族地域の参与に関する思考	楊保筠	北京大学

2015/11/27	一帯一路戦略と中国西南地域の発展	李晨陽	雲南大学
2015/12/11	中国の地政学戦略に関するいくつかの思考	王緝思	北京大学
2015/12/26	NLD 時代の中国・ミャンマー関係に関する分析	黄愛蓮	広西大学
2016/1/8	一帯一路の視野における中国と東南アジア関係	畢世鴻	雲南大学

西安交通大学（中国・西安）

創立 1896 年　在校生 30,682 名
初年度講座名　「アジア共同体の過去・現在と未来」　申請者　陳学凱
受講生 400 名，奨学生 20 名

2014/10/13 2014/10/14	東アジア世界における儒学の伝播	陳学凱	西安交通大学
2014/10/15 2014/10/16	東アジアにおける物質文明の交流	馬金玲	西安交通大学
2014/10/20 2014/10/21	東アジア世界の形成とその変遷	宋希斌	西安交通大学
2014/10/22 2014/10/23	東アジアの伝統教育	王宇穎	西安交通大学
2014/10/27 2014/10/28	東アジア文明における漢字の中核的地位	申超	西安交通大学
2014/10/29 2014/10/30	東アジアにおける「国際体系」の転換とその世界史的意義	趙斌	西安交通大学
2014/11/3 2014/11/4	唐史研究で争点となる若干の問題に関する論評	張国剛	清華大学
2014/11/6 2014/11/7	グローバル化時代にアジア文化を復興させる一つの方途	徐静波	復旦大学
2014/11/10 2014/11/11	日本古代国家形成史の研究に関するいくつかの問題	徐建新	中国社会科学院
2014/11/12 2014/11/13	促音とその教育	顧明燿	広島県立大学
2014/11/17	日本の近代政治学説における「国民参政権」の思想	顧令儀	愛知大学
2014/11/19 2014/11/20	東アジアにおける地域主義の研究と評価分析	黄大慧	中国人民大学
2014/11/24 2014/11/25	日本の「初期アジア主義」思想に関する分析	楊棟梁	南開大学

2014/12/25	シルクロードと東アジア文明	万翔	西安交通大学
	アジア共同体の展望	鄭俊坤	ワンアジア財団
		崔学松	静岡文化芸術大学

2年目講座名 「アジア共同体の過去・現在と未来」 申請者 陳学凱
受講生500名，奨学生20名

2015/10/7	東アジア共同体	宋希斌	西安交通大学
2015/10/14	アジア共同体の展開	宋希斌	西安交通大学
2015/10/21	古代東アジアと世界	万翔	西安交通大学
2015/10/28	国境を越えた漢字	申超	西安交通大学
2015/11/4	東アジア共同体と儒学	陳学凱	西安交通大学
2015/11/11	日中韓の文化交流とアジア共同体	馬金玲	西安交通大学
2015/11/18	東アジア共同体の国際関係の歴史と記憶	趙斌	西安交通大学
2015/11/25	東アジア世界の伝統教育	王宇穎	西安交通大学
2015/12/2	アジアにおける古代国家の成立	徐建新	中国社会科学院
2015/12/9	日本の食文化の変遷	徐静波	復旦大学
2015/12/16	アジア歴史の変遷と認知	楊棟梁	南開大学
2015/12/20	東アジア共同体の物資の文化—陶芸	張菊芳	西安交通大学
2015/12/27	東アジアの仏教	熊雯	西安交通大学

黒龍江大学（中国・ハルビン）
創立1941年 在校生39,000名
初年度講座名 「総合講座：アジアの共同体思想－アジア共同体ビジョンおよび進捗と苦境」 申請者 安成日
受講生211名，奨学生20名

2014/9/2	アジア共同体構築における苦境と出口	安成日	黒龍江大学
2014/9/9	中日経済関係の新しい変化と東アジア協力	姜躍春	中国国際問題研究院経済研究所
	今なぜアジア共同体なのか—その必要性と意味—	鄭俊坤	ワンアジア財団
	アジア共同体の提案今さら時期である	叶富春	黒龍江大学
2014/9/16	未来のアジア太平洋地域の海洋戦略対抗—中米両文明の争い	文長春	黒龍江大学
2014/9/23	中露，日露双方貿易発展の比較研究	康成文	ハルビン商業大学
2014/9/29	紙幣と白銀：明治維新以降の日本と明，清中国との貨幣システム比較研究	張光	厦門大学公共事務学院
2014/9/30	孫文の「大アジア主義」思想及びその現代の意義	王連偉	黒龍江大学

2014/10/7	中国のアジア安全観	王金輝	黒龍江大学
2014/10/14	地域統合理論，条件と東アジア共同体の構築	于海峰	黒龍江大学
2014/10/21	ロシアのアジア・太平洋政策及び協力の発展方向	崔建平	黒龍江大学
2014/10/28	中国における官僚の財産報告—現状及び制度革新	劉志勇	黒龍江大学
2014/11/3	「ポスト金正日時代」朝鮮の周辺外交及び日朝関係おけるその影響	姜龍範	天津外国語大学
2014/11/4	東アジア共同体の構築における政治文化容認問題	曹麗新	黒龍江大学
2014/11/11	康有為「大同思想」の評論	夏忠龍	黒龍江大学
2014/11/13	冷戦以来の日本の対中政策における主要課題と中国の対応戦略	張暁剛	大連大学
2014/11/18	中日関係：時間と空間の転換と発展する可能性	沈海涛	吉林大学
2014/11/23	日本の海洋戦略と中日関係	呂輝東	中国社会科学院
2014/11/25	東アジア国際秩序と平和の課題	森川裕二	長崎大学
	東アジア共同体のガバナンス危機	王映雪	黒龍江大学
2014/12/2	わが人民代表大会制度を補充する方策とその道——人民代表大会代表構成の視点から	安成日	黒龍江大学
2014/12/16	分権から自治へ，またにガバナンスへ	林承彬	明知大学
2014/12/23	日清戦争後日本の対中国認識と行動の変貌（1895–1905）	楊棟梁	南開大学

2年目講座名 「総合講座：アジアの共同体思想－アジア共同体ビジョンおよび進捗と苦境」 申請者 安成日
受講生 189 名，奨学生 20 名

2015/8/25	冷戦後国際システムの変遷と中国の対応	安成日	黒龍江大学
2015/8/30	「アジア共同体」の構築とその対策	董永裁	中日関係史学会雑誌『中日関係史』
2015/9/1	合従連衡：太平洋での中米ゲーム	文長春	黒龍江大学
2015/9/8	此方か或いはあちらか，または此方とあちらの間か—孔子とイエス・キリストとのいくつかの比較	樊志輝	黒龍江大学
2015/9/13	世襲政治論：日本「衰退」の謎	喬林生	南開大学
2015/9/15	「アジア共同体」の構築の意義と実践	康成文	ハルビン商業大学
2015/9/22	近代中国東北地域の鉄道と日本	王鉄軍	遼寧大学

資料 1　アジア共同体講座のシラバス　161

2015/9/29	日本の現代企業人事管理について	陳輝	黒龍江大学
2015/10/6	国際文化交流と「アジア共同体」	崔学松	静岡文化芸術大学
2015/10/13	制度の視野から見た北東アジアの環境協力─管理からガバマンス（gover-nance）へ	範純	黒龍江大学
2015/10/20	「アジア共同体」から「人類の共同運命」─「真正の共同体」理論と実践	康渝生	黒龍江大学
2015/10/27	「甲後戦争の落とし穴」と中日関係	武心波	上海外国語大学
2015/11/1	安保法案からTPPに：日本は何処から何処に行こうとしているのか？	加藤嘉一	
2015/11/2	近代日本の「光」と「影」─軍艦島のメディア表像を実例に	葉柳和則	長崎大学
	積極的平和主義と東アジア秩序～安倍談話「有識者懇談会」報告をもとに	森川裕二	長崎大学
2015/11/3	東アジア社会における歴史記憶の対抗性についての研究	鄭毅	北華大学
2015/11/10	朝鮮島における世間の注目をあつめる諸問題に対する考え	孟慶義	煙台大学
2015/11/17	政府機能の転換と社会管理の新しい模索	何穎	黒龍江大学
2015/11/24	経済の「新常態」,「一路一帯」と中国の未来	喬榛	黒龍江大学
2015/12/1	外部の要素とフィリピン，タイ，インドネシア諸国の民主化進展	宋瑞芝	黒龍江大学
	ミエルのアジア観について	王連偉	黒龍江大学
2015/12/6	日本が中国国内に廃棄した科学武器の処分問題について	魯義	北京大学国際学部
	中国における日本研究─雑誌及び雑誌とネットの融和の視点から	林昶	中国社会科学院
2016/4/28	世界はもう一つになる	佐藤洋治	ワンアジア財団
2016/6/1	「アジア共同体」の必要性とその意義	鄭俊坤	ワンアジア財団

遼寧大学（中国・瀋陽）
創立 1948 年　在校生 28,000 名
初年度講座名　「北東アジア経済協力体制の理論と実践－アジア共同体構築に向けて」　申請者　張東明
受講生 120 名，奨学生 15 名

2014/3/10	東アジア各国の経済協力と朝鮮の経済開発戦略	張東明	遼寧大学

2014/3/17	アメリカの韓国学科と韓国学の世界化	申起旭	スタンフォード大学
2014/3/24	今なぜアジア共同体なのか―その必要性と意味―	鄭俊坤	ワンアジア財団
2014/3/31	朝鮮半島での経済協力における中国東北地区の地位と役割	林木西	遼寧大学
2014/4/8	吉林省の対朝経済協力に関する現状分析と対策	張玉山	吉林社科院
2014/4/15	東西思想間の対話：地球の調和のために	李光来	国立江原大学
2014/4/21	北朝鮮・金正恩と韓国・朴槿恵による新たな情勢と半島における信頼関係構築の展望	徐文吉	吉林大学
2014/5/12	中韓の産業内貿易に関する実証分析	黄庆波	大連海事大学
2014/5/19	朝鮮と北東アジア地域の協力	石源華	復旦大学
2014/5/26	北東アジア平和共同体構想案	李瑞行	韓国学中央研究院
2014/6/3	金融危機後における中日韓の金融協力	刘红	遼寧大学
2014/6/7	近年の朝鮮における経済状況と発展趨勢に関する初歩的分析	呂超	遼寧社科院
2014/6/14	民族主義と東アジアの「分裂」	趙立新	延辺大学
2014/6/25	世界の近代化進展における中国近代化の問題に関する研究	徐平	遼寧大学
2014/6/28	地域一体化という新たな趨勢の中で東アジア地域協力が直面する課題	刘洪钟	遼寧大学

2年目講座名　「北東アジア経済協力体制の理論と実施－アジア共同体構築に向けて」　申請者　張東明
受講生 98 名，奨学生 17 名

2015/3/12	東アジア各国の経済協力と朝鮮の経済開発戦略	張東明	遼寧大学
2015/3/19	地域一体化という新たな趨勢の中で東アジア地域協力が直面する課題	刘洪钟	遼寧大学
2015/3/26	国際文化交流とアジア共同体	崔学松	静岡文化芸術大学
2015/4/2	朝鮮半島での経済協力における中国東北地区の地位と役割	林木西	遼寧大学
2015/4/9	吉林省の対朝経済協力に関する現状分析と対策	張玉山	吉林社科院
2015/4/16	北東アジア地域における経済一体化の基礎理論と実践	戴利研	遼寧大学
2015/4/23	北東アジア地区における国際関係の新たな動向と地域経済協力	崔岩	遼寧大学

資料 1　アジア共同体講座のシラバス　163

2015/5/7	中韓朝三国間の経済協力構想	李家成	遼寧大学
2015/5/14	現在の国際情勢と中国外交	唐彦林	遼寧大学
2015/5/21	安倍内閣による投資導入政策の調整が中国の対日直接投資増加に及ぼす影響	劉紅	遼寧大学
2015/5/28	北東アジア地域における経済協力の障害と推進の考え方	陳本昌	遼寧大学
2015/6/4	中ロ経済協力の新たな好機と課題	殷紅	遼寧大学
2015/6/11	北東アジアにおける地縁政治の安全と日本	程文	遼寧大学
2015/6/18	新たな政治経済学的視点による政府債務問題の研究	楊攻研	遼寧大学
2015/6/25	今なぜアジア共同体なのか―その必要性と意味―	鄭俊坤	ワンアジア財団

香港城市大学（香港・九龍）
創立 1984 年　在校生 20,000 名
初年度講座名　「アジア共同体に向けて：中国とアジアの一体化の歴史的回顧と展望」　申請者　陳学然
受講生 70 名，奨学生 14 名

2013/10/7	「民主」と「愛国」：戦後香港の政治参加による変化	區志堅	香港樹仁大学
2013/10/21	香港が国際的な漢学交流の架け橋に―乙堂問学書信から見た戦後の羅香林と海外学者との交流	林志宏	中央研究院
2013/10/28	20 世紀の「満蒙」争議と「辺境」に関する知識再生産	董炳月	中国社会科学院
2013/11/4	「同文」の東アジア：幻想と現実	韓子奇	ニューヨーク州立大学
2013/11/22	出版資本主義と 20 世紀初頭の中日交流	林少陽	東京大学
2013/12/2	明治日本における美術史の著作およびアジア主義と民族主義の美術史：中国との関連	刈間文俊	東京大学
2013/12/16	映画での現代東アジア世界	黄文斌	馬來西亜拉曼大学
2014/1/13	マレーシアの民族構築：儒教思想の視点	慕唯仁	威斯康星大学
2014/1/20	日本の明治末期におけるアジア主義：中国やインドとの関連	鄭吉雄	香港教育大学
2014/2/10	「東アジア」の内外：伝統的な解釈方法に内在する緊張性	鄭俊坤	ワンアジア財団

2014/2/24	今，なぜアジア共同体について議論するのか？	陽祖漢	国立中央大学（台湾）
2014/3/3	朝鮮儒学「主理派」の思想と朱子学	呉炳守	成均館大学
2014/3/17	韓国自由主義の内包と外延	村田雄二郎	東京大学
2014/3/31	辛亥革命前後の東アジアにおける国際秩序の変遷と中日関係	佐藤洋治	ワンアジア財団

2 年目講座名　「中国とアジア共同体の文化的回顧と展望」　申請者　陳学然
受講生 80 名，奨学生 10 名

2015/9/7	朝鮮後期の漂海録における江南：李邦翼『漂海録』と文順得『漂流始末』	崔溶澈	高麗大学
2015/10/2	「アジア」思考の軌跡—中国と日本の視点	黄東蘭	愛知県立大学
2015/10/5	アジアにおける近代の「超克」とは？—「近代の超克」という学説に関する回顧と批評	孫江	南京大学
2015/10/8	博物学的知識と博覧会	鄭毓瑜	国立台湾大学
2015/10/12	華人性，中華性と後華性：再想像した文化共有から東アジアの世界化	石之瑜	国立台湾大学
2015/11/2	近代中韓の国際的儒教改革運動—康有為と李炳憲の周辺の学者達に関する考察	彭春凌	中国社会科学院
2015/11/30	羅森や衛三畏と吉田松陰や平山謙二郎—19 世紀中葉の香港・マカオと日本の開国	陶徳民	関西大学
2015/12/28	「宙合大通」と「天演物競」：『政芸通報』における 2 つの世界像を論ず	韓子奇	紐約州立大学
2016/1/4	「文」と東アジアの政治思想：「寄贈」という思想の再構築	林少陽	東京大学
2016/1/28	監督の視点から見た日本映画の過去，現在，未来	崔洋一 刈間文俊	日本電影導演協会 東京大学
2016/2/2	病原体，疫病，場所：朝鮮半島における伝染性の過去	呂寅碩	延世大学
2016/2/22	20 世紀の中国憲政と日本，台湾，香港	中村元哉	津田塾大学
2016/2/24	東アジアにおける教会と病院の比較研究：済衆院と施医院での経験	辛圭煥	延世大学
2016/3/14	世界は大同へ向かう	佐藤洋治	ワンアジア財団

ベトナム国家大学ホーチミン校（ベトナム・ホーチミン）

創立 1957 年　在校生 22,000 名
初年度講座名　「アジア共同体の理解」　申請者　ホー・ミン・クアン
受講生 62 名，奨学生 20 名

2013/9/20	ベトナムの文化— 西洋文化と東洋文化の組み合わせ	Duong Trung Quoc	National Assembly delegate (2013)
2013/9/27	アジアにおける第一言語の保護に関する諸問題	Mai Ngoc Chu	ベトナム国家大学ハノイ校
2013/10/4	文化人類学から見たアジアにおける諸共同体のつながり	Ngo Van Le	ベトナム国家大学ホーチミン校
2013/10/11	アジアの文学—インドとの接点	Phan Thu Hien	ベトナム国家大学ホーチミン校
2013/10/18	アジアの民族人類学	Toh Goda	神戸大学
2013/10/25	新たなアジアの構築における各国議会の役割	Nguyen Minh Thuyet	Office of Congress
2013/11/1	新たなアジア共同体のための共通の行動規範に向けて	文興安	建国大学
2013/11/8	アジアにおける文化の類似点と相違点	Tran Ngoc Them	ベトナム国家大学ホーチミン校
2013/11/15	新たなアジア共同体に向けたアジア経済の発展	Hoang Thi Chinh	University of Economics–HMCM City
2013/11/22	ワンアジア財団の使命	佐藤洋治	ワンアジア財団
2013/11/29	新たなアジア共同体の形成において大学間の連携を強化する必要性	Ton Nu Thi Ninh	
2013/12/6	新たなアジアの発展における文化の変容	Vo Van Sen	ベトナム国家大学ホーチミン校
2013/12/13	アジアの経済地理	Truong Thi Kim Chuyen	ベトナム国家大学ホーチミン校
2013/12/20	アジア諸国間関係の発展におけるベトナムと韓国	Ahn Kyong Hwan	朝鮮大学
2013/12/27	アジア研究に関する理論的諸問題	鄭俊坤	ワンアジア財団

2年目講座名 「アジア共同体の理解」 申請者 ホー・ミン・クアン
受講生 80 名, 奨学生 20 名

2014/9/12	人類学的視点から見たアジアの諸共同体間のつながり	Ngo Van Le	ベトナム国家大学ホーチミン校
2014/9/19	アジアの知識人による文明論― 福沢諭吉の場合	Nguyen Tien Luc	ベトナム国家大学ホーチミン校
2014/9/26	アジアの諸共同体の設立におけるベトナム国会の役割	Nguyen Minh Thuyet	Office of Congress
2014/10/3	アジアの友好関係発展におけるベトナムと韓国の役割：「長期友好関係」という橋	Ahn Kyong Hwan	朝鮮大学
2014/10/10	アジアにおける第一言語の保護	Mai Ngoc Chu	ベトナム国家大学ハノイ校
2014/10/17	多様かつ統合された単一のアジアに向かう文化の変容	Vo Van Sen	ベトナム国家大学ホーチミン校
2014/10/24	新たなアジア共同体に向けたアジア経済の発展	Hoang Thi Chinh	University of Economics– HMCM City
2014/10/31	アジア共同体と地域構造の形成	Nguyen Vu Tu	Department of ASEAN Affairs; SOM ASEAN–Vietnam
2014/11/14	考古学の成果から見たアジア諸文明間のつながり	Dang Van Thang	ベトナム国家大学ホーチミン校
2014/11/21	新しいアジア共同体のための共通の行動規範に向けて	文興安	建国大学
2014/12/10	ベトナムの文化― 西洋文化と東洋文化の組み合わせ	Duong Trung Quoc	National Assembly delegate (2013)
2014/12/24	ベトナムの特徴（日本，朝鮮半島，中国と比較して）	坪井善明	早稲田大学
2014/12/26	ワンアジア財団―やがて世界は一つになる	佐藤洋治	ワンアジア財団
2015/1/6	アジアの諸文化における類似点と相違点	Tran Ngoc Them	ベトナム国家大学ホーチミン校

2015/1/30	私たちはなぜアジア共同体へと向かうのか	鄭俊坤	ワンアジア財団

ベトナム国家大学ハノイ校（ベトナム・ハノイ）

創立 1945 年　在校生 17,000 名
初年度講座名　「アジア共同体の理解」　申請者　レ・ディン・チン
受講生 130 名，奨学生 20 名

2013/9/28	韓国文化の波（韓流）と，アジアに対するその影響	Ahn Kyong Hwan	朝鮮大学
2013/10/5	アジアの経済発展の諸特徴	Tran Quang Minh	Institute for Northeast Asian Studies, Vietnam Academy of Social Sciences
2013/10/12	アジアでの飢餓の撲滅と貧困の削減における科学の役割— 実践と教訓	Nguyen Thi Kim Hoa	ベトナム国家大学ハノイ校
2013/10/19	アジア共同体構築のための取り組みの方向を定める	文興安	建国大学
2013/10/26	アジアの環境問題	Pham Thi Xuan	Institute for Northeast Asian Studies, Vietnam Academy of Social Sciences
2013/11/2	アジアにおけるグリーン成長の特徴：理論と実践	Le Dang Hoan	ベトナム国家大学ハノイ校
2013/11/9	アジアの農業開発・地方開発における科学の役割	Nguyen Van Bo	Vietnam Academy of Agricultural Sciences
2013/11/16	アジアでの健康維持における医療の役割	Pham Trung Kien	ベトナム国家大学ハノイ校
2013/11/23	アジアにおける第一言語の保護に関する諸問題	Mai Ngoc Chu	ベトナム国家大学ハノイ校
2013/11/30	文化遺産の維持と保護における科学の役割，アジアにおける持続可能な観光の発展	Pham Quang Minh	ベトナム国家大学ハノイ校

2013/12/7	アジアの歴史と国際関係における諸問題	Le Dinh Chinh	ベトナム国家大学ハノイ校
2013/12/14	アジアの安定と発展を維持するための軍事協力・安全保障協力	Vu Khoan	Former Vice Prime Minister of the Socialist Republic of Vietnam
2013/12/21	講義のまとめ，最終試験	Le Dinh Chinh	ベトナム国家大学ハノイ校
2013/12/28	アジア共同体の構築における諸問題	佐藤洋治	ワンアジア財団

2年目講座名 「アジア共同体の理解」 申請者 レ・ディン・チン
受講生165名，奨学生20名

2014/9/27	アジアの国際関係：歴史と展望	Le Dinh Chinh	ベトナム国家大学ハノイ校
2014/10/4	アジア共同体の建設における宗教の役割	Nguyen Tuong Lai	ベトナム国家大学ハノイ校
2014/10/11	アジア諸国の外交政策	Pham Hong Tung	ベトナム国家大学ハノイ校
2014/10/18	アジアの家族構成と機能の変容	Nguyen Thi Kim Hoa	ベトナム国家大学ハノイ校
2014/10/25	東洋文化とアジア共同体の形成	Nguyen Minh Giang	ベトナム国家大学ホーチミン校
2014/11/1	アジアにおける第一言語の保護：理論と実践	Mai Ngoc Chu	ベトナム国家大学ハノイ校
2014/11/8	アジア共同体の構築に向けた政治制度とイデオロギーの役割：哲学的視点から	Nguyen Thuy Van	ベトナム国家大学ハノイ校
2014/11/15	韓国文化の波（韓流）と，アジアに対するその影響	Ahn Kyong Hwan	朝鮮大学
2014/11/22	文化遺産の維持と保護における科学の役割，アジアにおける持続可能な観光の発展	Pham Quang Minh	ベトナム国家大学ハノイ校
2014/11/29	単一アジア共同体の構築における地域研究の特徴	Nguyen Tran Tien	ベトナム国家大学ハノイ校

資料1　アジア共同体講座のシラバス　169

2014/12/1 2014/12/4	セミナー	Le Dinh Chinh	ベトナム国家大学 ハノイ校
2014/12/6	アジアの農業開発・地方開発における 科学の役割	Nguyen Van Tuat	Vietnam Academy of Agricultural Sciences
2014/12/13	アジア共同体構築のための取り組みの 方向を定める	文興安	建国大学
2014/12/20	講義のまとめ，最終試験	Le Dinh Chinh	ベトナム国家大学 ハノイ校
2014/12/27	アジア共同体の構築における諸問題	佐藤洋治	ワンアジア財団

カトリック関東大学（韓国・江陵）

創立 1954 年　在校生 10,175 名
初年度講座名　「東アジアの発展とアジア共同体」　申請者　李奎泰
受講生 127 名，奨学生 20 名

2014/3/6	今なぜアジア共同体なのか：その必要 性と意味	鄭俊坤	ワンアジア財団
	日本における外国人移民社会の変容	崔学松	静岡文化芸術大学
2014/3/13	アジアの国際関係とアジア共同体	李奎泰	カトリック関東大 学
2014/3/21	東アジア諸国の共同体理論	魏志江	中山大学
2014/3/27	アジア共同体と中国	石源華	復旦大学
2014/4/4	東アジア共同体と環東海（日本海）地 域	権世恩	慶熙大学
2014/4/10	東アジア共同体と朝鮮民主主義人民共 和国	崔完圭	信韓大学
2014/4/17	アジア共同体と韓国・中国・日本の関 係（中間評価と討議）	李奎泰	カトリック関東大 学
2014/4/24	アジア共同体とロシア	姜元植	カトリック関東大 学
2014/5/1	アジア共同体と米国	李三星	翰林大学
2014/5/12	東アジア共同体と中国・台湾両岸経済 貿易関係を中心に	趙建民	中国文化大学
2014/5/15	アジア共同体と日中韓の三国間協力	李奎泰	カトリック関東大 学
2014/5/22	アジア共同体と高等教育の国際化	李鐘瑞	カトリック関東大 学

2014/5/29	アジアにおける文化交流の発展動向とアジア共同体—日韓における文化の相互受容の過去と現在	姜宇源庸	カトリック関東大学
2014/6/5	アジア共同体の展望：「やがて世界は一つになる」	佐藤洋治	ワンアジア財団

2 年目講座名　「東アジアの変化とアジア共同体」　申請者　李奎泰
受講生 70 名，奨学生 20 名

2015/3/6	韓国を越えて世界へ：大学生のグローバル化：アジアの国際関係とアジア共同体	李奎泰	カトリック関東大学
2015/3/13	大学生の将来像とアジア共同体：アジア共同体と高等教育の国際化	李鐘瑞	カトリック関東大学
2015/3/20	アジアに立って世界を見る	Chang Chiuping	Vicky&Pinky Blue Studio
2015/3/27	世界経済の変容，東アジア共同体，南北朝鮮	安斗淳	ソウル市立大学
2015/4/3	国際文化交流とアジア共同体：日本における外国人移民社会の変容	崔学松	静岡文化芸術大学
2015/4/10	北東アジアの国際関係とアジア共同体	崔志鷹	同済大学
2015/4/17	中国の変容とアジア共同体— 中国メディアの変容を中心に	Liu Yuan Jun	長江大学
2015/4/24	日本・中国・朝鮮半島の関係とアジア共同体（中間評価と討議）	李奎泰	カトリック関東大学
2015/5/1	日本の変容とアジア共同体	姜宇源庸	カトリック関東大学
2015/5/8	中国文化とアジア共同体	姜元植	カトリック関東大学
2015/5/15	ロシアの変容とアジア共同体	姜元植	カトリック関東大学
2015/5/22	中国の変容とアジア共同体	李奎泰	カトリック関東大学
2015/5/29	朝鮮民主主義人民共和国の変容とアジア共同体	崔完圭	信韓大学
2015/6/5	今なぜアジア共同体なのか：その必要性と意味	鄭俊坤	ワンアジア財団
2015/6/12	東アジアの変容とアジア共同体	李奎泰	カトリック関東大学

神戸大学（日本・兵庫県）

創立 1902 年　在校生 16,581 名

初年度講座名　「アジア共同体を考える～アジアの地域協力の課題と展望」

申請者　坂井一成

受講生 48 名，奨学生 4 名

2014/4/6	イントロダクション～地域協力・地域統合の現在	坂井一成	神戸大学
2014/4/23	日本とアジア共同体	大庭三枝	東京理科大学
2014/4/30	中国とアジア共同体	山崎直也	国際教養大学
2014/5/7	朝鮮半島とアジア共同体	岡田浩樹	神戸大学
2014/5/14	ASEAN とアジア共同体	貞好康志	神戸大学
2014/5/21	オーストラリアとアジア共同体	窪田幸子	神戸大学
2014/5/28	アメリカとアジア共同体	安岡正晴	神戸大学
2014/6/4	ロシアとアジア共同体	河原地英武	京都産業大学
2014/6/11	ＥＵとアジア共同体	Lluc Lopez Vidal	カタロニア放送大学
2014/6/25	国際政治経済からみるアジア共同体	谷川真一	神戸大学
2014/7/2	歴史・思想から見るアジア共同体	Noemi Lanna	ナポリ東洋大学
2014/7/9	安全保障からみるアジア共同体	Guibourg Dela-motte	フランス国立東洋言語文化学院
2014/7/16	文化交流からみるアジア共同体	岸清香	都留文科大学
2014/7/23	アジア共同体の課題と展望	鄭俊坤	ワンアジア財団
2014/7/30	重層化するアジアの地域協力	大庭三枝	東京理科大学

2 年目講座名　「アジア共同体を考える～アジアの地域協力の課題と展望」

申請者　坂井一成

受講生 91 名，奨学生 6 名

2015/4/9	イントロダクション～地域協力・地域統合の現在	坂井一成	神戸大学
2015/4/16	日本とアジア共同体	大庭三枝	東京理科大学
2015/4/23	中国とアジア共同体	山崎直也	国際教養大学
2015/5/7	朝鮮半島から見るアジア共同体	岡田浩樹	神戸大学
2015/5/14	ASEAN とアジア共同体	貞好康志	神戸大学
2015/5/21	オーストラリアとアジア共同体	窪田幸子	神戸大学
2015/5/28	アジア（共同体）とアメリカ	安岡正晴	神戸大学

2015/6/4	ロシアとアジア共同体	河原地英武	京都産業大学
2015/6/11	ＥＵとアジア	Lluc Lopez Vidal	カタロニア放送大学
2015/6/18	やがて世界は一つになる	佐藤洋治	ワンアジア財団
2015/6/25	歴史・思想から見るアジア共同体	Noemi Lanna	ナポリ東洋大学
2015/7/2	安全保障からみるアジア共同体	Olivier Chopin	パリ政治学院
2015/7/9	文化交流からみるアジア共同体	岸清香	都留文科大学
2015/7/16	国際政治経済からみた「東アジア共同体」	谷川真一	神戸大学
2015/7/30	総括	坂井一成	神戸大学

関東学院大学（日本・神奈川県）

創立 1884 年　在校生 11,549 名

初年度講座名　「アジア共同体と日本」　申請者　殷燕軍

受講生 50 名

2014/10/1	講座のオリエンテーション　アジア共同体とは何か？	殷燕軍	関東学院大学
2014/10/8	北朝鮮の対外経済政策―朝中・朝露・南北朝鮮を中心に	大内憲昭	関東学院大学
2014/10/15	アジア自動車産業の発展と地域自動車部品産業の構築	清晌一郎	関東学院大学
2014/10/22	日韓関係とアジア共同体の形成〔仮〕	ハ・ジョンムン	韓信大学
2014/10/29	アジア共同体の展開【小レポート実施】	鄭俊坤	ワンアジア財団
2014/11/5	アジアの国際関係とアジア共同体	李奎泰	カトリック関東大学
2014/11/12	日中韓の国際交流とアジア共同体	崔学松	静岡文化芸術大学
2014/11/19	沖縄から見た東アジアの平和	小野百合子	関東学院大学
2014/11/26	東アジアの歴史教育とアジア共同体	許寿童	三亜学院
2014/12/3	日本の戦争責任・植民地責任と東アジア	林博史	関東学院大学
2014/12/10	東アジアにおける民族教育	金山	海南大学
2014/12/17	前近代東アジアの国際関係	佐藤佑治	関東学院大学
2015/1/7	「東アジア」という言説	田中史生	関東学院大学

| 2015/1/14 | アジア共同体の思想を考える | 渡辺憲正 | 関東学院大学 |
| 2015/1/21 | アジア共同体のビジョン【小レポート実施】 | 鄭俊坤 | ワンアジア財団 |

2 年目講座名 「アジア共同体と日本」 申請者 殷燕軍
受講生 70 名

2015/9/30	講座のオリエンテーション　アジア共同体とは何か？	殷燕軍	関東学院大学
2015/10/7	沖縄から見た東アジアの平和	小野百合子	関東学院大学
2015/10/14	アジア自動車産業の発展と地域自動車部品産業の構築	清晌一郎	関東学院大学
2015/10/21	アジア共同体のビジョン【小レポート実施】	佐藤洋治	ワンアジア財団
2015/10/28	東アジアの歴史教育とアジア共同体	許寿童	三亜学院
2015/11/4	アジア共同体構築と多言語教育	李東哲	延辺大学
2015/11/11	「東アジア」という言説	田中史生	関東学院大学
2015/11/18	日韓関係とアジア共同体の形成〔仮〕	ハ・ジョンムン	韓信大学
2015/11/25	北朝鮮の対外経済政策―朝中・朝露・南北朝鮮を中心に	大内憲昭	関東学院大学
2015/12/2	東アジアの近代化	鄧捷	関東学院大学
2015/12/9	東アジアにおける民族教育	金山	海南大学
2015/12/16	アジアの国際関係とアジア共同体	李奎泰	カトリック関東大学
2016/1/6	日本の戦争責任と戦犯裁判	佐治暁人	関東学院大学
2016/1/13	アジア共同体の思想を考える	渡辺憲正	関東学院大学
2016/1/20	アジア共同体の展開【小レポート実施】	鄭俊坤	ワンアジア財団

東洋学園大学（日本・東京都）
創立 1992 年　在校生 2,600 名
初年度講座名　「アジア「共同知」の探究－アジア共同体入門－」
申請者　朱建榮
受講生 103 名，奨学生 11 名

2015/4/14	アジアの進路を考える	朱建榮	東洋学園大学
2015/4/21	日本とアジアの未来	宮本雄二	宮本アジア研究所
2015/4/28	アジア共同体の展開	鄭俊坤	ワンアジア財団
2015/5/12	日中正常化から見る「問題」克服の東洋的知恵	呉寄南	上海日本学会

2015/5/19	日中摩擦の8割は誤解から	三潴正道	麗澤大学
2015/5/26	大逆転する世界と日本の針路	進藤榮一	国際アジア共同体学会
2015/6/2	ASEANの歩みとアジアの未来への示唆	対馬宏	東洋学園大学
2015/6/9	中国から見たアジアの共同知	馬立誠	元人民日報評論員
2015/6/16	近代作家における西と東	神田由美子	東洋学園大学
2015/6/23	東南アジアから見るアジアの未来	ユスロン・イーザ	インドネシア駐日大使
2015/6/30	東アジアの知的公共性	金鳳珍	北九州市立大学
2015/7/7	アジア共同体の理念	西原春夫	アジア平和貢献センター
2015/7/14	南アジアから見るアジアの可能性	モンテ・カセム	立命館アジア太平洋大学
2015/7/21	アジア共同体の未来と多文化教育	佐藤洋治	ワンアジア財団

2年目講座名 「伝統と未来 ― アジア共同体の思想的ルーツを探る」
申請者 朱建榮
受講生46名, 奨学生10名

2016/4/12	なぜ「伝統と未来」なのか	朱建榮	東洋学園大学
2016/4/19	いま, なぜアジア共同体なのか	鄭俊坤	ワンアジア財団
2016/4/26	大転換の時代―新旧「世界秩序」の移行期と日本の課題―	久保孝雄	アジアサイエンスパーク協会
2016/5/10	孔子の思想とアジアの未来	崔茂新	曲阜師範大学
2016/5/17	東アジア平和・安定のカギだ 中国・台湾の「両岸関係」	岡田充	共同通信
2016/5/24	人と森と生命の共生による現代アジアへの示唆～180年長寿企業からの提言～	野田泰三	株式会社セラリカ
2016/5/31	関ヶ原から戦後日本を考える	徳川家広	徳川記念財団
2016/6/7	中国の台頭, 「大国化」をどう受け止めるのか―冷静・客観的視点の大切さ―	村田忠禧	横浜国立大学
2016/6/14	孫文と梅屋庄吉～Transnationalな生き方を学ぶ	小坂文乃	日比谷松本楼
2016/6/21	仏教の「和」の精神と, アジアの新しい協働社会への道	村石恵照	武蔵野大学
2016/6/28	ASEAN経済統合とアジアの行方	叶芳和	国民経済研究協会

2016/7/5	日本を抜いた中国の科学技術——日中科学技術交流の強化が急務	沖村憲樹	独立行政法人科学技術振興機構
2016/7/15	20世紀の日本，アジアの未来への教訓	福川伸次	東洋大学
2016/7/19	やがて世界は一つになる	佐藤洋治	ワンアジア財団

愛知県立大学（日本・愛知県）

創立 1966年　在校生 3,548名
初年度講座名　「共生・多様性・越境性に基づくアジア共同体の展望」
申請者　堀一郎
受講生 42名，奨学生 8名

2014/4/10	近現代日本の『アジア』認識とアジア共同体	樋口浩造	愛知県立大学
2014/4/17	歴史教科書にみる日中の相互認識—アジア共同体に向けて	黄東蘭	愛知県立大学
2014/4/24	文化の相互理解とアジア共同体～「第三の場所（3rd place）」を求めて～	中西千香	愛知県立大学
2014/5/8	民族的アイデンティティーとアジア共同体：台湾映画『父の初七日』の葬送儀礼と文化アイデンティティー	工藤貴正	愛知県立大学
2014/5/15	アジアの「和食」とアジア共同体	西野真由	愛知県立大学
2014/5/22	日本と東南アジア	樋泉克夫	愛知大学
2014/5/29	ロシアとアジア共同体—ユーラシア帝国」ロシアの成立から学ぶ	加藤史朗	愛知県立大学
2014/6/5	日本の対新興国戦略とアジア共同体	草野昭一	愛知県立大学
2014/6/12	中国の周辺諸国外交とアジア共同体	諏訪一幸	静岡県立大学
2014/6/19	安全保障協力からみたアジア共同体	福田保	東洋英和女学院大学
2014/6/26	アジアにおける食料貿易とアジア共同体	大島一二	桃山学院大学
2014/7/3	アジアの多国間外交・地域協力とアジア共同体	徐鼎昌	台北駐日経済文化代表処政治部
2014/7/10	環境問題と環境協力からみたアジア共同体	長瀬誠	東アジア総合研究所
2014/7/17	アジア共同体の創世をめざして	佐藤洋治	ワンアジア財団
2014/7/24	中国は民主主義国になりうるか？	鈴木隆	愛知県立大学

2年目講座名 「共生・多様性・越境性に基づくアジア共同体の展望」
申請者 鈴木隆
受講生 45 名，奨学生 8 名

2015/4/9	イントロダクション—アジアと日本	鈴木隆	愛知県立大学
2015/4/16			
2015/4/23	民族的アイデンティティとアジア共同体—越境する漢民族アイデンティティに見る文化・政治・国家	工藤貴正	愛知県立大学
2015/5/7	アジアの相互認識・共生からアジア共同体へ—歴史教科書の視点から	黄東蘭	愛知県立大学
2015/5/14	アジアの多国間外交・地域協力とアジア共同体	徐鼎昌	台北駐日経済文化代表処政治部
2015/5/21	ASEAN の軌跡から考えるアジア共同体—統合への道と問題点	樋泉克夫	愛知大学
2015/5/28	ロシアのアジア観と日本観からみたアジア共同体	半谷史朗	愛知県立大学
2015/6/4	日本の対新興国戦略とアジア共同体	草野昭一	愛知県立大学
2015/6/11	中国の周辺諸国国交とアジア共同体	諏訪一幸	静岡県立大学
2015/6/18	安全保障協力からみたアジア共同体	福田保	東洋英和女学院大学
2015/6/25	アジアにおける食料貿易とアジア共同体	大島一二	桃山学院大学
2015/7/2	歴史・歴史認識とアジア共同体—弥勒菩薩の古代と近代—	上川道夫	愛知県立大学
2015/7/9	（国交正常化 50 周年を迎えた）未来韓日関係と青年の役割	朴煥善	駐名古屋大韓民国総領事
2015/7/16	食の国際化からみたアジア共同体—アジアの中の〈和食〉	西野真由	愛知県立大学
2015/7/23	アジア共同体の創成をめざして	鄭俊坤	ワンアジア財団

韓国放送通信大学（韓国・ソウル）

創立 1972 年　在校生 162,000 名

初年度講座名　「アジア共同体論－アジアの魅力を探して－」　申請者　姜相圭

受講生 298 名

2013/7/9	議論の出発：今，ここで歴史と文明を扱う意味	姜相圭	韓国放送通信大学
	東洋の星座と古代人の想像力 1	金一権	韓国学中央研究院
2013/7/16	東洋の星座と古代人の想像力 2	金一権	韓国学中央研究院
2013/7/23	東アジアの絵に込められた美学とユートピア 1	宣承慧	成均館大学
	東アジアの絵に込められた美学とユートピア 2		
2013/8/6	東アジアの音楽思想と風潮	宋芝媛	ソウル大学
	東アジアの文学の美学伝統	朴昭賢	成均館大学
2013/8/13	西洋の衝撃と東アジアの圧縮近代	姜相圭	韓国放送通信大学
	東アジアの歴史認識の形成と展開		
2013/8/20	アジア映画の美学とカメラの視線 1	張逸	韓国放送通信大学
	アジア映画の美学とカメラの視線 2		
2013/8/27	韓中日の原子力発電とアジアの未来環境 1	尹順眞	ソウル大学
	韓中日の原子力発電とアジアの未来環境 2		
2013/9/3	アジアの民俗音楽	邊癸媛	淑明女子大学
	東アジアの未来とネットワーク政治	金湘培	ソウル大学
	世界が一つへ	佐藤洋治	ワンアジア財団

2 年目講座名　「アジア共同体論 2」　申請者　姜相圭

受講生 55 名，奨学生 15 名

2015/5/7	東洋の想像力の源泉，そら	金一権	韓国学中央研究院
	天文と文明における神話的想像力		
2015/5/14	主権国家の歴史と新たな想像力	姜相圭	韓国放送通信大学
	孟子と共感能力：東アジアの連帯と疎通の一つの手がかり	李惠京	ソウル大学
2015/5/21	国連と東アジア	趙東溶	ソウル大学
	東アジアにおける地域問題の解決		
2015/5/28	東アジアの芸術と女性	宣承慧	成均館大学
	東アジアの芸術と男性		

2015/6/4	東アジアにおける歴史問題と韓国の進路	辛珠柏	延世大学
	東アジアの原子力と一つの指輪	姜相圭	韓国放送通信大学
2015/6/11	東アジアの環境と不便な真実	尹順眞	ソウル大学
	東アジアの環境とグリーンエネルギー		
2015/6/18	東アジアの民族主義と共産主義	田上俶	延世大学
2015/6/26	東アジアの戦争と平和：沖縄からのお手紙	姜相圭	韓国放送通信大学
	ネットワーキングのための融合的想像力	韓秀暎	中央大学（韓国）

済州国際大学（韓国・済州）

創立 1973 年　在校生 2,500 名
初年度講座名　「アジア共同体論」　申請者　鄭求哲
受講生 83 名，奨学生 33 名

2013/9/3	アジア共同体論とアジアの共通価値観の意味	金汝善	国立済州大学
2013/9/10	アジア共同体論とは何か？	鄭俊坤	ワンアジア財団
2013/9/17	アジアを中心とする国際関係の理解	李圭培	済州国際大学
2013/9/24	アジア共同体論の実現のためのスポーツの役割	鄭求哲	済州国際大学
2013/10/1	アジア共同体と南北関係	金チンホ	京郷新聞社
2013/10/8	アジア共同体と地域均衡発展	金チャンホ	京畿大学
2013/10/15	ワークブックチェック	金恩希	済州国際大学
2013/10/22	EU 紹介と異文化交流	金ヒョウジョン	フランス在住学芸士
2013/10/29	歴史から見るアジア共同体	朴漢用	高麗大学
2013/11/4	アジア共同体と FTA	李サンモ	韓国法制研究院
2013/11/12	アジア共同体と済州特別自治道	高豪成	国立済州大学
2013/11/19	アジア共同体の形成とメディアの役割	崔ナクチン	国立済州大学
2013/11/26	小さい相違，大きい変化	金チョルス	国立済州大学
2013/12/3	日韓外交関係	岩本茂久	在済州日本領事館
2013/12/10	講演会及び奨学金授与式	佐藤洋治	ワンアジア財団

2年目講座名 「アジア共同体論」 申請者 鄭求哲
受講生 70 名，奨学生 13 名

2014/8/27	オリエンテーション・受講登録確認	金恩希	済州国際大学
2014/9/3	アジア共同体とは	鄭俊坤	ワンアジア財団
2014/9/10	漢字文化圏への探訪	李権洪	済州国際大学
2014/9/17	日・韓外交の理解	岩本茂久	在済州日本領事館
2014/9/24	ヨーロッパ共同体への理解	金孝貞	
2014/10/1	国際交流とスポーツ	鄭求哲	済州国際大学
2014/10/6	アジア共通価値観の意味	金汝善	国立済州大学
2014/10/15	色から見る中国文化	王天泉	済州国際大学
2014/10/29	アニメーションと文化の価値	キム・ルリ	
2014/11/5	コミュニティーと政治の役割	高ビョンクク	韓国国会
2014/11/12	アジア共同体とメディアの役割	ミン・キョンジュン	CBS
2014/11/19	共同体と組織文化	呉ジョンフン	村共同体
2014/11/26	IT産業とアジア共同体	チョウ・チュンヨン	ソウル新聞社
2014/12/3	最終特別講義及び奨学金授与式	鄭俊坤	ワンアジア財団

韓信大学（韓国・ソウル）

創立 1940 年　在校生 5,955 名
初年度講座名 「アジア共同体の課題」 申請者 李起豪
受講生 87 名，奨学生 30 名

2014/3/4	アジアは私たちにどう近づいてくるか	李起豪	韓信大学
2014/3/7	韓信大学，富山大学，龍谷大学主催の特別講義	ogura Matsumura	
2014/3/11	近代化とアジアからの反応	李起豪	韓信大学
2014/3/18	20世紀のアジアに対する挑戦の考察	李起豪	韓信大学
2014/3/25	朝鮮半島の分断体制と分断後の社会の動向	朴淳成	檀国大学
2014/4/1	アジアの中で朝鮮半島の国家が積極的に対応してきた歴史	李起豪	韓信大学

2014/4/15	チュチェ国家（主体国家）としての朝鮮民主主義人民共和国と今日のアジアにおけるその立場　経験から見た朝鮮民主主義人民共和国	具甲祐	北韓大学院大学
	経験から見た今日の朝鮮民主主義人民共和国	Sin Eunmi	
2014/4/26	アジアにおける NGO（非政府組織）活動と「私」	多賀秀敏	早稲田大学
	変わりゆく中国をどう読むか	森川裕二	長崎大学
2014/4/27	シナリオ検討会：「2030年，アジアに平和な空間を創造できるか」	李煕玉	成均館大学
2014/4/29	米国をアジアの国家として理解する方法とは	李恵正	中央大学（韓国）
2014/5/13	国境を越える平和空間（1）：アジアの歴史教科書　各国から国境を越えて	李起豪	韓信大学
2014/5/20	国境を越える平和空間（2）：ピースボート	曺美樹	Center for Peace and Public Integrity
2014/5/27	朝鮮半島史に対する外からの視点	Edward Reed	慶煕大学
2014/6/3	学生の発表（1）	李起豪	韓信大学
2014/6/10	学生の発表（2）	李起豪	韓信大学
2014/6/12	アジア共同体の展望	鄭俊坤	ワンアジア財団

2年目講座名　「アジア共同体の課題」　申請者　李起豪
受講生 171 名，奨学生 19 名

2015/3/3	講義案内	李起豪	韓信大学
2015/3/10	私たちがアジアに接近する方法		
2015/3/17	アジアにおける近代化，近代化におけるアジア		
2015/3/24	近代国家の誕生とその意味		
2015/3/31	第二次世界大戦後のアジアの秩序と自衛艦隊システム		
2015/4/7	バンドンにおけるアジアの新たな夢		
2015/4/14	朝鮮半島分断と冷戦		
2015/4/21	アジアの諸問題に関する集団討議	韓信大学学生	韓信大学

2015/5/9	欧州から見たアジア　エネルギーを中心に	Karina Schumacher	PROK Eco–mission
	アジア地域と朝鮮半島	朴淳成	檀国大学
2015/5/12	ピースボートによるアジアの平和運動，およびアジアに関する日本の政治・外交	Kawasaki Akira	Peace Boat
2015/5/19	アジアの環境運動：市民団体によるアジアの環境共同体	Hirose Tetsuya	東アジア環境情報発伝所
2015/5/26	学生による発表と試験	Lee Ilyoung	韓信大学
2015/6/9	ワン・アジア共同体	佐藤洋治	ワンアジア財団
2015/6/16	アジア共同体の共生：ミャンマーと長崎の連携	森川裕二	長崎大学
2015/9/1	アジアにおける平和の実現方法の案内	李起豪	韓信大学
2015/9/8	アジア諸国の特徴		
2015/9/15	アジアの分断体制と冷戦		
2015/10/6	領土紛争と国境の島々		
2015/10/13	南北朝鮮関係の変容と平和への道		
2015/10/24	旅行を通して平和を想像する	Lim Youngsin	Imagine Peace (NGO)
2015/11/3	移民労働者と多文化共同体	Soe Moe Thu	MWTV (Migrant Workers TV)
2015/11/10	歴史的衝突の和解	Kim Yeonghwan	民族問題研究所
2015/11/17	移動と精神の再構築：朝鮮民主主義人民共和国近くの国境を越える女性	Kim Sungkyung	Graduate School of North Korean Studies
2015/11/24	アジアの平和運動：JVC（日本国際ボランティアセンター）による，平壌と東京での子どもが描いた絵の交換活動	Teranishi Sumiko	JVC (Japanese Volunteer Center)
2015/12/1	アジアにおける平和のための市民国家と市民外交	李起豪	韓信大学
2015/12/8	討議とまとめ		

福建師範大学（中国・福州）
創立 1907 年　在校生 30,000 名
初年度講座名　「東アジア共同体の過去・現在と未来」　申請者　王暁徳
受講生 120 名，奨学生 20 名

2014/9/20	世界歴史の変遷課程における文化の借用と吸収：日本と中国を例として	王暁徳	福建師範大学
2014/9/21	尖閣諸島と中日関係	謝必震	福建師範大学
2014/9/26	中琉関係文献の史料価値と歴史特色	方宝川	福建師範大学
2014/10/10	海洋文明と海洋史研究	楊国楨	アモイ大学
2014/11/12	東アジア宗藩システムとアジア共同体	頼正維	福建師範大学
2014/12/6	日清戦争後日本の対中知行の変遷（1895–1905）	楊棟梁	南開大学
2014/12/9	中国と"東アジアシステム"	巫永平	清華大学
2014/12/12	アジア共同体確立の意義	崔学松	静岡文化芸術大学
2014/12/20	カナダと中国の関係	楊令俠	南開大学
2014/12/22	東アジア歴史の中のアメリカ	趙学功	南開大学
2014/12/26	間も無く世界は一体になる	佐藤洋治	ワンアジア財団
2014/12/30	アメリカとアジア共同体	王立新	北京大学
2015/1/6	ヨーロッパ共同体とアジア共同体の比較研究	王瑋	東山大学
2015/1/7	東西文化が異文化交流に与える影響	黄少栄	オハイオ州シンシナティー大学
2015/1/9	アジア共同体に間する思考	李剣鳴	復旦大学

2 年目講座名　「グローバル視野でのアジア共同体シリーズ講座」
申請者　王暁徳
受講生 120 名，奨学生 20 名

2016/9/10	アジア共同体の理念と追求	王暁徳	福建師範大学
2016/9/17	アジア共同体の組織と運営	劉序楓	台湾の中央研修院
2016/9/24	21 世紀日本の国家発展戦略とアジア共同体	楊棟梁	南開大学
2016/9/30	人の移動と 21 世紀のアジア共同社会	赤嶺守	琉球大学
2016/10/8	儒家思想とアジア共同体	李卓	南開大学
2016/10/15	華夷秩序と中日韓の関係	頼正維	福建師範大学
2016/10/22	古代漢字圏とアジア共同体	陳尚勝	山東大学
2016/11/5	アメリカとアジア共同体	王旭	厦門大学
2016/11/12	氏族社会とアジア共同体	小熊誠	神奈川大学
2016/11/19	アジア共同体の中の文化交流と連携	謝必震	福建師範大学
2016/11/26	アジア共同体の中の中国と日本	李寒梅	北京大学国際関係学院

2016/12/3	海洋安全保障連携システムとアジア共同体	修斌	中国海洋大学
2016/12/3	区域連携とアジア共同体	巫永平	清華大学
2016/12/10	アジア共同体の中の日本と韓国	宋成有	北京大学
2016/12/17	アジア共同体のビジョン	佐藤洋治	ワンアジア財団

安徽大学（中国・合肥市）
創立 1928 年　在校生 34,000 名
初年度講座名　「アジア共同体特別講座－言語と文化の共通性」　申請者　王勇萍
受講生 150 名，奨学生 20 名

2014/3/7	中日文化の共通性一茶―茶・禅・生活	王勇萍	安徽大学
2014/3/14	教えと学び守旧と革新―「語彙辞典」を例に	高寧	華東師範大学
2014/3/21	アジア共同体講座―「共有」を中心に	金哲	安徽三聯学院
2014/3/25	いま，なぜアジア共同体なのか	鄭俊坤	ワンアジア財団
2014/4/4	日本言語と中日文化	徐一平	北京外国語大学
2014/4/11	ことば・語学・翻訳	馬小兵	北京大学
2014/4/18	高等教育の国際問題	徐鳴	安徽大学
2014/4/25	日本文学の再発見―兼日本人及び国民性問題を話す	李俄憲	華中師範大学
2014/5/9	「緑」をもって中日韓の人文交流を昇華する	武心波	上海外国語大学
2014/5/16	東アジア海域文化の歴史―書籍，仏教，商人	遠藤隆俊	高知大学
2014/5/23	異文化コミュニケーション	朱躍	安徽大学
2014/5/30	文化としての結核	福田真人	名古屋大学
2014/6/6	東アジア交流について	胡健	安徽大学
2014/6/13	徽州文化及び核心価値観	卞利	安徽大学
2014/6/28	やがて世界は一つになる	佐藤洋治	ワンアジア財団

2 年目講座名　「アジア共同体特別講座―越境精神と哲学的思考」
申請者　王勇萍
受講生 110 名，奨学生 16 名

2015/3/4	アジア共同体講座と国際理解教育	王勇萍	安徽大学
2015/3/12	日本の現状と日本政治経済学	日吉秀松	日本大学
2015/3/18	日本人の宗教と日常生活	遠藤隆俊	高知大学
2015/3/25	翻訳について	鄭俊坤	ワンアジア財団
2015/4/5	いま，なぜアジア共同体のなのか	王向遠	北京師範大学
2015/4/8	日本楚詩学の内駆力	張思斉	

2015/4/14	中日生死観	王宝平	浙江工商大学
2015/4/22	言語の帰納性	詹全望	
2015/4/29	中日戦争の歴史問題は中日関係への影響	彭曦	
2015/5/7	日中通訳理論（異文化）について	楊玲	北京第二外国語大学
2015/5/22	植民地現代と詩社伝統意識との乖離	王閏梅	
2015/6/1	唐代判詞の世界	陳登武	
2015/6/12	「視点」から日中両語の類型論的特徴	彭广陆	
2015/6/19	通訳，社会，人生	都暁琳	
2015/6/28	奨学金授与式	佐藤順平	ワンアジア財団

湘潭大学（中国・湘潭）

創立 1958 年　在校生 36,000 名
初年度講座名　「東アジア共同体と東アジアの国際関係史」　申請者　雷炳炎
受講生 120 名，奨学生 16 名

2014/2/26	共同体，アジア世界，アジア共同体の展望	雷炳炎	湘潭大学
2014/3/5	日本文化における中国からの要素	瞿亮	南開大学
2014/3/12	古代における中国・日本・韓国間の関わり	蒋波	ノースウェスタン大学
2014/3/19	魏・晋・隋・唐時代の中国・日本・韓国の使者の接触と文化交流	李斯	北京大学
2014/3/26	アジア共同体の展開	鄭俊坤	ワンアジア財団
2014/4/2	日本の研究者による六朝史の研究	徐芬	湘潭大学
2014/4/9	抗日戦争時代の日本の和平運動	羅玉明	湘潭大学
2014/4/16	中日両国の民族性とアジア共同体	趙徳宇	南開大学
2014/4/23	東アジア共同体と非暴力の地域紛争	刘自強	湘潭大学
2014/4/30	近現代の条約とアジア共同体との関係	李育民	湖南師範大学
2014/5/7	清時代における漢籍の広がりと中国・韓国・日本との関係	孫衛国	南開大学
2014/5/14	韓国の経済的離陸と日本	Gao Peng	湘潭大学
2014/5/21	日本経済の平和的な発展と冷戦	畢世鴻	雲南大学
2014/5/28	日本と ASEAN（東南アジア諸国連合）間の経済交流の見通し	Zhu Lumin	湘潭大学
2014/6/4	明朝滅亡後，清時代の東アジア文化圏の断絶と再建	李文明	中国社会科学院
2014/7/2	アジア共同体のビジョン	佐藤洋治	ワンアジア財団

2年目講座名 「アジア共同体と東アジアの国際関係史」 申請者 雷炳炎
受講生 103 名，奨学生 20 名

2015/3/9	共同体，アジア世界，アジア共同体の展望	雷炳炎	湘潭大学
2015/3/16	戦後日本経済による国際的機会の活用と平和的な発展	畢世鴻	雲南大学
2015/3/23	魏・晋，隋・唐時代の中国・日本・朝鮮間の使者の接触と文化交流	李斯	北京大学
2015/3/30	アジアの金融と地域経済協力	張藴玲	中国社会科学院
2015/4/6	20世紀における平和文化と日中関係	羅玉明	湘潭大学
2015/4/13	同心円理論から二極理論へ	孫衛国	南開大学
2015/4/20	古代における中国・日本・北部朝鮮間の交流	蒋波	ノースウェスタン大学
2015/4/27	日中韓関係とアジア共同体	魏志江	中山大学
2015/5/4	明・清朝後の東アジアの破綻と再生	李文明	中国社会科学院
2015/5/11	現代東アジアにおける地域経済協力	劉自強	湘潭大学
2015/5/18	中日両国の民族性とアジア共同体	趙徳宇	南開大学
2015/5/25	日本文化における中国からの要素	瞿亮	南開大学
2015/6/1	谷川道雄と士大夫共同体論	徐芬	湘潭大学
2015/6/8	アジアの伝統史学と共同体意識の形成	李育民	湖南師範大学
2015/7/2	アジア共同体の展開	鄭俊坤	ワンアジア財団

杭州師範大学（中国・杭州）

創立 1908 年　在校生 30,036 名
初年度講座名 「開かれた共同体－アジア共同体について考える－」
申請者　金在国
受講生 280 名，奨学生 20 名

2013/9/16	これからアジアは一体化へ向かう	佐藤洋治	ワンアジア財団
2013/9/23	アジア共同体を形成するために文学が果たす役割	殷企平	杭州師範大学
2013/9/30	東アジアという視域での「西湖のイメージ」	王勇	浙江工商大学
2013/10/7	アジア共同体の構築	崔鳳春	杭州師範大学
2013/10/14	韓中貿易の現状と未来からアジア共同体を展望	李在翎	韓国貿易館
2013/10/21	岡倉天心のアジア一体観	孫立春	杭州師範大学
2013/10/28	北東アジア，朝鮮半島，共同体	朴昌根	復旦大学
2013/11/4	アジア共同体の構築に向けた漢字の貢献	王忻	杭州師範大学

2013/11/11	中韓文化と東アジアの一体化	金健人	浙江大学
2013/11/18	「アジア」論の構造と再構築	金俊	浙江樹人大学
2013/11/25	アジア共同体と儒教	金在国	杭州師範大学
2013/12/2	日本の歴史認識問題と東アジア各国の対応	許寿童	三亜学院
2013/12/9	個体と東アジア共同体	欧栄	杭州師範大学
2013/12/11	今，なぜアジア共同体を提起するのか？	鄭俊坤	ワンアジア財団
2013/12/16	中日韓三国の関係と東アジア共同体の構築	魏志江	中山大学

2 年目講座名　「アジア共同体講座」　申請者　金在国
受講生 80 名，奨学生 19 名

2014/9/19	「アジア」論の分析と再構築	金俊	浙江樹人大学
2014/9/26	韓国文化	韓春燮	
2014/10/3	地質から見たアジア共同体	李昌鎮	
2014/10/10	東アジアという視域での筆談	王勇	浙江工商大学
2014/10/17	儒教倫理と北東アジア平和共同体の人権保護体制	金永完	
2014/10/24	日本語は美しい！？	中川良雄	
2014/10/31	儒教文化とアジア共同体	金在国	杭州師範大学
2014/11/7	漢字により統一された文化圏と文化圏内における漢字の統一	王忻	杭州師範大学
2014/11/14	日本の近現代作家の中国旅行記における杭州のイメージ	孫立春	杭州師範大学
2014/11/21	アジア共同体を構築するために対話と文学が果たす役割	殷企平	杭州師範大学
2014/11/28	アジア共同体に向けた日中関係　日本人の見解	佐々木真	
2014/12/5	個体と東アジア共同体	欧栄	杭州師範大学
2014/12/12	アジア共同体の構築に向けて我々がなすべき役割と努力	鄭根姫	
2014/12/19	今，なぜアジア共同体の構築を提起するのか？	鄭俊坤	ワンアジア財団

元智大学（.台湾・桃園県）

創立 1989 年　在校生 9,909 名

初年度講座名　「アジア共同体と多言語教育―大学の国際化を目指して―」

申請者　黄郁蘭

受講生 180 名，奨学生 20 名

2014/2/18	二言語を使用するグローバル化した大学を選ぶ：グローバルな競争力の強化	黄郁蘭	元智大学
2014/2/25	機会と運命：国際競争力とキャリアプランニング	孔繁錦	Yuli Hospital
2014/3/4	2025 年の新たな課題：台湾における高齢化問題	薛承泰	国立台湾大学
2014/3/11	21 世紀のアジアにおける高等教育の展望	黄俊傑	国立台湾大学
2014/3/18	台湾の諸民族と文化産業	洪泉湖	国立台湾大学
2014/3/25	人口移動と改宗：アジアの中国人	劉阿榮	国立台湾大学
2014/4/1	21 世紀における競争の必要条件：脳と創造力	洪蘭	国立中央大学（台湾）
2014/4/8	美しい生活のための心のビタミン	張德聰	China Youth Corps
2014/4/22	台北首都圏における生活モデルの分析：居住の正義について	王佳煌	元智大学
2014/4/29	コミュニティ開発の四つの主題	謝登旺	国立台湾大学
2014/5/5	ワン・アジア共同体と中国・韓国・日本における文化交流	崔学松	静岡文化芸術大学
2014/5/13	魯迅神話の事実：新たな研究	王潤華	南方大学学院
2014/5/13	魯迅神話の事実：新たな研究	周令飛	Shanghai Lu Xun Development Center
2014/5/20	気候変動が公衆衛生に及ぼす影響	蘇慧貞	南方大学学院
2014/5/27	高等教育とグローバルな競争力	張百棧	元智大学
2014/6/3	東アジア文化の経験：120 年にわたる中国文学と朝鮮文学の相互作用	朴宰雨	韓国外国語大学
2014/6/5	アジアにおける英語学習	Ian Fisher	元智大学
2014/6/11	やがて世界は一つになる	佐藤洋治	ワンアジア財団

2 年目講座名　「アジア共同体と多言語教育－アジアにおける大学の国際化を目指して－」　申請者　黄郁蘭

受講生 261 名，奨学生 18 名

2015/3/4	漢詩史の検討	鄭愁予	エール大学

2015/3/10	文学から舞台へ	白先勇	国立台湾大学
2015/3/11	近世中国の神話学	司馬中原	国立台湾大学
2015/3/18	生涯学習—家族の役割	孔繁錦	Yuli Hospital
2015/3/25	天才と知識人の違い— スティーブ・ジョブズの物語	薛承泰	国立台湾大学
2015/4/1	ものごとを経験するには，本を読むよりも旅したほうがよい	高強	国立台北大学
2015/4/8	台北首都圏における生活モデルの分析：居住の正義について	王佳煌	元智大学
	台湾の諸民族と文化産業	洪泉湖	国立台湾大学
2015/4/15	人口移動と改宗：アジアの中国人	劉阿榮	国立台湾大学
	コミュニティ開発の四つの主題	謝登旺	国立台湾大学
2015/4/29	私の理想とその追求— 民主主義に投票する	陳若曦	UC バークレー
2015/5/6	詩と歌詞の違い　近現代における詩の朗読	Wen Shang Fong	Songwriter
2015/5/6	詩と歌詞の違い　近現代における詩の朗読	Ming Fong	国立台湾大学
2015/5/13	21 世紀における競争の必要条件：脳と創造力	洪蘭	国立中央大学（台湾）
2015/5/20	高等教育とグローバルな競争力	張百棧	元智大学
2015/5/27	ワン・アジア共同体の展望	鄭俊坤	ワンアジア財団
2015/6/3	私の研究の旅　感謝を込めて	呉志揚	国立中正大学

南方大学学院（マレーシア・スクダイ）
創立 1990 年　在校生 3,120 名
初年度講座名　「アジア共同体とアジア文学の多様性」　申請者　王潤華
受講生 70 名，奨学生 16 名

2013/9/23	アジアの大学による有効な人文教育戦略	蘇啓禎	自顧人士
2013/10/22	マレーシア文化の基礎——マレーシアを例に	陳秋平	南方大学学院
2013/11/11	ひとつのアジア共同体の作品：エドウィン・タンブーの詩における多文化・多民族の声	王潤華	南方大学学院
		黄郁蘭	元智大学
	世界の様々な英語による文学	唐愛文	新加坡国立大学
2013/11/14	シンガポールの為替相場政策と，マレーシア経済に対するその影響	黄梅貴	南方大学学院

2013/11/15	シンガポールとマレーシアにおける多元言語文化の衝突と融合	蔡志礼	南方大学学院
2013/11/25	『易経』の奥義ー易経とマレーシアの華人文化	鄭成海	南方大学学院
2013/11/26	デザインに対する禅の影響	呉志方	南方大学学院
2013/11/29	文化中国，文化馬華および文化新山	安煥然	南方大学学院
2013/12/3	マレーシアの禁忌に関する理性的考察	Mdm Nadia Bte Ishak	南方大学学院
2013/12/5	レヴィナス論における時間と他者としての死	余徳林	南方大学学院
2013/12/24	『アジア共同体の展開』	鄭俊坤	ワンアジア財団
	『沈慕羽の日記』の歴史的意義	何启良	南方大学学院
	『アジアの覚醒：仏学，儒学からアジアの文芸復興』——人類の主体的な覚醒を切り口に	祝家華	南方大学学院

2年目講座名　「アジアにおける文学と文化の多様性と共通の伝統」
申請者　王潤華
受講生 80 名

2015/2/5	シンガポールの科学技術教育，出版および社会団体の活動に関する初歩的検討	潘国駒	南洋理工大学
2015/2/12	アジアの中国語文学に共通する伝統的な多元性と独自性ー魯迅の神話と真実	王潤華 黄郁蘭	南方大学学院 元智大学
2015/3/31	女幽霊との遭遇ー志怪小説における人と幽霊の姻縁関係とその性別関係	梅家玲	国立台湾大学
2015/6/8	大東アジア地区で台湾の流行文化が果たす役割	王佳煌	元智大学
2015/6/25	商晩筠の研究からその最後の未完小説2編—『蚤』，『人の世の花火』	許通元	南方大学学院
2015/7/21	非理性的行動と選択の設計：行動経済学の初歩的検討	黄梅貴	南方大学学院
2015/9/8	マレーシアの憲法と民族政治	何启良	南方大学学院
2015/9/18	現地と中国：東南アジア華人の研究という視点からの評価分析	安煥然	南方大学学院
2015/9/21	マレーシアとシンガポールで現地化した語彙の中英翻訳に関する若干の考察	黄良日	南方大学学院
2015/10/9	蕉風とポスト移民馬華文学	林春美	Universiti Putra
2015/10/22	イスラーム到来以前のムラユ文明	陳秋平	南方大学学院

2015/12/8	現代中国風流行歌と古典文学の関係を論ず	詹杭倫	香港大学

モンゴル国立教育大学（モンゴル・ウランバートル）
創立 1951 年　在校生 13,500 名
初年度講座名　「アジア共同体論」　申請者　宋義敏
受講生 64 名，奨学生 18 名

2013/9/10	アジア共同体におけるモンゴルの役割	宋義敏	モンゴル国立教育大学
2013/9/16	大衆文化の従来からみるアジアの価値観	金香淑	目白大学
2013/9/19	アジア共同体のための多言語多文化コミュニケーション（生活の中から見る韓日多文化コミュニケーション）	鄭起永	釜山外国語大学
2013/9/24	Bogd Haan のアジア共同体論を通して見るアジア共同体	O. Batsaikhan	モンゴル科学院
2013/10/1	アジア民族と言語を通して見るアジア共同体	Ts. Unurbayan	モンゴル国立教育大学
2013/10/8	モンゴルシャマンとアジア共同体	S. Dulam	モンゴル国立大学
2013/10/15	文化の多様性，人種差別禁止—済州特別自治道の事例—	金汝善	国立済州大学
2013/10/22	多文化社会と異文化コミュニケーション	李相振	昌信大学
2013/10/29	アジア同伴成長のための経済政策	金栄載	釜山大学
2013/11/5	アジア共同体の歴史的特徴と思想的基盤	王新生	北京大学歴史学部
2013/11/12	遊牧民的思惟方式からみるアジア共同体	A. Ochir	モンゴル科学院
2013/11/19	蒙古帝国時代の　アジア共同体観	D. Byarsaikhan	モンゴル国立大学
2013/12/3	アジア共同体のための外交政策	Z. Lonjid	モンゴル国立大学
2013/12/10	アジアの人権政策を通して見るアジア共同体	B. Byarsaikhan	モンゴル国立大学
2013/12/17	今，なぜアジア共同体論なのか？	鄭俊坤	ワンアジア財団

2 年目講座名　「アジア共同体論」　申請者　宋義敏
受講生 90 名，奨学生 18 名

2014/9/4	今，なぜアジア共同体論なのか？	鄭俊坤	ワンアジア財団

2014/9/12	私たちはアジアのコミュニティを持っていなければならない理由：アジアのコミュニティの始点必要性	金汝善	国立済州大学
2014/9/19	大衆文化の往来からみるアジアの価値観	金香淑	目白大学
2014/9/26	1911年蒙古国家の革命・アジアにおける地方環境の変化に及ぼす影響	O. Bat-saikhan	モンゴル科学院
2014/10/3	アジア共同体における　モンゴルの役割	宋義敏	モンゴル国立教育大学
2014/10/10	アジア民族と言語を通して見るアジア共同体	Ts. Unur-bayan	モンゴル国立教育大学
2014/10/17	韓国の幼児教育政策	鄭美羅	嘉泉大学
2014/10/24	アジアの人権政策を通して見るアジア共同体	B. Byar-saikhan	モンゴル国立大学
2014/10/31	モンゴルの現代の経済状態にアジアによる影響	B. Bat-munkh	モンゴル国立大学
2014/11/7	アジアにおけるモンゴルの民主化革命，その必要性，経験	S. Amar-sanaa	モンゴルメディアや公共のNGO
2014/11/21	アジア共同体のための外交政策	Z. Lonjid	モンゴル国立大学
2014/11/21	蒙古帝国時代の　アジア共同体観	D. Byar-saikhan	モンゴル国立大学
2014/11/28	遊牧民的思惟方式からみるアジア共同体	A. Ochir	モンゴル科学院
2014/12/5	モンゴルシャマンとアジア共同体	S. Dulam	モンゴル国立大学
2014/12/10	ワンアジア財団の紹介や奨学金伝達式	鄭俊坤	ワンアジア財団

ダルマ・プルサダ大学（インドネシア・ジャカルタ）
創立1986年　在校生2,400名
初年度講座名　「アジア共同体へ向けて—アセアン経済共同体の産業協力」
申請者　オロアン・P・シアハアン
受講生118名，奨学生12名

2013/9/11	アジア共同体のための地域協力，日タイ協力の事例	佐藤正文	嘉悦大学
2013/9/18	CAPSEA project（東南アジア文化支援プロジェクト）とカンボジア	ペン・セタリン	王立プノンペン大学
2013/9/25	シンガポール人とアセアン（東南アジア諸国連合）経済共同体（AEC）	黄名光	元駐中国シンガポール大使館

2013/10/2	タイにとってのアセアン経済共同体（AEC）	バンディット・ロートアラヤノン	
2013/10/9	ベトナムとアセアン経済共同体（AEC）	黄未	タンロン技術学院
2013/10/16	未来のアジアに対するミャンマーの夢	ウ・ミン・ウェイ	ワ・ミン・グループ
2013/10/23	アジアにおける「コマ大戦」の発展	緑川賢司	All–Japan Koma Taisen Manufacturing Industry Organazation
2013/10/30	日本とアジア諸国における中小企業の協力	黒瀬直宏	嘉悦大学
2013/11/6	アジアの産業のための経営管理	Ogasawara Kazuhiro	JMA Consultants Inc.
2013/11/13	アジアのための中小企業憲章	渡辺俊三	名城大学
2013/11/20	高齢化するアジアと医療サービスの未来	石垣和子	石川県立看護大学
2013/11/27	アセアン経済共同体と日本企業	Motooka Takuji	Jakarta Japan Club (JJC)
2013/12/10	東アジア・アセアン経済研究センター（ERIA）とアジア共同体	西村英俊	東アジア・アセアン経済研究センター（ERIA）
2013/12/11	アジア共同体への道	佐藤洋治	ワンアジア財団

2年目講座名　「アジア共同体創成へ向けて—アセアン経済共同体（AEC）の産業協力」　申請者　オロアン・P・シアハアン
受講生80名，奨学生20名

2014/9/17	日本の新成長戦略とアジア共同体への期待	Doi Yukio	Josai Center for Innovation
2014/9/25	バングラデシュとアセアン経済共同体（AEC）	モアゼム・フセイン	Japan–Bangladesh Chamber of Commerce and Industry (JBCCI)
2014/10/1	タイとアセアン経済共同体（AEC）	スチャリット・K	Technology Promotion Association (Thailand–Japan:TPA)

2014/10/8	泰日工業大学（TNI）とアセアン経済共同体（AEC）	ポーンアノン・N	泰日工業大学
2014/10/15	アセアンの連携関係に対する資金調達でのPPP（官民パートナーシップ）の役割	Fauziah Zen	東アジア・アセアン経済研究センター（ERIA）
2014/10/22	ミャンマーとアセアン経済共同体（AEC）	ウ・ミン・ウェイ	ワ・ミン・グループ
2014/10/29	アジアにおける中小企業振興，日越協力の事例	ダオ・ユイ・アン	COPRONA株式会社
2014/11/5	アジアにおける「コマ大戦」の発展	Yamada Takeshi	Zion Co., Ltd.
2014/11/6	ダルマ・プルサダ大学におけるインドネシアの製造業者たちによる「コマ大戦」	Murai Hidetoshi	GOKO HATSU-JO Co., Ltd.
2014/11/12	アセアン経済共同体と日本企業	Ken'ichi Tomiyoshi	JETRO Jakarta Office
2014/11/19	高齢化するアジアと衛生	石垣和子	石川県立看護大学
2014/11/26	世界のトップ企業になる	清水秀男	Jaxson Corp.
2014/12/3	モノづくりとインドネシアの製造業	オロアン・P・シアハアン	ダルマ・プルサダ大学
2014/12/10	日本とアジア諸国における中小企業の協力	黒瀬直宏	嘉悦大学
2014/12/17	アジア共同体への道	西塚英和	ワンアジア財団

早稲田大学（日本・東京都）

創立1882年　在校生51,000名
初年度講座名　「アジア共同体と朝鮮半島」　申請者　李鍾元
受講生74名，奨学生9名

2014/4/9	イントロダクション	李鍾元	早稲田大学
2014/4/16	日本歴史学界における東アジア世界論の再検討―韓国学界との対話から	李成市	早稲田大学
2014/4/23	「東北アジア」の過去・現在・未来	和田春樹	東京大学
2014/5/7	いま，なぜアジア共同体なのか	鄭俊坤	ワンアジア財団
2014/5/14	東アジアにおける韓国と日本―文化人類学の視点―	伊藤亜人	東京大学

2014/5/21	「東北アジア共同体」の思想と歴史：韓国からの発信	白永瑞	延世大学
2014/5/28	日韓同盟？	P・ベック	アジア財団
2014/6/4	アジア共同体と日本の役割	河野洋平	衆議院
2014/6/11	東アジアの協調と対立—日中韓関係を中心に	若宮啓文	朝日新聞
2014/6/18	歴史から考える北東アジア地域協力	楊伯江	中国社会科学院
2014/6/25	東アジアの環境問題と地域協力	李時載	韓国カトリック大学
2014/7/2	中央アジアとアジア	李愛俐娥	早稲田大学
2014/7/9	形成されつつあるASEAN（東南アジア諸国連合）地域共同体：タイの視点から	スリチャイ・ワンゲオ	チェラロンコン大学
2014/7/16	やがて世界は一つになる	佐藤洋治	ワンアジア財団
2014/7/23	アジアの知的共同体と日本の課題	岡本厚	岩波書店

中国人民大学（中国・北京）

創立 1937 年　在校生 25,428 名
初年度講座名　「東アジア古都研究とアジア共同体の展開」　申請者　牛潤珍
受講生 122 名，奨学生 20 名

2014/9/12	天人意識と東アジア古都城制	牛潤珍	中国人民大学
2014/9/19	豊かな世界から出る——南宋行都臨安より中国近世都市の発展問題をみる	包偉民	中国人民大学
2014/9/26	邯鄲——戦国趙都移転の最後の帰結	孫繼民	河北省社科院
2014/10/10	漢代における二つの都	王子今	中国人民大学
2014/10/17	敬天から效天へ——隋唐長安城の布局の新理念を談じる	辛徳勇	北京大学歴史学部
2014/10/24	天象，陰陽，四時と古代都城企画及び設計——魏晋南北朝の鄴城を例にする	牛潤珍	中国人民大学
2014/10/31	アジア共同体の現状と課題	鄭俊坤	ワンアジア財団
2014/11/14	"同心円"論から"両級モデル"論へ——アメリカの中国研究において中国対外関係に関する学説	孫衛国	南開大学
2014/11/21	清朝の北京城——八旗の都市化と漢化	劉鳳云	中国人民大学
2014/11/28	明代衛所の場所選びと形成制に関する考察	李孝聰	北京大学歴史学部
2014/12/5	房山石経とアジア共同体	曹雯	中国人民大学
2014/12/10	世界がやがて一つになる	佐藤洋治	ワンアジア財団

2014/12/19	元上都──文明を抱く廃墟	魏堅	中国人民大学
2014/12/26	曹操高陵と漢魏の鄴城	牛潤珍	中国人民大学
2015/1/4	それ以上の講座に関する討論と結び	牛潤珍	中国人民大学

2年目講座名　「アジア歴史・芸術とアジア共同体の構築」　申請者　牛潤珍
受講生 112 名，奨学生 20 名

2016/9/16	アジアの歴史・芸術とアジア共同体構築	牛潤珍	中国人民大学
2016/9/23	アジア共同体論	鄭俊坤	ワンアジア財団
2016/9/30	アジアの歴史と同一のアジア	易宁	北京師範大学
2016/10/7	東アジア書法芸術とアジア共同体	鄭暁華	中国人民大学
2016/10/14	東アジア《易経》学研究	楊慶中	中国人民大学
2016/10/28	東西歴史学比較研究	黄興涛	中国人民大学
2016/11/4	東アジアの絵画芸術とアジア共同体	徐慶平	中国人民大学
2016/11/11	北斎高粛と《美陵王入陣曲》―中日間の古曲往来流播記	張小梅	北京師範大学
2016/11/18	日本学界の東洋史研究	中村圭尓	大阪市立大学
2016/11/25	韓国学界の東北アジア史研究	李潤和	安東大学
2016/12/2	ヨーロッパ歴史研究と EU 設立	許海云	中国人民大学
2016/12/9	アジア仏教歴史，芸術とアジア共同体	曹雯	中国人民大学
2016/12/16	近年の日本考古および成功	森谷一樹	中国人民大学
2016/12/23	東アジア古代医学研究	趙容俊	中国人民大学
2016/12/30	やがて世界はひとつになる	佐藤洋治	ワンアジア財団

湖南師範大学（中国・長沙）
創立 1938 年　在校生 31,800 名
初年度講座名　「アジア共同体と世界―歴史的視点から」　申請者　李育民
受講生 120 名，奨学生 18 名

2014/3/6	近代条約関係とアジア共同体	李育民	湖南師範大学
2014/3/19	朝貢体系とアジア伝統的国際秩序	李建軍	湖南師範大学
	アジア伝統的国際秩序と古代中西文化交流	楊俊明	湖南師範大学
2014/3/26	アジア共同体の展開	鄭俊坤	ワンアジア財団
2014/4/4	東方文明の西への伝播と欧洲啓蒙運動	劉大明	湖南師範大学
2014/4/9	東亜三国教会医療事業とアジア共同体	李傳斌	湖南師範大学
2014/4/18	アジア共同体形成と近代西洋列強条約特権制	劉利民	湖南師範大学
2014/5/8	中韓日三国史観とアジア共同体	朱発建	湖南師範大学
2014/5/16	世界経済危机と近代アジア社会経済	雷炳炎	湘潭大学

2014/5/23	中国と戦後国際秩序の設計	王建朗	中国社会科学院
	大アジア主義とアジア共同体	高士華	中国社会科学院
2014/5/29	西洋文化の東への伝播とアジア共同体	鄭大華	中国社会科学院
	近代華人華僑社会とアジア共同体	劉宏	南洋理工大学
2014/6/6	アジア共同体と東南アジア社会	王潤華	南方大学学院
2014/7/2	アジア共同体のビジョン	佐藤洋治	ワンアジア財団

2 年目講座名 「アジア共同体と世界—歴史的視点を中心に」 申請者 李育民
受講生 130 名，奨学生 20 名

2015/3/19	近代アジアの条約関係とアジア共同体	李育民	湖南師範大学
2015/3/26	アジア共同体の展開	鄭俊坤	ワンアジア財団
2015/4/2	朝貢システムとアジアの伝統的国際秩序	李建軍	湖南師範大学
2015/4/9	戦後の国際秩序とアジア共同体	王建朗	中国社会科学院
2015/4/16	大アジア主義からアジア共同体へ	高士華	中国社会科学院
2015/4/23	西方文化の東方伝播とアジア共同体	鄭大華	中国社会科学院
2015/4/30	国際文化交流とアジア共同体	崔学松	静岡文化芸術大学
2015/5/7	東方文明の西洋伝播とアジア共同体	劉大明	湖南師範大学
2015/5/14	アジア共同体論と環境問題	朴晟浚	全南大学
2015/5/21	中韓日三国の歴史観とアジア共同体	朱発建	湖南師範大学
2015/5/28	世界経済危機と近代アジアの社会経済的変動	鐘声	湖南師範大学
2015/6/4	東アジア三国におけるキリスト教会医療事業とアジア共同体	李伝斌	湖南師範大学
2015/6/13	アジア共同体形成と近代西洋列強の特権制度	劉利民	湖南師範大学
2015/6/19	近代国際公約とアジア共同体	尹新華	湖南師範大学
2015/6/27	アジア共同体のビジョン	佐藤洋治	ワンアジア財団

海南大学（中国・海口）

創立 1958 年　在校生 41,000 名
初年度講座名 「アジア共同体の構築－地域の多民族・多文化共生の視角を中心に」 申請者 金山
受講生 150 名，奨学生 20 名

2014/2/26	アジア共同体の概念の提出と発展	金山	海南大学
2014/3/5	多民族と多文化共生の可能性および課題	金山	海南大学
2014/3/12	少数民族の伝統文化の現代化問題について	孫紹先	海南大学

2014/3/19	アメリカのアジア太平洋政策の変化とアジア共同体の構築	周偉	海南大学
2014/3/26	アジア共同体の構築と多民族共生	金哲	安徽三聯学院
2014/3/28	いま、なぜアジア共同体なのか	鄭俊坤	ワンアジア財団
2014/4/2	アジア共同体の課題——言語教育の立場から	陳鳴芬	海南大学
2014/4/3	日本における文化共生の実情と困難性	横田耕一	九州大学
2014/4/9	異文化コミュニケーションと公民教育	李遠寧	海南大学
2014/4/16	海南省に於ける多民族共生の現状	黄友賢	海南省民族研究所
2014/4/23	大江健三郎作品の中の中国要素	許金龍	中国社会科学院
2014/4/30	中日教育制度の比較研究	楊婕	海南大学
2014/5/7	中日マスメディアの比較研究	高田稔	朝日新聞
2014/5/21	中日間の異文化間コミュニケーションについて	曹春玲	海南師範大学
2014/6/30	やがて世界は一つになる	佐藤洋治	ワンアジア財団

2年目講座名　「アジア共同体の構築—伝統文化と現代化の衝突と融合という視覚を中心に—」　申請者　金山
受講生 150 名，奨学生 18 名

2015/3/5	多文化共生とアジア共同体	金山	海南大学
2015/3/9	日本の歴史認識問題と国際社会の対応	許寿童	三亜学院
2015/3/12	中日間における相互認識の差異と文化的アイデンティティ	劉金才	北京大学
2015/3/19	我が国の大学英語改革に ASEAN 各国と日本の英語教育状況がもたらす示唆	陳鳴芬	海南大学
2015/3/26	中国人学習者向けの日本語教育の弱点と課題	彭飛	京都外国語大学
2015/3/30	中日朝三国の近代化に関する比較と考察	湯重男	中国社会科学院
2015/4/2	国際文化交流とアジア共同体	崔学松	静岡文化芸術大学
2015/4/14	外国語教材の理想像	薛豹	中国外研社
2015/4/24	中国と日本の文化交流	周異夫	吉林大学
2015/4/27	かつて世界にはこのような海南島があった——口述の歴史と南洋文化の発掘	蔡葩	海南日報
2015/5/4	アメリカによるアジア・太平洋の「リバランス」と中国外交の「新たな征途」	周偉	海南大学
2015/5/21	アジア共同体構築における多民族相互の文化認知	金哲	安徽三聯学院

198

2015/5/28	少数民族伝統文化の近代化に関する問題——海南の黎族を例に	孫紹先	海南大学
2015/6/4	伝統文化と現代化の衝突と融合—海南黎族を例として	金山	海南大学
2015/6/11	アジア共同体のビジョン	佐藤洋治	ワンアジア財団

大連理工大学（中国・大連）

創立 1949 年　在校生 3,794 名
初年度講座名　「アジア共同体の直面する金融リスク管理研究」　申請者　遅国泰
受講生 95 名，奨学生 28 名

2014/2/20	アジア共同体の金融市場と投資環境	遅国泰	大連理工大学
2014/2/27	アジア共同体に基づく金融リスク管理		
2014/3/13	アジア共同体の戦略的重要性	Li Yanxi	大連理工大学
2014/3/20	アジア共同体に基づく金融協力の見通しと潜在的リスク	Shi Yong-dong	東北財経大学
2014/3/27	アジアにおける通貨経済統合	遅国泰	大連理工大学
2014/4/3	アジア共同体の外国貿易におけるリスク回避		
2014/4/17	アジア共同体に基づく地域経済共同体	Feng Jinghai	大連理工大学
2014/4/24	アジア共同体に基づく金融問題の比較研究	Liu Yanping	大連理工大学
2014/5/8	アジア共同体の労働市場	張抗私	東北財経大学
2014/5/15	アジア共同体を促進する際の文化的対立		
2014/5/22	アジア共同体の発展における教育問題の比較	Xing Tiancai	東北財経大学
2014/5/29	アジア共同体発展の歴史過程	Zhuang Xintian	東北財経大学
2014/6/5	アジア共同体各国の政治的役割	李麦収	河南大学
2014/6/19	アジア経済統合の発展の分析	鄭俊坤	ワンアジア財団

2 年目講座名　「アジア共同体の直面する定量的リスク管理」　申請者　遅国泰
受講生 120 名，奨学生 20 名

2015/3/5	統合アジアの歴史的発展過程	遅国泰	大連理工大学
2015/3/12	統合アジアの金融市場と投資の現状	遅国泰	大連理工大学
2015/3/19	アジア通貨統合の戦略的重要性	Li Yanxi	大連理工大学

2015/3/26	現代ポートフォリオ理論（効率的市場仮説）と行動ファイナンスの統合アジアに対する影響	Xing Tiancai	東北財経大学
2015/4/2	地域経済統合に基づく先物ヘッジ	Shi Yong-dong	東北財経大学
2015/4/8	やがて世界は一つになる	佐藤洋治	ワンアジア財団
2015/4/16	統合アジアの信用リスクに対処する商業銀行およびシステムの事業格付	張抗私	東北財経大学
2015/4/23	統合アジアの事業リスクとバーゼルⅢの諸条件	Liu Yanping	大連理工大学
2015/4/30	金融商品を使ってリスクを回避する方法	Feng Jinghai	大連理工大学
2015/5/7	アジア共同体に基づく金融協力の見通しと潜在的リスク	Zhuang Xintian	東北財経大学
2015/5/14	アジア統合の将来の発展の方向性	遅国泰	大連理工大学
2015/5/21	アジアの文化的障壁の統合	張抗私	東北財経大学
2015/5/28	アジアにおける通貨経済統合のために私たちは何をすべきか	遅国泰	大連理工大学
2015/6/4	アジア統合について今後数年間で期待される展開	Li Yanxi	大連理工大学
2015/6/11	首席研究員による特別講演	鄭俊坤	ワンアジア財団

香港大学（香港・薄扶林）
創立 1911 年　在校生 15,000 名
初年度講座名　「アジア共同体と日中韓の伝統文学関係」　申請者　詹杭倫
受講生 102 名，奨学生 20 名

2014/1/24	中日韓の科挙と辞賦	詹杭倫	香港大学
2014/1/31	儒学の発展とその日本に対する影響	施仲謀	香港大学
2014/2/7	韓国における杜甫の詩	李立信	珠海書院
2014/2/14	中国詞学の東伝と日本詞学の西伝	詹杭倫	香港大学
2014/2/21	韓国の詩話に見られる韓人の漢詩論議と著作の奥義や高い境地の例証	鄺健行	香港浸会大学
2014/2/28	今なぜアジア共同体なのか？その必要性と意味	鄭俊坤	ワンアジア財団
	（翻訳）	崔学松	静岡文化芸術大学
2014/3/7	中国の詞学と日本の詞学	張宏生	香港浸会大学
2014/3/14	日本の森槐南とその中国戯曲研究	黄仕忠	中山大学

2014/3/21	中国の詩歌が韓国の漢詩に及ぼした影響：古代中韓における詩学文献の交流	劉婧	南首爾大学
2014/3/28	アジアにおける祝祭文化の伝統——中日韓の春節文化を例に	鄒明華	中国社会科学院
2014/4/4	『紅楼夢』と『源氏物語』	周建渝	香港中文大学
2014/4/11	アジア共同体における中国語文学の共通伝統，多元性および特性	王潤華	南方大学学院
	アジア共同体という視点から見た魯迅の影響	黄郁蘭	元智大学
2014/4/25	京韻大鼓と日本収蔵の鼓詞	董再琴	山西大学
2014/5/2	世界は一体化に向かう	佐藤洋治	ワンアジア財団

2 年目講座名 「アジア共同体と日中韓の伝統文学関係」 申請者 詹杭倫
受講生 91 名，奨学生 20 名

2015/1/23	中日韓における辭賦文学の関係	詹杭倫	香港大学
2015/1/30	アジア共同体の展望	崔学松	静岡文化芸術大学
2015/2/6	アジアにおける民間文学の伝統	鄒明華	中国社会科学院
2015/2/13	中国の詩話と韓国の詩話	鄺健行	香港浸会大学
2015/3/6	儒学の発展とその日本に対する影響	施仲謀	香港大学
2015/3/13	中国，日本および韓国における詩歌の批評	袁済喜	中国人民大学
2015/3/20	日本における中国詩歌の伝播	蔣寅	中国社会科学院
2015/3/27	中国と日本での演劇研究	郭英徳	北京師範大学
2015/4/3	魯迅とアジア文学の伝統（上）	王潤華	南方大学学院
	魯迅とアジア文学の伝統（下）	黄郁蘭	元智大学
2015/4/10	中国と日本の古典小説	周建渝	香港中文大学
2015/4/17	中日の詞学交流	張宏生	香港浸会大学
2015/4/24	中国と韓国における古典散文	金榮鎮	成均館大学
	中国と韓国における古典詩歌	劉婧	南首爾大学
2015/5/8	アジア共同体のビジョン	佐藤洋治	ワンアジア財団

仁荷大学（韓国・仁川）
創立 1954 年　在校生 21,353 名
初年度講座名 「アジア共同体形成のための国際移民協力」 申請者 李振翎
受講生 319 名，奨学生 20 名

2014/3/5	21 世紀のグローバル・ガバナンスと東アジア	キム・ウイゴン	仁荷大学

2014/3/12	一つになるアジア：東北アジア経済共同体と朝鮮半島統一の相互作用	イ・スンリュル	東北アジア共同体研究財団
2014/3/19	欧州統合と移住民の問題	コ・サンドゥ	延世大学
2014/3/26	超国的生活空間の社会学—中国朝鮮族の事例—	パク・グァンソン	中央民族大学
2014/4/2	過去満州におけるワンアジアの経験：植民地主義教育を中心として	パク・グムヘ	延辺大学
2014/4/9	ハワイの多文化と韓国人移民	イ・ドクヒ	ハワイ大学
2014/4/16	アジア的アイデンティティの可能性についての断想：海外韓国人社会に見られる　２つの事例を基に	ソン・チャンジュ	オークランド大学
2014/4/30	韓国をルーツとする在米韓国人ディアスポラの成果	シンディ・リュウ	ワシントン州下院議員
2014/5/7	東北アジアの秩序の再編と朝鮮半島	チェ・ジンウク	韓国統一研究院
2014/5/14	国際移住現象から見る韓国の移民状況	イ・ヘギョン	培材大学
2014/5/21	今なぜアジア共同体なのか—その必要性と意味—	鄭俊坤	ワンアジア財団
2014/5/28	中央アジアとアジア	李愛俐娥	早稲田大学
2014/6/11	スイスと韓国の先進国	ジャン・チョルギュン	前スイス大使

2 年目講座名　「ワンアジア共同体の形成とディアスポラの役割」
申請者　李振翎
受講生 356 名，奨学生 20 名

2015/3/4	ワンアジアとディアスポラの役割	李振翎	仁荷大学
2015/3/11	アジアの未来と韓国の戦略	パク・ジン	韓国外国語大学
2015/3/18	ワンアジアとは何か	鄭俊坤	ワンアジア財団
2015/3/25	ヨーロッパ連合の経験：一つになったヨーロッパの明と暗	チェ・ジンウ	漢陽大学
2015/4/1	東北アジア情勢と朝鮮半島の選択	キム・ウイゴン	仁荷大学
2015/4/8	アジア共同体の Dreams and Dillemma	趙世暎	東西大学
2015/4/15	韓国と北朝鮮の統一と未来	チェ・ジンウク	韓国統一研究院

2015/4/29	東北アジア情勢と朝鮮半島の未来戦略	リ・スンリュウ	東北アジア共同体研究財団
2015/5/6	東北アジア共同体と在外同胞の役割	李鋼哲	北陸大学
2015/5/8	在外同胞の役割：東海併記法案通過に関連して	Peter Youngkil Kim	米州韓人の声（VoK）
2015/5/13	統一時代在外同胞の役割	チョウ・ギュヒョン	在外同胞財団
2015/5/20	統一と北朝鮮離脱住民の役割	チェ・ジュンヨン	仁荷大学
		キム・ユン	脱北同胞
2015/6/3	ASEANと韓国：アジアの未来	キム・ヨンソン	アセアンセンター
2015/6/10	アジアの理想及び奨学金授与式	佐藤洋治	ワンアジア財団

スパーヌウォン大学（ラオス・ルアンパバーン）

創立 2003 年　在校生 4,500 名
初年度講座名　「アジア共同体論」　申請者　ビラー・アノラック
受講生 80 名，奨学生 20 名

2014/3/13	アジア共同体に向けて	佐藤洋治	ワンアジア財団
2014/3/14	近現代のアジア文化	榎本泰子	中央大学（日本）
	大衆文化とアジアの価値との対応	金香淑	目白大学
2014/4/7	アジア共同体構築に関する様々な視点と諸課題	宋錫源	慶熙大学
2014/4/9	21世紀のポストモダン社会という時代におけるアジア共同体	Seong Insoo	蔚山大学
2014/4/10	アジアにおける複数の伝統文化と建築	サヤポアン・ヴォンヴィライ	スパーヌウォン大学
2014/4/21	アジア文化共同体のための多文化コミュニケーション教育	ロイ・レスミー	王立プノンペン大学
2014/4/23	アジアのグローバルな環境協力	Khamphay Sisavanh	スパーヌウォン大学

2014/4/30	アジアの観光共同体振興の展望	ビラー・アノラック	スパーヌウォン大学
2014/5/7	アジアの状況とグリーン成長の可能性	Sianou-vong Savath-vong	スパーヌウォン大学
2014/5/14	アジアスポーツ共同体への展望と方法	Sommany Pathoumxay	スパーヌウォン大学
2014/5/21	経済協力とアジアの諸共同体	Thong-phan Chantha-vone	スパーヌウォン大学
2014/5/28	アジア共同体とマスメディアの役割	Bounmy Keoha-vong	スパーヌウォン大学
2014/6/4	アジアの文化を理解する	Yom-mana Sy-hakhang	スパーヌウォン大学
2014/6/6	アジア諸国における哲学を理解する	Kham-phay Sisavanh	スパーヌウォン大学

2年目講座名　「アジア共同体の理解」　申請者　サヤポアン・ヴォンヴィライ
受講生 80 名，奨学生 20 名

2015/3/6	アジアにおける平和共存原則の実現方法	Kham-phay Sisavanh	スパーヌウォン大学
2015/3/13	アジアのグローバルな環境協力	Vixay Chansa-vang	スパーヌウォン大学
2015/3/20	アジアの観光共同体振興の展望	ビラー・アノラック	スパーヌウォン大学
2015/3/27	アジアの現状とグリーン成長の可能性	Bounmy Keoha-vong	スパーヌウォン大学
2015/4/3	アジア研究の理論的諸課題	鄭俊坤	ワンアジア財団

2015/4/10	アジアにおける複数の伝統文化と住居	サヤポアン・ヴォンヴィライ	スパーヌウォン大学
	21世紀のポストモダン社会という時代におけるアジア共同体	Seong Insoo	蔚山大学
2015/4/24	アジア共同体とマスメディアの役割	Choi Joong-hyun	又松大学
2015/5/8	経済協力とアジアの諸共同体（AEC [東南アジア諸国連合経済共同体]）	Thong-phan Chantha-vone	スパーヌウォン大学
2015/5/15	ラオス人民民主共和国とASEAN経済共同体（AEC）	Yom-mana Sy-hakhang	スパーヌウォン大学
2015/5/22	大衆文化とアジアの価値との対応	Eda Miwa	目白大学
2015/5/29	アジアスポーツ共同体への展望と方法	Sommany Pathoumxay	スパーヌウォン大学
2015/6/12	ASEAN経済共同体（AEC）形成の諸課題	Louis	スパーヌウォン大学
2015/6/19	ラオスと韓国の伝統文化を理解する（講義後，韓国伝統料理でパーティー）	Kim Edoo	蔚山大学
2015/6/30	奨学金授与式	西塚英和	ワンアジア財団

学習院女子大学（日本・東京都）

創立 1998 年　在校生 1,673 名
初年度講座名　「アジア共同体論—学際的アプローチ」　申請者　金野純
受講生 97 名，奨学生 17 名

2015/9/29	イントロダクション	金野純	学習院女子大学
2015/10/6	総論：アジア共同体構想の概観	金野純	学習院女子大学
2015/10/13	歴史：戦時期における日中交流史	李嘉冬	東華大学
2015/10/20	歴史：中国・韓国の歴史認識	朴尚洙	高麗大学
2015/10/27	歴史：東アジア経済史	李培徳	香港大学
2015/11/10	市民社会：日本社会のシティズンシップ	時安邦治	学習院女子大学
2015/11/17	市民社会：日本における外国人への法的支援	皆川涼子	マイルストーン総合法律事務所

2015/11/24	市民社会：中国社会のシティズンシップ	阿古智子	東京大学
2015/12/1	国際社会：東アジア経済の展開	平川均	国士舘大学
2015/12/8	国際社会：東アジアの国際移動	羅京洙	学習院女子大学
2015/12/22	環境：農業・環境問題からみる東アジア	荘林幹太郎	学習院女子大学
2016/1/12	環境：災害を通してみる東アジア	宋浣範	ソウル女子大学
2016/1/19	アジア共同体のビジョン	佐藤洋治	ワンアジア財団

2年目講座名　「アジア共同体論－アジアの調和と発展に向けて」
申請者　金野純
受講生111名，奨学生20名

2016/9/20	イントロダクション	金野純	学習院女子大学
2016/9/27	世界の経済と変わる東アジア	平川均	国士舘大学
2016/10/4	東アジア共同体論：課題と可能性	金野純	学習院女子大学
2016/10/11	歴史：東アジア経済史	李培徳	香港大学
2016/10/25	歴史：中国・韓国の歴史認識	朴尚洙	高麗大学
2016/11/1	市民社会：日本社会のシティズンシップ	時安邦治	学習院女子大学
2016/11/8	市民社会：日本における外国人への法的支援	皆川涼子	マイルストーン総合法律事務所
2016/11/15	市民社会：中国社会のシティズンシップ	阿古智子	東京大学
2016/11/22	シンポジウム「アジアの日本語」		
2016/11/29	歴史：戦時期における日中交流史	李嘉冬	東華大学
2016/12/6	国際社会：東アジアの国際移動	羅京洙	学習院女子大学
2016/12/13	環境：災害を通してみる東アジア	宋浣範	ソウル女子大学
2016/12/20	環境：農業・環境問題からみる東アジア	荘林幹太郎	学習院女子大学
2017/1/31	アジア共同体のビジョン	鄭俊坤	ワンアジア財団

琉球大学（日本・沖縄県）
創立1950年　在校生8,000名
初年度講座名　「アジアの教育，教科書とアジア共同体の可能性―平和教育学概論」　申請者　山口剛史
受講生45名

2014/4/14	講義登録　イントロダクション	山口剛史	琉球大学
2014/4/21	東アジアの歴史教育の課題（1）日本	山口剛史	琉球大学
2014/4/28	東アジアの歴史教育の課題（2）韓国	金正仁	春川教育大

2014/5/7	東アジアの歴史教育の課題（3）中国	蘇智良	上海師範大学
2014/5/12	東アジアの歴史教育の課題（4）民族学校	司空晨	西東京第1初中級学校
2014/5/19	在日コリアンの歴史	金哲秀	朝鮮大学
2014/5/26	東アジア現代史と朝鮮半島情勢	李柄輝	朝鮮大学
2014/6/2	従軍慰安婦問題について考える	朴裕河	世宗大学
2014/6/9	台湾史における植民地支配から学ぶこと	陳文松	成功大学
2014/6/16	日中韓三国共通教材の可能性	斎藤一晴	明治大学
2014/6/20	領土紛争の教材科を考える	朴三憲	建国大学
2014/6/30	領土紛争の教材科を考える	楊素霞	南台科技大学
2014/7/7	韓国における沖縄の教材化	朴中鉉	良材高校
2014/7/14	沖縄をどう教材化するか	北上田源	琉球大学
2014/7/28	アジア共同体のビジョン	鄭俊坤	ワンアジア財団

北陸大学（日本・石川県）
創立 1975 年　在校生 2,215 名
初年度講座名　「アジア共同体－その創成プロセス：北東アジア地域協力の視点から」　申請者　李鋼哲
受講生 121 名，奨学生 31 名

2014/4/14	アジア共同体の構築と日中韓の協力枠組み	李鋼哲	北陸大学
2014/4/21	アジア地域経済の成長持続の可能性	叶秋男	北陸大学
2014/4/28	北東アジア地域協力とモンゴルの役割	フレルバータル	モンゴル駐日大使
2014/5/12	東アジアにおける大気汚染協力体制の構築	金振	日本科学技術振興機構
2014/5/19	成長する中国と日中関係の未来	美根慶樹	キヤノン・研究所
2014/5/26	アジア共同体の創成に向かって	鄭俊坤	ワンアジア財団
2014/6/2	日本語教育から見た東アジア共同体	李東哲	延辺大学
2014/6/9	グローバル時代の東アジア地域統合—EU からの視点	羽場久美子	青山学院大学
2014/6/16	中国の地域協力政策：日中韓 FTA と TPP	王大鵬	富山大学
2014/6/23	ロシアとアジアの地域交流	アンドレ・ベロフ	福井県立大学
2014/6/30	東アジアの金融協力と共同体	金澤泉	北陸大学
2014/7/7	朝鮮半島の情勢とアジア共同体	三村光弘	ＥＲＩＮＡ

2014/7/14	世界経済と変わる東アジア	平川均	国士舘大学
2014/7/17	国際シンポジウム開催	李東哲	延辺大学
		李東哲	延辺大学
		谷口誠	北東アジア研究交流ネットワーク
		唱新	福井県立大学
		杉山正樹	北陸 AJEC

2年目講座名　「アジア共同体の創成プロセス」　申請者　李鋼哲
受講生 122 名，奨学生 20 名

2015/4/16	「東アジア共同体」は何処まで来ているのか—その現状と課題	李鋼哲	北陸大学
2015/4/23	なぜアジア共同体なのか	鄭俊坤	ワンアジア財団
2015/4/30	アジア共同体形成に向けた法的枠組みの形成	胡光輝	北陸大学
2015/5/7	ロシアの対アジア協力政策	アンドレ・ベロフ	福井県立大学
2015/5/14	北陸企業のアジア進出と経済共同体	杉山正樹	北陸 AJEC
2015/5/21	EU から見た東アジア共同体の可能性	高橋甫	株式会社 EUTOP
2015/5/28	東アジアの歴史和解への道：ドイツ戦後処理経験から何を学ぶのか	佐渡友哲	北陸大学
2015/6/4	東アジアにおけるサブリージョンと東アジア共同体構想	田村光影	日本大学
2015/6/11	国際交流の現場からのアジアの相互理解	今西淳子	公益法人渥美国際交流財団
2015/6/18	北東アジア地域協力と日本外交	花田麿公	元日本駐モンゴル大使
2015/6/25	北東アジアの物流システムの構築	安柄珉	韓国交通研院
2015/7/2	日朝国交正常化問題とアジア共同体	川口智彦	日本大学国際関係学部
2015/7/9	アジア共同体におけるベトナムと日本の相互交流と相互理解	グエン・ティ・ビック・ハー	ベトナム貿易大学
2015/7/16	やがて世界は一つになる	佐藤洋治	ワンアジア財団

ソウル市立大学（韓国・ソウル）

創立 1918 年　在校生 11,000 名
初年度講座名　「アジア共同体論」　申請者　琴喜淵
受講生 150 名，奨学生 39 名

2014/3/4	本講義の紹介；アジアのパラドックス 東洋と西洋の違い	琴喜淵	ソウル市立大学
2014/3/11	日本外交と日韓関係	Muto Masa-toshi	前駐韓大使
2014/3/17	アジア共同体と朝鮮半島再統一	黄智煥	ソウル市立大学
2014/3/24	台湾と中国：両岸の統合	張亜中	国立台湾大学
	中華人民共和国対中華民国：両岸関係	琴喜淵	ソウル市立大学
2014/3/31	アジアの和解と地域共同体の構築	鄭在貞	ソウル市立大学
2014/4/8	「一つの世界」に向けて	佐藤洋治	ワンアジア財団
	日本：近代化と国家の軌跡	琴喜淵	ソウル市立大学
2014/4/15	欧州連合と，アジアにおけるその含意	康元澤	ソウル大学
2014/4/22	東アジア共同体：機会と限界	文正仁	延世大学
2014/4/29	国際移民と多文化共生	李秉河	ソウル市立大学
2014/5/13	中国の台頭と東アジア共同体　中国 3.0	Zheng Xianwu	南京大学
		琴喜淵	ソウル市立大学
2014/5/29	東アジア共同体の構築：理論と限界	Kim Seokwoo	ソウル市立大学
2014/6/3	一つの東アジア，一つの共同体：経済から見て	Dong Tseping	国立台湾大学
2014/6/10	アジア共同体：一つの共同体に向けて	鄭俊坤	ワンアジア財団
2014/6/17	「アジアのパラドックス」を克服する	琴喜淵	ソウル市立大学
2014/6/24	最終試験	琴喜淵	ソウル市立大学

2 年目講座名　「アジア共同体論」　申請者　琴喜淵
受講生 139 名，奨学生 20 名

2015/3/3	講義「アジアのパラドックス」の紹介	琴喜淵	ソウル市立大学
2015/3/10	中国 3.0	琴喜淵	ソウル市立大学
	東アジア共同体の構築	Kim Seokwoo	ソウル市立大学
2015/3/17	ロシアとアジア：新たな東方政策？	Ahn Sehyun	ソウル市立大学

2015/3/24	東アジア共同体と朝鮮半島再統一	黄智煥	ソウル市立大学
2015/3/31	アジアの欧州人たち	琴喜淵	ソウル市立大学
	欧州共同体とアジアにおける含意	康元澤	ソウル大学
2015/4/7	日本の近代化を理解する	琴喜淵	ソウル市立大学
	アジアにおける歴史和解	鄭在貞	ソウル市立大学
2015/4/14	日本の戦後外交	高原明生	東京大学
2015/4/21	台頭するアジア：アジア共同体構築への機会と脅威	韓相完	現代研究所
2015/4/28	両岸関係：統合	琴喜淵	ソウル市立大学
	台湾と中華人民共和国の二者関係の回顧と展望	蔡瑋	国立政治大学
2015/5/2	中東のイスラーム諸国と現在の課題を理解する	印南植	National Academy of Diplomacy
2015/5/12	中国と南北朝鮮：再統一に向けて	Cai Jian	南京大学
2015/5/19	国際移民と多文化共生	李秉河	ソウル市立大学
2015/6/16	世界がもし 100 人の村だったら	琴喜淵	ソウル市立大学
	米国の外交政策：オバマの再調整	Joel Camp-bell	トロイ大学
2015/6/23	まとめ・最終回	琴喜淵	ソウル市立大学

慶南大学（韓国・昌原）
創立 1946 年　在校生 14,842 名
初年度講座名　「東北アジア共同体の構築」　申請者　李洙勲
受講生 50 名，奨学生 10 名

2014/3/5	概要：東北アジア共同体に関する言説	李洙勲	慶南大学
2014/3/12	今なぜアジア共同体なのか：その必要性と意味	鄭俊坤	ワンアジア財団
2014/3/19	金正恩政権下の朝鮮民主主義人民共和国を理解する	崔完圭	信韓大学
2014/3/26	東北アジア地域協力史	李洙勲	慶南大学
2014/4/2	朝鮮民主主義人民共和国の核問題	Kim Keunsik	慶南大学
2014/4/9	6 者協議：多国間安全保障協力体制構築への示唆	Song Minsoon	外交部（韓国）
2014/4/16	朝鮮半島縦断鉄道（TkR），アジア横断鉄道（TAR），東北アジア共同体	羅喜丞	鉄道研究院
2014/4/23	停滞する西北アジア共同体：問題は何か	Cho Jaewook	慶南大学

2014/4/30	東北アジアの経済統合	朴済勲	仁川大学
2014/5/7	南北朝鮮経済共同体の構築	Yang Moonsoo	北韓大学院大学
2014/5/14	東北アジア経済協力の展望とロシアの役割	Kim Seokhwan	韓国外国語大学
2014/5/21	東北アジアにおける協力の政治と市民社会	Cho Daeyop	高麗大学
2014/5/28	東北アジア共同体の未来	佐藤洋治	ワンアジア財団
2014/6/11	南北朝鮮の統合に関する社会・文化的方法	Lee Soojung	徳成女子大学
2014/6/18	東北アジア共同体と日韓関係	Kim Yongbok	慶南大学

2 年目講座名 「アジア共同体の構築」 申請者 李洙勲
受講生 45 名，奨学生 8 名

2015/9–2015/12	アジア共同体に関する議論の概要	李洙勲	慶南大学
2015/9–2015/12	基調講演：アジア共同体とは	佐藤洋治	ワンアジア財団
2015/9–2015/12	アジアにおける地域協力の歴史	PARK Byung–in	慶南大学
2015/9–2015/12	北朝鮮理解に関する特別講義	Kim Keunsik	慶南大学
2015/9–2015/12	北朝鮮の核開発への冒険：アジア共同体構築の安全保障の障害の克服	Lee Soo–hyung	
2015/9–2015/12	6 カ国協議：アジアの多国間安全保障の枠組み	Song Minsoon	外交部（韓国）
2015/9–2015/12	アジアの経済統合	Yang Moonsoo	北韓大学院大学
2015/9–2015/12	南北朝鮮協調の強化：それがアジア地域にとって重要である理由	李洙勲	慶南大学
2015/9–2015/12	南北朝鮮経済共同体の確立	朴済勲	仁川大学
2015/9–2015/12	アジア横断鉄道とアジア共同体	羅喜丞	鉄道研究院
2015/9–2015/12	アジア共同体の将来展望と韓日関係	Kim Yongbok	慶南大学

資料 1　アジア共同体講座のシラバス　211

2015/9–2015/12	アジアにおける経済協力の展望とロシアの役割	Kim Seokh-wan	韓国外国語大学
2015/9–2015/12	アジア共同体と人間の安全保障：北朝鮮に係わる問題	Cho Daeyop	高麗大学
2015/9–2015/12	朝鮮の再統一とそれ以後の社会・文化次元	Lee Soojung	徳成女子大学
2015/9–2015/12	アジア共同体の展開	鄭俊坤	ワンアジア財団
2015/9–2015/12	最終試験と総括	Cho Jaewook	慶南大学

翰林国際大学院大学（韓国・ソウル）

創立 2005 年　在校生 9,833 名
初年度講座名　「アジア共同体論」　申請者　崔兌旭
受講生 100 名，奨学生 10 名

2014/9/6	アジア共同体の政治・経済状況	鄭俊坤	ワンアジア財団
2014/9/13	グローバル化，地域化，アジア経済共同体	崔兌旭	翰林国際大学院大学
2014/9/20	アジア平和共同体	Koo Bonhak	翰林国際大学院大学
2014/9/27	アジア福祉共同体	文振榮	西江大学
2014/10/4	民主主義のアジア共同体	Kim Sun-hyunk	高麗大学
2014/10/11	朝鮮半島とアジア共同体	Yoon Yeong-gwan	ソウル大学
2014/10/18	アジア共同体に対する諸見解：中国と日本の違い	趙世暎	東西大学
2014/10/25	ASEAN（東南アジア諸国連合）とアジア共同体	Park Samy-eong	国立江原大学
2014/11/1	中央アジアとアジア共同体	李愛俐娥	早稲田大学
2014/11/8	アジア共同体と朝鮮半島再統一（非武装地帯の実地見学）	Jung Dongy-oung	New Politics Alliance for Democracy
2014/11/15	インドとアジア共同体	Yang Kiwoong	翰林大学
2014/11/22	米国とアジア共同体	李三星	翰林大学
2014/11/29	欧州連合の教訓	趙泓植	崇実大学

| 2014/12/6 | 国際的地域主義および世界政府 | 崔兌旭 | 翰林国際大学院大学 |
| 2014/12/13 | アジア共同体に向けて | 鄭俊坤 | ワンアジア財団 |

2 年目講座名 「アジア共同体論」 申請者 崔兌旭
受講生 74 名，奨学生 11 名

2015/8/29	グローバル化，地域化，アジア経済共同体	崔兌旭	翰林国際大学院大学
2015/9/5	アジア文化共同体	Baek Wondam	聖公会大学
2015/9/12	アジア共同体の政治・経済状況	鄭俊坤	ワンアジア財団
2015/9/19	アジア福祉共同体	文振榮	西江大学
2015/10/10	アジア共同体に対する見解：中国と日本の違い	趙世暎	東西大学
2015/10/17	アジア共同体に対する日本の見方	Yone-mura Koichi	毎日ジャーナル
2015/10/24	欧州連合の教訓	趙泓植	崇実大学
2015/10/31	南北朝鮮の統一	Lim Dong-won	Korea Peace Forum
2015/11/7	ASEAN とアジア共同体	Park Samy-eong	国立江原大学
2015/11/14	アジア共同体に対する中国の見方	Lee Ilyoung	韓信大学
2015/11/21	アジア共同体の構築における障壁をどう克服するか	李三星	翰林大学
2015/11/28	民主的アジア共同体	Kim Sun-hyunk	高麗大学
2015/12/5	国際的地域主義および世界政府	崔兌旭	翰林国際大学院大学

内蒙古大学（中国・フフホト）
創立 1957 年　在校生 31,220 名
初年度講座名 「アジア関係史とアジア共同体」 申請者 王紹東
受講生 119 名，奨学生 20 名

| 2014/9/19 | 周辺から中国を見ます——新興の研究の視野 | 孫衛国 | 南開大学 |
| 2014/9/26 | アジア共同体論述 | 張文生 | 内蒙古師範大学 |

2014/10/3	泰始皇求仙のイベントと徐福東渡の伝説	王紹東	内蒙古大学
2014/10/10	中国伝統史学は日本の社会史と史学史に入って来ることの考察	喬志忠	南開大学
2014/10/17	中日両国の文化交流の現状——遣唐使の歴史効果を中心に説明する	王月珽	内蒙古師範大学
2014/10/24	中韓馬具の比較研究	孫璐	内蒙古師範大学
2014/10/31	戦後日本の明代史の研究	姜勝利	南開大学
2014/11/1	アジア共同体の現状と問題	鄭俊坤	ワンアジア財団
2014/11/7	東北アジア遊牧民族史の研究	張久和	内蒙古師範大学
2014/11/14	孫中山の"大アジア主義"	于永	内蒙古師範大学
2014/11/21	戦後日本"自ら"を認める精神資源	田慶立	天津社科院
2014/11/28	日本首相の更迭は中日関係の影響	徐萬勝	解放軍外国語学院
2014/12/5	韓国無形文化財の保護は内モンゴルへの啓示	郝建平	包頭師範学院
2014/12/12	中央アジアの論戦：排他性国家の建設と国家間衝突のタイプ	侯艾君	中国科学院
	世界は近い未来に結合される	佐藤洋治	ワンアジア財団

2 年目講座名　「アジア共同体とアジア関係史講座」　申請者　王紹東
受講生 190 名，奨学生 20 名

2015/9/18	泰始皇の求仙活動と徐福東渡の伝説	王紹東	内蒙古大学
2015/9/24	古代北東アジア交流史の研究成果	林永珍	全南大学
2015/9/25	中国の伝統的な史学が日本に及ぼしたマクロ的影響	喬志忠	南開大学
2015/10/9	草原のシルクロードと東西文化交流	陳永志	内蒙古考古所
2015/10/16	韓国の非物質文化遺産保護が内蒙古にもたらす示唆	郝建平	包頭師範学院
2015/10/23	戦後日本の明代史研究	姜勝利	南開大学
2015/10/30	韓国における根基の歴史の塑造	孫衛国	南開大学
2015/11/6	蒙古の起源を遡る—蒙古はどこから来たのか	張久和	内蒙古師範大学
2015/11/13	唐代における中日両国文化交流の盛況	王月珽	内蒙古師範大学
2015/11/20	孫中山の「大アジア主義」	于永	内蒙古師範大学
2015/11/27	北東アジアにおける馬具研究の新たな認識	孫璐	内蒙古師範大学
2015/11/29	アジア共同体に関する論述	張文生	内蒙古師範大学
2015/11/30	中国と李氏朝鮮による科学技術交流の概況	郭世榮	内蒙古師範大学

214

2015/12/4	水川依夫の生涯に関する研究と考証	丁暁傑	内蒙古師範大学
2015/12/4	アジア共同体が可能な理由—現実的な必要性と意義	鄭俊坤	ワンアジア財団
2015/12/12	アジア共同体に向けて	佐藤洋治	ワンアジア財団

武漢大学（中国・武漢）
創立 1893 年　在校生 53,600 名
初年度講座名　「アジア共同体への再考：言語・文学・文化を視座として」
申請者　涂険峰
受講生 150 名，奨学生 20 名

2014/10/9	大江健三郎と莫言：東亜の歴史創傷記憶と文学叙事	涂険峰	武漢大学
2014/10/16	「見る」或いは「見られる」—中国には明清時期朝鮮使者の戯曲体験	程芸	武漢大学
2014/10/22	日本には『大唐西域記』の伝播と研究	高田時雄	京都大学
2014/10/24	中国にはインド仏経『維摩経』の伝播	涂艶秋	国立政治大学
2014/10/30	イラン文学：テヘランには『洛麗塔』を読む	張箭飛	武漢大学
2014/11/3	アジア共同体の現状と問題	鄭俊坤	ワンアジア財団
2014/11/6	日本文学中に「ゲーム」の精神——唐の幼学本『蒙求』の日本化の改作を例として	章剣	武漢大学
2014/11/10	韓国には中国古典小説と戯曲版を収蔵した概況	閔寛東	慶熙大学
2014/11/13	魯迅と日本文学	方長安	武漢大学
2014/11/20	異国から見た中国の姿の変遷	于亭	武漢大学
2014/11/27	「周から見た中国」——　一種新興の研究視野を話す	孫衛国	南開大学
2014/12/4	アラブの文学と文化	李栄建	武漢大学
2014/12/11	東南アジア中国語文学	張晶	武漢大学
2014/12/16	Salman Rushdie の小説の創作とインド文化	梅暁雲	西北大学
2014/12/18	台湾現代詩と中国伝統文化	栄光啓	武漢大学
2014/12/24	世界は一つになる	佐藤洋治	ワンアジア財団

2 年目講座名 「アジア共同体への再考：言語・文学・文化を視座として」
申請者 涂険峰
受講生 243 名，奨学生 20 名

2016/2/26	朝鮮から中国への使節の旅に関する文学	程芸	武漢大学
2016/3/4	日本文学の研究と翻訳	Pei Liang	武漢大学
2016/3/8	宋朝における「八景」という現象に関する研究	Uchi-yama Seiya	早稲田大学
2016/3/11	近現代台湾詩と伝統的中国文化	張晶	武漢大学
2016/3/11	宋末の詩について	Uchi-yama Seiya	早稲田大学
2016/3/18	中国文化と日本文化における桜	Jin Chengyu	南京大学
2016/3/25	文学から見た東アジア共同体	Ge Gangyan	武漢大学
2016/4/1	西アジアにおけるイラン文学	張箭飛	武漢大学
2016/4/8	東アジアと中国に対する西洋人の見解の変容	Yu Ting	武漢大学
2016/4/15	近代中国の大作家魯迅と日本文学との関係	方長安	武漢大学
2016/4/22	漢字に基づく文化圏と日本語の形成	章剣	武漢大学
2016/4/25	香港における初期の知的空間	陳学然	香港城市大学
2016/4/26	東アジア世界：国際法の時代	Lam Hok Chung	香港城市大学
2016/5/6	李氏朝鮮時代における中国の小説の普及	Chen Wenxin	武漢大学
2016/5/13	スポーツと劇に共通する構造	Zhang Desheng	武漢体育学院
2016/6/29	アジア共同体の必要性と意味	鄭俊坤	ワンアジア財団

魯東大学（中国・煙台）
創立 1930 年 在校生 28,600 名
初年度講座名 「アジア共同体講座：アジアにおける言語・文化・芸術」
申請者 亢世勇
受講生 200 名，奨学生 15 名

| 2014/6/24 | 英語辞典における中国のイメージ―「朗文当代英語辞典」第 5 版（2009）を例として | 曽泰元 | 東呉大学 |

216

2014/7/1	漢語における音訳単語と意訳単語	馮志偉	杭州師範大学
2014/7/2	いま，なぜアジア共同体なのか	鄭俊坤	ワンアジア財団
2014/7/8	創造力のある人材育成をめぐって	喬万敏	魯東大学
2014/7/15	両岸単語研究の重点と難点―差異言語	李行健	中国社会科学院
2014/7/22	言語資源理念における国家言語企画	王鉄琨	教育部言語文字情報管理機関
2014/7/29	統計機械翻訳における基本原理や発展現状	張岳	シンガポール科学技術・デザイン大学
2014/8/26	東アジア華夷論と朝鮮中華主義	禹景爕	仁荷大学
2014/9/3	アジア共同体のための芸術の価値と役割を考える	木村政司	日本大学芸術学部
2014/9/10	多文化および多文化教育現状に関して	朴銀姫	魯東大学
2014/9/17	言語資源開発や応用に関する思考	亢世勇	魯東大学
2014/9/19	国際化視野における辞書現代化研究	劉海潤	魯東大学
2014/9/24	やがて世界は一つになる	佐藤洋治	ワンアジア財団
2014/9/25	ネットワーク時代においても誰が世界を変えているのか	愼雲哲	韓国広告協会

2 年目講座名　「アジア共同体講座：アジアの過去，現在と未来」
申請者　朴銀姫
受講生 126 名，奨学生 19 名

2015/8/31	バンガと韓国の外国人	陸相孝	韓国映画協会
2015/9/5	今なぜアジア共同体なのか―その必要性と意味―	鄭俊坤	ワンアジア財団
2015/9/7	書法風格形成に関する諸要素	張成良	魯東大学
2015/9/12	東アジアの戦略的構築を考える	姜仁涛	煙台大学
2015/9/14	アジアにおける超越と離散	林学成	仁荷大学
2015/9/19	十七世紀中韓における亡命者	禹景爕	仁荷大学
2015/9/21	東アジア文化という文脈において韓流をどう理解するか	趙強石	仁荷大学
2015/9/26	多文化教育からワンアジアの可能性を考える	朴銀姫	魯東大学
2015/10/10	「アジア」言説の脱構築と再構築	金俊	浙江樹人大学
2015/10/12	科学技術と文化の融合発展に関する国際的展望や対策研究	王杰飛	魯東大学
2015/10/17	中国高等教育の越境式発展に関する戦略的思考とその弁論的思惟	毕憲順	魯東大学
2015/10/19	国際化視野における辞書現代化研究	孫彩恵	魯東大学

2015/10/24	アジア言語の接触と相互影響—日中韓の言語を例として	亢世勇	魯東大学
2015/10/26	「春江花月夜」のテクスト分析	泰跃宇	魯東大学

バッタンバン大学（カンボジア・バッタンバン）

創立 2007 年　在校生 250 名
初年度講座名　「アジア共同体」　申請者　トゥチ・ヴィサルソック
受講生 500 名，奨学生 30 名

2014/3/20	大メコン地域間開発	Sip Pagna-soley	バッタンバン大学
2014/3/26	カンボジアの地理・文化・歴史の性質アンコールワットの神秘	Pheng Vimean	バッタンバン大学
2014/4/3	私たちはなぜアジア共同体を出発点にすべきなのか　アジア共同体の必要性	金汝善	国立済州大学
2014/4/24	アジアにおける伝統的な多文化・個人間交流	ロイ・レスミー	王立プノンペン大学
2014/5/8	グローバルな若手実業家のインキュベーター	Jon Miho	KOTRA
2014/5/22	穀物供給拡大のためのカンボジア・韓国間協力	Yoo Sang	バッタンバン大学
2014/5/29	カンボジアとアジア共同体	Hour Ry	バッタンバン大学
2014/6/5	東南アジアにおける地域協力（3）経済（(3) 環境と資源	Chhoeuth Khunleap	バッタンバン大学
2014/6/12	ASEAN（東南アジア諸国連合）経済	Chea Sokhourt	バッタンバン大学
2014/6/19	カンボジアの歴史と政治	Sieng Emtotim	バッタンバン大学
2014/6/26	カンボジア・韓国間関係を強化する農業ビジネス提携	Kim Chungin	SCP
2014/7/3	カーギル社の概要，供給，チェーン，世界的な 4–H ネットワークと指導力	Kim Kiyong	GVN Foundation
2014/7/10	アジア共同体の展望（ワン・アジア精神と奨学金授与委員会の発展に関する議論）	佐藤洋治	ワンアジア財団
2014/7/17	アジア共同体に対する ASEAN の役割	Bin Chhom	バッタンバン大学
2014/7/18	市民の交流から東アジア共同体の形成へ	Tirh Chandy	バッタンバン大学

2014/7/24	アジア共同体という理念を促進するNGO（非営利組織）の役割と活動	Bun Kimsan	Agricultural Development Agency (ADA)

2 年目講座名　「アジア共同体論」　申請者　Yoo Sang
受講生 453 名，奨学生 20 名

2015/3/26	カンボジアと韓国の農業協力	Yoo Sang	バッタンバン大学
2015/4/2	なぜ私たちはアジア共同体を作るべきなのか：アジア共同体の必要性の出発点	鄭俊坤	ワンアジア財団
2015/4/23	アジア共同体に対する ASEAN の役割	Bin Chhom	バッタンバン大学
2015/4/28	環境と資源に関する東南アジアでの地域協力	Sam Rany	バッタンバン大学
2015/4/30	アジア共同体という理念を促進するNGO の役割と活動	Tieng Morin	バッタンバン大学
2015/5/7	「アジア的コミュニケーション」をよりよく理解するための導入	金汝善	国立済州大学
2015/5/21	アジア共同体におけるグローバル化の技術	Seng Cheyvuth	バッタンバン大学
2015/5/28	カンボジア人とアジア共同体	Keo Samell	バッタンバン大学
2015/6/4	アジアの経済	Chea Sokhourt	バッタンバン大学
2015/6/11	農業の主潮流	Chang Donghee	Cargill Korea
2015/6/25	カンボジアにおける KOICA（韓国国際協力団）の活動と今後の方向性	Baek Sookhee	KOICA Phnom Penh
2015/7/2	歴史と政治	Sieng Emtotim	バッタンバン大学
2015/7/9	アジア共同体の展望（ワン・アジア精神と奨学金授与委員会の発展に関する議論）	西塚英和	ワンアジア財団
2015/7/16	「知恵は愛を満たす：仏教徒とキリスト教徒によるアジアの平和のための対話と行動」	Kang In Gun	the Center for Interreligious Dialogue in Cambodia

TOBB 経済工科大学（トルコ・アンカラ）
創立 2003 年　在校生 5,000 名
初年度講座名　「アジア共同体論 − 東から西へ」
申請者　バハドゥル・ペリヴァントルク
受講生 80 名，奨学生 25 名

2014/9/15	東・西アジアとアジア共同体	バハドゥル・ペリヴァントルク	TOBB 経済工科大学
2014/9/29	「男性らしさを通して日本を考える」	Romit Dasgupta	西オーストラリア大学
2014/10/1	オスマン帝国と東アジア：文明と統一運動に関する理念の比較	Serdar Palabiyik	TOBB 経済工科大学
2014/10/13	ユーラシア共同体：ユーラシア地域の歴史的・現代的問題	Hasan Ali Karasar	ビルケント大学
2014/10/24	「日本の中東政策」	立山良司	防衛大学校
2014/11/4	「アナトリアにおけるシルクロードの生活文化」	Ihsan Comak	TOBB 経済工科大学
2014/11/17	「中東共同体の展望」	Saban Kardas	TOBB 経済工科大学
2014/11/19	「中国の国内政策と外交政策」	Kutay Karaca	
2014/11/26	「欧州連合の教訓とアジアの統合」	Tugrul Arat	TOBB 経済工科大学
2014/11/27	世界情勢の中のインド	Smita Jassal	中東工科大学
2014/12/5	アジア共同体のビジョン	佐藤洋治	ワンアジア財団
2015/3/21	アジアの統合と人間の安全保障	Amitav Acharya	American University
2015/4/25	アジアの移民ネットワークとアジア共同体	劉宏	南洋理工大学
2015/5/22	日本の外交政策	Mete Tuncoku	
2015/6/20	アジア系ディアスポラのネットワーク	濱下武志	龍谷大学

2年目講座名　「アジア共同体のビジョンと実践」
申請者　バハドゥル・ペリヴァントルク
受講生 80 名

2016/9/12	東西アジアとアジア共同体	バハドゥル・ペリヴァントルク	TOBB 経済工科大学
2016/9/13	アジア共同体の展開	鄭俊坤	ワンアジア財団
2016/9/19	アジア歴史的秩序とアジア共同体	濱下武志	龍谷大学
2016/9/20	トルコ・タイ関係	Tharit Cha-rungvat	タイ外務所
2016/9/26	中東経済統合とアジア共同体	Saban Kardas	TOBB 経済工科大学
2016/9/27	トルコ・マレーシア関係	Dato Amran Mo-hamed Zin	マレーシア外務所
2016/10/3	日本・トルコ　近代化	Serdar Palabiyik	TOBB 経済工科大学
	トルコ・フィリピン関係	Maria Rowena Mendoza Sanchez	フィリピン外務所
2016/10/10	アジア共同体の経済統合化	キュチュク・アリ・アケミク	カディル・ハス大学
2016/10/11	トルコ・ブルネイ関係	Mohd Sahrip Othman	ブルネイ外務所
2016/10/17	アジア共同体と人間安全保障論	Amitav Acharya	American University

2016/10/18	ベトナム・トルコ関係	Pham Anh Tuan	ベトナム外務所
2016/10/24	ユーラシアとアジア共同体	Hasan Ali Karasar	ビルケント大学
2016/10/31	シンガポール・トルコ関係	A Selver-ajah	シンガポール外務所
2016/11/7	アジア移民ネットワークとアジア共同体	劉宏	南洋理工大学
2016/11/14	EU共同体の経験とアジア共同体	セルチュク・チョラコール	Yildirim Beyazit University
2016/11/21	ミドルパワーの力とアジア共同体	添谷芳秀	慶應義塾大学
2016/11/28	東西アジア文化の差異とアジア共同体	Mete Tuncoku	University of Dardanelles
2016/12/5	アジア共同体のビジョン	佐藤洋治	ワンアジア財団

ブリティッシュ・コロンビア大学（カナダ・バンクーバー）
創立 1908 年　在校生 47,000 名
初年度講座名　「東アジアの国際交流史―人と物の移動からみたアジア共同体」
申請者　許南麟
受講生 60 名

2015/9/10	導入	許南麟	ブリティッシュ・コロンビア大学
2015/9/17	主要な概念，諸理論，実践	許南麟	ブリティッシュ・コロンビア大学
2015/9/24	イデオロギーか，覇権か，妄想か	Christina Han	ウィルフリッド・ローリエ大学
2015/10/1	唐朝中国の冊封・朝貢	Zhen-ping Wang	National Institute of Education
2015/10/8	17～18世紀における日中間の文化移転	Benjamin Elman	プリンストン大学
2015/10/15	明と大越の関係の概要	Michele Thomp-son	サザンコネチカット州立大学
2015/10/22	異邦人か忠臣か：朝鮮における明朝の移民	Adam Bohnet	ウェスタン大学
2015/10/29	貿易，海賊，戦争	許南麟	ブリティッシュ・コロンビア大学

2015/11/5	李氏朝鮮におけるキリスト教徒の闘争	James Lewis	オックスフォード大学
2015/11/12	清朝中国の外交政策	Yung-kang Wang	ウェスタン・ミシガン大学
2015/11/19	徳川幕府への朝鮮通信使	許南麟	ブリティッシュ・コロンビア大学
2015/11/26	旅する文明	Yufen Chang	Academia Sinica
2015/12/1	やがて世界は一つになる	佐藤洋治	ワンアジア財団

2年目講座名 「近代以前の東アジアにおける国際関係：人とモノの流れから見た
ワンアジア共同体」 申請者　許南麟
受講生 60 名

2016/9/8	講座の概要		
2016/9/15	主要な概念と理論	許南麟	ブリティッシュ・コロンビア大学
2016/9/22	大越（ベトナム）/ 東南アジアと中国	Michele Thompson	南コネティカット大学
2016/9/29	唐 / 宋中国と東アジア	David Curtis Wright	カルガリ大学
2016/10/6	元 / 明中国と東アジア		
2016/10/13	16 世紀のアジアにおけるヨーロッパ人たち，海賊，貿易	Peter Shapinsky	イリノイ大学
2016/10/20	近代以前の東アジアにおける美（絵画）の流れ	Shinae Kang	ソウル大学
2016/10/27	戦争，外交，貿易の三角関係	Benjamin Schmidt	ワシントン大学
2016/11/3	17 世紀の東アジア	Bradley Camp Davis	東コネティカット州立大学
2016/11/10	18 世紀の東アジア	Yuan-chong Wang	デラウェア大学
2016/11/17	変革期から近代へ向かう東アジア	Joshua Van Lieu	ラグランジュ大学
2016/11/24	帝国主義と植民地主義のはざまで	佐藤洋治	ワンアジア財団

| 2016/12/1 | 結論 | Joshua A. Fogel | ヨーク大学 |

中央大学（日本・東京都）
創立 1885 年　在校生 25,000 名
初年度講座名　「アジア共同体を考える－日本・アジア関係の歴史から」
申請者　土田哲夫
受講生 24 名

2015/4/17	イントロダクション	土田哲夫	中央大学（日本）
2015/4/24	近代中国と日本：蒋介石を中心	黄自進	中央研究院
2015/5/1	近代の日中留学交流	李暁東	島根県立大学
2015/5/8	いま，なぜアジア共同体なのか	鄭俊坤	ワンアジア財団
2015/5/15	19 世紀東アジアでの国民国家形成の意味	申一燮	湖南大学（韓国）
2015/5/22	近代アジアの経済交流：19 世紀後半の中国と日本	古田和子	慶應義塾大学
2015/5/29	近代日本のアジア主義	深町英夫	中央大学（日本）
2015/6/5	近現代日韓関係とアジア共同体	権寧俊	新潟県立大学
2015/6/12	近代の台湾と日本	許育銘	東華大学
2015/6/19	帝国日本の解体と戦後アジア	浅野豊美	中京大学
2015/6/26	戦後の日中関係と歴史問題	杜崎群傑	中央大学（日本）
2015/7/3	日韓文化交流のいにしえ：越境する神と芸能	金蘭珠	檀国大学
2015/7/10	東アジアの流行歌：国境を越える音楽	貴志俊彦	京都大学
2015/7/17	東アジアの人権弁護士，布施辰治	李圭洙	高麗大学
2015/7/24	歴史の克服とアジア共同体への道	笠原十九司	都留文化大学

2 年目講座名「アジア共同体を考える——共に生きるための 15 のヒント」
申請者　榎本泰子
受講生 192 名

2016/4/15	ガイダンス	榎本泰子	中央大学（日本）
2016/4/22	アジア共同体とは何か	鄭俊坤	ワンアジア財団
2016/4/29	アートから見るアジア共同体	金大偉	関東学院大学
2016/5/6	人権から見るアジア共同体	柳玟熙	不明
2016/5/13	演劇から見るアジア共同体	飯塚容	中央大学（日本）
2016/5/20	詩から見るアジア共同体	大田美和	中央大学（日本）
2016/5/27	映画から見るアジア共同体	藤岡朝子	山形国際ドキュメンタリー映画祭

2016/6/3	歴史から見るアジア共同体	妹尾達彦	中央大学（日本）
2016/6/10	女性から見るアジア共同体	村上薫	アジア経済研究所
2016/6/17	アジア共同体の創成に向けて	佐藤洋治	ワンアジア財団
2016/6/24	医療から見るアジア共同体	長谷川彩未	Japan Heart
2016/7/1	宇宙から見るアジア共同体	ロマーナ・コフラー	国連宇宙部
2016/7/8	宗教から見るアジア共同体	鎌田東二	京都大学
2016/7/15	音楽から見るアジア共同体	趙維平	上海音楽学院
2016/7/22	市民社会から見るアジア共同体	麻生晴一郎	

和歌山大学（日本・和歌山県）
創立 1949 年　在校生 4,585 名
初年度講座名「アジア共同体講座「世界遺産から考えるアジアの未来」
　申請者　帯野久美子
受講生 56 名，奨学生 9 名

2014/10/1	ワンアジアの創造と「世界遺産から考えるアジアの未来」	遠藤史	和歌山大学
2014/10/8	アジア共同体のビジョン：ワンアジアとは	鄭俊坤	ワンアジア財団
2014/10/15	アジアからの招へい者の講義を聴くにあたって	遠藤史	和歌山大学
2014/10/22	ワンアジアの創造と世界遺産をめぐる状況	宗田好史	京都府立大学大学院
2014/10/29	和歌山県が取り組む世界遺産保全と課題	杉本和弥	和歌山県教育庁
2014/11/5	環境の視点から考える中国における世界遺産と課題	Ruan Shaoqian	杭州西湖世界文化遺産管理センター
2014/11/12	紀伊熊野から考えるアジアの未来	加藤久美	和歌山大学観光部
2014/11/19	アジアの参加型地域社会開発	大濱裕	日本福祉大学
2014/12/3	ワンアジアとジェンダー	管野琴	目白大学
2014/12/10	インドネシアにおける世界遺産と行政	Laretna T. Adishakti	ガジャマダ大学
2014/12/17	市民活動の推進とタイにおける持続的開発	Anchan Gaemchoei	Arun in Siam

2014/12/24	マレーシアにおける世界遺産とまちづくり	Khoo Salma Sunin	Penang Heritage Trust
2015/1/7	グローバリゼーションとアジアの地域共同体	藤山一郎	和歌山大学
2015/1/14	近代日本における〈アジア〉イメージの変容とワンアジア創成の可能性	鈴木規夫	愛知大学
2015/1/21	ワンアジアの創成	鄭俊坤	ワンアジア財団

2年目講座名　「アジア共同体講座「世界遺産から考えるアジアの未来」
申請者　藤山一郎
受講生 184 名

2015/10/7	ワンアジアの創造と「世界遺産から考えるアジアの未来」	藤山一郎	和歌山大学
2015/10/14	東南アジアの世界文化遺産—地域の文化を支える女性の役割	宗田好史	京都府立大学大学院
2015/10/21	アジアの参加型地域社会開発	大濱裕	日本福祉大学
2015/10/28	環境の視点から考える中国における世界遺産と課題	Ruan Shaoqian	杭州西湖世界文化遺産管理センター
2015/11/4	ワンアジアの創造と世界遺産をめぐる状況	宗田好史	京都府立大学大学院
2015/11/11	食文化から考えるアジアの未来	Surachai Jewcharoensakul	カセサート大学
2015/11/18	市民活動の推進とタイにおける持続的開発	Anchan Gaemchoei	Arun in Siam
2015/11/25	近代日本における〈アジア〉イメージの変容とワンアジア創成の可能性	鈴木規夫	愛知大学
2015/12/2	インドネシアにおける世界遺産と市民参加	Laretna T. Adishakti	ガジャマダ大学
2015/12/9	マレイシアにおける世界遺産とまちづくり	Khoo Salma Sunin	Penang Heritage Trust
2015/12/16	紀伊熊野から考えるアジアの未来	加藤久美	和歌山大学観光部
2016/1/6	ワンアジア：多文化理解と国際教育	多田孝志	目白大学
2016/1/13	アジア共同体のビジョン：ワンアジアとは	鄭俊坤	ワンアジア財団
2016/1/20	ベトナムの環境保全と住民参加	大塚耕司	大阪府立大学
2016/1/27	アジア共同体と高等教育機関の役割	藤山一郎	和歌山大学

大阪大学（日本・大阪府）
創立 1931 年　在校生 3,100 名
初年度講座名　「21 世紀世界の「歴史語り」，アジア共同体の創成に向けて」
申請者　田中仁
受講生 99 名，奨学生 7 名

2015/10/2	21 世紀東アジアの「歴史の語り」とアジア共同体	田中仁	大阪大学
2015/10/9	中華民国における「民主」をめぐる「歴史の語り」	水羽信男	広島大学
2015/10/16	越境ネットワークとグローバルガバナンス	劉宏	南洋理工大学
2015/10/23	中華民国史と「歴史の語り」	金子肇	広島大学
2015/10/30	戦間期国際政治のなかの中国と「歴史の語り」	土田哲夫	中央大学（日本）
2015/11/6	戦間期の「満州」と「歴史の語り」	松重充浩	日本大学
2015/11/13	冷戦期中国の「平和共存」政策と「歴史の語り」	吉田豊子	京都産業大学
2015/11/20	やがて世界はひとつになる	佐藤洋治	ワンアジア財団
2015/11/27	中華人民共和国の成立と「歴史の語り」	丸山鋼二	文教大学
2015/12/4	近代日本とアジア主義	瀧口剛	大阪大学
2015/12/11	アメリカのアジア外交と「歴史の語り」	高橋慶吉	大阪大学
2015/12/18	安倍談話，歴史認識，戦後処理	坂本一哉	大阪大学
2016/1/8	東アジア共同研究と台湾の歴史認識	許育銘	東華大学
2016/1/29	自国史の帝国性を問う	柳鏞泰	ソウル大学
2016/2/5	東アジア共同研究と中国の歴史認識	江沛	南開大学
	いま，なぜアジア共同体なのか	鄭俊坤	ワンアジア財団

東京造形大学（日本・東京都）
創立 1966 年　在校生 1,902 名
初年度講座名　「海と人とアジア共同体」　申請者　越村勲
受講生 14 名，奨学生 3 名

2015/4/10	イントロダクション～海と人とアジア共同体	越村勲	東京造形大学
2015/4/24	韓国・中国関係の変化，そのアジアでの意味	李奎泰	カトリック関東大学
2015/5/8	広州デルタの海賊，張保仔の文化的構築	Robert J. Antony	澳門大学
2015/5/15	アジア共同体の展望	鄭俊坤	ワンアジア財団
2015/5/22	今の中国における大学生の 5 類型	靳明全	重慶師範大学

資料 1　アジア共同体講座のシラバス　227

2015/5/29	「倭寇図巻」を読む	須田牧子	東京大学
2015/6/5	境界人としての倭寇	村井章介	立正大学
2015/6/12	境界地域の海と人〜地中海との比較	越村勲	東京造形大学
2015/6/19	対馬の仏像について	藤井匡	東京造形大学
2015/6/26	美術史から見た日中交流	星野鈴	東京造形大学
2015/7/3	美術史から見た日中交流〜つづき		
2015/7/10	鉄砲伝来の時代の東アジア	中島楽章	九州大学
2015/7/17	倭寇首領王直の生涯	上田信	立教大学
2015/7/24	アジアの海をめぐる染織と服飾	正田夏子	東京造形大学

培材大学（韓国・大田）

在校生 9,940 名
初年度講座名　「アジア共同体論」　申請者　権静
受講生 110 名，奨学生 20 名

2014/9/1	今なぜ，アジア共同体なのか	鄭俊坤	ワンアジア財団
		権静	培材大学
2014/9/15	近代日本のアジア主義とアジア共同体	榎本泰子	中央大学（日本）
2014/9/22	大衆文化の往来を通じてみるアジアの価値観	金香淑	目白大学
2014/9/29	アジア共同体のための政治外交の役割	金旭	培材大学
2014/10/6	アジア共同体のための外国語教育	趙宣映	培材大学
2014/10/13	アジア共同体とモンゴルの役割	宋義敏	モンゴル国立教育大学
2014/10/20	アジア共同体のための多文化教育	沈惠玲	培材大学
2014/11/3	アジア共同体のための経済協力	金珍國	培材大学
2014/11/10	映画を通じてみるアジア共同体の未来	秋山珠子	立教大学
2014/11/17	アジア共同体と女性の生き方	李明蘭	
2014/11/24	アジア共同体と UN の役割	Romana Kofler	United Nations Office for Outer Space Affairs
2014/12/1	アジア共同体と博物館	崔石英	国立劇場公演藝術博物館
2014/12/8	アジア共同体に関する認識の変化	金和仙	培材大学
2014/12/12	終了式	鄭俊坤	ワンアジア財団

2 年目講座名　「アジア共同体論」　申請者　権静
受講生 100 名，奨学生 20 名

2015/8/31	アジア共同体の歴史的背景	権静	培材大学
2015/9/7	いま，なぜアジア共同体なのか？	鄭俊坤	ワンアジア財団

2015/9/14	アジア共同体のための多文化教育	沈惠玲	培材大学
2015/9/21	アジア共同体のための国際理解教育	榎本泰子	中央大学（日本）
2015/9/28	アジア共同体のための外国語教育	趙宣映	培材大学
2015/10/5	アジア共同体と韓国語教育	宗享根	世宗学堂
2015/10/12	アジア共同体と大衆文化の交流	金香淑	目白大学
2015/10/26	アジア共同体と女性の生き方	金和仙	培材大学
2015/11/2	中南米から見るアジア共同体の未来	崔李スルギ	NGA Feminism School
2015/11/9	映画からみるアジアの社会と文化	金ボラ	映画監督
2015/11/16	アジア共同体のための国際社会福祉	金洙永	啓明大学
2015/11/23	アジア共同体のための国際政治	金旭	培材大学
2015/11/30	アジア共同体のための中国の役割	陳祖恩	東華大学
2015/12/7	奨学金授与式	鄭俊坤	ワンアジア財団

啓明大学（韓国・大邱）

創立 1899 年　在校生 22,100 名
初年度講座名　「アジア共同体と国際社会福祉」　申請者　金洙永
受講生 100 名，奨学生 19 名

2015/3/6	アジア共同体における社会福祉	金洙永	啓明大学
2015/3/13	今なぜアジア共同体なのか	鄭俊坤	ワンアジア財団
2015/3/20	アジア地域における文化交流	金香淑	目白大学
2015/3/27	アジア地域における政治関係	李勝根	啓明大学
2015/4/3	アジア地域における経済貿易	Lee Taehui	啓明大学
2015/4/10	アジア諸国における人権	Jeong Jeongsoo	Solidarity for Peace & Human Rights of Asia
2015/4/17	アジアの開発プロジェクトのための国際 NGO（非政府組織）	Go Young	国際協力 NGO ワールド・ビジョン・ジャパン
2015/5/1	国際的社会福祉と海外ボランティア事業	李容教	光州大学
2015/5/8	中央アジアと韓国：トルコの事例	Lee Nana	啓明大学
2015/5/15	アジア共同体に対する NGO の医療支援	長谷川彩未	Japan Heart
2015/5/22	国際法と社会福祉	Chang Eun-jeong	慶北大学

2015/5/29	アジア共同体のための社会革新	キム・チョンテ	Merry Year Social Company (MYSC)
2015/6/12	社会問題と安全保障対策：ネパールの経験	Kiran Rupak-hetee	Government of Nepal
2015/6/19	奨学金授与式	鄭俊坤	ワンアジア財団

2 年目講座名　「アジア共同体とメディア」　申請者　具教泰
受講生 75 名，奨学生 14 名

2016/3/4	アジア共同体とメディアの概要	具教泰	啓明大学
2016/3/11	アジア共同体の理解	金汝善	国立済州大学
2016/3/18	アジア共同体の意味	鄭俊坤	ワンアジア財団
2016/3/25	アジア媒體生態論	金盛海	大邱大学
2016/4/1	アジア媒體	安誠眞	TV Chosun
2016/4/8	アジアの映像コンテンツ制作	李志雲	韓国放送
2016/4/15	アジア共同体とニュース通信社	李文鎬	Korean News Agency Commission
2016/4/29	共同体論とアジア	崔洛辰	済州国際大学
2016/5/13	国の民族自我の壁を越えて	佐藤洋治	ワンアジア財団
2016/5/27	米国移民社会とアジア共同体	イム・ソンベ	セントメアリー大学
2016/6/3	アジア媒體と社会変動	Kwak Nojin	ミシガン大学
2016/6/10	アジアと韓流	尹在植	Korea Creative Content Agency
2016/6/15	多文化社会とメディア	鄭義徹	尚志大学
2016/6/17	奨学金授与式	鄭俊坤	ワンアジア財団

京畿大学（韓国・ソウル）
創立 1940 年　在校生 12,245 名
初年度講座名　「アジア共同体：そのビジョン，経済，政治と文化」
申請者　曺成煥
受講生 160 名，奨学生 20 名

2014/9/3	統合されたアジアの未来の紹介	曺成煥	京畿大学
2014/9/17	基調講演 1 アジアの未来	Ro Jaibong	元韓国首相
2014/9/24	基調講演 2 なぜ朝鮮半島統一なのか？	Park Seil	ソウル大学

2014/10/1	欧州連合とアジア経済統合	Chai Heeyul	京畿大学
2014/10/8	国家主義，地域主義，アジアにおける創造的取り組み	曺成煥	京畿大学
2014/10/15	韓国とアジアの展望　平和と共栄	Park Sang-cheol	京畿大学
2014/10/22	21世紀の世界・アジア・朝鮮半島	曺成煥	京畿大学
2014/10/29	米国のアジア政策と東アジア共同体	Kim Youngho	誠信女子大学
2014/11/5	日本のアジア政策と東アジア共同体	孫洌	延世大学アンダーウッド国際学部
2014/11/12	ロシアとユーラシア共栄の展望	Yun Ji–Won	平澤大学
2014/11/19	中国のアジア戦略と東アジア安全保障	Lee Taihwan	世宗研究所
2014/11/26	21世紀のアジア人，文明の衝突を越えて	Kim Myung-sub	延世大学
2014/12/3	やがて世界は一つになる	佐藤洋治	ワンアジア財団
2014/12/10	アジア共同体と，欧州を構築したジャン・モネ	朴済勲	仁川大学
2014/12/17	異常な東アジア：米国との同盟と中国の台頭	Ham Jaebong	Asan Institue

2年目講座名　「アジア共同体：そのビジョン，経済，政治と文化」
申請者　曺成煥
受講生101名，奨学生14名

2015/9/9	基調講演1 アジアの未来	Ro Jaibong	元韓国首相
2015/9/16	基調講演2 朝鮮半島統一とアジア	Park Seil	ソウル大学
2015/9/23	国家主義から地域主義へと進むアジア	曺成煥	京畿大学
2015/9/30	欧州連合と東アジア経済統合	Chai Heeyul	京畿大学
2015/10/7	世界，アジア，朝鮮半島の政治	曺成煥	京畿大学
2015/10/14	朝鮮半島と東アジアの平和構築	Park Sang-cheol	京畿大学
2015/10/21	文明の衝突を越える21世紀のアジア	Kim Myung-sub	延世大学

2015/10/28	東アジア秩序の異常さ：米国との同盟	Ham Jaebong	Asan Institue
	ネットワーク対中国の台頭	曺成煥	京畿大学
2015/11/4	中国の東アジア戦略と東アジアの安全保障秩序	Lee Taihwan	世宗研究所
2015/11/11	米国の東アジア政策と東アジア共同体の構築	Kim Youngho	誠信女子大学
2015/11/18	日本とアジア共同体の構築	孫洌	延世大学アンダーウッド国際学部
2015/11/25	アジア連合における若い学生の役割	曺成煥	京畿大学
2015/12/2	アジア統合におけるユーラシア，中央アジア	Yun Ji–Won	平澤大学
2015/12/9	アジア共同体について	朴済勲	仁川大学
2015/12/16	アジア連合に関するワンアジア財団の役割と活動	鄭俊坤	ワンアジア財団

朝鮮大学（韓国・光州）

創立 1946 年　在校生 24,106 名
初年度講座名　「アジア共同体論」　申請者　全義天
受講生 235 名，奨学生 43 名

2014/9/4	世界化と地域主義とアジア経済共同体	全義天	朝鮮大学
2014/9/11	アジアの近代と国民国家の建設	申一燮	湖南大学（韓国）
2014/9/18	なぜ今，アジア共同体であるか	鄭俊坤	ワンアジア財団
2014/9/25	イスラム文化と芸術の理解	黄炳河	朝鮮大学
2014/10/2	東アジア科学をどのように見るか。	金成根	全南大学
2014/10/16	東アジア諸国の企業の競争力と最高経営責任者	柳町功	慶應義塾大学
	自民族の文化中心主義の問題と東アジア共同体論―日中韓を中心に	李哲承	朝鮮大学
2014/10/23	美術の正しい理解のための談話―美術は何か？	李政龍	湖南大学（韓国）
2014/10/30	EU の事例に照らして，東アジア共同体の課題：持続可能な共同体の視点	朴大桓	朝鮮大学
2014/11/6	アジアと私たちの陶磁文化	姜星坤	湖南大学（韓国）
	湖南の歴史的位相と先非精神	李鍾範	朝鮮大学
2014/11/13	EU 統合で見たアジア諸国経済共同体の過去と現在，未来	金成厚	東新大学
2014/11/20	Towards of the Asian Community, 青春！よどみなく走れ！	姜楠九	株式会社 ING-STORY

2014/11/27	アジア共同体の理想と東アジアの共同体的協力方案	鞠淳郁	光州大学
	視点，別の方法で見る力	崔允圭	CARTOON 経営研究所
2014/12/4	文化隆盛の時代，東西文化の理解	韓相玉	朝鮮大学
2014/12/11	アジア共同体に向けて―教育修了式と奨学金授与式	鄭俊坤	ワンアジア財団

2年目講座名 「アジア共同体論」 申請者 全義天
受講生 224 名，奨学生 27 名

2015/9/3	視点，別の方法で見る力	崔允圭	CARTOON 経営研究所
2015/9/10	自我の発見と世界の理解	徐在烘	朝鮮大学
2015/9/17	アジア近代と国民国家の建設	申一燮	湖南大学（韓国）
2015/9/24	北東アジア情勢の変化と私たちの選択	金洙珉	鮮文大学
2015/10/1	イスラム文化と芸術の理解	黄炳河	朝鮮大学
2015/10/8	世界化と地域主義とアジア経済共同体	全義天	朝鮮大学
2015/10/15	ＥＵの事例に照らして，東アジア共同体の課題：持続可能な共同体の視点	朴大桓	朝鮮大学
2015/10/22	Global 未来環境の變化と韓国の選択	韓相玉	朝鮮大学
2015/10/29	言語と人間	李南根	
2015/11/5	東洋古典を介して見て私たちの意識	閔榮敦	朝鮮大学
2015/11/12	なぜ今，アジア共同体であるか	鄭俊坤	ワンアジア財団
2015/11/19	自民族の文化中心主義の問題と東アジア共同体論―日中韓を中心に	李哲承	朝鮮大学
2015/11/26	文化隆盛の時代，東西文化の理解	韓相玉	朝鮮大学
2015/12/3	アジア太平洋経済共同体動向と韓国の対応方案	全義天	朝鮮大学
2015/12/10	やがて世界は一つになる　教育終了式と奨学金授与式	佐藤洋治	ワンアジア財団

吉林大学（中国・長春）
創立 1946 年　在校生 68,957 名
初年度講座名 「アジア共同体の構想―言語，文化の交流と共生を中心に」 申請者　周異夫
受講生 110 名，奨学生 20 名

2015/10/21	アジア共同体について――中国にとってのアジアとは何か？	周異夫	吉林大学
2015/11/3	やがて世界は一つになる	佐藤洋治	ワンアジア財団

資料 1　アジア共同体講座のシラバス　233

2015/11/5	歴史認識の「かたち」——朝鮮総督府下の国語政策を一例として	中島和男	西南学院大学
2015/11/12	日本近代におけるシルクロード——国際戦略と学術の動き	鈴木貞美	国際日本文化研究センター
2015/11/15	ポートフォリオと学習者オートノミー	冷麗敏	北京師範大学
2015/11/16	鉄道網の発展と日本の近代化	伊東章子	名古屋大学
	源氏物語と愛知県：なぜ国宝源氏物語絵巻は名古屋・徳川美術館にあるのか	Michelle Louise Kuhn	名古屋大学
2015/12/3	日本語の自動詞と他動詞	呉侃	同済大学
2015/12/8	いま，なぜアジア共同体なのか	鄭俊坤	ワンアジア財団
2015/12/10	人生の思と行	金哲	安徽三聯学院
2015/12/30	海外交流の礼儀	薛雲	吉林省外事弁公室アジア処
2016/1/7	外交関係者と通釈のあるべき素質	段穎隷	吉林省外事弁公室
2016/1/14	北東アジア区域合作の新しい傾向	于瀟	吉林大学
	朝鮮政治経済の新状況	張慧智	吉林大学
	新しい海洋秩序の下での北東アジア海洋権益争奪戦	朴英愛	吉林大学

2年目講座名 「アジア共同体の構想と認識－言語文化の交流と理解」
申請者　周異夫
受講生140名，奨学生20名

2016/9/22	アジアの視野と世界の視野	周異夫	吉林大学
2016/9/29	東アジアの物語	小峰和明	立教大学
2016/10/10	日系企業における文化摩擦	金山	海南大学
2016/10/13	日中文化交流のトポス	鈴木貞美	国際日本文化研究センター
2016/10/20	ワンアジア，ワンワールド	佐藤洋治	ワンアジア財団
2016/10/27	東アジアの文化交流——中国と日本の典型事例を中心に	連清吉	長崎大学
2016/11/3	アジア共同体の構想と言語教育	修剛	天津外国語大学
2016/11/10	アジア共同体の創生のために（仮）	鄭俊坤	ワンアジア財団
2016/11/17	東アジアの人口政策——中日の相違点をめぐって	王勝今	吉林大学
2016/11/24	グローバル地域化の文脈でのアジアシ主義に関する一考察	陳多友	広東外語外貿大学
2016/12/1	近代中国と日本の交流——外交を中心に	于乃明	国立政治大学
2016/12/8	日本語教育における文化指導の必要性	冷麗敏	北京師範大学

2016/12/15	アジア共同体の基盤——日本語と中国語における感情移入について	徐一平	北京外国語大学
2016/12/22	朝鮮半島の新しい情勢	朴英愛	吉林大学
2016/12/29	日本語文法の教育と習得	小出慶一	埼玉大学
2017/1/5	アジア共同体のための多民族文化の認知	金哲	安徽三聯学院

内蒙古師範大学（中国・フフホト）
創立 1952 年　在校生 34,400 名
初年度講座名　「アジア共同体とアジアの国際関係史」　申請者　張文生
受講生 120 名，奨学生 20 名

2014/9/12	アジア共同体に関する論述	張文生	内蒙古師範大学
2014/9/19	周辺国から見た中国—新たな研究の視野	孫衛国	南開大学
2014/9/26	孫中山の「大アジア主義」	于永	内蒙古師範大学
2014/9/28	中日文化交流とアジア共同体	郭永勝	内蒙古師範大学
2014/10/10	中国伝統史学の日本への伝播に関する社会史的・史学史的考察	喬志忠	南開大学
2014/10/17	中国と東アジアの国際関係に関する回顧—19 世紀末～1949	丁暁傑	内蒙古師範大学
2014/10/24	秦始皇の求仙活動と徐福東渡の伝説	王紹東	内蒙古大学
2014/10/31	戦後日本の明代史研究	姜勝利	南開大学
2014/11/1	アジア共同体の現状と直面する課題	鄭俊坤	ワンアジア財団
2014/11/7	北東アジアの遊牧民族史に関する研究	張久和	内蒙古師範大学
2014/11/14	中央アジアの論戦—排他的な国家建設と国家衝突の類型	侯艾君	中国科学院
2014/11/21	戦後日本の「自己」アイデンティティの拠り所となる精神的資源	田慶立	天津社科院
2014/11/28	日本の首相交代が中日関係に及ぼす影響	徐萬勝	解放軍外国語学院
2014/12/5	前近代の環中国海儒教文化圏諸国の「中華」に関する意向	于逢春	中国社科院
2014/12/13	やがて世界は一つになる	佐藤洋治	ワンアジア財団

2 年目講座名　「アジア共同体とアジアの国際関係史」　申請者　張文生
受講生 131 名，奨学生 20 名

2015/9/11	アジア共同体に関する論述	張文生	内蒙古師範大学
2015/9/18	中日の観光発展に関する私見	李佳莎	広州大学
2015/9/24	古代東アジア交流史の研究成果	林永珍	全南大学

2015/9/25	中国の伝統的な史学が日本に及ぼしたマクロ的影響	喬治忠	南開大学
2015/9/30	秦始皇の求仙と徐福東渡の伝説	王紹東	内蒙古大学
2015/10/9	蒙古草原の重要な考古学的発見とシルクロード	陳永志	内蒙古考古所
2015/10/16	『水川依夫の生涯に関する若干の考察』―文章とその読後	丁暁傑	内蒙古師範大学
2015/10/23	20世紀日本の明史研究	姜勝利	南開大学
2015/10/30	中日文化交流の考察	郭永勝	内蒙古師範大学
2015/11/6	韓国における歴史の根基の塑造	孫衛国	南開大学
2015/11/13	蒙古族の起源を遡る	張久和	内蒙古師範大学
2015/11/20	孫中山の「大アジア主義」	于永	内蒙古師範大学
2015/11/27	中国と李氏朝鮮による科学技術交流の概説	郭世榮	内蒙古師範大学
2015/12/4	韓国の非物質文化遺産保護が内蒙古にもたらす示唆	郝建平	包頭師範学院
2015/12/5	アジア共同体が可能な理由―現実的な必要性と可能性	鄭俊坤	ワンアジア財団

煙台大学（中国・煙台）
創立 1984 年　在校生 27,200 名
初年度講座名　「アジア共同体講座：文化的実践とアジア共同体」
申請者　孟慶義
受講生 200 名，奨学生 13 名

2014/7/3	いま，なぜアジア共同体なのか	鄭俊坤	ワンアジア財団
2014/8/25	親密性と公共性から見るアジア共同体	李文哲	煙台大学
2014/8/27	東アジア華夷論と朝鮮中華主義	禹景燮	仁荷大学
2014/8/29	東アジアディスコースと文学・文化研究の課題	趙強石	仁荷大学
2014/9/1	朝鮮半島をめぐるイッシューおよび問題点	孟慶義	煙台大学
2014/9/3	アジア共同体のための芸術の価値と役割を考える	木村政司	日本大学芸術学部
2014/9/5	今日における国際形勢と中国が直面した外交挑戦	劉会清	煙台大学
2014/9/10	東アジア地縁政治とアメリカの戦略的措置	候典芹	煙台大学
2014/9/12	唐代詩人における東方海域体験	蘭翠	煙台大学

2014/9/15	文化コミュニケーションと東アジア共同体	斉愛軍	煙台大学
2014/9/17	近代中日文化コミュニケーションの特徴	趙文静	煙台大学
2014/9/19	多文化およびその教育現状	朴銀姫	魯東大学
2014/9/23	やがて世界は一つになる	佐藤洋治	ワンアジア財団
2014/9/24	ブランド検索時代のマーケティング仕組み	李立政	北京伝媒大学
2014/9/26	ネットワーク時代において誰が世界を変えているのか	慎雲哲	韓国広告協会

2 年目講座名 「アジア共同体講座：文化的実践とアジア共同体 2 −記憶・想起」
申請者 李文哲
受講生 122 名，奨学生 19 名

2015/9/5	いま，なぜアジア共同体なのか	鄭俊坤	ワンアジア財団
2015/9/10	マスメディアと他者の表象	李文哲	煙台大学
2015/9/12	データベース化と「忘却権」	呉飛	煙台大学
2015/9/17	法制から見たアジア共同体	王殿英	煙台大学
2015/9/19	17 世紀中華における亡命者	禹景燮	仁荷大学
2015/9/19	東アジア文化という文脈において韓流をどう理解するか	趙強石	仁荷大学
2015/9/24	近代中日文化コミュニケーションの特徴	趙文静	煙台大学
2015/9/25	唐代詩人における東方海域体験	蘭翠	煙台大学
2015/10/15	文化コミュニケーションと東アジア共同体	斉愛軍	煙台大学
2015/10/22	朝鮮半島をめぐるイッシューおよび問題点	孟慶義	煙台大学
2015/10/26	人類運命共同体とアジア共同体	李日	煙台大学
2015/10/28	多文化教育からワンアジアを考える	朴銀姫	魯東大学
2015/10/29	アジア共同体の可能性分析	張西俊	煙台大学
	世界映画の発展	孫鵬	魯東大学
2015/10/30	奨学金授与式	佐藤周平	ワンアジア財団

延辺科学技術大学（中国・延吉）
創立 1993 年　在校生 1,893 名
初年度講座名 「アジア共同体論」　申請者　金兌炫
受講生 40 名，奨学生 15 名

2014/9/5	地域統合の必要性と諸条件	金兌炫	延辺科学技術大学

2014/9/19	アジア共同体と地理情報システム	Young Nam	延辺科学技術大学
2014/9/29	平和と安全保障における東アジア共同体	Chung Kyungyoung	カトリック大学
2014/10/3	中間論文	金兌炫	延辺科学技術大学
2014/10/10	アジア経済共同体の現状と諸課題	金在仁	ソウル市立大学
2014/10/17	アジア共同体の展望と文化	梁創三	延辺科学技術大学
2014/10/24	アジア共同体とクラウド技術	Sung Choi	南ソウル大学
2014/10/31	アジア地域における平和的交流と協力	Park Chong-soo	Choong Won University
2014/11/7	朝鮮民主主義人民共和国，中国，ロシア，韓国の国境地域における経済交流と協力	金翰秀	延辺科学技術大学
2014/11/14	中央アジアと東アジアの関係	李愛俐娥	早稲田大学
2014/11/21	アジア共同体に対する中国の見解	Shuo Fan	吉林大学
2014/11/28	アジア経済共同体における中小企業の役割	Lee Yoonjae	実崇大学
2014/12/5	アジア共同体の展望と知的財産権の理解	Myung Sup Han	Han Mi Law Firm
2014/12/11	アジア共同体の形成における諸課題と市民社会の役割	佐藤洋治	ワンアジア財団

2 年目講座名 「アジア共同体論・社会科学テーマ旅行」 申請者　金兌炫
受講生 75 名，奨学生 20 名

2015/9/9	アジア共同体に関する講義への導入	金兌炫	延辺科学技術大学
2015/9/16	北東アジア経済協力計画	Kim Joongho	The Export–Import Bank of Korea
2015/9/23	平和と安全保障における東アジア共同体	Hong Jeongpyo	Miyazaki International College
2015/10/7	アジア共同体に対する中国の見解	Shuo Fan	吉林大学
2015/10/14	アジア地域における平和的交流と協力	Park Chong-soo	Choong Won University
2015/10/21	地域統合の必要性と諸条件	金兌炫	延辺科学技術大学
2015/10/28	歴史における東アジア共同体	金炳鎮	延辺科学技術大学
2015/11/2	アジア共同体の形成における諸課題と市民社会の役割	佐藤洋治	ワンアジア財団

2015/11/11	東アジアにおける地域開発と国際物流	Baeg Seongho	Northeast Asia Logistics Institute
2015/11/18	韓国・中国・日本が展望するアジア共同体と諸課題	Bae Hyoyul	延辺科学技術大学
2015/11/25	北東アジアの金融共同体を構築するための成功した事業モデルであるクラウド・フィンテック	崔星	南ソウル大学
2015/12/2	アジア共同体の展望と文化	梁創三	延辺科学技術大学
2015/12/9	朝鮮民主主義人民共和国，中国，ロシア，韓国の国境地域における経済交流と協力	金翰秀	延辺科学技術大学

浙江樹人大学（中国・杭州）

創立 1984 年　在校生 16,000 名
初年度講座名　「アジア共同体論」　申請者　金俊
受講生 197 名，奨学生 20 名

2014/9/16	「アジア」言説の検討と	金俊	浙江樹人大学
2014/9/23	東アジア文化圏の機会と挑戦	王勇	浙江工商大学
2014/9/30	「文化共同体」としての東アジアを考える	辛炫承	尚志大学
2014/10/7	災難（災難）と安全で考える東アジア	宋浣範	ソウル女子大学
2014/10/14	アジアにおける儒学	俞成善	国立江原大学
2014/10/21	「百歳人生」を如何に生きるか―アジアを中心に	韓奎良	韓国交通大学
2014/10/28	東北アジア文化経済共同体の構想と行方	祁進玉	中央民族大学
2014/11/4	グローバル時代における日本のソフトパワー	金京姫	壇国大学
2014/11/11	アジア太平洋地域の合作と中日経済関係	姜躍春	中国国際問題研究院経済研究所
2014/11/18	多様なアジア，台頭しつつある「東アジア学」	聶友軍	浙江工商大学
2014/11/25	鳩山由紀夫と東アジア共同体論	尹虎	清華大学
2014/12/2	蔚山から島根に行った中國人陶工	魯成煥	蔚山大学
2014/12/9	朝鮮王朝期知識人たちの中国江南に対する想像とその意味	張東杓	釜山大学
2014/12/16	文学・言説・共同体	殷企平	杭州師範大学
2014/12/23	今，なぜアジア共同体なのか	鄭俊坤	ワンアジア財団

2年目講座名 「アジア共同体論」 申請者 金俊
受講生108名，奨学生20名

2016/3/3	オリエンテーション	金俊	浙江樹人大学
2016/3/10	亜細亜言説の再構築について（1）	金俊	浙江樹人大学
2016/3/17	杭州，日本と東アジア	陳小法	浙江工商大学
2016/3/24	中日韓で共同体が創れるのか	金在国	杭州師範大学
2016/3/31	アジア共同体と日本の歴史認識	許寿童	三亜学院
2016/4/7	過去の戦争，これからのアジア共同体	呂秀一	大連大学
2016/4/14	中村修二のアジア教育論	尹虎	清華大学
2016/4/21	メディアの表象的役割	李文哲	煙台大学
2016/4/21	東アジアの領土問題をめぐって	李盛煥	啓明大学
2016/5/5	亜細亜言説の再構築について（2）	金俊	浙江樹人大学
2016/5/12	亜細亜共同体の創設の向けての文化融合	金秉林	浙江工商大学
2016/5/19	アジア共同体について	金美林	浙江樹人大学
2016/5/26	多文化社会論	張彦	浙江樹人大学
2016/6/9	日本と中国，そして発展問題	黄芳	浙江樹人大学
2016/6/16	いま，なぜアジア共同体なのか	鄭俊坤	ワンアジア財団

中南財経政法大学（中国・武漢）

創立1948年 在校生26,000名
初年度講座名 「アジア共同体に向けた金融協力」 申請者 陳思翀
受講生115名，奨学生20名

2014/9/10	アジア共同体に向けた金融協力	陳思翀	中南財経政法大学
2014/9/17	アジア諸国における金融自由化と中小銀行	黄達業	国立台湾大学
2014/9/26	国際金融調整とアジアの役割	肖立Sheng	中国社会科学院
2014/10/10	新興経済体の直面する外部ショック	徐奇淵	中国社会科学院
2014/10/11	AIIBのステップ	徐奇淵	中国社会科学院
2014/10/17	金融教育の国際化と本土化	朱新溶	中南財経政法大学
2014/10/24	中日貿易の決定要因：為替 vs. 政治	陳思翀	中南財経政法大学
2014/11/2	今なぜアジア共同体なのか	鄭俊坤	ワンアジア財団
2014/11/12	アジア共同体の創成に直面する問題	李麦收	河南大学
2014/11/26	国際金融ガバナンスの再構築	孫立堅	復旦大学
2014/12/3	金融政策：数量型と価格型	唐文進	中南財経政法大学
2014/12/10	金融機構管理職報酬と金融規制	宋清華	中南財経政法大学
2014/12/17	中国における資本市場の効率性	李志生	中南財経政法大学
2014/12/24	やがて世界は一つになる	佐藤洋治	ワンアジア財団

2 年目講座名　「アジア共同体の形成に向けた金融協力における課題」
申請者　陳思翀
受講生 78 名，奨学生 15 名

2016/3/9	アジア共同体の形成における課題	陳思翀	中南財経政法大学
2016/3/16	アジアの金融市場分析		
2016/3/23	中日貿易の決定要因：為替 vs. 政治		
2016/3/30	アジア共同体の創成に直面する問題	李麦收	河南大学
2016/4/6	金融教育の国際化と本土化	朱新溶	中南財経政法大学
2016/4/13	技術と技術政策	曾婧婧	中南財経政法大学
2016/4/20	アジア諸国における金融自由化と中小銀行	黄達業	国立台湾大学
2016/4/28	証券化市場の事例研究	昌明	朗閏資産管理投資有限公社
2016/5/4	AIIB のステップ	徐奇淵	中国社会科学院
2016/5/5	東アジア諸国の実行有効為替レート		
2016/5/18	アジア諸国の金融政策	唐文進	中南財経政法大学
2016/5/25	人民元市場の発展と改革	肖立晟	中国社会科学院
2016/6/1	アジアにおける資本市場監督	李志生	中南財経政法大学
2016/6/28	アジア共同体の創成に直面する問題	李麦收	河南大学
2016/6/29	今なぜアジア共同体なのか	鄭俊坤	ワンアジア財団

暨南大学 （中国・広州）

創立 1906 年　在校生 44,369 名
初年度講座名　「アジア共同体の視覚の実践」　申請者　晏青
受講生 103 名，奨学生 20 名

2015/2/15	中国の反日テレビドラマへの反省	晏青	暨南大学
2015/2/22	アジア身分：ニュース報道の現状と思考	欧阳宏生	四川大学
2015/3/12	アジア各国の弁護士のメディアイメージ	陳笑春	西南政治大学
2015/3/15	中国映画の現代性想像	范志忠	浙江大学
2015/3/22	インド映画の自主的な発展道路	尹鴻	清華大学
2015/3/29	アジア伝達論と実践	邱弋	浙江大学
2015/4/5	中国における泰の映画	田義貴	西南大学
2015/4/12	アジアジャーナリストの専門主義実践	張斌	上海大学
2015/4/19	アジア体育報道：身体視角	魏偉	成都体育学院
2015/4/26	アジア映画がアメリカに対するイメージ	呂鵬	上海社科院

2015/5/3	中国のテレビ番組のアジアについての報道状態	閆偉	中国廣电总局
2015/5/10	アジアニュース報道：国際ニュース報道での新しい戦場	王瑞林	重慶工商大学
2015/5/17	アジア映画が都市についての体現	王安中	陝西師範大学
2015/5/24	中国のテレビ番組がアジアニュースについても報道の整合	李曦珍	蘭州大学
2015/6/7	やがて世界は1つになる	佐藤洋治	ワンアジア財団

2年目講座名 「アジア共同体の視覚の実践」 申請者 晏青
受講生98名，奨学生20名

2016/2/22	歴史叙述から民族叙述へ：抗日戦争勝利70周年の記念活動を巡って	晏青	暨南大学
2016/3/1	日本人孤児の現状	Lan Zhang	千葉大学
2016/3/8	中国と日本の間の文化交流：文化的想像力と近代的概念	朱天	四川大学
2016/3/15	日本の「好色」文学の分析	司志武	暨南大学
2016/3/22	宋時代の日中文学交流の変遷	陳偉慶	国立政治大学
2016/3/29	中国における仏教の解釈モデルに関する考察	Bingtao Ma	Chinese University of Hong Kong
2016/4/5	中国と日本の起業家文化の比較	崔婷	中山大学
2016/4/12	清末以降の異文化コミュニケーションのパラダイム変化	周述波	南京大学
2016/4/19	遊牧民社会の政治秩序とひとつのアジア	劉錦	Guangdong provincial party school
2016/4/26	なぜ6者協議は朝鮮半島問題を解決できないか	程暁勇	復旦大学
2016/5/3	観衆の空間的レトリックとアジア共同体	周毅	四川大学
2016/5/10	アジア文学の特徴の紹介	Buzzanell Patrice	Peen university
2016/5/17	個人主義的/集団主義的文化とアジア諸国	Vorderer Peted	Vigirna communication university
2016/5/24	近現代中国におけるアジア意識の形成	黄銘	四川大学
2016/6/24	やがて世界は一つになる	佐藤洋治	ワンアジア財団

香港教育大学（香港・大埔）

創立 1944 年　在校生 9,203 名

初年度講座名　「『アジア共同体構築のために都市化，社会変動と政策対応を考える』シリーズ講座」　申請者　莫家豪

受講生 91 名，奨学生 10 名

2014/10/18	高等教育の拡大，労働市場ニーズの変化，社会移動：欧州と東アジアの対話	莫家豪	香港教育大学
		Alfred Wu	香港教育大学
2014/11/4	地域統合の再考 ― 1997 年以降の香港	Lui Tailok	香港教育大学
2014/11/18	多国籍企業の人材募集と，社会正義に対するその意味：シンガポールの事例研究	Hugh Lauder	バース大学
	台湾における人口変動，卒業者の雇用，社会移動	詹盛如	国立中正大学
2014/12/3	民主主義と権威主義国家と半民主主義が交わるところ：大中華圏における地域統合の制度分析	Bill Chou	澳門大学
2014/12/5	中国の都市化と人口変動：社会開発に対する含意	Peng Xizhe	復旦大学
	アジア研究における最近の課題：アジアを背景とした香港研究	Lui Tailok	香港教育大学
	人間を中心とした都市化：社会的課題，移民政策，良好な統治	Lin Ye	中山大学
	香港における子どもの福祉と貧困の緩和	Maggie Lau	香港城市大学
2014/12/17	アジア太平洋地域における高等教育の大衆化	Deane Neubauer	East–West Center
		John Hawkins	カリフォルニア大学
2015/1/20	グローバリゼーション，教育，労働，および社会移動	Susan Robertson	ブリストル大学
	高等教育資格の妥当性評価における就業可能性と流動性	Roger Dale	ブリストル大学
2015/1/27	家を出る：若者の住居移動を探究する：東アジアの経験	Ray Forrest	香港城市大学

2015/2/5	ビスマルクモデルとビバレッジモデルの再生と変容：東アジアにおける年金改革におけるガバナンスの変化を探究する	Shi Shinjiun	国立台湾大学
2015/2/12	香港における医療改革：重要な時機と今後の道	Alex He	香港教育大学
2015/3/12	不確実性の統治に関する国際研究会	M. Ramesh	シンガポール国立大学
		Sreeja Nair	シンガポール国立大学
		Michael Howlett	シンガポール国立大学
		Peter Grossman	Butler
		Perri 6	London
2015/3/18	中国における急速な都市化：問題，課題，今後の方向	Sabrina Ching Yuen Luk	昆明理工大学
2015/4/8	アジア太平洋地域における福祉の生産的次元と保護的次元：人間の開発と所得の平等への道？	Stefan Kuhner	ヨーク大学
2015/4/10	ワンアジア財団理事長との面談　佐藤理事長の講演	佐藤洋治	ワンアジア財団
2015/4/13	中国における社会扶助プログラムの拡大と「分断された権威主義」	Qian Jiwei	シンガポール国立大学
2015/4/17	公共政策と制度の相互作用：中国における貧困削減の事例		
2015/4/20	社会の再統合：台湾のひまわり運動から生まれた別の自己と社会	Fanglong Shin	ロンドン・スクール・オブ・エコノミクス

カンボジア教育大学（カンボジア・プノンペン）
創立 2003 年　在校生 968 名
初年度講座名　「アジアの調和」　申請者　イ・ソポアンラタナック
受講生 100 名，奨学生 20 名

2014/7/3	ASEAN+3ヶ国（日中韓）の状況における日本と ASEAN の関係	イ・ソポアンラタナック	カンボジア教育大学

2014/7/7	国際環境下のカンボジア	Ros Chan-drabot	ロイヤルアカデミー・オブ・カンボジア
2014/7/10	言語の多様性：クメール語	Chan Som-noble	ロイヤルアカデミー・オブ・カンボジア
2014/7/14	ASEAN の文化価値観	Tuy Yukhim	ロイヤルアカデミー・オブ・カンボジア-ICE
2014/7/17	アジアの伝統的多文化と人的交流	ロイ・レスミー	プノンペン大学
2014/7/21	カンボジアと日本の経済成長と教育	Um Samnang	王立法律・経済大学
2014/7/24	ASEAN の政治 / 安全保障共同体	Em Sovannnara	ロイヤルアカデミー・オブ・カンボジア
2014/7/28	2015 年のカンボジアと ASEAN 経済共同体	Chea Thearith	カンボジア教育大学
2014/7/31	カンボジアの歴史と平和構築	Chin Socheat	ロイヤルアカデミー・オブ・カンボジア
2014/8/4	ASEAN の社会 / 文化共同体：文化の多様性と地域統合	Chin Socheat	ロイヤルアカデミー・オブ・カンボジア
2014/8/8	カンボジアと日本の関係—1993 年から現在まで	Tek Meng	ロイヤルアカデミー・オブ・カンボジア
2014/8/11	朝鮮の歴史と政治	文興安	建国大学
2014/8/14	アジア共同体の環境：エネルギーと自然保全	ポーンアノン・N	タイ－日技術協会
2014/8/18	アジア共同体の歴史的背景と特徴	ヌル・アイニ・セティアワティ	ガジャマダ大学
2014/8/21	アジア共同体の存在：その必要性の原点	鄭俊坤	ワンアジア財団
2014/8/25	アジア共同体のビジョン—ワンアジア精神の涵養に関する討論と奨学金授与式	佐藤洋治	ワンアジア財団

資料 1　アジア共同体講座のシラバス　245

ラヴァル大学（カナダ・ケベック）
創立 1852 年　在校生 53,103 名
初年度講座名　「東アジアの歴史・文化・社会とアジア共同体」　申請者　李晟文
受講生 50 名，奨学生 14 名

2015/9/2	導入：空間，人，歴史，文化	李晟文	ラヴァル大学
	中国：伝統から近代化へ		
	ヴォルテールと孔子	Hua Meng	北京大学
2015/9/16	円卓会議　言語と文化：中国語，日本語，朝鮮語	Xiaomian Xie	ラヴァル大学
		Sonia Engberts	ラヴァル大学
		Mizoe Tat-suhide	澳門大学
2015/9/23	日本：伝統から近代化へ；	李晟文	ラヴァル大学
	近代日本の国際関係（1853〜1919年）	Mat-sunuma Miho	群馬大学
2015/9/25	南京の歴史をその城壁から理解する	Yang Guoqing	Nankin Ramports Museum
2015/9/30	中国の高等教育入学試験の特徴とその影響；	Men Lianfeng	南開大学
	東アジア史における諸分岐と，それらが現在に与えている影響を学ぶ；	江沛	南開大学
	孔子と儒教の基本的考え方	孫衛国	南開大学
2015/10/7	朝鮮半島：伝統から近代化へ；	李晟文	ラヴァル大学
	古代と近現代のヒンドゥー教	Andre Couture	ラヴァル大学
		Claudia Nadeau–Moris-sette	ラヴァル大学
2015/10/14	宣教師と，中国・西洋間の文化関係	李晟文	ラヴァル大学
2015/11/4	儒教：伝統と現代性	Anna Ghi-glione	モントリオール大学
2015/11/11	20世紀前半の中国・日本・韓国；	李晟文	ラヴァル大学
	現代社会における台湾の先住民	Scott Simon	オタワ大学
2015/11/18	移行期の中国：課題，改革，発展；	李晟文	ラヴァル大学

	アジア諸国の経済発展の諸形態	蘇展	ラヴァル大学
2015/11/25	日本と韓国の経済発展	李晟文	ラヴァル大学
2015/12/2	やがて世界は一つになる：奨学金授与式	佐藤洋治	ワンアジア財団
2015/12/9	マニラとダバオにおける中国人の死と葬儀；	Frederic Laugrand	ラヴァル大学
	西洋のテレビゲームにおける中国	Oliver Servais	ルーヴァン・カトリック大学
2015/12/16	結論：東アジアの文明，社会，アジア共同体	李晟文	ラヴァル大学

2 年目講座名 「東アジアの文化・社会とアジア共同体」 申請者　李晟文
受講生 67 名，奨学生 14 名

2016/9/5	講座の説明 / 役割	李晟文	ラヴァル大学
2016/9/12	アジア共同体の理論と展望	鄭俊坤	ワンアジア財団
2016/9/19	清朝時代の中国の伝統的な社会 / 政治制度	Pierre–Etienne Will	コレージュ・ド・フランス
2016/9/26	儒教とアジア：伝統と近代	Ghi-glione Anna	モントリオール大学
2016/10/3	中国社会における肩書（label）と儒教儀式の影響	湯勤福	上海師範大学
2016/10/10	国際学際的シンポジウム：伝統，開発とアジア共同体		
2016/10/17	過去から現在へ：中国と朝鮮間の文化交流	孫衛国	南開大学
2016/10/24	資料渉猟週		
2016/10/31	今日の日本文化：文学と映画	Rodica–Livia Monnet	モントリオール大学
2016/11/7	朝鮮の伝統的思想とアジア共同体，及び中間試験	禹景燮	仁荷大学
2016/11/14	東洋と西洋：お互いについての認識と表明	Paul Servais	ルーヴァンカトリック大学
2016/11/21	中国移民と，中国—フィリピン間の文化・貿易関係	Frederic Laugrand	ラヴァル大学
2016/11/28	台湾の先住民族と多文化	Simon Scott	オタワ大学
2016/12/5	アジア諸社会の政治制度：アジアの経済協力と地域の安全保障問題	Gerard Hervouet	ラヴァル大学

| 2016/12/12 | 近代以前と近代の日本と西欧との関係 | Reinier Hesse-link | 北アイオワ大学 |
| 2016/12/19 | やがて世界は一つになる：最終試験と論文提出 | 佐藤洋治 | ワンアジア財団 |

帝京平成大学（日本・東京都）

創立 1987 年　在校生 10,265 名
初年度講座名　「国際情報（経済）：アジア共同体の構想に向けて―より広くアジアを知ろう」　申請者　須藤繁
受講生 116 名，奨学生 10 名

2014/9/18	国際社会におけるアジアの位置と域内多様性	柴山信二朗	帝京平成大学
2014/9/25	タイはどんな国	柴山信二朗	帝京平成大学
2014/10/2	石油大国サウジアラビアと日本の関係	須藤繁	帝京平成大学
2014/10/9	サウジアラビアとはどんな国	イサム・ブカーリ	サウジアラビア大使館
2014/10/16	アジアから見た日本	ジェム・アルデミル	トルコ航空
2014/10/23	マレー・イスラーム世界①	Muhannad–Ayub Pathan	Deep South Watch
2014/10/30	マレー・イスラーム世界②	原新太郎	ソンクラーナカリン大学
2014/11/6	ブータンの文化と社会（文化財建築の観点から）	向井純子	ブータン国内務文化省
2014/11/13	ブータンの自然と環境政策	Phuntsho Tshering	ブータン国経済省地質鉱山局
2014/11/20	ブータンとネパールについて	小森次郎	帝京平成大学
2014/11/27	南アジアの中心であるインド	江田仁	帝京平成大学
2014/12/4	イギリスのアジア外交	一柳峻夫	帝京平成大学
2014/12/11	エネルギー供給源としての中東	須藤繁	帝京平成大学
2014/12/18	講義のまとめ（1）	柴山信二朗	帝京平成大学
2015/1/8	講義のまとめ（2）	鄭俊坤	ワンアジア財団

2 年目講座名 「国際情報（経済）：アジア共同体の構想に向けて—より広くアジアを知ろう—」 申請者 須藤繁
受講生 130 名，奨学生 14 名

2015/9/14	国際社会におけるアジアの位置と域内多様性	柴山信二朗	帝京平成大学
2015/9/28	自然科学からみたアジアの多様性	小森次郎	帝京平成大学
2015/10/5	アジアの地域機構　海外研修について	須藤繁	帝京平成大学
2015/10/12	南アジアの中心であるインド	江田仁	帝京平成大学
2015/10/19	アジア経済の現場から	後藤康浩	日本経済新聞社
2015/10/26	ネパールとはどんな国	西前紀和子	国際協力機構（JICA）
2015/11/2	エネルギー供給源としての中東	須藤繁	帝京平成大学
2015/11/9	イギリスの外交政策とアジア	一柳峻夫	帝京平成大学
2015/11/16	日本の中の多様性	岡井宏文	早稲田大学
2015/11/23	ミャンマーとはどんな国	横森佳世	帝京平成大学
2015/11/30	地図が読めないアラブ人/道が聞けない日本人	Al Momen Abdullah	東海大学
2015/12/7	アジアの人権について考える	Anchana Heemmina	Duayjai Group
2015/12/14	カンボジアとはどんな国	玉懸光枝	月刊「国際開発ジャーナル」
2015/12/21	地域機構と多様性の中における共生	柴山信二朗	帝京平成大学
2016/1/4	まとめ	柴山信二朗	帝京平成大学
	アジア共同体の創成に向けて—ワンアジア財団紹介	西塚英和	ワンアジア財団

山形大学（日本・山形県）

創立 1949 年　在校生 9,100 名
初年度講座名 「環太平洋海流と大気とアジア共同体」 申請者　方青
受講生 45 名，奨学生 7 名

2015/4/15	ガイダンスおよび現象モデル	方青	山形大学
2015/4/22	海流現象と流体の数理モデル	王如雲	河海大学
		方青	山形大学
2015/4/30	人口成長の数理モデル	方青	山形大学

2015/5/13	アジア共同体と文化交流のモデル	鄭俊坤	ワンアジア財団
		方青	山形大学
2015/5/20	感染症の数理モデル	方青	山形大学
2015/5/27	化学反応の数理モデル	並河英紀	山形大学
		方青	山形大学
2015/6/3	微分方程式の解法と科学計算	方青	山形大学
2015/6/10	マセマティカ（その1）	方青	山形大学
2015/6/17	アジアにおける経済交流とモデル化	李奎泰	カトリック関東大学
		方青	山形大学
2015/6/24	数理統計と市場価格モデル	張暁宇	北京林業大学
		方青	山形大学
2015/7/1	マセマティカ（その2）	方青	山形大学
2015/7/8	微分方程式系の解法	方青	山形大学
2015/7/15	微分方程式系解法の実習	方青	山形大学
2015/7/22	アジア共同体におけるデータモデル	鄭俊坤	ワンアジア財団
		方青	山形大学
2015/7/29	Scilab による微分方程式系の解き方	方青	山形大学

鹿児島国際大学（日本・鹿児島県）

創立 1932 年　在校生 3,036 名
初年度講座名　「アジア共同体と連動する平和な社会を目指して」
申請者　康上賢淑
受講生 167 名，奨学生 20 名

2015/4/11	アジア共同体とは何か？	Moha Asri Abdullah	マレーシア国際イスラム大学
		外薗幸一	鹿児島国際大学
2015/4/18	アジア共同体文化の源	進藤榮一	国際アジア共同体学会
		蔡美花	延辺大学
2015/4/25	アジア共同体文化の視点	秦嵐	中国社会科学院
		劉暁峰	清華大学
2015/5/2	アジア共同体国際化の歴史視点	石井寛治	東京大学
		馮瑋	復旦大学
2015/5/9	アジア共同体の歴史岐路	李栄薫	ソウル大学
		井上和枝	鹿児島国際大学
2015/5/16	アジア共同体の世界的位置づけ	于永達	清華大学
		閻衛栄	ミズーリ州立大学

2015/5/23	アジア共同体の経営　マーケティング視点	胡左浩	清華大学
		若林靖永	京都大学
2015/5/30	アジア共同体の経営　モノ作り視点	蔡美花	延辺大学
		康上賢淑	鹿児島国際大学
		塩地洋	京都大学
2015/6/6	アジア共同体の環境　エネルギー視点	丁明蘭	広東省低炭素企業協会
		李春利	愛知大学
2015/6/13	アジア共同体の金融と政策視点	丁毅	中国社会科学院
		平川均	国士舘大学
2015/6/20	アジア共同体の平和ビジョン	木村朗	鹿児島大学
		中川十郎	名古屋市立大学
2015/6/27	アジア共同体の経済ビジョン	徐正解	慶北大学
		宋磊	北京大学
2015/7/4	アジア共同体の外交ビジョン	李天然	中華人民共和国駐福岡領事館
		津曲貞利	鹿児島国際大学
2015/7/11	アジア共同体の文明ビジョン	丁紅衛	北京外国語大学
		劉聡毅	中国中央テレビ局
2015/7/18	アジア共同体の希望	西塚英和	ワンアジア財団
		康上賢淑	鹿児島国際大学

尚志大学（韓国・原州）

創立 1954 年　在校生 8,080 名

初年度講座名　「アジア共同体−文化共同体としてアジア・東アジアを考える−」

申請者　辛炫承

受講生 100 名，奨学生 20 名

2015/3/6	オリエンテーション	辛炫承	尚志大学
2015/3/13	「アジア」談論の構造と再構成―意識形態としてのアジア	金俊	浙江樹人大学
2015/3/20	今，なぜアジア共同体なのか―必要性と概念を中心に―	鄭俊坤	ワンアジア財団
2015/3/27	アジア共同体の老人福祉	韓奎良	韓国交通大学
2015/4/3	東アジアの大同思想とアジア共同体	朴光洙	円光大学
2015/4/10	東アジアの文化共同体精神をどう構築するのか	兪成善	国立江原大学
2015/4/17	新自由主義時代の共同体運動	李賛洙	聖公会大学

2015/4/24	1. 飲食文化を通じてみたアジア文化交流と拡散	鄭澄	檀国大学
	2. 大衆文化を通じたアジア文化共同体の構築とビジョン	金京姫	壇国大学
2015/5/8	東アジア経済共同体の構想をどう実現できるのか：理論と現実，そして未来	金映根	高麗大学
2015/5/15	近代日本知識人のアジア認識と共同体	金男恩	高麗大学
2015/5/22	東アジア神話と共同体	柳江夏	国立江原大学
2015/5/29	文化共同体と多文化主義，そしてアジア（東アジア）を考える	辛炫承	尚志大学
2015/6/5	古代東アジアと日本神話	李昌秀	慶熙大学
2015/6/12	理事長特別講演及び奨学金授与式	佐藤洋治	ワンアジア財団
2015/6/19	総括公演及びフィードバック：歴史から再び考える東アジア共同体	宋浣範	ソウル女子大学

2 年目講座名 「アジア共同体論－和合と疎通のアジア共同体－」
申請者　辛炫承
受講生 104 名

2016/3/1	世界化時代において脱国家的共同体の可能性	李贊洙	聖公会大学
2016/3/4	オリエンテーション：〈アジア共同体論〉講座とは？	辛炫承	尚志大学
2016/3/18	疎通の動因とアジア共同体	崔容碩	尚志大学
2016/3/25	アジア談論の構造と再構成―意識形態としてのアジア	金俊	浙江樹人大学
2016/4/1	アジア共同体と老人福祉の問題	韓奎良	韓国交通大学
2016/4/8	東アジアの文化共同体精神をどう構築するのか	俞成善	国立江原大学
2016/4/22	東アジアの文化共同体に向けて：魅力に組み合わせる東アジア	金京姫	壇国大学
2016/4/29	文芸の力量：東アジア文化資源としての春香伝	呉敏	華東政法大学
2016/5/6	グローカル農業文化 Hub 構築―アジア農業共同体の可能性	全祐永	栄州農業技術センター
2016/5/13	儒家倫理の特性と五常の現代的意義	高在旭	国立江原大学
2016/5/20	東アジア女性神話と美の共同体	柳江夏	国立江原大学
2016/5/27	新儒学の大同と東アジアの仁の共同体	辛炫承	尚志大学
2016/6/3	財団関係者特別講演及び奨学金授与式：いま，なぜアジア共同体なのか	鄭俊坤	ワンアジア財団

2016/6/10	共同体の疎通手段：ローカル放送の企画と構成及び戦略	林鍾錫	TBN江原交通放送
2016/6/17	総括講演及びフィードバック：歴史から再び考える東アジア共同体	宋浣範	ソウル女子大学

マカッサル国立大学（インドネシア・マカッサル）

創立 1961 年　在校生 35,594 名
初年度講座名　「アジア共同体論」　申請者　エコ・ハディ・スジオノ
受講生 207 名，奨学生 20 名

2014/9/11	アジアの価値観，アジアの世紀，アジア共同体	Karim Suryadi	インドネシア教育大学
2014/10/14	アジア共同体内の異文化コミュニケーション	Syarifud-din Dollah	マカッサル国立大学
	アジア共同体における情報通信技術の活用	Yasser Abd Djawad	マカッサル国立大学
2014/11/4	アジア共同体内の創造性について	エコ・ハディ・スジオノ	マカッサル国立大学
2014/11/28	言語教育によるアジア共同体の形成	ディアンニ・リスダ	インドネシア教育大学
	移民のパターンとアジア共同体	エリー・マリハ	インドネシア教育大学
	一つの平和なアジアに向かって	Sunaryo Kartadi-nata	インドネシア教育大学
2014/12/4	アジアの価値観とアジア共同体形成の可能性	Aris-munan-dar	マカッサル国立大学
2015/1/19	アジア共同体の発展における科学の役割	Hamzah Upu	マカッサル国立大学
	現代的知識のイスラーム化：アジアとの関連性	Wan Mohd Nor Wan Daud	マレーシア工科大学
	イスラームにおける知識：定義と諸部門（アジアという文脈において）	Syam-suddin Arif	マレーシア工科大学

| 2015/2/6 | やがて世界は一つになる | | 佐藤洋治 | ワンアジア財団 |

2年目講座名 「アジア共同体講座：資源のシェアリングと学生の大学間移動」
申請者 エコ・ハディ・スジオノ
受講生 620 名，奨学生 20 名

2015/10/12	ひとつのアジアを支える学生の流動性	フルコン	インドネシア教育大学
	混農林業またはマングローブ林での養殖漁業の発展における，日本および周辺国とインドネシアとの関係	Andri Sumary-adi	Tokyo Embassy
2015/10/13	学生の流動性：人的資源の戦い	Iqbal Djawad	Tokyo Embassy
2015/11/26	インドネシア手話と手話研究	Nick Palfrey-man	セントラル・ランカシャー大学
2015/12/7	流動性向上のための言語教育の役割	Daniel Long	首都大学東京
	アジア共同体の形成に向けての多文化理解	ディアンニ・リスダ	インドネシア教育大学
2016/2/4	アジアから世界へ	Aris-munan-dar	マカッサル国立大学
	大学における研究環境の醸成：知識への投資としての研究と出版	エコ・ハディ・スジオノ	マカッサル国立大学
2016/2/11	やがて世界は一つになる	佐藤洋治	ワンアジア財団

セントメアリー大学（アメリカ・テキサス）
創立 1852 年　在校生 5,000 名
初年度講座名 「アジア共同体の形成のための共同アプローチ」
申請者 イム・ソンベ
受講生 50 名，奨学生 5 名

2014/9/4	導入	イム・ソンベ	セントメアリー大学
2014/9/11	アジアの娯楽文化	Brian Kim	Krygen Group
2014/9/18	アジアに対する欧州経済の影響	Jeffrey Johnson	セントメアリー大学

2014/9/25	東南アジアで共有されている文化を理解する	Corissa Wandmacher	テキサス大学
2014/10/2	朝鮮半島と日本が共有する価値の役割	Richard Bauer	セントメアリー大学
2014/10/9	アジア共同体構築に対する料理文化の役割	Sherry Lim	J.W.Marriot Hotel
2014/10/16	アジアにおけるバイオ医療の革新	Hwang Yoonyeop	Navy Scientist
2014/10/23	中国のビジネス文化	Feng Zhang	セントメアリー大学
2014/10/30	いつも「私たち」	Mickey Choi	All Nation's Church
2014/11/6	スポーツは平和のための価値ある道具なのか	鄭求哲	済州国際大学
2014/11/13	インドをより詳しく見る	Ajaya Swain	セントメアリー大学
2014/11/20	なぜ私たちはアジア共同体を作るべきなのか	金汝善	国立済州大学
2014/11/27	インドにおける企業の社会的責任の成功に関する研究	Jim Welch	セントメアリー大学
2014/12/4	ワン・アジア共同体を構築するための共同革新戦略の含意	イム・ソンベ	セントメアリー大学
2015/3/4	やがて世界は一つになる	佐藤洋治	ワンアジア財団

2 年目講座名 「アジア共同体の形成のための共同アプローチ」
申請者 イム・ソンベ
受講生 55 名，奨学生 4 名

2015/8/19	導入	イム・ソンベ	セントメアリー大学
2015/8/26	共同での革新：ワン・アジア共同体構築のための新戦略	イム・ソンベ	セントメアリー大学
2015/9/2	現代の日本文化の影響とその一側面	Roger Pratt	テキサス大学
2015/9/9	アジアにおける革新と経済の持続可能性	Hwang Yoonyeop	Navy Scientist
2015/9/16	情報通信技術：インドにおける企業の社会的責任の成功に関する研究	Jim Welch	セントメアリー大学
2015/9/23	米国・韓国・欧州連合：旅行，貿易，警告	Bill Israel	セントメアリー大学

資料 1　アジア共同体講座のシラバス　255

2015/9/30	中国人の心の中：傷	Li Weixing	FMF Investment
2015/10/7	中国への道	Elva Adams	Wells Fargo Bank
2015/10/14	インドの経済成長：将来はどうなるのか	Prasad Padmanabhan	セントメアリー大学
2015/10/21	韓国の文化と娯楽	Brian Kim	Krygen Group
2015/10/28	アジアにおける欧州連合経済の影響	Jeffrey Johnson	セントメアリー大学
2015/11/4	ゴスペルマジック：聖書，TRIZ（発明的問題解決理論），手品の一致	Ham Hyunjin	Magic Association
2015/11/11	一つの朝鮮半島，一つの世界：「持続可能な開発のための2030アジェンダ」における人間の尊厳と正義の推進方法	Hahn Choonghee	United Nations
2015/11/18	カンボジア，最初のアメリカンドリーム	Sichan Siv	Former UN Ambassador
2015/12/2	「ひとつのアジアを構築するためのアイデア」に関する個人プロジェクトの発表	イム・ソンベ	セントメアリー大学
2016/1/14	アジアにおけるフィンテックの動向	金汝善	国立済州大学
2016/1/28	なぜ私たちにはワン・アジア共同体が必要なのか	鄭俊坤	ワンアジア財団

韓南大学（韓国・大田）
創立1956年　在校生13,675名
初年度講座名　「アジア共同体論－共生を考える－」　申請者　邢鎮義
受講生81名，奨学生20名

2015/3/5	天気と自動車そして韓・日・中	朴文式	韓南大学
2015/3/12	いま，なぜアジア共同体なのか	鄭俊坤	ワンアジア財団
2015/3/19	対立と紛争を越えて平和と協力へ－ドイツの歴史とEU－	李ジンモ	韓南大学
2015/3/26	生命と平和の目から見る民族・国・理念の交流共同体	金ジョニョン	咸錫憲記念事業会
2015/4/2	熱河日記・中原を走る愉快な遊牧日記	高美淑	カムイ堂
2015/4/9	この時代の最高の法律	韓鐵	韓南大学
2015/4/16	朝鮮人強制連行問題と韓国・朝鮮人被爆者問題	高實康稔	岡まさはる記念長崎平和資料館
2015/4/23	映画からみる韓国社会	安聖基	俳優

2015/5/7	共生の立場から見る韓日経済発展	李憓薫	韓南大学
2015/5/14	秦のリズムと現代のロック	張蓉	西安交通大学
2015/5/21	バージニア州の市民運動	Peter Youngkil Kim	米州韓人の声（VoKA）
2015/5/28	多様な文化・唯一の正義	孫ボンホ	ソウル大学
2015/6/4	言語からみたアジア—アジアの言語的多様性を中心に—	糟谷啓介	一橋大学
2015/6/11	「アジア共同体」の実現に向けて	佐藤洋治	ワンアジア財団

2年目講座名　「アジア共同体論－共生を考える－」　申請者　邢鎭義
受講生 160 名，奨学生 20 名

2016/3/3	東洋画か韓国画か	姜求鐵	韓南大学
2016/3/10	平和はなぜ大切なのか	金ジョニョン	咸錫憲記念事業会
2016/3/17	未来指向の日韓関係	高杉暢也	金＆長法律事務所
2016/3/24	共生の観点から見た日韓関係の過去と未来	柳町功	慶應義塾大学
2016/3/31	小さき人の声に耳を傾ける	鎌倉英也	NHK
2016/4/7	韓中日協力の動力と展望	郭定平	復旦大学
2016/4/14	アジア共同体の構想と展開	鄭俊坤	ワンアジア財団
2016/4/21	韓半島の平和，どのようにつくるか	文正仁	延世大学
2016/4/28	国際技能オリンピックと韓国の経済成長	康ビョンハ	国民大学
2016/5/12	韓一日，下からの連帯	朴ノザ	オスロ大学
2016/5/19	ヨーロッパの理念とヨーロッパ統合の歴史的背景	成白庸	韓南大学
2016/5/25	ユジンベル後継者たちは誰か？	イン・セバン	ユジンベル財団
2016/6/2	日露戦争を見る様々な視線	金世昊	韓南大学
2016/6/9	東アジアの共同体空間	韓ピロン	韓南大学
2016/6/16	アジア共同体に向けて・奨学金授与式	佐藤順平	ワンアジア財団

長崎大学（日本・長崎県）
創立 1949 年　在校生 7,623 名
初年度講座名　「アジア共同体講座：アジアの共生と多文化社会」
申請者　葉柳和則
受講生 68 名，奨学生 9 名

2015/4/8	知のクロスオーバーと三つの共生	葉柳和則	長崎大学

2015/4/15	方法論的トランスナショナリズムとアジア	西原和久	成城大学
2015/4/22	非西洋型政治学とアジア	鈴木規夫	愛知大学
2015/5/13	越境する人がつくるアジア	賽漢卓娜	長崎大学
2015/5/20	やがて世界は一つになる	佐藤洋治	ワンアジア財団
2015/5/27	植民地経験者の歴史と記憶	具知瑛	韓国海洋大学
2015/6/3	漂泊する民	首藤明和	長崎大学
2015/6/10	越境する人と宗教	滝澤克彦	長崎大学
2015/6/17	歴史と記憶：東アジアの和解のために	孫江	南京大学
2015/6/25	東アジアの文化交流	王維	長崎大学
2015/7/1	アジア海域交流史	野上建紀	長崎大学
2015/7/8	〈経済アジア〉貧困からの脱却	小松悟	長崎大学
2015/7/15	日中関係と歴史認識	徐顕芬	華東師範大学
2015/7/22	リージョナリズムとアジア	李起豪	韓信大学
2015/7/29	アジアのガバナンスと市民社会	森川裕二	長崎大学

2年目講座名　「アジア共同体講座：共生するアジアの多文化社会」
申請者　葉柳和則
受講生85名，奨学生12名

2016/3/27	アジアの越境的想像力と長崎の位置	葉柳和則	長崎大学
2016/4/13	トポスとしての軍艦島	葉柳和則	長崎大学
2016/4/20	アジア的経営とは何か	中村則弘	長崎大学
2016/4/27	被爆体験の継承を実践する	冨永佐登美	長崎県立大学
2016/5/11	近世日中文化交流の歩み	徐興慶	台湾大学
2016/5/11	近世日中文化の歩み	徐興慶	台湾大学
2016/5/18	政治学とポストとしての沖縄	R. Compel	長崎大学
2016/5/26	陶片の想像力	野上建紀	長崎大学
2016/6/1	コリアンのトランスナショナルネットワーク	宮島美佳	香川大学
2016/6/8	東アジア共同体の可能性	森川裕二	長崎大学
2016/6/15	日韓交流史六千年の展望	上垣外憲一	大妻女子大学
2016/6/19	事件としての他者：歴史教科書にみる近代日中の相互イメージ	孫江	南京大学
2016/6/19	事件としての他者	孫江	南京大学
2016/6/22	漂泊するアジアの民	首藤明和	長崎大学
2016/7/6	環境とアジア，フィリピン	清水展	京都大学
2016/7/13	日中関係と歴史認識	徐顕芬	華東師範大学

2016/7/20	ワンアジア財団とアジア共同体	西塚英和	ワンアジア財団

広島大学（日本・広島県）
創立 1949 年　在校生 15,200 名
初年度講座名　「アジア学－アジア共同体に関する学際的検討」
申請者　水羽信男
受講生 57 名

2016/10/2	オリエンテーション	水羽信男	広島大学
2016/10/9	いま，なぜアジア共同体なのか	鄭俊坤	ワンアジア財団
2016/10/16	中華民国期の立憲制と日本	金子肇	広島大学
2016/10/23	中華人民共和国とアジア	丸田孝志	広島大学
2016/10/30	和解への道：日中戦争の再検討	黄自進	中央研究院
2016/11/6	日本の現代文化	川口隆行	広島大学
2016/11/13	ライシャワーの中国認識と日本	布川弘	広島大学
2016/11/27	台湾の近現代史	三木直大	広島大学
2016/12/4	フィリピンからみるアジア	長坂格	広島大学
2016/12/11	アジア共同体 vs. アジア太平洋共同体	西佳代	広島大学
2016/12/18	日本と西アジア間住環	吉村慎太郎	広島大学
2016/12/25	ラテンアメリカからみるアジア	青木利夫	広島大学
2017/1/8	近代における「アジア」言説の成立とその性格	金俊	浙江工商大学
2017/1/22	やがて世界は一つになる	佐藤洋治	ワンアジア財団
2017/1/29	近現代ヴェトナムへの日本人の関与	八尾隆夫	広島大学

鄭州大学（中国・鄭州市）
創立 1955 年　在校生 64,000 名
初年度講座名　「アジア共同体と東アジア」　申請者　葛継勇
受講生 68 名，奨学生 19 名

2015/3/9	オリエンテーション	葛継勇	鄭州大学
	東アジア世界論から東部ユーラシア世界論へ	王素	故宮博物館
2015/3/17	日韓の歴史認識をめぐる対話――ヨーロッパ歴史教科書対話の教訓	李成市	早稲田大学
2015/3/23	東アジア海域史と東部ユーラシア――東アジアの文化交流史――	田中史生	関東学院大学
	4–6 世紀東アジア國際情勢と三國の対外政策	余昊奎	韓国外国語大学

2015/4/6	やがて世界は一つになる	佐藤洋治	ワンアジア財団
2015/4/20	ユタヤー人とパレスチナ問題—中東の国際形勢	陳天社	鄭州大学
2015/5/4	東アジア共同体と儒教文化——中日関係を儒教文化圏に置いて考える	王鉄橋	河南大学
	アジア諸国の島々問題と国際関係	王学鵬	中原工学院
2015/5/22	「東アジア世界と漢字文化圏」を問い直す	新川登亀男	早稲田大学
2015/6/1	海外漢学研究と中国文化の世界伝播	張西平	北京外国語大学
2015/6/8	中原文化と東アジア共同体	葛継勇	鄭州大学
2015/6/15	東アジア文化——「交流」から「環流」へ	王勇	浙江工商大学
2016/3/18	「東アジア世界論と漢字文化圏」国際シンポジウム	王勇	浙江工商大学
		李成市	早稲田大学
		川尻秋生	早稲田大学
2016/3/19	「東アジア世界論と漢字文化圏」国際シンポジウム	王勇	浙江工商大学
		李成市	早稲田大学
		川尻秋生	早稲田大学

2年目講座名　「アジア共同体と東アジア」　申請者　葛継勇
受講生 67 名，奨学生 14 名

2016/3/7	オリエンテーション	葛継勇	鄭州大学
2016/3/14	東アジア視野から見る日本生死観と「心中」文化	韋立新	広東外語外貿大学
2016/3/21	運命共同体と東アジア海域——東アジアにおける宋商人	薛豹	中国外研社
2016/3/31	東アジア視野における語用学と日本語学習	許宗華	洛陽外国語学院
2016/4/11	"一帯一路"と中日関係	王勇	浙江工商大学
	東アジアの地政生態	韓東育	東北師大学
	東アジア学フォーラム	王勇	浙江工商大学
		韓東育	東北師大学
		呉軍超	鄭州大学
		葛継勇	鄭州大学
2016/4/18	中原文化と東アジア共同体	葛継勇	鄭州大学
2016/4/28	パレスチナ問題—中東の国際形勢	陳天社	鄭州大学
2016/5/6	グローバル視野から中国の「抗日戦争」を見る——東方主戦場の分析	梁占軍	首都師範大学
2016/5/20	中日関係の"結氷"と"破氷"	張耀武	大連外国語大学
	シルクロードにおける中央アジア	李愛俐娥	早稲田大学

2016/5/23	中日文化交流史研究の回顧と展望	劉岳兵	南開大学
2016/5/27	やがて世界は一つになる	佐藤洋治	ワンアジア財団
2016/6/3	日本文化の特徴―身近なことから見る	王宝平	浙江工商大学
2016/6/13	アジア諸国の島々問題と国際関係	王学鵬	中原工学院

青島大学（中国・青島市）
創立 1909 年　在校生 42,000 名
初年度講座名
「アジア共同体構築の理論と実践」　申請者　徐哲根
受講生 108 名，奨学生 20 名

2015/3/14	特別講座プレゼンテーション	徐哲根	青島大学
2015/3/21	「戦後」における韓国経済の発展と社会構造の転換	崔暁林	青島大学
2015/3/28	いま，なぜアジア共同体なのか	鄭俊坤	ワンアジア財団
2015/4/4	中韓 FTA 時代の経済協力	徐永輝	青島大学
2015/4/11	日本の TPP 協議参加が中国に与える影響	徐修徳	青島大学
2015/4/18	日本企業の商業論理の推移―稲盛経営理念を中心に	葛樹栄	青島大学
2015/4/25	土地請負権の流動と日本の農業現代化について	劉書琪	東北農業大学
2015/5/9	日本における中国文化	佐藤敦信	桃山学院大学
2015/5/16	中国における労働力の海外派遣事業の現状	朴京玉	青島農業大学
2015/5/23	東北アジア共同体の必要性と限界	白誠虎	東亜大学（韓国）
2015/5/30	日本と中国のナマコ消費の違い―ナマコのキャラクターから見る	渋谷長生	弘前大学
2015/6/6	会計国際化について	周咏梅	青島大学
2015/6/13	EU の発展課程，成果及び困惑	周升起	青島大学
2015/6/20	中韓日の文化の比較―伝統文化を中心に	李明学	青島大学
2015/6/27	世界はやっと一つになる	佐藤洋治	ワンアジア財団

2 年目講座名　「アジア共同体構築の理論と実践」　申請者　徐哲根
受講生 122 名，奨学生 20 名

2016/3/12	特別講座プレゼンテーション	徐哲根	青島大学
2016/3/19	「戦後」における韓国経済の発展と社会構造の転換	崔暁林	青島大学
2016/3/26	いま，なぜアジア共同体なのか	鄭俊坤	ワンアジア財団

2016/4/2	中韓ＦＴＡ時代の経済協力	徐永輝	青島大学
2016/4/9	日本のＴＰＰ協議参加が中国に与える影響	徐修徳	青島大学
2016/4/16	日本企業の商業論理の推移—稲盛経営理念を中心に	葛樹栄	青島大学
2016/4/23	ＥＵの発展過程，成果及び困惑	周升起	青島大学
2016/5/7	日本における中国文化	佐藤敦信	桃山学院大学
2016/5/14	中国おける労働力の海外派遣事業の現状	朴京玉	青島農業大学
2016/5/21	東北アジア共同体の必要性と限界	白誠虎	東亜大学（韓国）
2016/5/28	近代における日本と中国の友好交流に対する考察	宇野忠義	弘前大学
2016/6/4	会計国際化について	周咏梅	青島大学
2016/6/11	世界から愛される日本の食，その現状と課題	大島一二	桃山学院大学
2016/6/18	中韓日の文化の比較—伝統文化を中心に	李明学	青島大学
2016/6/29	世界はやっと一つになる	佐藤洋治	ワンアジア財団

貿易大学（ベトナム・ハノイ）
創立 1960 年　在校生 24,000 名
初年度講座名　「アジアの地域統合と共同体に向けた相互理解の促進」
申請者　グエン・ティ・ビック・ハー
受講生 133 名，奨学生 20 名

2015/4/4	アジア共同体の必要性	鄭俊坤	ワンアジア財団
	導入：アジア共同体における日本語教育と，日越関係のより深い理解	グエン・ティ・ビック・ハー	ベトナム貿易大学
2015/4/11	グローバル化，国際統合，アジア共同体	Luu Ngoc Trinh	Institute of World Economics and Politics
	科学技術に関する東アジアでの国際協力	Do Huong Lan	ベトナム貿易大学

2015/4/18	東アジア文化：多様性と，地域統合に対するその影響	グエン・ティ・ビック・ハー	ベトナム貿易大学
	日本と，日本からベトナムへの直接投資	Abe Ichiro	Foreign Investment Agency–Ministry of Planning and Investment of Vietnam
2015/5/9	アベノミクスと，地域における日本経済の役割	李鋼哲	北陸大学
	TPP（環太平洋連携協定），RCEP（東アジア地域包括的経済連携），アジア共同体の展望	Hoang Van Chau	ベトナム貿易大学
2015/5/16	日本・中国・朝鮮半島間の文化交流とアジア共同体	李奎泰	カトリック関東大学
	アジア共同体を目指す東アジアでの金融・貨幣協力	Ha Hai An	The State Bank of Vietnam
2015/5/23	世界経済の再構築とアジア共同体の諸問題	平川均	国士舘大学
	東アジアの地政学側面下での AEC，TPP，RCEP などの新しい自由貿易協定に参加する過程におけるベトナムの機会と課題	Le Dang Doanh	Central Institute for Economic Management
2015/5/30	アジア諸国における持続的貿易主導型成長に向けた制度改革・経済改革	Mia Mikic	Trade Investment division–United Nations ESCAP
	アジア共同体の構築に向けたベトナムの国際統合戦略	Dao Ngoc Tien	ベトナム貿易大学
2015/6/6	アジア共同体の構築に向けて	佐藤洋治	ワンアジア財団

2年目講座名　「地域統合とアジア共同体に向けた相互理解の促進」
申請者　グエン・ティ・ビック・ハー
受講生 156 名，奨学生 20 名

2016/4/23	アジア共同体におけるベトナムと日本の相互交流と相互理解	グエン・ティ・ビック・ハー	ベトナム貿易大学
	グローバル化，国際統合，アジア共同体	Luu Ngoc Trinh	Institute of World Economics and Politics
2016/5/7	アジア共同体の必要性	鄭俊坤	ワンアジア財団
	世界経済の再構築とアジア共同体の諸問題	平川均	国士舘大学
2016/5/14	日本と，日本からベトナムへの直接投資	Abe Ichiro	Foreign Investment Agency–Ministry of Planning and Investment of Vietnam
	日本・中国・朝鮮半島間の文化交流とアジア共同体	李奎泰	カトリック関東大学
2016/5/21	地域の労働者の移住の必要を満たすための，教育のより高度な革新	Bui Anh Tuan	ベトナム貿易大学
	国際統合の過程における革新と起業家精神	Nguyen Quang Huy	ベトナム貿易大学
2016/5/28	アジア諸国における持続的貿易主導型成長に向けた制度改革・経済改革	Mia Mikic	Trade Investment division–United Nations ESCAP
	東アジアの地政学側面下での AEC，TPP，RCEP などの新しい自由貿易協定に参加する過程におけるベトナムの機会と課題	Le Dang Doanh	Central Institute for Economic Management
2016/6/4	東アジアにおける生産ネットワークの形成と発展	Nguyen Van Minh	ベトナム貿易大学
	TPP，RCEP 合意，アジア共同体の展望	Hoang Van Chau	ベトナム貿易大学

2016/6/11	アジア共同体の構築に向けたベトナムの国際統合戦略	Dao Ngoc Tien	ベトナム貿易大学
	東アジアとアジア共同体における金融・通貨協力	Nguyen Duc Khuong	IPAG Business School–France

嶺南大学（韓国・慶山）

創立 1947 年　在校生 36,570 名
初年度講座名　「アジア共同体論－文化相互主義時代におけるアジア的価値」
申請者　李姃和
受講生 100 名，奨学生 19 名

2015/9/3	今なぜ私たちにはアジア共同体が必要なのか	鄭俊坤	ワンアジア財団
2015/9/10	アジア共同体形成のための多文化主義市民教育	韓容澤	建国大学
2015/9/17	済州島と東アジア関係史	Ijichi Noriko	大阪市立大学
2015/9/24	アジア共同体の政治的展望	チェ・ジンウ	漢陽大学
2015/10/1	朝鮮半島と中国における経済交流の現状と展望	徐永輝	青島大学
2015/10/8	近現代東アジアの歴史的文脈	Park Hun	ソウル大学
2015/10/15	アジア共同体を統合しつつある大衆文化	金香淑	目白大学
2015/10/29	漢字で書かれた朝鮮半島の文学とアジア共同体	Jin Jai Gyo	成均館大学
2015/11/5	朝鮮半島，中国，日本の国境を越える著作	Hwang Chibok	高麗大学
2015/11/12	東アジア映画の流れと展望	Kim Hoyoung	漢陽大学
2015/11/19	東アジアの近代都市と建築	Tomii Masanori	漢陽大学
2015/11/26	朝鮮半島と日本における神話の想像力と文化	韓正美	檀国大学
2015/12/3	アジア伝統劇の世界から見たアジア共同体の未来	李姃和	嶺南大学

資料 1　アジア共同体講座のシラバス　265

2 年目講座名 「アジア共同体論」 申請者 李姈和
受講生 107 名，奨学生 18 名

2016/9/1	今なぜ私たちにはアジア共同体が必要なのか	鄭俊坤	ワンアジア財団
2016/9/8	極東アジアの近代と現代	Unoda Shoya	大阪大学
2016/9/22	タゴールの文学と極東アジア諸国	Hori Madoka	大阪大学
2016/9/29	極東アジアの政治史	Sohn Seunghui	嶺南大学
2016/10/6	日本・中国・朝鮮半島間の経済交流の現状と展望	Sohn Sang-Bum	嶺南大学
2016/10/13	アジア主義の経験とアジア共同体	Yang Ilmo	嶺南大学
2016/10/20	中間試験		
2016/10/27	アジアにおける感情の批評：東アジアの映画文献について	Shim Eunjin	全州大学
2016/11/3	冷戦とアジア諸国の共同体	Kwon Heonik	ケンブリッジ大学
2016/11/10	朝鮮通信使による江戸訪問	Hwang Soyeon	円光大学
2016/11/17	移民の人権とアジア共同体	鄭昭延	ボダ法律事務所
2016/11/24	アジア共同体を統合しつつある大衆文化	金香淑	目白大学
2016/12/1	人権を通して見るアジア共同体	金在旺	法人）希望を作る法
2016/12/9	奨学金授与式	佐藤洋治	ワンアジア財団
	最終試験		

韓国交通大学（韓国・曽坪）

創立 1905 年　在校生 13,121 名
初年度講座名「多文化共同体論－文化共同体として「アジア」を考える－」
申請者　韓奎良
受講生 100 名，奨学生 20 名

2016/9/1	オリエンテーション	韓奎良	韓国交通大学
2016/9/8	いま，なぜアジア共同体なのか	鄭俊坤	ワンアジア財団

2016/9/15	アジアとは何か―アジア共同体を考える	金俊	浙江樹人大学
2016/9/22	多文化共同体と国際社会倫理	洪容熙	韓国交通大学
2016/9/29	アジア思想文化の伝播・交流・変容	丸山孝一	九州大学
2016/10/13	アジア文学とマイノリティ	姜宝有	復旦大学
2016/10/20	アジア思想文化の伝播・交流・変容	俞成善	国立江原大学
2016/10/27	多文化共同体の理解	丸山孝一	九州大学
2016/11/3	アジア共同体と地域社会	張東杓	釜山大学
2016/11/10	アジア共同体とサブカルチャー	王向華	香港大学
2016/11/17	アジア文化交流と越境の歴史	宋浣範	ソウル女子大学
2016/11/2	アジア文化の文化	王勇	浙江工商大学
2016/11/24	アジア的価値と東アジア思想文化の位相	辛炫承	尚志大学
2016/12/1	皆で多文化共同体を考える	韓奎良	韓国交通大学
2016/12/2	総括講演：アジア共同体の構築に向かって	佐藤洋治	ワンアジア財団

順天大学 (韓国・順天)

創立 1981 年　在校生 11,977 名
初年度講座名　「アジア共同体」　申請者　金光洙
受講生 70 名，奨学生 20 名

2015/3/4	アジア共同体を結ぶ文化交流	金香淑	目白大学
2015/3/11	いま，なぜアジア共同体論なのか？	鄭俊坤	ワンアジア財団
2015/3/18	アジア共同体と近代日本のアジア主義	榎本泰子	中央大学 (日本)
2015/3/25	アジア共同体の歴史的背景と特徴	金光洙	順天大学
2015/4/1	アジア共同体のための外国語教育	金薫鎬	順天大学
2015/4/8	アジアの特徴とアジア的価値 (世界観)	権静	培材大学
2015/4/15	中南米から見たアジア共同体	崔李スルギ	NGA Feminism School
2015/4/22	アジア的思惟方式から考えるアジア共同体の未来	鎌田東二	京都大学
2015/4/29	アジア共同体のための経済交流と協力	李崙浩	順天大学
2015/5/6	アジア共同体形成のためのモンゴルの役割	宋義敏	モンゴル国立教育大学
2015/5/13	アジア共同体のための医療支援とNGO の役割	長谷川彩未	Japan Heart
2015/5/20	アジア共同体と言語コミュニケーション：通訳の役割	アン・ヨンヒ	梨花女子大学

2015/6/3	アジア共同体への韓国の国際的位相と役割	金鍾日	韓国教員大学
2015/6/20	アジア共同体に向かって	佐藤洋治	ワンアジア財団

2 年目講座名 「アジア共同体」 申請者 朴潤鎬
受講生 82 名，奨学生 16 名

2016/3/2	歴史から会う，アジア人の生活	朴潤鎬	順天大学
2016/3/9	アジア共同体と美意識	李夏子	順天大学
2016/3/16	今，なぜアジア共同体論か？	鄭俊坤	ワンアジア財団
2016/3/23	アジア共同体形成のための大衆文化	山田利博	宮崎大学
2016/3/30	アジア共同体のための言語と国際交流	趙來喆	順天大学
2016/4/6	アジア共同体形成のための経済的な前進と繁栄	金承泰	韓国去來所（KRX）
2016/4/20	アジア共同体のための保健医療政策	朴承龍	建国大学
2016/4/27	東アジアの平和と新しい韓日関係の模索	房極哲	順天大学
2016/5/4	アジア平和と繁栄の道	崔泳杉	韓国外交部
2016/5/11	通信士行の東亜文化史的意義	河宇鳳	全北大学
2016/5/18	韓中日の歴史文化と韓国の伝統美	裵國煥	（元）公務員
2016/5/25	期末試験	朴潤鎬	順天大学
2016/6/1	アジア共同体のための国際法	Hong Jun–ho	KIM & CHANG 法律事務所
2016/6/8	討論及びレポート提出	朴潤鎬	順天大学
2016/6/15	アジア共同体に向かって，奨学金授与	鄭俊坤	ワンアジア財団

亜洲大学（韓国・水原市）
創立 1973 年　在校生 14,295 名
初年度講座名 「アジア共同体論」 申請者 朴盛彬
受講生 116 名，奨学生 20 名

2015/9/2	講義の紹介	朴盛彬	亜洲大学
2015/9/9	今なぜアジア共同体なのか	鄭俊坤	ワンアジア財団
2015/9/16	太平洋からバルト海へ	ヨン・チョルハ	ワシントン大学
2015/9/23	韓国と日本の経済協力	Abe Makoto	Asian Economic Research Institute
2015/9/30	戦争とアジア	金鍾植	亜洲大学
2015/10/7	中央アジアとアジア	李愛俐娥	早稲田大学
2015/10/14	日本・中国・朝鮮半島文化の比較	Miyajima Hiroshi	成均館大学
2015/11/4	アジアの協力と日韓の役割	住川雅洋	AFLAC/ 広島銀行

2015/11/11	朝鮮半島と中国の関係	Keyu GONG	上海外国語大学
2015/11/18	日本・中国・朝鮮半島における映画の発展過程と文化交流	姜泰雄	光云大学
2015/11/25	東アジア経済共同体（世界的な生産ネットワークの展望）	李王徽	亜洲大学
2015/12/2	日韓関係の変容（歴史紛争を超えて）	朴盛彬	亜洲大学
2015/12/9	アジア共同体に向けて（奨学金授与式）	佐藤洋治	ワンアジア財団

2年目講座名　「アジア共同体論」　申請者　朴盛彬
受講生 71 名，奨学生 20 名

2016/9/7	講義の紹介	朴盛彬	亜洲大学
2016/9/14	東南アジアとアジア共同体	Kim Yongki	亜洲大学
2016/9/21	今なぜアジア共同体なのか	鄭俊坤	ワンアジア財団
2016/9/28	欧州連合とアジア共同体	李王徽	亜洲大学
2016/10/5	中国の台頭とアジア太平洋新秩序の建設	河英善	ソウル大学
2016/10/12	アジアにおけるモンゴル	Junho Yoon	International University of Ulaanbaatar
2016/10/19	東洋の開港都市の比較	Park Jinhan	仁川大学
2016/10/26	中間試験		
2016/11/2	国際会議（少子化，高齢化，グローバル化時代の地域経済活性化）		
2016/11/4	アジア共同体と中央アジア	李愛俐娥	早稲田大学
2016/11/16	グローバリゼーションの後退と中国の未来	Pang Zhongy-ing	中国人民大学
2016/11/23	以前の東アジアの言語文化	Asayama Yoshiro	獨協大学
2016/11/30	近現代の朝鮮半島を理解する―植民地時代の日本，そして世界	金鐘植	亜洲大学
2016/12/7	日韓関係の変容（歴史的な紛争を超えて）	朴盛彬	亜洲大学
2016/12/14	奨学金授与式	佐藤泰平	ワンアジア財団
2016/12/21	日韓関係の変容	朴盛彬	亜洲大学
2016/12/21	最終試験		

明知大学（韓国・ソウル）
創立 1948　在校生 17,066 名
初年度講座名　「アジア共同体とアジアの経済・文化」　申請者　姜允玉
受講生 120 名，奨学生 20 名

2015/3/5	アジア共同体と，韓国・中国・日本の関係	姜允玉	明知大学
2015/3/12	アジアの国際関係とアジア共同体	李奎泰	カトリック関東大学
2015/3/19	今なぜアジア共同体なのか：その必要性と意味	鄭俊坤	ワンアジア財団
2015/3/26	東アジア文学の将来を夢見る	Kim Hun-cheol	延世大学
2015/4/2	日本における外国人移民社会の変容	崔学松	静岡文化芸術大学
2015/4/9	朝鮮半島・中国・日本間の文化交流と古代日本の歴史	O Chan-wuk	明知大学
2015/4/16	アジアにおける孔子の仁と思考の伝播	Ji Xush-eng	中国文化大学
2015/4/23	中国の古典・文学の影響	Kim Kyong-dong	成均館大学
2015/4/30	アジアにおける貿易・金融協力計画	Kim Soyoung	ソウル大学
2015/5/7	アジア共同体と，韓国・中国・日本の三国間協力	Zheng Gang	中山大学
2015/5/14	アジア経済危機と韓国経済	崔昌圭	明知大学
2015/5/21	東アジア社会の「孫子」受容	Chen Wei Wu	中山大学
2015/5/28	実用的な東アジア　漢字と中国文化の伝播	Zhao Pingan	清華大学
2015/6/4	アジア共同体の展望：「やがて世界は一つになる」：	佐藤洋治	ワンアジア財団
2015/6/11	京劇と朝鮮半島の伝統歌劇との比較	趙平安	南京大学

2 年目講座名　「アジア共同体とアジアの経済・文化」　申請者　姜允玉
受講生 160 名，奨学生 20 名

| 2016/3/3 | アジア共同体と，韓国・中国・日本の関係 | 姜允玉 | 明知大学 |

2016/3/10	今なぜアジア共同体なのか：その必要性と意味	鄭俊坤	ワンアジア財団
2016/3/17	アジアにおける旅行・儀式・舞踊の文化	常耀華	北京第二外国語大学
2016/3/24	日本と韓国の言語・文化の比較	Yun Sangsil	明知大学
2016/3/31	係争中の経済問題に関する協力枠組	Jo Dong-gun	明知大学
2016/4/7	アジア共同体，北東アジアの安全保障への脅威，朝鮮半島の状況	Kim Byong-guan	National Security Strategy Institute President
2016/4/14	アジアの文化と中国語	李偉	中山大学
2016/4/21	アジア共同体と，東アジアの衣食住における文化	Ha Youngsam	国立慶尚大学
2016/4/28	東アジア貿易・金融協力統合	Kim Soyoung	ソウル大学
2016/5/5	アジア共同体と文化	姜允玉	明知大学
2016/5/12	アジアにおける国際協力と中国—朝鮮半島間の外交関係	李奎泰	カトリック関東大学
2016/5/19	20世紀初頭の東アジア共同体とその時代の中国文学	Yu Bin	南京大学
2016/5/26	アジアにおける現形の漢字の伝播	Wang Yunzhi	Henan University
2016/6/2	アジア文化にも影響を与えたイエズス会	Kim Chagyu	明知大学
2016/6/9	アジアにおける港町とビジネス文化	Kaneko Yuki	大阪大学

蘭州大学（中国・蘭州）
創立 1909 年　在校生 51,884 名
初年度講座名　「アジア共同体と国際関係史—歴史文化教育視点」
申請者　趙梅春
受講生 100 名，奨学生 20 名

2015/9/15	アジアとアジア共同体	趙梅春	蘭州大学
2015/9/23	漢〜魏時代の道教と東アジア文化	劉永明	蘭州大学
2015/9/30	荘子と東アジア文化	Yin Xing-teng	蘭州大学
2015/10/7	老子の思想	喬健	蘭州大学

2015/10/14	日中関係における二つの大きな障害と，問題の解決方法	孫立祥	蘭州大学
2015/10/16	「同心円理論」から「二極の帝国」という様態へ	孫衛国	南開大学
2015/10/17	マクロ水準における日本の歴史記述に対する中国の歴史記述の影響	喬治忠	南開大学
2015/10/28	やがて世界は一つになる	佐藤洋治	ワンアジア財団
2015/11/5	継承と新しい思考の創造	Qu Lindong	北京師範大学
2015/11/11	「神の都」に関する歴史の哲学	Xu Longfei	北京大学
2015/11/18	東アジアの地域意識から東洋諸国の台頭へ：歴史過程の再評価	陳奉林	中国外交学院
2015/11/23	日本の戦略的調整と日中間のジレンマ	巴殿君	吉林大学
2015/11/25	かつて日本で学んだ王式廓の芸術に関する伝記的な素描	丘鋒	蘭州大学
2015/12/2	日本の教育と日本文化の特徴	Liu Chenyu	蘭州大学
2015/12/4	奨学金	佐藤順平	ワンアジア財団

上海師範大学（中国・上海）

創立 1945 年　在校生 40,153 名
初年度講座名　「アジア共同体とアジアの文化交流史」　申請者　湯勤福
受講生 145 名，奨学生 20 名

2015/3/3	日本朱子学の伝来について	湯勤福	上海師範大学
2015/3/10	宋代「朝貢」貿易体系はアギア諸国の経済交流についての影響	黄純艶	雲南大学
2015/3/17	東亜視野の下で中国史学史の研究	孫衛国	南開大学
2015/3/24	今なぜアジア共同体なのか―その必要性と意味―	鄭俊坤	ワンアジア財団
2015/3/31	東アジアにおける商業活動	張剣光	上海師範大学
2015/4/6	近代東亜の易経学について	陳居淵	復旦大学
2015/4/14	東アジア共同体の形成とその特質	韓昇	復旦大学
2015/4/21	東亜の法律体系：中国と日本の古代法律を中心として	戴建國	上海師範大学
2015/4/28	中国伝統史学は日本に対する影響	喬治忠	南開大学
2015/5/5	国際文化交流とワンアジア	崔学松	静岡文化芸術大学
2015/5/8	中国古代官僚制度と礼儀は東亜への影響	閻歩克	北京大学

2015/5/12	21世紀以来日本経済の変化と東亜経済共同化の勢いについて	茆訓誠	上海師範大学
2015/5/19	東アジアにおける制度と文化の交流	兪鋼	上海師範大学
2015/5/26	南宋の海外商人の構成，規模及び経営性質について	葛勤芳	北京師範大学
2015/5/28	多極アギア背景下の唐帝国	王貞平	新加坡南洋理工大学
2015/6/2	近代東アジア：戦争と女性	蘇智良	上海師範大学
2015/6/17	授奨儀式	佐藤順平	ワンアジア財団

2年目講座名　「アジア共同体とアジアの国際関係史」　申請者　湯勤福
受講生 90 名，奨学生 18 名

2016/2–2016/6	日本近世の朱子学と中日文化交流	湯勤福	上海師範大学
2016/2–2016/6	今，なぜアジア共同体なのか	鄭俊坤	ワンアジア財団
2016/2–2016/6	鑑真と中日文化交流	韓昇	復旦大学
2016/2–2016/6	銭穆と東亜の朱子学研究	陳勇	東北財経大学
2016/2–2016/6	東亜文化圏は実現できない夢か	徐静波	復旦大学
2016/2–2016/6	東亜の都とワンアジア	牛潤珍	中国人民大学
2016/2–2016/6	（無題）	ロバート	オックスフォード大学
2016/2–2016/6	アジアの比較法制史から見た中国法の伝統	青木敦	青山学院大学
2016/2–2016/6	日本の中国女性史研究について	程郁	上海師範大学
2016/2–2016/6	世界歴史中の文化受容と相互吸収：中国と日本の間を例として	王暁徳	福建師範大学
2016/2–2016/6	ワンアジアと現代中日経済交流	周昆平	中国交通銀行
2016/2–2016/6	20世紀以来日本の東洋史研究と宋代史研究	王瑞來	日本学習院大学
2016/2–2016/6	義天の宋朝と高麗間の交流を探求する	黄純艶	雲南大学
2016/2–2016/6	第二次世界大戦後中日関係の現状と未来	蘇智良	上海師範大学

2016/2–2016/6	東西洋文化交流とワンアジア	李晟文	ラヴァル大学
2016/2–2016/6	アジア共同体のビジョンと授与式	佐藤洋治	ワンアジア財団

大連大学（中国・大連）

創立 1983 年　在校生 21,890 名
初年度講座名　「アジア共同体の創成とその課題」　申請者　呂秀一
受講生 152 名，奨学生 20 名

2015/3/10	国際文化交流とアジア共同体	崔学松	静岡文化芸術大学
2015/3/19	東アジア共同体と韓日関係	李盛煥	啓明大学
2015/3/26	いま，なぜアジア共同体なのか	鄭俊坤	ワンアジア財団
2015/4/2	平和視野下の区域協力のシステムとその未来	劉成	南京大学
2015/4/9	東アジアの社会発展と女性の参与	何燕侠	大連大学
2015/4/16	アジア共同体と日本の歴史認識問題	許寿童	三亜学院
2015/4/23	東アジア共同体と平和	呂秀一	大連大学
2015/5/7	当代世界エネルギー政策の変化―唐北アジア情勢を中心に―	坂本茂樹	日本エネルギー総合工学研究所
2015/5/14	アジアの未来と中国の外交	方秀玉	復旦大学
2015/5/21	中日関係における歴史問題	陣景彦	吉林大学
2015/5/28	戦後日本と中日関係	寺本康俊	広島大学
2015/6/4	東アジア共同体構築のため史的考察	李元雨	東北亜財団
2015/6/11	中日の東アジア認識と東アジア共同体の創設	姜徳福	大連大学
2015/6/18	東アジア共同体の創設の背景下における韓国文化輸出の中国に対する啓示	金南順	大連大学
2015/6/25	やがて世界は一つになる	佐藤洋治	ワンアジア財団

2 年目講座名　「アジア共同体の創成と文化交流」　申請者　呂秀一
受講生 92 名，奨学生 19 名

2016/3/9	アジア共同体と儒家文化	何長文	大連民族大学
2016/3/16	東アジア共同体と多民族文化共生	朴婷姫	瀋陽大学
2016/3/22	今，なぜアジア共同体なのか	鄭俊坤	ワンアジア財団
2016/4/6	「韓流」から見た東アジアの文化交流	郝虹	大連大学
2016/4/13	東アジア社会発展と就職における性的差別	何燕侠	大連大学
2016/4/27	異文化との出会い	崔吉城	東亜大学（日本）
	中露蒙国境地域の文化交流について	温都日娜	内蒙古大学

2016/5/11	東洋の伝統に根ざした中江兆民の国民国家観	劉俊民	大連民族大学
2016/5/18	「満州事変」前夜における日本国内世論	焦潤民	遼寧大学
2016/5/25	近代における「アジア」言説の成立とその性格	金俊	浙江樹人大学
2016/5/31	日中友好，共同繁栄の視点から	寺本康俊	広島大学
2016/6/6	過去の戦争と東アジア共同体	呂秀一	大連大学
2016/6/15	近代日本の東アジア観と東アジア共同体について	安善花	大連大学
	東アジア文化の比較—「内」と「外」を中心に	孫蓮花	大連理工大学

大連民族大学（中国・大連）

創立 1984 年　在校生 15,000 名
初年度講座名　「大学教育におけるアジア共同体意識の育成—アジア共同体の構築を目指して」　申請者　張淑英
受講生 150 名，奨学生 21 名

2015/3/10	アジア共同体の構築と東アジアの文化交流	崔学松	静岡文化芸術大学
2015/3/20	アジア共同体の構築と異文化コミュニケーション	王維波	大連民族大学
2015/3/27	今なぜアジア共同体なのか	鄭俊坤	ワンアジア財団
2015/4/3	儒教思想と東アジア共同体	何長文	大連民族大学
2015/4/10	孔子と『春秋』	李洲良	大連民族大学
2015/4/17	中日法律比較	王暁慧	大連民族大学
2015/4/27	アジア共同体構築の文化的基礎—近代日本文人と中国—	劉震生	大連民族大学
2015/5/8	変化しつつある戦後の日中関係と相互認識	劉俊民	大連民族大学
2015/5/15	多民族，多文化共生の可能性と課題	金山	海南大学
2015/5/22	東アジアに対するアメリカの政策	白范鉄	韓国大連領事館
2015/5/27	戦後の日本外交政策と日中関係	寺本康俊	広島大学
2015/6/8	日本の道徳教育の現状と課題	押谷由夫	昭和女子大学
2015/6/12	アメリカとアジア共同体の構築	楊海峰	吉林省共産党学校
2015/6/19	中日韓の道徳教育—アジア共同体構築意識の育成	張淑英	大連民族大学
2015/6/26	やがて世界は一つになる	佐藤洋治	ワンアジア財団

2 年目講座名 「アジア共同体創成意識の育成」 申請者 張淑英
受講生 150 名，奨学生 20 名

2015/11/4	世界主要国における教育の動向	田崎徳友	九州女子大学
2016/3/7	アジア共同体創成の意義と問題点	金山	海南大学
2016/3/14	国の競争力とアジア共同体	文言	九州産業大学
2016/3/21	アジア共同体創成の必要性	鄭俊坤	ワンアジア財団
2016/3/28	東アジア国々の道徳的伝統とその変革の道筋	博維利	遼寧師範大学
2016/4/11	アジア共同体と多民族文化の調和的な共生	朴婷姫	瀋陽大学
2016/4/18	アジア共同体と儒教文化の使命	何長文	大連民族大学
2016/4/25	グローバル化における異文化コミュニケーション	王維波	大連民族大学
2016/4/26	アジア共同体の構築の基礎—日本文人と中国—	劉震生	大連民族大学
2016/5/9	歴史学から見る「東アジア」	神谷秀二	大連民族大学
2016/5/16	東洋の伝統に根ざした中江兆民の国民国家観	劉俊民	大連民族大学
2016/5/23	日本における道徳教育の歴史的変遷とその現状—アジア共同体創成に向けて—	張淑英	大連民族大学
2016/5/30	日本外交の形成とその国際関係—アジア共同体創成の観点から—	寺本康俊	広島大学
2016/6/6	日本における比較文化学研究	佐藤利行	広島大学
	仕女画と浮世絵—中日美意識比較研究—	孫静茹	遼寧師範大学

安徽三聯学院（中国・合肥市）

創立 1997 年　在校生 15,000 名
初年度講座名 「アジア共同体創成における多民族・多文化の大学教育 – 多民族・多文化の大学教育の確立を目指して – 」 申請者　金会慶
受講生 391 名，奨学生 20 名

2015/9/2	アジア文化の価値	金哲	安徽三聯学院
2015/9/16	アジアの大学教育	刘寧	安徽工程大学
2015/9/18	中日韓文化	金汝善	国立済州大学
2015/9/22	アジアの未来	鄭俊坤	ワンアジア財団
2015/10/12	中日関係	木村朗	鹿児島大学
2015/10/13	中美関係	李昌林	安徽省外为
2015/10/20	学問と科学研究	熊野直樹	九州大学

2015/10/28	韓国の大学の紹介	朴貞烈	拿撒勒大学
2015/11/23	創新と科学	朱土群	安徽社会科学院
2015/12/7	中日韓福祉文化比較	韓奎良	韓国交通大学
2015/12/15	アジアの未来	佐藤洋治	ワンアジア財団
2016/1/7	中国における哲学教育の未来	銭耕森	安徽大学
2016/1/13	アジア音楽の鑑賞と分析	魯先長	安徽三聯学院
2016/1/24	アジア文化と書道の伝統	李明阳	安徽三聯学院
2016/1/31	アジア共同体の創建	金会慶	安徽三聯学院

2年目講座名 「アジア共同体創成における思考哲学教育」 申請者 金会慶
受講生818名，奨学生20名

2016/9/6	アジア共同体の創成における哲学教育	金会慶	安徽三聯学院学長
2016/9/13	アジア共同体創成における思考哲学	金哲	安徽三聯学院副学長
2016/9/20	アジア共同体創成と中国哲学	三浦国雄	大阪市立大学
2016/9/27	アジア共同体創成における欧州哲学教育の啓示	趙洪尹	西南大学
2016/10/11	アジア共同体創成のための「中国哲学学教育」	朱土群	安徽省社会科学院
2016/10/18	アジア共同体における日本哲学の価値	周異夫	吉林大学
2016/10/25	アジア共同体創成と日中大学における多文化教育	渓欣華	安徽大学
2016/11/1	アジア共同体創成と多言語教育	徐一平	北京外国語大学
2016/11/8	アジア共同体創成とアジア哲学の相関性研究	耿国紀	合肥師範学院
2016/11/15	アジア共同体創成と思考哲学教育	王磊	安徽農業大学外国語学院
2016/11/22	アジア共同体創成における日中哲学教育の現状	熊野直樹	九州大学
2016/11/29	アジア共同体創成のための日本哲学教育史	石川捷治	久留米大学
2016/12/6	アジア共同体創成における日本哲学教育の価値	藤村一郎	東京大学
2016/12/13	「アジア共同体創生」	鄭俊坤	ワンアジア財団
2016/12/20	「アジア共同体創生」	佐藤洋治	ワンアジア財団

山東師範大学（中国・済南市）

創立 1950 年　在校生 35,300 名

初年度講座名　「アジア共同体の思考文化基礎—歴史・現在・未来」

申請者　李光貞

受講生 300 名，奨学生 21 名

2015/3/18	比較文学視野中の日本文学の特徴	李光貞	山東師範大学
2015/3/25	東アジア地域の文化交流における日本の食文化	徐静波	復旦大学
2015/3/27	国際文化交流とアジア共同体	崔学松	静岡文化芸術大学
2015/3/30	日本における近代化の経験と教訓	姜克実	岡山大学
2015/4/7	やがて世界は一つになる	佐藤洋治	ワンアジア財団
2015/4/8	伝統とは一種の能力	胡長青	山東人民出版社
2015/4/24	如何に日本近代文化史を学ぶか	黒古一夫	筑波大学
2015/5/13	中国人の精神的故郷—山東「聖地」文化の構築と伝播	王志民	山東師範大学
2015/5/20	「トイレの蓋」現象と日本の品質	于涛	山東師範大学
2015/6/3	韓国におけるボランティア活動	史傑	山東師範大学
2015/6/11	台湾の職業技術体系における日本語教育の現状と挑戦	曽燿鋒	国立台中科技大学
2015/6/12	自分の鎌で他人の稲を刈らない—創造的思考について	林金竜	国立台中科技大学
2015/6/17	農村留守児童の心理的適応—中国の農村留守家庭に関する考察	趙景欣	山東師範大学
2015/6/24	多文化共生の可能性と課題	金山	海南大学
2015/6/24	いま，なぜアジア共同体なのか	鄭俊坤	ワンアジア財団

2 年目講座名　「アジア共同体の思想文化基礎 - 儒教文化の歴史・現在・未来」

申請者　李光貞

受講生 230 名，奨学生 20 名

2016/2/26	日本文化と文学総論	李光貞	山東師範大学
2016/3/4	社会の変遷と家庭における青少年の義務感および関係	張文新	山東師範大学
2016/3/11	外国語の自主学習に関する守成と探新	楊玲	北京第二外国語大学
2016/3/18	仁愛三義	孫書文	山東師範大学
2016/3/24	アジア共同体の可能性および意義	鄭俊坤	ワンアジア財団
2016/3/25	在日華僑青少年の言語と文化的アイデンティティに影響する要素	趙衛国	山東師範大学

2016/3/27	日系企業での就職と将来性について考える	阿部康久	九州大学
	言語学，第一および第二言語言語習得，そして外国語教育	清水俊広	九州大学
2016/4/8	社会学的な視点から見た日本の社会	宋金文	北京外国語大学
2016/4/15	中国伝統文化の美学精神	楊存昌	山東師範大学
2016/4/21	日本和歌における修辞について	高文漢	山東大学
2016/4/22	日本語と中国語の修辞に関する検討	掲侠	南京国際関係学院
2016/5/20	グローバル時代における芸術教育と公共性の変容	上野正道	大東文化大学
2016/5/27	我が国の文化産業発展戦略に関する考察	李昶	清華大学
2016/6/10	異文化コミュニケーションにおける中国と日本	尾崎孝宏	鹿児島大学
2016/6/20	読者の視点から見た中日翻訳の実践と研究	修剛	天津外国語大学

上海杉達学院 （中国・上海）

創立 1992 年　在校生 11,953 名
初年度講座名　「アジア共同体の創設―その理想像と現実」　申請者　施小煒
受講生 44 名，奨学生 8 名

2015/9/17	異文化交流のメカニズム――端午節を視座に	蔡敦達	同済大学
2015/9/24	作家以前の村上春樹	施小煒	上海杉達学院
2015/10/8	日本の飲食文化	徐静波	復旦大学
2015/10/15	近世日本と中国の関係――華夷論と自他認識を中心に	載文捷	上海杉達学院
2015/10/22	谷崎潤一郎とミステリー小説	銭暁波	東華大学
2015/10/29	やがて世界は一つになる	佐藤洋治	ワンアジア財団
2015/11/5	アジア共同体の道――文化交流を考えて	郭潔敏	上海社科院
2015/11/12	日本企業の歴史と文化	陳祖恩	東華大学
2015/11/19	台湾映画における日本のイメージ	林淑丹	文藻外語大学
2015/11/26	アジア共同体と TPP	胡令遠	復旦大学
2015/12/3	魯迅の留日生活	潘世聖	華東師範大学
2015/12/10	One Asia　奨学金授賞式	佐藤周平	ワンアジア財団
2015/12/17	新語・流行語から見る日本人口構成の変化	馬利中	上海大学

2015/12/24	「シルクロード経済帯と海上シルクロード」の戦略—中韓関係の視点から	石源華	復旦大学
2015/12/31	身体の重み——『細雪』における女性像	李征	復旦大学
2016/1/7	仮名の来た道—「漢字文化圏」の来し方行く末を考えるために	呉冬青	上海杉達学院
2016/1/14	日本の長寿企業	孫静霞	上海杉達学院

2年目講座名 「アジア共同体の創成−その夢と現実」 申請者 施小煒
受講生60名，奨学生5名

2016/9/22	茶室と露地	蔡敦達	同済大学
2016/9/29	新語・流行語から見る日本人口構成の変化	馬利中	上海大学
2016/10/13	「東アジア文化圏」は一つの幻想であるか	徐静煒	復旦大学
2016/10/20	やがて世界は一つになる	佐藤洋治	ワンアジア財団
2016/10/27	現代中国における日本文学・日本文化の授容	銭暁波	東華大学
2016/11/2	東アジア共同体の構築	胡令遠	復旦大学
2016/11/10	郭沫若と日本への「近」と「遠」	潘世聖	華東師範大学
2016/11/17	情報ビッグバン時代における日本文学の翻訳	施小煒	上海杉達学院
2016/11/24	秤店の店外と大正時代の論理学—志賀直哉『小僧の神様』論	李征	復旦大学
2016/12/1	美しさの発見と東洋の自我	鄒波	復旦大学
2016/12/8	文化交流——One Asiaへの重要な経路	郭潔敏	上海社科院
2016/12/15	東北アジアの安全状況を攪した「ＴＨＡＤＤ」	崔志鷹	同済大学
2016/12/17	One Asia　奨学金授賞式	佐藤周平	ワンアジア財団

国立台湾大学（台湾・台北）
創立1928年　在校生31,791名
初年度講座名 「東アジアの文学と文化」 申請者 梅家玲
受講生95名，奨学生20名

2015/2/26	ワンアジア講座導入	梅家玲	国立台湾大学
2015/3/5	多領域ネットワークと現代東アジア社会・文化の変遷	劉宏	南洋理工大学
2015/3/12	ワンアジアの視野における越境と漂泊	黄英哲	愛知大学

2015/3/19	ワンアジアと国際文化交流	崔学松	静岡文化芸術大学
	東アジア現代詩講座	柯慶明	台湾大学
2015/4/9	サイノフォーンとヘテロトピア：駱以軍，黄錦樹，董啓章	王德威	ハーバード大学
2015/4/16	ワンアジアにおける香港文学	陳國球	香港教育大学
2015/4/23	ワンアジアにおける中国語文学共通伝統，多元性と独特性	王潤華	南方大学学院
		黄郁蘭	元智大学
2015/4/30	翼に歌声をのせて——〈緑島小夜曲〉から見たアジア太平洋におけるポップソングの傳播	沈冬	国立台湾大学
2015/5/7	東アジアファッションの現代性	張小虹	国立台湾大学
2015/5/14	崑劇伝説：中国，香港，台湾	王安祈	国立台湾大学
2015/5/21	孫悟空七十二変化と中日動画・マンガ発展史	周成蔭	デューク大学アジア
2015/5/28	ワンアジアの観点	鄭俊坤	ワンアジア財団
2015/6/4	アジアにおける韓流のエコノミック・文化的効果とその反動	衣若芬	南洋理工大学
2015/6/11	台湾伝統民間芸能とは	曽永義	台湾中央研究院
2015/6/17	講座成果発表会	梅家玲	国立台湾大学
2015/6/21	講座終了のご挨拶と授賞式	梅家玲	国立台湾大学

2年目講座名 「アジア共同体：東アジアの文学と文化」 申請者 梅家玲
受講生83名，奨学生17名

2016/2/26	アジア共同体講座導入	梅家玲	国立台湾大学
2016/3/4	「東アジアからの思考」新しい視野で理論の基礎	黄俊傑	国立台湾大学
2016/3/11	「春香伝」の三国演「芸」	呉秀卿	漢陽大学中国語学科
2016/3/18	台湾当代ドキュメンタリー映画	邱貴芬	中興大学台湾文学と越境文化研究科
2016/3/25	私たちはどこへ向かうか？——東アジア諸都市の青年文化と青少年心理：アニメとマンガ，ライトノベル，コスプレ，そして村上春樹	千野拓政	早稲田大学　文学学術院
2016/4/8	台湾映画における日本への想像	廖咸浩	国立台湾大学
2016/4/15	一緒に人気のないところへ宝探し：東南アジアと私	張正	燦爛時光：東南アジアテーマ書店
		廖雲章	天下雑誌教育公益法人

2016/4/22	シンガポール・マレーシア映画と文学の歴史記憶	高嘉謙	国立台湾大学
2016/4/29	霧の中で内緒話――マレーシア華文文学と小民国	張錦忠	中山大学外国語学科
2016/5/6	韓流から見た社会と文化	何撒娜	東呉大学社会科学学科
2016/5/13	東南アジアの華文詩歌におけるアイデンティティーと多文化	洪淑苓	国立台湾大学
2016/5/20	「五四」・香港にて	陳学然	香港城市大学
2016/5/27	文字と映像の可能性：『劉以鬯：1918』と也斯：東西』の映画実験	黄勁輝	香港映画シナリオ作家協会
2016/5/31	也斯と香港・台湾文学の交流	黄淑嫻	香港嶺南大学　人文科学研究センター，中国文学科
2016/6/3	やがて世界は一つになる	佐藤洋治	ワンアジア財団

マラヤ大学（マレーシア・クアラルンプール）

創立 1903 年　在校生 17,312 名
初年度講座名　「アジア共同体論―東から西へ」　申請者　潘碧華
受講生 103 名，奨学生 20 名

2015/3/2	ワン・アジア：アジアにおける共同体と国際文化交流	崔学松	静岡文化芸術大学
2015/3/6	中国における民族研究からの教訓	Tan Chee-beng	中山大学
2015/3/20	マラッカの復活と「鄭和の大航海」の異文化交流	安煥然	南方大学学院
	マレーシアに住む中国人の文化的アイデンティティを構成する二つの重要な要素	Ching Thing Ho	マラヤ大学
2015/4/2	男性が女性の幽霊に出会ったとき　中国の怪談におけるジェンダー関係	梅家玲	国立台湾大学
2015/4/10	女性のアイデンティティと文学の執筆	Lim Pow Leng	
	食文化：台湾の味	Leong Ching Foon	Sin Chew Daily

2015/4/23	食文化：台湾の味	Lim Kim Cherng	The Writer's Association of Chinese Medium of Malaysia
2015/5/9	唐詩と宋詞	Wang Zhaopeng	武漢大学
2015/5/22	中国式墓地と環境倫理：マレーシアからの洞察	Voon Phin Keong	New Era University College
	中国式墓地に関する研究の再検討	Ling Tek Soon	マラヤ大学
2015/5/29	方修と現実主義	Zhu Wenbin	浙江越秀外国語学院
	魯迅との格闘と南洋小説　黄錦樹のパラドックス	Zhu Chongke	吉林大学
2015/6/20	「西遊記」と，精神を涵養するための中国人の理想	Pan Jianguo	北京大学
	21世紀における儒教・仏教・道教思想の役割	Lin Anwu	慈済大学
2015/7/4	ワンアジア財団の未来，中国研究に関する私の夢	佐藤洋治	ワンアジア財団
		Lim Chooi Kwa	Universiti Tunku Abdul Rahman

2年目講座名　「アジア共同体：多文化の交流と統合」　申請者　潘碧華
受講生110名，奨学生20名

2016/1/23	中国美学の紹介	Yu Huang Chieh	
	子供の理論と実践	Pan Hsiao Huei	
2016/3/12	ソウルにて―都市文学の研究	Chan Tah Wei	
2016/4/1	台湾の近代主義詩人　2種類の放蕩息子	Yang Tse	
2016/4/6	歴史像，幻，再構築，想像力，そして反撃―イメージの実践に関する区秀詒（Au Sow Yee）の方法論	Au Sow Yee	

2016/4/9	虚構と現実—エドワード・ヤンの映画「恐怖分子」における都市の経験について	Hee Wai Siam	
2016/5/21	マレーシア人の歴史に関する中国語歴史資料を調査するための国境を越える研究と方法	Song Yang-peng	
2016/5/24	キリスト教，改宗，海外の中国人：宗教的相互作用における歴史的瞬間	Barbara Andaya	
	近代初期におけるインドネシア東部の貿易に対する中国の関与	Leonard Andaya	
2016/7/15	中国系マレーシア人の言語について	Yap Teng Teng	
	マレーシアの中国民俗文化について	Lew Siew Boon	
2016/9/10	国境を越えて書く	Choong Yee Voon	
2016/10/1	世界は一つになる	佐藤洋治	ワンアジア財団

カディル・ハス大学（トルコ・イスタンブール）

創立 1997 年　在校生 4,340 名
初年度講座名　「アジア共同体のビジョンと実践」
申請者　キュチュク・アリ・アケミク
受講生 22 名，奨学生 4 名

2015/9/18	東アジアとアジア共同体	キュチュク・アリ・アケミク	カディル・ハス大学
2015/10/2	アジアにおける経済統合の現状	キュチュク・アリ・アケミク	カディル・ハス大学
2015/10/16	アジア地域統合の歴史と日本の役割	セルチュク・エセンベル	ボアジチ大学
2015/10/23	中央アジアと安全保障	コスタス・イファンティス	カディル・ハス大学

2015/10/30	韓国の観点からみてアジアの統合	セルチュク・チョラコール	Yildirim Beyazit University
2015/11/6	中国経済の現状と未来	李佳	新潟県立大学
2015/11/13	現代世界経済とアジアの役割	オズグル・オルハンガージ	カディル・ハス大学
2015/11/20	国際関係学観点から見てグローバル化とアジア地域統合	ディミトリー・トリアンタフィロー	カディル・ハス大学
2015/11/27	中国におけるアジア共同体意識	ジェレン・エリゲンチ	中東工科大学
2015/12/4	日本における貯蓄・利他主義について	チャールズ・ユージ・ホリオカ	公益財団法人アジア成長研究所
2015/12/11	アジアの歴史文化	アリ・メルトハン・ヂュンダル	アンカラ大学
2015/12/18	アジアの地域統合と安全保障	バハドゥル・ペリヴァントルク	TOBB 経済工科大学
2016/1/8	アジア共同体のビジョン	佐藤洋治	ワンアジア財団

2 年目講座名 「アジア共同体のビジョンと実践」
申請者 キュチュク・アリ・アケミク
受講生 61 名

2016/9/30	東アジアとアジア共同体	キュチュク・アリ・アケミク	カディル・ハス大学
		ディミトリー・トリアンタフィロー	カディル・ハス大学

2016/10/7	アジアにおける工業化と経済発展	オズグル・オルハンガージ	カディル・ハス大学
2016/10/14	中国の政治と行方	チューダシュ・ユンゴル・スナル	マルアラ大学
2016/10/21	アジアの地域統合	バハドゥル・ペリヴァントルク	TOBB 経済工科大学
2016/11/4	金融とイスラーム	Laurent Weil	Robsons Charterd Surveyors
2016/11/11	欧州とアジア地域	ディミトリー・トリアンタフィロー	カディル・ハス大学
2016/11/18	マレーシアの社会・経済発展	モハマド・ユソフ・サーリ	Universiti Putra
2016/11/25	日本の幸福度	亀坂あきこ	青山学院大学
2016/12/2	近代シルクロード	アルタイ・アトル	ボアジチ大学
2016/12/9	中央アジアと安全保障	コスタス・イファンティス	カディル・ハス大学
2016/12/16	中央アジアとシルクロード	ミタット・チェリキパラ	カディル・ハス大学
2016/12/30	トルコから見た日本の歴史	エルダル・キュチャクヤルチュン	ボアジチ大学

国立慶尚大学（韓国・晋州）
創立 1948 年　在校生 24,519 名
初年度講座名　「－アジア共同の家－共同体としてアジアを目指して」
申請者　張源哲
受講生 50 名，奨学生 10 名

2015/9/5	東アジアの漢字文化	張源哲	慶尚大学
2015/9/11	なぜ今アジア共同体なのか？―その必然性と意味	鄭俊坤	ワンアジア財団
2015/9/18	韓国・北朝鮮の生活相	金智嬰	
2015/9/25	シンガポールの文化及び経済について	康時煌	シンガポール / Corevest 投資ファンド
2015/10/2	韓・中メディアコンテンツ産業の現状と展望	朴健植	韓国 / 放送プロデューサー連合会
2015/10/7	「韓国・アルゼンチン・日本・上海」4 か国での生活記	高美礼	中国 / 韓国料理教室
2015/10/14	中国就職成功記―肌で感じる中国	姜升技	中国 / 莙陽集団有限公司
2015/10/16	アメリカでの韓国学研究	李榮俊	慶熙大学大学フマニタスカレッジ
2015/10/21	韓国と日本の文化交流	鄭英實	国立慶尚大学
2015/10/23	日本の歴史	姜海守	国際基督教大学アジア文化研究所
2015/10/30	朱子学と東アジア―その普遍性	吾妻重二	関西大学
2015/11/4	若者の国―ベトナムについて	珠心	国立慶尚大学
2015/11/6	韓・中の歴史と文化	樓正豪	浙江海洋大学東海発展研究所
2015/11/13	東アジア史を読む	藤田高夫	関西大学
2015/11/18	デジタル・ヒューマニティーズとは	柳印泰	韓国学中央研究院
2015/11/20	中国人文紀行―中国文化や人に触れ合う方法について	尹泰鈺	韓国 / ドキュメンタリー製作会社ワンダースケイフ
2015/11/27	満州語を通じてみる韓国語	申相賢	高麗大学民族文化研究所
2015/12/4	部屋に隠されている話―韓国での中国，韓流・韓中関係への展望	李民	大連外国語大学
2015/12/11	まもなく世界はひとつに	佐藤洋治	ワンアジア財団
2015/12/18	西洋帝国主義と東洋伝統社会との出会い	河成昊	アラスカ大学アンカレッジ校

2年目講座名 「共同体としてアジアを目指して（東アジアと韓国学のコンテンツ）」 申請者 張源哲
受講生51名，奨学生11名

2016/9/1	東アジア共同体について	鄭俊坤	ワンアジア財団
2016/9/8	近代における「亜細亜」言説の成立とその性格	金俊	浙江工商大学
2016/9/22	東アジアの伝統文化について	張源哲	国立慶尚大学
2016/9/29	東アジアでの冷戦構造とその解決	朴鍾喆	国立慶尚大学
2016/10/6	朱子学と東アジアーその普遍性	吾妻重二	関西大学
2016/10/13	東アジアでの伝統思想について	李東哲	龍仁大学
2016/10/20	東アジアの女性史	薮田貫	兵庫県立歴史博物館
2016/10/27	韓国と日本の過去，そして現代と未来	長森美信	天理大学
2016/11/3	東アジア古代史における韓国と日本	篠原啓方	関西大学
2016/11/10	韓国と日本の歴史的葛藤とその解決策	宋浣範	高麗大学
2016/11/17	東アジア史を読む	藤田高夫	関西大学
2016/11/24	東アジア経済の現在未来	鄭恩伊	国立慶尚大学
2016/12/1	朝鮮通信使による日朝交流	鄭英實	国立慶尚大学
2016/12/8	思想史の観点からみる東アジアの近現代	辛炫承	尚志大学
2016/12/15	東アジア共同体と世界平和	佐藤洋治	ワンアジア財団

華中師範大学（中国・武漢）

創立1903年　在校生30,000名
初年度講座名 「アジア共同体特別講座—グローバリゼーション視野中のアジア文化とその特質」 申請者 李俄憲
受講生110名，奨学生20名

2015/10/28	生態学から見る新しい文明と東洋思想	呉万錫	韓国学中央研究院
2015/11/4	法は国によって違う—中日契約法の比較	小口彦太	早稲田大学
2015/11/6	やがて世界は一つになる	佐藤洋治	ワンアジア財団
2015/11/13	中国の「東洋学」とアジア研究の概念，形態，機能	王向遠	北京師範大学
	中国文化を世界に発信するための文学翻訳—莫言のノーベル文学賞獲得視点から	譚晶華	上海外国語大学
2015/11/17	中国翻訳のキーポイント—「詩経」日本語翻訳の現場から	松岡栄志	東京学芸大学
2015/11/25	アジアの発展，世界の発展	樋口清秀	早稲田大学

2015/12/3	日本の社会・文化の基層―ムラ社会―	秋谷治	行知学園
	新三国演義―共に安定且繁栄する新しいアジアを構築	章開元	華中師範大学
2015/12/14	東アジアの漢字文化―日本からの視座	関尾史郎	新潟大学
2015/12/15	日中翻訳における言語と文化の問題	徐一平	北京外国語大学
2015/12/21	いま，なぜアジア共同体なのか	鄭俊坤	ワンアジア財団
	中国における日本学研究の重鎮―黄遵憲から周氏父子まで	徐氷	東北師範大学
2015/12/28	魯迅と日本文学―夏目漱石から村上春樹まで	藤井省三	東京大学
2015/12/29	アジア視点から見る近代儒商精神―張謇と渋沢栄一の比較	馬敏	華中師範大学

ハルビン商業大学（中国・ハルビン）

創立 1952 年　在校生 27,227 名
初年度講座名　「総合講座：アジアの共同体思想―ビジョン，進捗と苦境」
申請者　康成文
受講生 217 名，奨学生 20 名

2015/4/27	アジア共同体のビジョン	佐藤洋治	ワンアジア財団
2015/6/1	アジア共同体の創成に向って	鄭俊坤	ワンアジア財団
2015/8/19	アジア共同体構築の意義と挑戦	康成文	ハルビン商業大学
	近代黒竜交流域における外国人と僑民研究	楊光	ハルビン商業大学
2015/8/26	東方を向かうシベリア：経済統合の可能性	徐林実	ハルビン商業大学
2015/9/16	国際商務談判における理性思惟	李娟	ハルビン商業大学
2015/9/23	"一帯一路"戦略と北東アジアの経済協力	崔岩	遼寧大学
2015/10/21	釣魚島問題と目下の中日関係	安成日	黒龍江大学
2015/10/28	日清戦争の罠と中日関係の3つの"70年"	武心波	上海外国語大学
2015/11/2	中日関係を考える―制度化の視点から	徐顕芬	華東師範大学
2015/11/3	積極的平和主義とナショナリズムの克服	森川裕二	長崎大学
	近代日本の光と影	葉柳和則	長崎大学
2015/11/4	中日関係の新変化と展望	厖徳良	吉林大学
2015/11/11	中国対外貿易競争力の影響要因分析	朱徳貴	ハルビン商業大学

2015/11/19	東北アジア経済協力の現状と挑戦	笪志剛	黒龍江省社会科学研究院

2 年目講座名 「アジア共同体－域内協力関係の緊密化と課題」 申請者　康成文
受講生 296 名，奨学生 20 名

2016/8/26	アジア共同体—域内協力と課題	康成文	ハルビン商業大学
2016/9/2	日本のベンチャー事情	秦信行	國学院大学
	日本の新規卒業者と有名企業のネットワーク	高橋克秀	國学院大学
2016/9/9	黒竜江省と北東アジア経済協力	笪志剛	黒龍江省社会科学研究院
2016/9/23	現代中国人が見る日本の"虚像"と"実像"	安成日	黒龍江大学
2016/9/30	北東アジアの環境協力と展望	範純	黒龍江大学
2016/10/14	移民とハルビン商業の発展	楊光	ハルビン商業大学
2016/10/21	TPP と東アジア生産ネットワーク	張玉来	南開大学
2016/11/4	〈日本〉本国帰還者と歴史認識	南誠	長崎大学
2016/11/11	東アジア共同体の創成と中日両国の役割	喬林生	南開大学
2016/11/18	社会文化，衛生制作および心理健康の関係分析	馬宏坤	ハルビン商業大学
2016/11/25	戦後日本の急発展の原因分析	徐萍	吉林大学
2016/12/9	邪教：定義原則，形態およびその思考方式の特徴	宋鉄毅	黒竜江省委党校
	隣国文化伝播解析	張世光	"工人日報"社
2016/12/15	アジア共同体の創成に向かって	鄭俊坤	ワンアジア財団

天津外国語大学（中国・天津）

創立 1964 年　在校生 11,000 名
初年度講座名　「アジア共同体の構築と朝鮮半島をめぐる国際関係」
申請者　修剛
受講生 110 名，奨学生 20 名

2015/9/7	東アジア共同体とその可能性	李鋼哲	北陸大学
2015/9/18	中国が対外関係で直面する情勢と課題	賈庆国	北京大学
2015/9/25	この 70 年間の日本	武心波	上海外国語大学
2015/10/9	「一帯一路」の発展と言語戦略	王銘玉	天津外国語大学
2015/10/16	習近平時代の対朝政策	鄭継永	復旦大学
2015/10/20	解読に関する課題	西岡省二	毎日新聞
2015/10/31	アジア共同体を構築する目的	鄭俊坤	ワンアジア財団

2015/11/3	現在の安全保障情勢と中国外交	呉志成	南開大学
2015/11/11	気候に関する協力：中国とアメリカによる新型大国関係構築の架け橋	李強	天津外国語大学
2015/11/13	中韓関係の現状：評価と展望	姜龍範	天津外国語大学
2015/11/18	インターネットが政策意思決定を変えた過程	白君竹	ジョージ・ワシントン大学
2015/11/20	「大陸政策」から「海洋国家」への構想	呂耀東	中国社会科学院
2015/11/27	中日関係における釣魚島問題	劉江永	清華大学
2015/12/18	多文化交流の視点から見たアジアの一体化	修剛	天津外国語大学
	朝鮮半島の平和的統一と中国	李基東	韓国国家安保戦略研究所
2015/12/28	世界は一体化へと向かう	佐藤洋治	ワンアジア財団

2 年目講座名　「激変する東北アジア情勢とアジア共同体の構築」
申請者　修剛
受講生 100 名，奨学生 20 名

2016/9/9	民間交流を通してとアジア諸国の共同体	修綱	天津外国大学
2016/9/16	中日文化交流と東アジア共同体の構築	徐冰	東北師範大学
2016/6/23	近代以降日本文明観の変遷と東北アジアの文明統合	楊棟梁	南開大学
2016/9/28	アジア共同体構築における経済協力の役割	安成日	黒竜江大学
2016/10/14	宗教思想とアジア共同体	金勲	北京大学
2016/10/21	金正恩時代の北朝鮮政治過程	李春虎	上海外国語大学
2016/10/28	北朝鮮訪問談	伊集院敦	日本経済研究センター
2016/11/4	北朝鮮の変化と東北アジア情勢	武貞秀士	拓殖大学
2016/11/11	朝鮮半島統一環境の変化	孫基雄	韓国統一研究院
2016/11/18	アジア共同体の現実と苦境	李基東	韓国国家安保戦略研究院
2016/11/25	日本の政治右翼化とアジア共同体	鄭俊坤	ワンアジア財団
2016/12/2	アジアは結局一つになる	佐藤洋治	ワンアジア財団

国立台中科技大学（台湾・台中）
創立 1919 年　在校生 210,215 名
初年度講座名「アジアの企業経営と文化交流―アジア共同体の形成に向けて」
申請者 黎立仁
受講生 128 名，奨学生 20 名

2015/9/15	東アジアの企業経営と文化交流の現状と展望	黎立仁	国立台中科技大学
		李嗣堯	国立台中科技大学
2015/9/22	日本の国際教育と外国人留学生受け入れ政策	楊武勲	国立暨南国際大学
2015/9/29	アジアにおける人材育成と技術移転	佐土井有里	名城大学
2015/10/6	安倍政権下における日本の再生戦略	蔡錫勲	淡江大学
2015/10/13	やがて世界は一つになる	佐藤洋治	ワンアジア財団
2015/10/20	アジア共同体：日本経済とアジア経済	劉慶瑞	輔仁大学
2015/10/27	日本の貿易自由化と東アジア	阿部顕三	大阪大学
2015/11/3	東アジアにおける経済協力の進展のために	小倉明浩	滋賀大学
2015/11/17	東アジア共同体と安全保障	何思慎	輔仁大学
2015/11/24	日本の企業システムと東アジア	清水剛	東京大学
2015/12/1	東アジアにおける持続可能な開発に向けた環境政策とエネルギー安全保障：日本の経験から	陳禮俊	山口大学
2015/12/8	言語文字と文化的饗宴	蘇定東	外務省事務局翻訳組
2015/12/15	東アジア共同体と日本経済	下谷政弘	福井県立大学
2015/12/22	日本とアジアの文化交流〜交流協会と日本国際交流基金会の活動から	塩澤雅代	日本交流協会台北事務所
2015/12/29	東アジアの貿易分業ネットワークからみる企業間の協力と競争	呉銀澤	育達科技大学
2016/1/5	いま，なぜアジア共同体なのか	鄭俊坤	ワンアジア財団

2 年目講座名「アジアの企業経営と文化交流－アジア共同体の形成に向けて－」
申請者 黎立仁
受講生 150 名，奨学生 20 名

2016/9/13	アジアの企業経営と文化交流の現状と展望	黎立仁	国立台中科技大学
		李嗣堯	国立台中科技大学
2016/9/20	アイデンティティの苦境とアジア共同体の未来	蔡東杰	国立中興大学
2016/10/4	アジアにおける日本企業の経営実態と人材育成	吉岡大雅	旭硝子顕示玻璃股份有限公司

2016/10/11	日本の外国人留学生政策と奨学金制度	楊武勲	国立暨南国際大学
2016/10/18	日台企業間協働の持続的発展：共創型提携の展望	呉銀澤	育達科技大学
2016/10/25	日本の企業システムと東アジア	清水剛	東京大学
2016/11/1	日本企業的国際経営	張家瑜	台湾優衣庫有限公司
2016/11/15	台湾におけるモノづくり革新と日台連携	劉仁傑	東海大学
2016/11/22	日本の貿易自由化と東アジア	阿部顕三	大阪大学
2016/11/29	アジアにおける人材育成と技術移転	佐土井有里	名城大学
2016/12/6	外交関係で通訳官が果たした役割	蘇定東	外務省事務局翻訳組
2016/12/13	亜洲共同体：日本と東亜的経済関係	劉慶瑞	輔仁大学
2016/12/27	カンボジアの教育・文化と人々の暮らし・社会の変化	ロイ・レスミー	王立プノンペン大学
2017/1/3	歴史・文化を通じた相互理解とアジア共同体の形成	徐興慶	台湾大学
2017/1/4	やがて世界は一つになる	佐藤洋治	ワンアジア財団

文藻外語大学（台湾・高雄）

創立 1966 年　在校生 9,263 名
初年度講座名　「アジア共同体と言語・文化・消費」　申請者　林淑丹
受講生 189 名，奨学生 20 名

2016/2/22	アジア共同体について	林淑丹	文藻外語大学
2016/3/7	活用哲学	苑舉正	国立台湾大学
2016/3/14	芸術とその晩年	三松幸雄	明治大学
2016/3/21	若い世代による社会革新―台湾と日本での経験	陳東升	国立台湾大学
2016/3/28	アジアをどのように理解するのか？「アジア共同体」を構築する目的	李鋼哲	北陸大学
2016/4/11	日本における近代消費者文化の誕生と「モダン・ガール」	前島志保	東京大学
2016/4/18	グローバルな時代における教育：東と西の邂逅	當作靖彦	カリフォルニア大学
2016/4/25	我々のアジア共同体における言語・文化・消費	Daniel Long	首都大学東京
2016/5/2	近代東アジア世界の形成と漢字圏	齋藤希史	東京大学

2016/5/9	韓国の消費者と市場	Kim Kyungja	韓国カトリック大学
2016/5/21	元日本兵の帰郷	西成彦	立命館大学
	台湾で生まれ，日本で書く	東山彰良	
2016/5/23	アジア・太平洋の漫画	張淑麗	成功大学
2016/6/6	日本の外国人留学生政策と奨学金制度	楊武勲	国立暨南国際大学
2016/6/13	世界は一つになっていく	佐藤洋治	ワンアジア財団
2016/6/20	まとめ	林淑丹	文藻外語大学

極東国際関係大学（ロシア・ハバロフスク）

創立 1999 年　在校生 470 名
初年度講座名　「アジア共同体の形成」　申請者　タチアナ・ワガノワ
受講生 90 名，奨学生 12 名

2015/9/15	アジア太平洋地域の安全保障問題とロシア外交	Zonova T.V	Moscow State Institute of International Relations
2015/9/16	ASEAN（東南アジア諸国連合）の経済外交—新たな課題	Raynk–hardt–R.O.	Moscow State Institute of International Relations
2015/9/18	東アジア共同体の形成	Bury A.G.	極東国際関係大学
2015/9/21	日本における多文化主義と経済協力	高橋章	日本大学
	アジア共同体論	鄭俊坤	ワンアジア財団
2015/10/19	日露間の貿易と経済関係：過去，現在，未来	吉田進	環日本海経済研究所
2015/10/20	概念の時代への移行：東アジアの指導者たちと，「未来に適応する」認知能力の要求	Luke van der Laan	サザンクイーンズランド大学
2015/11/12	東アジア共同体と，ロシアおよびアジア太平洋諸国に対するその視点	Timosh–enko V.N	パシフィック大学
2015/11/13	東アジア共同体に向けて：ニュージーランドの見方	James Cun–ningham	Pacific International Hotel Management School
2015/11/17	東アジア地域主義の歴史的進化	Zhang Xiaom–ing	北京大学

2015/11/26	アジア太平洋地域における金融統合	Renzin O.M	Economic Research Institute, Far Eastern Branch of the Russian Academy of Sciences
2015/11/27	韓国と極東ロシア	Kim Hyuntaek	韓国外国語大学
2015/12/1	21世紀における極東ロシアの国際経済活動のシナリオ	Zausaev K.V	Far Eastern Scientific Institute of Market Research
2015/12/8	東アジア，北東アジア，中央アジアにおける地域経済統合	中川十郎	名古屋市立大学
	岐路に立つ日本	信達郎	国士舘大学

2年目講座名　「アジアにおける国際秩序の形成」　申請者　タチアナ・ワガノワ
受講生100名，奨学生19名

2016/9/12	日本とロシアの同一性	Nobuo Shimoto-mai	法政大学
2016/9/19	アジアにおける新しい国際秩序の形成	Bury A.G.	極東国際関係大学
2016/9/28	現代のASEAN（東南アジア諸国連合）の政策：戦略と協力	Kanaev E.A.	National research University Moscow
2016/10/4	中国の台頭と東アジア地域秩序の変容	Zhang Xiaoming	北京大学
2016/10/10	日本を取り巻く地域経済統合	信達郎	国士舘大学
2016/10/19	アジアにおける地域経済統合	Kuchuck V.V.	Economic Research Institute, Far Eastern Branch of the Russian Academy of Sciences
2016/11/2	韓国のユーラシアに対する取り組みおよびロシアとの協力	Jae–Young Lee	Korean Euroasian initiative and cooperation with Russia

資料1　アジア共同体講座のシラバス　295

2016/11/14	北アジア諸国における新潮流	吉田進	環日本海経済研究所
2016/11/16	単なる可能性が，新しく蓋然性に変わる：新しい指導力	Luke van der Laan	サザンクイーンズランド大学
2016/11/24	アジア諸国の経済協力とアジアの国際秩序	Renzin O.M	Economic Research Institute, Far Eastern Branch of the Russian Academy of Sciences
2016/11/28	ワンアジア財団の発展の展望に関する情報	西塚英和	ワンアジア財団
	プロジェクトの修了式	Kuchuck V.V.	Economic Research Institute, Far Eastern Branch of the Russian Academy of Sciences
		Bury A.G.	極東国際関係大学
		西塚英和	ワンアジア財団

龍谷大学（日本・龍谷大学）

創立 1639 年　在校生 19,539 名
初年度講座名　「アジア共同体の創成に向けての国民国家を超えたグローバル観」
申請者　李洙任
受講生 350 名，奨学生 13 名

2016/9/20	e ラーニングの利用で代講		
2016/9/27	講義概要および講義ガイダンス，東アジアの基礎知識，安重根遺墨の所蔵等	李洙任	龍谷大学
2016/10/4	安重根・東洋平和論とカント・永遠平和論	牧野英二	法政大学
2016/10/11	安重根の遺墨（レプリカ）閲覧—筆跡から感じること—	重本直利	龍谷大学
	戦後補償問題からのアプローチⅠ：強制連行企業，過去との対話	重本直利	龍谷大学
2016/10/25	戦後補償問題からのアプローチⅡ：強制連行企業，過去との対話	李洙任	龍谷大学
2016/11/1	安重根と千葉十七の友情：遺墨を介しての日本人との越境的対話	李洙任	龍谷大学

2016/11/8	安重根の汎アジア主義と日本の朝鮮学校のトランスナショナルな類似点について	スーザン・メナデュー・チョン	立教大学
2016/11/15	東アジアの未来のために必要なこと	中田光信	日鉄裁判支援する会
2016/11/22	日本の主要新聞による『北朝鮮』認識についての研究	森類臣	立命館大学
2016/11/29	日本人が韓国でフリーハグをしてみた	桑原巧一	民間企業
2016/12/6	明治期東西本願寺教団における朝鮮布教の濫觴	平田厚志	龍谷大学
2016/12/13	歴史認識問題，人権からのアプローチ	戸塚悦郎	龍谷大学元教授
2016/12/20	玄界灘を挟んで EU の卵を！	田中宏	一橋大学
2017/1/10	韓国は今，民主主義と脱刻への道	金海蒼	慶星大学
2017/1/17	アジア共同体の創成について	佐藤洋治	ワンアジア財団

中央大学（韓国・ソウル）

創立 1916 年　在校生 289,279 名
初年度講座名　「アジア共同体論：青年，未来そして教養教育」　申請者　韓秀暎
受講生 250 名，奨学生 25 名

2016/3/8	青春の不安を映し出す鏡，尹東柱	韓秀暎	中央大学 / 教養大学
2016/3/15	青春のための自由と勇気	李珍景	ソウル科学技術大学
2016/3/22	東アジアの歴史と青年，「青年よ，我が青年よ」	李基勳	延世大学
2016/3/29	東洋の大同思想とユートピア的思惟	李演都	中央大学
2016/4/5	ヒーリングをこえてファイティングへ ニーチェの運命愛と運七枝三の世界	崔淳永	西原大学
2016/4/12	絶望の国家日本で熱い「インヨ」として生きること	沈雅亭	研究共同体スユノモN
2016/4/19	東アジアを勉強すること　東アジア人になっていくこと	尹汝一	国立済州大学
2016/4/26	青春のエッセイ—EXAM	李俞美	中央大学
2016/5/3	「一生の仕事」を探すための青年の質問	金珉泰	韓国教育放送（EBS）
2016/5/10	未来を拓くＩＴ融合想像力	金鎮澤	浦港工科大学
2016/5/17	29歳，青春挑戦記　環境運動，平和運動	柳世和	環境運動団体　地球人

2016/5/24	アジア的災難と安全共同体	金暎根	高麗大学
2016/5/31	アジア女性と社会的企業	李知慧	社会的企業ＯＹＯＲＩ　ＡＳＩＡ
2016/6/7	今なぜアジア共同体なのか	鄭俊坤	ワンアジア財団
2016/6/14	アジア青年フォーラム	呉昶銀	中央大学

梨花女子大学（韓国・ソウル）

創立 1886 年　在校生 21,046 名
初年度講座名　「アジア文化共同体の理解」　申請者　沈小喜
受講生 115 名，奨学生 20 名

2016/3/4	東アジアの文化交流	沈小喜	梨花女子大学
2016/3/11	今，なぜアジア共同体論なのか？	鄭俊坤	ワンアジア財団
2016/3/18	近代日本のアジア主義とアジア共同体	榎本泰子	中央大学（日本）
2016/3/25	アジア共同体の課題と展望	金香淑	目白大学
2016/4/1	漢字と想像力の問題	許世道	ソウル大学
2016/4/8	東アジア文化の原型を求めて	鄭在書	梨花女子大学
2016/4/15	東アジア共同体のための比較文化論	金光憶	ソウル大学
2016/4/22	東西文化遺産踏査	朴慶哲	安東新世界クリニック
2016/4/29	東アジア政治文化比較	李鴻泳	バークレー大学
2016/5/6	超国家的アジアのネットワーキング	朴在光	株式会社ＳＫ
2016/5/13	アジア女性学と女性教育	張必和	梨花女子大学
2016/5/20	中国的家父長制の歴史と今日，そして変化する女性の行動	杜芳琴	天津師範大学
2016/5/27	アジア原理主義の考え方	孫歌	中国社会科学院
2016/6/3	日本のネオリベ改革とジェンダーに対する影響	上野千鶴子	東京大学
2016/6/10	やがて世界は一つになる	佐藤洋治	ワンアジア財団

国立江原大学（韓国・春川）

創立 1947 年　在校生 38,000 名
初年度講座名　「アジア共同体論特別講座」　申請者　兪成善
受講生 112 名，奨学生 20 名

2016/3/10	東洋哲学から考える東アジア	兪成善	国立江原大学
2016/3/14	中央アジアとアジア	李愛俐娥	早稲田大学
2016/3/21	Neo–Confucianism の大同と東アジア仁の共同体	辛炫承	尚志大学
2016/3/31	東アジア三国の相互認識に関する例証	囁友軍	浙江工商大学

2016/4/7	台湾から中華文明・中華意識を考える—台湾の少数民族に関する政策と状況を視野に入れて	田世民	台湾淡江大学
2016/4/14	東アジアをどう理解してきたのか	李基原	国立江原大学
2016/4/28	東アジア文化資源としての「春香」の物語	呉敏	華東政法大学
2016/5/2	今，なぜアジア共同体なのか	鄭俊坤	ワンアジア財団
2016/5/12	アジア的寛容—インドと韓国を通して考えるアジア的配慮と疎通の問題	Sanjay Kumar	ネール大学
2016/5/26	「アジア」論の分析と再構築—意識形態としてのアジア	金俊	浙江樹人大学
2016/5/30	21世紀韓国人のidentityと人文教育の関連性に関する治癒的接近	金善姫	国立江原大学
2016/6/2	東アジア的治癒とはなにか	You Junguun	国立江原大学
2016/6/9	申師任堂家の孝行観から考える東アジア	兪成善	国立江原大学

大連外国語大学（中国・大連）

創立 1964 年　在校生 14,000 名
初年度講座名　「アジア共同体における環境共生と環境倫理」　申請者　劉利国
受講生 40 名，奨学生 8 名

2015/8/28	アジア共同体の展開	鄭俊坤	ワンアジア財団
2015/9/4	アジア共同体における環境倫理観	劉利国	大連外国語大学
2015/9/11	アジア共同体における環境生態文学	陳岩	大連外国語大学
2015/9/18	アジア共同体における共同体構築意識の育成	張淑英	大連民族大学
2015/9/25	アジア共同体における経済発展と環境保護の現状	石龍譚	山口大学
2015/10/9	アジア共同体における日本の環境保護政策	王惠賢	大連外国語大学
2015/10/16	アジア共同体における環境保護意識の改善	曲維	遼寧師範大学
2015/10/23	アジア共同体における多民族・多文化共生の可能性と課題	金山	海南大学
2015/10/30	アジア共同体における環境意識の共有	戦慶勝	鹿児島国際大学
2015/11/6	アジア共同体における中国の環境問題	佐藤寛	中央学院大学
2015/11/13	アジア共同体におけるグローバル的環境意識と倫理の育成	于飛	大連外国語大学

資料 1　アジア共同体講座のシラバス　299

2015/11/20	アジア共同体におけるエコロジーとライフスタイル	李長波	同志社大学
2015/11/27	アジア共同体における環境社会学の展開	社鳳剛	大連理工大学
2015/12/4	アジア共同体における水循環と流域環境	方愛郷	東北財形大学
2015/12/11	アジア共同体論	佐藤洋治	ワンアジア財団

2 年目講座名 「アジア共同体における環境共生と環境理論」 申請者 劉利国
受講生 57 名，奨学生 13 名

2016/9/6	アジア共同体における環境社会学の展開	石川守	拓殖大学
2016/9/7	アジア共同体における環境倫理観	劉利国	大連外国語大学
2016/9/9	アジア共同体における日本の環境保護対策	外園幸一	鹿児島国際大学
2016/9/14	アジア共同体における環境生態文学	陳岩	大連外国語大学
2016/9/21	アジア共同体における環境保護意識の改善	曲維	遼寧師範大学
2016/10/26	アジア共同体における漢字の問題	于飛	大連外国語大学
2016/11/4	環境と法	石龍譚	山口大学
2016/11/9	アジア共同体におけるグローバル的環境意識と倫理の育成	于洋	城西大学
2016/11/16	アジア共同体における環境意識の共有	戦慶勝	鹿児島国際大学
2016/11/21	アジア共同体における水循環と流域環境	岡本輝代志	岡山商科大学
2016/11/30	アジア共同体におけるエコロジーとライフスタイル	李長波	同志社大学
2016/12/7	アジア共同体の展開	鄭俊坤	ワンアジア財団
2016/12/14	アジア共同体における共同体構築意識の育成	張淑英	大連民族大学
2016/12/21	多元文化共生的可能性与課題	金山	海南大学
2016/12/28	アジア共同体における中国の環境問題	佐藤寛	中央学院大学

湖南大学（中国・長沙）

創立 1926 年 在校生 34,800 名
初年度講座名 「アジア共同体論 - 信頼醸成のための法的基盤整備」
申請者 白巴根
受講生 119 名，奨学生 20 名

2015/10/8	ＷＴＯとＴＰＰ	白巴根	湖南大学（中国）

2015/10/15	中国古代憲法と湖湘文化	杜鋼建	湖南大学（中国）
2015/10/22	古代マレーシアと中国の文化古流	杜鋼建	湖南大学（中国）
2015/10/31	日本の暴力団組織の取締と課題	角田猛之	関西大学
2015/11/11	特許連盟の組織と運営問題	田衛平	ＣＴＵ会社
2015/11/18	知的財産権と金融問題	劉石明	深セン科学技術局
2015/11/25	知的財産権の資産評価問題	劉伍堂	連城資産評価会社
2015/12/14	やがて世界は一つになる	佐藤洋治	ワンアジア財団
2015/12/17	ＷＴＯと知的財産権問題	張月嬌	世界貿易機関ＤＳＢ
2015/12/18	特許運営と科学技術の実用化	張平	北京大学
	自由貿易体制の最新動向と国際競争	白巴根	湖南大学（中国）
2015/12/21	歴史認識問題	許寿童	三亜学院
2015/12/25	ＷＴＯＴＰＰと世界貿易ガバナンスの将来	中川淳司	東京大学

ローマ大学サピエンツァ校（イタリア・ローマ）

創立 1303 年　在校生 69,466 名
初年度講座名「ヨーロッパにおけるアジア共同体」
申請者　アントネッタ・ルチア・ブルーノ
受講生 80 名

2015/10/19	国境を越える共同体の創造：挑戦（講義では一般的な歴史について紹介した）	アントネッタ・ブルーノ	ローマ大学サピエンツァ校
2015/10/23	アジアにおける共同体構築への動き：東アジア（北東アジアと東南アジア）および中央アジア	金裕殷	漢陽大学
2015/10/26	東アジアにおける地域統合の現状と展望		
2015/11/6	20 世紀以前，中国・朝鮮・日本間の初期の貿易	Kent Deng	ロンドン・スクール・オブ・エコノミクス
2015/11/9	20 世紀の中国・朝鮮半島・日本における経済成長・発展と経済協力		
2015/11/13	中国にとっての西アジアと北アフリカ：北アフリカと中東における北京の役割，講義 1	Enrico Fardella	北京大学歴史学部
2015/11/16	中国にとっての西アジアと北アフリカ：北アフリカと中東における北京の役割，講義 2		

2015/11/20	東アジアにおける三国間安全保障協力：ユートピアか，具体的な可能性か	Antonio Fiori	ボローニャ大学
2015/11/23	北東アジアにおけるエネルギー協力の地政学		
2015/12/4	歴史とアジア共同体：1592〜1598 年の東アジア戦争：戦前と戦後の日本・朝鮮・中国	James Lewis	オックスフォード大学
2015/12/7	歴史とアジア共同体：1592〜1599 年の東アジア戦争：戦時と戦後の日本・朝鮮・中国		
2015/12/11	米国の「アジアに軸を置く（Pivot in Asia)」方針は，北東アジア諸国にとって何を意味するか	Rosella Ideo	トリエステ大学
2015/12/14	朝鮮半島，中国，日本の視点で見るアジアの植民地主義		
2015/12/18	韓国社会と統一：より若い世代の認識を見る	Guiiseppina De Nicola	ローマ大学サピエンツァ校
2016/3/2	アジア共同体の繁栄とアイデンティティについて	佐藤洋治	ワンアジア財団

2 年目講座名「ヨーロッパにおけるアジア共同体」
申請者　アントネッタ・ルチア・ブルーノ
受講生 90 名

2016/10/6	アジアのメディア社会における宗教言語のコード切り替え	アントネッタ・ブルーノ	サピエンツァ校イタリア東洋研究所
2016/10/13	韓国のキリスト教とアジア共同体の福音メディア	Harkness Nickolas	ハーバード大学
2016/10/20	越境文化制作と東アジアの国家的物語：アジア共同体の一例としての韓国ポップカルチャー	Jang Soohyun	光雲大学
2016/10/27	北東インドにおける韓流を通じてのアジア共同体スペースの創設	Mara Matta	サピエンツァ校
2016/11/3	ナショナル・ジオグラフィックによるアジア拝見：朝鮮の事例	Kim Young Hun	梨花女子大学国際研究大学院
2016/11/10	アジア共同体の面影：現代ラオスにおけるベトナム戦争の形跡	Paolo Barberi	伊フェラーラ大学

2016/11/17	韓流をつうじての，韓国とアジア諸国の文化交流	Yang Yong Kyun	韓国学中央研究院
2016/11/24	アジア共同体の歴史的観点における朝鮮の"国"とナショナリズム	Carter J. Ecker	ハーバード大学
2016/12/1	高句麗壁画図像分析における新見解とアジア共同体の出会い	Andrea De Benedit-tis	ヴェネツィア大学
2016/12/15	朝鮮古代史における文化流入/多文化：百済ソソノ女王の研究事例	Young-soon Kim	仁荷大学
2016/12/22	ソリンギ将軍と Caule について	Maurizio Riotto	ナポリ大学東洋研究所
2017/3/2	アジア共同体の視点からする日本アニメ	Maria Roberta	ヴェネツィア大学
2017/3/9	中国都市化の現場研究，アジア共同体の反射性を高めるメディアと技術	Valentina Anzoise	ヴェネツィア大学
2017/3/16	大局的に見た習近平とアジア共同体にとっての意味	Hugo de Burgh	ウェストミンスター大学中国メディアセンター
2017/3/23	東アジア世界秩序の解消とアジアのアイデンティティ：外因性・内因性のパースペクティブ	Rosa Caroli	ヴェネツィア大学
2017/3/30	アジア人として	鄭俊坤	ワンアジア財団

アラバエワ記念キルギス大学（キルギス・ビシュケク）

創立 1952 年　在校生 17,000 名
初年度講座名　「アジア共同体形成の展望と課題」
申請者　ジュルディズ・バカショワ
受講生 44 名，奨学生 9 名

2015/9/4	「アジア共同体」をよりよく理解するための導入	ジュルディズ・バカショワ	アラバエワ記念キルギス大学
2015/9/9	グローバリゼーションと地域統合（欧州連合の経験を基に）		
2015/9/16	「アジア共同体」に関する議論の歴史的考察		
2015/9/23	エネルギーと資源に関する協力	Maksat Kobon-baev	Eurasian Institute of International Relations

2015/9/30	アジアにおける人口移動と社会生活の変化による共同体精神の変容	Alisher Abidjanov	National University of Uzbekistan
2015/10/7	キルギスタンとアジア共同体	ジュルディズ・バカショワ	アラバエワ記念キルギス大学
2015/10/14	中央アジア地域統合と，主権に関する言説	Talaibek Koichumanov	Kyrgyz Russian Slavic University
2015/10/21	東洋の文明と，それが中央アジア諸国の近代化に対して有する影響力	ダミール・D・アサノフ	キルギス国立大学
2015/10/28	アジア共同体の確立に対する中国・朝鮮半島・日本の役割	Baktybek Asanov	Eurasian Institute of International Relations
2015/11/4	現代の世界的な近代化過程における東洋文明の役割	Maksat Kobonbaev	Eurasian Institute of International Relations
2015/11/18	上海協力機構（SCO）：経験，実践，展望	Talaibek Koichumanov	Kyrgyz Russian Slavic University
2015/11/25	アジア共同体の統合過程における，プーチン大統領のユーラシア統合への取り組み	T. Tchoroev	
2015/12/2	アジア諸国の発展に対する大シルクロードの影響	Talaibek Koichumanov	Kyrgyz Russian Slavic University
2015/12/9	実業界から見たアジア共同体	Maksat Kobonbaev	Eurasian Institute of International Relations
2015/12/16	宗教界から見たアジア共同体	Syrtbai Musaev	Kyrgyz National State University named after Arabaev
2015/12/23	現代の中央アジア諸国と東南アジア諸国との経済協力	Maksat Kobonbaev	Eurasian Institute of International Relations
2015/12/30	アジア共同体の形成過程におけるイスラームの役割	ジュルディズ・バカショワ	アラバエワ記念キルギス大学

2016/2/3	アジアにおける文化的・個人的交流の拡大	ダミール・D・アサノフ	キルギス国立大学
2016/2/10	アジア諸国間に文化的・政治的・経済的な橋を架ける際の原則	Talaibek Koichu-manov	Kyrgyz Russian Slavic University
2016/2/17	現代の中央アジア諸国と東南アジア諸国との政治協力		
2016/2/24	アジア共同体の統合過程における交通基盤	Maksat Kobon-baev	Eurasian Institute of International Relations
2016/3/3	アジアの人々の文化間の相互影響	Syrtbai Musaev	Kyrgyz National State University named after Arabaev
2016/3/10	アジア共同体とアジアの共通言語		
2016/3/17	アジアの協調的発展と中国の役割	Maksat Kobon-baev	Eurasian Institute of International Relations
2016/3/24	アジアにおける ASEAN（東南アジア諸国連合）の役割		
2016/3/31	「中央アジア + 日本」の取り組み	Baktybek Asanov	Eurasian Institute of International Relations
2016/4/7	日本の対外直接投資とアジアの経済発展		
2016/4/14	異文化理解を促進する手段として観光を考える	Maksat Kobon-baev	Eurasian Institute of International Relations
2016/4/21	アジア諸国に対するキルギスタンの戦略	Talaibek Koichu-manov	Kyrgyz Russian Slavic University
2016/4/28	キルギスタンの視点から見たアジア共同体	ジュルディズ・バカショワ	アラバエワ記念キルギス大学
2016/5/12	アジア共同体の形成における課題：過去，現在，未来		

コンゴ・カトリック大学（コンゴ民主共和国・キンシャサ）
創立 1957 年　在校生 4,500 名
初年度講座名　「アジア共同体における文化と宗教の役割」
申請者　マタン・ブレムバ
受講生 90 名，奨学生 18 名

2015/10/5–11/6	アジアの哲学とアフリカの哲学	MBAN-DI Alexan-dre	

資料 1　アジア共同体講座のシラバス　305

2015/11/9–12/11	アフリカとアジアの開発理念	MUSWA Mathieu	
2015/11/9–12/11	異文化間対話におけるアフリカ思想。プロセス哲学とその他（アジア，西欧）の文化との関係。近代以後における魅力	ON-GOMBE David	
2015/12 14–1/9	キリスト教と対話するアジアの諸宗教	KUMBE Eleuthere	
2015/12 14–1/9	古代エジプトと私たち，イシス信仰と le culte de Liangombe	MIMBU	
2016/1/9–2/2	伝統的なアフリカ宗教の，アジアの宗教との対話	MWEZE Domi-nique	
2016/1/9–2/2	アフリカと日本の宗教における儀式の意義について	YENDA	
2016/2/23–3/6	アジア・アフリカの諸文化と西欧の諸文化	KAPOP-WE Athanase	
2016/2/23–3/6	アジア由来の信仰に対するアフリカの宗教と思想	BADIBA GA	
2016/4/1–5/29	人的資源の管理とアジアの信仰	BOLIKO Charles	
2016/4/1–5/29	アフリカの国民性とアジアの国民性	MPUKU	
2016/6/1–6/15	アジアと比較しての，アフリカの近代以後のグローバル化	KATIKI-SHI Blaise	
2016/6/1–6/15	アフリカ社会とアジア社会の比較研究	BAAM-BE	
2016/3/10–3/30	現代アジア世界のなかでの日本の近代以後の神道とキリスト教 リーダーシップの挑戦	MUKE-NGE-SHABI Mata	
2016/3/10–3/30	日本への近代以後の西欧文化の影響（明治時代から現代まで）	高橋章	日本大学国際関係学部

北京林業大学（中国・北京）

創立 1952 年　在校生 31,900 名
初年度講座名　「林業資源の保護利用とアジア共同体」　申請者　張暁宇
受講生 160 名，奨学生 20 名

2016/3/11	アジア共同体へのイントロダクションと数学応用	張暁宇	北京林業大学
2016/3/18	アジア共同体と森林成長とモデリング	方青	山形大学
2016/3/25	アジア共同体の必要性	鄭俊坤	ワンアジア財団
2016/4/1	数学の模型の中で多項式恒等式の奥秘	Bruce Reznick	イリノイ州大学
2016/4/8	林化専門研究の焦点と業界の発展の状況	許鳳	北京林業大学
2016/4/15	ミラノ展世界の木製品開発動向	張亜池	北京林業大学
2016/4/22	グローバル視野下構造用木質と構造建築研究応用	高穎	北京林業大学
2016/4/29	林業資源に基づくナノ材料の制備及び応用	雷建都	北京林業大学
2016/5/5	世界の木材加工研究は生産過程で研究現状と応用	伊松林	北京林業大学
2016/5/13	超解像度で見られるように，細部内膜交通のライブイメージング	中野明彦	東京大学
2016/5/20	強化と遺伝的変化の予測可能性の進化	Mark D. Rausher	デューク大学
2016/5/27	土壌微生物の多様性と世界の変化	李香真	中国科学院
2016/6/3	韓中関係の発展から相談アジア共同体の未来	李奎泰	カトリック関東大学
2016/6/8	ロシア林業	Zhigunov Anatolii	サンクトペテルブルク林業科技大学
2016/6/14	やがて世界は一つになる	佐藤洋治	ワンアジア財団

イースタン大学（バングラデシュ・ダッカ）

創立 2003 年　在校生 4,000 名
初年度講座名　「アジア共同体形成への道」
申請者　シャリーフ・ヌルル・アークム
受講生 62 名，奨学生 12 名

2016/1–2016/4	アジア共同体のための地域協力，アジアにおける日本の協力の事例	佐藤正文	嘉悦大学

2016/1–2016/4	タイにとっての ASEAN（東南アジア諸国連合）経済共同体（AEC）	ポーンアノン・N	泰日工業大学
2016/1–2016/4	インドネシアと ASEAN 経済共同体（AEC）	Eko Cahyono	ダルマ・プルサダ大学
2016/1–2016/4	アジア共同体の形成の背後にある単純な論理	シャリール・ヌルル・アークム	イースタン大学
2016/1–2016/4	バングラデシュから見たアジア共同体の発展	Huma-yun Kabir	Former Ambassador People's Republic of Bangladesh
2016/1–2016/4	地理経済学と経済安全保障　バングラデシュ等の新興国が持つ含意	Salehud-din Ahmed	Business School BRAC University
2016/1–2016/4	アジア経済へのバングラデシュの統合	AKM Moazzem Hussain	バングラデシュ・ユニバーシティ・オブ・エンジニアリング・アンド・テクノロジー
2016/1–2016/4	アジア共同体の展望	佐藤洋治	ワンアジア財団

パジャジャラン大学（インドネシア・バンドン）
創立 1957 年　在校生 36,744 名
初年度講座名　「アジア共同体と持続可能なグローバル競争力」
申請者　デデ・マリアナ
受講生 287 名，奨学生 20 名

2016/3/5	オープニングセレモニー・オリエンテーション	Setiawan	インドネシア教育大学
	アジア環境の改善教育	ディアンニ・リスダ	
		Tri Hang-gono Achmad	

2016/3/12	優れた統治とアジアの人材開発	Yudi Chris-nadi	インドネシア国家機構権限委譲・行革省大臣
2016/3/19	アジアの政治風土の解明	Dede Mariana	インドネシア教育大学政治学担当
2016/3/26	アジアの観光業における五面構造概念	Arief Yahya	インドネシア観光省大臣
2016/4/2	グローバル世界におけるアジアの競争力	Armida Alisjah-bana	インドネシア国家計画省前大臣
2016/4/9	アジア諸国の文化間コミュニケーション	Deddy Mulyana	インドネシア教育大学通信科学部長
2016/4/16	アジアの人権問題	Bagir Manan	インドネシア最高裁判所前判事
2016/4/23	生物の多様性を通じたアジア共同体開発	Andri Sumary-adi	駐日インドネシア大使館林業部門
2016/4/30	アジアの現況における紛争解決	Huala Adolf	インドネシア教育大学国際法担当
2016/5/7	言語教育によるアジア共同体の形成	ディアンニ・リスダ	インドネシア教育大学
2016/5/14	共通の目標追求のためのアジア共同体の重要性	鄭俊坤	ワンアジア財団首席研究員
2016/5/21	アジアの国際関係	高橋章	日本大学国際関係学部
2016/5/28	アジア的環境における経営の多様性	李洙任	龍谷大学経営学部
2016/6/4	（無題）	Drl Olga	ロシア
2016/6/11	（無題）	楊武勲	国立暨南国際大学
2016/6/18	講義・クロージングセレモニー	佐藤洋治	ワンアジア財団

聖公会大学（韓国・ソウル）
創立 1914 年　在校生 3,500 名
初年度講座名　「アジア共同体論」　申請者　李贊洙
受講生 82 名，奨学生 16 名

2016/3/3	オリエンテーション	李贊洙	聖公会大学
2016/3/10	今，なぜアジア共同体なのか	鄭俊坤	ワンアジア財団
2016/3/17	東アジア平和共同体の構築	真田芳憲	中央大学

2016/3/24	東アジア共同体の形成のための文化的共通性	佐々充昭	立命館大学
2016/3/31	アジア神学者にアジアとは何か	權鎮琯	聖公会大学
2016/4/7	東アジア経済協力のレジーム：ASEAN+3 を向けて	金永完	山東大学
2016/4/14	新儒教主義と大同	辛炫承	尚志大学
2016/4/21	国境を越えたアジア：中国の朝鮮族の歴史と現住所	嚴海玉	延辺大学
2016/4/28	アジア共同体とアジア神学 / 中間試験期間	金恩圭	聖公会大学
		李贊洙	聖公会大学
2016/5/12	全琫準と田中正造の公共的生涯：韓国と日本の近代	朴孟洙	円光大学
2016/5/19	韓国と日本の共通性	Eamon Adams	Ireland St.Columban Mission Society
2016/5/26	アジア言説の構造と再構成	金俊	浙江工商大学
2016/6/2	北韓と韓国：韓半島の統一の為に	金炳魯	ソウル大学
2016/6/9	やがて世界は一つになる / 奨学金授与式	佐藤洋治	ワンアジア財団
2016/6/16	総括講演：平和共同体は可能か	李贊洙	聖公会大学

東京理科大学（日本・千葉県）

創立 1881 年　在校生 19,653 名
初年度講座名　「特別講座建築から考えるアジア共同体－アジア各国の建築文化・歴史・最新研究動向を通じて－」申請者　ペ・ソンチョル
受講生 204 名

2016/4/8	ガイダンス，アジア共同体概論－ワンアジアは可能か－	鄭俊坤	ワンアジア財団
2016/4/15	アジア共同体概論－法学・政治で考えるアジア共同体－	金汝善	国立済州大学
		梁永哲	国立済州大学
2016/4/22	アジア人の住みやすい現代建築	国広ジョージ	国士舘大学
2016/4/29	建築史から考えるアジアの歴史	山名善之	東京理科大学
2016/5/6	アジア各国の現代建築設計	迫慶一郎	舎 SAKO 建築設計工舎
2016/5/13	アジアの環境を考えた建築環境およ設備	林憲徳	成功大学
2016/5/20	アジア共同体のためのエンジニアの役割	曲哲	中国地震局工程力学研究所
2016/5/27	アジア各国の建築構造設計について	崔瑶	大連理工大学

2016/6/3	アジア各国の伝統建築概論	Ra-chaporn Chooch-uey	Chulalongkorn University
2016/6/10	環境に優しいアジア建築材料	安ジェチョル	東亜大学
2016/6/17	アジアにおける建築耐震構造設計の共同研究動向	佐藤大樹	東京工業大学
2016/6/24	バンコクの都市デザイン・都市開発	Niramon Kulsri-sombat	Chulalongkorn University
2016/7/1	アジアの環境を考慮した建築材料開発	朴キボン	Kangwon University
2016/7/8	アジア各国の耐震構造の研究動向	蒲武川	武漢理工大学
2016/7/15	アジア共同体の創設と展望	佐藤洋治	ワンアジア財団

西九州大学（日本・佐賀県）
創立 1946 年　在校生 1,700 名
初年度講座名　「アジア共同体創成」　申請者　向井常博
受講生 99 名，奨学生 20 名

2016/9/28	アジア共同体創成をアジア人財育成	田中豊治	西九州大学
	西九州大学の国際化戦略と 100 年ビジョン	向井常博	西九州大学
	アジア共同体創成への学問	金哲	安徽三聯学院
2016/10/5	教育のグローバル化と大学のミッション	長谷川照	
2016/10/12	地方創生時代における地域と大学	松本茂幸	神埼市役所
2016/10/19	ワンアジア財団のビジョンとマイドリーム	佐藤洋治	ワンアジア財団
2016/10/26	教育のグローバル化	張韓模	佐賀大学
2016/11/2	アジアコミュニティの可能性と条件	石川捷治	久留米大学
2016/11/9	日本型社会福祉モデルとアジア福祉国家モデルの新たな可能性	古川孝順	西九州大学
2016/11/16	タイにおける日本人コミュニティ	パンセク・アントゥラスク	ブラパー大学
2016/11/26	アジア若者フォーラム：アジア若者のサブカルチャーと心身の健康		

2016/12/07	グローバルトレンドと日本のアジア外交政策	須藤季夫	南山大学
2016/12/14	東アジア社会の高齢化問題と家族コミュニティの変容	清水浩昭	日本大学
2016/12/21	日中関係〜中国から見た日本〜	孫勝強	厦門大学
2017/1/11	コミュニティ人間教育	谷口仁史	NPO スチュデント・サポート・フェイス
2017/1/21	国際シンポジウム：「アジアの時代における健康福祉プロフェッショナル人財育成」	炭谷茂	
		福岡資麿	
		日野稔邦	
		趙文基	
		冨永健司	
		岩本昌樹	
		滝口真	
2017/1/25	いま，なぜアジア共同体なのか	鄭俊坤	ワンアジア財団

福島大学（日本・福島県）

創立 1949 年　在校生 4,388 名
初年度講座名　「アジア共同体構想と地域協力の展開」　申請者　朱永浩
受講生 97 名，奨学生 10 名

2016/4/13	イントロダクション	朱永浩	福島大学
2016/4/20	いま，なぜアジア共同体なのか	鄭俊坤	ワンアジア財団
2016/4/27	グローバル時代のなかのアジア共同体構想	小林尚朗	明治大学
2016/5/11	コリアン・ディアスポラと東アジア共同体	権寧俊	新潟県立大学
2016/5/18	ASEAN の経済共同体の創設と東アジア共同体	石川幸一	亜細亜大学
2016/5/25	構造転換のアジアとアジア共同体	平川均	国士舘大学
2016/6/1	東アジア共同体とインフラ整備	李紅梅	吉林大学
2016/6/8	アジアの経済交流を支える国際物流	新井洋史	環日本海経済研究所
2016/6/15	東アジア共用漢字から見た 3 カ国（日中韓）の文化	姜允玉	明知大学
2016/6/22	アジアにおける移民・国際労働移動	佐野孝治	福島大学
2016/6/29	近代日朝関係史からみる東アジア共同体の可能性	伊藤俊介	福島大学

2016/7/6	現代北朝鮮問題の理解と東アジア共同体	宋政滸	又石大学
2016/7/13	東アジア共同体に向けて：中日関係改善及び協力に関する思考と提案	笪志剛	黒龍江省社会科学研究院
2016/7/20	やがて世界は一つになる	佐藤洋治	ワンアジア財団
2016/7/27	まとめ：アジア共同体構想と地域協力の展開	朱永浩	福島大学

九州国際大学（日本・福岡県）
創立 1947 年　在校生 1,772 名
初年度講座名　「特別講座アジア共同体論 – 市民交流の視点から – 」
申請者　木村貴
受講生 108 名，奨学生 20 名

2016/4/15	ガイダンス，北九州から見たアジアとの共生	木村貴	九州国際大学
2016/4/22	なぜ私たちはアジア共同体を作るべきなのか	金汝善	国立済州大学
2016/5/6	市民社会におけるアジア相互交流と国際協力	藤井大輔	九州国際大学
2016/5/13	地方自治を通じたアジア共同体の可能性	崔祐溶	東亜大学（韓国）
2016/5/20	やがて世界は一つになる	佐藤洋治	ワンアジア財団
2016/5/27	ベトナム戦争と朝鮮半島：目標は達成されたのか？	朴泰均	ソウル大学
2016/6/3	東アジア地域主義と「アジア共同体」の可能性	加藤和英	九州国際大学
2016/6/10	福岡と釜山の国際的民間交流	崔永鎬	霊山大学
2016/6/17	共生するコミュニティに向けて	池直美	北海道大学
2016/6/24	中央アジアとアジア	李愛俐娥	早稲田大学
2016/7/1	アジアにおける日本の若者の国際交流活動	黄女玲	高雄餐旅大学
2016/7/8	ボーダツーリズム（国境観光）を通してみたアジア共同体論	花松泰倫	九州大学
2016/7/15	アジア共同体論—フィリピンの呪術的世界から	東賢太朗	名古屋大学
2016/7/22	中日韓女性労働の比較	張抗私	東北財経大学
2016/7/29	いま，なぜアジア共同体なのか	鄭俊坤	ワンアジア財団

光州女子大学（韓国・光州）

創立 1997 年　在校生 5,000 名
初年度講座名　「アジア共同体論」　申請者　林基興
受講生 46 名，奨学生 9 名

2016/3/3	アジアの中の韓国（アジア共同体論の構想と背景）	林基興	光州女子大学
2016/3/10	アジアの近代と国民国家建設	申一燮	湖南大学（韓国）
2016/3/17	アジア共同体，何故必要か	鄭俊坤	ワンアジア財団
2016/3/24	東アジアのＦＴＡ展望と経済的効果	全義天	朝鮮大学
2016/3/31	東北アジア３國（韓国，日本，中国）の国際マーケティングの比較と経済協力	金貴坤	金烏工科大学
	東北アジア３國（韓国，日本，中国）の国際マーケティングの比較研究	金琮鎬	朝鮮大学
2016/4/7	東北アジア３國（韓国，日本，中国）の環境。エネルギー問題現況と問題解決のための協力方案	李秀澈	名城大学
2016/4/14	黄海文化と湖南知性	宋日基	中央大学（韓国）
	アジアのサービス産業の競争力確保	申東崗	韓国経営革新研究所
2016/4/21	東アジア諸国における企業競争力と最高経営者	張大成	京畿大学
2016/4/28	文化隆盛の時代，東西文化の理解	韓相玉	朝鮮大学
2016/5/12	イスラム文化と藝術	黄炳河	朝鮮大学
2016/5/19	東アジア地域間の接触と文化交流（17世紀初頭〜19世紀半ば）	鄭成一	光州女子大学
	東アジア現代舞踊の理解	鄭眞英	朝鮮理工大学
2016/5/26	東アジア国家経済共同体の過去と現在，未来	盧圭成	宣文大学
2016/6/2	東アジアの組織文化　現況と課題	金成厚	東新大学
	東洋と西洋の違い	潘炳吉	韓国経営組織研究院
2016/6/9	東洋と西洋の違い	林基興	光州女子大学
2016/6/16	やがて世界は一つになる	鄭俊坤	ワンアジア財団

蔚山大学（韓国・蔚山）
創立 1970 年　在校生 12,944 名
初年度講座名　「アジア共同体論講座：アジアの未来」　申請者　イ・サンヒョン
受講生 166 名，奨学生 20 名

2016/3/8	特別講義	Oh Yeon-cheon	蔚山大学
2016/3/15	今なぜ私たちにはアジア共同体が必要なのか	鄭俊坤	ワンアジア財団
2016/3/22	アジア共同体の歴史的背景と諸特徴	金香淑	目白大学
2016/3/29	アジア共同体に向かうアジアの社会基盤	成仁洙	蔚山大学
2016/4/5	朝鮮半島と中国のタブー	Oh Hyunju	蔚山大学
2016/4/12	日本・中国・朝鮮半島間の異文化理解と，家庭におけるコミュニケーション	Kwon Yong-hyek	蔚山大学
2016/4/19	「東アジア文化圏」は幻想か	徐静波	復旦大学
2016/4/26	東アジアの出版文化と知識の流通	Rho Kyung-hee	蔚山大学
2016/5/3	東アジアの伝統家屋と文化	Kang Youngh-wan	蔚山大学
2016/5/10	アジア共同体に向かうアジアの社会基盤と，アジアにおけるユネスコ世界遺産	成仁洙	蔚山大学
2016/5/17	アジアにおける空間計画	Jung Inseuck	ソウル大学
2016/5/24	人権とアジア共同体	Hwang Pillkyu	"Empathy" Human Rights Law Foundation of public interest
2016/5/31	アジアの未来と環境	Hahn Sangjin	蔚山大学
2016/6/7	やがて世界は一つになる	佐藤洋治	ワンアジア財団
2016/6/17	空間へのアジアの夢	イ・サンヒョン	蔚山大学

新羅大学（韓国・釜山）
在校生 10,360 名
初年度講座名 「アジア共同体論」 申請者 沈亨哲
受講生 99 名，奨学生 20 名

2016/9/1	いま，なぜアジア共同体なのか	鄭俊坤	ワンアジア財団
2016/9/8	近代日本のアジア主義とアジア共同体	榎本泰子	中央大学（日本）
2016/9/22	海外医療救護活動と国際連帯	李効民	国境なき医師団（MSF）
2016/9/29	アジア共同体のための観光の役割	張喜貞	新羅大学
2016/10/6	アセアンと東アジア地域協力	李東潤	新羅大学
2016/10/13	大衆文化の従来で見るアジアの価値観	金香淑	目白大学
2016/10/20	中間テスト		
2016/10/27	グローバル時代，多文化の定着のための言語文化教育	沈惠玲	培材大学
2016/11/3	東アジアの共通の思惟	徐京浩	ソウル大学
2016/11/10	古代日本と東アジア	崔光準	新羅大学
2016/11/17	障害者の人権とアジア共同体	金在旺	法人）希望を作る法
2016/11/24	移住者の人権とアジア共同体	鄭昭延	ボダ法律事務所
2016/12/1	長い人生，成功した人生	姜景太	新羅大学
2016/12/8	遠からず世界が一つに	佐藤洋治	ワンアジア財団
2016/12/15	アジア共同体のための中国人と中国文化の理解	沈亨哲	新羅大学

上海商学院（中国・上海）
創立 1950 年 在校生 10,000 名
初年度講座名 「アジア共同体論」 申請者 洪偉民
受講生 70 名，奨学生 14 名

2016/9/22	文化交流の重要性——端午の節句を例として	蔡敦達	同済大学
2016/9/29	東アジア共同体における中日貿易動向について	江虹	上海商学院
2016/10/8	新語・流行語からみる日本人口社会の変化	馬利中	上海大学
2016/10/13	やがて世界はひとつになる	佐藤洋治	ワンアジア財団
2016/10/20	日本の「近代化」と中国の「現代化」	張厚泉	東華大学
2016/10/27	現代中国における日本文学・日本文化の受容——純文学からサブカルチャまで	銭暁波	東華大学

2016/11/3	茶室と露地	蔡敦達	同済大学
2016/11/10	「アジア文化圏」は幻なのか	徐静波	復旦大学
2016/11/17	東アジア言語文化圏視点から見る	毛文偉	上海外国語大学
2016/11/24	東アジア文化の視点から見る華道	清原春芳	大阪府立大学
2016/12/8	日本の大学生の実像	董永傑	上海大学
2016/12/15	儒教と東アジア社会	陳毅立	同済大学
2016/12/22	端午の節句における「孝」について	洪偉民	上海商学院
2016/12/29	東アジア共同体の構築及びその未来像	胡令遠	復旦大学

浙江農林大学（中国・杭州）

創立 1958 年　在校生 30,000 名
初年度講座名　「アジア共同体論」　申請者　関剣平
受講生 120 名，奨学生 20 名

2016/9/13	授業の説明，財団の紹介	関剣平	浙江農林大学
2016/9/20	食文化空間論	蔡敦達	同済大学
2016/9/27	世界の食文化におけるアジア	関剣平	浙江農林大学
2016/10/11	アジア共同体の夢とビジョン	佐藤洋治	ワンアジア財団
2016/10/18	近代日本の食文化	徐静波	復旦大学
2016/10/25	南アジアの食文化	小磯千尋	金沢星稜大学
2016/11/1	西アジアの食文化	菅瀬晶子	大阪国立民族学博物館
2016/11/8	朝鮮半島の食文化	朝倉敏夫	大阪国立民族学博物館
2016/11/15	日本の食文化	熊倉功夫	MIHOミュージアム
2016/11/22	東アジアの食文化	石毛直道	大阪国立民族学博物館
2016/11/29	臭い料理と食文化の偏見	関剣平	浙江農林大学
2016/12/6	生態文学と食文化	任重氏	浙江農林大学
2016/12/13	精進料理の生態と思想の民族的な違い	関剣平	浙江農林大学
2016/12/20	北アジアの食文化	岸上伸啓	大阪国立民族学博物館
2016/12/27	いま何故アジア共同体か，その原点を考える	鄭俊坤	ワンアジア財団

資料 1　アジア共同体講座のシラバス　317

蘇州大学（中国・蘇州）
創立 1900 年　在校生 58,000 名
初年度講座名　「アジア共同体の新構築 - 文化の伝統と交渉」　申請者　李東軍
受講生 51 名，奨学生 19 名

2016/9/7	アジア共同体の視点からみた東方詩学の新構築	李東軍	蘇州大学
2016/9/14	アジア共同体の展開	鄭俊坤	ワンアジア財団
2016/9/21	アジア共同体の構想と言語教育	施暉	蘇州大学
2016/9/23	アジアの地政学と共同体の構築	呉光輝	厦門大学
2016/9/28	アジア宗教とアジア共同体	安達義弘	福岡国際大学
2016/10/14	アジア共同体構築と多言語教育	李東哲	延辺大学
2016/10/19	アジア交流における公文書の種類と相互影響	徐衛	蘇州大学
2016/10/26	アジア共同体と古代日本文学	崔光準	新羅大学
2016/10/28	朝日近世小説と仏教	鄭澄	檀国大学
2016/11/9	遣明使・嗒哩嘛哈の漢詩について	王宝平	浙江工商大学
2016/11/10	日本天孫降臨神話的な意味について	李国棟	貴州大学
2016/11/30	中日モダニズム詩から見るアジア共同体の可能性	楊偉	四川外国語大学
2016/12/7	アジア連帯の思想	山泉進	明治大学
2016/12/9	宮沢賢治の文学と仏教	周異夫	吉林大学
2016/12/16	アジア共同体の願景と実践	胡令遠	復旦大学
2016/12/26	アジア共同体論について	佐藤洋治	ワンアジア財団

青島理工大学（中国・青島）
創立 1952 年　在校生 30,204 名
初年度講座名　「アジア共同体の創成と文化の力 - 異文化理解の視点から」
申請者　李勁松
受講生 265 名，奨学生 20 名

2016/3/18	アジア共同体と儒教文化精神	何長文	大連民族大学
2016/3/23	いまなぜアジア共同体なのか	鄭俊坤	ワンアジア財団
2016/4/8	東アジア共同体と領土問題	李盛煥	啓明大学
2016/4/14	過去の戦争と東アジア共同体	呂秀一	大連大学
2016/4/20	村上春樹文学 35 年	林少華	中国海洋大学
2016/4/27	海洋：中日交流の舞台と対立の舞台	修斌	中国海洋大学
2016/5/11	東アジア共同体と多民族多文化共存	朴婷姫	瀋陽大学
2016/5/19	アジア歴史における遊牧民族の歴史的役割	森川哲雄	九州大学

2016/5/19	第一次大戦期の日本財界人と日中親善論―	有馬学	福岡博物館
2016/5/23	北東アジア環境文化史から見るアジア共同体	永井リサ	九州大学
2016/6/1	東アジア共同体構築と日本文化外交	黄忠	広東外国語大学
2016/6/7	東アジア共同体構築と日中関係の再構築	喬林生	南開大学
2016/6/15	国境を越える移動と多文化交流権の形成	李勁松	青島理工大学
2016/6/22	日本の海洋政策と対中政策	呂耀東	中国社会科学院
2016/6/30	特別講演	佐藤洋治	ワンアジア財団

河南工程学院（中国・鄭州）
創立 1956 年　在校生 25,000 名
初年度講座名　「アジア共同体と共同文化認識」　申請者　関斐
受講生 120 名，奨学生 20 名

2016/3/2	アジア共同体構築への導入	董浩平	河南工程学院
2016/3/9	日中両国は独仏に学び歴史的和解を	西澤信善	東亜大学（日本）
2016/3/24	東南アジア諸国での戦略的海外進出可能性	高橋義仁	専修大学
2016/3/25	九州と訪日観光客を中心に	下野寿子	北九州市立大学
2016/3/30	能力開発訓練から講師の技術：企業研修とその発展モデルに関する研究	冒継臣	河南工程学院
2016/4/6	現代世界経済の十大問題に関する判断	張抗私	東北財経大学
2016/4/12	アジアの価値観からアジア共同体	関斐	河南工程学院
2016/4/21	米国の保守的経済運動・社会運動におけるシンクタンクの役割	Otto Chang	パデュー大学維恩分校
2016/4/27	農業産業の国際比較―中国が他国から学べること	Bill Y. Chen	ノースウェスタン大学
2016/5/4	台湾における住居の種類と経営モデルに関する探索的研究	Yen Ghifeng	中原大学
2016/5/10	中国古典における孝行に関する哲学の含意：系統的に見る	Chu Cheng Ping	中原大学
2016/5/19	作業グループ間の協働に対する部下の反応	Ming Yen Lee	中原大学
2016/5/24	アジア経済協力概論	李麦収	河南大学
2016/5/26	服飾業界のサプライチェーンにおける企業の社会的責任	Patsy Perry	マンチェスター大学

資料 1　アジア共同体講座のシラバス　319

2016/5/28	世界は一体化へと向かう	佐藤洋治	ワンアジア財団

浙江理工大学（中国・杭州）

創立 1897 年　在校生 30,200 名
初年度講座名　「アジア文化共同体論と日本」　申請者　徐青
受講生 48 名，奨学生 10 名

2016/3/1	講座開設オリエンテーション	徐青	浙江理工大学
		張麗山	浙江理工大学
		芦暁博	浙江理工大学
2016/3/8	日本の陰陽師と中国文化――安部晴明を中心として	張麗山	浙江理工大学
2016/3/15	独自創発，慢々形成，非従他受――梁漱溟著『中国文化要義』への私見	馮瑋	復旦大学
2016/3/15	梁漱溟論：アジア文化の世界意義	臧志軍	復旦大学
2016/3/22	抗日戦争勝利記念を深化，中日関係向好発展を促進	渠長根	浙江理工大学
2016/3/26	ヤマハとアジア	庭田俊一	簫山ヤマハ楽器有限会社
2016/3/29	丸山真男思想の心路歴程	緒形康	神戸大学
2016/4/5	東亜細亜文化交流の中の日本飲食文化	徐静波	復旦大学
	近代における「アジア」言説の成立とその性格	金俊	浙江樹人大学
2016/4/6	やがて世界は一つになる	佐藤洋治	ワンアジア財団
2016/4/12	日本言語文化の共時性：室町幕府時代の文学と芸術を中心として	徐青	浙江理工大学
2016/4/13	中日関係制度の構築	徐顕芬	華東師範大学
2016/4/15	東亜細亜文化遺産の政治学：日本経験の意義	周星	愛知大学
	シルクロードのイスラムスーフィ派：動態と趨勢	王建新	蘭州大学
2016/4/19	張愛玲と東アジア	徐青	浙江理工大学

華東政法大学（中国・上海）

創立 1952 年　在校生 21,000 名
初年度講座名　「アジア共同体論－思想文化とアジア共同体－」　申請者　呉敏
受講生 81 名，奨学生 16 名

2016/3/1	オリエンテーション	呉敏	華東政法大学

2016/3/8	偽満州童話とテーマと「未来国民」の描写	陳実	華東師範大学
2016/3/15	『アジア』談論の構造と再構成	金俊	浙江樹人大学
2016/3/22	目前の朝鮮半島の情勢と未来の動きについて	石源華	復旦大学
2016/3/29	宗教安全とアジア共同体の未来	章遠	華東政法大学
2016/4/5	理事長特別講演	佐藤洋治	ワンアジア財団
2016/4/12	アジア経済共同体と華僑及び中国系住民	蔡建国	同済大学
2016/4/19	韓国の儒教文化と韓国人の文化心理	辛炫承 俞成善	尚志大学 国立江原大学
2016/4/26	東アジア文化体験における中韓文化文学交流にわたる 120 年	朴宰雨	韓国外国語大学
2016/5/3	中韓メディア対比および東アジア共同体に対する思考	孔洪剛	華東政法大学
2016/5/10	東アジア各国実力競争における韓国	詹小洪	中国社会科学研究院
2016/5/17	共産党と国民党の諜報活動の歴史及び未来関係方向	薛海翔	アメリカ華文文学学会
2016/5/24	中国とマレーシアの文化交流にわたる 30 年の体験について	載小華	マレーシア中国系住民文化総会
2016/5/31	総括講演	呉敏	華東政法大学
2016/6/22	特別講演及び奨学金授与式	鄭俊坤	ワンアジア財団

国立中興大学（台湾・台中）

創立 1919 年　在校生 16,000 名
初年度講座名　「アジア共同体論」　申請者　蔡東杰
受講生 117 名，奨学生 17 名

2016/9/23	なぜひとつのアジアなのか？本講義の紹介	蔡東杰	国立中興大学
2016/9/30	外国人留学生と奨学金に関する日本の政策	楊武勲	国立暨南国際大学
2016/10/7	中央アジアのディアスポラ：高麗人を中心に	李愛俐娥	早稲田大学
2016/10/14	米中間の紛争と，アジアの統合における台湾の選択	Lin Wencheng	中山大学

2016/10/21	アジアにおける共同体構築の経済的側面	Taniguchi Yoji	中央大学（日本）
2016/10/28	儒教アジアの調和が破れたことを理解する	Chen Ch-ingchang	龍谷大学
2016/11/4	アジア共同体の展望	佐藤洋治	ワンアジア財団
2016/11/11	アジアでの共同体構築における安全保障に関する側面	Hwang Jaeho	韓国外国語大学
2016/11/18	台頭する地域，台頭する権力？ アジアの世紀か中国の支配か	Emilian Kavalski	オーストラリアカトリック大学
2016/11/25	外交政策における日本の新たな方向性	Tarumi Hideo	国立中興大学
2016/12/2	両岸関係と地域協力	Chen Xiancai	厦門大学
2016/12/9	地域協力における ASEAN（東南アジア諸国連合）の経験	Chen Peihsiu	国立中興大学
2016/12/16	地域協力に対する日本の政策	Kobayashi Tomohiko	小樽商科大学
2016/12/23	中国・朝鮮半島・日本の地政学におけるアジア共同体と民族中心主義	許南麟	ブリティッシュ・コロンビア大学
2017/1/6	オバマ政権後の米国のアジア政策	Furuya Jun	北海商科大学
2017/1/13	アジア共同体の展望	鄭俊坤	ワンアジア財団

国立中正大学（台湾・嘉義県）

創立 1989 年　在校生 11,643 名
初年度講座名　「アジア地域統合－政治・経済・教育」　申請者　詹盛如
受講生 95 名，奨学生 18 名

2016/9/15	中秋節による休暇		
2016/9/22	講座全体のオリエンテーション	詹盛如	国立中正大学
		高橋章	日本大学国際関係学部
2016/9/29	ヨーロッパ統合の歴史の現状	林平	国立中正大学
2016/10/6	アジア地域統合と発展（一）	Dafydd Fell	University of London
2016/10/13	アジア地域統合と発展（二）	Hyun Sun Lee	Tokyo University
2016/10/20	アジア地域統合と発展（三）	Jeehun Kim	Inha University

2016/10/27	教育統合とアジアの現状（一）：評価の国際化	楊武勲	国立暨南国際大学
2016/11/3	教育統合とアジアの現状（二）：資格の枠組みと学歴の認証	藍先茜	教育部・国際両岸教育司
2016/11/10	教育統合とアジアの現状（三）：ASEAN+3（アセアン・日中韓）	Morshidi Sirat	Universiti Sains Malaysia
2016/11/17	哲学理念の融合とアジアの統合	沈不欽	北京大学
2016/11/24	アジア高等教育発展と地域統合（Higher Education Development in Asia and Regional Integration）国際シンポジウム：The Regionalization of Asia Pacific	Deane Neubauer	University of Hawaii
	アジア高等教育発展と地域統合（Higher Education Development in Asia and Regional Integration）国際シンポジウム：The Academic Mobility in Asia	Jung Cheol Shin	Seoul National University
	アジア高等教育発展と地域統合（Higher Education Development in Asia and Regional Integration）国際シンポジウム：The Convergence and Divergence of Higher Education Governance in Asia	Ka Ho Mok	Lingnam University
	アジア高等教育発展と地域統合（Higher Education Development in Asia and Regional Integration）国際シンポジウム：Academic Citizen in Asia	Bruce Macfarlane	University of Southampton
2016/12/1	経済統合とアジアの現状	Raya Muttarak	Austrian Academy of Sciences
2016/12/8	アジアの人材移動：日本の視点から	梁忠銘	台東大学
2016/12/15	アジア国際移動（International mobility in East Asia）学術フォーラム：The Internationalization of the Academic Profession	Futao Huan	広島大学
2016/12/22	グローバル化における国際教育：アジア・太平洋の視点から	楊深抗	台湾師範大学
2016/12/29	政治統合の契機と挑戦	楊徳睿	南京大学
2017/1/5	アジア共同体の創成に向かって（奨学金授与式）	佐藤洋治	ワンアジア財団
2017/1/12	グループ発表と検討会	詹盛如	国立中正大学
		林平	国立中正大学

資料1　アジア共同体講座のシラバス　323

ミエンチェイ大学（カンボジア・ミエンチェイ）

創立 2007 年　在校生 809 名
初年度講座名　「アジア共同体論」　申請者　サム・ガー
受講生 150 名，奨学生 20 名

2016/2/23	アジアにおける伝統的な多文化・個人間交流	ロイ・レスミー	王立プノンペン大学
	なぜ私たちはアジア共同体を作るべきなのか：アジア共同体の必要性の出発点	鄭俊坤	ワンアジア財団
2016/2/29	カンボジア人と ASEAN（東南アジア諸国連合）共同体	サム・ガー	ミエンチェイ大学
2016/3/7	アジア太平洋経済モデル，ASEAN とカンボジアの経済	Gnel Rattha	University of Sou–East Asia
	ASEAN 地域統合：カンボジアの課題と展望	Seng Sary	Mean Chey University
2016/3/16	ASEAN の文化	Sieng Emtotim	バッタンバン大学
2016/3/21	ASEAN の歴史	Chum So-vakunt-hearos	Mean Chey University
2016/4/25	カンボジアと韓国間の農業協力	Yoo Sang	バッタンバン大学
2016/5/9	タイの社会問題と社会福祉	Puchong Sena-nuch	Huochiew Chlermprakiet University
2016/5/10	ASEAN 地域における紛争の探究	Charnvit Kasetsiri	Thammasat University
2016/5/16	国境経済と周縁地域の力	Chap Prem	Mean Chey University
2016/5/17	開発倫理は重要なのか	Pa Chan-roeun	Freeland From Australia
2016/5/23	学術人材の流動化を目指す ASEAN 学協会枠組みへの道	Hill Sothea	Mean Chey University
2016/5/25	開発におけるジェンダー：女性の仕事を家内労働から公共圏へと移す	Nov Sokmady	Mean Chey University
2016/5/30	新しいアイデンティティ：国内的・国際的・世界的アイデンティティ	Hisanori Kato	
2016/6/2	やがて世界は一つになる	佐藤洋治	ワンアジア財団

オーストラリア国立大学（オーストラリア・キャンベラ）

創立 1946 年　在校生 2,601 名

初年度講座名「アジア共同体：東アジアにおける和解と葛藤の記憶」

申請者　リ・ナランゴア

受講生 10 名，奨学生 2 名

2016/2/26	導入：なぜ和解なのか	リ・ナランゴア	オーストラリア国立大学
	植民地化に関する日本と朝鮮半島の和解：継続中の諸課題	テッサ・モリス・スズキ	オーストラリア国立大学
2016/2/27	和解と記憶：ドイツの事例	Christine Winter	Flinders University
	琉球・沖縄と，4 世紀にわたる和解なき苦境	Gavan McCormack	オーストラリア国立大学
	私たちの希望はなお再統一なのか / 第 1 部　朝鮮戦争と英連邦―ソウル，キャンベラ，オタワの戦争記念碑を再検討する / 第 2 部　朝鮮民主主義人民共和国問題と，東アジアにおける国際 NGO（非政府組織）ネットワーク	金敬黙	早稲田大学
2016/3/4	公開講座：和解と歴史的正義	Robert Cribb	オーストラリア国立大学
2016/3/5	和解と破壊的証言：20 世紀後半の日本と東ティモール	Adam Broinowski	オーストラリア国立大学
	小論文の発表	Craig Reynolds	オーストラリア国立大学
2016/3/11	記憶を大地に戻す：アジア人と原住民の和解に向けて	Jacqueline Lo	オーストラリア国立大学
2016/3/12	宗教，場所，和解	鎌田東二	京都大学
	ハワイ大学との共同研究 / 我々の苦い歴史から学ぶ：1903 年の「人類館」事件と日中戦争漫画	坂元ひろこ	一橋大学
	戦争記念館との共同研究 / 戦争の対象，記憶の主題	田村恵子	オーストラリア国立大学
2016/3/18	公開講座：核を持つ 2 つの隣国の影にあるモンゴル	Enkhsaikhan Jargalsaikhan	Blue Banner

2016/3/20	徴収，送還，和解：オーストラリア先住民に植民地時代の過去を返す	Daryl Wesley	オーストラリア国立大学
	歴史は残酷だが記憶は順応する	Alexis Dudden	University of Conneticut
	東アジアの歴史的景観：東アジア諸国におけるアジア認識の不均衡性	孫歌	Chinese Academy of Social Science
2016/4/1	公開講座：多民族国家における民族的アイデンティティと和解の政治：フィジーの事例	Brij Lal	オーストラリア国立大学
	ハワイ大学との共同研究／サンフランシスコ条約体制と，アジア太平洋におけるその遺産：アジア太平洋における継続，変容，歴史的和解	原君江	University of Waterloo
	和解と共通の未来へ	佐藤洋治	ワンアジア財団

シェフィールド大学（イギリス・シェフィールド）

創立 1905 年　在校生 26,309 名
初年度講座名　「世界のなかの日本－アジア共同体に向けて」
申請者　グレン・フック

2016/2/8	日本の国際関係序論と意義：政治，経済，安全保障		
2016/2/15	日本の国際関係のパターン：歴史的展開		
2016/2/29	日本の国際関係の説明：構造，機関，規範		
2016/2/29	日本の対米国政治関係		
2016/3/7	日本の対米国経済関係		
2016/3/14	日本の対米国安全保障関係		
2016/4/11	日本の対東アジア政治関係		
2016/4/18	日本の対東アジア経済関係		
2016/4/25	日本の対東アジア安全保障関係		
2016/5/2	休日		
2016/5/9	日本にとっての課題		
2016/5/16	結論として：復習，生徒のフィードバック，モジュール評価		

井岡山大学（中国・吉安）

創立 1958 年　在校生 18,000 名
初年度講座名　「アジア共同体論」　申請者　霍耀林
受講生 104 名，奨学生 20 名

2016/8/24	オリエンテーション	霍耀林	井岡山大学
2016/8/31	アジア安全共同体の未来のために	宋浣範	ソウル女子大学
2016/9/7	新儒学と大同共同体	辛炫承	尚志大学
2016/9/12	「アジア」論述の構造	金俊	浙江樹人大学
2016/9/21	日本は「アジア」に対する思考	霍耀林	井岡山大学
2016/9/29	やがて世界は一つになる	佐藤洋治	ワンアジア財団
2016/10/8	東アジア三国の認識について	囁友軍	浙江工商大学
2016/10/12	池田大作と中国	曾建平	井岡山大学
2016/10/19	日本文化の特徴は何か	王宝平	浙江工商大学
2016/10/26	漢語，漢語，日本語の相互関係と民族交流	袁邦株	井岡山大学
2016/11/2	交差的な日中近代学術史	銭鴎	同志社大学
2016/11/2	沖縄の自立と東アジア	冨山一郎	同志社大学
2016/11/9	鳩山由紀夫と東アジア共同体論	尹虎	清華大学
2016/11/17	いま，なぜアジア共同体なのか	鄭俊坤	ワンアジア財団
2016/11/21	総括	霍耀林	井岡山大学

安徽農業大学（中国・合肥）

創立 1928 年　在校生 21,068 名
初年度講座名　「アジア共同体創成と言語表現」　申請者　王磊
受講生 200 名，奨学生 20 名

2016/9/11	今なぜアジア共同体か	鄭俊坤	ワンアジア財団
2016/9/22	近代における日本言語学研究視点の変遷	朱鵬霄	天津外国語大学
2016/9/28	日本の最新事情	張剣韻	安徽農業大学
2016/10/13	中日間の文化差異と相互認識	劉金才	北京大学
2016/10/21	「学と問」および「門と学」	金哲	安徽三聯学院
2016/10/28	汎家族規則の影響による日本国民思惟の極致と極端	渓欣華	安徽大学
2016/11/1	アジア共同体と中日関係	王磊	安徽農業大学
2016/11/4	異文化交流におけるノンバーバルコミュニケーション	趙平	貴州財政大学
2016/11/18	日本の女性文学から女性主義文学へと	李先瑞	浙江越秀外国語学院
2016/11/25	村上春樹とノーベル文学賞	林少華	中国海洋大学
2016/12/5	やがて世界は一つになる	佐藤洋治	ワンアジア財団

資料 1　アジア共同体講座のシラバス　327

2016/12/8	遣隋使と遣唐使	呉玲	安徽農業大学
2016/12/21	文化差異とビジネスコミュニケーション	孫志農	安徽農業大学
2016/12/23	俳句の世界	佟君	中山大学
2017/3/9	誤用論の理論と実践	許宗華	洛陽外国語学院

東亜大学（日本・山口県）

創立 1974 年　在校生 1,213 名
初年度講座名　「IT によるアジア共同体教育の構築」　申請者　崔吉城
受講生 27 名，奨学生 6 名

2016/10/1	アジアの社会，文化と共同体	崔吉城	東亜大学（日本）
		櫛田宏治	東亜大学（日本）
2016/10/8	多民族多文化社会の台湾からみるアジア共同体の構築	黄智慧	台湾中央研究院
2016/10/15	アジアの人類集団，そしてアジア共同体	鵜沢和宏	東亜大学（日本）
2016/10/22	アジア言説の再構築と新型共同体の形成について	金俊	浙江樹人大学
2016/10/29	絵図から見るアジア	川村博忠	東亜大学（日本）
2016/11/5	今，なぜアジア共同体なのか	鄭俊坤	ワンアジア財団
2016/11/12	アジア共同体の形成と異文化コミュニケーション	黄有福	中央民族大学
2016/11/19	民族構成とナショナリズムからの脱出	上水流久彦	広島市立大学
2016/11/26	スポーツとオリンピックからみるアジア	姜信杓	仁済大学
2016/12/3	東アジアの国際交易ネットワーク	松原孝俊	九州大学
2016/12/10	韓国の近代とアジア	原田環	県立広島大学
2016/12/17	アジアの社会，言説とアジア共同体	孫蓮花	大連理工大学
2016/12/24	アジアの美	金田晉	東亜大学（日本）
2017/1/14	東アジアの近代地図研究と地図画像データベース	小林茂	大阪大学
2017/1/21	やがて世界は一つになる	佐藤洋治	ワンアジア財団

全州大学（韓国・全州）

創立 1963 年　在校生 12,767 名
初年度講座名　「アジア共同体とディアスポラ（Ⅰ）」　申請者　邊柱承
受講生 100 名，奨学生 20 名

2016/9/1	価値観とアジア共同体	李鎬仁	全州大学
2016/9/8	古代東アジアのディアスポラの表象—崔至遠	李在云	全州大学
2016/9/22	なぜ，韓国にはチャイナタウンがないのか	尹相元	全北大学
2016/9/29	韓半島の分断，統一の問題とアジア共同体	卞恩真	韓国放送通信大学
2016/10/6	現代の高麗人は誰であるか	ソン・ジャンナ	モスクワ経済大学
2016/10/13	全ロシアの高麗人連合会とアジア共同体の可能性	ジョ・バシンリ	全高麗人連合会
2016/10/20	アジア共同体の記憶	大石進	日本評論社
2016/10/27	在日韓国（朝鮮）人の形成とアジア共同体	李圭洙	高麗大学
2016/11/3	在日朝鮮人とアジア共同体	李棻娘	中央大学（日本）
2016/11/10	やがて世界は一つになる	佐藤洋治	ワンアジア財団
2016/11/17	中国延辺の朝鮮族自治州とアジア共同体	金光熙	延辺大学
2016/11/24	韓国のディアスポラ	金允嬉	高麗大学
2016/12/1	ロシア少数民族政策と東アジア共同体	洪熊浩	東国大学
2016/12/8	北朝鮮離脱の女性の脱北の原因と現状	金倫延	大真大学
2016/12/15	総まとめ，奨学金授与式	邊柱承	全州大学

全北大学（韓国・全州）

創立 1951 年　在校生 32,106 名
初年度講座名　「アジア共同体における文明と科学」　申請者　文晩龍
受講生 90 名，奨学生 18 名

2016/9/7	導入	文晩龍	全北大学
	今なぜアジア共同体なのか	鄭俊坤	ワンアジア財団
2016/9/21	開発途上国のためのモデルとしてのアジアにおける科学技術	Kim Guenbae	全北大学

2016/9/28	アジア共同体における朝鮮半島の科学と文明を理解する	Shin Dong-won	全北大学
2016/10/5	アジア人の伝統的な地球理解	Lim Jongtae	ソウル大学
2016/10/12	ソメイヨシノ（桜）の起源に関する論争：生物学と東アジア史	文晩龍	全北大学
2016/10/19	世界的視点で見るアジア共同体の科学と文明	Christopher Cullen	ケンブリッジ大学
2016/11/2	アジア共同体における翻訳と近代化	Lee Dong-chul	龍仁大学
2016/11/9	やがて世界は一つになる	佐藤洋治	ワンアジア財団
2016/11/16	米と麺：中国人は，様々な時代において，どう栽培しどう食べてきたか	Wang Siming	南京農業大学
2016/11/23	アジア共同体における印刷・出版文化	Young Kyun Oh	アリゾナ州立大学
2016/11/30	アジア人の体と西洋人の体	Jeon Jong-wook	全北大学
2016/12/7	アジアの世紀におけるアジア共同体の科学と文明	Kim Kihyup	Pressian Co.
2016/12/14	アジア共同体の環境とエネルギー問題	Kim Myungja	KOFST

信韓大学（韓国・議政府）

創立 1972 年　在校生 6,155 名
初年度講座名　「アジアの境界と共同体」　申請者　南榮浩
受講生 118 名，奨学生 20 名

2016/9/1	南北朝鮮間の相互関係とアジア共同体	崔完圭	信韓大学
2016/9/8	今なぜアジア共同体が非常に重要なのか	鄭俊坤	ワンアジア財団
2016/9/22	ASEAN（東南アジア諸国連合）とアジア共同体	Kim Young-sun	Korea–ASEAN Center
2016/9/29	アジアの国境，共存，共同体	Seo Jungmin	延世大学
2016/10/6	東アジアの国境とアジア共同体	シン・ボンギル	高麗大学

2016/10/13	アジア共同体と報道の役割	Lee Chaerak	kyungyang Newspaper
2016/10/20	中央アジア国境地帯の朝鮮人	南榮浩	信韓大学
2016/10/27	国境を越えたアジア共和社会へ	Kawamitsu Shinichi	Okinawa Times
2016/11/3	アジア共同体と台湾内の境界	Jinnyuh Tsu	国立台湾大学
2016/11/10	東アジア共同体と，日本・朝鮮半島間の相互関係	李鍾元	早稲田大学
2016/11/17	中国における境界線とその撤廃	Kim Minhwan	韓信大学
2016/11/24	東アジア共同体という文脈における，中国・朝鮮民主主義人民共和国・ロシア間の関係	Kim Kyeongil	北京大学
2016/12/1	やがて世界は一つになる	佐藤洋治	ワンアジア財団
2016/12/8	仏教から見たアジア共同体	Sem Vermeersch	ソウル大学
2016/12/15	東アジアの相互協力における国際関係と中国	李奎泰	カトリック関東大学

北京外国語大学（中国・北京）

創立 1941 年　在校生 7,046 名
初年度講座名　「十六世紀からの文化交流とアジア共同体の形成」
申請者　張西平
受講生 130 名，奨学生 20 名

2016/9/13	いま手にしているものに関する考察の紹介	Zhu Gaozheng	Chinese Academy of Social Sciences
2016/9/22	湯顕祖とシェイクスピアは比較可能なのか	Liao Ben	China Writers Association
2016/9/27	シルクロードを旅する	Rong Xinjiang	北京大学
2016/10/11	チンギス・カンの探求	Lin Meicun	北京大学
2016/10/17	ひとつのアジア共同体と中国の交流	姜允玉	明知大学
2016/10/24	言語・文化の接点に関する研究	Uchida Keiichi	関西大学
2016/10/31	梅蘭芳と海外の京劇	梁燕	北京外国語大学

2016/11/7	台湾の経済改革	Kuo Taic-hun	スタンフォード大学
	明・清時代における中国の知識の西洋への普及	張西平	北京外国語大学
2016/11/17	画像からの歴史研究	Ku Weiying	国立台湾大学
2016/11/18	西洋の知識と中国の三宗教との関係	Li Sher-shiueh	Academia Sinica
2016/11/24	二人の海の守護女神に関する研究	Ronnie Po-Chia Hsia	ペンシルベニア大学
2016/11/28	日中の文化関係	Yan Shao-dang	北京師範大学
2016/12/8	欧州と米国の中国美術史研究	Huang Houm-ing	浙江大学
2016/12/12	アジア共同体の展望：「やがて世界は一つになる」	佐藤洋治	ワンアジア財団
2016/12/26	北米の中国研究に関する30大学の現状の分析	Liu Hongtao	北京師範大学

海南熱帯海洋学院（中国・三亜）

創立 1954 年　在校生 14,640 名
初年度講座名　「アジア共同体論－アジア地域観光振興及び協力」
申請者　宋丹瑛
受講生 76 名，奨学生 15 名

2016/9/6	アジア地域クルーズ観光の振興及び中国クルーズ観光の現状	宋丹瑛	海南熱帯海洋大学
2016/9/13	アジア地域の観光振興及び協力	鈴木勝	共栄大学
2016/9/20	世界はやがて一つになる	佐藤洋治	ワンアジア財団
2016/9/27	アジア諸国大型遊覧船の受け入れ基盤整備	王万茂	鳳凰島国際クルーズ港㈲
2016/10/11	観光における地域文化の伝承及び発信	陳国東	海南省槟郎谷景区
2016/10/18	港町と文化交渉	柳教烈	韓国海洋大学
2016/10/25	アジア共同体と東アジア観光事業	許寿童	三亜学院
2016/11/1	アジア地域海洋レジャー産業の発展	陳耀	海南省観光局
2016/11/8	アジア共同体の創成に向けて	鄭俊坤	ワンアジア財団
2016/11/15	観光経済とアジア共同体	劉佳	中国海洋大学

2016/11/22	観光と日中交流	李東哲	延辺大学
2016/11/29	アジア諸国観光政策の変化	金海龍	海南熱帯海洋大学
2016/12/6	観光業の持続的発展と利益相関者の態度	Joseph S. Chen	Indiana University
2016/12/13	東アジアにおける多文化共生と観光事業	金山	海南大学
2016/12/20	レジャー型高級ホテルの運営と外国人受け入れ体制	文尚哲	保利鳳凰ホテル

嘉興学院（中国・嘉興）

創立 1914 年　在校生 30,000 名
初年度講座名　「自由貿易地域プロセスとアジア共同体」　申請者　王煥祥
受講生 258 名，奨学生 20 名

2016/9/8	アジア共同体の起源と発展	王煥祥	嘉興学院
2016/9/13	アジア共同体について	鄭俊坤	ワンアジア財団
2016/9/18	アジア共同体の構築における展望と困難	王煥祥	嘉興学院
2016/9/20	アジア共同体に対する地域統合の肯定的な効果	Wang Kun	嘉興学院
2016/9/23	アジアの FTAAP（アジア太平洋自由貿易圏）とアジア共同体との関係 I	Li Ping	嘉興学院
2016/9/27	上海 FTZ（自由貿易地域）と東アジア共同体	Li Ya	嘉興学院
2016/9/30	文化の伝達と東アジア共同体	姜允玉	明知大学
2016/10/8	アジア FTAAP とアジア共同体との関係 II	Li Ping	嘉興学院
2016/10/11	東アジア FTZ から東アジア共同体へ	Li Ya	嘉興学院
2016/10/14	地域統合の視点で見るアジア共同体への障壁	Wang Kun	嘉興学院
2016/10/18	日中間の友好的民間交流	Liu Yunchao	東北大学（中国）
2016/10/21	東アジアの再編成における中国の台頭：グローバル・ガバナンスの反映	Peng Bo	Aalborg University
2016/10/25	「アジア共同体の認知度調査」の分析と東アジアの国際協力	李奎泰	カトリック関東大学
2016/10/28	東アジアにおける地域開発と統合：課題，問題点，展望	李芯	山東女子学院
2016/11/1	アジア共同体に向けて	佐藤洋治	ワンアジア財団

2016/12/21	東アジアから世界まで，批判的な第三世界主義に直面する中国：理論的な明確化と実証分析	Diclo	London University

渤海大学（中国・錦州）

創立 1952 年　在校生 25,000 名
初年度講座名　「多視座から見るアジア共同体意識の発現とアジア共同体の構築」
申請者　劉九令
受講生 145 名，奨学生 20 名

2016/9/2	日本の道徳教育の歴史的変遷と現状	張淑英	大連民族大学
2016/9/9	東アジアにおける漢籍の伝播と共同体構築	河野貴美子	早稲田大学
2016/9/18	歴史を鑑にして，東アジア平和へ	潘德昌	渤海大学
2016/9/23	近代東北地方に傭聘された日本人の専門家	王鉄軍	遼寧大学
2016/9/30	東アジアから読む『枕草子』	林嵐	東北師範大学
2016/10/14	日本説話文学と中国典籍	李銘敬	中国人民大学
2016/10/21	東アジア変体漢字と漢文仏典文体の比較研究	馬駿	対外経済貿易大学
2016/10/26	やがて世界はひとつになる	佐藤洋治	ワンアジア財団
2016/10/28	中日文化おける漢字の世界	王暁平	天津師範大学
2016/11/2	古代東アジア共有宗教信仰の形成と意義	劉九令	渤海大学
	日本の新聞事業の歴史と現在	林嵒	渤海大学
2016/11/18	中日文化差異を読む	張亜傑	渤海大学
2016/11/25	西学東漸と中日外国語教育の黎明期	崔春花	渤海大学
2016/12/2	東アジアロード・シルクロードと中日韓の文化交流	崔向東	渤海大学
2016/12/22	いま，なぜアジア共同体なのか	鄭俊坤	ワンアジア財団

タドゥラコ大学（インドネシア・中部スラウェシ州パル）

創立 1981 年　在校生 29,667 名
初年度講座名　「アジア共同体の創成」　申請者　ルクマン・ナジャムディン
奨学生 20 名

2016/9/16	開会，アジア共同体の必要性	Muhammad Basir	タドゥラコ大学

2016/9/23	アジア強化のための異文化間コミュニケーション	Karim Suryadi	タドゥラコ大学
2016/9/30	アジア共同体の重要性	鄭俊坤	ワンアジア財団
2016/10	アジア発展のための教育	Sunaryo Kartadinata	インドネシア教育大学
2016/10/7	アジア強化のためのソフト外交	高橋章	日本大学
2016/10/21	アジアの政治文化を理解する	Dede Mariana	パジャジャラン大学
2016/11/4	アジア強化への労働文化	Dianni Risda	インドネシア教育大学
2016/11/18	アジア共同体構築の架け橋としての言語	Hanafie Sulaeman	タドゥラコ大学
2016/12/2	歴史の視点からするアジア共同体	Lukman Nadjamuddin	タドゥラコ大学歴史教育
2016/12/16	学生の移動可能性とアジア共同体	Eko Hadisudjiono	マカッサル国立大学
2017/1/13	アジアのグローバル・ヘルス	刈谷明美	県立広島大学
2017/1/27	アジアの向上のための科学教育	Mery Napitupulu	タドゥラコ大学
2017/2/10	アジア経済共同体	Dadan Wildan	タドゥラコ大学
2017/2/24	アジア共同体強化のための言語教育	西郡仁朗	首部大学東京
2017/3/10	総括講演	佐藤洋治	ワンアジア財団

成均館大学 （韓国・ソウル）

創立 1398 年　在校生 26,985 名
初年度講座名　「アジア共同体論」　申請者　キム・トンウォン
受講生 29 名，奨学生 6 名

2016/9/1	"アジア共同体"講座の概要と，アジア共同体と社会福祉	Tongwon Kim	成均館大学
2016/9/8	韓，日，中 3ヶ国とアジア共同体の統合	Tongwon Kim	成均館大学
2016/9/15	アジア共同体の形成と済州島の役割	Heeryong Won	済州道知事

2016/9/22	保健と福祉面の国際開発協力の観点から見るアジア	Wonyeong Choi	保健福祉省前副大臣
2016/9/29	多文化主義とアジア	Eunhee Kang	性の平等と家族省大臣
2016/10/6	東アジア共同体の設立：諸文化社会の共存を目指して	Yeong-mok Kim	KOICA 会長
2016/10/13	ワンアジアの法律制度	Hoyeol Jung	成均館大学法学部
2016/10/20	中間試験		
2016/10/27	アジア共同体の設立：その制約と展望	Yeongjin Kim	韓国会計検査院前院長
2016/11/3	アジア共同体阻害要因の克服：韓日関係の再検討	Mankeun Yu	成均館大学
2016/11/10	ワンアジアの運動とビジョン	鄭俊坤	ワンアジア財団
2016/11/17	日本における国際開発協力の課題と戦略	高橋基樹	神戸大学・日本ODA協会会長
2016/11/24	アジアの諸問題―アジアの思考様式と，開発途上諸国との協力	Thein Tun	国際協力大学学長・ミャンマー
2016/12/1	アジア共同体の展望と ADB の役割	中尾武彦	アジア開発銀行総裁
2016/12/8	総括評価と討論	佐藤洋治	ワンアジア財団
2016/12/15	最終試験		

上海海洋大学（中国・上海）
在校生 15,000 名
初年度講座名　「アジア共同な大海洋へ―アジア共同体創生に向けて」
申請者　周艷紅
受講生 270 名，奨学生 20 名

2016/9/7	アジアの海洋養殖ネットワーク	鐘俊生	上海海洋大学
2016/9/13	アジア共同体の展開	鄭俊坤	ワンアジア財団
2016/9/14	日本の海環境	于克峰	上海海洋大学
2016/9/21	海洋の貝類	楊金龍	上海海洋大学
2016/9/28	海洋文化：海の神と海	韓興勇	上海海洋大学
2016/10/12	日本の水産物市場	李欣	上海海洋大学
2016/10/19	日本の飲食文化	劉坤	上海海洋大学
	日本語科学生の専門 4 級試験対策	徐亮	上海新世界教育グループ

2016/10/26	遺伝子 DNA が分かる？	呉美琴	上海海洋大学
	日本語科学生の国際交流	劉軍	上海海洋大学
2016/10/28	大学生の個性を伸ばすため	斉亜麗	上海海洋大学
2016/12/5	大学英語の教学改革	楊徳民	上海海洋大学
2016/12/7	アジアの海と共存共生の海洋民族学	周艶紅	上海海洋大学
2016/12/19	日本の道徳教育の歴史的な変遷と研究	張淑英	大連民族大学
2016/12/27	アジア共同体論	佐藤洋治	ワンアジア財団

中山医学大学（台湾・台中）

創立 1960 年　在校生 7,504 名
初年度講座名　「外国語・国際協力・社会福祉からアジア共同体を考える」
申請者　林思敏
受講生 150 名，奨学生 20 名

2016/9/22	東アジア共同体：地縁政治下における自己表現	蔡増家	国立政治大学
2016/9/29	災害医療と国際人道援助：国際社会における台湾の参画と責任	蔡明哲	中山医学大学
2016/10/6	台湾の国際援助と国際協力—アフリカの場合	李栢淳	財団法人国際合作基金会
2016/10/13	日本における国際援助の歴史と現状から見た国家間の相互理解	蔡東杰	国立中興大学
2016/10/20	カンボジアの教育事情と人々の暮らし	ロイ・レスミー	王立プノンペン大学
2016/10/27	人類の遺伝子進化法則と第四次産業革命の衝撃という側面から現代人が向き合うべき世界的な変化と競争を語る	曹昌堯	中山医学大学
2016/11/3	アジア共同体の構築へと邁進	佐藤洋治	ワンアジア財団
2016/11/10	グローバルな文化間コミュニケーション能力	Mary Shepard Wong	Azusa Pacific University
2016/11/17	日本における大学国際化に関する主要施策と台湾	松金公正	宇都宮大学
2016/11/24	医学生のための競争力ある英語プログラムの設計方法	陳英輝	亜洲大学

2016/12/3	視覚芸術を用いた外国語教育	Tamara Warhol	ミシシッピ大学
	多文化社会はいかに構築されるのか	明石純一	筑波大学
	日本語教育と台湾における日本研究の現状	于乃明	国立政治大学
2016/12/8	国際協力と医学翻訳の教育および実務	楊承淑	輔仁大学
2016/12/15	アジアの国際儀礼に関する専門分野の発展と現況	郭天明	台北 YMCA 国際書院
2016/12/22	アジアにおける英語教育の趨勢	林茂松	東呉大学
2017/1/5	女性新移民の文化的適応と心理的健康：国民統合という観点から	楊浩然	中山医学大学

国立ハノイ外国語大学（ベトナム・ハノイ）

創立 1955 年　在校生 6,120 名
初年度講座名　「アジア共同体の理解」　申請者　チャン・ティ・ハウン
受講生 130 名，奨学生 20 名

2016/9–2016/12	講座の紹介：および東アジア国際関係の動向	Do Tuan Minh	国立ハノイ外国語大学
2016/9–2016/12	アジアの地政学とアジア共同体	タイ大使	
2016/9–2016/12	アジアの地政学とアジア共同体	インドネシア大使	
2016/9–2016/12	アジアの地政学とアジア共同体	韓国大使	
2016/9–2016/12	東アジア地域統合の現況と展望	金裕殷	漢陽大学
2016/9–2016/12	国際協力の先のアジア共同体創設を目指して：ベトナムとタイの事例	Nguyen Ngoc Binhy	国立ハノイ外国語大学
2016/9–2016/12	アジアにおけるベトナム文化の位置と役割 1	Mai Ngoc Chu	U niversity of S ocial Sciences and Humanities
2016/9–2016/12	アジアにおけるベトナム文化の位置と役割 2	Mai Ngoc Chu	U niversity of S ocial Sciences and Humanities
2016/9–2016/12	ASEAN 統合の触媒としての独自性：地域統合：EU と ASEAN からの展望	Pham Quang Minh	U niversity of S ocial Sciences and Humanities

2016/9–2016/12	観光産業とアジア諸国間の結びつき	Jung Chang Wook	韓国観光公社
2016/9–2016/12	東西文化の差異の観点からする異文化コミュニケーションとアジア共同体への教訓	Nguyen Hoa	University of Foerign Language and International Studies
2016/9–2016/12	世界秩序の儒教的見解：アジアのアイデンティティ	Natthaya Sattaya-phong-phan	タイ商工会議所大学
2016/9–2016/12	東アジア協力における韓国の役割と韓国ーASEAN 関係の可能性	Hoang Khac Nam	University of Foerign Language and International Studies
2016/9–2016/12	日本の見地からする歴史とアジア共同体	Dao Thi Nga My	University of Foerign Language and International Studies
2016/9–2016/12	アジア共同体の脅繁栄とアイデンティティのために	佐藤洋治	ワンアジア財団

国立ストシェミンスキ美術大学（ポーランド・ウッチ）

初年度講座名　「アジア共同体における芸術」　申請者　稲吉紘実
受講生 150 名，奨学生 10 名

2016/10–2017/1	アジア共同体におけるデザイン	稲吉紘実	国立ストシェミンスキ美術大学
2016/10–2017/1	上記アジア共同体におけるデザインの大学側調整・協力役	クシシュトフ・ティチュコフスキ	国立ストシェミンスキ美術大学
2016/10–2017/1	アジア共同体における色・ファッションデザイン	マウゴジャタ・チュダック	国立ストシェミンスキ美術大学
2016/10–2017/1	アジア共同体コスチュームデザイン	イザベラ・ストロニアス	国立ストシェミンスキ美術大学

2016/10–2017/1	アジア共同体における繊維上の印刷	クリスティナ・チャイコフスカ	国立ストシェミンスキ美術大学
2016/10–2017/1	アジア共同体の文化	ジグムント・ウカシエビッチ	国立ストシェミンスキ美術大学
2016/10–2017/1	アジア共同体の文化	ドミニカ・クログルスカ	国立ストシェミンスキ美術大学
2016/10–2017/1	アジア共同体の文化	イザベラ・バルチャック	国立ストシェミンスキ美術大学
2016/10–2017/1	アジア共同体における宝石	セルギウシュ・クフチンスキ	国立ストシェミンスキ美術大学
2016/10–2017/1	アジア共同体における小物デザイン	アンジェイ・バホビッチ	国立ストシェミンスキ美術大学
2016/10–2017/1	アジア共同体のプロモーション	カタジナ・シミラック	国立ストシェミンスキ美術大学
2016/10–2017/1	アジア共同体における諸デザイン	ボグスワフ・クシュチュック	国立ストシェミンスキ美術大学
2016/10–2017/1	アジア共同体における古典グラフィック手法	ビトルド・バジボダ	国立ストシェミンスキ美術大学
2016/10–2017/1	アジア共同体における紙	エバ・ラトコフスカ	国立ストシェミンスキ美術大学
2016/10–2017/1	アジア共同体における絵画	アンジェイ・ミハリック	国立ストシェミンスキ美術大学
2016/10–2017/1	アジア共同体における陶器	トマッシュ・コバルチック	国立ストシェミンスキ美術大学

2016/10–2017/1	アジア共同体における歴史概要	露草和賛	ヴロツワフ銀行大学
2016/10–2017/1	アジア共同体における地理	イザベラ・ボイティチュカ	国立ストシェミンスキ美術大学
2016/10–2017/1	アジア共同体と世界一大きな絵	河原裕子	アース・アイデンティティー・プロジェクツ

資料２

講義担当者および
ワンアジアコンベンション
スピーカーのリスト

講師名	講義名	講義大学	所属	講義日
朴鴻圭	特別講義：“激変の時代：東アジアでの一日”	高麗大学	高麗大学	2010/9/1
羅鍾一	アジアに対する理解	又石大学	漢陽大学	2010/9/6
Hwang Insoo	共同體とヨーロッパ統合に対する理解	又石大学	民主平和統一諮問	2010/9/13
Lee Giga	共同體とヨーロッパ統合に対する理解	又石大学	慶熙大学	2010/9/13
權正基	アジア共同體の起源と歴史	又石大学	又石大学	2010/9/27
趙法鍾	アジア共同體の起源と歴史	又石大学	又石大学	2010/9/27
梁昌洙	ヨーロッパ統合の現況：成果と展望	高麗大学	外交部	2010/9/29
鄭勛燮	アジア共同体の構想と進展	日本大学国際関係学部	日本大学国際関係学部	2010/9/30
佐藤三武朗	「特殊講義Ⅰ　ワンアジア財団寄付講座（2010年）」申請者	日本大学国際関係学部	日本大学国際関係学部	2010/9/30
金南局	ヨーロッパ統合が東アジアに与える含意と展望	高麗大学	高麗大学	2010/10/4
Skand R. Tayal	アジア地域統合の現在と未来	又石大学	駐韓インド大使館	2010/10/4
金裕殷	アジア地域統合の現在と未来	又石大学	漢陽大学	2010/10/4
李容旭	経済共同体1—“地域統合の競争的パラダイム”	高麗大学	高麗大学	2010/10/6
鄭俊坤	いま，何故アジア共同体なのか：その原点を考える	日本大学国際関係学部	ワンアジア財団	2010/10/7
金在仁	経済共同体2—現況と前望—“東アジア経済共同体の現況と前望”	高麗大学	ソウル市立大学	2010/10/11
金鍾台	アジア経済協力の現在と未来	又石大学	又石大学	2010/10/11
宋在薫	アジア経済協力の現在と未来	又石大学	又石大学	2010/10/11
李玖	アジア経済協力の現在と未来	又石大学	又石大学	2010/10/11
崔永宗	安保共同体1—“中堅国家大韓民国の地域協力政策”	高麗大学	韓国カトリック大学	2010/10/13

講師名	講義名	講義大学	所属	講義日
石渡利康	グローバル化と国家の変容（地域統合）	日本大学国際関係学部	日本大学国際関係学部	2010/10/14
Shin Soosik	アジア安保協力の現在と未来	又石大学	慶熙大学	2010/10/18
坂井一成	EU統合と拡大の軌跡	日本大学国際関係学部	神戸大学	2010/10/21
玄仁澤	政治共同体—"東アジア地域秩序と韓半島統一"	高麗大学	高麗大学	2010/10/25
Yoon Gyesoon	アジア文化：茶・美術・飲食	又石大学		2010/10/25
權寧弼	アジア文化：茶・美術・飲食	又石大学	尚志大学	2010/10/25
辛星昊	安保共同体2—"21世紀東アジアの安保：競争かそれとも共生か"	高麗大学	ソウル大学	2010/10/27
井上桂子	アジア全体について概観	日本大学国際関係学部	日本大学国際関係学部	2010/10/28
李星勲	市民社会交流・ＮＧＯ連帯—現況と前望—"東アジア共同体と市民社会の役割"	高麗大学	韓国人権財団	2010/11/1
李甲憲	アジアの文化交流と人的交流	又石大学	又石大学	2010/11/1
艾宏歌	アジアの文化交流と人的交流	又石大学	中国駐韓大使館	2010/11/1
金鎭禹	エネルギー協力体—"東アジア共同体におけるエネルギー協力の課題と方向"	高麗大学	エネルギー経済研究院	2010/11/3
川戸秀昭	経済共同体の構築	日本大学国際関係学部	日本大学短期大学部	2010/11/4
尹利淑	環境協力体—"東アジア環境レジームの発展と実践的地域協力の可能性模索"	高麗大学	光雲大学	2010/11/8
Song Inho	アジアの文化：文学・言語・放送	又石大学	全州文化放送報道局	2010/11/8
宋俊鎬	アジアの文化：文学・言語・放送	又石大学	又石大学	2010/11/8

講師名	講義名	講義大学	所属	講義日
鄭光	アジアの文化：文学・言語・放送	又石大学	韓国カトリック大学	2010/11/8
白永瑞	文化・学問共同体—"東アジア知識・文化共同体の必要性と実現可能性"	高麗大学	延世大学	2010/11/10
吉本隆昭	安全保障共同体の形成と条件（軍事・安全保障）	日本大学国際関係学部	日本大学国際関係学部	2010/11/11
Shin Yong Moon	アジアの文化：音楽・舞踊・風水	又石大学	又石大学	2010/11/15
金科圭	アジアの文化：音楽・舞踊・風水	又石大学	又石大学	2010/11/15
本田修	アジアの文化：音楽・舞踊・風水	又石大学	日本国際交流基金ソウル文化	2010/11/15
岡本博之	エネルギーと資源の協力	日本大学国際関係学部	日本大学国際関係学部	2010/11/18
保坂祐二	生の共同体—"東アジア人として生きること"	高麗大学	世宗大学	2010/11/22
Muanpuii Saiawi	アジア共同体と各国の立場	又石大学	インド駐韓大使館	2010/11/22
Yokota Kazuhiko	アジア共同体と各国の立場	又石大学	早稲田大学	2010/11/22
堅尾和夫	環境問題と環境協力	日本大学国際関係学部	日本大学国際関係学部	2010/11/25
成東基	アジア共同体と東南・中央アジア	又石大学	釜山外国語大学	2010/11/29
全濟成	アジア共同体と東南・中央アジア	又石大学	全北大学	2010/11/29
吉田正紀	文化交流と人的交流の拡大	日本大学国際関係学部	日本大学国際関係学部	2010/12/2

講師名	講義名	講義大学	所属	講義日
佐藤洋治	基調演説：アジア共同体のための未来指向的発想	高麗大学	ワンアジア財団	2010/12/6
安玉姫	アジア共同体と多文化	又石大学	又石大学	2010/12/6
朴慶淳	アジア共同体と多文化	又石大学	又石大学	2010/12/6
川副令	アジア共同体形成のための克服すべき課題（阻害要因）	日本大学国際関係学部	日本大学国際関係学部	2010/12/9
金正奉	アジア共同体と北朝鮮	又石大学	前国家安保戦略研究所	2010/12/13
金昶熙	アジア共同体と北朝鮮	又石大学	全北大学	2010/12/13
朴済勲	序論—アジア時代の到来とアジア共同体構想	仁川大学	仁川大学	2011/3/8
チェ・ヨンジュン	東アジア地域主義	仁川大学	カトリック大学	2011/3/22
李洙勲	東北アジア時代の構想とアジア共同体	仁川大学	慶南大学	2011/3/29
鄭賢淑	アジアのアイデンティティと文化—アジア価値調査を中心に	仁川大学	祥明大学	2011/4/5
朴錫武	茶山と丁若鏞	湖南大学（KR）	韓国古典翻訳院	2011/4/6
ホ・イン	アジア金融協力の戦略と意義	仁川大学	KIEP	2011/4/12
姜星坤	アジアと韓国と陶磁器文化	湖南大学（KR）	湖南大学（KR）	2011/4/13
禹燦卜	北朝鮮関係産業の現状及び南北関係交流産業	湖南大学（KR）	湖南大学（KR）	2011/4/13
李政龍	近・現代日本美術の影響	湖南大学（KR）	湖南大学（KR）	2011/4/13
金聖哲	日本民主党政府の東アジア共同体構想	仁川大学	ソウル大学	2011/4/19
金準泰	私はあなただ，そしてあなたは私だの世界	湖南大学（KR）	朝鮮大学	2011/4/20

講師名	講義名	講義大学	所属	講義日
北谷賢司	ライブエンタテイメントからアジア共同体の可能性を考える	日本大学芸術学部	エイベックス・グループ・ホールディングス	2011/4/22
金民洙	中国と東アジア共同体	仁川大学	仁川大学	2011/4/26
ソン・ウォンヨン	東北アジア経済協力とロシア	仁川大学	仁川大学	2011/5/3
李廷植	朝鮮族の文化の原型保存と変容の可能性	湖南大学（KR）	湖南大学（KR）	2011/5/4
呉承容	通貨で見る多文化社会	湖南大学（KR）	全南大学	2011/5/4
逆瀬川健治	音楽からアジア共同体を考える	日本大学芸術学部		2011/5/6
小日向英俊	音楽からアジア共同体を考える	日本大学芸術学部	東京音楽大学	2011/5/6
原直久	写真からアジア共同体を考える	日本大学芸術学部	日本大学芸術学部	2011/5/13
玉佑錫	ヨーロッパ経済統合の歴史と示唆点	仁川大学	仁川大学	2011/5/17
呉守烈	東アジア共同体の必要性とビジョン	湖南大学（KR）	朝鮮大学	2011/5/18
小林直弥	舞踊のシルクロードからアジア共同体を考える	日本大学芸術学部	日本大学芸術学部	2011/5/20
金泰潤	ASEAN 経済統合の進歩と示唆点	仁川大学	KIEP	2011/5/24
イ・ホンギル	アジア地域役割の出発―韓・中・日の役割	湖南大学（KR）		2011/5/25
キム・ググゥン	東アジア経済交流の現状	湖南大学（KR）		2011/5/25
佐藤洋二	文芸からアジア共同体を考える	日本大学芸術学部	日本大学芸術学部	2011/5/27
川村湊	文芸からアジア共同体を考える	日本大学芸術学部	法政大学	2011/5/27

講師名	講義名	講義大学	所属	講義日
古市保子	美術からアジア共同体を考える	日本大学芸術学部	国際交流基金文化事業部造形美術チーム	2011/6/3
高橋幸次	美術からアジア共同体を考える	日本大学芸術学部	日本大学芸術学部	2011/6/3
重森貝崙	アジアの食と文化からアジア共同体を考える	日本大学芸術学部		2011/6/10
深谷基弘	アジアの食と文化からアジア共同体を考える	日本大学芸術学部	日本大学芸術学部	2011/6/10
鈴木康弘	ドキュメンタリーからアジア共同体を考える	日本大学芸術学部	日本大学芸術学部	2011/6/17
中町綾子	テレビドラマに描かれるアジアのメンタリティ	日本大学芸術学部	日本大学芸術学部	2011/6/24
趙南哲	パネルディスカッション	ワンアジアコンベンション東京	韓国放送通信大学	2011/7/1
ジャンズブドルジン・ロンボ	パネルディスカッション	ワンアジアコンベンション東京	前駐北朝鮮モンゴル大使, 現駐韓国モンゴル公使	2011/7/1
周龍	演劇からアジア共同体を考える	日本大学芸術学部	中国戯曲学院	2011/7/8
楊逸	アジア共同体としての芸術の価値と役割	日本大学芸術学部		2011/7/15
Vladimir Ploskih	入門：「アジア共同体」のよりよい理解	キルギス・ロシアスラブ大学	キルギス・ロシアスラブ大学	2011/9/2
ホン・キファ	アジア共同体の過去と現在	韓国外国語大学	京畿中小企業総合支援センター	2011/9/5

講師名	講義名	講義大学	所属	講義日
李麦收	アジア共同体構築の必要性と今後の課題	河南大学	河南大学	2011/9/6
R. Badamdamdin	アジア共同体の理念と目標	ラジオテレビ大学（モンゴル国立文化芸術大学）	ワンアジアクラブ・ウランバートル	2011/9/7
パク・ジュンウ	東アジア統合とEU	漢陽大学	外交通商部本部	2011/9/9
S. Otsu	モンゴル―日本の政治，経済関係	ラジオテレビ大学（モンゴル国立文化芸術大学）	在モンゴル日本大使館	2011/9/14
ダミール・D・アサノフ	アジアを中心とした統合の概念−特別コースの対象としての研究地域の解説	キルギス国立大学	キルギス国立大学	2011/9/15
李道烈	日本の姿：日本の政治・経済・社会・文化	又石大学	又石大学	2011/9/15
チェ・ドクス	アジア共同体のビジョンと歴史	漢陽大学	高麗大学	2011/9/16
イ・サンファン	アジア共同体のビジョンと政治	韓国外国語大学	韓国外国語大学	2011/9/19
耿明斎	経済社会転換と中部経済	河南大学	河南大学	2011/9/20
D. Aoyama	モンゴル―日本の文化歴史，発展	ラジオテレビ大学（モンゴル国立文化芸術大学）	在モンゴル日本大使館	2011/9/21
李普淳	アジアの食文化と韓食世界化	又石大学	又石大学	2011/9/22
キム・クァンオク	アジア共同体のビジョンと文化	漢陽大学	ソウル大学	2011/9/23
イ・グンミョン	アジア共同体のビジョンと歴史	韓国外国語大学	韓国外国語大学	2011/9/26
張抗私	労働市場の男女差別	河南大学	東北財経大学	2011/9/27

講師名	講義名	講義大学	所属	講義日
Y. Ishida	モンゴルでの技術協力プロジェクト	ラジオテレビ大学(モンゴル国立文化芸術大学)	国際協力機構（JICA）	2011/9/28
李海雨	アジアでの漢字と中国語使用について	又石大学	又石大学	2011/9/29
全弘哲	中国と中国人の理解	又石大学	又石大学	2011/9/29
佐藤正文	なぜ，今アジア共同体なのか	嘉悦大学	嘉悦大学	2011/9/30
李承哲	アジア共同体構成の倫理的背景	漢陽大学	漢陽大学	2011/9/30
崔源起	東アジア経済共同体（自由貿易協定）	高麗大学	外交安保研究所	2011/10/6
バンディット・ロートアラヤノン	タイとアジア共同体	嘉悦大学		2011/10/7
キム・ヨンギュ	アジア共同体のビジョンとエナジー	漢陽大学	漢陽大学	2011/10/7
呉承烈	アジア共同体のビジョンと経済	韓国外国語大学	韓国外国語大学	2011/10/10
楊宏恩	貿易の壁と中国の輸出	河南大学	河南大学	2011/10/11
Undarmaa	日本の伝統	ラジオテレビ大学(モンゴル国立文化芸術大学)	日本センター	2011/10/12
廉東浩	金融および歴史共同体（経済金融共同体）	高麗大学	法政大学	2011/10/13
兪垣濬	金融および歴史共同体（歴史共同体）	高麗大学	慶熙大学	2011/10/13
李再炯	社会的技術が経済的成果に及ぼす影響	又石大学	又石大学	2011/10/13
姜哲圭	社会的技術とＥＵ統合	又石大学	又石大学	2011/10/13
Djenish Djunushaliev	アジアの国々：発展への選択	キルギス・ロシアスラブ大学	キルギス・ロシアスラブ大学	2011/10/14

講師名	講義名	講義大学	所属	講義日
カマルディン・アブドゥラ	アジア共同体と再生可能エネルギー開発	嘉悦大学	ダルマ・プルサダ大学	2011/10/14
キム・ジョンゴル	アジア共同体のビジョンと経済	漢陽大学	漢陽大学	2011/10/14
キム・チャンワン	アジア共同体のビジョンと地域協力1	韓国外国語大学	韓国外国語大学	2011/10/17
李新功	アジア市場の拡大と経済一体化	河南大学	河南大学	2011/10/18
Kh. Batjargal	モンゴル—日本協力関係の20年	ラジオテレビ大学（モンゴル国立文化芸術大学）	ウランバートル新空港建設プロジェクト	2011/10/19
李鍾奭	東アジアの帰還と韓半島平和	又石大学	世宗研究所	2011/10/20
黄未	ベトナムとアジア共同体	嘉悦大学	タンロン技術学院	2011/10/21
ヤン・インジプ	アジア共同体のビジョンと地域協力2	韓国外国語大学	韓国外国語大学	2011/10/24
Kim Choi	韓国・モンゴルの関係史	ラジオテレビ大学（モンゴル国立文化芸術大学）	文人大学	2011/10/26
李壽炯	安保および環境共同体（安保共同体）	高麗大学	国家安保戦略研究所	2011/10/27
芮鍾永	安保および環境共同体（環境協力）	高麗大学	韓国カトリック大学	2011/10/27
申龍文	韓国と中国・日本の音楽	又石大学	又石大学	2011/10/27
Beibutova Yrys	アジア共同体—リベラルで普遍的な原則に基づく新しい種類の政府間関係	キルギス国立大学		2011/10/27

講師名	講義名	講義大学	所属	講義日
モアゼム・フセイン	バングラデシュとアジア共同体	嘉悦大学	Japan-Bangladesh Chamber of Commerce and Industry (JBCCI)	2011/10/28
ムン・フンホ	アジア共同体のビジョンと安全保障：中国と朝鮮半島	漢陽大学	漢陽大学	2011/10/28
孫正男	アジア共同体のビジョンと歴史，文化	韓国外国語大学	韓国外国語大学	2011/10/31
藤岡資正	「アジア共同体と経営におけるグローバル・イニシアチブ（2011年）」申請者	チュラロンコン大学サシン経営大学院	チュラロンコン大学サシン経営大学院	2011/11–2012/2
馬軍営	アジア科学技術協力	河南大学	河南科技学院	2011/11/1
B. Byambatsend	元の時代のモンゴル—中国関係	ラジオテレビ大学（モンゴル国立文化芸術大学）	文人大学	2011/11/2
裵炳寅	ヨーロッパ共同体（ヨーロッパ共同体の現況：アゼンダと争点）	高麗大学	国民大学	2011/11/3
崔晉宇	ヨーロッパ共同体（文化共同体）	高麗大学	漢陽大学	2011/11/3
崔尚明	'（東）アジア共同体'談論の認知陥穽（？）	又石大学	又石大学	2011/11/3
金ゼンマ	グローバル化とＦＴＡ	又石大学	関西外国語大学	2011/11/3
キム・ジェンマ	アジア共同体のビジョンと経済‐FTAを中心に‐	漢陽大学	関西外国語大学	2011/11/4
李寅泳	アジア共同体のビジョンと言語1	韓国外国語大学	韓国外国語大学	2011/11/7
李恒	人民元切り上げとアジア貨幣	河南大学	河南大学	2011/11/8

講師名	講義名	講義大学	所属	講義日
D. Ariunjargal	中国モンゴル外交史	ラジオテレビ大学（モンゴル国立文化芸術大学）	文人大学	2011/11/9
金鍾杰	グローバル金融危機と東アジア金融協力	又石大学	漢陽大学	2011/11/10
Zainidin Kurmanov	東洋文明および中央アジア諸国の近代化への流れ	キルギス・ロシアスラブ大学	キルギス・ロシアスラブ大学	2011/11/11
アショク・チャウラ	アジア地域における原子力エネルギー分野での日印協力	嘉悦大学	インド国立科学コミュニケーション情報資源研究所	2011/11/11
イ・ジョンソク	アジア共同体のビジョンと北朝鮮―韓国の立場―	漢陽大学	世宗研究所	2011/11/11
ハエダル・アルワシラー	アジア的価値観	インドネシア教育大学	インドネシア教育大学	2011/11/11
ソク・ドンヨン	アジア共同体のビジョンと外交	韓国外国語大学	外務省	2011/11/14
劉勝見	企業経営のあり方	河南大学	河南大学	2011/11/15
D. Purevsuren	日本モンゴル中国言語比較論	ラジオテレビ大学（モンゴル国立文化芸術大学）	文人大学	2011/11/16
金根植	北韓，統一，韓半島，対北政策	又石大学	北韓大学院大学	2011/11/17
黄名光	シンガポールとアジア共同体	嘉悦大学	元駐中国シンガポール大使館	2011/11/18
ホ・ウンソン	ガンジーと脱近代	漢陽大学	慶熙大学	2011/11/18

講師名	講義名	講義大学	所属	講義日
Piyachart	GIM（汎用情報管理）アジア入門	チュラロンコン大学サシン経営大学院	Sasin	2011/11/21
オ・ジョンジン	アジア共同体の歴史的認識	韓国外国語大学	韓国外国語大学	2011/11/21
趙剛	アジア環境問題協力	河南大学	中国社会科学院	2011/11/22
Mohan Lal	モンゴル―インドの関係発展歴史	ラジオテレビ大学(モンゴル国立文化芸術大学)	在モンゴルインド国大使館	2011/11/23
Bayalieva Chynar	経済，文化，科学面から誤解や孤立などの歴史的障害を克服する	キルギス国立大学		2011/11/24
鄭守一	我々にシルクロードとは何か	又石大学	韓国文明交流研究所	2011/11/24
劉鋒	中国とアジア共同体	嘉悦大学	一般財団法人アジア現代経済研究所	2011/11/25
フアド・アブズール・ハミド	言語	インドネシア教育大学	インドネシア教育大学	2011/11/25
Sasin MBA 2010 Student	GIM（汎用情報管理）ジャパン 2010 の体験談	チュラロンコン大学サシン経営大学院	チュラロンコン大学サシン経営大学院	2011/11/28
イ・ビョンド	アジア共同体のビジョンと市民団体の役割	韓国外国語大学	韓国外国語大学	2011/11/28
苗書梅	アジア近代史とアジア共同体	河南大学	河南大学	2011/11/29
邢福忠	ＥＵとアジア共同体	嘉悦大学	元ボン大学	2011/12/2

講師名	講義名	講義大学	所属	講義日
道上尚史	日本の外交官が見た韓国と中国	漢陽大学	在韓国日本大使館公使	2011/12/2
許龍	アジア共同体のビジョンと言語2	韓国外国語大学	韓国外国語大学	2011/12/5
可宏偉	アジア美術交流の歴史	河南大学	河南大学	2011/12/6
D. Gantumur	モンゴル―インドの文化関係	ラジオテレビ大学（モンゴル国立文化芸術大学）	インド―モンゴル文化センター	2011/12/7
Jorobekova Gulnura	移行プロセス‐アジア統合形成への重要な条件として	キルギス国立大学	キルギス国立大学	2011/12/8
劉鑽擴	中国の文化交流と孔子アカデミー	又石大学	又石大学孔子学院	2011/12/8
崔相龍	韓国とアジア共同体	嘉悦大学	法政大学	2011/12/9
李暁亭	会計と企業経営	河南大学	河南大学	2011/12/13
O. Batsaikhan	台湾におけるモンゴル資料研究	ラジオテレビ大学（モンゴル国立文化芸術大学）	モンゴル科学院	2011/12/14
閻鳳蘭	中国の平和発展と韓中関係が東アジア共同体に及ぼす影響	又石大学	駐韓中国総領事	2011/12/15
Valentine Voropaeva	中央アジア諸国の歴史における仏教の役割	キルギス・ロシアスラブ大学	キルギス・ロシアスラブ大学	2011/12/16
杉浦正健	アジアの未来形	嘉悦大学	弁護士	2011/12/16
Z. Batsaikhan	シルクロードを通じたモンゴルとアジア各国との関係史	ラジオテレビ大学（モンゴル国立文化芸術大学）	モンゴル国立大学	2011/12/21
Djumakadyrov Temir	現代の挑戦‐アジア統合の概念を更新する（1）	キルギス国立大学		2011/12/22

講師名	講義名	講義大学	所属	講義日
E. Sarantogos	欧州連合発展史	ラジオテレビ大学（モンゴル国立文化芸術大学)	モンゴル国外務省	2012/1/4
ジュルディズ・バカショワ	現代の挑戦：アジア統合に対する概念の更新（1）	キルギス国立大学	アラバエワ記念キルギス大学	2012/1/5
西村英俊	ＥＲＩＡとアジア共同体	嘉悦大学	東アジア・アセアン経済研究センター（ERIA)	2012/1/6
ギナンジャール・カルタサスミタ	政治	インドネシア教育大学	大統領顧問官	2012/1/6
Kritika	日本への洞察	チュラロンコン大学サシン経営大学院	Sasin	2012/1/10
小木曽友	アジアの友	嘉悦大学	財団法人アジア学生文化協会	2012/1/13
Sosorbaram	モンゴル―韓国19世紀関係研究	ラジオテレビ大学（モンゴル国立文化芸術大学)	モンゴル科学アカデミー	2012/1/18
進藤榮一	東アジア共同体をどうつくるか	嘉悦大学	国際アジア共同体学会	2012/1/20

講師名	講義名	講義大学	所属	講義日
S.K. Liu	台湾―モンゴル関係	ラジオテレビ大学（モンゴル国立文化芸術大学)	ウランバートル―台北経済センター	2012/1/25
Jatuphon Tan-tisuntharodom	日本人の消費行動	チュラロンコン大学サシン経営大学院	General Manager of C.P. Mer-chandis-ing Co., Ltd.	2012/1/26
Murzaev Salih	アジア諸国統合の構造（1）	キルギス国立大学	Public Admin-istration Depart-ment	2012/2/2
Ohashi	日本の銀行システムとその運用	チュラロンコン大学サシン経営大学院	Vice President of Mizuho Bank Thailand	2012/2/2
Hizaka Koji	日本のサービス管理	チュラロンコン大学サシン経営大学院	桜美林大学	2012/2/3
Vudhigorn Suriyachantananont	危機状況下での経営	チュラロンコン大学サシン経営大学院	Toyota Motors Thailand	2012/2/8
加賀美充洋	日本の経済成長とSME（中小企業）政策	チュラロンコン大学サシン経営大学院	帝京大学	2012/2/9

資料２　講義担当者およびワンアジアコンベンションスピーカーのリスト　359

講師名	講義名	講義大学	所属	講義日
L. Lkhagva	1990年以降のタイ国モンゴルの関係	ラジオテレビ大学（モンゴル国立文化芸術大学）	タイ国名誉領事	2012/2/15
アスカー・ジャキシェフ	中央アジア諸国における民族的政治プロセスにかかわる問題点の調和	キルギス・ロシアスラブ大学	キルギス・ロシアスラブ大学	2012/2/17
蔡東杰	アジア共同体とアジア文化のアイデンティティ	国立暨南国際大学	国立中興大学	2012/2/20
胡令遠	東アジアにおける中国の役割	同済大学	復旦大学	2012/2/21
K. Oshima	日本・モンゴル学生の比較論	ラジオテレビ大学（モンゴル国立文化芸術大学）	ラジオテレビ大学（モンゴル国立文化芸術大学）	2012/2/22
Alexander Tzonis	地域主義と共同体の現在	清華大学	TU Delft	2012/2/27
李玉	東アジア共同体の構想と進展について	北京大学国際関係学部	北京大学国際関係学院	2012/2/27
D・ダワースレン	アジアにおける宗教論	ラジオテレビ大学（モンゴル国立文化芸術大学）	ラジオテレビ大学（モンゴル国立文化芸術大学）	2012/2/29
Kazakbaev Marat	統合の経済的構成	キルギス国立大学	キルギス国立大学	2012/3/1
Agnes Tuck	EUの統合と拡大	アバイ記念カザフ国立教育大学	ペーチ大学	2012/3/1
徐康錫	アジア共同体の必要性	湖南大学（KR）	湖南大学（KR）	2012/3/2
申一燮	アジア共同体の必要性	湖南大学（KR）	湖南大学（KR）	2012/3/2

講師名	講義名	講義大学	所属	講義日
朴順愛	アジア共同体の必要性	湖南大学（KR）	湖南大学（KR）	2012/3/2
呉清山	アジア各国の教育革新	国立暨南国際大学	国家教育研究院	2012/3/5
陳峰君	東アジアの概況	北京大学国際関係学部	北京大学国際関係学院	2012/3/5
石源華	東アジアにおける朝鮮半島の役割と日朝関係	同済大学	復旦大学	2012/3/6
D. Odsuren	遊牧・定住文化の比較論	ラジオテレビ大学（モンゴル国立文化芸術大学）	ラジオテレビ大学（モンゴル国立文化芸術大学）	2012/3/7
金汝善	アジア共同体論とアジアの共通価値観の意味—講座紹介	国立済州大学	国立済州大学	2012/3/8
李京禧	アジアの理解	湖南大学（KR）	湖南大学（KR）	2012/3/9
Zhang Li	建築の連続性について	清華大学	清華大学	2012/3/12
董昭華	グローバル化と地域化	北京大学国際関係学部	北京大学国際関係学院	2012/3/12
樊勇明	中日経済協力からみる東アジア共同体の可能性	同済大学	復旦大学	2012/3/13
O. Miyata	21世紀における日本の精神論	ラジオテレビ大学（モンゴル国立文化芸術大学）	ジャーナリスト	2012/3/14
金漢培	アジアの地域協力	湖南大学（KR）	湖南大学（KR）	2012/3/16
張斗英	アジアの地域協力	湖南大学（KR）	湖南大学（KR）	2012/3/16
陳佩修	台湾高等教育の東南アジアへの輸出	国立暨南国際大学	国立暨南国際大学	2012/3/19

講師名	講義名	講義大学	所属	講義日
国広ジョージ	共存と発展：21世紀のアジア共同体のための建築パラダイム	清華大学	国士舘大学	2012/3/19
連玉如	EU一体化の経験	北京大学国際関係学部	北京大学国際関係学院	2012/3/19
許振洲	EU一体化の経験	北京大学国際関係学部		2012/3/19
徐静波	食文化から見る東アジア	同済大学	復旦大学	2012/3/20
金富燦	アジア紛争克服を通じてのアジア共同体認識の増大	国立済州大学	済州大学	2012/3/22
王詢	アジア文化の遡源と経済合作組織	東北財経大学		2012/3/22
Nina Kharchenko	統合された歴史的・文化的空間としてのアジア	キルギス・ロシアスラブ大学	キルギス・ロシアスラブ大学	2012/3/23
李栢淳	台湾高等教育の発展と財団法人国際合作基金会（ＩＣＤＦ）の役割	国立暨南国際大学	財団法人国際合作基金会	2012/3/26
晏智傑	東アジア経済共同体の建設	北京大学国際関係学部	北京大学経済学院	2012/3/26
崔志鷹	朝鮮半島と東北アジアの情勢	同済大学	同済大学	2012/3/27
朴韓容	アジア各国の歴史問題の認識と調和－アジア共通価値観の探索	国立済州大学	民族問題研究所	2012/3/29
曹成煥	東アジア地域意義	仁川大学	京畿大学	2012/3/30
刘健	講座申請者（中間期，復習）	清華大学	清華大学	2012/3/31
遠藤乾	「（前期）アジア政治論 （後期）国際政策持論Ⅰ－アジア共同体を考える（2012年）」申請者	北海道大学	北海道大学	2012/4–2013/1
陸留弟	東アジアの茶道文化—日本の茶道文化を中心に	同済大学	華東師範大学	2012/4/3

講師名	講義名	講義大学	所属	講義日
李昌基	アジア共同体始作－地域（自治体）間交流	国立済州大学	大田発展研究員	2012/4/5
陳勇	アジア経済の比較研究	東北財経大学	東北財経大学	2012/4/5
崔炳賢	茶山　丁若鏞とアジア	湖南大学（KR）	湖南大学（KR）	2012/4/6
中島岳志	アジアとは何か？	北海道大学	北海道大学	2012/4/6
林文通	アジアと台湾との国際教育交流の現状	国立暨南国際大学	教育部国際與兩岸教育司	2012/4/9
Peter Rowe	外側から見た 1950 年以降の中国の都市形成	清華大学	ハーバード大学	2012/4/9
伊集院敦	中朝経済協力の現状と展望	早稲田大学大学院	日本経済新聞社	2012/4/9
陳紹峰	東アジアの資源とエネルギー協力	北京大学国際関係学部	北京大学国際関係学院	2012/4/9
李建華	水資源と東アジアの協力	同済大学	同済大学	2012/4/10
松原孝俊	海峡あれど，国境なし──東アジア地域連携とグローバル人材育成戦略	九州大学	九州大学	2012/4/11
崔載憲	アジアの文化と歴史	祥明大学	建国大学	2012/4/12
パク・ヨンジュン	アジア金融協力の戦略と意義	仁川大学	亜洲大学	2012/4/12
Bart Gaens	東アジア地域主義と日本の役割－ヨーロッパからの視点	早稲田大学大学院	Finnish Institute	2012/4/12
于左	アジア産業構造の現状，問題	東北財経大学	産業組織と企業組織研究センター	2012/4/12
権宇	アジア共同体に向けての歴史的情緒と文化的摩擦	延辺大学	延辺大学	2012/4/13
木宮正史	『東アジア共同体論』イントロダクション	東京大学教養学部	東京大学	2012/4/13
木村政司	芸術学部にとってのワンアジア	日本大学芸術学部	日本大学芸術学部	2012/4/13

講師名	講義名	講義大学	所属	講義日
中戸祐夫	アジア共同体について考える	立命館大学	立命館大学	2012/4/13
江林英基	東アジア共同体と人権の保障	国立暨南国際大学	明海大学	2012/4/16
張海濱	東アジアの環境問題と協力	北京大学国際関係学部	北京大学国際関係学院	2012/4/16
馬利中	人口学からみる東アジアの福祉問題	同済大学	上海大学	2012/4/17
小比木政夫	東アジアの双子国家	九州大学	韓国研究センター	2012/4/18
金奉吉	東アジア経済圏の必然性	富山大学	富山大学	2012/4/18
宋敍順	アジア共同体形成のための韓半島の役割	国立済州大学	済州大学	2012/4/19
朱鎮五	アジアの歴史の葛藤と和解	祥明大学	祥明大学	2012/4/19
趙秋成	アジア社会保障問題の比較研究	東北財経大学	東北財経大学	2012/4/19
Gulmira Dzhunushalieva	遊牧民の文化交流と米穀文明（歴史的視点）	キルギス・ロシアスラブ大学	キルギス・ロシアスラブ大学	2012/4/20
簡文子	伝統と文学	湖南大学（KR）	湖南大学（KR）	2012/4/20
朴益秀	伝統と文学	湖南大学（KR）	湖南大学（KR）	2012/4/20
浅野豊美	東アジア共同体の戦前と戦後	東京大学教養学部	中京大学	2012/4/20
裴光雄	東アジアFTAとアジア共同体	立命館大学	大阪教育大学	2012/4/20
申正澈	韓国の教育発展：比較的視野から	国立暨南国際大学	ソウル大学	2012/4/23
Zhu Wenyi	中国の都市インデックスとその台頭するアジア共同体への示唆	清華大学	清華大学	2012/4/23
李斌	空間文化から見る日本の建築	同済大学	同済大学	2012/4/24
金鎮玉	アジア経済統合（FTA）と市場開放	国立済州大学	済州大学	2012/4/26

講師名	講義名	講義大学	所属	講義日
張榮柱	交流と疎通	湖南大学（KR）	光州MBC	2012/4/27
李鎬鐵	中国と東アジア共同体	仁川大学	仁川大学	2012/4/27
李鍾元	冷戦と東アジア地域主義	東京大学教養学部	早稲田大学	2012/4/27
キム・ビョンヨン	北朝鮮経済とアジア共同体	立命館大学	ソウル大学	2012/4/27
権慶安	交流と疎通	湖南大学（KR）	朝鮮日報広州地域本部	2012/4/27
趙鎔澈	交流と疎通	湖南大学（KR）	湖南大学（KR）	2012/4/27
Juan Manuel Fernandez Soria	教育国際化シンポジウム：ヨーロッパ高等教育の発展	国立暨南国際大学	バレンシア大学	2012/4/28
Luanna H.Meyer	教育国際化シンポジウム：大学学生の理解，世界観の経験とグローバル市民性	国立暨南国際大学	ヴィクトリア大学	2012/4/28
太田浩	教育国際化シンポジウム：日本における国際教育（国際化）の最近の発展と課題	国立暨南国際大学	一橋大学	2012/4/28
山崎直也	教育国際化シンポジウム：台湾における日本教育研究・日本における台湾教育研究	国立暨南国際大学	国際教養大学	2012/4/29
佐々木亮	日韓海峡圏でアジアを学ぶ	九州大学	朝日新聞諫早支局	2012/5/2
小柳津英知	—都市間競争論のブームとその問題点—	富山大学	富山大学	2012/5/2
文局鉉	人間と創造	国立済州大学	New Paradigm Institute	2012/5/3
呉仁軾	アジアの宗教と文化	祥明大学	祥明大学	2012/5/3
李政植	ディアスポラの形成と理解	湖南大学（KR）	湖南大学（KR）	2012/5/4
金太基	ディアスポラの形成と理解	湖南大学（KR）	湖南大学（KR）	2012/5/4

講師名	講義名	講義大学	所属	講義日
楊思偉	日本における教師改革の趨勢の分析	国立暨南国際大学	国立台中教育大学	2012/5/7
Klaus Kunzmann	ヨーロッパの停滞社会における空間計画とそのアジア共同体への示唆	清華大学	ドルトムント工科大学	2012/5/7
李寒梅	政治観念と東アジア協力	北京大学国際関係学部	北京大学国際関係学院	2012/5/7
張松	東アジア都市文化財の保存と協力	同済大学	同済大学	2012/5/8
加峯隆義	LOOK KOREA　～学ぶべき対象としての韓国	九州大学	九州経済調査協会	2012/5/9
坂幸夫	中国人技能実習生の日本滞在と離脱	富山大学	富山大学	2012/5/9
金強一	東アジア国際秩序の転換と大国役割の位置付け	延辺大学	延辺大学	2012/5/10
李栄穂	アジアの交流と教育問題ーアジア共通価値	国立済州大学	京畿大学	2012/5/10
Shin Hakyoung	韓中日の大衆文化産業の比較と協力法案	祥明大学	淑明女子大学	2012/5/10
趙建国	アジア大学生就職の現状及び問題の比較研究	東北財経大学	東北財経大学	2012/5/10
O. I. Egorov	カザフスタンの石油・ガスコンビナートの現況と今後の展望	アバイ記念カザフ国立教育大学	カザフスタン教育科学省経済研究所	2012/5/10
呉承龍	21 世紀のアジア的価値観の照明	湖南大学（KR）	全南大学	2012/5/11
朴相領	21 世紀のアジア的価値観の照明	湖南大学（KR）	湖南大学（KR）	2012/5/11
西川潤	東アジア共同体のもう一つの姿―市民社会とジェンダー――	早稲田大学大学院	早稲田大学	2012/5/11
曹良鉉	東アジア地域主義の歴史的展開	東京大学教養学部	韓国国立外交院	2012/5/11
渡部陽一	アジアの戦場から世界を考える	日本大学芸術学部	株式会社Be.Brave	2012/5/11

講師名	講義名	講義大学	所属	講義日
チェ・ジンウク	金正恩体制とアジア共同体	立命館大学	韓国統一研究院	2012/5/11
キム・ポソプ	日韓関係とアジア共同体	立命館大学	中央大学（KR）	2012/5/11
金光云	21世紀のアジア的価値観の照明	湖南大学（KR）	韓国保健大学	2012/5/11
莫家豪	地域内の協力か競争か？アジアにおける越境する高等教育と影響力をもつ地域主義	国立暨南国際大学	香港教育学院大学	2012/5/14
呉志攀	法律，制度と東アジア協力	北京大学国際関係学部	北京大学法学院	2012/5/14
劉暁芳	近代文学と東アジア国民文化の形成	同済大学	同済大学	2012/5/15
菊池和博	我が国の経験と国際社会～高齢化社会の現実～	九州大学	福岡財務支局	2012/5/16
和田春樹	歴史認識と東アジア共同体	東京大学教養学部	東京大学	2012/5/16
黄基錫	アジアの交流とSNSの重要性	国立済州大学	Right Brain	2012/5/17
趙忠然	アジア共同体のためのアジアの役割ーアジア人の視覚	国立済州大学	株式会社Citi Media	2012/5/17
王勇	アジア地域統合と日中関係	延辺大学	浙江工商大学	2012/5/18
李載鎬	多文化シンポジウム	湖南大学（KR）	晋州教育大学	2012/5/18
A. Mani	アジア地域におけるインド人社会の台頭	早稲田大学大学院	立命館アジア太平洋大学	2012/5/18
呉川	中国文学からワンアジアを考える	日本大学芸術学部	日本大学国際関係学部	2012/5/18
押川文子	インドとアジア共同体	立命館大学	京都大学	2012/5/18
杉村美紀	高等教育の国際ネットワークと東アジアの統合	国立暨南国際大学	上智大学	2012/5/21

講師名	講義名	講義大学	所属	講義日
Gary Hack	気候変動と人類定住の科学	清華大学	ペンシルベニア大学	2012/5/21
蔡建国	東アジアにおける留学生交流の役割	同済大学	同済大学	2012/5/22
角南篤	東アジア・サイエンスイノベーションエリア構想の実現に向けて	九州大学	政策研究院大学院大学	2012/5/23
根岸秀行	東アジアの中の日本： 共生を求めて 「東アジアの共生とアパレル産業の棲み分け」	富山大学	富山大学	2012/5/23
姜龍範	アジア共同体とポスト金正日時代	延辺大学	天津外国語大学	2012/5/24
徐憲濟	アジア共同体論のためのEU経験－アジア共通価値観	国立済州大学	中央大学（KR）	2012/5/24
Rhee Daewoong	韓中日のゲーム産業と協力法案	祥明大学	祥明大学	2012/5/24
金國雄	アジア共同体と欧州統合の示唆点	湖南大学（KR）	異業種連合会	2012/5/25
呉守悅	アジア共同体と欧州統合の示唆点	湖南大学（KR）	朝鮮大学	2012/5/25
李洪吉	アジア共同体と欧州統合の示唆点	湖南大学（KR）	全南大学	2012/5/25
李元德	日韓国交正常化交渉と歴史認識	東京大学教養学部	国民大学	2012/5/25
星野郁	ヨーロッパの経験から考えるアジア共同体	立命館大学	立命館大学	2012/5/25
岡田健一	東アジア地域協力	国立暨南国際大学	日本交流協会	2012/5/28
林華生	アメリカ債務危機とその日本と中国への影響	早稲田大学大学院	早稲田大学大学院	2012/5/29
厖志春	漢語と東アジア文化の形成	同済大学	復旦大学	2012/5/29
李宗勲	アジアの歴史認識問題	延辺大学	延辺大学	2012/5/30
崔慶原	東アジアの安全保障と日韓関係	九州大学	韓国研究センター	2012/5/30
渡邉康洋	東アジアの観光流動と東アジア共同体	富山大学	桜美林大学	2012/5/30

講師名	講義名	講義大学	所属	講義日
李光宰	①アジア経済共同体と歴史を通じてみるわが国の道 ②アジア経済共同体とＩＴパラダイムの変化と未来	国立済州大学	前江原道知事	2012/5/31
張秀智	韓中日の大学生の価値比較	祥明大学	国立慶尚大学	2012/5/31
ランサン・レートナイサット	「アジア共同体創成へ向けて－アセアン経済共同体（AEC）の産業協力（2012年）」申請者	泰日工業大学	泰日工業大学	2012/6–2012/9
朴相哲	アジア共同体のビジョンと国家の役割	湖南大学（KR）	湖南大学（KR）	2012/6/1
南基正	歴史認識問題の解法をめぐって	東京大学教養学部	ソウル大学	2012/6/1
呉汝俊	演奏家としてのワンアジア	日本大学芸術学部		2012/6/1
安藤礼二	世界は多元的であるがゆえに一つである	北海道大学		2012/6/1
ホン・キュドク	韓国の国防改革とアジア共同体	立命館大学	淑明女子大学	2012/6/1
謝立功	新しい移民・心でサービス—多文化を尊重する新しい措置—	国立暨南国際大学	内政部出入国・移民署	2012/6/4
蔡敦達	いかにして違う国，違う民族の文化を見るか—中日韓の祭りを中心に	同済大学	同済大学	2012/6/5
林今淑	長吉図先導区と羅津特別市との経済貿易	延辺大学	延辺大学	2012/6/6
辛美沙	世界におけるアジアのアートマーケット	九州大学	MISA SHIN GALLERY	2012/6/6
谷口誠	米国のTPP戦略と東アジア共同体	早稲田大学大学院	北東アジア研究交流ネットワーク	2012/6/6
王大鵬	中台経済協力枠組協定と東アジア地域経済統合	富山大学	富山大学	2012/6/6

講師名	講義名	講義大学	所属	講義日
Jung Sunyoung	韓中日の家族と親子関係	祥明大学	仁川大学	2012/6/7
金奎澤	アジア共同体の構想と市民団体の役割	湖南大学（KR)	韓国ＯＡＣソウル	2012/6/8
深川由起子	日韓ＦＴＡ・ＴＰＰ・東アジア共同体	東京大学教養学部	早稲田大学	2012/6/8
金明信	オペラクラシックのアジアにおける広がりを考える	日本大学芸術学部	ソウルオペラクラシック㈱	2012/6/8
若松英輔	井筒俊彦とアジア	北海道大学		2012/6/8
李虎男	中朝関係とアジア共同体	立命館大学	大阪経済法科大学	2012/6/8
山泉進	アジア共同体とアジア主義	延辺大学	明治大学	2012/6/12
H.S. Prabhakar	日印関係の変遷とそのアジア発展への示唆	早稲田大学大学院	ジャワハルラール・ネルー大学	2012/6/12
岩渕秀樹	東アジアの科学技術〜競争と協力のために〜	九州大学	内閣官房参事官	2012/6/13
酒井富夫	「東アジアの地域的統合をめぐって」 ―ＦＴＡと食糧・農業問題―	富山大学	富山大学	2012/6/13
金炯辰	外交の現場から見た東アジア共同体	東京大学教養学部	韓国外交通商部	2012/6/15
丸山純也	ＮＨＫドラマ制作からアジアを考える―大河ドラマ「江」担当者から	日本大学芸術学部		2012/6/15
Manfred Ringhofer	ブータンとアジア共同体	立命館大学	大阪産業大学	2012/6/15
黄枝連	中華パラダイムにおける日本とその持続的な発展について	早稲田大学大学院	香港アジア太平洋二十一学会	2012/6/19
李漢燮	19世紀末東アジアにおける言語の接触と交流について	延辺大学	高麗大学	2012/6/20
福地和彦	学生に望むこと，三井物産の挑戦と創造	九州大学	三井物産株式会社	2012/6/20

講師名	講義名	講義大学	所属	講義日
ムハマッド・ルトフィ	インドネシア：台頭する経済――経済的洞察とアジア太平洋地域での役割	早稲田大学大学院	Embassy of Indonesia	2012/6/22
陳昌洙	安全保障と東アジア共同体	東京大学教養学部	世宗研究所	2012/6/22
アレクサンダー・ヴォロンチョフ	ロシアからみるアジア共同体	立命館大学	ロシア科学アカデミー	2012/6/22
濱田耕策	韓国・朝鮮史を理解することの意味	九州大学	九州大学	2012/6/27
孫春日	東アジア共同体の構想と民族主義	延辺大学	延辺大学	2012/6/29
朴正鎮	北朝鮮を東アジア共同体にどのように組み入れるか	東京大学教養学部	ソウル大学	2012/6/29
稲賀繁美	岡倉天心とアジア	北海道大学		2012/6/29
徐東周	大正思想の東アジア認識	延辺大学	ソウル大学	2012/7/3
寺岡靖剛	東アジア共通課題の解決――エネルギー環境理工学の国際連携教育と研究	九州大学	九大総合理工研究院	2012/7/4
雨宮洋司	アジア共生社会の基礎作り――富山発国際教育交流	富山大学	富山商船高専	2012/7/4
スパット・サグワンディークン	タイとＡＳＥＡＮ経済共同体	泰日工業大学	タイ政府・商務省	2012/7/6
朱建榮	中国と東アジア共同体	東京大学教養学部	東洋学園大学	2012/7/6
福田淳	アジアのコンテンツの在り方からワンアジアを考える	日本大学芸術学部		2012/7/6
片山杜秀	アジア主義と超国家主義	北海道大学		2012/7/6
松田正彦	ミャンマーとアジア共同体	立命館大学	立命館大学	2012/7/6

講師名	講義名	講義大学	所属	講義日
Young-Gil SONG	挨拶	ワンアジアコンベンション仁川	韓国・仁川市長	2012/7/7
Hak-Su KIM	基調講演	ワンアジアコンベンション仁川	アジア太平洋経済社会委員会・元事務局長）	2012/7/7
範士明	分科会1発表	ワンアジアコンベンション仁川	北京大学	2012/7/7
Wonshik Choi	分科会2司会	ワンアジアコンベンション仁川	仁荷大学	2012/7/7
原一平	分科会3ディスカッション	ワンアジアコンベンション仁川	日本大学	2012/7/7
Hakyoung Shin	分科会3ディスカッション	ワンアジアコンベンション仁川	淑明女子大学	2012/7/7
李大雄	分科会3発表	ワンアジアコンベンション仁川	祥明大学	2012/7/7
ユートン・クア	越境する公害　アジアの場合	早稲田大学大学院	南洋理工大学	2012/7/11
小島明	東アジア共同体—構想から現実へ	早稲田大学大学院	政策研究大学	2012/7/13
姜尚中	まとめ・総合討論	東京大学教養学部	東京大学情報学環	2012/7/13
大谷栄一	田中智学の超国家主義とアジア	北海道大学		2012/7/13

講師名	講義名	講義大学	所属	講義日
賀平	中国からみるアジア共同体	立命館大学	復旦大学	2012/7/13
安達義弘	アジア宗教とアジア共同体	延辺大学	福岡国際大学	2012/7/16
Lim Chong Yah	日本の経済：三位一体の成長と発展の自家理論から考える過去，現在，未来	早稲田大学大学院	シンガポール工業大学	2012/7/17
張貞愛	多元文化教育と多元文化人	延辺大学	延辺大学	2012/7/20
李愛俐娥	中央アジアとアジア共同体	立命館大学	早稲田大学	2012/7/21
呉東鎬	東アジアの法治社会に向けての歩みと展望	延辺大学	延辺大学	2012/7/24
パヴィダ・パナノン	アセアン経済共同体の産業協力	泰日工業大学	タマサート大学	2012/7/27
黒瀬直宏	日本とアジアの中小企業協力	泰日工業大学	嘉悦大学	2012/8/10
渡辺俊三	アジアの中小企業憲章	泰日工業大学	名城大学	2012/8/17
文興安	アジア未来論の概要と目標	建国大学	建国大学	2012/8/27
黄居仁	「アジア共同体への理解：文化と社会の視点から（2012年）」申請者	香港理工大学	香港理工大学	2012/9–2012/12
白賢東	「アジア共同体論　動画講義（2012年）」申請者	建国大学	建国大学	2012/9–2013/2
ソ・ジョンミン	アジア共同体と小アジア：中東の新しい理解	韓国外国語大学	韓国外国語大学	2012/9/3
タラスベク・マシュラポフ	グローバル文明のゆりかご：西アジア，南アジア，東アジア	ビシュケク人文大学	ビシュケク人文大学	2012/9/5
宋錫源	アジアとは何か，アジア共同体に関する議論の歴史的展開と課題および展望	慶熙大学	慶熙大学	2012/9/6
D.V. Men	グローバル共同体におけるカザフスタン共和国と日本	アバイ記念カザフ国立教育大学	アバイ記念カザフ国立教育大学	2012/9/7

講師名	講義名	講義大学	所属	講義日
RR. Sri Wachyuni	序章：アジア共同体の創造性に関する一般的側面	バンドン工科大学	バンドン工科大学	2012/9/7
李栄善	序論－なぜアジア共同体なのか	延世大学経済学部	延世大学経済学部	2012/9/7
黒川祐次	日本の首相はなぜこんなに頻繁に代わるのか	河南大学	日本大学国際関係学部	2012/9/7
金香淑	大衆文化の往来から見るアジアの価値観	釜山大学	目白大学	2012/9/7
キム・デソン	アジア共同体と中央アジア　中アジアの社会と文化	韓国外国語大学	韓国外国語大学	2012/9/10
金鍾甲	外部の視線で見たアジア	建国大学	建国大学	2012/9/10
Zhaken Taimagambetov	アジア共同体に関する考古学的視点	カザフ国立大学		2012/9/12
イシェンバイ・アブドゥラザコフ	人類の精神的発展の起源としての世界宗教：アブラハムの宗教の発生	ビシュケク人文大学	ビシュケク人文大学	2012/9/12
Romana Kofler	アジアコミュニティーの形成にむけた児童福祉政策	嘉泉大学	United Nations Office for Outer Space Affairs	2012/9/13
ディアンニ・リスダ	マンガや風刺画を通じた外国語教育とそのアジア共同体形成への貢献	バンドン工科大学	インドネシア教育大学	2012/9/14
王子昌	ASEAN とアジア共同体の構築	中山大学	暨南大学	2012/9/15
ジョン・ファソン	アジア共同体とタイ　タイの社会と文化	韓国外国語大学	韓国外国語大学	2012/9/17
朴繁洵	経済的観点から見たアジア	建国大学	三星経済研究所	2012/9/17
許寿童	歴史認識の問題と東アジア社会	三亜学院	三亜学院	2012/9/17
鈴木規夫	イントロ―方法としての〈イメージング・アジア〉	愛知大学	愛知大学	2012/9/18

講師名	講義名	講義大学	所属	講義日
Beket Nurzhanov	アジア共同体の文化研究と未来図	カザフ国立大学	カザフ国立大学	2012/9/19
Ida Rochani Adi	アジア共同体とグローバリゼーションに対するアメリカの立ち位置	ガジャマダ大学	ガジャマダ大学	2012/9/20
朴浩成	アジアにおける域内移住：国境を超える政治地理	慶熙大学	国際移住文化フォーラム	2012/9/20
キム・スナ	CBS 1B03 のコース紹介	香港理工大学	香港理工大学	2012/9/20
A.K. Abisheva	グローバリゼーションと国家の変容（地域の統合）	アバイ記念カザフ国立教育大学	アバイ記念カザフ国立教育大学	2012/9/21
Asep Wawan Jatnika	言語から見たアジア共同体間の関係性	バンドン工科大学	バンドン工科大学	2012/9/21
金玉英	伝統文化とアジア共同体の形成	釜山大学	釜山大学	2012/9/21
汪新生	国際関係学的な視点による東アジア共同体の研究	中山大学	中山大学	2012/9/21
チェ・チェチョル	アジア共同体と日本	韓国外国語大学	韓国外国語大学	2012/9/24
尹明鐵	歴史，文化的観点から見たアジア	建国大学	東国大学	2012/9/24
王敏遠	アジア諸国間における司法協力メカニズムの検討	華僑大学	華僑大学	2012/9/24
グレン・フック	アジア共同体とアジア太平洋の平和	愛知大学	シェフィールド大学	2012/9/25
周琪	アメリカのオバマ政権と東アジア共同体	中山大学	中国社会科学院	2012/9/25
Aliya Massalimova	アジア共同体の哲学と相互理解	カザフ国立大学		2012/9/26
Emilia Ismailova	時間軸：老子，孔子，ソクラテス，その他	ビシュケク人文大学	ビシュケク人文大学	2012/9/26
波多野澄雄	「東アジア共同体」構想と日本	筑波大学	筑波大学	2012/9/26

講師名	講義名	講義大学	所属	講義日
Johanes Nicolass Warouw	アジア統合とその必要性に対する各種の課題	ガジャマダ大学	ガジャマダ大学	2012/9/27
鎌田東二	アジア共同体形成にむけた宗教の役割	嘉泉大学	京都大学	2012/9/27
洪起峻	ヨーロッパ統合がアジア共同体構想に与える訓練	慶熙大学	慶熙大学	2012/9/27
Saito Sachiko	日本の茶道（文化活動その1）	香港理工大学	Chado Urasenke Tankokai Hong Kong Assosiation	2012/9/27
Kajimoto Yuka	日本の伝統舞踊を学ぶ（文化活動その2）	香港理工大学	Japanese Traditinal Dance Master	2012/9/27
G. B. Nurlihina	アジア共同体の技術面のリーダーである日本の役割	アバイ記念カザフ国立教育大学	アバイ記念カザフ国立教育大学	2012/9/27
エリー・マリハ	アジアの社会	インドネシア教育大学	インドネシア教育大学	2012/9/28
テンディ・Y・ラマディン	アジアの建築とデザインを通じた個性の構築	バンドン工科大学	バンドン工科大学	2012/9/28
高橋章	東アジアの国際協力	河南大学	日本大学	2012/9/28
柳玟和	文字と言語から見るアジア共同体	釜山大学	釜山大学	2012/9/28
金俊	東アジアとは何か	三亜学院	浙江樹人大学	2012/9/28
張宇权	東アジア共同体の構築における文化的要素	中山大学	中山大学	2012/9/28
孟亭在	デザインを通じたアジアの疏通	建国大学	建国大学	2012/10/1
渡邊啓貴	イントロダクション――欧州連合～地域共同体のさきがけ―アジアへの新たな関心 ASEM	東京外国語大学	東京外国語大学	2012/10/1

講師名	講義名	講義大学	所属	講義日
板垣雄三	アジア共同体論の歴史学	愛知大学	東京大学	2012/10/2
全炳淳	アジア共同体の統合的発展	カザフ国立大学	カザフ国立大学	2012/10/3
プラユーン・シオワッタナ	アジアの将来と産業人材の育成・日タイ協力でアセアンに未来を拓こう	嘉悦大学	泰日経済技術振興協会	2012/10/3
Heddy Shri Ahimsa P	アジア共同体の文化とグローバリゼーション	ガジャマダ大学	ガジャマダ大学	2012/10/4
S. Dushenbiev	アジアにおける仏教	ビシュケク人文大学	ビシュケク人文大学	2012/10/4
朴柄植	アジア共同体の形成に向けた大衆文化の理解とアプローチ方法	嘉泉大学	東国大学	2012/10/4
安永勲	「アジア文学」の可能性	慶熙大学	慶熙大学	2012/10/4
フルコン	教育	インドネシア教育大学	インドネシア教育大学	2012/10/5
ナナ・ウプリアトナ	アジアの歴史からアジア共同体までを学ぶ	バンドン工科大学	インドネシア教育大学	2012/10/5
フン・フン	東アジアの経済思想	延世大学経済学部	延世大学	2012/10/5
趙堈熙	外国語教育とアジア共同体	釜山大学	釜山大学	2012/10/5
林成蔚	地域統合の理論化と問題点	北海道大学	公共政策大学院	2012/10/5
キム・ジョンギル	アジア共同体とアジア	韓国外国語大学	韓国外国語大学	2012/10/8
金尚珉	アジアを結ぶ道路，アジアハイウェー	建国大学	毎日経済新聞社	2012/10/8
楊楹	アジア共同体社会価値観の養成	華僑大学	華僑大学	2012/10/8
渋谷英章	アジア社会の教育の特質	東京学芸大学	東京学芸大学	2012/10/9

講師名	講義名	講義大学	所属	講義日
Zhakibek A. Altaev	アジア共同体の集合的ビジョン	カザフ国立大学	Council Membe onYouth Policy under the President of the Republic of Kazakhstan	2012/10/10
ペン・セタリン	東南アジア支援プロジェクトとカンボジア	嘉悦大学	王立プノンペン大学	2012/10/10
ドゥラド・バキシェヴ	アジア共同体と中央アジアの文化比較	漢陽大学	駐韓カザフスタン大使	2012/10/10
西田竜也	変化する国際関係とアジア太平洋における多国間安全保障の行方	広島市立大学	広島市立大学	2012/10/10
神田豊隆	政治指導者の秩序観と戦後日本の対中外交―拙著『冷戦構造の変容と日本の対中外交』を中心に	筑波大学	早稲田大学	2012/10/10
Atik Tri Ratnawati	アジアの女性とグローバリゼーション：	ガジャマダ大学	ガジャマダ大学	2012/10/11
趙孝淑	服飾を通じてみたアジア文化共同体	嘉泉大学	嘉泉大学	2012/10/11
崔湖榮	健康な暮らしとアジア医学：薬草物語	慶熙大学	慶熙大学	2012/10/11
Suzuki Kazuko	教育的見地から考えるアジア共同体	香港理工大学	早稲田大学	2012/10/11
王宝平	日文の起源	浙江工商大学	浙江工商大学	2012/10/11
B. N. Myubayeva	アジアの環境保護分野における協力	アバイ記念カザフ国立教育大学	アバイ記念カザフ国立教育大学	2012/10/11

講師名	講義名	講義大学	所属	講義日
アミヌディン・アジズ	言語	インドネシア教育大学	インドネシア教育大学	2012/10/12
Soebroto Hadisoegondo	アートとデザインを通じた創造性と起業家精神：アジア共同体の形成における独立性と関係性	バンドン工科大学	ボゴール農科大学	2012/10/12
宮本英世	名曲とっておきの話	河南大学	音楽評論家	2012/10/12
金任淑	アジア共同体の思想的基盤—古典小説を中心に—	釜山大学	釜山大学	2012/10/12
朱徳蘭	日本従軍慰安婦と東アジア共同体	三亜学院	台湾中央研究院	2012/10/12
林利民	アジア・太平洋における戦略的環境の変化と共同体の障害	中山大学	現代国際関係研究院	2012/10/12
池直美	地域統合と主権ディスコース	北海道大学	北海道大学	2012/10/12
イ・ウング	アジア共同体とインド	韓国外国語大学	韓国外国語大学	2012/10/15
伊藤憲一	東アジア共同体構想と日本の立場	東京外国語大学	東アジア共同体評議会	2012/10/15
李暁峰	アジア貿易障壁の解消	華僑大学	厦門大学	2012/10/15
佐藤幸男	東アジア共生学の可能性	愛知大学	富山大学	2012/10/16
谷部弘子	アジア地域の日本語教育	東京学芸大学	東京学芸大学	2012/10/16
Aliya Balapanpva	アジア共同体の地政学的統合	カザフ国立大学	カザフ国立大学	2012/10/17
ダオ・ユイ・アン	日本とアジアの中小企業協力（ベトナムの声）	嘉悦大学	COPRO-NA 株式会社	2012/10/17
Mohtar Mas'oed	東アジアの地域アイデンティティの構築：政治経済的視点	ガジャマダ大学	ガジャマダ大学	2012/10/18

講師名	講義名	講義大学	所属	講義日
K. Bokonbayev	大衆信仰に見るエコロジー意識の基礎：テングリ崇拝，道教，神道の共通点	ビシュケク人文大学	キルギス・ロシアスラブ大学	2012/10/18
鄭美羅	子供の遊びを通じてみたアジア文化共同体	嘉泉大学	嘉泉大学	2012/10/18
趙英喆	インドとヒンドゥ世界とアジア	慶熙大学	Jidal大学	2012/10/18
Wasana Wongsurawat	アジアのディアスポラの視点から考えるアジア共同体	香港理工大学	チュラロンコン大学	2012/10/18
Setiawan Sbana	アジア美術とそのアジア共同体形成に対する貢献	バンドン工科大学	バンドン工科大学	2012/10/19
金興鍾	アジア地域経済統合の現在と未来	延世大学経済学部	KIEP	2012/10/19
沈丁立	中米関係とその東アジア共同体に対する影響	中山大学	復旦大学	2012/10/19
L. V. Safronova	世界文学の分野におけるアジアのアイデンティティ現象	アバイ記念カザフ国立教育大学	アバイ記念カザフ国立教育大学	2012/10/21
鄭旭	エンターテインメントを通じたアジアの疏通	建国大学	JYP entertainment	2012/10/22
張志文	アジアの金融と地域経済協力	中山大学	中山大学	2012/10/22
羽場久美子	欧州との比較からの東アジア共同体論	東京外国語大学	青山学院大学	2012/10/22
周星	中国民衆にみる〈アジア〉イメージ	愛知大学	愛知大学	2012/10/23
Gulnar O. Nassimova	アジア国家間の政治的対立を理解する	カザフ国立大学	カザフ国立大学	2012/10/24
ケント・E・カルダー	グローバル化と地域統合	東京大学情報学環	ジョンズ・ホプキンス大学	2012/10/24
Siti Daulah Khoriati	アジア共同体のビジョン，政治，安全	ガジャマダ大学	ガジャマダ大学	2012/10/25

講師名	講義名	講義大学	所属	講義日
A. Abdurazakov	大いなるシルクロード―ユーラシア大陸の最初の架け橋：交易と文化	ビシュケク人文大学	ビシュケク人文大学	2012/10/25
陳永峰	辺境からみるアジア共同体：台湾の「アジア」観を中心として	慶熙大学	東海大学	2012/10/25
Richard Emmert	能楽体験（文化活動その3）	香港理工大学	Noh Gaku	2012/10/25
王小民	南海の環境協力与環境安全共同体	中山大学	広東外語外貿大学	2012/10/25
方浩範	東アジアの平和的環境を創るための儒教的思想基盤	浙江工商大学	延辺大学	2012/10/25
B. O. Zhanguttin	グローバル化現象としての移住	アバイ記念カザフ国立教育大学	アバイ記念カザフ国立教育大学	2012/10/25
呉承熱	中国と東アジアの問題	延世大学経済学部	韓国外国語大学	2012/10/26
呉京煥	アジア共同体における近代文学の位相―岡倉天心のアジア主義―	釜山大学	釜山大学	2012/10/26
クォン・テミョン	アジアの過去・現在・未来：アジアの理解	韓国外国語大学	外務省外交通商部国立外交院	2012/10/29
丁甲注	未来，夢，ビジョン，そしてアイティー	建国大学	建国大学	2012/10/29
宮田敏之	ASEAN・タイ経済とアジア共同体	東京外国語大学	東京外国語大学	2012/10/29
胡日東	アジア自由貿易地域の構築	華僑大学	華僑大学	2012/10/29
加々美光行	鏡像としての日中関係からみるアジア共同体	愛知大学	愛知大学	2012/10/30
李在勝	エネルギー，環境協力体―現況と前望	高麗大学	高麗大学	2012/10/30
Dmitri Streltsov	日ロ関係の現状と将来	筑波大学	モスクワ国際関係大学	2012/10/30

講師名	講義名	講義大学	所属	講義日
Phunkeson Wachiraphong	タイの学校	東京学芸大学	Princess Chulab-horn's College Phitsanu-lok	2012/10/30
Jang Soyoung	韓国の小学校のさまざまな活動	東京学芸大学	西甘初等学校	2012/10/30
Tursun H. Gabitov	カザフの文化とアジアの伝統の関係	カザフ国立大学		2012/10/31
ダヤシリ・ワルナクラスリヤ	アジアの小さな国から世界へ	嘉悦大学	ミダヤセラミック社	2012/10/31
ハ・テユン	アジア全体における東北アジアの教育支援	漢陽大学	国立国際教育院	2012/10/31
Sri Margana	アジア中央市場と遺産の形成	ガジャマダ大学	ガジャマダ大学	2012/11/1
M. Imanaliev	現実に即したシルクロードの復活：東洋と西洋の功績の統合	ビシュケク人文大学	American University	2012/11/1
佐藤弘毅	アジア共同体と大学の役割	嘉泉大学	目白大学	2012/11/1
Lee Juyean	アジア共同体における社会問題の解決	香港理工大学	Pastor, Author and Social Innovator	2012/11/1
姜躍春	東アジア地域協力の進展と中国の政策的選択肢	浙江工商大学	中国国際問題研究院経済研究所	2012/11/1
鄭成春	日本と東アジアの共同体	延世大学経済学部	KIEP	2012/11/2
李鎔賢	発掘遺物から見るアジア共同体論—文字資料を中心に—	釜山大学	韓国国立中央博物館	2012/11/2
喩常森	中日韓三国戦略関係与東亜政治共同体	中山大学	中山大学	2012/11/2
康埈栄	アジア共同体と中国Ⅰ：中国負傷の地域的含意	韓国外国語大学	韓国外国語大学	2012/11/5

講師名	講義名	講義大学	所属	講義日
張裕相	アイティー経済的観点から見たアジア	建国大学	KDI 国際政策大学院	2012/11/5
陳奉林	東亜地域意識の起源，発展とその現代意義	中国外交学院	中国外交学院	2012/11/5
吉野文雄	北東アジアの安全保障とアジア共同体の展望	東京外国語大学	拓殖大学	2012/11/5
張国安	アジア法律文化系統の類似性について	華僑大学	華僑大学	2012/11/5
李三星	市民社会交流，NGO 連帯—現況と前望	高麗大学	翰林大学	2012/11/6
Zgela Marijana	アジア共同体におけるクロアチア（クロアチアの高校の生活）	東京学芸大学		2012/11/6
馬静	中国における学校（「私の学校」）	東京学芸大学	北京師範大学付属実験中学	2012/11/6
メン・ドミトリー	アジアにおける国際関係のビジョンと統合	カザフ国立大学	カザフ国立大学	2012/11/7
ベ・チョ・キム	医師が繋ぐ日本とアジア	嘉悦大学	ハートスキャンインターナショナル	2012/11/7
チェ・ジンウ	EU 統合と韓国	漢陽大学	漢陽大学	2012/11/7
鈴木隆	アジア共同体に向けてASEAN の貢献の可能性と課題	筑波大学	愛知県立大学	2012/11/7
M.Mukhtasar Syamsuddin	アジアのアイデンティティと未来：インドネシアと韓国の比較	ガジャマダ大学	ガジャマダ大学	2012/11/8
Sandro Mihradi	生徒の創造性を伸ばす	バンドン工科大学	バンドン工科大学	2012/11/8
M. Suyunbaev	意識の中に自己中心性が生まれる起源：客観的および主観的要因	ビシュケク人文大学		2012/11/8
寓光赫	楽器と音楽を通じてみたアジア文化共同体	嘉泉大学	韓国芸術総合学校	2012/11/8

講師名	講義名	講義大学	所属	講義日
Viengrat Nethipo	アセアン共同体の文脈におけるタイの民主主義	慶熙大学	チュラロンコン大学	2012/11/8
Ki Shim Nam	言語から考えるアジア共同体	香港理工大学	延世大学	2012/11/8
李钟书	中韓歴史文化関係とアジア共同体	中山大学	蔚山大学	2012/11/8
Yan Yan Sunarya	アジア共同体形成における起業家精神と動機	バンドン工科大学	バンドン工科大学	2012/11/9
尹徳龍	アジア共同体と通貨統合	延世大学経済学部	KIEP	2012/11/9
金蘭珠	アジア的な思惟方式を通してみたアジア共同体の未来	釜山大学	檀国大学	2012/11/9
張一範	アジア共同体と音楽：韓中日クラシック音楽三国志	韓国外国語大学	韓国放送公社	2012/11/12
卞瑩煥	エイシアンにとっての航空宇宙技術	建国大学	建国大学	2012/11/12
井尻秀憲	東アジア，ASEAN からみた共同体	東京外国語大学	東京外国語大学	2012/11/12
蘆炯星	アジア諸国間における環境保護協力メカニズムの研究	華僑大学	厦門大学	2012/11/12
Chirita Laura Luliana	ルーマニアにおける教育関係問題に関する見解	東京学芸大学		2012/11/13
Hj Nuryah Asri Sjafirah	アジア共同体の異文化コミュニケーション	ガジャマダ大学	パジャジャラン大学	2012/11/14
ヘル・サントソ 衛藤	アジアの未来へ，日系インドネシア人の想い	嘉悦大学	パナソニック・マニュファクチャリング社	2012/11/14
大東和武司	アジアにおける多国籍企業の展開：地域との共生の試み	広島市立大学	広島市立大学	2012/11/14
川島真	近年の中国の対 ASEAN 政策	筑波大学	東京大学	2012/11/14
B・ヘトゥネ	新しい地域主義（new Regionalism）の可能性	東京大学情報学環	Gothenburg 大学	2012/11/14

講師名	講義名	講義大学	所属	講義日
李御寧	胎教を通じてみたアジア教育文化共同体	嘉泉大学	嘉泉大学	2012/11/15
龍澤武	アジア共同体に関する出版事情	慶熙大学	東アジア出版人会議	2012/11/15
Dasoni	韓国音楽祭と共有（文化活動その4）	香港理工大学	Korean Traditional Music Performing Team	2012/11/15
M. S. Sadyrova	アジアの労働移住	アバイ記念カザフ国立教育大学	アバイ記念カザフ国立教育大学	2012/11/15
Chong Beng Sung	韓国とカザフスタンの現在の関係性	アバイ記念カザフ国立教育大学		2012/11/16
金塗允	東アジア共同体と南北韓国，そして統一	延世大学経済学部	統一研究院	2012/11/16
張玮	居住証制度と人材交流	河南大学	河南大学	2012/11/16
姜再鎬	地方自治体から見るアジア共同体の形成	釜山大学	釜山大学	2012/11/16
刘赛力	中国，日本と韓国の経済協力を推進することが東北アジア協力の重点だ	中国外交学院	中国外交学院	2012/11/18
Werner Sasse	アジア共同体と韓国	韓国外国語大学		2012/11/19
俞弘濬	名作の条件と匠人精神	建国大学	明知大学	2012/11/19
滝田賢治	環太平洋地域の安全保障	東京外国語大学	中央大学（JP）	2012/11/19
王立霞	アジアにおける政治的相互信頼メカニズムの構築	華僑大学	華僑大学	2012/11/19
森川裕二	アジア共同体の平和	愛知大学	長崎大学	2012/11/20
余潇枫	東アジアの非伝統安全協力とアジア共同体	中山大学	浙江大学	2012/11/20

講師名	講義名	講義大学	所属	講義日
ウ・ミン・ウェイ	ミャンマーとアジアの未来	嘉悦大学	ワ・ミン・グループ	2012/11/21
パク・テウォン	韓国のODAとアジア共同体	漢陽大学	KOICA	2012/11/21
朝倉敏夫	アジアの食文化	慶熙大学	大阪国立民族学博物館	2012/11/22
Ryu Tongshik	宗教的見地から考えるアジア共同体	香港理工大学	延世大学	2012/11/22
ヤヌアル・アンワス	アジアの人材育成	インドネシア教育大学	インドネシア大学	2012/11/23
ジョン・インキョ	東アジア経済統合と韓中日のFTA	延世大学経済学部	仁荷大学	2012/11/23
金裕卿	アジアにおける非言語行動	釜山大学	釜山大学	2012/11/23
朴美賢	東アジアのリンがフランか（外効用言語）	釜山大学		2012/11/23
魏志江	東アジアの新地域主義とアジア共同体	中山大学	中山大学	2012/11/25
石東演	アジア共同体と中国II：中国の未来と我々の対応	韓国外国語大学	東北亜歴史文化財団	2012/11/26
鄭善浩	エネルギーの未来	建国大学	建国大学	2012/11/26
李浩	アジア諸国における紛争改称への調停について	華僑大学	南京師範大学	2012/11/26
ビ・シュヌ	アジア構成国家としてのインドとその役割	漢陽大学	駐韓インド大使館	2012/11/27
Sylvano D. Mahiwo	アジア諸国の教育外交	東京学芸大学	フィリピン大学	2012/11/27
根本悦子	アジアに架ける橋・ミャンマーの少数民族を支援して	嘉悦大学	NPO法人ブリッジ・エーシア・ジャパン	2012/11/28
柿木伸之	東アジアに共生の回路を開くために	広島市立大学	広島市立大学	2012/11/28

講師名	講義名	講義大学	所属	講義日
丁世鉉	新しい地域主義（new Regionalism）の可能性	東京大学情報学環	元韓国統一部	2012/11/28
アスカー・クタノフ	情報技術（IT）の発展による体験交流と相互扶助 – 効果的なやり方	ビシュケク人文大学	キルギス工科大学	2012/11/29
李慶和	幼児教育及び教育文化を通じてみるアジア文化共同体	嘉泉大学	ジョージア大学	2012/11/29
鄭鍾弼	グローバル・パワーとしての中国とアジア	慶熙大学	慶熙大学	2012/11/29
Larissa Heinrich	大衆文化から考えるアジア共同体	香港理工大学	カリフォルニア大学	2012/11/29
O.I. Egorov	カザフスタンの石油・ガス産業の現状と発展の展望	アバイ記念カザフ国立教育大学	カザフスタン共和国教育科学省	2012/11/30
ユスフ・アンワル	経済共同体	インドネシア教育大学	パジャジャラン大学	2012/11/30
余田幸夫	アジアの現在と未来のビジョン	釜山大学	在釜山日本国総領事館	2012/11/30
韓泰文	外交使節団を通したアジア共同体の文化交流	釜山大学		2012/11/30
張鳴	アジア共同体論を考える！	北海道大学	中国人民大学	2012/11/30
梁珉禎	アジア共同体と多文化	韓国外国語大学	韓国外国語大学	2012/12/3
裵英子	アジア地域協力	建国大学	建国大学	2012/12/3
高文勝	中国から見たアジア共同体	東京外国語大学	天津師範大学	2012/12/3
荘培章	アジア通貨一体化の問題	華僑大学	華僑大学	2012/12/3
ウラッディーン・ブラグ	モンゴル草原から見るアジア共同体	愛知大学	ケンブリッジ大学	2012/12/4
池田靖光	ＳＭＫ　トランスナショナル経営におけるアジアビジネス	筑波大学	ＳＭＫ株式会社	2012/12/4

講師名	講義名	講義大学	所属	講義日
Manipoun Sithisack	ラオスの教育	東京学芸大学		2012/12/4
Finau Lute	トンガの教育	東京学芸大学		2012/12/4
Aslan Mehmet	宗教とアジア諸国の理解	カザフ国立大学	カザフ国立大学	2012/12/5
P・エンガルディオ	新しい地域主義（new Regionalism）の可能性	東京大学情報学環	Business Week 誌アジア版	2012/12/5
ヌル・アイニ・セティアワティ	歴史から見るアジア共同体とグローバリゼーションの関係性	ガジャマダ大学	ガジャマダ大学	2012/12/6
金亨錫	アジア芸術とデザイン	慶熙大学	慶熙大学	2012/12/6
金井一頼	国際敬遠論Ⅱ（担当者：金泰旭）における特別講座として	広島市立大学	大阪商業大学	2012/12/6
Kitamura Takanori	アジア共同体と東アジアの政治	香港理工大学	香港中文大学	2012/12/6
イドルス・アファンディ	政治	インドネシア教育大学	インドネシア教育大学	2012/12/7
李永昌	東アジア民族国家の新しいフレーム認識とアジア共同体論	三亜学院	華東師範大学	2012/12/7
光辻克馬	アジア共同体論を考える！	北海道大学	東京大学	2012/12/7
スチャイ	ＧＩＭジャパン 2011 のリーダーからの経験談	チュラロンコン大学サシン経営大学院	サシンＭＢＡ 201	2012/12/10
カモン・ブッサバン	韓国の文化・生活など	チュラロンコン大学サシン経営大学院	チュラロンコン大学	2012/12/10
松長昭	中央アジアから見たアジア共同体	東京外国語大学	笹川平和財団	2012/12/10

講師名	講義名	講義大学	所属	講義日
王建設	アジア言語，文学の交流と鑑賞	華僑大学	華僑大学	2012/12/10
王建新	中国西部から見るアジア共同体	愛知大学	蘭州大学	2012/12/11
Pankaj Mohan	シルクロードと仏教	カザフ国立大学	The Academy of Korean studies	2012/12/12
檜田松瑩	アジア共同体に寄せて	嘉悦大学	三井物産株式会社	2012/12/12
T. Mamashev	相互理解向上と親密さへの理解によるツーリズム	ビシュケク人文大学	ビシュケク人文大学	2012/12/13
朴真秀	アジア共同体の形成のための児童文化の役割	嘉泉大学	嘉泉大学	2012/12/13
Tamaji Mizuho	アジア共同体と日本のポップカルチャー	香港理工大学	香港理工大学	2012/12/13
李濟民	アジア共同体のビジョンと韓国の役割	延世大学経済学部	延世大学	2012/12/14
村上直樹	戦後日本の技術選択	河南大学	日本大学	2012/12/14
丹羽泉	韓国と東アジア共同体	東京外国語大学	東京外国語大学	2012/12/17
川崎誠司	ハワイの多文化教育：「公正」な社会判断力を育てる教育	東京学芸大学	東京学芸大学	2012/12/18
植田隆子	東アジアとEU	東京大学情報学環	国際基督教大学	2012/12/19
D. A. Amanzholova	西と東：伝統と近代性	アバイ記念カザフ国立教育大学	モスクワ・観光・サービス産業大学	2012/12/20
柿澤未知	アジア共同体論を考える！	北海道大学	外務省	2012/12/21
Pujo Semedi	講座閉会式	ガジャマダ大学		2012/12/27

講師名	講義名	講義大学	所属	講義日
ホン・ジーヒー	韓国ドラマなどのブランディング	チュラロンコン大学サシン経営大学院	韓国一タイ・コミュニケーションセンター	2012/12/27
ペチャラット	日本人とのビジネスについて	チュラロンコン大学サシン経営大学院	イーソンペイント	2012/12/27
ジョ・キョ・ワン	韓国の自動車戦略	チュラロンコン大学サシン経営大学院	キアモータース	2013/1/9
ジャトポン	日本人の消費者行動	チュラロンコン大学サシン経営大学院	ＣＰマーチャンダイジング	2013/1/9
孫崎享	日米関係・鹿児島	筑波大学	東アジア共同体研究所	2013/1/9
李鐘元	東アジアとアメリカ	東京大学情報学環	立教大学	2013/1/9
シリラット・ラスタパナ	タイ韓国の貿易	チュラロンコン大学サシン経営大学院	タイ国商務省国際貿易促進局	2013/1/10
マコン	日本人向けの製品デザイン	チュラロンコン大学サシン経営大学院	ＩＤＳ	2013/1/10
黄大慧	中日関係の現状とその前途	中国外交学院	中国人民大学	2013/1/12

講師名	講義名	講義大学	所属	講義日
小林基起	モンゴルにおける教育政策と日本語教育	東京学芸大学	国際協力機構（JICA）	2013/1/15
赤澤正人	アジア共同体と日本	嘉悦大学	嘉悦大学	2013/1/16
ソンポン	タイの日系企業向け金融サービス	チュラロンコン大学サシン経営大学院	カシコン銀行	2013/1/17
Dzhorobekova Gulnura	移民プロセス_アジア統合への最重要課題のひとつとして	キルギス国立大学		2013/1/19
五島文雄	ベトナムとアジア共同体	東京外国語大学	静岡県立大学	2013/1/21
金ヒョンジン	東アジアとアメリカ	東京大学情報学環	韓国外交通商部北米局	2013/1/23
名越健郎	ロシアから見た東アジア	東京外国語大学	拓殖大学	2013/1/28
島田めぐみ	ミャンマーの教育（教員養成，外国語教育，地域連携を中心に）	東京学芸大学	東京学芸大学	2013/1/29
松島	アジアの新興国における産業政策の調和の重要性	チュラロンコン大学サシン経営大学院	NESDB	2013/1/30
Sulfikar Amir	権力，アイデンティティ，テクノサイエンス：アジアにおける国民国家の探索	バンドン工科大学	南洋理工大学	2013/1/31
Muliyadi Mahamood	風刺漫画による社会批判とそのアジア共同体発展への貢献	バンドン工科大学	マラ技術大学	2013/1/31
Ono Kosei	アジア統合のための視覚言語	バンドン工科大学	国士舘大学	2013/1/31
M.S. Sadyrova	アジアの労働移民	アバイ記念カザフ国立教育大学	アバイ記念カザフ国立教育大学	2013/2/1

講師名	講義名	講義大学	所属	講義日
B.O. Zhanguttin	グローバリゼーション現象としての移民	アバイ記念カザフ国立教育大学	アバイ記念カザフ国立教育大学	2013/2/1
Sarygulov Bulat	現代の挑戦 – アジア統合の概念を更新する（2）	キルギス国立大学		2013/2/2
カタギ・ユキノリ	Ｍｕｊｉとタイの文化	チュラロンコン大学サシン経営大学院	Muji リテイル	2013/2/4
シリモンポーン	日本の文化，社会，政治の概要	チュラロンコン大学サシン経営大学院	チュラロンコン大学	2013/2/4
山本吉宣	アジア地域共同体と日本	東京外国語大学	東京大学	2013/2/4
チュアン	7—11 のマーケティングと流通技術	チュラロンコン大学サシン経営大学院	ＣＰオール	2013/2/5
サトウ・ヤスヒコ	日本の業務管理	チュラロンコン大学サシン経営大学院	Viewquest	2013/2/6
松下和夫	リオからリオ +20 へ―私たちの望む未来―	筑波大学	京都大学	2013/2/6
L. Larina	アジアの文化と伝統	アバイ記念カザフ国立教育大学	ロモノソフ記念モスクワ大学	2013/2/7
佐藤晋	「ポスト・ベトナム」における東南アジアと日本の関わり	筑波大学	二松学舎大学	2013/2/13

講師名	講義名	講義大学	所属	講義日
ヨン・ユーン	韓国マクロ経済について	チュラロンコン大学サシン経営大学院	チュラロンコン大学	2013/2/14
E. Abdyldaev	「三悪」の起源とその理性的な克服法	ビシュケク人文大学	Institute of War and Peace	2013/2/14
A. K. Abisheva	アジアの現代民族国家の精神と価値観に拠る統一体形成問題	アバイ記念カザフ国立教育大学	アバイ記念カザフ国立教育大学	2013/2/14
蔡増家	東アジア共同体：　地縁政治下における各自の表現	国立暨南国際大学	国立政治大学	2013/2/18
タニン・パーエム	在タイ韓国のげんじょ貿易戦略について	チュラロンコン大学サシン経営大学院	タイ国経済・社会開発委員会	2013/2/21
A. Mokeyev	「歴史的記憶」の誤った顕現を克服することが可能だとしたら？	ビシュケク人文大学	Kyrgyz-Tutkish University	2013/2/21
B.A. Turgunbaeva	カザフスタンの革新的発展要因としての成人教育	アバイ記念カザフ国立教育大学	アバイ記念カザフ国立教育大学	2013/2/22
楊棟梁	中日関係の移り変わりと現実思考	南開大学	南開大学	2013/2/23
蕭新煌	台湾とアジアにおける客家の社会文化：一つの比較	国立暨南国際大学	中央研究院	2013/2/25
Gaetan Siew	グローバル問題：アジア共同体が授受する影響と変化	清華大学	Past UIA President	2013/2/25
孫衛国	"周囲から中国を見るために"…一種新興の研究視野	南開大学	南開大学	2013/2/25
楊永明	尖閣諸島の主権と東シナ海の平和提唱	国立政治大学	国立台湾大学	2013/2/27

講師名	講義名	講義大学	所属	講義日
B.N.Mynbayeva	アジアの環境保護分野における協力	アバイ記念カザフ国立教育大学	アバイ記念カザフ国立教育大学	2013/2/28
金哲	アジア共同体構築における多民族相互の文化認知	長江師範学院	安徽三聯学院	2013/2/28
B. A. Turgunbaeva	②アジアの技術開発の一要因としての成人教育	アバイ記念カザフ国立教育大学	アバイ記念カザフ国立教育大学	2013/2/28
呉強	東アジア共同体と資源・エネルギー協力	北京大学国際関係学部	北京大学国際関係学部	2013/3–2013/5
呉志攀	東アジア共同体と法制度の構築	北京大学国際関係学部	北京大学法学院	2013/3–2013/6
王正毅	東アジア協力の歴史的進化	北京大学国際関係学部	北京大学国際関係学部	2013/3–2013/6
李光輝	東アジア経済共同体の建設	北京大学国際関係学部	中国商務部	2013/3–2013/6
喬治忠	中国伝統史学は対日本の影響と両国政治歴史観のもつれ	南開大学	南開大学	2013/3/4
劉黎兒	日本の福島原発災害から見た原子力発電の危機	国立政治大学	専職作家	2013/3/6
大島一二	アジア共同体における経済協力の現状	青島農業大学	桃山学院大学	2013/3/6
陳文挙	アジア経済共同体の可能性	同済大学	日本大学	2013/3/6
大島弥生	日本語授業における活動型学習の展開	青島農業大学	東京海洋大学	2013/3/7
張明富	アジア共同体における民族歴史観の共有	長江師範学院	長江師範学院	2013/3/7
エフェンディ・スマルジャ	環境問題	インドネシア教育大学	元環境大臣顧問官	2013/3/8

講師名	講義名	講義大学	所属	講義日
金貳謙	アジア共同体の構想と背景及び講義紹介	光州大学	光州大学	2013/3/8
靳明全	アジア共同体と反戦平和	重慶師範大学	重慶師範大学	2013/3/8
徐榮洙	アジア文化圏と東アジア	檀國大学	檀國大学	2013/3/8
徐波	不備な歴史認識と悪い周辺関係	中国外交学院	《世界知識》雑誌社	2013/3/10
Chun Chaesung	歴史的観点から見る伝統制度：中華的世界秩序とその現代的意味	延世大学アンダーウッド国際学部	ソウル大学	2013/3/11
神野志隆光	アジア共同体の歴史的背景と特徴	釜山外国語大学	東京大学	2013/3/11
黄明朗	台日交流現況	国立暨南国際大学	亜東関係協会	2013/3/11
曹中屏	中韓関係史上の幾個理論問題	南開大学	南開大学	2013/3/11
内田知行	人口変動とアジア共同体	重慶師範大学	大東文化大学	2013/3/13
王文賢	アジア共同体と言語習得聴解素材を利用してコミュニケーション能力を向上させよう──N1・N2の聴解問題を例にして──	青島農業大学	中国海洋大学	2013/3/13
趙洪尹	アジア共同体とEUの比較	長江師範学院	長江師範学院	2013/3/14
王貞平	「権力中心論」の産生，伝播と変容─古代東アジアにおける政治文化公証の一例─	浙江工商大学	新加坡南洋理工大学	2013/3/14
谷垣真理子	日本の移民系コミュニティの変化	南京大学	東京大学教養学部	2013/3/16
孫洌	近代的帝国主義とその現代的意味	延世大学アンダーウッド国際学部	延世大学アンダーウッド国際学部	2013/3/18
高豔林	明代における中朝関係史の専門的課題	南開大学	南開大学	2013/3/18

講師名	講義名	講義大学	所属	講義日
M. Sherikulova	（他国の発展体験からキルギスタンが学べることとは？その国とは：）韓国	ビシュケク人文大学	ビシュケク人文大学	2013/3/20
呉榮泉	我が国の対外関係とNGOの国際的な参画	国立政治大学	非政府組織国際事務会	2013/3/20
徐哲根	日本農家の収益を増やす産業経路とその教え	青島農業大学	青島大学	2013/3/20
庞在玲	樋口一葉の『たけくらべ』	青島農業大学	青島農業大学	2013/3/20
王春英	シンガポールの腐敗反対経験と示唆	中国外交学院	中国外交学院	2013/3/20
胡発貴	中国古代の低調な哲学とそれは東アジアへの影響	南京大学	江蘇省社会科学院	2013/3/20
葛天博	アジア共同体構築における新公共管理の共有	長江師範学院	長江師範学院	2013/3/21
殷美姫	①アジア三国の歴史から見た共同体文化	光州大学	小説家	2013/3/22
加田玲子	②日本文化	光州大学	湖南大学（KR）	2013/3/22
尹載煥	アジア共同体文化と漢文学	檀国大学	壇国大学	2013/3/22
Dada Rosada	挨拶	ワンアジアコンベンションバンドン	インドネシア・バンドン市長	2013/3/23
中川秀直	挨拶	ワンアジアコンベンションバンドン	日本・元国会議員	2013/3/23
Ahmad Heryawan	挨拶	ワンアジアコンベンションバンドン	インドネシア・西ジャワ州知事	2013/3/23
Jusuf Kalla	基調講演	ワンアジアコンベンションバンドン	前インドネシア副大統領	2013/3/23

講師名	講義名	講義大学	所属	講義日
Sri Harto	分科会 1 司会	ワンアジアコンベンションバンドン	インドネシア教育大学	2013/3/23
Effendy Sumarja	分科会 1 発表	ワンアジアコンベンションバンドン	インドネシア大学	2013/3/23
Anne Nurbaity	分科会 1 発表	ワンアジアコンベンションバンドン	パジャジャラン大学	2013/3/23
Vanessa Gaffar	分科会 2 司会	ワンアジアコンベンションバンドン	インドネシア教育大学	2013/3/23
I Gede Ardika	分科会 2 発表	ワンアジアコンベンションバンドン	インドネシア遺産保護委員会	2013/3/23
金ギョンホ	分科会 2 発表	ワンアジアコンベンションバンドン	国立済州大学	2013/3/23
Park Inhui	冷戦とアメリカの覇権	延世大学アンダーウッド国際学部	梨花女子大学	2013/3/25
鄭起永	アジア共同体のための多言語多文化コミュニケーション—韓日中の生活文化とマナー	釜山外国語大学	釜山外国語大学	2013/3/25
李文	中国と周辺国家の協力と関係発展	中国外交学院	中国社会科学院	2013/3/25
Phouphet Kyophilavong	ラオスの交易自由化における汚染と貧困に対する影響 –CGE モデルとマイクロシミュレーションによるアプローチ	南洋理工大学	ラオス大学	2013/3/26

資料2　講義担当者およびワンアジアコンベンションスピーカーのリスト　397

講師名	講義名	講義大学	所属	講義日
印田佐知子	アジア共同体としての英語と異文化コミュニケーション	昌信大学	立教大学	2013/3/27
馮羽	中日文学の縁	南京大学	南京暁庄学院	2013/3/27
李良品	中国民族政策とアジア共同体の多民族共生	長江師範学院	長江師範学院	2013/3/28
金健人	中韓交流からみる政府の文化建設	浙江工商大学	浙江大学	2013/3/28
金成厚	EUの統合のから見たアジア国家の経済共同体の過去と現在，未来	光州大学	東新大学	2013/3/29
朴恩弘	アジア共同体とアジア市民社会	檀国大学	聖公会大学	2013/3/29
宋成有	東亜共同体理論の構想と実践	中国外交学院	北京大学	2013/3/29
Mikhail Krupyanko	北東アジアに対する共通の歴史としての渤海	極東連邦大学	極東連邦大学	2013/3/29
萩野浩基	「高齢社会をめぐる諸課題とアジア共同体～政治・経済・災害・宗教そして福祉～（2013年）」申請者	東北福祉大学	東北福祉大学	2013/4–2013/7
韓恵仁	サハリン韓人	北海道大学	成均館大学	2013/4–2013/7
田村慶子	シンガポールにおけるマレーシア労働移民	北海道大学	北九州大学	2013/4–2013/7
Decha Tangseefa	タイにおけるラオス移民	北海道大学	タマサート大学	2013/4–2013/7
矢野秀徳	フィリピン人の労働移民	北海道大学	広島修道大学	2013/4–2013/7
堀江典生	旧ソ連圏における移民	北海道大学	富山大学	2013/4–2013/7
陳天璽	台湾における移民	北海道大学	早稲田大学	2013/4–2013/7
Lee Yongwook	経済的地域主義	延世大学アンダーウッド国際学部	高麗大学	2013/4/1

講師名	講義名	講義大学	所属	講義日
Zhu Yufan	アジア共同体の景観設計の伝統	清華大学	清華大学	2013/4/1
Nelli Miz	欧州，ロシア，北東アジアの連携—ウラジオストックの過去と現在	極東連邦大学	沿海州地域博物館	2013/4/1
泉田真理	アジア共同体の必要性と労働合作	東北財経大学	東北財経大学	2013/4/2
張啓雄	「東アジア共同体」地域統合の概念に関する論述—東方の歴史的経験と文化的価値の分析	国立政治大学	中国文化大学	2013/4/3
趙玉姫	アジア共同体実現のための韓国の多文化家庭青少年の学校教育	昌信大学	昌信大学	2013/4/3
A. Beshimov	（他国の発展体験からキルギスタンが学べることとは？その国とは：）東南アジア諸国	ビシュケク人文大学	Diplomatic Academy of Kyrgystan	2013/4/4
周紹東	アジア共同体構築における多民族相互の歴史認知	長江師範学院	長江師範学院	2013/4/4
G.B. Nurlikhina	世界経済の中のアジア諸国	アバイ記念カザフ国立教育大学	アバイ記念カザフ国立教育大学	2013/4/5
金甲用	東アジアのFTAの展望と韓国の経済的効果	光州大学	光州大学	2013/4/5
林克勤	アジア経済とアジア共同体	重慶師範大学	四川外国語大学	2013/4/5
万礼	日中漢語副詞「いちいち」について	青島農業大学	青島農業大学	2013/4/6
鄧泰霖	中日韓の移動通信インターネット産業	南京大学	香港科学技術大学	2013/4/6
G.N. Kim	朝鮮戦争は再び起こるのか，それが世界をどのように脅かすのか？	アバイ記念カザフ国立教育大学		2013/4/8
イ・ヨンスク	『アジアをつなぐことば—言語と文化からみたアジア共同体』講義全体のオリエンテーション	一橋大学	一橋大学	2013/4/8

講師名	講義名	講義大学	所属	講義日
Kimura Fukunari	地域製産ネットワークとFTA	延世大学アンダーウッド国際学部	慶應義塾大学	2013/4/8
河洙権	アジア交流の活性化のための新しい外国語教育政策のロール・モデル―EUの外国語教育政策―	釜山外国語大学	釜山外国語大学	2013/4/8
梅原克彦	今後の東アジア情勢を地政学的に考える	国立暨南国際大学	国際教養大学	2013/4/8
Michele Bonino	ヨーロッパから見たアジアの都市	清華大学	Politecnico di torino	2013/4/8
韓東育	東亜世界の自他構圖と艱難表達	南開大学	東北師大学	2013/4/8
権寧俊	東アジア海地域社会とアジア共同体	新潟県立大学	新潟県立大学	2013/4/9
宋云伟	全球温暖化対策：中日協力と中米協力の長短	中国外交学院	中国人民大学	2013/4/10
鄭聖勲	アジア共同体形成のための経済協力	東国大学	東国大学	2013/4/10
長谷川雄一	アジア主義とアジア共同体	東北福祉大学	東北福祉大学	2013/4/10
施小煒	文学の交流からアジアを考える	同済大学	上海杉達学院	2013/4/10
E. Kablukov	（他国の発展体験からキルギスタンが学べることとは？その国とは：）インド	ビシュケク人文大学	ビシュケク人文大学	2013/4/11
趙啓垣	ニューパラダイム，アジア共同体	国立済州大学	New Paradigm Institute	2013/4/11
于海洪	アジア共同体構築における民族・文化教育	長江師範学院	長江師範学院	2013/4/11
李志鐘	二十一世紀のコミュニケーション社会	南京大学	ドミニカン大学	2013/4/11

講師名	講義名	講義大学	所属	講義日
Huynh The Cuoc	①韓国ーベトナムの関係と韓国の同伴者と HUFLIT の 20 年以上の発展同盟	光州大学	ベトナム国家大学ホーチミン校	2013/4/12
李奎泰	アジアの国際関係と共同体意識	重慶師範大学	カトリック関東大学	2013/4/12
潘桂荣	アジア共同体及び中日韓自由貿易区について	青島農業大学	青島農業大学	2013/4/12
Kwon Youngmin	アジア文学とアジア人の生き方を語る	檀国大学	壇国大学	2013/4/12
文京洙	講義のまとめ，最近の日韓関係	立命館大学	立命館大学	2013/4/12
松永正義	日本における〈アジア共同体論〉の系譜	一橋大学	言語社会研究科	2013/4/15
Tekeuchi Toshitaka	東アジアの安全保障協力	延世大学アンダーウッド国際学部	大阪大学	2013/4/15
朴章植	アジア共同体のためのアジアの地域事情と言語の理解—東南アジアのアイデンティティーを中心に—	釜山外国語大学	釜山外国語大学	2013/4/15
裴暁蘭	多元文化社会と教育—日本の華僑学校における 100 年の実践	国立暨南国際大学	上海社会科学院	2013/4/15
楊雄	中国大陸における教育公平性の現状分析と対策	国立暨南国際大学	上海社会科学院	2013/4/15
李治安	成吉思汗世界帝国と元王朝東亜統治秩序	南開大学	南開大学	2013/4/15
M. Begaliyev	(他国の発展体験からキルギスタンが学べることとは？その国とは：) トルコ	ビシュケク人文大学	ビシュケク人文大学	2013/4/16
廣田功	ヨーロッパ歴史的経験	帝京大学	帝京大学	2013/4/16
丁相基	東アジア共同体と韓国が果たす役割	国立政治大学	駐台北韓国代表部	2013/4/17

講師名	講義名	講義大学	所属	講義日
李漢正	アジア共同体と在外韓国人の位相	昌信大学	祥明大学	2013/4/17
金圭泰	アジア共同体形成のための環境・エナジー・自然保護政策	東国大学	東国大学	2013/4/17
生田目学文	アジア共同体論の現在	東北福祉大学	東北福祉大学	2013/4/17
Richard Higgott	東アジアの地域主義と中間権力の役割	延世大学アンダーウッド国際学部	マードック大学	2013/4/18
曾超	歴史から見るアジア共同体構築	長江師範学院	長江師範学院	2013/4/18
胡建華	中日大学の改革の対比に対する研究	南京大学	南京師範大学	2013/4/18
内田行之	アジア共同体と中日文化交流	四川大学	大東文化大学	2013/4/18
鞠淳郁	東アジア共同体の展望	光州大学	光州大学	2013/4/19
鳩山由紀夫	アジア共同体の現状と課題	青山学院大学	元内閣総理大臣	2013/4/19
尹勝俊	アジア説話世界からみるアジアの価値観	檀国大学	檀国大学	2013/4/19
坂田幹男	混迷する東アジアのリージョナリズムと TPP −東アジアのリージョナリズムの危うさ	立命館大学	福井県立大学	2013/4/19
Dmitry Streltsov	ロシアと日本の関係—過去，現在，未来	極東連邦大学	モスクワ国立国際関係研究所	2013/4/19
平田オリザ	『ソウル市民』五部作からみた〈アジア共同体〉	一橋大学	劇作家	2013/4/22
韓京子	伝承譚から見るアジア芸能の美学	釜山外国語大学	慶熙大学	2013/4/22
崔官	東アジア時代の文化展望	国立曁南国際大学	高麗大学	2013/4/22

講師名	講義名	講義大学	所属	講義日
Chough Sungjung	アジア共同体の建築：韓国の建築の新潮流	清華大学	Ilkun Architects and Engineers	2013/4/22
陳志強	整体世界史観から東亜格局變動みて	南開大学	南開大学	2013/4/22
Valimjan Tanyrykov	（他国の発展体験からキルギスタンが学べることとは？その国とは：）アラブ諸国	ビシュケク人文大学	ビシュケク人文大学	2013/4/23
堀江薫	東アジアにおける人権保障機構創設の可能性	新潟県立大学	新潟県立大学	2013/4/23
長田博	インドネシアの立場1	帝京大学	帝京大学	2013/4/23
趙春山	両岸関係	国立政治大学	淡江大学	2013/4/24
姜文晧	アジアの特徴とアジア的価値，地理，文化，歴史	東国大学	東国大学	2013/4/24
浅野勝人	日中の高齢社会：アジア共同体の縮図	東北福祉大学	東北福祉大学	2013/4/24
西川博之	アジア演習	明海大学	明海大学	2013/4/24
徐永輝	中日韓三国のFTA：現状，問題と展望	青島農業大学	青島大学	2013/4/25
徐澤勝	アジア共同体構築における多文化共有	長江師範学院	長江師範学院	2013/4/25
Bhanupong Nidhiprabha	国際金融危機と東南アジアのビジネスサイクルの同期	南洋理工大学	タマサート大学	2013/4/25
湯重南	グロバーリゼーション，東アジア地域化と中国	浙江工商大学	中国社会科学院	2013/4/25
S.M. Altybayeva	カザフ－日本間の相互交流的対話	アバイ記念カザフ国立教育大学	アバイ記念カザフ国立教育大学	2013/4/26
L.V.Safronova	カザフスタンのアジア国家としてのアイデンティティと世界文学の文脈における現象	アバイ記念カザフ国立教育大学	アバイ記念カザフ国立教育大学	2013/4/26
馬福群	アジア共同体と現代重慶文芸市民運動	重慶師範大学	重慶工程職業学院	2013/4/26

講師名	講義名	講義大学	所属	講義日
藤崎一郎	アジアの共同発展とアメリカの役割	青山学院大学	駐米日本大使館	2013/4/26
李昌在	アジア経済交流の現状と未来展望	檀国大学	対外経済政策研究院	2013/4/26
代兵	南シナ海問題と東アジアの外交関係	南京大学	南京政治学院	2013/4/26
Imanaliev Abdykaly	アジア統合後から加わった国々をつなぐ経済基盤	キルギス国立大学		2013/4/27
金子元久	日本の高等教育・仕事の特徴と課題	国立暨南国際大学	筑波大学	2013/4/27
David Chapman	広く認識されている問題と物議を醸すその解決策：アジアの高等教育発展に対する課題と戦略	国立暨南国際大学	Distin-guished Internatinal	2013/4/27
崔学松	アジア共同体と国際文化交流	重慶師範大学	静岡文化芸術大学	2013/4/28
黄郁蘭	多言語教育と大学の国際化	重慶師範大学	元智大学	2013/4/28
高地薫	インドネシアの多言語社会を考える	一橋大学	大東文化大学	2013/4/29
Koo Mingyo	領土紛争と東アジア海域の未来	延世大学アンダーウッド国際学部	ソウル大学	2013/4/29
尹喜粲	韓国のディアスフォーラ公共外交の方向	釜山外国語大学	韓国外交通商部	2013/4/29
鮑威	脱コモディティ化時代における中国高等教育の課題―学生の変化と教育機関の対応―	国立暨南国際大学	北京大学	2013/4/29
Zhang Jie	古代中国の文化遺伝子	清華大学	清華大学	2013/4/29
趙徳宇	中日早期西学差異の歴史影響	南開大学	南開大学	2013/4/29
Rafael Guzman Tirado	アジア・ヨーロッパのグローバル化時代における少数言語の学習・発展・保存の問題	アバイ記念カザフ国立教育大学	グラナダ大学	2013/4/30

講師名	講義名	講義大学	所属	講義日
松本ますみ	グローバル化する東アジアのイスラーム社会とアジア共同体	新潟県立大学	敬和学園大学	2013/4/30
劉大年	グローバル化の中の両岸経済関係に関する回顧と展望	国立政治大学	中華経済研究院	2013/5/1
姜沆錫	アジア共同体定着のための地自体の支援政策	昌信大学	慶南女性政策室	2013/5/1
小林	アジア共同体と歴史的背景と特徴	東国大学	East-West Center	2013/5/1
白澤正和	老年学の視点からみる高齢社会アジア共同体	東北福祉大学	桜美林大学	2013/5/1
星野富一	東アジア共同体と地域金融協力の展開	富山大学	富山大学	2013/5/1
Lee Jay	東アジア共同体―韓国からの視点	極東連邦大学	APEC研究韓国協会	2013/5
Cai Penghong	東アジア共同体―中国からの視点	極東連邦大学	上海社会科学院	2013/5
李英穂	現代社会を読み一つの見方	国立済州大学	教授新聞	2013/5/2
李未酔	多民族・多文化の相互依存から見るアジア共同体	長江師範学院	長江師範学院	2013/5/2
李良玉	中国近代のナショナリズム	南京大学	南京大学	2013/5/2
金昇泳	20世紀東北アジア外交史の教訓と21世紀アジア共同体の未来	檀国大学	シェフィールド大学	2013/5/3
D.A. Amanzholova	西洋と東洋：伝統と近代	アバイ記念カザフ国立教育大学	D.A.モスクワ国立大学	2013/5/4
張季風	新の日本経済を知る	青島農業大学	中国社会科学院	2013/5/4
Lee Sookjong	朝鮮の戦略	延世大学アンダーウッド国際学部	成均館大学	2013/5/6

講師名	講義名	講義大学	所属	講義日
金東河	中国の地域事情と言語を通してみたアジア共同体論	釜山外国語大学	釜山外国語大学	2013/5/6
Lynne Y. Nakano	アジアの若者と日本の大衆文化	国立暨南国際大学	香港中文大学	2013/5/6
Jurgen Rosemann	住居と社会平等：アジアとヨーロッパの共同体に共通する課題	清華大学	デルフト工科大学	2013/5/6
姜勝利	日本の中国明史研究概述について	南開大学	南開大学	2013/5/6
郎艶丽	アジア共同体と戦前重慶人権運動	重慶師範大学	重慶第二師範学院	2013/5/7
若月章	アジア共同体と東アジア国際関係	新潟県立大学	新潟県立大学	2013/5/7
Darshana Rathnayake	アジアにおけるサンスクリットの深い影響	ケラニヤ大学	ケラニヤ大学	2013/5/8
鄧中堅	視野と情勢：東アジアとラテンアメリカの発展比較	国立政治大学	国立政治大学	2013/5/8
李相振	アジア共同体形成のための観光の役割	東国大学	昌信大学	2013/5/8
古川孝順	福祉国家の東アジアモデルからみる高齢社会とアジア共同体	東北福祉大学	西九州大学	2013/5/8
Chayodom Sabhasri	タイ・バーツの真価とタイ銀行の独立性	南洋理工大学	チュラロンコン大学	2013/5/8
岩下哲典	自然観から見たアジア共同体	明海大学	明海大学	2013/5/8
高弼秀	外国人労働者に対する私たちの態度	国立済州大学	国立済州大学	2013/5/9
余文模	アジア共同体構築とアジアの未来	長江師範学院	長江師範学院	2013/5/9
慶海涛	巨大なデータの発掘と内緒事安全	南京大学	南京森林警察学院	2013/5/9
陳思廣	チベット族の経済とアジア共同体	四川大学	四川大学	2013/5/9
趙前程	中韓の貿易と開発状況及び高等教育交流の見通し	光州大学	大蓮海洋大学	2013/5/10

講師名	講義名	講義大学	所属	講義日
劉宏	華僑華人社会とアジア共同体	重慶師範大学	南洋理工大学	2013/5/10
寺島實郎	アジアのエネルギー問題	青山学院大学	三井物産，日本総合研究所	2013/5/10
姜泰雄	アジアの映画を通して見る文化の交流と拡散	檀国大学	光云大学	2013/5/10
Altmyshbaeva Janyl	政治と文化の連携	キルギス国立大学	キルギス国立大学	2013/5/11
李春梅	金史良の後植民創作策略	青島農業大学	青島農業大学	2013/5/11
B.A. Taitorina	アジア諸国における憲法統治の制定	アバイ記念カザフ国立教育大学	アバイ記念カザフ国立教育大学	2013/5/13
高美淑	大衆治世時代と知識人共同体	一橋大学	カムイ堂	2013/5/13
Terada Takashi	日本の戦略	延世大学アンダーウッド国際学部	同志社大学	2013/5/13
崔之清	台湾局勢と両岸関係	南開大学	南京大学	2013/5/13
山本裕美	中国の立場1	帝京大学	中央大学（JP）	2013/5/14
M.Sh. Musatayeva	日本の言語文化における衣類概念の言語化手段	アバイ記念カザフ国立教育大学		2013/5/15
R.M.W. Rajapaksha	現代言語学におけるアジアの貢献	ケラニヤ大学	ケラニヤ大学	2013/5/15
郭崇倫	北朝鮮による危機は過ぎ去ったのか？	国立政治大学	聯合新聞社	2013/5/15
陸徳明	中国経済再発展のアジアへの影響	三亜学院	三亜学院	2013/5/15

講師名	講義名	講義大学	所属	講義日
承海京	多文化社会，多文化家族理解	昌信大学	慶南多文化家族支援センター	2013/5/15
Lee Heesoo	アジアの宗教と文化	祥明大学	漢陽大学	2013/5/15
宋儀珉	夢骨とアジア共同体	東国大学	モンゴル国立教育大学	2013/5/15
蓑輪顕量	宗教の視点からみる高齢社会とアジア共同体	東北福祉大学	東京大学	2013/5/15
柳澤好昭	民話から見たアジア共同体	明海大学	明海大学	2013/5/15
Dzhubaliyeva Z.O.	科学とイノベーション分野におけるカザフスタン共和国と日本の発展協力	アバイ記念カザフ国立教育大学		2013/5/16
魏洪丘	アジア共同体構築における多民族文学の比較	長江師範学院	長江師範学院	2013/5/16
李剛	中国の利益グループと外交関係戦略	南京大学	南京大学	2013/5/16
Sergei Luzyanin	東アジア共同体—ロシアからの視点	極東連邦大学	ロシア科学アカデミー	2013/5/16
周維東	彝族の生活環境とアジア共同体	四川大学	四川大学	2013/5/16
韓錫政	中韓社会階層，階級の比較	三亜学院	東亜大学（KR）	2013/5/17
方秀玉	朝鮮半島安全保障とアジア社会発展	三亜学院	復旦大学	2013/5/17
中逵啓示	「東アジア金融統合の国際政治」	立命館大学	立命館大学	2013/5/17
李揆勲	東アジアの物流協力体構想	光州大学	光州大学	2013/5/18
全信子	移住労働者と東アジア共同体	立命館大学	縁辺大学	2013/5/18
Ashimova R.M.	アジア諸国の発展モデル	アバイ記念カザフ国立教育大学		2013/5/20

講師名	講義名	講義大学	所属	講義日
植村幸夫	東アジア宮廷音楽の固有性とネットワーク：韓国・朝鮮を中心に	一橋大学	東京芸術大学音楽学部	2013/5/20
文正仁	地域主義と朝鮮半島	延世大学アンダーウッド国際学部	延世大学	2013/5/20
金永椿	都心を中心に考えるアジア共同体間の交流と疎通	釜山外国語大学	釜山国際交流財団	2013/5/20
刘暁琴	アジア共同体と戦前の大空襲	重慶師範大学	重慶工商大学	2013/5/20
Ron Henderson	アジア諸国の伝統を尊重した景観設計の実践	清華大学	デルフト工科大学	2013/5/20
劉岳兵	マリアルズ號事件と近代中日関係	南開大学	南開大学	2013/5/20
Dali Yang	中国の戦略	延世大学アンダーウッド国際学部	シカゴ大学	2013/5/21
窪田順平	グローバル化するアジアの環境問題と東アジア成熟社会の模索	新潟県立大学	総合地球環境学研究所	2013/5/21
K. Karunathilake	アジア社会と文化	ケラニヤ大学	ケラニヤ大学	2013/5/22
安富今	アジア共同体に備えるための幼児教育	昌信大学	昌信大学	2013/5/22
李哲基	アジア共同体形成のための政治	東国大学	東国大学	2013/5/22
尹永洙	韓国からみる高齢社会とアジア共同体	東北福祉大学	東北福祉大学	2013/5/22
モヴシュク・オレクサンダー	東アジアの共同体と経済格差の標準化	富山大学	富山大学	2013/5/22
斎藤成也	歴史から見たアジア共同体	明海大学	国立遺伝学研究所	2013/5/22

講師名	講義名	講義大学	所属	講義日
Telagussova E.O.	韓国の中小企業の発展経験	アバイ記念カザフ国立教育大学		2013/5/23
張学安	中国とアジア共同体	国立済州大学	西北政法大学	2013/5/23
姚春海	アジア共同体と東アジア共同体	長江師範学院	長江師範学院	2013/5/23
姜飛	回族の信仰とアジア共同体	四川大学	四川大学	2013/5/23
金廣福	①楽しい韓国伝統音楽の理解	光州大学	全南大学	2013/5/24
韓相吉	②情報共同体の展望	光州大学	大林大学	2013/5/24
谭言紅	戦前の文献整理とアジア共生	重慶師範大学	重慶理工大学	2013/5/24
程永華	アジア地域統合における中国の役割	青山学院大学	中国大使館	2013/5/24
川本皓嗣	アジアの文化交流―過去と未来	檀国大学	東京大学	2013/5/24
平井久志	北朝鮮 : 金正日から金正恩へ	立命館大学	立命館大学	2013/5/24
白誠虎	東北アジア共同体の必要性とその限界	青島農業大学	東亜大学（KR）	2013/5/25
Pavel Minakir	共通の未来のための朝鮮半島と北東アジアのインフラプロジェクト	極東連邦大学	ロシア科学アカデミー	2013/5/25
Mikhail Kholosha	北東アジアにおける運輸と流通―人的，物的交流	極東連邦大学	設計・技術研究所	2013/5/26
ネイサン・バデノック	東南アジアの少数言語からみた〈アジア〉	一橋大学	京都大学	2013/5/27
Kim Eunmee	東アジアの発展協力	延世大学アンダーウッド国際学部	梨花女子大学	2013/5/27
Edward Vickers	教育，政治，現代の中日関係	国立曁南国際大学	九州大学	2013/5/27
田中克彦	モンゴルとアジア共同体	新潟県立大学	一橋大学	2013/5/28
清水学	インドの立場1	帝京大学	帝京大学	2013/5/28

講師名	講義名	講義大学	所属	講義日
Nabiritthankadawara Gnanaratana	プラークリット語の社会文化環境	ケラニヤ大学	ケラニヤ大学	2013/5/29
孫仁佳	地域協力とアジア社会発展	三亜学院	三亜学院	2013/5/29
林聖蕙	アジア共同体と多文化福祉	昌信大学	昌信大学	2013/5/29
中川十郎	東アジア共同体と上海協力機構（ＳＣＯ）	早稲田大学大学院	名古屋市立大学	2013/5/29
朴熙英	アジア的思惟方式からみるアジア共同体の未来	東国大学	韓国外国語大学	2013/5/29
張厚泉	茶道と東アジア	同済大学	東華大学	2013/5/29
Abuyeva N.A.	カザフスタン共和国の中国との対外経済関係の将来的発展	アバイ記念カザフ国立教育大学		2013/5/30
曹順慶	苗族の文化とアジア共同体	四川大学	四川大学	2013/5/30
金成根	①東アジアの科学をどうやってみるか？	光州大学	全南大学	2013/5/31
崔錫斗	②東アジアの図書館交流協力体の構想	光州大学	漢城大学	2013/5/31
都珍淳	平和公園と東アジアネットワーク	三亜学院	昌原大学	2013/5/31
天児慧	北東アジア地域の安全保障	青山学院大学	早稲田大学	2013/5/31
小倉和夫	グローバリゼーションとアジア共同体	立命館大学	国際交流基金	2013/5/31
紀偉	謝罪表現の日中対照研究	青島農業大学	青島農業大学	2013/6/2
朴一	「東アジア共同体」構想と日中韓の歴史の壁	一橋大学	大阪市立大学	2013/6/3
鄭明淑	アジア共同体と韓国語教育	釜山外国語大学	釜山外国語大学	2013/6/3
朴韓用	アジア共同体の歴史	国立済州大学	民族問題研究所	2013/6/3
小島麗逸	中国経済とアジア共同体	新潟県立大学	大東文化大学	2013/6/4
蔡瑋	両岸の好機と課題：異なる形式の民主	国立政治大学	国立政治大学	2013/6/5

講師名	講義名	講義大学	所属	講義日
沈関宝	社会発展の意義と目標	三亜学院	三亜学院	2013/6/5
平川均	世界経済の構造転換と新興経済―東アジア構造転換と共同体への課題	早稲田大学大学院	国士舘大学	2013/6/5
小野つとむ	音声から見たアジア共同体	明海大学	テノール歌手	2013/6/5
青島広志	音声から見たアジア共同体	明海大学	東京芸術大学	2013/6/5
陳粛	アメリカの東アジアに対する研究	南京大学	カリフォルニア大学	2013/6/6
熊乗元	アジア地域経済と共同体形成	四川大学	台湾大学	2013/6/6
梁峰烈	①東アジアの地域協力	光州大学	光州科学技術院	2013/6/7
李容教	②東アジアの社会福祉と国際NGO	光州大学	光州大学	2013/6/7
申珏秀	韓国とアジアの地域統合	青山学院大学	韓国国立外交院国際法センター	2013/6/7
金山	アジア共同体における民族自治政策	長江師範学院	海南大学	2013/6/8
スティーブン・リー	世界史のなかの東アジア	一橋大学	ブリティッシュ・コロンビア大学	2013/6/10
袴田茂樹	21世紀の政界政治の動向と地域共同体の行方（ロシアとの関係を中心に）	新潟県立大学	新潟県立大学	2013/6/11
奥田聡	韓国の立場1	帝京大学	亜細亜大学	2013/6/11
Thissa Jayawardhana	インド―アーリア語族とアジア社会	ケラニヤ大学	コロンボ大学	2013/6/12
山本忠行	言語政策から見たアジア共同体	明海大学	創価大学	2013/6/12
王毅武	海南国際観光島開発とアジア社会発展	三亜学院	海南大学	2013/6/13

講師名	講義名	講義大学	所属	講義日
Uhm Kiho	アジア時代の大学生の役割	檀国大学	徳成女子大学	2013/6/14
西口清勝	東アジアの経済発展と地域協力	立命館大学	立命館大学	2013/6/14
王汎森	日本史での経験を学ぶ	一橋大学	台湾中央研究院	2013/6/17
朴京玉	中国における国際労務輸出の現状と課題	青島農業大学	青島農業大学	2013/6/17
Kulathilaka Kumarasinghe	中国と日本の伝統演劇のユニークな同一性	ケラニヤ大学	ケラニヤ大学	2013/6/19
飯澤展明	日本語教育から見たアジア共同体	明海大学	国際交流基金	2013/6/19
明石康	アジア地域の課題と国連	青山学院大学	元国連事務	2013/6/21
ビクトル・ロペス・ビジャファーニエ	アジア地域とラテンアメリカの関係性における新潮流	立命館大学	モンテレー工科大学	2013/6/21
フフバートル	非漢字圏のモンゴルにおける語彙の近代化	一橋大学	昭和女子大学	2013/6/24
三村光弘	北朝鮮とアジア共同体	新潟県立大学	ＥＲＩＮＡ	2013/6/24
若山昇	金融的側面	帝京大学	帝京大学	2013/6/25
Terence Purasingha	アジアの現代政治の傾向	ケラニヤ大学	スリジャヤワルダナプラコッテ大学	2013/6/26
青地正史	東アジア地域統合の探究	富山大学	富山大学	2013/6/26
何大慶	情報の社会化の獲得	南京大学	ピッツバーグ大学	2013/6/27
猪口孝	アジアバロメータとアジア・アイデンティティ	青山学院大学	新潟県立大学	2013/6/28
Carlos de Cueto	EUの対外的行動：流出とヨーロッパ近隣諸国政策	立命館大学	グラナダ大学	2013/6/28
西原春夫	領土問題に必要な大局的視点	早稲田大学大学院	アジア平和貢献センター	2013/6/29

資料2　講義担当者およびワンアジアコンベンションスピーカーのリスト　413

講師名	講義名	講義大学	所属	講義日
鈴木珠里	イスラームとジェンダー－イランの現代文学と女性詩人たち	一橋大学	中央大学（JP）	2013/7/1
南星祐	アジアにおける韓国語教育の現状および特徴―日本と中国の大学を中心に―	新潟県立大学	韓国外国語大学	2013/7/2
松井範惇	米国の立場 1	帝京大学	帝京大学	2013/7/2
崔保国	アジア主要国の視点からみるアジア共同体　中国	東北福祉大学	清華大学	2013/7/2
Aruna Gamage	「スラヴィヤヌモダナ」（東洋詩歌の音楽的恍惚）	ケラニヤ大学		2013/7/3
藤野文晤	中国の発展と現代	富山大学	富山県新世紀産業機構	2013/7/3
渋谷晴正	企業・経済から見たアジア共同体	明海大学	凡人社	2013/7/3
Zhao Quansheng	アジア共同体の創設にむけて	青山学院大学	アメリカン大学	2013/7/5
Isamidinov I.	コースの結果：最終協議	キルギス国立大学		2013/7/6
朱惠足	共鳴するアジアの島嶼文学：台湾と沖縄	一橋大学	国立中興大学	2013/7/8
姜相圭	議論の出発：今，ここで歴史と文明を扱う意味	韓国放送通信大学	韓国放送通信大学	2013/7/9
金一権	東洋の星座と古代人の想像力 1	韓国放送通信大学	韓国学中央研究院	2013/7/9
武石礼司	汎アジア共同体を考える―経済発展および環境とエネルギー	早稲田大学大学院	東京国際大学	2013/7/9
K.N.O. Dharmadasa	アジア言語共同体におけるバイリンガル	ケラニヤ大学	ペラデニア大学	2013/7/10
Dao Thi Thuy Nhi	言語教育から見たアジア共同体	明海大学	フエ外国語大学	2013/7/10
李漢燮	アジア共同体と重慶の文化遺産	四川大学	高麗大学	2013/7/10
土山實男	アジアの安全保障	青山学院大学	青山学院大学	2013/7/12

講師名	講義名	講義大学	所属	講義日
Lee Hyunsook	東アジアのCSRとアジア共同体	立命館大学	ハンギョレ経済研究所	2013/7/12
Upali M. Sedera	より良いアジアのための教育発展	ケラニヤ大学	ブダペスト工科経済大学	2013/7/13
王暁明	現代中国の社会意識とアジア認識	一橋大学	上海大学	2013/7/15
Asanga Thilkarathne	アジア地域の宗教的・哲学的背景	ケラニヤ大学	コロンボ大学	2013/7/17
奥島孝康	アジア共同体とは何か	早稲田大学大学院	白鴎大学	2013/7/17
青木保	アジアの文化交流の意義	青山学院大学	青山学院大学	2013/7/19
Edward Tower	保守政治：最近の課題と保守政党，調査員に何ができるか	南洋理工大学	デューク大学	2013/7/22
宣承慧	東アジアの絵に込められた美学とユートピア1	韓国放送通信大学	成均館大学	2013/7/23
吉田進	成長する北東アジアの現状と課題	早稲田大学大学院	環日本海経済研究所	2013/7/23
王潤華	「あるアジア文学：シンガポールの作家エドウィン・サンブー作品に見られる複合民族・複合文化の声」	ケラニヤ大学	南方大学学院	2013/7/24
浦本裕子	音楽から見たアジア共同体	明海大学	武蔵野音楽大学	2013/7/24
パク・チョルヒ	パネルディスカッション　アジアの未来に向けて	青山学院大学	ソウル大学	2013/7/26
北岡伸一	パネルディスカッション　アジアの未来に向けて	青山学院大学	政策大学大学院	2013/7/26
糟谷啓介	近世の言語体制の推移———二言語変種使い分けから統一国家言語へ	ケラニヤ大学	一橋大学	2013/7/31
宋芝媛	東アジアの音楽思想と風潮	韓国放送通信大学	ソウル大学	2013/8/6

資料2　講義担当者およびワンアジアコンベンションスピーカーのリスト　415

講師名	講義名	講義大学	所属	講義日
朴昭賢	東アジアの文学の美学伝統	韓国放送通信大学	成均館大学	2013/8/6
榎本泰子	近代日本の「アジア主義」とアジア共同体	王立プノンペン大学	中央大学（JP）	2013/8/20
張逸	アジア映画の美学とカメラの視線 2	韓国放送通信大学	韓国放送通信大学	2013/8/20
ロイ・レスミー	アジア文化共同体のための多文化コミュニケーション教育	王立プノンペン大学	王立プノンペン大学	2013/8/22
ペイン・メァサック	アジア共同体の歴史的背景と特徴	王立プノンペン大学	王立プノンペン大学	2013/8/23
スパン・ヴィン	アジア共同体の環境・エネルギー・自然保存	王立プノンペン大学	王立プノンペン大学	2013/8/27
尹順眞	韓中日の原子力発電とアジアの未来環境 1	韓国放送通信大学	ソウル大学	2013/8/27
Tan Eu Chye	マレーシアの経済成長と発展：成果と課題	南洋理工大学	マラヤ大学	2013/8/28
タン・ユー	アジア共同体の教育	王立プノンペン大学	王立プノンペン大学	2013/8/29
チェア・パリー	アジア共同体の文化芸術	王立プノンペン大学	王立プノンペン大学	2013/8/29
リット・サムオル	アジア共同体の観光・スポーツ	王立プノンペン大学	王立プノンペン大学	2013/8/30
陳愛蓮	「アジア共同体への理解：文化と社会の視点から（2013年）」申請者	香港理工大学	香港理工大学	2013/9–2013/12
ダォ・ティガミー	外国語教育とアジア共同体	王立プノンペン大学	国立ハノイ外国語大学	2013/9/2
ポン・チャイ	発掘遺物から見るアジア共同体	王立プノンペン大学	王立プノンペン大学	2013/9/2

講師名	講義名	講義大学	所属	講義日
加藤久典	アジア共同体と市民とＮＧＯの役割	王立プノンペン大学	大阪物療大学	2013/9/3
邊癸媛	アジアの民俗音楽	韓国放送通信大学	淑明女子大学	2013/9/3
金湘培	東アジアの未来とネットワーク政治	韓国放送通信大学	ソウル大学	2013/9/3
朴振	アジアの未来と韓国の役割	韓国外国語大学	韓国語外国語大学	2013/9/4
ルブサンドルジ・ツェツェゲー	モンゴルの大学におけるアジア共同体講座	ラジオテレビ大学（モンゴル国立文化芸術大学）	ラジオテレビ大学	2013/9/4
トッチ・パラー	アジア共同体における近代文学の位相	王立プノンペン大学	王立プノンペン大学	2013/9/5
河英善	東アジア共同体の神話と現実	韓国カトリック大学	ソウル大学	2013/9/5
崔英鎮	入門，および東洋と西洋	延世大学経済学部	延世大学アンダーウッド国際学部	2013/9/7
カンパイ・シサヴァン	ラオ国家教育の改善	王立プノンペン大学	ソパンナヴォン大学	2013/9/9
王少普	アジア共同体に含まれる内容と意義	上海交通大学	上海交通大学	2013/9/9
Peter Warr	インドネシアにおける調査と農業生産性	南洋理工大学	オーストラリア国立大学	2013/9/9
宋義敏	アジア共同体におけるモンゴルの役割	モンゴル国立教育大学	モンゴル国立教育大学	2013/9/10
ホン・イクヒ	ユダヤ人創意性の秘密	韓国外国語大学	KOTRA	2013/9/11

講師名	講義名	講義大学	所属	講義日
Katsura Kaishi	アジア共同体と口語アート：落語	香港理工大学	株式会社よしもとクリエイティブ・エージェンシー	2013/9/12
Managi Shunsuke	日本の自然災害：経済，エネルギー，環境	南洋理工大学	東北大学（CN）	2013/9/12
高毅	ＥＵの歴史及び東アジアへの啓発	北京大学歴史学部	北京大学歴史学部	2013/9/12
大川玲子	アジアの文化交流―過去と未来	王立プノンペン大学	明治学院大学	2013/9/13
楊雨蕾	「東アジア」研究入門	浙江大学	浙江大学	2013/9/13
曹錦清	市場建設と社会の建設	三亜学院	華東師範大学	2013/9/16
文軍	社会転換と社会建設―社会構造の視点から	三亜学院	華東師範大学	2013/9/16
李圭培	アジアを中心とする国際関係の理解	済州国際大学	済州国際大学	2013/9/17
Wakayagi Chika	日本の伝統舞踊	香港理工大学	Konokai-Traditional Japanese Dance Institution	2013/9/19
蔣豊	中日関係と東アジア共同体	北京大学歴史学部	日本新華僑報	2013/9/19
蔡峰林	アジア共同体の展開	中央民族大学	中央民族大学	2013/9/22
殷企平	アジア共同体を形成するために文学が果たす役割	杭州師範大学	杭州師範大学	2013/9/23
蘇启禎	アジアの大学による有効な人文教育戦略	南方大学学院	自顧人士	2013/9/23
Ahmed Khalid	世界経済における BRICS の力と成長：中国とインドは世界金融を独占支配するのか？	南洋理工大学	ボンド大学	2013/9/23
丸山鋼二	アジア共同体と歴史問題	文教大学	文教大学	2013/9/23

講師名	講義名	講義大学	所属	講義日
鄭址鎬	歴史から東アジア共同体の可能性と不可能を問う	慶熙大学	慶熙大学	2013/9/24
鄭求哲	アジア共同体論の実現のためのスポーツの役割	済州国際大学	済州国際大学	2013/9/24
青木一能	グローバル時代におけるアジア共同体への要請	日本大学文理学部	日本大学文理学部	2013/9/24
Suzuki Yasutami	「東アジア史」から「東ユーラシア史」へ	浙江大学	横浜歴史博物館	2013/9/24
金香男	イントロダクション―アジア共同体とは	フェリス女学院大学	フェリス女学院大学	2013/9/25
ク・ハウォン	南アジアの宗教と建築	韓国外国語大学	韓国外国語大学	2013/9/25
竹蔵一紀	ガイダンス（本講座の趣旨について）	桃山学院大学	桃山学院大学	2013/9/25
林俊国	アジア通貨一体化の問題	華僑大学	華僑大学	2013/9/25
金澤敏	中国と東アジアに対する歴史的視点	韓国カトリック大学	高麗大学	2013/9/26
Ogawa Masako	アジア共同体と通訳を介した相互文化コミュニケーション	香港理工大学	ニューサウスウェールズ大学	2013/9/26
張啓雄	国際秩序と東アジア共同体	北京大学歴史学部	台湾中央研究院	2013/9/26
林志宣	現在の音楽の霊感と言葉―アジアを中心に	浙江工商大学	延世大学	2013/9/26
生越直樹	アジア共同体と言語社会	釜山大学	東京大学	2013/9/27
Ahn Kyong Hwan	韓国の文化潮流（韓流）とそのアジアへの影響力	ベトナム国家大学ハノイ校	朝鮮大学	2013/9/28
仙台由人	ＩＣＣＳ政治外交班学術シンポ（共催）「尖閣から東アジア共同体へ」	愛知大学	元官房長官	2013/9/28
高橋一行	ガイダンス・東アジア連合の可能性	明治大学	明治大学	2013/9/30

講師名	講義名	講義大学	所属	講義日
新田功	ガイダンス・東アジア連合の可能性	明治大学	明治大学	2013/9/30
Ts. Unurbayan	アジア民族と言語を通して見るアジア共同体	モンゴル国立教育大学	モンゴル国立教育大学	2013/10/1
顧令儀	現代中国社会における〈東亜〉	愛知大学	ＩＣＣＳ	2013/10/1
金チンホ	アジア共同体と南北関係	済州国際大学	京郷新聞社	2013/10/1
初暁波	アジアの国際関係とアジア共同体	日本大学文理学部	北京大学	2013/10/1
キム・ジンス	アジアの時代は来るのか	韓国外国語大学	KBS報道局	2013/10/2
伊豫谷登士翁	グローバル空間としての戦後「東アジア」における人の移動	広島市立大学	一橋大学	2013/10/2
モグベル・ザファル	日本の対外直接投資とアジアの経済発展	桃山学院大学	桃山学院大学	2013/10/2
Chon Songbae	アジア共同体と伝統文化の伝播	香港理工大学	The Korean Music Teaching Academy for Children	2013/10/3
陳小法	釣魚島の問題について問題と東アジア関係	浙江工商大学	浙江工商大学	2013/10/3
Bubusara Medralieva	アジア共同体におけるICT（情報通信技術）の発達と産業	キルギス工科大学	キルギス工科大学	2013/10/4
V. Khamisov	伝統的共同体とその近代化：民主主義と規制の欠如との相関関係のアジアでの実験について	ビシュケク人文大学	ビシュケク人文大学	2013/10/4
楊武勲	アジア共同体論—台湾・日本の外国人留学生政策に関する視点から—	釜山大学	国立暨南国際大学	2013/10/4

講師名	講義名	講義大学	所属	講義日
Tran Quang Minh	アジアの経済発展の特徴について	ベトナム国家大学ハノイ校	Institute for Northeast Asian Studies, Vietnam Academy of Social Sciences	2013/10/5
林永尚	アジアの安全保障と地域統合	中央民族大学	韓国外国語大学	2013/10/5
エドワード・ドン	アメリカの韓国での永続的存在	漢陽大学	駐韓米大使館	2013/10/7
崔政旭	政治的観点から見たアジア	建国大学	建国大学	2013/10/7
崔鳳春	アジア共同体の構築	杭州師範大学	杭州師範大学	2013/10/7
區志堅	香港が国際的な漢学交流の架け橋に—乙堂問学書信から見た戦後の羅香林と海外学者との交流	香港城市大学	香港樹仁大学	2013/10/7
田中俊郎	なぜEUが重要か—欧州統合からみたアジア共同体	東京外国語大学	慶應義塾大学	2013/10/7
孫歌	「アジア」と今日の私たち	明治大学	中国社会科学院	2013/10/7
S. Dulam	モンゴルシャマンとアジア共同体	モンゴル国立教育大学	モンゴル国立大学	2013/10/8
金チャンホ	アジア共同体と地域均衡発展	済州国際大学	京畿大学	2013/10/8
並木真人	日中韓の歴史認識をめぐって	フェリス女学院大学	フェリス女学院大学	2013/10/9
金昌洙	世界貿易形態の変化と地域サプライチェーンの役割の増大	九州大学	釜山大学	2013/10/9
金泰旭	アジアにおける企業間協力関係：半導体産業における競争から競走の時代に向けての課題	広島市立大学	広島市立大学	2013/10/9

講師名	講義名	講義大学	所属	講義日
首藤もと子	「ＡＳＥＡＮ共同体」の可能性についての現状と課題	筑波大学	筑波大学	2013/10/9
高村幸典	中国・アジアへの企業進出と課題—中国および日本の自動車会社のメコン経済圏進出—	桃山学院大学	諏訪大連会	2013/10/9
E. Saranchimeg	モンゴル国ドルノド県の模範地区開発プロジェクトへのアジア諸国の参加	ラジオテレビ大学（モンゴル国立文化芸術大学)	外国投資局	2013/10/9
蒋立峰	アジア各国における歴史の残留問題とその解消	華僑大学	中国社会科学院	2013/10/9
韓相一	日本と東アジア共同体：歴史と遺産	韓国カトリック大学	国民大学	2013/10/10
Seo Masaki	日本の宗教	香港理工大学	香港理工大学	2013/10/10
藤原洋	第４の産業革命と東アジアの協力	北京大学歴史学部	株式会社ブロードバンドタワー	2013/10/10
Aizat TURDALIEVA	教育分野における ICT（情報通信技術）の適用	キルギス工科大学	キルギス工科大学	2013/10/11
T. Ishemkulov	アジア共同体形成の文脈から見たアジアの人々の情報把握における共通点と相違点	ビシュケク人文大学	ビシュケク人文大学	2013/10/11
Phan Thu Hien	アジア文学 ― インドとの境界面	ベトナム国家大学ホーチミン校	ベトナム国家大学ホーチミン校	2013/10/11
全寅初	アジアと文化のアイデンティティ	延世大学経済学部	延世大学	2013/10/11
喬淑英	海南島観光資源とアジア社会発展	三亜学院	海南熱帯海洋学院	2013/10/11
三谷博	「亜細亜」の発明	東京大学教養学部	東京大学	2013/10/11

講師名	講義名	講義大学	所属	講義日
Nguyen Thi Kim Hoa	アジアの飢餓の根絶と貧困の減退に対する科学の役割 ― 実践と経験から得た課題	ベトナム国家大学ハノイ校	ベトナム国家大学ハノイ校	2013/10/12
小倉利丸	アジア共同体シンポⅠ　アジア共生学の可能性	愛知大学	富山大学	2013/10/12
武者小路公秀	アジア共同体シンポⅠ　アジア共生学の可能性	愛知大学	元国連大学副学長	2013/10/12
Tang Kaijian	東アジア史における人種問題	浙江大学	澳門大学	2013/10/13
チョン・ヘムン	東アジア共同体におけるASEANの影響力	漢陽大学	韓ASEANセンター	2013/10/14
李在翎	韓中貿易の現状と未来からアジア共同体を展望	杭州師範大学	韓国貿易館	2013/10/14
魏全平	戦後アジア経済の発展（東アジアの視点から）	復旦大学	復旦大学	2013/10/14
奥田孝晴	日本における「アジア主義」/「東アジア共同体への道」研究序説	文教大学	文教大学	2013/10/14
柳正完	アジア共同体とアメリカ	慶熙大学	慶熙大学	2013/10/15
段瑞聡	台湾からみたアジア共同体構想	日本大学文理学部	慶應義塾大学	2013/10/15
落合恵美子	アジアの家族と親密性の労働	フェリス女学院大学	京都大学	2013/10/16
オ・ファソク	アジア共同体とインドの経済	韓国外国語大学	インド経済研究所	2013/10/16
Robert Kelly	「アジアの軸」を定義する：アメリカの北東アジア外交政策の目標	九州大学	釜山大学	2013/10/16
鍋島郁	新しい自由貿易としてのTPP：形成の論理と共同体的含意	広島市立大学	アジア経済研究所	2013/10/16
後藤乾一	日本・東南アジア関係史における沖縄	筑波大学	早稲田大学	2013/10/16
Alain-Marc Rieu	ヨーロッパから見たアジアの統合（台風のため全学休講により中止：報告論文のみ）	東京外国語大学	リヨン大三大学	2013/10/16

講師名	講義名	講義大学	所属	講義日
唐成	東アジアの貿易構造と国際分業	桃山学院大学	桃山学院大学	2013/10/16
D. Tsedevsuren	アジア太平洋放送連合の活動について	ラジオテレビ大学（モンゴル国立文化芸術大学)	MNCテレビ局	2013/10/16
鄭文祥	アジア共同体のための地域史教育	嘉泉大学	嘉泉大学	2013/10/17
Steven D. Capener	アジア共同体と朝鮮文化	香港理工大学	ソウル女子大学	2013/10/17
臧運祜	近代中日関係史と東アジア共同体	北京大学歴史学部	北京大学歴史学部	2013/10/17
金在国	アジア共同体と儒教文化	浙江工商大学	杭州師範大学	2013/10/17
李卓	中国と日本の文化の差異について	浙江大学	南開大学	2013/10/17
Riswanda Setiadi	言語	インドネシア教育大学		2013/10/18
Rena Sultangazieva	アメリカ，ヨーロッパ，日本のテレマティクス基準の標準と差異	キルギス工科大学	キルギス工科大学	2013/10/18
Toh Goda	アジアの民族人類学	ベトナム国家大学ホーチミン校	神戸大学	2013/10/18
代利凤	女性就職の問題	河南大学	河南大学	2013/10/18
藍適斉	第二次世界大戦の歴史（再）記述：戦後台湾における台湾人日本兵の忘却と記憶	東京大学教養学部	中山大学	2013/10/18
山口昇	『アジアにおける域内安全保障の現状と課題－アジア共同体創成に向けての展望－』ガイダンス	防衛大学校	防衛大学校	2013/10/18
Yang Seung Yoon	東アジア三国の比較文化研究：韓国フレームワーク	ガジャマダ大学	韓国外国語大学	2013/10/21

講師名	講義名	講義大学	所属	講義日
孫立春	岡倉天心のアジア一体観	杭州師範大学	杭州師範大学	2013/10/21
林志宏	20世紀の「満蒙」争議と「辺境」に関する知識再生産	香港城市大学	中央研究院	2013/10/21
近藤誠一	アジア文化と共同体	東京外国語大学	前文化庁長官	2013/10/21
遠藤正敬	「満州国」という国際空間―「民族協和」の理想と「日本人」	文教大学	早稲田大学	2013/10/21
若杉なおみ	感染症と向きあうアジア	明治大学	筑波大学	2013/10/21
金ヒョウジョン	EU紹介と異文化交流	済州国際大学	フランス在住学芸士	2013/10/22
陳秋平	マレーシア文化の基礎――マレーシアを例に	南方大学学院	南方大学学院	2013/10/22
Grant Newsham	アメリカのアジア環太平洋防御戦略における日本国自衛隊の役割：米国海軍の視点	防衛大学校	米海兵隊予備	2013/10/22
緑川賢司	アジアの球技選手権の発展	ダルマ・プルサダ大学	All-Japan Koma Taisen Manufacturing Industry Organazation	2013/10/23
横山正樹	アジアにおける平和と共生	フェリス女学院大学	フェリス女学院大学	2013/10/23
李玉蓮	近代開港都市の華人社会と東アジアネットワーク	延辺大学	延辺大学	2013/10/23
Kim Jinyoung	東アジアの地域主義：交易と金融の協力および東アジア共同体の将来像	九州大学	釜山大学	2013/10/23
佐藤丙午	核不拡散・軍縮とアジア共同体の役割について考察を試みる。	筑波大学	拓殖大学	2013/10/23

講師名	講義名	講義大学	所属	講義日
西野真由	アジア地域からの技能研修性の受け入れと課題	桃山学院大学	愛知県立大学	2013/10/23
S. basbish	アジアにおけるリベラル思考の発展	ラジオテレビ大学（モンゴル国立文化芸術大学）	ラジオテレビ大学	2013/10/23
Lan Shanshan	中華ディアスポラの視点から考えるアジア共同体	香港理工大学	香港浸会大学	2013/10/24
帰永濤	アメリカと東アジア共同体	北京大学歴史学部	北京大学国際学部	2013/10/24
張煥利	日本問題の歴史淵源を簡析	浙江工商大学	新華社日本問題研究中心	2013/10/24
戚印平	「EU の統合と拡大」「グローバリゼーションと国民国家の変容（地域統合）中央アジア研究と教育ネットワーク」	浙江大学	浙江大学	2013/10/24
Diyah Setiyorini	アジア共同体を目指すアジアの観光の開発	インドネシア教育大学		2013/10/25
村上薫	トルコの「新しい貧困」：新興国における社会的排除	釜山大学	アジア経済研究所	2013/10/25
松田ヒロ子	歴史とモノ：台湾の和風古民家が繋ぐ時空間	東京大学教養学部	神戸女学院大学	2013/10/25
Joseph Nye. Jr	アメリカの中国と日本に対する戦略	防衛大学校	ハーバード大学	2013/10/25
Pham Thi Xuan	アジアの環境問題	ベトナム国家大学ハノイ校	Institute for Northeast Asian Studies, Vietnam Academy of Social Sciences	2013/10/26
SinggihTri Sulistyono	国益，グローバリゼーション，地域化：インドネシアのジレンマ	ガジャマダ大学	パジャジャラン大学	2013/10/28

講師名	講義名	講義大学	所属	講義日
朴昌根	東北亜，朝鮮半島，共同体	杭州師範大学	復旦大学	2013/10/28
董炳月	「同文」の東アジア：幻想と現実	香港城市大学	中国社会科学院	2013/10/28
胡偉	世界に対するアジア共同体の役割	上海交通大学	上海交大国際与公共事務学院	2013/10/28
鈴木義一	ロシアから見たアジア共同体：東アジア地域経済圏の可能性と現実	東京外国語大学	東京外国語大学	2013/10/28
中邨章	ＡＳＥＡＮと日本―その過去と将来	明治大学	明治大学	2013/10/28
金栄載	アジア同伴成長のための経済政策	モンゴル国立教育大学	釜山大学	2013/10/29
Kim Minhyung	ヨーロッパの統合と ASEAN の比較	韓国カトリック大学	イリノイウェズリアン大学	2013/10/29
朴漢用	歴史から見るアジア共同体	済州国際大学	高麗大学	2013/10/29
張永宏	中国からみたアジア共同体―文化面からのアプローチ	日本大学文理学部	雲南大学	2013/10/29
Elina Noor	アジア太平洋の地域保安：マレーシアの概要	防衛大学校	マレーシア戦略国際問題研究所	2013/10/29
ソク・ドヨン	アジア共同体と中国	韓国外国語大学	東北アジア歴史財団	2013/10/30
金徳模	アジア共同体社会のための言論，ＮＧＯの役割	湖南大学（KR）	湖南大学（KR）	2013/10/30
宇野昌樹	アジアとアラブの接点	広島市立大学	広島市立大学	2013/10/30
松村昌廣	アジアにおける安全保障と協力―中国の擡頭と覇権国・米国の相対的凋落を焦点に―	桃山学院大学	桃山学院大学	2013/10/30

講師名	講義名	講義大学	所属	講義日
Kh. Erdene-Ochir	モンゴル国の国際協力中期的戦略	ラジオテレビ大学(モンゴル国立文化芸術大学)	モンゴル国外務省経済局	2013/10/30
James A. Caporaso	ヨーロッパ連合の成功と課題,および東アジアの夢	韓国カトリック大学	ワシントン大学	2013/10/31
Hye Kyeong Kim	アートから見たアジア共同体	香港理工大学	Gangdong Hanji Club	2013/10/31
Sim Hwasuk	アートから見たアジア共同体	香港理工大学	The traditinal Hanji Craftsman association	2013/10/31
張東杓	朝鮮王朝の知識人における中国の江南のイメージとその意味	浙江工商大学	釜山大学	2013/10/31
Karim Suryadi	アジア共同体を目指す異文化理解	インドネシア教育大学	インドネシア教育大学	2013/11/1
Jin Jingil	東アジアの平和の交差点に係る日韓関係と中国の役割	延世大学経済学部	北京大学	2013/11/1
小此木政夫	東アジアの平和の交差点に係る日韓関係と中国の役割	延世大学経済学部	慶應義塾大学	2013/11/1
高保中	アジア共同体の創成における直接投資の役割	河南大学	河南大学	2013/11/1
田中宏	日中,日韓関係とアジア共同体	三亜学院	一橋大学	2013/11/1
李海燕	「中国朝鮮族」という枠組みの過去と現在―東アジア近現代史の視座から―	東京大学教養学部	東京理科大学	2013/11/1
Le Dang Hoan	アジアのグリーン経済成長の特徴：理論と実践	ベトナム国家大学ハノイ校	ベトナム国家大学ハノイ校	2013/11/2
鄭大均	在日韓国・朝鮮人とはだれか―五つの視点	明治大学	首都大学東京	2013/11/2

講師名	講義名	講義大学	所属	講義日
呉大泳	メディアの観点から見たアジア	建国大学	嘉泉大学	2013/11/4
王忻	アジア共同体の構築に向けた漢字の貢献	杭州師範大学	杭州師範大学	2013/11/4
韓子奇	出版資本主義と20世紀初頭の中日交流	香港城市大学	紐約州立大学	2013/11/4
李サンモ	アジア共同体とFTA	済州国際大学	韓国法制研究院	2013/11/4
楊魯慧	アジア共同体形成の問題点を論ずる	上海交通大学		2013/11/4
趙華勝	アジア共同体の創生へ向かって（中央アジア諸国と中国に関係を中心に）	復旦大学	復旦大学	2013/11/4
鄭喜淑	朝鮮半島の地域統合平和とアジア共同体	文教大学	中央民族大学	2013/11/4
王新生	アジア共同体の歴史的特徴と思想的基盤	モンゴル国立教育大学	北京大学歴史学部	2013/11/5
Ogasawara Kazuhiro	アジア産業のビジネス経営	ダルマ・プルサダ大学	JMA Consul-tants Inc.	2013/11/6
チョ・ウォンホ	21世紀東アジアの復興と若年世代へかける期待	韓国外国語大学	韓国外国語大学	2013/11/6
趙晟玫	アジアの造景歴史	湖南大学（KR）	工科大学	2013/11/6
東郷和彦	開かれた東アジア共同体：歴史と領土の超克	広島市立大学	京都産業大学	2013/11/6
楚樹竜	米国の再バランスの戦略とアジア太平洋地域の雰囲気	中山大学	清華大学	2013/11/6
小池誠	インドネシアにおける日本と韓国のポップ・カルチャーの人気—K―POPとJKT48—	桃山学院大学	桃山学院大学	2013/11/6

講師名	講義名	講義大学	所属	講義日
Yun San Chol	農業分野における韓国―モンゴル協力関係	ラジオテレビ大学(モンゴル国立文化芸術大学)	KOIKAモンゴル事務局	2013/11/6
陳斌彬	アジア経済の一体化	華僑大学	厦門大学	2013/11/6
陳壽姫	アジア共同体のための社会福祉政策	嘉泉大学	嘉泉大学	2013/11/7
蓑原俊洋	日本と東アジア共同体	韓国カトリック大学	神戸大学	2013/11/7
Seunghee Shin	朝鮮と中国の文化的差異	香港理工大学	梨花女子大学	2013/11/7
章政	中日経済協力のある実証的な研究――農民協同組織実践の歴史と現状	北京大学歴史学部	北京大学	2013/11/7
篠田正浩	アジア共同体シンポⅡ近代日本における〈アジア〉のイメージの変容と鏡像としての日中関係	愛知大学	映画監督	2013/11/8
シャービア・ドゥラ・ロボス	フィリピンと ASEAN 経済共同体	泰日工業大学	Immaculate Mother School Foundation	2013/11/8
李洙任	市民の協働による新たな歴史認識の可能性―米国における従軍慰安婦記念碑運動―	東京大学教養学部	龍谷大学	2013/11/8
Nguyen Van Bo	アジアの農業と地方発展における科学の役割	ベトナム国家大学ハノイ校	Vietnam Academy of Agricultural Sciences	2013/11/9
林成姫	東北亜の歴史文化共同体	中央民族大学	北京大学	2013/11/10
Wening Udasmoro	アジア共同体はどこへ行く？：東南アジアの大半を管理する方法	ガジャマダ大学	ガジャマダ大学	2013/11/11
博均文	アジア共同体の貿易関係について	上海交通大学	復旦大学	2013/11/11

講師名	講義名	講義大学	所属	講義日
唐愛文	世界の派生英語群における文学	南方大学学院	新加坡国立大学	2013/11/11
張浩川	アジアの経済発展と協力（産業再編を中心に）	復旦大学	復旦大学	2013/11/11
大谷猛夫	日本の戦争責任とアジア共同体	文教大学	中国人戦争被害者を支える会	2013/11/11
A. Ochir	遊牧民的思惟方式からみるアジア共同体	モンゴル国立教育大学	モンゴル科学院	2013/11/12
李孝根	東南アジアの経済金融	慶熙大学	大宇証券株式会社	2013/11/12
高豪成	アジア共同体と済州特別自治道	済州国際大学	済州大学	2013/11/12
エンクバヤル	モンゴルからみたアジア共同体	日本大学文理学部	環日本海経済研究所	2013/11/12
江上幸子	アジアのなかのジェンダー	フェリス女学院大学	フェリス女学院大学	2013/11/13
崔光準	『万葉集』と東アジア	延辺大学	新羅大学	2013/11/13
ソ・ジョミン	西アジア（中東）とイスラムの新しい理解	韓国外国語大学	韓国外国語大学	2013/11/13
牛黎濤	チベット仏教	筑波大学	大正大学	2013/11/13
楊玉傑	環境保護とアジア経済の発展戦略	華僑大学	華僑大学	2013/11/13
Suh Jinyoung	中国の国家権力危機と東アジアの新秩序	韓国カトリック大学	神戸大学	2013/11/14
Sandy To Sin Chi	香港と中国のジェンダーと結婚	香港理工大学	香港大学	2013/11/14
黄梅貴	シンガポールの為替政策とそのマレーシア経済への影響	南方大学学院	南方大学学院	2013/11/14
Andrew Oswald	持ち家率が高くなると労働市場は損なわれるのか？	南洋理工大学	ウォーリック大学	2013/11/14

講師名	講義名	講義大学	所属	講義日
広瀬良弘	宗教と民衆——日本禅宗の発展と葬式	北京大学歴史学部	駒澤大学	2013/11/14
曹俊鉉	東アジアの経済発展と文化	釜山大学	釜山大学	2013/11/15
ニコル・ペック・シュー	マレーシアと ASEAN 共同体	泰日工業大学	Advance Carbon Securities Ventures Co., Ltd	2013/11/15
柳美那	文化財「返還」からみた日韓関係と歴史認識の問題	東京大学教養学部	国民大学	2013/11/15
蔡志礼	シンガポールとマレーシアにおける多元言語文化の衝突と融合	南方大学学院	南方大学学院	2013/11/15
拝根興	唐代の使節と東アジアの文化交流	浙江大学	陝西師範大学	2013/11/15
Usen Omuraliev	電子調達を通じたアジア市場における概念製品のプロモーション	キルギス工科大学	キルギス工科大学	2013/11/16
Pham Trung Kien	アジアの健康維持に対する医薬品の役割	ベトナム国家大学ハノイ校	ベトナム国家大学ハノイ校	2013/11/16
梅家玲	アジア文学と地域統合	中央民族大学	国立台湾大学	2013/11/17
Tulus Warsito	アジアのためのアジア：アジア流のアジアの発展，アジア的価値の検討	ガジャマダ大学	Universitas Muhammadiyah	2013/11/18
崔潤哲	多文化主義とアジアの未来	建国大学	建国大学	2013/11/18
郭潔敏	アジア共同体における各国文化の違い	上海交通大学	上海社科院	2013/11/18
松村史紀	東アジアにおける「二つの戦後」—冷戦とアジア共同体—	文教大学	宇都宮大学	2013/11/18
Orly Mercado	アジア共同体 2015：挑戦と展望	明治大学	フィリピン大学	2013/11/18
D. Byarsaikhan	蒙古帝国時代の　アジア共同体観	モンゴル国立教育大学	モンゴル国立大学	2013/11/19
今井隆太	アジア共同体の社会学	愛知大学	社会学者	2013/11/19

講師名	講義名	講義大学	所属	講義日
崔光濬	アジア共同体と法学教育の新しい展開	慶熙大学	慶熙大学	2013/11/19
崔ナクチン	アジア共同体の形成とメディアの役割	済州国際大学	済州大学	2013/11/19
松本武祝	日中韓の３国共通歴史教材について	東京大学教養学部	東京大学	2013/11/19
Choi Kang	北東アジアの保全環境	防衛大学校	アサン政策研究所	2013/11/19
石垣和子	アジアの高齢化とヘルスケアサービスの未来	ダルマ・プルサダ大学	石川県立看護大学	2013/11/20
大野英二郎	西洋から見たアジア	フェリス女学院大学	フェリス女学院大学	2013/11/20
ソ・ジョンイン	アジア共同体と南アジア	韓国外国語大学	韓国外国語大学	2013/11/20
Sunami Atsushi	日本の科学と技術外交	九州大学	政策研究大学院大学	2013/11/20
金洪中	中国の儒学思想とは何か	湖南大学（KR）	湖南大学（KR）	2013/11/20
岩井千秋	アジアの言語事情とハイパー言語「英語」の役割	広島市立大学	広島市立大学	2013/11/20
Erdene-Ochir	欧州連合の政治・経済の現状	ラジオテレビ大学（モンゴル国立文化芸術大学）	モンゴル国外務省欧州局	2013/11/20
閻二鵬	犯罪行為の共同的制止とアジア共同体の構築	華僑大学	華僑大学	2013/11/20
裵肯燦	ASEANと東アジア地域主義	韓国カトリック大学	The Institute of Foreign Affairs & National Security	2013/11/21

資料２　講義担当者およびワンアジアコンベンションスピーカーのリスト　433

講師名	講義名	講義大学	所属	講義日
韓奎良	どのように百歳の人生を過ごすか	浙江工商大学	韓国交通大学	2013/11/21
権哲男	中日韓経済協力と東アジア共同体	延辺大学	延辺大学	2013/11/22
林少陽	明治日本における美術史の著作およびアジア主義と民族主義の美術史：中国との関連	香港城市大学	東京大学	2013/11/22
ルックサナノーイ・プンクラサミー	タイと ASEAN 共同体	泰日工業大学	The Siam Cement Public Company Limited	2013/11/22
Mai Ngoc Chu	アジアの母国語の保護するにあたっての諸問題	ベトナム国家大学ハノイ校	ベトナム国家大学ハノイ校	2013/11/23
Sunaryo Kartadinata	アジア社会の問題と暮らし：教育界への示唆	ガジャマダ大学	インドネシア教育大学	2013/11/25
チュ・ミエ	東北アジアの政治的統合	漢陽大学	大韓民国国会	2013/11/25
高蘭	アジア共同体の軍備と安全について	上海交通大学	上海社会科学院	2013/11/25
鄭成海	『易経』の奥義―易経とマレーシアの華人文化	南方大学学院	南方大学学院	2013/11/25
杜幼康	インド・中国の立ち上がりとアジア共同体の創生	復旦大学	復旦大学	2013/11/25
三橋秀彦	東アジアにおける国際化教育	文教大学	亜細亜大学	2013/11/25
Eko Prasojo	良いガバナンスと相互理解によるアジアの創造	明治大学	インドネシア大学	2013/11/25
金チョルス	小さい相違，大きい変化	済州国際大学	済州大学	2013/11/26
呉志方	デザインに対する禅の影響	南方大学学院	南方大学学院	2013/11/26
Nguyen Hung Son	地域保安に関するヴェトナムの視点および ASEAN の役割	防衛大学校	ヴェトナム外交学院	2013/11/26

講師名	講義名	講義大学	所属	講義日
Motooka Takuji	AEC と日本の企業	ダルマ・プルサダ大学	Jakarta Japan Club (JJC)	2013/11/27
上原良子	ヨーロッパ統合とアジア共同体	フェリス女学院大学	フェリス女学院大学	2013/11/27
崔成学	東アジア三国の基礎教育改革と発展管見	延辺大学	延辺大学	2013/11/27
ホン・サンピョ	コンテンツの産業革命とグローバル韓流戦略	韓国外国語大学	韓国コンテンツ文化振興院	2013/11/27
水本和実	東北アジア非核兵器地帯の構想と実践：安全保障協力のモデル	広島市立大学	広島平和研究所	2013/11/27
尹文九	韓国から見たアジア共同体	筑波大学	東京福祉大学	2013/11/27
中野瑞彦	アジアの金融システム安定のための課題と国際協力	桃山学院大学	桃山学院大学	2013/11/27
包茂紅	環境問題と東アジア共同体	北京大学歴史学部	北京大学歴史学部	2013/11/28
李鐘書	東アジアの言葉と文字	浙江工商大学	蔚山大学	2013/11/28
Chen Quanyuan	現代日本における東アジア同盟の概念	浙江大学	浙江大学	2013/11/28
Ton Nu Thi Ninh	新アジア共同体形成のための大学間提携強化の必要性	ベトナム国家大学ホーチミン校		2013/11/29
陳楽一	失業と景気循環の関係	河南大学	湖南大学（CN）	2013/11/29
松田利彦	日中戦争期日本における東亜連盟運動	三亜学院	国際日本文化研究センター	2013/11/29
安煥然	文化中国，文化馬華および文化新山	南方大学学院	南方大学学院	2013/11/29

講師名	講義名	講義大学	所属	講義日
津上俊哉	アジア共同体論を考える！（現代中国）	北海道大学	津上工作室	2013/11/29
Pham Quang Minh	アジアの文化遺産の維持および保全，持続可能な観光産業の発展における科学の役割	ベトナム国家大学ハノイ校	ベトナム国家大学ハノイ校	2013/11/30
申福龍	アジア的価値としての儒教は依然として有効か	建国大学	建国大学	2013/12/2
刈間文俊	映画での現代東アジア世界	香港城市大学	東京大学	2013/12/2
陳子雷	アジア共同体における製造業の現状	上海交通大学	上海対外経貿大学	2013/12/2
沈浩	東アジアの学生の交流から見る民間交流の重要性	復旦大学	復旦大学	2013/12/2
生田祐子	東アジアにおける言語意識：「英語は東アジア共同体の共通言語となり得るのか」	文教大学	文教大学	2013/12/2
汪暉	東アジアの危機とは何か？	明治大学	清華大学	2013/12/2
Z. Lonjid	アジア共同体のための外交政策	モンゴル国立教育大学	モンゴル国立大学	2013/12/3
岩本茂久	日韓外交関係	済州国際大学	在済州日本領事館	2013/12/3
Mdm Nadia Bte Ishak	マレーシアの禁忌に関する理性的考察	南方大学学院	南方大学学院	2013/12/3
吉富望	『アジアにおける域内安全保障の現状と課題－アジア共同体創成に向けての展望－』反芻授業	防衛大学校	陸上自衛隊研究本部	2013/12/3
馬橋憲男	アジアの国際協力とＮＧＯの役割	フェリス女学院大学	フェリス女学院大学	2013/12/4
朴哲	16世紀初頭の訪問西洋人－セスペデス神父－	韓国外国語大学	韓国外国語大学	2013/12/4
Joe Phillips	日本と韓国の意思決定	九州大学	釜山大学	2013/12/4
白雲善	アジアの安保共同体の形成と条件	湖南大学（KR）	湖南大学（KR）	2013/12/4

講師名	講義名	講義大学	所属	講義日
李鍾徹	東アジアにおける仏教の受容，文化的共有，その現代的意味	広島市立大学	韓国学中央	2013/12/4
青野正明	日本の大衆文化開放（韓国）と韓流ブーム（日本）	桃山学院大学	桃山学院大学	2013/12/4
H. Sumu	モンゴルにおける文化協力プロジェクト実施と結果	ラジオテレビ大学（モンゴル国立文化芸術大学）	JICAモンゴル事務局	2013/12/4
劉超	ヨーロッパ共同体の経験とその示唆	華僑大学	武漢大学	2013/12/4
山田美香	アジア共同体形成のための養育文化	嘉泉大学	名古屋市立大学	2013/12/5
余徳林	レヴィナス論における時間と他者としての死	南方大学学院	南方大学学院	2013/12/5
王暁秋	文化交流と東アジア共同体	北京大学歴史学部	北京大学歴史学部	2013/12/5
黄普基	朝鮮人は中国人を描き，中国人は朝鮮人を描く	浙江工商大学	浙江工商大学	2013/12/5
王海燕	古代東アジア世界における日本	浙江大学	浙江大学	2013/12/5
李東哲	アジア共同体構築と多言語教育	延辺大学	延辺大学	2013/12/6
許少波	アジア法学研究の問題	河南大学	華僑大学	2013/12/6
李晋吾	東アジア文化の感性的特徴と相互理解	釜山大学	釜山大学	2013/12/6
王勛銘	中日両国の民族性とアジア共同体	三亜学院	三亜学院	2013/12/6
張東明	北朝鮮の経済開発戦略と東アジア経済協力	中山大学	遼寧大学	2013/12/6
那荷芽	蒙民厚生会の設立とその活動	東京大学教養学部	内蒙古大学	2013/12/6
小林万里子	アジア共同体論を考える！（政治）	北海道大学	文部科学省	2013/12/6
レ・ディン・チン	アジア史と国際関係の諸問題	ベトナム国家大学ハノイ校	ベトナム国家大学ハノイ校	2013/12/7

講師名	講義名	講義大学	所属	講義日
欧栄	個体と東アジア共同体	杭州師範大学	杭州師範大学	2013/12/9
白永輝	アメリカからアジア共同体を見る	上海交通大学	米国サンフランシスコ州立大学	2013/12/9
Andrew O'Neil	オーストラリアの外国政策と中国：新時代	中山大学	Griffith Asia Institute	2013/12/9
斎藤泰雄	文化・スポーツから見たアジア共同体：2020年東京オリンピック誘致をめぐる日本外交	東京外国語大学	ＪＯＣ国際委員会	2013/12/9
麻田雅文	シベリア鉄道に見るアジア共同体の可能性—夢のシベリア・ランドブリッジの過去・現在・未来—	文教大学	東北大学（CN）	2013/12/9
大島裕司	スポーツを通してみる日本とコリア	明治大学	フリージャーナリスト	2013/12/9
B. Byarsaikhan	アジアの人権政策を通して見るアジア共同体	モンゴル国立教育大学	モンゴル国立大学	2013/12/10
日吉秀松	日本から見たアジア共同体構想	日本大学文理学部	日本大学	2013/12/10
Charles Aanenson	ピースウインズ・アメリカ	防衛大学校	ピース・ウェインズ・アメリカ	2013/12/10
斎藤之弥	日本赤十字社の国際活動	防衛大学校	日本赤十字社	2013/12/10
和田幸子	インドの自然エネルギー開発から見たアジアの展望	フェリス女学院大学	名古屋学院大学	2013/12/11
William Pore	シャーマンと侍：スポーツから韓国と日本の国家特性を解釈する	九州大学	釜山大学	2013/12/11
岩田一成	東アジア地域の漢字という視点から見た言語的共通性	広島市立大学	広島市立大学	2013/12/11

講師名	講義名	講義大学	所属	講義日
関志雄	中国経済の台頭と東アジア	筑波大学	野村市場資本研究所	2013/12/11
Abdulla Musayev	マレーシアとシンガポールの経験を通じてキルギスタンは将来アジア共同体形成の結果から何を学べるのか？	ビシュケク人文大学	ビシュケク人文大学	2013/12/12
王元周	歴史問題と東アジア共同体	北京大学歴史学部	北京大学歴史学部	2013/12/12
張家成	中国仏教と文化外交	浙江大学	浙江大学	2013/12/12
Akylbek Umetaliev	「アジア経済における物流情報管理システムの役割と重要性」「アジア共同体における物流情報管理システムの経験」	キルギス工科大学	キルギス工科大学	2013/12/13
Truong Thi Kim Chuyen	アジアの経済的地理学	ベトナム国家大学ホーチミン校	ベトナム国家大学ホーチミン校	2013/12/13
崔徳圭	安重根義士の東洋平和論とアジア共同体の未来	三亜学院	韓国東北アジア歴史財団	2013/12/13
ブンルアン・ドゥアングーン	ラオスと ASEAN 経済共同体	泰日工業大学	ラオス日本センター	2013/12/13
村田雄二郎	帝国主義の時代の東アジアとその理解	東京大学教養学部	東京大学	2013/12/13
津田大介	アジア共同体論を考える！（メディア論）	北海道大学	慶應義塾大学	2013/12/13
Vu Khoan	アジアの安定と発展維持のための軍事力と保安協力	ベトナム国家大学ハノイ校	Former Vice Prime Minister of the Socialist Republic of Vietnam	2013/12/14

講師名	講義名	講義大学	所属	講義日
Siti Mutiah Setiawati	どのように東南アジア共同体を構築するのか	ガジャマダ大学	ガジャマダ大学	2013/12/16
黄文斌	マレーシアの民族構築：儒家思想の視点	香港城市大学	馬來西亜拉曼大学	2013/12/16
藤井毅	インド・中国関係より見る現代アジア	東京外国語大学	東京外国語大学	2013/12/16
王韌	復旦で「巨匠」を語る	復旦大学	テレビ上海	2013/12/16
梅村卓	アジア共同体と民主主義―「言論の自由」の視点から	文教大学	明治学院大学	2013/12/16
坏昭二	半導体とエレクトロニクス産業から見る今後のアジア	明治大学	Ｏ２Ｍｉｃｒｏ	2013/12/16
石川晃司	ナショナリズムとインターナショナリズムの相克	日本大学文理学部	日本大学	2013/12/17
臧志軍	中国から見たアジアの政治・安全保障と地域統合	フェリス女学院大学	復旦大学	2013/12/18
任爀伯	韓国から見た東アジアの地域主義	広島市立大学	高麗大学	2013/12/18
辻維周	離島経済―石垣島を一例として―	桃山学院大学	首都大学東京	2013/12/18
Manoranjan mohanty	インドと中国，そして世界的再構築の出現プロセス	中山大学	デリー大学	2013/12/19
于鉄軍	地域安全保障と東アジア共同体	北京大学歴史学部	北京大学国際学部	2013/12/19
黄錦標	ある殺人事件からみる日本の人権	浙江工商大学	香港大学	2013/12/19
Chen Jianjun	第二次世界大戦後の東アジア国家の経済発展	浙江大学	浙江大学	2013/12/19
Talant Rysbaev	アジア諸国における軽合金の微粒化	キルギス工科大学	キルギス工科大学	2013/12/20
李利	海南島の生態文明とアジア社会発展	三亜学院	三亜学院	2013/12/20
仇華飛	北東アジア安保環境と中米新型大国関係の構築	中山大学	同済大学	2013/12/20

講師名	講義名	講義大学	所属	講義日
大石文雄	在日外国人子どもたちの現場から～ともに生きるための課題を考える～	東京大学教養学部	ＮＰＯ法人　在日外国人生活教育相談センター信愛塾	2013/12/20
古沢嘉朗	アジア共同体論を考える！（平和構築）	北海道大学	関西外国語大学	2013/12/20
徐青	アジア共同体シンポⅢ　アジアをめぐる平和	愛知大学	浙江理工大学	2013/12/21
馮瑋	アジア共同体シンポⅢ　アジアをめぐる平和	愛知大学	復旦大学	2013/12/21
鄭信哲	東北亜地域の和諧制度形成	中央民族大学	中国社会科学院	2013/12/21
Yudha Heru Febrianto	グローバリゼーションに立ち向かう：アジアテクノロジーの経験（アジア共同体のバイオテクノロジー）	ガジャマダ大学	ガジャマダ大学	2013/12/23
出野由起子	中国・香港・台湾・韓国における英語教育	文教大学	共栄大学	2013/12/23
祝家華	『アジアの覚醒：仏学，儒学からアジアの文芸復興』──人類の主体的な覚醒を切り口に	南方大学学院	南方大学学院	2013/12/24
何启良	『沈慕羽の日記』の歴史的意義	南方大学学院	南方大学学院	2013/12/24
Turat Duishenaliev	キルギス州立ラザコフ記念工科大学の遠隔教育：アジア諸国の経験	キルギス工科大学	キルギス工科大学	2013/12/27
勝部司	日本の災害対応システムの概要	防衛大学校	国際協力機構（ＪＩＣＡ）	2014/1/7
Jessica Ear	アメリカ太平洋軍災害救助隊の努力：過去，現在，未来	防衛大学校	アジア太平洋戦略研究センター	2014/1/7

講師名	講義名	講義大学	所属	講義日
Andrew Reed Hall	韓国と満州国における日本の植民地教育（1905—1945）「言語の力を信じて」	九州大学	九州大学	2014/1/8
南出和余	南アジアの若者が担う経済発展	桃山学院大学	桃山学院大学	2014/1/8
朴裕河	日韓葛藤の背景と未来に向けての展望—ふたたび和解のために—	東京大学教養学部	世宗大学	2014/1/10
慕唯仁	日本の明治末期におけるアジア主義：中国やインドとの関連	香港城市大学	威斯康星大学	2014/1/13
David Welch	アジア太平洋の安全保障関係に対する自信，信頼，そして共感	防衛大学校	ワーテルロー大学	2014/1/14
ラム・ドルジ	ブータンから見たアジアの未来像	フェリス女学院大学	王立自然	2014/1/15
後藤純一	アジアにおける金融・通貨統合の前提条件について1980年代，1990年代，2000年代	広島市立大学	慶應義塾大学	2014/1/15
Ahmad Hufad	アジアとグローバル化時代	インドネシア教育大学		2014/1/17
ジョン・バーリヤンタ	インドネシアとASEAN経済共同体	泰日工業大学	Asian Netwaork for Free Elections	2014/1/17
James Manicom	中国は独断的か？中国の東アジア海域における態度を検証する	防衛大学校	ＣＩＧＩ	2014/1/17
細野豪志	アジア共同体論を考える！（政治）	北海道大学	衆議院	2014/1/17
Joe DesJardins	プラグマティズムと持続的発展	明治大学	ベネディクト大学	2014/1/18
Suhartono	アジア共同体：グローバリゼーションの進化	ガジャマダ大学	ガジャマダ大学	2014/1/20
Agus Suwignyo	アジアの地域アイデンティティの構築：文化的視座から	ガジャマダ大学	ガジャマダ大学	2014/1/20

講師名	講義名	講義大学	所属	講義日
鄭吉雄	「東アジア」の内外：伝統的な解釈方法に内在する緊張性	香港城市大学	香港教育学院大学	2014/1/20
曽根康雄	人民元の国際化を考える	東京外国語大学	日本大学	2014/1/20
黛陽子	アグロフォレストリーをめぐるインドネシア　現地の生活から見た国際理解教育	文教大学	文教大学	2014/1/20
丸川	まとめ・アジアの相互依存	明治大学	明治大学	2014/1/20
大六野耕作	まとめ・アジアの相互依存	明治大学	明治大学	2014/1/20
國分良成	中国政治の基本知識	防衛大学校	防衛大学校	2014/1/21
詹杭倫	中日韓の科挙と辭賦	香港大学	香港大学	2014/1/24
小谷哲男	アメリカの東アジア政策	東京外国語大学	日本国際問題研究所	2014/1/27
石坂浩一	日韓関係と歴史的課題	東京大学教養学部	立教大学	2014/1/27
Zhu Feng	米中関係とそのアジア太平洋地域の保安体制への影響	防衛大学校	北京大学	2014/1/28
施仲謀	儒学の発展とその日本に対する影響	香港大学	香港大学	2014/1/31
佐野秀太郎	『アジアにおける域内安全保障の現状と課題－アジア共同体創成に向けての展望－』反芻授業	防衛大学校	防衛大学校	2014/2/4
李立信	韓国における杜甫の詩	香港大学	珠海書院	2014/2/7
A. Toktomushev	アジア共同体形成の文脈から考える公的進歩への道の探求と一般人道的価値の切望	ビシュケク人文大学	Journalists' Union of Kyrgyzstan	2014/2/10
Parkash Chander	「価格補助金」対「所得移転」	南洋理工大学	Jindal University	2014/2/11
Myong Soonok	コース紹介：アイデンティティ問題	カザフ国立大学	カザフ国立大学	2014/2/14
遅国泰	アジア共同体の金融市場と投資環境	大連理工大学	大連理工大学	2014/2/20
Tony Fang	中国の最低賃金と雇用	南洋理工大学	モナシュ大学	2014/2/20

講師名	講義名	講義大学	所属	講義日
鄺健行	韓国の詩話に見られる韓人の漢詩論議と著作の奥義や高い境地の例証	香港大学	香港浸会大学	2014/2/21
陽祖漢	朝鮮儒学「主理派」の思想と朱子学	香港城市大学	国立中央大学（台湾）	2014/2/24
宋鎮照	東南アジアに向け：台湾からみる視野とチャンス	国立暨南国際大学	国立成功大学	2014/2/24
孔繁錦	チャンスと運命：国際競争とキャリアプラン	元智大学	Yuli Hospital	2014/2/25
陳一新	米国によるアジア政策と中国の機会の再均衡化	国立政治大学	淡江大学	2014/2/26
雷炳炎	共同体，アジア世界とアジア共同体の展望	湘潭大学	湘潭大学	2014/2/26
Sanat K.Kushkumbaev	中央アジアの資源戦略？	カザフ国立大学	Kazakhstan institute for Strategic Studies under the President of the Republic of Kazakhstan	2014/2/28
トゥチ・ヴィサルソック	「アジア共同体（2014年）」申請者	バッタンバン大学	バッタンバン大学	2014/3– 2014/7
呉喜順	韓国の多文化政策の現状と課題	釜山外国語大学	多文化家族支援センター	2014/3/3
呉炳守	韓国自由主義の内包と外延	香港城市大学	成均館大学	2014/3/3
Terri Kim	儒教，東アジアの教育と発展：韓国の比較分析	国立暨南国際大学	イースト・ロンドン大学	2014/3/3
琴喜淵	コース紹介：アジアのパラドクス　東洋と西洋の差異	ソウル市立大学	ソウル市立大学	2014/3/4
李起豪	アジアは我々にどう接近するのか？	韓信大学	韓信大学	2014/3/4

講師名	講義名	講義大学	所属	講義日
薛承泰	2025年の新難題：台湾の高齢化問題	元智大学	国立台湾大学	2014/3/4
瞿亮	日本文化における中国要素	湘潭大学	南開大学	2014/3/5
キム・ウイゴン	21世紀のグローバル統治と東アジア	仁荷大学	仁荷大学	2014/3/5
M. A. N. Kurunarathne	アジア地域への南アジアの言語と文学の影響	ケラニヤ大学	ケラニア大学	2014/3/5
李育民	近代条約関係とアジア共同体	湖南師範大学	湖南師範大学	2014/3/6
熊野直樹	アジア共同体構築における国際政治の課題	長江師範学院	九州大学	2014/3/6
Kim Ryudmila	精神的統一のための自己発展環境の創造（たとえば古代の和歌集・万葉集を例にして）	カザフ国立大学		2014/3/7
王勇萍	中日文化の共通性一茶―茶・禅・生活	安徽大学	安徽大学	2014/3/7
畢世鴻	東アジアとアジア共同体の国際関係	雲南大学	雲南大学	2014/3/7
Matsumura	韓信大学，富山大学，龍谷大学主催の特別講義	韓信大学		2014/3/7
ogura	韓信大学，富山大学，龍谷大学主催の特別講義	韓信大学		2014/3/7
張宏生	中国の詞学と日本の詞学	香港大学	香港浸会大学	2014/3/7
Thai Thi Lan Phuong	ヴェトナムの高等教育，グローバリゼーションから考える機会と課題	国立暨南国際大学	ベトナム国家大学	2014/3/10
王暁徳	世界歴史進程中の文化借鑒と吸収：中国と日本の例	南開大学	福建師範大学	2014/3/10
Muto Masatoshi	日本の外交と日韓関係	ソウル市立大学	前駐韓大使	2014/3/11
黄俊傑	21世紀のアジアにおける高等教育の展望	元智大学	国立台湾大学	2014/3/11
孫紹先	少数民族の伝統文化の現代化問題について	海南大学	海南大学	2014/3/12
張五岳	両岸関係の発展：好機と課題	国立政治大学	淡江大学	2014/3/12

資料2　講義担当者およびワンアジアコンベンションスピーカーのリスト　445

講師名	講義名	講義大学	所属	講義日
蒋波	古代の中国，日本，韓国の相互コミュニケーション	湘潭大学	ノースウェスタン大学	2014/3/12
シン・ボンギル	韓・中・日3国協力の現状と未来	祥明大学	高麗大学	2014/3/12
イ・スンリュル	一つになるアジア：東北アジア経済共同体と朝鮮半島統一の相互作用	仁荷大学	東北アジア共同体研究財団	2014/3/12
K. N. O. Dharmadasa	東南アジアの社会と文化	ケラニヤ大学	シンハラ・エンサイクロペディア	2014/3/12
Li Yanxi	アジア共同体の戦略的重要性	大連理工大学	大連理工大学	2014/3/13
Zhang Zhaoyong	人民元の為替価値と中国の貿易収支	南洋理工大学	エディスコーワン大学	2014/3/13
高寧	教えと学び守旧と革新―「語彙辞典」を例に	安徽大学	華東師範大学	2014/3/14
宋協毅	アジア共同体構築と通訳人材の育成	延辺大学	大連大学	2014/3/14
黄仕忠	日本森槐南與他的中国戯曲研究	香港大学	中山大学	2014/3/14
Li Guoqiang	南シナ海の対立と協力	雲南大学	Chinese Academy of Social Sciences	2014/3/15
黄智煥	アジア共同体と朝鮮再統一	ソウル市立大学	ソウル市立大学	2014/3/17
馬早朝	中国社会発展の教育変革―成績とその問題	国立暨南国際大学	華南師範大学	2014/3/17
申起旭	アメリカの韓国学科と韓国学の世界化	遼寧大学	スタンフォード大学	2014/3/17
洪泉湖	台湾の民族グループと文化産業	元智大学	国立台湾大学	2014/3/18

講師名	講義名	講義大学	所属	講義日
Shreekant Gupta	気候変動の農業に対する影響のモデル化	南洋理工大学	デリー大学	2014/3/18
周偉	アメリカのアジア太平洋政策の変化とアジア共同体の構築	海南大学	海南大学	2014/3/19
崔完圭	金正恩政権下の北朝鮮を理解する	慶南大学	信韓大学	2014/3/19
楊俊明	アジア伝統的国際秩序と古代中西文化交流	湖南師範大学	湖南師範大学	2014/3/19
李建軍	朝貢体系とアジア伝統的国際秩序	湖南師範大学	湖南師範大学	2014/3/19
李斯	殷，晋，随，唐王朝における中国，日本，韓国の使節派遣と文化交流	湘潭大学	北京大学	2014/3/19
コ・サンドゥ	欧州統合と移住民の問題	仁荷大学	延世大学	2014/3/19
Okkampitie Pannasara Thero	アジア社会と，中東および東南アジアの文化	ケラニヤ大学	ケラニア大学	2014/3/19
Sip Pagnasoley	メコン河流域の開発	バッタンバン大学	バッタンバン大学	2014/3/20
Shi Yongdong	アジア共同体に基づいた財政協力の展望と潜在的なリスク	大連理工大学	東北財経大学	2014/3/20
姚継中	アジア共同体とヨーロッパの比較研究	長江師範学院	四川外国語大学	2014/3/20
劉婧	中国の詩歌が韓国の漢詩に及ぼした影響：古代中韓における詩学文献の交流	香港大学	南首爾大学	2014/3/21
張亜中	台湾と中国：両岸関係史の統合	ソウル市立大学	国立台湾大学	2014/3/24
Lee Seungjoo	地域主義の台頭	延世大学アンダーウッド国際学部	中央大学（KR）	2014/3/24
朴淳成	朝鮮分割政策と分割後の社会的ダイナミクス	韓信大学	檀国大学	2014/3/25
劉阿榮	人口移動と改宗：アジアにおける中国人	元智大学	国立台湾大学	2014/3/25

講師名	講義名	講義大学	所属	講義日
鄭順燮	アジア共同体の効率的実現のための国際法的接近	昌信大学	ソウル大学	2014/3/25
Pheng Vimean	カンボジアの地理的，文化的，歴史的性質，アンコールワットの神秘	バッタンバン大学	バッタンバン大学	2014/3/26
パク・グァンソン	超国的生活空間の社会学—中国朝鮮族の事例—	仁荷大学	中央民族大学	2014/3/26
姜イルギュ	アジア共同体の歴史的背景と教育	東国大学	韓国職業能力開発院	2014/3/26
Thilakasri Ramya Gamini Dela Bandara	アジア地域の原住民社会とその文化的アイデンティティ	ケラニヤ大学	ケラニア大学	2014/3/26
Muratbek Imanaliyev	地域主義と精神主義の統合：現代アジア社会の近代化要素	ビシュケク人文大学	American University	2014/3/27
金宇南	アジア共同体と済州青年の未来	国立済州大学	国会議員	2014/3/27
潘暢和	東アジア共同体構築に向けての異文化理解	延辺大学	延辺大学	2014/3/28
鄒明華	アジアにおける祝祭文化の伝統——中日韓の春節文化を例に	香港大学	中国社会科学院	2014/3/28
鄭在貞	アジアの和解と地域共同体の構築	ソウル市立大学	ソウル市立大学	2014/3/31
Fujimura Manabu	メコン河地域における協力体制の現状	雲南大学	青山学院大学	2014/3/31
Manuel G. Camarse	フィリピンの高等教育機関における中核研究拠点	国立暨南国際大学	De La Salle University Dasmarinas	2014/3/31
Wilson R. Jacinto	国際化：DLSU-D からの経験	国立暨南国際大学	De La Salle University Dasmarinas	2014/3/31
林木西	朝鮮半島での経済協力における中国東北地区の地位と役割	遼寧大学	遼寧大学	2014/3/31

講師名	講義名	講義大学	所属	講義日
堀一郎	「共生・多様性・越境性に基づくアジア共同体の展望（2014年）」申請者	愛知県立大学	愛知県立大学	2014/4–2014/7
洪蘭	21世紀の競争に必要な条件：脳と創造力	元智大学	国立中央大学（台湾）	2014/4/1
陳思広	アジア共同体と蔵族経済発展	四川大学	四川大学	2014/4/1
金ゼイン	アジア共同体と技術経営	昌信大学	高麗大学	2014/4/1
陳鳴芬	アジア共同体の課題——言語教育の立場から	海南大学	海南大学	2014/4/2
Kim Keunsik	北朝鮮の核問題	慶南大学	慶南大学	2014/4/2
呉明上	日本と周辺国の連動に関する観察	国立政治大学	義守大学	2014/4/2
徐芬	日本の学者による六王朝史の研究	湘潭大学	湘潭大学	2014/4/2
パク・グムへ	過去満州におけるワンアジアの経験：植民地主義教育を中心として	仁荷大学	延辺大学	2014/4/2
佐藤敦信	日本農業の現状と中国との食品貿易の変容	青島農業大学	桃山学院大学	2014/4/2
李テヒ	アジア共同体の文化異質性と同質性の調和方案	東国大学	光雲大学	2014/4/2
J. B. Dissanayake	アジア地域の識字率，非識字率の問題	ケラニヤ大学	コロンボ大学	2014/4/2
横田耕一	日本における文化共生の実情と困難性	海南大学	九州大学	2014/4/3
権世恩	東アジア共同体と環日本海	カトリック関東大学	慶熙大学	2014/4/4
徐一平	日本言語と中日文化	安徽大学	北京外国語大学	2014/4/4
劉大明	東方文明の西への伝播と欧洲啓蒙運動	湖南師範大学	湖南師範大学	2014/4/4
周建渝	『紅楼夢』と『源氏物語』	香港大学	香港中文大学	2014/4/4
Xu Shoutong	アジア共同体の歴史的背景および認識	檀国大学	三亜学院	2014/4/4

講師名	講義名	講義大学	所属	講義日
Lin Keqin	反日戦争下の重慶経済と共同体経済	重慶師範大学	四川外国語大学	2014/4/5
史桂芳	東アジア協力の道の探求	中国外交学院	首都師範大学	2014/4/5
Urata Shujiro	交易と地域協力	延世大学アンダーウッド国際学部	早稲田大学	2014/4/7
廖舜右	ドラえもんのタイム・マシン ： 雁行理論 2.0	国立暨南国際大学	国立中興大学	2014/4/7
張德聰	麗しい生活のための心のビタミン	元智大学	China Youth Corps	2014/4/8
張玉山	吉林省の対朝経済協力に関する現状分析と対策	遼寧大学	吉林社科院	2014/4/8
成仁秀	21 世紀ポストモダン社会におけるアジア共同体	スパーヌウォン大学	蔚山大学	2014/4/9
李遼寧	異文化コミュニケーションと公民教育	海南大学	海南大学	2014/4/9
Song Minsoon	六政党会議：多国間保安協力システム設立への示唆	慶南大学	外交部（KR）	2014/4/9
李傳斌	東亜三国教会医療事業とアジア共同体	湖南師範大学	湖南師範大学	2014/4/9
王麗美	放浪者か隠士か：北朝鮮，イラン，ミャンマー	国立政治大学	聯合報	2014/4/9
羅玉明	反日戦争期の日本の太平洋運動	湘潭大学	湘潭大学	2014/4/9
イ・ドクヒ	ハワイの多文化と韓国人移民	仁荷大学	ハワイ大学	2014/4/9
Gunawardhana Nanayakkara	アジア地域の高等教育の諸問題	ケラニヤ大学	ケラニヤ大学	2014/4/9
サヤポアン・ヴォンヴィライ	複合的アジアの伝統文化と建築	スパーヌウォン大学	スパーヌウォン大学	2014/4/10
樋口浩造	近現代日本の『アジア』認識とアジア共同体	愛知県立大学	愛知県立大学	2014/4/10

講師名	講義名	講義大学	所属	講義日
李想模	韓中間の主要懸案分析	国立済州大学	韓国法制研究員	2014/4/10
Lee Haiwoon	アジアにおけるナノ・サイエンスとテクノロジーの未来と戦略	カザフ国立大学	漢陽大学	2014/4/11
馬小兵	ことば・語学・翻訳	安徽大学	北京大学	2014/4/11
李晨陽	中国と ASEAN の関係発展とそのアジア共同体構築への影響	雲南大学	雲南大学	2014/4/11
金ボラ	アジア映画による文化の交流と拡大	檀国大学	映画監督	2014/4/11
鄭哲基	国際経済秩序の変化とアジアの経済協力課題	光州大学	光州大学	2014/4/12
刘静	反日戦争下の重慶教育の特徴	重慶師範大学	重慶師範大学	2014/4/12
A. Murzakulova	アジア共同体形成の結果として，独立国家共同体諸国の経験からキルギスタンは何を学べるのか？	ビシュケク人文大学	ビシュケク人文大学	2014/4/14
蔡清華	グローバル市民教育の内容と実践	国立暨南国際大学	文藻外語大学	2014/4/14
李鋼哲	アジア共同体の構築と日中韓の協力枠組み	北陸大学	北陸大学	2014/4/14
山岸智子	アジアの多様性をどう捉えるか	明治大学	明治大学	2014/4/14
堀金由美	アジアの多様性をどう捉えるか	明治大学	明治大学	2014/4/14
康元澤	EU とそのアジアでの影響	ソウル市立大学	ソウル大学	2014/4/15
具甲祐	主体思想国家としての朝鮮民主主義人民共和国とそのアジアにおける立場：体験に基づいた現代の北朝鮮	韓信大学	北韓大学院大学	2014/4/15
Sin Eunmi	体験に基づいた現代の北朝鮮	韓信大学		2014/4/15
李光来	東西思想間の対話：地球の調和のために	遼寧大学	国立江原大学	2014/4/15

講師名	講義名	講義大学	所属	講義日
黄友賢	海南省に於ける多民族共生の現状	海南大学	海南省民族研究所	2014/4/16
羅喜丞	朝鮮半島横断鉄道，アジア横断鉄道，および東北アジア共同体	慶南大学	鉄道研究院	2014/4/16
邱沁宜	投資は簡単にできる	国立政治大学	壹電視財経主播	2014/4/16
ソン・チャンジュ	アジア的アイデンティティの可能性についての断想：海外韓国人社会に見られる　2つの事例を基に	仁荷大学	オークランド大学	2014/4/16
李成市	日本歴史学界における東アジア世界論の再検討―韓国学界との対話から	早稲田大学	早稲田大学	2014/4/16
中野佳代子	アジアにおける相互外国語教育とアジア共同体	明海大学	国際交流基金	2014/4/16
黄東蘭	歴史教科書にみる日中の相互認識―アジア共同体に向けて	愛知県立大学	愛知県立大学	2014/4/17
Feng Jinghai	アジア共同体に基づいた地域経済共同体	大連理工大学	大連理工大学	2014/4/17
小秋元段	アジア共同体構築からみる文化の共有・共存	長江師範学院	法政大学	2014/4/17
徐鳴	高等教育の国際問題	安徽大学	安徽大学	2014/4/18
Fang Yun	中国と近隣諸国の国家間コミュニケーションの歴史	雲南大学	雲南省社会科学院	2014/4/18
白石さや	マンガ・アニメと緩やかな東アジアの文化共同体	延辺大学	岡山女子大学	2014/4/18
刘利民	アジア共同体形成と近代西洋列強条約特権制	湖南師範大学	湖南師範大学	2014/4/18
徐修徳	中日韓自由貿易区に関する研究	青島農業大学	青島大学	2014/4/19
尹鏞秀	アジア共同体としてのアラビア社会の特性と機能	釜山外国語大学	釜山外国語大学	2014/4/21
劉雨珍	黄遵憲の日本観と亜洲観	南開大学	南開大学	2014/4/21
叶秋男	アジア地域経済の成長持続の可能性	北陸大学	北陸大学	2014/4/21

講師名	講義名	講義大学	所属	講義日
小林泉	アジアは太平洋島嶼をどう捉えるか？	明治大学	大阪学院大学	2014/4/21
山口剛史	東アジアの歴史教育の課題（1）日本	琉球大学	琉球大学	2014/4/21
徐文吉	北朝鮮・金正恩と韓国・朴槿恵による新たな情勢と半島における信頼関係構築の展望	遼寧大学	吉林大学	2014/4/21
王佳煌	台北都市エリア生活モデル分析：公正な生活について	元智大学	元智大学	2014/4/22
松本耿郎	イスラーム社会とアジア共同体	新潟県立大学	聖トマス大学	2014/4/22
郭盈伶	アジア共同体と比較言語学	四川大学	四川大学	2014/4/22
Khamphay Sisavanh	グローバルなアジアの環境面でのコラボレーション	スパーヌウォン大学	スパーヌウォン大学	2014/4/23
許金龍	大江健三郎作品の中の中国要素	海南大学	中国社会科学院	2014/4/23
Cho Jaewook	停滞する北西アジア共同体：何が問題なのか	慶南大学	慶南大学	2014/4/23
倪炎元	台北から見たソウル	国立政治大学		2014/4/23
刘自強	東アジア共同体と非暴力の地域紛争	湘潭大学	湘潭大学	2014/4/23
大庭三枝	日本とアジア共同体	神戸大学	東京理科大学	2014/4/23
小山剛	諸外国との対比と日本の仕組みから考える 2014	東北福祉大学	こぶし園	2014/4/23
川崎賢一	東アジア各国の文化政策の歴史	富山大学	駒澤大学	2014/4/23
井上洋	企業の経営戦略とアジア共同体構想—言語教育を手掛かりとして—	明海大学	経団連	2014/4/23
姜元植	アジア共同体とロシア	カトリック関東大学	カトリック関東大学	2014/4/24

講師名	講義名	講義大学	所属	講義日
中西千香	文化の相互理解とアジア共同体～「第三の場所（3rd place）」を求めて～	愛知県立大学	愛知県立大学	2014/4/24
Liu Yanping	アジア共同体にもとづく金融問題の比較研究	大連理工大学	大連理工大学	2014/4/24
石川庄冶	アジア共同体構築と日中韓の歴史認識の超越	長江師範学院	久留米大学	2014/4/24
李俟憲	日本文学の再発見―兼日本人及び国民性問題を話す	安徽大学	華中師範大学	2014/4/25
鄭澄	現代日本文化と日本人のアイデンティティー―日韓の宗教文化の接点を中心に	延辺大学	檀国大学	2014/4/25
崔峻榮	アジアの青少年協力と価値観	光州大学	光州大学	2014/4/25
安賢周	印刷文化史	光州大学	全南大学	2014/4/25
董再琴	京韵大鼓と日本収蔵の鼓詞	香港大学	山西大学	2014/4/25
多賀秀敏	NGO活動とアジアにおける「私」	韓信大学	早稲田大学	2014/4/26
Lu Lina	現代の重慶におけるアジア共同体と文学と芸術運動	重慶師範大学	中北大学	2014/4/26
李熙玉	シナリオワークショップ：「2030年，アジアの平和空間，創造は可能か？」	韓信大学	成均館大学	2014/4/27
金榮桓	「国際協力と教育援助」国際シンポジウム：グローバルな課題と韓国の経験に基づくオルタナティブ教育的ODAパラダイムの探求 － ALCoBに焦点をあてて	国立暨南国際大学	ブサン大学	2014/4/27
黒田一雄	「国際協力と教育援助」国際シンポジウム：2016年以降の教育的協調のグローバル・ガバナンスの枠組みへの展望 ― 我々はどのように貢献できるか？	国立暨南国際大学	早稲田大学	2014/4/27
William Matorri	日本の現代文化とアジア	一橋大学	カリフォルニア大学	2014/4/28

講師名	講義名	講義大学	所属	講義日
Kitti Prasirtsuk	ASEAN と地域主義	延世大学アンダーウッド国際学部	タマサート大学	2014/4/28
フレルバータル	北東アジア地域協力とモンゴルの役割	北陸大学	モンゴル駐日大使	2014/4/28
前泊博盛	基地問題から見る，日本・アジア・米国関係	明治大学	沖縄国際大学	2014/4/28
金正仁	東アジアの歴史教育の課題（2）韓国	琉球大学	春川教育大	2014/4/28
李秉河	国際移民と多文化の共存	ソウル市立大学	ソウル市立大学	2014/4/29
李恵正	アメリカをアジアの州としてどのように理解すれば良いのか？	韓信大学	中央大学（KR）	2014/4/29
謝登旺	共同体開発の四主題	元智大学	国立台湾大学	2014/4/29
ビラー・アノラック	アジアのツーリズム共同体促進の未来図	スパーヌウォン大学	スパーヌウォン大学	2014/4/30
楊婕	中日教育制度の比較研究	海南大学	海南大学	2014/4/30
陳世昌	凋落した日本　再起の可能性	国立政治大学	聯合新聞社	2014/4/30
チャン・セユン	アジアの歴史—葛藤と和解	祥明大学	東北亜歴史財団	2014/4/30
シンディ・リュウ	韓国をルーツとする在米韓国人ディアスポラの成果	仁荷大学	ワシントン州下院議員	2014/4/30
平井一臣	アジア共同体構築からみるアジアの未来図	長江師範学院	鹿児島大学	2014/4/30
Kulatilaka Kumarasinghe	東南アジアにおける東・北アジア文学の影響	ケラニヤ大学	ケラニヤ大学	2014/4/30
梁昌容	アジア共同体の一言語の多様性	国立済州大学	済州大学	2014/5/1
胡建恩	中国の韓国に対する農産物輸出貿易の発展概況	光州大学	大蓮海洋大学	2014/5/2
宋志勇	東京審判と国際関係	南開大学	南開大学	2014/5/5

講師名	講義名	講義大学	所属	講義日
熊秉元	アジア共同体と経済	四川大学	台湾大学	2014/5/6
Sianouvong Savathvong	アジアの状況とそのグリーン経済の将来性	スパーヌウォン大学	スパーヌウォン大学	2014/5/7
高田稔	中日マスメディアの比較研究	海南大学	朝日新聞	2014/5/7
Yang Moonsoo	朝鮮内経済共同体の構築	慶南大学	北韓大学院大学	2014/5/7
劉姿麟	新世代の未来はどこに？	国立政治大学	シンガポール創新発展株式会社	2014/5/7
チョン・スヨル	アジアの地理と文化	祥明大学	祥明大学	2014/5/7
岡田浩樹	朝鮮半島とアジア共同体	神戸大学	神戸大学	2014/5/7
川条志嘉	女性問題とアジア共同体	東北福祉大学	東北福祉大学	2014/5/7
蘇智良	東アジアの歴史教育の課題（3）中国	琉球大学	上海師範大学	2014/5/7
Upali Hetti Arachchi	アジア経済とグローバル化の課題	ケラニヤ大学	ケラニヤ大学	2014/5/7
下田直樹	アジアの人口移動と社会生活の変容がもたらす共同体意識の変化	明海大学	明海大学	2014/5/7
Jon Miho	若きグローバルなビジネスマンの育成	バッタンバン大学	KOTRA	2014/5/8
工藤貴正	民族的アイデンティティーとアジア共同体：台湾映画『父の初七日』の葬送儀礼と文化アイデンティティー	愛知県立大学	愛知県立大学	2014/5/8
Rahul Mishra	インドと中国のASEANへの制度的参加	雲南大学	India Council of World Affairs	2014/5/8
朱発建	中韓日三国史観とアジア共同体	湖南師範大学	湖南師範大学	2014/5/8
董晧	中国の伝統文化と西安の歴史文化に関する概述	光州大学	西安石油大学	2014/5/8

講師名	講義名	講義大学	所属	講義日
金哲洙	時代を読む―Ｓｈａｌｅ　Ｇａｓの革命とその影響	国立済州大学	済州大学	2014/5/8
石川英昭	アジア共同体における多民族の共存	長江師範学院	鹿児島大学	2014/5/8
武心波	「緑」をもって中日韓の人文交流を昇華する	安徽大学	上海外国語大学	2014/5/9
崔釜	漢字文化とアジア共同体	延辺大学	吉林華橋外国語学院	2014/5/9
Liu Xiaoqin	反日戦争下における重慶	重慶師範大学	重慶工商大学	2014/5/10
趙建民	東アジア共同体と中国・台湾の両岸史的経済交易関係を中心に	カトリック関東大学	中国文化大学	2014/5/12
毛尖	中国大型映画の変身	一橋大学	華東師範大学	2014/5/12
TJ Pempel	東アジアにおけるアメリカ戦略	延世大学アンダーウッド国際学部	UC バークレー	2014/5/12
金振	東アジアにおける大気汚染協力体制の構築	北陸大学	日本科学技術振興機構	2014/5/12
Hamid Hamidin	マレーシアの対アジア戦略	明治大学	ラザク行政学院	2014/5/12
司空晨	東アジアの歴史教育の課題（4）民族学校	琉球大学	西東京第1初中級学校	2014/5/12
黄庆波	中韓の産業内貿易に関する実証分析	遼寧大学	大連海事大学	2014/5/12
Zheng Xianwu	中国の台頭と東アジア共同体：中国 3.0	ソウル市立大学	南京大学	2014/5/13
周令飛	魯迅神話の真実：新研究	元智大学	Shanghai Lu Xun Develop-ment Center	2014/5/13

講師名	講義名	講義大学	所属	講義日
木佐木哲朗	東南アジア社会からアジア共同体を考える	新潟県立大学	新潟県立大学	2014/5/13
Sommany Pathoumxay	アジアスポーツ共同体に向けての未来図と方策	スパーヌウォン大学	スパーヌウォン大学	2014/5/14
Kim Seokhwan	北東アジアの経済協力の展望とロシアの役割	慶南大学	韓国外国語大学	2014/5/14
Gao Peng	韓国の経済離陸と日本	湘潭大学	湘潭大学	2014/5/14
チェ・ヨンギル	アジアの宗教と文化：イスラーム	祥明大学	明知大学	2014/5/14
貞好康志	ASEAN とアジア共同体	神戸大学	神戸大学	2014/5/14
イ・ヘギョン	国際移住現象から見る韓国の移民状況	仁荷大学	培材大学	2014/5/14
伊藤亜人	東アジアにおける韓国と日本—文化人類学の視点—	早稲田大学	東京大学	2014/5/14
ウィンミン・フェン	グローバル化と高齢者介護におけるソーシャルネットワーカーの役割	東北福祉大学	オープン大学	2014/5/14
笠原十九司	日中韓の歴史認識 「共有」の課題	富山大学	都留文化大学	2014/5/14
Unuwaturabubule Mahinda	世界宗教としてのヒンズー教と仏教の影響	ケラニヤ大学	ルフナ大学	2014/5/14
田中清泰	アジアの自国語普及政策と共同体意識	明海大学	言語政策学会	2014/5/14
Jung Hanmin	協力と疎通のためのグローバルマインド	光州大学	韓国科学技術情報研究院	2014/5/15
趙忠衍	アジア共同体の形成のためのメディアの役割	国立済州大学	シティ新聞社	2014/5/15
遠藤隆俊	東アジア海域文化の歴史—書籍，仏教，商人	安徽大学	高知大学	2014/5/16
盧光盛	地域主義とアジア共同体の構築	雲南大学	雲南大学	2014/5/16
徐東日	東アジア共同体という視域での異国現象	延辺大学	延辺大学	2014/5/16

講師名	講義名	講義大学	所属	講義日
Bui Phan Anh Thu	ベトナム文化の理解	光州大学	Hong Bang architecture University International	2014/5/16
Shin Chang Min	朝鮮の統一とアジア共同体の未来	檀国大学	中央大学（KR）	2014/5/16
Tsering Shakya	高い山々と汚れなき大地，チベットの人々と文化	一橋大学	ブリティッシュ・コロンビア大学	2014/5/19
于逢春	東北亜諸国民族国家建構視域下の歴史失憶と歴史建構	南開大学	中国社科院	2014/5/19
美根慶樹	成長する中国と日中関係の未来	北陸大学	キヤノン・研究所	2014/5/19
孫同文	台湾の対日，対アジア戦略	明治大学	国立暨南国際大学	2014/5/19
金哲秀	在日コリアンの歴史	琉球大学	朝鮮大学	2014/5/19
曺美樹	国境を越えた平和空間 II：ピースボート	韓信大学	Center for Peace and Public Integrity	2014/5/20
蘇慧貞	気候変動の影響と公衆衛生	元智大学	南方大学学院	2014/5/20
松尾瑞穂	南アジア社会とアジア共同体	新潟県立大学	国民族学博物館	2014/5/20
Khoo Boo Teik	マレイシアの紹介	帝京大学	アジア経済研究所	2014/5/20
張有美	アジア共同体時代における韓国多文化社会の特徴と未来	昌信大学	昌信大学	2014/5/20
Thongphan Chanthavone	経済協力とアジア共同体	スパーヌウォン大学	スパーヌウォン大学	2014/5/21
曹春玲	中日間の異文化間コミュニケーションについて	海南大学	海南師範大学	2014/5/21

資料2　講義担当者およびワンアジアコンベンションスピーカーのリスト　459

講師名	講義名	講義大学	所属	講義日
Cho Daeyop	北東アジアの協調政治と民主社会	慶南大学	高麗大学	2014/5/21
邱立本	世界の華人の台湾に対する影響	国立政治大学	亜州週刊	2014/5/21
チェ・ホビン	Model Asia Union とアジア共同体	祥明大学	祥明大学	2014/5/21
窪田幸子	オーストラリアとアジア共同体	神戸大学	神戸大学	2014/5/21
ダニエル・ロング	アジアの共通語とアジア共同体	明海大学	首都大学東京	2014/5/21
李鐘瑞	アジア共同体と高等教育の国際化	カトリック関東大学	カトリック関東大学	2014/5/22
ユ・サン	カンボジアと韓国間の穀物供給拡大のための協力	バッタンバン大学	バッタンバン大学	2014/5/22
樋泉克夫	日本と東南アジア	愛知県立大学	愛知大学	2014/5/22
金徳建	多文化家庭の幼児の幼児教育機関適応	光州大学	光州大学	2014/5/22
金泳鎬	鉄鋼の虹—Civil Asia の夢	国立済州大学		2014/5/22
Xing Tiancai	アジア共同体の発展期における教育問題の比較	大連理工大学	東北財経大学	2014/5/22
三浦国雄	アジア共同体構築における民族文化の衝突	長江師範学院	大阪市立大学	2014/5/22
朱躍	異文化コミュニケーション	安徽大学	安徽大学	2014/5/23
高士華	大アジア主義とアジア共同体	湖南師範大学	中国社会科学院	2014/5/23
王建朗	中国と戦後国際秩序の設計	湖南師範大学	中国社会科学院	2014/5/23
崔鐘成	東アジアにおける宗教と近代社会	一橋大学	ソウル大学	2014/5/26
Atsushi Ishida	東アジアにおける再保証	延世大学アンダーウッド国際学部	東京大学	2014/5/26

講師名	講義名	講義大学	所属	講義日
楊敏玲	Going Global—教育部の協力で夢の実現に	国立暨南国際大学	台湾教育部	2014/5/26
Huang Janping	反日戦争下の重慶における民謡と大衆歌	重慶師範大学	四川大学	2014/5/26
李凡	日本"北方領土"問題の抉択：1955—1956 年日蘇恢復邦交正常化の談判	南開大学	南開大学	2014/5/26
大野元裕	西アジアと日本	明治大学	参議院	2014/5/26
李柄輝	東アジア現代史と朝鮮半島情勢	琉球大学	朝鮮大学	2014/5/26
李瑞行	北東アジア平和共同体構想案	遼寧大学	韓国学中央研究院	2014/5/26
Edward Reed	韓国の歴史に対する外部者の視点	韓信大学	慶煕大学	2014/5/27
張百棧	高等教育とグローバルな競争力	元智大学	元智大学	2014/5/27
Bounmy Keohavong	アジア共同体とマスメディアの役割	スパーヌウォン大学	スパーヌウォン大学	2014/5/28
蘇定東	自己実現と未来の創造	国立政治大学	外務省事務局翻訳組	2014/5/28
李冬媛	反日戦争下の重慶における外国為替	重慶師範大学	重慶抗戦文史研究基地	2014/5/28
Zhu Lumin	日本と ASEAN 経済交流の展望	湘潭大学	湘潭大学	2014/5/28
安岡正晴	アメリカとアジア共同体	神戸大学	神戸大学	2014/5/28
P・ベック	日韓同盟？	早稲田大学	アジア財団	2014/5/28
岩内秀徳	東アジアの産業発展と経済統合の動向	富山大学	富山大学	2014/5/28
Ashoka Premarathne	アジア地域におけるキリスト教とイスラム教の影響	ケラニヤ大学	ケラニヤ大学	2014/5/28

講師名	講義名	講義大学	所属	講義日
姜宇源庸	アジアとアジア共同体における文化交流発展の傾向 — 日本と韓国における過去と現在の相互文化受容について	カトリック関東大学	カトリック関東大学	2014/5/29
Kim Seokwoo	東アジア共同体の構築：理論と限界	ソウル市立大学	ソウル市立大学	2014/5/29
Hour Ry	カンボジアとアジア共同体	バッタンバン大学	バッタンバン大学	2014/5/29
加藤史朗	ロシアとアジア共同体—ユーラシア帝国」ロシアの成立から学ぶ	愛知県立大学	愛知県立大学	2014/5/29
鄭大華	西洋文化の東への伝播とアジア共同体	湖南師範大学	中国社会科学院	2014/5/29
Zhuang Xintian	アジア共同体発展の歴史的プロセス	大連理工大学	東北財経大学	2014/5/29
米原謙	アジア共同体構築と東アジアの役割	長江師範学院	大阪大学	2014/5/29
福田真人	文化としての結核	安徽大学	名古屋大学	2014/5/30
閔惠淑	和解のための序曲	光州大学	湖南神学大学	2014/5/30
Jin Anli	反日戦争下の重慶における経済協力	重慶師範大学	重慶師範大学	2014/5/30
李光貞	日本語本教育と日本文化理解	青島農業大学	山東師範大学	2014/5/31
森壮也	世界の手話	一橋大学	アジア経済研究所	2014/6/2
金パンスク	韓国から見る日本，アジア	明治大学	延世大学	2014/6/2
Dong Tseping	統合共同体としての東アジア：経済的視点	ソウル市立大学	国立台湾大学	2014/6/3
Kong Jianxun	中国と ASEAN 諸国の文化交流	雲南大学	農学院	2014/6/3
朴宰雨	東アジアの文化体験：120 年に及ぶ中国と韓国の文学相互交流	元智大学	韓国外国語大学	2014/6/3
任哲	中国の紹介　2	帝京大学	アジア経済研究所	2014/6/3

講師名	講義名	講義大学	所属	講義日
刘红	金融危機後における中日韓の金融協力	遼寧大学	遼寧大学	2014/6/3
Yommana Syhakhang	アジア文化の理解	スパーヌウォン大学	スパーヌウォン大学	2014/6/4
李文明	清朝が明朝を滅ほした後の東アジア文化圏の断絶と再構築	湘潭大学	中国社会科学院	2014/6/4
河原地英武	ロシアとアジア共同体	神戸大学	京都産業大学	2014/6/4
河野洋平	アジア共同体と日本の役割	早稲田大学	衆議院	2014/6/4
黒木保博	女性移民（移住）労働者からみる福祉社会とアジア共同体	東北福祉大学	同志社大学	2014/6/4
Sunil Ariyarathne	アジア地域における農業と工業の役割の変遷	ケラニヤ大学	スリ・ジャヤワルダプラ大学	2014/6/4
許衛東	アジアの歴史と諸問題からみるアジア共同体の可能性	明海大学	大阪大学	2014/6/4
Chhoeuth Khunleap	東南アジアにおける地域協力③経済③環境および資源	バッタンバン大学	バッタンバン大学	2014/6/5
草野昭一	日本の対新興国戦略とアジア共同体	愛知県立大学	愛知県立大学	2014/6/5
Ian Fisher	アジアにおける英語学習	元智大学	元智大学	2014/6/5
木村朗	アジア共同体構築における平和の課題	長江師範学院	鹿児島大学	2014/6/5
金恩希	女性が言うサッカーの話 - 多文化社会	国立済州大学	済州国際大学	2014/6/5
胡健	東アジア交流について	安徽大学	安徽大学	2014/6/6
呂超	近年の朝鮮における経済状況と発展趨勢に関する初歩的分析	遼寧大学	遼寧社科院	2014/6/7
ペク・ウォンダム	Pop Asianism と文化アジアの未来	一橋大学	聖公会大学	2014/6/9
Tan Sri Dr Koh Tsu Koon	新時代における ASEAN と中国の経済協力	雲南大学	Wawasan Open University	2014/6/9

講師名	講義名	講義大学	所属	講義日
山本恭司	アジアに向かう日本（外務省の政策）	明治大学	外務省	2014/6/9
陳文松	台湾史における植民地支配から学ぶこと	琉球大学	成功大学	2014/6/9
Xiong Feiyu	反日戦争下の重慶における韓国の臨時政府	重慶師範大学	重慶師範大学	2014/6/10
中澤孝之	ロシアとアジア共同体	新潟県立大学	日本対外文化協会	2014/6/10
Lee Soojung	南北朝鮮の統合における社会文化的アプローチ	慶南大学	徳成女子大学	2014/6/11
江英居	東アジアの憲法条文に関する概要比較	国立政治大学	高雄大学	2014/6/11
Lluc Lopez Vidal	ＥＵとアジア共同体	神戸大学	カタロニア放送大学	2014/6/11
ジャン・チョルギュン	スイスと韓国の先進国	仁荷大学	前スイス大使	2014/6/11
若宮啓文	東アジアの協調と対立―日中韓関係を中心に	早稲田大学	朝日新聞	2014/6/11
鴨池修	高齢社会下でのアジア共同体を巡る経済問題	東北福祉大学	東北福祉大学	2014/6/11
デディ・ステディ	アジア共同体がもたらすアジアの技術発展と開発促進	明海大学	インドネシア教育大学	2014/6/11
Chea Sokhourt	ASEAN経済	バッタンバン大学	バッタンバン大学	2014/6/12
諏訪一幸	中国の周辺諸国外交とアジア共同体	愛知県立大学	静岡県立大学	2014/6/12
卞利	徽州文化及び核心価値観	安徽大学	安徽大学	2014/6/13
呉磊	アジア共同体構築とエネルギー保全の関係性	雲南大学	雲南大学	2014/6/13
Vishnu Prakash	アジア共同体のためのインドと韓国	檀国大学	Embassy of India	2014/6/13
趙立新	民族主義と東アジアの「分裂」	遼寧大学	延辺大学	2014/6/14
馬銘	日本老齢化社会問題の解決の目標とルート	中国外交学院	中国外交学院	2014/6/15

講師名	講義名	講義大学	所属	講義日
パク・サンス	アジア共同体論と東アジアの近代	一橋大学	高麗大学	2014/6/16
佐久間潤	アジアとの共同関係（JICAの役割）	明治大学	国際協力機構（JICA）	2014/6/16
斎藤一晴	日中韓三国共通教材の可能性	琉球大学	明治大学	2014/6/16
山内健治	沖縄の共同体―基地とシマの論理―	新潟県立大学	明治大学	2014/6/17
Souknilanh Keola	ラオスの紹介	帝京大学	アジア経済研究所	2014/6/17
Kim Yongbok	北東アジア共同体と日韓関係	慶南大学	慶南大学	2014/6/18
楊伯江	歴史から考える北東アジア地域協力	早稲田大学	中国社会科学院	2014/6/18
Paek Gayoon	アジア共同体とアジア民主社会	檀国大学	People's Solidarity for Participatory Democracy	2014/6/18
萩野寛雄	高齢社会における自然災害とアジア共同体	東北福祉大学	東北福祉大学	2014/6/18
嘉数勝美	世界の中のアジアと地域共同体	明海大学	元政治大学	2014/6/18
Sieng Emtotim	カンボジアの歴史と政治	バッタンバン大学	バッタンバン大学	2014/6/19
福田保	安全保障協力からみたアジア共同体	愛知県立大学	東洋英和女学院大学	2014/6/19
Varaprasad Sekhar Dolla	インドと中国の関係をどう見るか	雲南大学	ジャワハルラール・ネルー大学	2014/6/20
朴三憲	領土紛争の教材科を考える	琉球大学	建国大学	2014/6/20
石原華	アジア共同体と歴史認識	四川大学	復旦大学	2014/6/20
姜信子	アジアへの旅――故郷，移民，ディアスポラ	一橋大学	作家	2014/6/23

講師名	講義名	講義大学	所属	講義日
李長波	私の知っている日本人	青島農業大学	同志社大学	2014/6/23
アンドレ・ベロフ	ロシアとアジアの地域交流	北陸大学	福井県立大学	2014/6/23
ディーバ・ワドワ	インドと日本の友好関係	明治大学	インド大使館	2014/6/23
楊海英	中国の文化大革命民族問題―モンゴルから考える	新潟県立大学	静岡大学	2014/6/24
曽泰元	英語辞典における中国のイメージ―「朗文当代英語辞典」第5版（2009）を例として	魯東大学	東呉大学	2014/6/24
谷川真一	国際政治経済からみるアジア共同体	神戸大学	神戸大学	2014/6/25
李時載	東アジアの環境問題と地域協力	早稲田大学	韓国カトリック大学	2014/6/25
徐平	世界の近代化進展における中国近代化の問題に関する研究	遼寧大学	遼寧大学	2014/6/25
直井謙二	アジアの伝承文化と社会生活からみるアジア共同体の可能性	明海大学	フリージャーナリスト	2014/6/25
Kim Chungin	カンボジアと韓国の農業ビジネスコラボレーションの強化	バッタンバン大学	SCP	2014/6/26
Beak Tkhe Hyon	将来的なアジア共同体形成の結果としてキルギスタンは韓国の発展から何を学べるのか？	ビシュケク人文大学		2014/6/27
Zhang Wenmu	世界におけるパターンの変化	雲南大学	北京航空航天大学	2014/6/27
刘洪钟	地域一体化という新たな趨勢の中で東アジア地域協力が直面する課題	遼寧大学	遼寧大学	2014/6/28
呉佩珍	文学と映画にみる近代の日本と台湾	一橋大学	国立政治大学	2014/6/30
金澤泉	東アジアの金融協力と共同体	北陸大学	北陸大学	2014/6/30
Thanatip Upatising	タイと日本の友好関係	明治大学	タイ大使館	2014/6/30

講師名	講義名	講義大学	所属	講義日
楊素霞	領土紛争の教材科を考える	琉球大学	南台科技大学	2014/6/30
蓮池薫	北朝鮮と北東アジア共同体	新潟県立大学	新潟産業大学	2014/7/1
柳学洙	韓国の紹介　2	帝京大学	アジア経済研究所	2014/7/1
馮志偉	漢語における音訳単語と意訳単語	魯東大学	杭州師範大学	2014/7/1
Noemi Lanna	歴史・思想から見るアジア共同体	神戸大学	ナポリ東洋大学	2014/7/2
大橋謙策	福祉コミュニティづくりとソーシャルワークの視点からみた高齢社会とアジア共同体	東北福祉大学	東北福祉大学	2014/7/2
Nimal Parawahera	アジア地域における言語政策の特異性	ケラニヤ大学	パース大学	2014/7/2
秋野晃司	アジア共同体の促進要因としてのアジアにおける食文化の共通性	明海大学	女子栄養大学	2014/7/2
Kim Kiyong	カーギル社の概観，サプライ，チェーン，およびグローバルな4Hネットワークとリーダーシップ	バッタンバン大学	GVN Foundation	2014/7/3
徐鼎昌	アジアの多国間外交・地域協力とアジア共同体	愛知県立大学	台北駐日経済文化代表処政治部	2014/7/3
イ・ソポアンラタナック	ASEAN+3ヶ国（日中韓）の状況における日本とASEANの関係	カンボジア教育大学	カンボジア教育大学	2014/7/3
藤岡朝子	映画祭を通したアジアとの触れ合い	一橋大学	山形国際ドキュメンタリー映画祭	2014/7/7
朴中鉉	韓国における沖縄の教材化	琉球大学	良材高校	2014/7/7

講師名	講義名	講義大学	所属	講義日
Ros Chandrabot	国際環境下のカンボジア	カンボジア教育大学	ロイヤルアカデミー・オブ・カンボジア	2014/7/7
韓相禱	安重根の東洋平和論	新潟県立大学	建国大学	2014/7/8
喬万敏	創造力のある人材育成をめぐって	魯東大学	魯東大学	2014/7/8
Guibourg Delamotte	安全保障からみるアジア共同体	神戸大学	フランス国立東洋言語文化学院	2014/7/9
スリチャイ・ワンゲオ	ASEAN 地域共同体の形成：タイの視点	早稲田大学	チェラロンコン大学	2014/7/9
中野敦	アジア共同体の促進要因としてのアジアのサブカルチャー	明海大学	国際文化フォーラム	2014/7/9
長瀬誠	環境問題と環境協力からみたアジア共同体	愛知県立大学	東アジア総合研究所	2014/7/10
Chan Somnoble	言語の多様性：クメール語	カンボジア教育大学	ロイヤルアカデミー・オブ・カンボジア	2014/7/10
高遠東	近代中国文学とモダニティ	一橋大学	北京大学	2014/7/14
小西徳應	近代日本とアジア・世界	明治大学	明治大学	2014/7/14
大久保健晴	近代日本とアジア・世界	明治大学	慶應義塾大学	2014/7/14
北上田源	沖縄をどう教材化するか	琉球大学	琉球大学	2014/7/14
Tuy Yukhim	ASEAN の文化価値観	カンボジア教育大学	ロイヤルアカデミー・オブ・カンボジア ICE	2014/7/14

講師名	講義名	講義大学	所属	講義日
李行健	両岸単語研究の重点と難点—差異言語	魯東大学	中国社会科学院	2014/7/15
岸清香	文化交流からみるアジア共同体	神戸大学	都留文科大学	2014/7/16
西塚英和	「ワンアジア財団の紹介」	東北福祉大学	ワンアジア財団	2014/7/16
古沢広祐	アジア共同体の促進要因としてのアジアの地域特性	明海大学	國學院大学	2014/7/16
Bin Chhom	アジア共同体のためのASEANの役割	バッタンバン大学	バッタンバン大学	2014/7/17
唱新	国際シンポジウム開催	北陸大学	福井県立大学	2014/7/17
杉山正樹	国際シンポジウム開催	北陸大学	北陸AJEC	2014/7/17
Tirh Chandy	市民交流から東アジア共同体形成へ	バッタンバン大学	バッタンバン大学	2014/7/18
末延吉正	アジアから見える世界	明治大学	フリージャーナリスト	2014/7/21
Um Samnang	カンボジアと日本の経済成長と教育	カンボジア教育大学	王立法律・経済大学	2014/7/21
王鉄琨	言語資源理念における国家言語企画	魯東大学	教育部言語文字情報管理機関	2014/7/22
岡本厚	アジアの知的共同体と日本の課題	早稲田大学	岩波書店	2014/7/23
Bun Kimsan	アジア共同体の概念を広めるにあたってのNGOの役割と活動	バッタンバン大学	Agricultural Development ment Agency (ADA)	2014/7/24
Em Sovannnara	ASEANの政治/安全保障共同体	カンボジア教育大学	ロイヤルアカデミー・オブ・カンボジア	2014/7/24

講師名	講義名	講義大学	所属	講義日
Chea Thearith	2015 年のカンボジアと ASEAN 経済共同体	カンボジア教育大学	カンボジア教育大学	2014/7/28
張岳	統計機械翻訳における基本原理や発展現状	魯東大学	シンガポール科学技術・デザイン大学	2014/7/29
Koo Sungji	挨拶	ワンアジアコンベンション済州	韓国・済州特別自治道議員会議長	2014/8/1
Lee Seokmoon	挨拶	ワンアジアコンベンション済州	韓国・済州特別自治道教育委員会・教育委員長	2014/8/1
Lee Jihoon	挨拶	ワンアジアコンベンション済州	韓国・済州市長	2014/8/1
宋錫彦	挨拶	ワンアジアコンベンション済州	韓国・済州大学・教授会長	2014/8/1
文国現	ラウンドテーブル 1 司会	ワンアジアコンベンション済州	韓国・ニューパラダイム研究所代表)	2014/8/1
丁世均	ラウンドテーブル 1 発表	ワンアジアコンベンション済州	韓国・国会議員・元長官	2014/8/1
金鎮慶	ラウンドテーブル 1 発表	ワンアジアコンベンション済州	平壌科学技術大学	2014/8/1

講師名	講義名	講義大学	所属	講義日
趙太庸	挨拶	ワンアジアコンベンション済州	韓国・外交部・次官	2014/8/2
羅承日	挨拶	ワンアジアコンベンション済州	韓国・教育科学技術部・次官	2014/8/2
元喜龍	挨拶	ワンアジアコンベンション済州	韓国・済州特別自治道知事	2014/8/2
許香珍	挨拶	ワンアジアコンベンション済州	韓国・済州大学・総長	2014/8/2
リチャード・ダッシャー	基調講演	ワンアジアコンベンション済州	スタンフォード大学	2014/8/2
衣保中	分科会1発表	ワンアジアコンベンション済州	吉林大学	2014/8/2
田柯	分科会2発表	ワンアジアコンベンション済州	河南大学	2014/8/2
オリガ・ホメンコ	分科会2発表	ワンアジアコンベンション済州	キエフモヒラーアカデミー国立大学	2014/8/2
Min Kyeong-joong	分科会3発表	ワンアジアコンベンション済州	韓国・CBS責任者	2014/8/2

講師名	講義名	講義大学	所属	講義日
Tiwa Park	ラウンドテーブル2発表	ワンアジアコンベンション済州	Thai-Nichi技術研究所	2014/8/2
Tek Meng	カンボジアと日本の関係―1993年から現在まで	カンボジア教育大学	ロイヤルアカデミー・オブ・カンボジア	2014/8/8
脇田義久	文化と背景（日本の建築について）	王立プノンペン大学	近畿大学	2014/8/19
李文哲	親密性と公共性から見るアジア共同体	煙台大学	煙台大学	2014/8/25
Kok Sothea	カンボジアの社会現状とこれからの変化	王立プノンペン大学	王立プノンペン大学	2014/8/25
禹景燮	東アジア華夷論と朝鮮中華主義	魯東大学	仁荷大学	2014/8/26
Ouk Vanna	アジアの人々の心理	王立プノンペン大学	王立プノンペン大学	2014/8/27
Mehmet Bilgin	アジア経済発展のための集合経済活動において国際石油価格の不安定さが与える影響	南洋理工大学	イスタンブル大学	2014/8/27
趙強石	東アジアディスコースと文学・文化研究の課題	煙台大学	仁荷大学	2014/8/29
木村二郎	「アジア経済の発展におけるアジア共同体の役割（2014年）」申請者	桃山学院大学	桃山学院大学	2014/9–2015/1
孟慶義	朝鮮半島をめぐるイッシューおよび問題点	煙台大学	煙台大学	2014/9/1
Kean Tak	カンボジアのＩＴ事情とこれから	王立プノンペン大学	王立プノンペン大学	2014/9/1
Hal Hill	非中央集権的なインドネシアの地域活力	南洋理工大学	オーストラリア国立大学	2014/9/1

講師名	講義名	講義大学	所属	講義日
権静	今なぜ，アジア共同体なのか	培材大学	培材大学	2014/9/1
Sok Seang	カンボジアの低質な顧客サービス	王立プノンペン大学	国立経営大学	2014/9/2
安成日	アジア共同体構築における苦境と出口	黒龍江大学	黒龍江大学	2014/9/2
高見澤孟	アジアにおけるビジネス日本語の状況	王立プノンペン大学	城砦国際大学	2014/9/3
Vorn Sotheara	歴史とカンボジアの経済発展への役目	王立プノンペン大学	王立プノンペン大学	2014/9/4
全義天	世界化と地域主義とアジア経済共同体	朝鮮大学	朝鮮大学	2014/9/4
金兌炫	地域統合の必要性とその条件	延辺科学技術大学	延辺科学技術大学	2014/9/5
劉会清	今日における国際形勢と中国が直面した外交挑戦	煙台大学	煙台大学	2014/9/5
Chea Vanny	ASEAN の社会・文化共同体「文化と地域の統合」	王立プノンペン大学		2014/9/8
ブルーノ・チャルツマン	EU の統合の教訓とアジア共同体の課題	漢陽大学	独ハノーバー大学	2014/9/8
Chin Socheat	カンボジアにおける歴史と平和の構築	王立プノンペン大学		2014/9/9
叶富春	アジア共同体の提案今さら時期である	黒龍江大学	黒龍江大学	2014/9/9
候典芹	東アジア地縁政治とアメリカの戦略的措置	煙台大学	煙台大学	2014/9/10
李権洪	漢字文化圏への探訪	済州国際大学	済州国際大学	2014/9/10
陳思狪	アジア共同体に向けた金融協力	中南財経政法大学	中南財経政法大学	2014/9/10
朴銀姫	多文化および多文化教育現状に関して	魯東大学	魯東大学	2014/9/10

講師名	講義名	講義大学	所属	講義日
Brian Kim	アジアのエンターテイメント文化	セントメアリー大学	Krygen Group	2014/9/11
Ngo Van Le	人類学から見るアジア共同体間のつながり	ベトナム国家大学ホーチミン校	ベトナム国家大学ホーチミン校	2014/9/12
蘭翠	唐代詩人における東方海域体験	煙台大学	煙台大学	2014/9/12
牛潤珍	天人意識と東アジア古都城制	中国人民大学	中国人民大学	2014/9/12
張文生	アジア共同体に関する論述	内蒙古師範大学	内蒙古師範大学	2014/9/12
崔兌旭	グローバリゼーション，地域主義，およびアジア経済共同体	翰林国際大学院大学	翰林国際大学院大学	2014/9/13
バハドゥル・ペリヴァントルク	東・西アジアとアジア共同体	ＴＯＢＢ経済工科大学	ＴＯＢＢ経済工科大学	2014/9/15
斉愛軍	文化コミュニケーションと東アジア共同体	煙台大学	煙台大学	2014/9/15
陳貴富	人口流動によるアジア共同体への影響	河南大学	厦門大学	2014/9/16
文長春	未来のアジア太平洋地域の海洋戦略対抗—中米両文明の争い	黒龍江大学	黒龍江大学	2014/9/16
Doi Yukio	日本の新成長戦略とアジア共同体に対する期待	ダルマ・プルサダ大学	Josai Center for Innovation	2014/9/17
趙文静	近代中日文化コミュニケーションの特徴	煙台大学	煙台大学	2014/9/17
Ro Jaibong	基調演説１．アジアの未来	京畿大学	元韓国首相	2014/9/17
黄達業	アジア諸国における金融自由化と中小銀行	中南財経政法大学	国立台湾大学	2014/9/17
亢世勇	言語資源開発や応用に関する思考	魯東大学	魯東大学	2014/9/17

講師名	講義名	講義大学	所属	講義日
Jeffrey Johnson	アジアにおけるヨーロッパ経済の影響	セントメアリー大学	セントメアリー大学	2014/9/18
柴山信二朗	国際社会におけるアジアの位置と域内多様性	帝京平成大学	帝京平成大学	2014/9/18
Nguyen Tien Luc	アジア教養人の文明理論 — 福沢諭吉の場合	ベトナム国家大学ホーチミン校	ベトナム国家大学ホーチミン校	2014/9/19
Young Nam	アジア共同体と地理情報システム	延辺科学技術大学	延辺科学技術大学	2014/9/19
包偉民	豊かな世界から出る——南宋行都臨安より中国近世都市の発展問題をみる	中国人民大学	中国人民大学	2014/9/19
劉海潤	国際化視野における辞書現代化研究	魯東大学	魯東大学	2014/9/19
Koo Bonhak	アジア平和共同体	翰林国際大学院大学	翰林国際大学院大学	2014/9/20
謝必震	尖閣諸島と中日関係	福建師範大学	福建師範大学	2014/9/21
張蘊岭	アジア地域統合の制度形成	南京大学	中国社会科学院	2014/9/21
康成文	中露，日露双方貿易発展の比較研究	黒龍江大学	ハルビン商業大学	2014/9/23
李秀石	アジア共同体の貿易関係について	上海交通大学	上海国際問題研究院	2014/9/23
李立政	ブランド検索時代のマーケティング仕組み	煙台大学	北京伝媒大学	2014/9/24
Park Seil	基調演説2：なぜ朝鮮統一か？	京畿大学	ソウル大学	2014/9/24
金孝貞	ヨーロッパ共同体への理解	済州国際大学		2014/9/24
Corissa Wandmacher	東南アジアの共有文化を理解する	セントメアリー大学	テキサス大学	2014/9/25

資料2　講義担当者およびワンアジアコンベンションスピーカーのリスト　475

講師名	講義名	講義大学	所属	講義日
黄炳河	イスラム文化と芸術の理解	朝鮮大学	朝鮮大学	2014/9/25
慎雲哲	ネットワーク時代においても誰が世界を変えているのか	魯東大学	韓国広告協会	2014/9/25
N. Uvarova	日本の経済近代化の特殊性（19世紀後半から21世紀にかけて）とそのアジア共同体形成に対する重要性	ビシュケク人文大学	ビシュケク人文大学	2014/9/26
Nguyen Minh Thuyet	アジア共同体設立におけるヴェトナム国会の役割	ベトナム国家大学ホーチミン校	Office of Congress	2014/9/26
韓春燮	韓国文化	杭州師範大学		2014/9/26
陳強	ヨーロッパ連盟とアジア共同体	三亜学院	三亜学院	2014/9/26
孫繼民	邯鄲──戦国趙都移転の最後の帰結	中国人民大学	河北省社科院	2014/9/26
肖立 Sheng	国際金融調整とアジアの役割	中南財経政法大学	中国社会科学院	2014/9/26
于永	孫中山の「大アジア主義」	内蒙古師範大学	内蒙古師範大学	2014/9/26
方宝川	中琉関係文献の史料価値と歴史特色	福建師範大学	福建師範大学	2014/9/26
文振榮	アジア福祉共同体	翰林国際大学院大学	西江大学	2014/9/27
郭永勝	中日文化交流とアジア共同体	内蒙古師範大学	内蒙古師範大学	2014/9/28
Romit Dasgupta	「男性主義から日本を考察する」	ＴＯＢＢ経済工科大学	西オーストラリア大学	2014/9/29
Chung Kyungyoung	東アジア共同体の平和と安全	延辺科学技術大学	カトリック大学	2014/9/29
張光	紙幣と白銀：明治維新以降の日本と明，清中国との貨幣システム比較研究	黒龍江大学	厦門大学公共事務学院	2014/9/29

講師名	講義名	講義大学	所属	講義日
金旭	アジア共同体のための政治外交の役割	培材大学	培材大学	2014/9/29
金鉉球	歴史的に見る東アジア世界の構造	嘉泉大学	高麗大学	2014/9/30
王連偉	孫文の「大アジア主義」思想及びその現代の意義	黒龍江大学	黒龍江大学	2014/9/30
夏立平	世界に対するアジア共同体の役割	上海交通大学	同済大学	2014/9/30
Pundarik Mukhopadhaya	アジア・セミナー・シリーズ（マクロ経済と福祉）	南洋理工大学	マッコーリー大学	2014/9/30
ホー・ミン・クアン	ベトナムからみたアジア共同体	日本大学文理学部	ベトナム国家大学ホーチミン校	2014/9/30
辛炫承	「文化共同体」としての東アジアを考える	浙江樹人大学	尚志大学	2014/9/30
帯野久美子	「アジア共同体講座「世界遺産から考えるアジアの未来」（2015年）」申請者	和歌山大学	和歌山大学	2014/10–2015/1
Serdar Palabiyik	オスマン帝国と東アジア：文明化と汎運動の概念比較	ＴＯＢＢ経済工科大学	ＴＯＢＢ経済工科大学	2014/10/1
スチャリット・K	タイとASEAN経済共同体（AEC）	ダルマ・プルサダ大学	Technology Promotion Association (Thailand-Japan:TPA)	2014/10/1
小川晴久	実心実学思想と〈アジア〉	愛知大学	東京大学	2014/10/1
殷燕軍	講座のオリエンテーションアジア共同体とは何か？	関東学院大学	関東学院大学	2014/10/1
Chai Heeyul	EUとアジア経済統合	京畿大学	京畿大学	2014/10/1
潘亮	日本外交と歴史問題	筑波大学	筑波大学	2014/10/1
遠藤史	ワンアジアの創造と「世界遺産から考えるアジアの未来」	和歌山大学	和歌山大学	2014/10/1
Richard Bauer	韓国と日本の共有価値の役割	セントメアリー大学	セントメアリー大学	2014/10/2

講師名	講義名	講義大学	所属	講義日
須藤繁	石油大国サウジアラビアと日本の関係	帝京平成大学	帝京平成大学	2014/10/2
李昌鎮	地質から見たアジア共同体	杭州師範大学		2014/10/3
王紹東	泰始皇求仙のイベントと徐福東渡の伝説	内蒙古大学	内蒙古大学	2014/10/3
Nguyen Tuong Lai	アジア共同体構築における宗教の役割	ベトナム国家大学ハノイ校	ベトナム国家大学ハノイ校	2014/10/4
Kim Sunhyunk	アジア共同体の民主主義	翰林国際大学院大学	高麗大学	2014/10/4
Rahat Eshimbekova	無線通信とアジアの発展	キルギス工科大学	キルギス工科大学	2014/10/6
Kim Yanghee	経済対立と東アジアの地域共同体	韓国カトリック大学	大邱大学	2014/10/6
猪口邦子	アジアにおける核不拡散と軍縮に向けて	青山学院大学	日本大学	2014/10/6
趙宣映	アジア共同体のための外国語教育	培材大学	培材大学	2014/10/6
朴光基	アジア共同体形成のための政治指導者の役割	嘉泉大学	大田大学	2014/10/7
王金輝	中国のアジア安全観	黒龍江大学	黒龍江大学	2014/10/7
宋浣範	災難（災難）と安全で考える東アジア	浙江樹人大学	ソウル女子大学	2014/10/7
ポーンアノン・N	泰日工業大学（TNI）とASEAN経済共同体（AEC）	ダルマ・プルサダ大学	泰日工業大学	2014/10/8
アヌパム・スリバスタバ	地域安全保障と米日印三国協力の意義	愛知大学	ジョージア大学	2014/10/8
ブラッド・グロッサーマン	地域安全保障と米日印三国協力の意義	愛知大学	パシフィック・フォーラムＣＳＩＳ	2014/10/8

講師名	講義名	講義大学	所属	講義日
リチャード・ロソウ	地域安全保障と米日印三国協力の意義	愛知大学	パシフィック・フォーラムＣＳＩＳ	2014/10/8
伊藤融	地域安全保障と米日印三国協力の意義	愛知大学	防衛大学校	2014/10/8
大内憲昭	北朝鮮の対外経済政策―朝中・朝露・南北朝鮮を中心に	関東学院大学	関東学院大学	2014/10/8
兪成善	アジアにおける儒教	浙江工商大学	国立江原大学	2014/10/8
Sherry Lim	アジア共同体形成に対する料理文化の役割	セントメアリー大学	J.W.Marriot Hotel	2014/10/9
イサム・ブカーリ	サウジアラビアとはどんな国	帝京平成大学	サウジアラビア大使館	2014/10/9
涂険峰	大江健三郎と莫言：東亜の歴史創傷記憶と文学叙事	武漢大学	武漢大学	2014/10/9
白巴根	東アジア海洋紛争とアジア共同体	三亜学院	湖南大学（CN）	2014/10/10
王子今	漢代における二つの都	中国人民大学	中国人民大学	2014/10/10
徐奇淵	新興経済体の直面する外部ショック	中南財経政法大学	中国社会科学院	2014/10/10
喬志忠	中国伝統史学伝入日本的社会史与史学史考察	内蒙古師範大学	南開大学	2014/10/10
楊国楨	海洋文明と海洋史研究	福建師範大学	厦門大学	2014/10/10
Pham Hong Tung	アジア諸国の外交政策	ベトナム国家大学ハノイ校	ベトナム国家大学ハノイ校	2014/10/11
Yoon Yeonggwan	韓国とアジア共同体	翰林国際大学院大学	ソウル大学	2014/10/11
Hasan Ali Karasar	ユーラシア共同体：ユーラシア地域の歴史的および現在の問題	ＴＯＢＢ経済工科大学	ビルケント大学	2014/10/13

講師名	講義名	講義大学	所属	講義日
チュ・ソンス	アジア市民社会とNGO	漢陽大学	漢陽大学	2014/10/13
Hyw Tak Yoon	東アジアの歴史的問題と地域共同体	韓国カトリック大学	韓京大学校	2014/10/13
陳学凱	東アジア世界における儒学の伝播	西安交通大学	西安交通大学	2014/10/13
Syarifuddin Dollah	アジア共同体内での文化間コミュニケーション	マカッサル国立大学	マカッサル国立大学	2014/10/14
Yasser Abd Djawad	アジア共同体のICT（情報コミュニケーション技術）活用	マカッサル国立大学	マカッサル国立大学	2014/10/14
于海峰	地域統合理論，条件と東アジア共同体の構築	黒龍江大学	黒龍江大学	2014/10/14
劉鳴	アジア共同体における各国文化との違い	上海交通大学	上海社科院	2014/10/14
大谷哲夫	禅文化と日中関係	北京大学歴史学部	駒澤大学	2014/10/14
Fauziah Zen	ASEAN財務におけるPPP（指定管理者制度）の役割	ダルマ・プルサダ大学	東アジア・アセアン経済研究センター（ERIA）	2014/10/15
古内洋平	アジアにおける平和と共存	フェリス女学院大学	フェリス女学院大学	2014/10/15
清晌一郎	アジア自動車産業の発展と地域自動車部品産業の構築	関東学院大学	関東学院大学	2014/10/15
Park Sangcheol	韓国とアジアの和平と共栄へのビジョン	京畿大学	京畿大学	2014/10/15
王天泉	色から見る中国文化	済州国際大学	済州国際大学	2014/10/15
馬金玲	東アジアにおける物質文明の交流	西安交通大学	西安交通大学	2014/10/15
原田忠直	日本企業に勤務する中国人労働者	桃山学院大学	日本福祉大学	2014/10/15

講師名	講義名	講義大学	所属	講義日
Hwang Yoonyeop	アジアにおける生体医学の革新	セントメアリー大学	Navy Scientist	2014/10/16
李哲承	自民族の文化中心主義の問題と東アジア共同体論—日中韓を中心に	朝鮮大学	朝鮮大学	2014/10/16
柳町功	東アジア諸国の企業の競争力と最高経営責任者	朝鮮大学	慶應義塾大学	2014/10/16
ジェム・アルデミル	アジアから見た日本	帝京平成大学	トルコ航空	2014/10/16
程芸	「見る」或いは「見られる」—中国には明清時期朝鮮使者の戯曲体験	武漢大学	武漢大学	2014/10/16
Vo Van Sen	多様性のある統一アジアに向けての文化的変容	ベトナム国家大学ホーチミン校	ベトナム国家大学ホーチミン校	2014/10/17
梁創三	アジア共同体のための未来図と文化	延辺科学技術大学	延辺科学技術大学	2014/10/17
金永完	儒教倫理と北東アジア平和共同体の人権保護体制	杭州師範大学		2014/10/17
辛徳勇	敬天から効天へ——隋唐長安城の布局の新理念を談じる	中国人民大学	北京大学歴史学部	2014/10/17
朱新溶	金融教育の国際化と本土化	中南財経政法大学	中南財経政法大学	2014/10/17
丁暁傑	中国と東アジアの国際関係に関する回顧—19世紀末〜1949	内蒙古師範大学	内蒙古師範大学	2014/10/17
王月琱	中日両国の文化交流の現状——遣唐使の歴史効果を中心に説明する	内蒙古大学	内蒙古師範大学	2014/10/17
ケネスキノネス	朝鮮半島情勢と東アジア共同体2	立命館大学	秋田国際教養大学	2014/10/17
趙世暎	アジア共同体への視点：中国と日本の差異	翰林国際大学院大学	東西大学	2014/10/18

講師名	講義名	講義大学	所属	講義日
Alfred Wu	高等教育の拡大，変化する労働市場需要と社会流動性：ヨーロッパと東アジアの対話	香港教育大学	香港教育学院大学	2014/10/18
宋希斌	東アジア世界の形成とその変遷	西安交通大学	西安交通大学	2014/10/20
沈恵玲	アジア共同体のための多文化教育	培材大学	培材大学	2014/10/20
郭広昌	中国企業のグローバルーへの途	復旦大学	復華国際株式会社	2014/10/20
崔建平	ロシアのアジア・太平洋政策及び協力の発展方向	黒龍江大学	黒龍江大学	2014/10/21
王永平	道教と日中文化交流	北京大学歴史学部	日本道教文化交流協会	2014/10/21
西谷修	〈アジア〉における恥辱と矜持をめぐるトラウマ―〈自発的隷従〉の現況	愛知大学	立教大学	2014/10/22
池上善彦	〈アジア〉における恥辱と矜持をめぐるトラウマ―〈自発的隷従〉の現況	愛知大学		2014/10/22
ハ・ジョンムン	日韓関係とアジア共同体の形成〔仮〕	関東学院大学	韓信大学	2014/10/22
王宇穎	東亜伝統教育	西安交通大学	西安交通大学	2014/10/22
高田時雄	日本には『大唐西域記』の伝播と研究	武漢大学	京都大学	2014/10/22
宗田好史	ワンアジアの創造と世界遺産をめぐる状況	和歌山大学	京都府立大学大学院	2014/10/22
祁進玉	東北アジア文化経済共同体の構想と行方	浙江工商大学	中央民族大学	2014/10/22
Feng Zhang	中国のビジネス文化	セントメアリー大学	セントメアリー大学	2014/10/23
Muhannad-Ayub Pathan	マレー・イスラーム世界①	帝京平成大学	Deep South Watch	2014/10/23

講師名	講義名	講義大学	所属	講義日
立山良司	「日本の中東政策」	ＴＯＢＢ経済工科大学	防衛大学校	2014/10/24
Hoang Thi Chinh	新アジア共同体に向けて発展するアジア経済	ベトナム国家大学ホーチミン校	University of Economics-HMCM City	2014/10/24
Sung Choi	アジア共同体とクラウド・テクノロジー	延辺科学技術大学	南ソウル大学	2014/10/24
中川良雄	日本語は美しい！？	杭州師範大学		2014/10/24
蕃英海	現代における社会発展について	三亜学院	三亜学院	2014/10/24
篠原尚之	アジアの経済発展とIMF（国際通貨基金）	青山学院大学	国際通貨基金	2014/10/24
孫璐	中韓馬具の比較研究	内蒙古大学	内蒙古師範大学	2014/10/24
涂艶秋	中国にはインド仏経『維摩経』の伝播	武漢大学	国立政治大学	2014/10/24
Nguyen Minh Giang	東洋文化とアジア共同体の形成	ベトナム国家大学ハノイ校	ベトナム国家大学ホーチミン校	2014/10/25
Park Samyeong	ASEANとアジア共同体	翰林国際大学院大学	国立江原大学	2014/10/25
ナ・ヒスン	南北横断鉄道連結と大陸鉄道連携協力	漢陽大学	韓国鉄道技術研究院	2014/10/27
申超	漢字在東亜文明中的核心地位	西安交通大学	西安交通大学	2014/10/27
洪那英	服飾から見るアジア文化共同体	嘉泉大学	梨花女子大学	2014/10/28
胡学勤	中国経済成長とアジア共同体の形成	河南大学	揚州大学	2014/10/28
劉志勇	中国における官僚の財産報告―現状及び制度革新	黒龍江大学	黒龍江大学	2014/10/28

講師名	講義名	講義大学	所属	講義日
包霞琴	中，日，韓間の島争対策について探求	上海交通大学	復旦大学	2014/10/28
関山健	中日経済協力と東アジア共同体	北京大学歴史学部	東京財団研究員	2014/10/28
Kim Youngho	アメリカのアジア政策と東アジア共同体	京畿大学	誠信女子大学	2014/10/29
キム・ルリ	アニメーションと文化の価値	済州国際大学		2014/10/29
趙斌	東アジアにおける「国際体系」の転換とその世界史的意義	西安交通大学	西安交通大学	2014/10/29
杉本和弥	和歌山県が取り組む世界遺産保全と課題	和歌山大学	和歌山県教育庁	2014/10/29
Mickey Choi	いつでも「我々」	セントメアリー大学	All Nation's Church	2014/10/30
朴大桓	EUの事例に照らして，東アジア共同体の課題：持続可能な共同体の視点	朝鮮大学	朝鮮大学	2014/10/30
原新太郎	マレー・イスラーム世界②	帝京平成大学	ソンクラーナカリン大学	2014/10/30
張箭飛	イラン文学：テヘランには『洛麗塔』を読む	武漢大学	武漢大学	2014/10/30
Nguyen Vu Tu	アジア共同体と下支えする地域構造	ベトナム国家大学ホーチミン校	Department of ASEAN Affairs; SOM ASEAN-Vietnam	2014/10/31
B. Batmunkh	モンゴルの現代の経済状態にアジアによる影響	モンゴル国立教育大学	モンゴル国立大学	2014/10/31
Park Chongsoo	アジア地域の平和的交流と協力	延辺科学技術大学	Choong Won University	2014/10/31
タノンラット・ナクタン	アジア学	泰日工業大学	ブラパー大学	2014/10/31

講師名	講義名	講義大学	所属	講義日
Ysen Omuraliev	e ラーニングを利用したアジアの共通学習空間の形成	キルギス工科大学	キルギス工科大学	2014/11/3
キム・ヨンギュ	東アジアエナジー協力	漢陽大学	漢陽大学	2014/11/3
Hur Insup	仏教と地域共同体	韓国カトリック大学	同徳女子大学	2014/11/3
Park Ilyoung	シャーマニズムと地域共同体	韓国カトリック大学	韓国カトリック大学	2014/11/3
張国剛	唐史研究で争点となる若干の問題に関する論評	西安交通大学	清華大学	2014/11/3
金珍國	アジア共同体のための経済協力	培材大学	培材大学	2014/11/3
Ihsan Comak	「アナトリアに今なお生きるシルクロード文化」	ＴＯＢＢ経済工科大学	ＴＯＢＢ経済工科大学	2014/11/4
李榮美	料理から見るアジア文化共同体	嘉泉大学	嘉泉大学	2014/11/4
Lui Tailok	地域統合の再考 —— 1997 年以降の香港	香港教育大学	香港教育学院大学	2014/11/4
曹麗新	東アジア共同体の構築における政治文化容認問題	黒龍江大学	黒龍江大学	2014/11/4
呉寄南	アジア共同体の軍備と安全について	上海交通大学	上海国際問題研究院	2014/11/4
渡部恒雄	アメリカと東アジア共同体	北京大学歴史学部	東京財団研究員	2014/11/4
金京姫	グローバル時代における日本のソフトパワー	浙江樹人大学	壇国大学	2014/11/4
Yamada Takeshi	アジアにおける球技選手権の発展	ダルマ・プルサダ大学	Zion Co., Ltd.	2014/11/5
孫立堅	上海の自由貿易試験区は中国経済に何をもたらすのか？	フェリス女学院大学	復旦大学	2014/11/5
高ビョンクク	コミュニティーと政治の役割	済州国際大学	韓国国会	2014/11/5

講師名	講義名	講義大学	所属	講義日
根師梓	上海における日本経済と文化	桃山学院大学	在上海日本国総領事韓	2014/11/5
Ruan Shaoqian	環境の視点から考える中国における世界遺産と課題	和歌山大学	杭州西湖世界文化遺産管理センター	2014/11/5
Murai Hidetoshi	ダルマ・プルサダ大学で開催されたコマ大戦へ参戦したインドネシア製造業者たち	ダルマ・プルサダ大学	GOKO HATSUJO Co., Ltd.	2014/11/6
李鍾範	湖南の歴史的位相と先非精神	朝鮮大学	朝鮮大学	2014/11/6
向井純子	ブータンの文化と社会（文化財建築の観点から）	帝京平成大学	ブータン国内務文化省	2014/11/6
章剣	日本文学中に「ゲーム」の精神——唐の幼学本『蒙求』の日本化の改作を例として	武漢大学	武漢大学	2014/11/6
S. Amarsanaa	アジアにおけるモンゴルの民主化革命，その必要性，経験	モンゴル国立教育大学	モンゴルメディアや公共のNGO	2014/11/7
金翰秀	北朝鮮，中国，ロシア，韓国の国境隣接区域における経済交流と協力	延辺科学技術大学	延辺科学技術大学	2014/11/7
金翰培	アジアの国家行政	湖南大学（KR）	人文大学	2014/11/7
ジャカリン・ス リムーン	ミャンマーとＡＳＥＡＮ経済共同体	泰日工業大学	タイ商工会議所大学	2014/11/7
張久和	北東アジアの遊牧民族史に関する研究	内蒙古師範大学	内蒙古師範大学	2014/11/7
Nguyen Thuy Van	アジア共同体構築に向けた政治制度とイデオロギーの役割：哲学的視点	ベトナム国家大学ハノイ校	ベトナム国家大学ハノイ校	2014/11/8
Jung Dongyoung	アジア共同体と朝鮮統一（非戦闘区域での現地調査）	翰林国際大学院大学	New Politics Alliance for Democracy	2014/11/8

講師名	講義名	講義大学	所属	講義日
黄建秋	東亜史前考古的理論と実践	南京大学	南京大学	2014/11/9
Oh Kyungtaek	東アジアの環境問題と地域共同体	韓国カトリック大学	全南大学	2014/11/10
秋山珠子	映画を通じてみるアジア共同体の未来	培材大学	立教大学	2014/11/10
閔寛東	韓国には中国古典小説と戯曲版を収蔵した概況	武漢大学	慶熙大学	2014/11/10
卓星淑	アジアの言語交流と文化	嘉泉大学	嘉泉大学	2014/11/11
夏忠龍	康有為「大同思想」の評論	黒龍江大学	黒龍江大学	2014/11/11
徐建新	日本古代国家形成史の研究に関するいくつかの問題	西安交通大学	中国社会科学院	2014/11/11
助川泰彦	日本国内の多言語文化状況（1）：インドネシア人コミュニティー	東京学芸大学	東北大学（CN）	2014/11/11
矢板明夫	マスコミと東アジア共同体	北京大学歴史学部	産経新聞記者	2014/11/11
Luba Skreminskaya	統一アジア共同体形成における中央アジアの立場と役割	キルギス・ロシアスラブ大学	キルギス・ロシアスラブ大学	2014/11/12
Ken'ichi Tomiyoshi	AEC と日本の企業	ダルマ・プルサダ大学	JETRO Jakarta Office	2014/11/12
高柳彰夫	アジアの国際協力とＮＧＯの役割	フェリス女学院大学	フェリス女学院大学	2014/11/12
近藤照一	「平和創造基本法案」における〈アジア〉へのヴィジョン	愛知大学	立憲フォーラム	2014/11/12
浅井正	「平和創造基本法案」における〈アジア〉へのヴィジョン	愛知大学	愛知大学	2014/11/12
Yun Ji-Won	ロシアとユーラシア共栄の未来図	京畿大学	平澤大学	2014/11/12
ミン・キョンジュン	アジア共同体とメディアの役割	済州国際大学	CBS	2014/11/12

講師名	講義名	講義大学	所属	講義日
顧明燿	促音とその教育	西安交通大学	広島県立大学	2014/11/12
頼正維	東アジア宗藩システムとアジア共同体	福建師範大学	福建師範大学	2014/11/12
加藤久美	紀伊熊野から考えるアジアの未来	和歌山大学	和歌山大学観光部	2014/11/12
Ajaya Swain	インドの詳細な観察	セントメアリー大学	セントメアリー大学	2014/11/13
張暁剛	冷戦以来の日本の対中政策における主要課題と中国の対応戦略	黒龍江大学	大連大学	2014/11/13
Phuntsho Tshering	ブータンの自然と環境政策	帝京平成大学	ブータン国経済省地質鉱山局	2014/11/13
方長安	魯迅と日本文学	武漢大学	武漢大学	2014/11/13
Dang Van Thang	考古学的成果から見たアジア文明間の絆	ベトナム国家大学ホーチミン校	ベトナム国家大学ホーチミン校	2014/11/14
河合正弘	アジア開発発展と，金融統合の意義	青山学院大学	アジア開発銀行研究所	2014/11/14
ジャトゥプロン・ピムンジャーン	タイにとってのＡＥＣ	泰日工業大学	カシコン銀行	2014/11/14
侯艾君	中央アジアの論戦—排他的な国家建設と国家衝突の類型	内蒙古師範大学	中国科学院	2014/11/14
Yang Kiwoong	インドとアジア共同体	翰林国際大学院大学	翰林大学	2014/11/15
矢吹晋	釣魚島の問題について	上海交通大学	横浜市立大学	2014/11/15
朴晟浚	アジアのエネルギーガバナンス	南京大学	全南大学	2014/11/16

講師名	講義名	講義大学	所属	講義日
Saban Kardas	「中東共同体の展望」	ＴＯＢＢ経済工科大学	ＴＯＢＢ経済工科大学	2014/11/17
Abdul Wahid	19世紀のアジア共同体とグローバリゼーション	ガジャマダ大学	ガジャマダ大学	2014/11/17
Bibigul Koshoeva	アジアにおける遠隔医療の発達	キルギス工科大学	キルギス工科大学	2014/11/17
キム・テギュン	東北アジアの開発計画	漢陽大学	ソウル大学	2014/11/17
顧令儀	日本の近代政治学説における「国民参政権」の思想	西安交通大学	愛知大学	2014/11/17
李明蘭	アジア共同体と女性の生き方	培材大学		2014/11/17
姜秀景	児童養育及び教育文化から見るアジア文化共同体	嘉泉大学	嘉泉大学	2014/11/18
詹盛如	台湾の変わりゆく人口形成，卒業後の雇用，社会流動性	香港教育大学	国立中正大学	2014/11/18
Hugh Lauder	多国籍企業の人材雇用とその社会正義に対する意味：シンガポールの事例研究	香港教育大学	バース大学	2014/11/18
沈海涛	中日関係：時間と空間の転換と発展する可能性	黒龍江大学	吉林大学	2014/11/18
サンジェイ・クマール・パンダ	アジア地域における言語・文化の多様性・各論（1）：インドの多言語多文化状況	東京学芸大学	IJ KAKE-HASHI	2014/11/18
Ngun Ling	ミャンマーからみたアジア共同体	日本大学文理学部	ミャンマー工科大学	2014/11/18
汪志平	中小企業と日中経済協力	北京大学歴史学部	札幌大学	2014/11/18
聶友軍	多様なアジア，台頭しつつある「東アジア学」	浙江樹人大学	浙江工商大学	2014/11/18
Kutay Karaca	「中国の国内および外交政策」	経済工科大学		2014/11/19
和田浩一	アジアにおけるオリンピズムとレガシー	フェリス女学院大学	フェリス女学院大学	2014/11/19

講師名	講義名	講義大学	所属	講義日
小野百合子	沖縄から見た東アジアの平和	関東学院大学	関東学院大学	2014/11/19
Lee Taihwan	中国のアジア政策と東アジアの安全保障	京畿大学	世宗研究所	2014/11/19
呉ジョンフン	共同体と組織文化	済州国際大学	村共同体	2014/11/19
加藤哲郎	ジャパメリカからチャイメリカへ？	三亜学院	早稲田大学	2014/11/19
李炫雄	日韓関係の展望　パブリックディプロマシーの現場から	筑波大学	在新潟韓国総領事館	2014/11/19
大濱裕	アジアの参加型地域社会開発	和歌山大学	日本福祉大学	2014/11/19
姜楠九	Towards of the Asian Community，青春！よどみなく走れ！	朝鮮大学	㈱INGSTO-RY	2014/11/20
小森次郎	ブータンとネパールについて	帝京平成大学	帝京平成大学	2014/11/20
于亭	異国から見た中国の姿の変遷	武漢大学	武漢大学	2014/11/20
Shuo Fan	アジア共同体に対する中国の視点	延辺科学技術大学	吉林大学	2014/11/21
劉鳳云	清朝の北京城——八旗の都市化と漢化	中国人民大学	中国人民大学	2014/11/21
田慶立	戦後日本"自ら"を認める精神資源	内蒙古大学	天津社科院	2014/11/21
丁海亀	セウォル号以後の韓国社会	立命館大学	聖公会大学	2014/11/21
Byung Kwang Park	東アジア地域主義に対する中国の政策	韓国カトリック大学	Institute for National Security Strategy	2014/11/23
Kim Keeseok	日本と東アジアの地域主義	韓国カトリック大学	国立江原大学	2014/11/23
張学峰	中日近代文化的相互激蕩	南京大学	南京大学	2014/11/23

講師名	講義名	講義大学	所属	講義日
Yuwanto	アジア共同体とグローバリゼーション	ガジャマダ大学	ディポネゴロ大学	2014/11/24
オム・グホ	ユーラシアイニシアティブ	漢陽大学	漢陽大学	2014/11/24
王映雪	東アジア共同体のガバナンス危機	黒龍江大学	黒龍江大学	2014/11/25
ティダ・ウェイ	アジア地域における言語・文化の多様性・各論（2）：ミャンマーにおけるエスニシティーの多様性と教育	東京学芸大学	ヤンゴン教育大学	2014/11/25
マッラワアー・ラッチゲー・ニマル・カルナーラトナ	スリランカからみたアジア共同体	日本大学文理学部	ケラニヤ大学	2014/11/25
高原明生	日中関係の過去，現在，未来	北京大学歴史学部	東京大学	2014/11/25
尹虎	鳩山由紀夫と東アジア共同体論	浙江樹人大学	清華大学	2014/11/25
Tugrul Arat	「EU の教訓とアジア統合」	ＴＯＢＢ経済工科大学	ＴＯＢＢ経済工科大学	2014/11/26
清水秀男	世界に通用するトップ企業になること	ダルマ・プルサダ大学	Jaxson Corp.	2014/11/26
安里和晃	アジアのなかの女性	フェリス女学院大学	京都大学	2014/11/26
立石昌広	〈アジア〉における価値共有の可能性	愛知大学	長野県短期大学	2014/11/26
濱田英作	〈アジア〉における価値共有の可能性	愛知大学	国士館大学	2014/11/26
Kim Myungsub	21 世紀のアジア人，文明の衝突を超えて	京畿大学	延世大学	2014/11/26
チョウ・チュンヨン	IT 産業とアジア共同体	済州国際大学	ソウル新聞社	2014/11/26
Smita Jassal	世界情勢の中のインド	ＴＯＢＢ経済工科大学	中東工科大学	2014/11/27

講師名	講義名	講義大学	所属	講義日
Jim Welch	企業の社会的責任の研究　インドの成功	セントメアリー大学	セントメアリー大学	2014/11/27
崔允圭	視点，別の方法で見る力	朝鮮大学	CARTOON経営研究所	2014/11/27
江田仁	南アジアの中心であるインド	帝京平成大学	帝京平成大学	2014/11/27
Lee Yoonjae	アジア経済共同体における中小企業の役割	延辺科学技術大学	実崇大学	2014/11/28
佐々木真	アジア共同体に向けた日中関係　日本人の見解	杭州師範大学		2014/11/28
厳春宝	東南アジアから見たアジア共同体	三亜学院	海南師範大学	2014/11/28
Fraser Cameron	EUと東アジア共同体	青山学院大学	the EU Asia Centre	2014/11/28
李孝聰	明代衛所の場所選びと形成制に関する考察	中国人民大学	北京大学歴史学部	2014/11/28
徐萬勝	日本の首相交代が中日関係に及ぼす影響	内蒙古師範大学	解放軍外国語学院	2014/11/28
Nguyen Tran Tien	統一アジア共同体構築における地域研究の特徴	ベトナム国家大学ハノイ校	ベトナム国家大学ハノイ校	2014/11/29
Kim Junghyun	韓国と中国の小説に見られる地域共同体の概念	韓国カトリック大学	Freelancer	2014/11/30
ペ・ヒョンチャン	日本の韓流BIZ	漢陽大学	CJ Japan	2014/12/1
崔石英	アジア共同体と博物館	培材大学	国立劇場公演藝術博物館	2014/12/1
江新風	中日軍事対立の緩和について	上海交通大学	中国軍事科学院	2014/12/2
魯成煥	蔚山から島根に行った中國人陶工	浙江樹人大学	蔚山大学	2014/12/2

講師名	講義名	講義大学	所属	講義日
オロアン・P・シアハアン	ものづくりとインドネシアの製造産業界	ダルマ・プルサダ大学	ダルマ・プルサダ大学	2014/12/3
林博史	日本の戦争責任・植民地責任と東アジア	関東学院大学	関東学院大学	2014/12/3
Bill Chou	民主主義，権力国家，準民主主義が出会う場所：中華圏の地域統合の制度分析	香港教育大学	澳門大学	2014/12/3
唐文進	金融政策：数量型と価格型	中南財経政法大学	中南財経政法大学	2014/12/3
管野琴	ワンアジアとジェンダー	和歌山大学	目白大学	2014/12/3
イム・ソンベ	統一アジア共同体構築のための共同革新への示唆	セントメアリー大学	セントメアリー大学	2014/12/4
Arismunandar	アジア的価値感とアジア共同体形成の可能性	マカッサル国立大学	マカッサル国立大学	2014/12/4
エコ・ハディ・スジオノ	アジア共同体内での創造性について	マカッサル国立大学	マカッサル国立大学	2014/12/4
韓相玉	文化隆盛の時代，東西文化の理解	朝鮮大学	朝鮮大学	2014/12/4
一柳峻夫	イギリスのアジア外交	帝京平成大学	帝京平成大学	2014/12/4
李栄建	アラブの文学と文化	武漢大学	武漢大学	2014/12/4
Myung Sup Han	アジア共同体の未来図と知的所有権の理解	延辺科学技術大学	Han Mi Law Firm	2014/12/5
Maggie Lau	香港における子供の健康と貧困の緩和	香港教育大学	香港城市大学	2014/12/5
Lin Ye	人間中心の都市化：社会問題，移民政策，善政統治	香港教育大学	中山大学	2014/12/5
Peng Xizhe	中国の都市化と変わりゆく人口構成：社会発展への示唆	香港教育大学	復旦大学	2014/12/5
黄有福	東北アジア地域共同体の夢と現実	三亜学院	中央民族大学	2014/12/5

資料2　講義担当者およびワンアジアコンベンションスピーカーのリスト　493

講師名	講義名	講義大学	所属	講義日
劉江永	中日領土問題についての新見解	青山学院大学	清華大学	2014/12/5
曹雯	房山石経とアジア共同体	中国人民大学	中国人民大学	2014/12/5
郝建平	韓国無形文化財の保護は内モンゴルへの啓示	内蒙古大学	包頭師範学院	2014/12/5
Papp Nandor	ヨーロッパ共同体の経験とアジア 1	立命館大学	ブダペスト工科経済大学	2014/12/5
Nguyen Van Tuat	アジアの農業および地域発展における科学の役割	ベトナム国家大学ハノイ校	Vietnam Academy of Agricultural Sciences	2014/12/6
Djoko Suryo	アジア共同体とグローバリゼーション時代のその発展	ガジャマダ大学	ガジャマダ大学	2014/12/8
キム・グンシク	東アジア，北朝鮮，朝鮮統一	漢陽大学	慶南大学	2014/12/8
金和仙	アジア共同体に関する認識の変化	培材大学	培材大学	2014/12/8
兪新天	アジア共同体においてアメリカの役割	上海交通大学	上海国際問題研究院	2014/12/9
臼井香里	言語・文化の多様性に関する知識と体験の共有（2）：開発教育の観点からの学習とディスカッション	東京学芸大学	開発教育を考える会	2014/12/9
巫永平	中国と"東アジアシステム"	福建師範大学	清華大学	2014/12/9
Duong Trung Quoc	ヴェトナム文化 ― 西洋と東洋の文化の融合	ベトナム国家大学ホーチミン校	National Assembly delegate (2013)	2014/12/10
ボルジギン・ブレンサイン	モンゴル・ネットワークの世界デザインと〈アジア〉―「アジアの臍」としての張家口をめぐって	愛知大学	滋賀県立大学	2014/12/10

講師名	講義名	講義大学	所属	講義日
楊潤平	モンゴル・ネットワークの世界デザインと〈アジア〉―「アジアの臍」としての張家口をめぐって	愛知大学	張家口市第一中学	2014/12/10
宋清華	金融機構管理職報酬と金融規制	中南財経政法大学	中南財経政法大学	2014/12/10
浜口夏帆	香港における日本経済と日本文化	桃山学院大学	香港貿易発展局	2014/12/10
Laretna T. Adishakti	インドネシアにおける世界遺産と行政	和歌山大学	ガジャマダ大学	2014/12/10
張晶	東南アジア中国語文学	武漢大学	武漢大学	2014/12/11
鄭根姫	アジア共同体の構築に向けて我々がなすべき役割と努力	杭州師範大学		2014/12/12
曲文勇	婚姻の社会性とアジア社会発展	三亜学院	黒龍江大学	2014/12/12
Fernando Rello	エコロジー制限のある時代に安定した経済成長は可能なのか？	立命館大学	モンテレー工科大学	2014/12/12
Sangidu	歴史から見るアジア共同体とグローバリゼーション	ガジャマダ大学	ガジャマダ大学	2014/12/15
Almina Alymkulova	アジアの教育分野におけるマルチメディアテクノロジーの発展と応用	キルギス工科大学	キルギス工科大学	2014/12/15
林承彬	分権から自治へ，またにガバナンスへ	黒龍江大学	明知大学	2014/12/16
張宛麗	現代中国社会階層研究に対する反省	三亜学院	中国社会科学院	2014/12/16
梅暁雲	Salman Rushdie の小説の創作とインド文化	武漢大学	西北大学	2014/12/16
加野芳正	日本の教育と東アジア協力	北京大学歴史学部	香川大学	2014/12/16
Vadim Yanshin	統合と収斂に向けた重要な要素としての中央アジアと東南アジア諸国の近代の経済協力	キルギス・ロシアスラブ大学	キルギス・ロシアスラブ大学	2014/12/17

講師名	講義名	講義大学	所属	講義日
黄昇民	ＩＴは，アジアの相互理解を深めるか	フェリス女学院大学	中国伝媒大学	2014/12/17
佐藤佑治	前近代東アジアの国際関係	関東学院大学	関東学院大学	2014/12/17
Ham Jaebong	普通でない東アジア：アメリカとの同盟と中国の台頭	京畿大学	Asan Institue	2014/12/17
Deane Neubauer	アジア太平洋地域における高等教育の広範化	香港教育大学	East-West Center	2014/12/17
John Hawkins	アジア太平洋地域における高等教育の広範化	香港教育大学	カリフォルニア大学	2014/12/17
馬場公彦	日中関係　これまでとこれから	筑波大学	岩波書店	2014/12/17
李志生	中国における資本市場の効率性	中南財経政法大学	中南財経政法大学	2014/12/17
Anchan Gaemchoei	市民活動の推進とタイにおける持続的開発	和歌山大学	Arun in Siam	2014/12/17
栄光啓	台湾現代詩と中国伝統文化	武漢大学	武漢大学	2014/12/18
王敏	アジア文化統合の歴史と未来，パネル	青山学院大学	法政大学	2014/12/19
魏堅	元上都――文明を抱く廃墟	中国人民大学	中国人民大学	2014/12/19
楊令俠	カナダと中国の関係	福建師範大学	南開大学	2014/12/20
Susanto Zuhdi	アジア共同体とグローバリゼーション時代のその発展	ガジャマダ大学	インドネシア大学	2014/12/22
石川薫	どの国も一人では生きてはいけない	東京外国語大学	日本国際フォーラム	2014/12/22
趙学功	東アジア歴史の中のアメリカ	福建師範大学	南開大学	2014/12/22
李龍	中国社会問題とアジア共同体	三亜学院	三亜学院	2014/12/23
染野憲治	北東アジアの環境保護協力	北京大学歴史学部	東京財団研究員	2014/12/23

講師名	講義名	講義大学	所属	講義日
坪井善明	ヴェトナムの特徴（日本，韓国，中国との比較）	ベトナム国家大学ホーチミン校	早稲田大学	2014/12/24
口野直隆	アジアの外食産業と日本	桃山学院大学	営業本部パートナーズ有限会社	2014/12/24
Khoo Salma Sunin	マレーシアにおける世界遺産とまちづくり	和歌山大学	Penang Heritage Trust	2014/12/24
万翔	シルクロードと東アジア文明	西安交通大学	西安交通大学	2014/12/25
王立新	アメリカとアジア共同体	福建師範大学	北京大学	2014/12/30
Tran Ngoc Them	アジアの文化的な共通点と差異	ベトナム国家大学ホーチミン校	ベトナム国家大学ホーチミン校	2015/1/6
服部美奈	アジア地域における言語・文化の多様性・各論（4）：インドネシアにおけるイスラーム女子教育	東京学芸大学	名古屋大学	2015/1/6
王瑋	ヨーロッパ共同体とアジア共同体の比較研究	福建師範大学	東山大学	2015/1/6
大西比呂志	国際都市横浜とアジア	フェリス女学院大学	フェリス女学院大学	2015/1/7
バラック・クシュナー	イメージング・アジアー〈リバランス〉再調整期のアジア協同体を想起する	愛知大学	ケンブリッジ大学	2015/1/7
玉本偉	イメージング・アジアー〈リバランス〉再調整期のアジア協同体を想起する	愛知大学	世界政策研究所	2015/1/7
長澤禁治	イメージング・アジアー〈リバランス〉再調整期のアジア協同体を想起する	愛知大学	東京大学	2015/1/7

講師名	講義名	講義大学	所属	講義日
田中史生	「東アジア」という言説	関東学院大学	関東学院大学	2015/1/7
黄少栄	東西文化が異文化交流に与える影響	福建師範大学	オハイオ州シンシナティー大学	2015/1/7
藤山一郎	グローバリゼーションとアジアの地域共同体	和歌山大学	和歌山大学	2015/1/7
Surin Pitswan	ASEAN 地域統合の新段階	青山学院大学	元ASEAN	2015/1/9
李剣鳴	アジア共同体に間する思考	福建師範大学	復旦大学	2015/1/9
鄭甲寿	ワン・コリアとワンアジア	立命館大学	ワンコリア財団	2015/1/9
Bambang Purwanto	アジア共同体とグローバリゼーション時代のその発展	ガジャマダ大学	ガジャマダ大学	2015/1/12
善元幸夫	日本国内の多言語文化状況（2）：外国籍児童と言語・文化教育	東京学芸大学	元新宿区立大久保小学校	2015/1/13
寺西俊一	アジアにおける環境保全と持続可能な発展	フェリス女学院大学	一橋大学	2015/1/14
渡辺憲正	アジア共同体の思想を考える	関東学院大学	関東学院大学	2015/1/14
Wan Mohd Nor Wan Daud	現代知識のイスラム化：アジアに対する関連性	マカッサル国立大学	マレーシア工科大学	2015/1/19
Syamsuddin Arif	イスラム教の知識：（アジアの文脈における）定義と分裂	マカッサル国立大学	マレーシア工科大学	2015/1/19
Hamzah Upu	アジア共同体発展における科学の役割	マカッサル国立大学	マカッサル国立大学	2015/1/19
Roger Dale	高等教育資格の社会価値における雇用可能性と流動性	香港教育大学	ブリストル大学	2015/1/20
Susan Robertson	グローバリゼーション，教育，労働力，および社会流動性	香港教育大学	ブリストル大学	2015/1/20

講師名	講義名	講義大学	所属	講義日
チョクディー・ケーウサング	ＡＳＥＡＮ経済共同体における投資	泰日工業大学	Board of Investment of Thailand	2015/1/23
池井優	スポーツを通じた"アジア共同体"は可能か	東京外国語大学	慶應義塾大学	2015/1/26
Ray Forrest	家を出る：若者の家に対する考え方の変遷を探求する：東アジアの事例	香港教育大学	香港城市大学	2015/1/27
椿真智子	日本国内の多言語多文化状況（4）：言語・文化の多様性をうみだす現代世界・人の動き	東京学芸大学	東京学芸大学	2015/1/27
Farabi Fakih	地域統合　日本経済と東南アジア	ガジャマダ大学	ガジャマダ大学	2015/2/2
Zhubatov Bayan	中央アジアの古典言語（歴史的観点）	カザフ国立大学	カザフ国立大学	2015/2/4
Shi Shinjiun	ビスマルクとビヴァリッジモデルの再生と変容：東アジアにおける変わりゆく年金制度改革の探求	香港教育大学	国立台湾大学	2015/2/5
潘国駒	シンガポールの科学技術教育,出版および社会団体の活動に関する初歩的検討	南方大学学院	南洋理工大学	2015/2/5
本田優子	日本国内の多言語多文化状況（5）：札幌大学ウレシパクラブの試み―アイヌ民族の文化と歴史を学ぶ―	東京学芸大学	札幌大学	2015/2/10
Alex He	香港の健康保険制度改革：決定的瞬間とこれから	香港教育大学	香港教育学院大学	2015/2/12
晏青	中国の反日テレビドラマへの反省	暨南大学	暨南大学	2015/2/15
James Dean	グローバリゼーションのパラドクス	南洋理工大学	サイモンフレーザー大学	2015/2/17
Galiya Ibrayeva	未来の統合アジア共同体のための新情報コミュニケーション	カザフ国立大学	カザフ国立大学	2015/2/18
欧阳宏生	アジア身分：ニュース報道の現状と思考	暨南大学	四川大学	2015/2/22

講師名	講義名	講義大学	所属	講義日
邢麗義	「アジア共同体論－共生を考える－（2015年）」	韓南大学	韓南大学	2015/3–2015/6
林筠騏	競争力を上げよう	国立政治大学	香港民視テレビ	2015/3/3
湯勤福	日本朱子学の伝来について	上海師範大学	上海師範大学	2015/3/3
鄭愁予	漢詩の歴史の批評	元智大学	エール大学	2015/3/4
李振翎	ワンアジアとディアスポラの役割	仁荷大学	仁荷大学	2015/3/4
朴文式	天気と自動車そして韓・日・中	韓南大学	韓南大学	2015/3/5
姜允玉	アジア共同体と韓国，中国，日本の関係性	明知大学	明知大学	2015/3/5
Tan Cheebeng	中国の民族性の研究からの教訓	マラヤ大学	中山大学	2015/3/6
金洙永	アジア共同体の社会福祉	啓明大学	啓明大学	2015/3/6
田中正弘	日本東北地方の文化探索―津軽学	国立暨南国際大学	筑波大学	2015/3/9
王素	東アジア世界論から東部ユーラシア世界論へ	鄭州大学	故宮博物館	2015/3/9
白先勇	文学から舞台へ	元智大学	国立台湾大学	2015/3/10
南辰烈	共同体と社会福祉	国立済州大学	済州大学	2015/3/10
黄純艶	宋代「朝貢」貿易体系はアギア諸国の経済交流についての影響	上海師範大学	雲南大学	2015/3/10
司馬中原	近世紀の中国神話	元智大学	国立台湾大学	2015/3/11
パク・ジン	アジアの未来と韓国の戦略	仁荷大学	韓国外国語大学	2015/3/11
M. Ramesh	不確実性を伴う統治に関する国際ワークショップ	香港教育大学	シンガポール国立大学	2015/3/12

講師名	講義名	講義大学	所属	講義日
Michael Howlett	不確実性を伴う統治に関する国際ワークショップ	香港教育大学	シンガポール国立大学	2015/3/12
Perri 6	不確実性を伴う統治に関する国際ワークショップ	香港教育大学	London	2015/3/12
Peter Grossman	不確実性を伴う統治に関する国際ワークショップ	香港教育大学	Butler	2015/3/12
Sreeja Nair	不確実性を伴う統治に関する国際ワークショップ	香港教育大学	シンガポール国立大学	2015/3/12
黄英哲	ワンアジアの視野における越境と漂泊	国立台湾大学	愛知大学	2015/3/12
陳笑春	アジア各国の弁護士のメディアイメージ	暨南大学	西南政治大学	2015/3/12
Vixay Chansavang	アジアの環境問題に対するグローバルな協調	スパーヌウォン大学	スパーヌウォン大学	2015/3/13
袁済喜	中国，日本および韓国における詩歌の批評	香港大学	中国人民大学	2015/3/13
范志忠	中国映画の現代性想像	暨南大学	浙江大学	2015/3/15
當作靖彦	アジア共同体のために外国語教育が果たす役割	釜山外国語大学	カリフォルニア大学	2015/3/16
Kim Meeran	韓国の高等教育と国際化	国立暨南国際大学	Korean Educational Development Institute	2015/3/16
Ahn Sehyun	ロシアとアジア：新東洋政策？	ソウル市立大学	ソウル市立大学	2015/3/17
高丙國	議会で眺めるアジア共同体	国立済州大学	国会	2015/3/17
Jahan Zhonblovich Moldabekov	ユーラシア空間におけるカザフスタンの国家改革	カザフ国立大学	カザフ国立大学	2015/3/18
Sabrina Ching Yuen Luk	中国の急速な都市化：問題，課題，そして今後	香港教育大学	昆明理工大学	2015/3/18

講師名	講義名	講義大学	所属	講義日
李ジンモ	対立と紛争を越えて平和と協力へ―ドイツの歴史とEU―	韓南大学	韓南大学	2015/3/19
柯慶明	東アジア現代詩講座	国立台湾大学	台湾大学	2015/3/19
李盛煥	東アジア共同体と韓日関係	大連大学	啓明大学	2015/3/19
Chang Chiuping	世界を見るためにアジアに立つ	カトリック関東大学	Vicky&Pinky Blue Studio	2015/3/20
Ching Thing Ho	中華系マレーシア人の文化アイデンティティにおける二大重要要素	マラヤ大学	マラヤ大学	2015/3/20
蔣寅	日本における中国詩歌の伝播	香港大学	中国社会科学院	2015/3/20
王維波	アジア共同体の構築と異文化コミュニケーション	大連民族大学	大連民族大学	2015/3/20
Amitav Acharya	アジア統合と人間の安全保障	ＴＯＢＢ経済工科大学	American University	2015/3/21
崔暁林	「戦後」における韓国経済の発展と社会構造の転換	青島大学	青島大学	2015/3/21
尹鴻	インド映画の自主的な発展道路	暨南大学	清華大学	2015/3/22
李徳奉	アジア共同体の性格理解および学習方向	釜山外国語大学	同徳女子大学	2015/3/23
余昊奎	4―6世紀東アジア國際情勢と三國の対外政策	鄭州大学	韓国外国語大学	2015/3/23
呂丽娜	アジア共同体と重慶の文芸運動	重慶師範大学	中北大学	2015/3/25
金光洙	アジア共同体の歴史的背景と特徴	順天大学	順天大学	2015/3/25
彭飛	中国人学習者向けの日本語教育の弱点と課題	海南大学	京都外国語大学	2015/3/26
金ジョニョン	生命と平和の目から見る民族・国・理念の交流共同体	韓南大学	咸錫憲記念事業会	2015/3/26
Kim Huncheol	東アジア文学の未来を夢見て	明知大学	延世大学	2015/3/26

講師名	講義名	講義大学	所属	講義日
安斗淳	世界経済の変化，東アジア共同体，および南北朝鮮	カトリック関東大学	ソウル市立大学	2015/3/27
李勝根	アジア地域の政治関係	啓明大学	啓明大学	2015/3/27
郭英徳	中国と日本での演劇研究	香港大学	北京師範大学	2015/3/27
曹漢承	東アジアの国際関係とアジア共同体の未来	檀国大学	檀国大学	2015/3/27
邱弋	アジア伝達論と実践	曁南大学	浙江大学	2015/3/29
湯重男	中日朝三国の近代化に関する比較と考察	海南大学	中国社会科学院	2015/3/30
堀井恵子	グローバル人材の用件とその実現	釜山外国語大学	武蔵野大学	2015/3/30
William Yat Wai Lo	香港大学キャンパスの国際化	国立曁南国際大学	香港教育学院大学	2015/3/30
姜克実	日本における近代化の経験と教訓	山東師範大学	岡山大学	2015/3/30
張蘊玲	アジアの金融と地域経済協力	湘潭大学	中国社会科学院	2015/3/30
張剣光	東アジアにおける商業活動	上海師範大学	上海師範大学	2015/3/31
Natalya Yen	海外在住の韓国人の異人種間関係	カザフ国立大学	カザフ国立大学	2015/4/1
高強	本を読むより旅をして体験することの勧め	元智大学	国立台北大学	2015/4/1
金薫鎬	アジア共同体のための外国語教育	順天大学	順天大学	2015/4/1
劉成	平和視野下の区域協力のシステムとその未来	大連大学	南京大学	2015/4/2
Lee Taehui	アジア地域の経済交易	啓明大学	啓明大学	2015/4/3
李庸燮	中国の浮上と韓国経済	光州大学		2015/4/3
朴光洙	東アジアの大同思想とアジア共同体	尚志大学	円光大学	2015/4/3
何長文	儒教思想と東アジア共同体	大連民族大学	大連民族大学	2015/4/3

講師名	講義名	講義大学	所属	講義日
グエン・ティ・ビック・ハー	入門：アジア共同体における日本語教育と日本・ヴェトナム関係のより深い理解	貿易大学	ベトナム貿易大学	2015/4/4
王向遠	いま，なぜアジア共同体のなのか	安徽大学	北京師範大学	2015/4/5
王数奇	抗日戦争時代における重慶の経済建設	重慶師範大学	重慶抗戦文史研究基地	2015/4/5
田義貴	中国における泰の映画	暨南大学	西南大学	2015/4/5
朴亨烈	アジア共同体のための日本におけるビジネス環境理解と求められる人材	釜山外国語大学	株式会社ＧＴＣ＆Ｐ	2015/4/6
陳居淵	近代東亜の易経学について	上海師範大学	復旦大学	2015/4/6
任耀庭	安倍の国際戦略と日本の新対外経済政策	国立政治大学	淡江大学	2015/4/7
Partha Sen	インドのインフラにおけるPPP（指定者管理制度）：いくつかの疑問	南洋理工大学	Delhi School of Economics	2015/4/7
Albina Yerzhanova	エナクタス ― ビジネス提携と高等教育	カザフ国立大学	Council Membe onYouth Policy under the President of the Republic of Kazakhstan	2015/4/8
張思斉	日本楚詩学の内駆力	安徽大学		2015/4/8
Stefan Kuhner	アジア太平洋地域の福祉における生産的および保護的側面：人材育成と所得平等への道？	香港教育大学	ヨーク大学	2015/4/8
胡長青	伝統とは一種の能力	山東師範大学	山東人民出版社	2015/4/8
葉柳和則	知のクロスオーバーと三つの共生	長崎大学	長崎大学	2015/4/8
韓鐵	この時代の最高の法律	韓南大学	韓南大学	2015/4/9

講師名	講義名	講義大学	所属	講義日
王徳威	サイノフォーンとヘテロトピア：駱以軍，黄錦樹，董啓章	国立台湾大学	ハーバード大学	2015/4/9
何燕侠	東アジアの社会発展と女性の参与	大連大学	大連大学	2015/4/9
O Chanwuk	韓国，中国，日本の文化交流と古代日本史	明知大学	明知大学	2015/4/9
Lim Pow Leng	女性のアイデンティティと文学作品	マラヤ大学		2015/4/10
Leong Ching Foon	食文化：台湾の味	マラヤ大学	Sin Chew Daily	2015/4/10
Jeong Jeongsoo	アジア諸国の人権	啓明大学	Solidarity for Peace & Human Rights of Asia	2015/4/10
李洲良	孔子と『春秋』	大連民族大学	大連民族大学	2015/4/10
越村勲	イントロダクション〜海と人とアジア共同体	東京造形大学	東京造形大学	2015/4/10
Moha Asri Abdullah	アジア共同体とは何か？	鹿児島国際大学	マレーシア国際イスラム大学	2015/4/11
外薗幸一	アジア共同体とは何か？	鹿児島国際大学	鹿児島国際大学	2015/4/11
Luu Ngoc Trinh	グローバリゼーション，国際統合，およびアジア共同体	貿易大学	Institute of World Economics and Politics	2015/4/11
Do Huong Lan	東アジアにおける科学とテクノロジーの国際協力	貿易大学	ベトナム貿易大学	2015/4/11
張斌	アジアジャーナリストの専門主義実践	曁南大学	上海大学	2015/4/12
陳淑娟	台湾—日本—台湾：移動する私	釜山外国語大学	東呉大学	2015/4/13

資料２　講義担当者およびワンアジアコンベンションスピーカーのリスト　505

講師名	講義名	講義大学	所属	講義日
Qian Jiwei	中国における社会補助制度の拡張と「権力の分散」	香港教育大学	シンガポール国立大学	2015/4/13
薛豹	外国語教材の理想像	海南大学	中国外研社	2015/4/14
陳紹誠	儒学概論	国立政治大学	アメリカ立夫医薬研究基金会	2015/4/14
韓昇	東アジア共同体の形成とその特質	上海師範大学	復旦大学	2015/4/14
方青	ガイダンスおよび現象モデル	山形大学	山形大学	2015/4/15
崔李スルギ	中南米から見たアジア共同体	順天大学	NGA Feminism School	2015/4/15
西原和久	方法論的トランスナショナリズムとアジア	長崎大学	成城大学	2015/4/15
高實康稔	朝鮮人強制連行問題と韓国・朝鮮人被爆者問題	韓南大学	岡まさはる記念長崎平和資料館	2015/4/16
陳國球	ワンアジアにおける香港文学	国立台湾大学	香港教育学院大学	2015/4/16
鄭毅	戦争記憶と東亜世界の歴史認識	南開大学	北華大学	2015/4/16
Ji Xusheng	アジアにおける慈愛と儒教思想の普及	明知大学	中国文化大学	2015/4/16
戴利研	北東アジア地域における経済一体化の基礎理論と実践	遼寧大学	遼寧大学	2015/4/16
Liu Yuan Jun	中国の変化とアジア共同体 — 特に中国メディアの変化について	カトリック関東大学	長江大学	2015/4/17
Go Young	アジア発展プロジェクトのための国際NGO	啓明大学	国際協力NGOワールド・ビジョン・ジャパン	2015/4/17

講師名	講義名	講義大学	所属	講義日
李贊洙	新自由主義時代の共同体運動	尚志大学	聖公会大学	2015/4/17
王暁慧	中日法律比較	大連民族大学	大連民族大学	2015/4/17
蔡美花	アジア共同体文化の源	鹿児島国際大学	延辺大学	2015/4/18
葛樹栄	日本企業の商業論理の推移 ―稲盛経営理念を中心に	青島大学	青島大学	2015/4/18
Abe Ichiro	日本と日本のヴェトナムへの直接投資	貿易大学	Foreign Investment Agency-Ministry of Planning and Investment of Vietnam	2015/4/18
魏偉	アジア体育報道：身体視角	暨南大学	成都体育学院	2015/4/19
Fanglong Shin	社会の再編成：台湾のひまわり学生運動から生まれた代替的自己と社会	香港教育大学	ロンドン・スクール・オブ・エコノミクス	2015/4/20
陳怡如	台湾における国際援助戦略と実践：協力か救助か？	国立暨南国際大学	国立暨南国際大学	2015/4/20
陳天社	ユタヤー人とパレスチナ問題 ―中東の国際形勢	鄭州大学	鄭州大学	2015/4/20
韓相完	アジアの台頭：アジア共同体の構築に対する機会と脅威	ソウル市立大学	現代研究所	2015/4/21
戴建國	東亜の法律体系：中国と日本の古代法律を中心として	上海師範大学	上海師範大学	2015/4/21
宮本雄二	日本とアジアの未来	東洋学園大学	宮本アジア研究所	2015/4/21
詹全望	言語の帰納性	安徽大学		2015/4/22
王如雲	海流現象と流体の数理モデル	山形大学	河海大学	2015/4/22
大倉峰雄	アジア共同体に向けて―私が見た中国社会―	東北福祉大学	東北福祉大学	2015/4/22

講師名	講義名	講義大学	所属	講義日
Lim Kim Cherng	食文化：台湾の味	マラヤ大学	The Writer's Association of Chinese Medium of Malaysia	2015/4/23
安聖基	映画からみる韓国社会	韓南大学	俳優	2015/4/23
呂秀一	東アジア共同体と平和	大連大学	大連大学	2015/4/23
Kim Kyongdong	中国古典文学の影響	明知大学	成均館大学	2015/4/23
崔岩	北東アジア地区における国際関係の新たな動向と地域経済協力	遼寧大学	遼寧大学	2015/4/23
Choi Joonghyun	アジア共同体とマスメディアの役割	スパーヌウォン大学	又松大学	2015/4/24
K. Momunkulov	アジアにおける社会階層の主要傾向とアジア共同体形成へのプロセス	ビシュケク人文大学	Book Chamber of the KR	2015/4/24
周異夫	中国と日本の文化交流	海南大学	吉林大学	2015/4/24
金榮鎮	中国と韓国における古典散文	香港大学	成均館大学	2015/4/24
黒古一夫	如何に日本近代文化史を学ぶか	山東師範大学	筑波大学	2015/4/24
黄自進	近代中国と日本：蒋介石を中心	中央大学（JP）	中央研究院	2015/4/24
秦嵐	アジア共同体文化の視点	鹿児島国際大学	中国社会科学院	2015/4/25
劉暁峰	アジア共同体文化の視点	鹿児島国際大学	清華大学	2015/4/25
劉書琪	土地請負権の流動と日本の農業現代化について	青島大学	東北農業大学	2015/4/25
呂鵬	アジア映画がアメリカに対するイメージ	暨南大学	上海社科院	2015/4/26
蔡葩	かつて世界にはこのような海南島があった――口述の歴史と南洋文化の発掘	海南大学	海南日報	2015/4/27

講師名	講義名	講義大学	所属	講義日
朴珍麗	アジア共同体のためのインドネシアにおけるビジネス環境理解と求められる人材	釜山外国語大学	釜山外国語大学	2015/4/27
劉震生	アジア共同体構築の文化的基礎―近代日本文人と中国―	大連民族大学	大連民族大学	2015/4/27
Sam Rany	環境と資源に対する東南アジアの地域協力	バッタンバン大学	バッタンバン大学	2015/4/28
李圭曄	ワンアジアと資本移動	国立済州大学	金融監督院	2015/4/28
野澤勝美	フィリピンの政治と社会	帝京大学	亜細亜大学	2015/4/28
彭曦	中日戦争の歴史問題は中日関係への影響	安徽大学		2015/4/29
陳若曦	私の理想とその追求 ― 民主主義に賛同	元智大学	UC バークレー	2015/4/29
李崈浩	アジア共同体のための経済交流と協力	順天大学	順天大学	2015/4/29
リ・スンリュウ	東北アジア情勢と朝鮮半島の未来戦略	仁荷大学	東北アジア共同体研究財団	2015/4/29
李成曼	高齢社会をめぐる諸課題とアジア共同体	東北福祉大学	東北福祉大学	2015/4/29
Tieng Morin	アジア共同体の概念普及におけるNGOの役割と活動	バッタンバン大学	バッタンバン大学	2015/4/30
沈冬	翼に歌声をのせて――〈緑島小夜曲〉から見たアジア太平洋におけるポップソングの傳播	国立台湾大学	国立台湾大学	2015/4/30
趙善英	アジア共同体形成のための外国語教育	東国大学	培材大学	2015/4/30
王先明	"革命"：一個世紀性話語興衰進退の歴史反思	南開大学	南開大学	2015/4/30
胡光輝	アジア共同体形成に向けた法的枠組みの形成	北陸大学	北陸大学	2015/4/30
Kim Soyoung	アジアの交易および金融協力計画	明知大学	ソウル大学	2015/4/30

講師名	講義名	講義大学	所属	講義日
李東民	東北アジア安保共同体は可能か	檀国大学	檀国大学	2015/5/1
李暁東	近代の日中留学交流	中央大学（JP）	島根県立大学	2015/5/1
印南植	イスラム国家と現在の中東問題を理解する	ソウル市立大学	National Academy of Diplomacy	2015/5/2
石井寛治	アジア共同体国際化の歴史視点	鹿児島国際大学	東京大学	2015/5/2
閏偉	中国のテレビ番組のアジアについての報道状態	暨南大学	中国廣甩総局	2015/5/3
李美賢	東南アジアへの移民と台湾社会	国立暨南国際大学	国立暨南国際大学	2015/5/4
王学鵬	アジア諸国の島々問題と国際関係	鄭州大学	中原工学院	2015/5/4
王鉄橋	東アジア共同体と儒教文化——中日関係を儒教文化圏に置いて考える	鄭州大学	河南大学	2015/5/4
李大中	アメリカのリバランス政策における日米関係	国立政治大学	淡江大学	2015/5/5
Ming Fong	詩と歌詞の違い　近代詩を読む	元智大学	国立台湾大学	2015/5/6
Wen Shang Fong	詩と歌詞の違い　近代詩を読む	元智大学	Songwriter	2015/5/6
楊玲	日中通訳理論（異文化）について	安徽大学	北京第二外国語大学	2015/5/7
李悳薫	共生の立場から見る韓日経済発展	韓南大学	韓南大学	2015/5/7
張小虹	東アジアファッションの現代性	国立台湾大学	国立台湾大学	2015/5/7
岩崎慈男	東アジアにおける日中韓三国協力の現状と課題	青山学院大学	日本外務省	2015/5/7
坂本茂樹	当代世界エネルギー政策の変化―唐北アジア情勢を中心に―	大連大学	日本エネルギー総合工学研究所	2015/5/7

講師名	講義名	講義大学	所属	講義日
Zheng Gang	アジア共同体と韓国・中国・日本の三国協力	明知大学	中山大学	2015/5/7
李家成	中韓朝三国間の経済協力構想	遼寧大学	遼寧大学	2015/5/7
劉大明	東方文明の西洋伝播とアジア共同体	湖南師範大学	湖南師範大学	2015/5/7
Lee Nana	中央アジアと韓国：トルコの場合	啓明大学	啓明大学	2015/5/8
金映根	東アジア経済共同体の構想をどう実現できるのか：理論と現実，そして未来	尚志大学	高麗大学	2015/5/8
閻歩克	中国古代官僚制度と礼儀は東亜への影響	上海師範大学	北京大学	2015/5/8
Peter Youngkil Kim	在外同胞の役割：東海併記法案通過に関連して	仁荷大学	米州韓人の声（VoKA）	2015/5/8
劉俊民	変化しつつある戦後の日中関係と相互認識	大連民族大学	大連民族大学	2015/5/8
Robert J. Antony	広東デルタ地域における海賊張保の文化形成	東京造形大学	澳門大学	2015/5/8
Wang Zhaopeng	詩歌の王朝　唐詩と宋詞	マラヤ大学	武漢大学	2015/5/9
Karina Schumacher	アジアに対するヨーロッパからの視点－エネルギーを焦点にして	韓信大学	PROK Eco-mission	2015/5/9
井上和枝	アジア共同体の歴史岐路	鹿児島国際大学	鹿児島国際大学	2015/5/9
李栄薫	アジア共同体の歴史岐路	鹿児島国際大学	ソウル大学	2015/5/9
Hoang Van Chau	TPP と RCEP，およびアジア共同体の展望	貿易大学	ベトナム貿易大学	2015/5/9
王瑞林	アジアニュース報道：国際ニュース報道での新しい戦場	暨南大学	重慶工商大学	2015/5/10
Oleg Benesch	近代日本における武士道の発明：国家主義と国際主義の間に	一橋大学	ヨーク大学	2015/5/11
Cai Jian	中国とふたつの朝鮮：再統一に向けて	ソウル市立大学	南京大学	2015/5/12

講師名	講義名	講義大学	所属	講義日
Kawasaki Akira	ピースボートと日本の政治を通じたアジアの平和運動，およびアジアの外交	韓信大学	Peace Boat	2015/5/12
金蒼浩	共同体と自由主義―正義論	国立済州大学	京畿大学	2015/5/12
茆訓誠	21世紀以来日本経済の変化と東亜経済共同化の勢いについて	上海師範大学	上海師範大学	2015/5/12
呉寄南	日中正常化から見る「問題」克服の東洋的知恵	東洋学園大学	上海日本学会	2015/5/12
王志民	中国人の精神的故郷―山東「聖地」文化の構築と伝播	山東師範大学	山東師範大学	2015/5/13
長谷川彩未	アジア共同体のための医療支援とNGOの役割	順天大学	Japan Heart	2015/5/13
チョウ・ギュヒョン	統一時代在外同胞の役割	仁荷大学	在外同胞財団	2015/5/13
賽漢卓娜	越境する人がつくるアジア	長崎大学	長崎大学	2015/5/13
龍世祥	アジアの循環型フラグメンテーション	富山大学	富山大学	2015/5/13
李惠京	孟子と共感能力：東アジアの連帯と疎通の一つの手がかり	韓国放送通信大学	ソウル大学	2015/5/14
張蓉	秦のリズムと現代のロック	韓南大学	西安交通大学	2015/5/14
王安祈	崑劇の伝説：中国，香港，台湾	国立台湾大学	国立台湾大学	2015/5/14
崔昌圭	アジアの経済危機と韓国経済	明知大学	明知大学	2015/5/14
唐彦林	現在の国際情勢と中国外交	遼寧大学	遼寧大学	2015/5/14
E. Kutanov	アジア諸国の中産階級とそのアジア共同体形成に向けての役割	ビシュケク人文大学		2015/5/15
金男恩	近代日本知識人のアジア認識と共同体	尚志大学	高麗大学	2015/5/15
于永達	アジア共同体の世界的位置づけ	鹿児島国際大学	清華大学	2015/5/16
閻衛栄	アジア共同体の世界的位置づけ	鹿児島国際大学	ミズーリ州立大学	2015/5/16

講師名	講義名	講義大学	所属	講義日
Ha Hai An	アジア共同体に向けての東アジアにおける金融および通貨協力	貿易大学	The State Bank of Vietnam	2015/5/16
王安中	アジア映画が都市についての体現	暨南大学	陝西師範大学	2015/5/17
吉川良和	中国非文字文化と近代化	一橋大学	一橋大学	2015/5/18
太田英基	世界を舞台に生きる時代	釜山外国語大学	株式会社スクールウィズ	2015/5/18
趙百相	韓国通商と台韓関係	国立暨南国際大学	韓国駐台代表部	2015/5/18
Hirose Tetsuya	アジアにおける環境運動：市民グループを通じたアジアの環境共同体	韓信大学	東アジア環境情報発伝所	2015/5/19
俞鋼	東アジアにおける制度と文化の交流	上海師範大学	上海師範大学	2015/5/19
三潴正道	日中摩擦の8割は誤解から	東洋学園大学	麗澤大学	2015/5/19
于涛	「トイレの蓋」現象と日本の品質	山東師範大学	山東師範大学	2015/5/20
アン・ヨンヒ	アジア共同体と言語コミュニケーション：通訳の役割	順天大学	梨花女子大学	2015/5/20
キム・ユン	統一と北朝鮮離脱住民の役割	仁荷大学	脱北同胞	2015/5/20
チェ・ジュンヨン	統一と北朝鮮離脱住民の役割	仁荷大学	仁荷大学	2015/5/20
アレクセイ・コノネンコ	ロシアからみたアジア共同体	東北福祉大学	東北福祉大学	2015/5/20
Seng Cheyvuth	アジア共同体におけるグローバリゼーションテクノロジー	バッタンバン大学	バッタンバン大学	2015/5/21
趙東瀋	東アジアにおける地域問題の解決	韓国放送通信大学	ソウル大学	2015/5/21
周成蔭	孫悟空七十二変化と中日動画・マンガ発展史	国立台湾大学	デューク大学アジア	2015/5/21
陣景彦	中日関係における歴史問題	大連大学	吉林大学	2015/5/21

講師名	講義名	講義大学	所属	講義日
常建華	李氏朝鮮と明清宗族組織化比較研究	南開大学	南開大学	2015/5/21
高橋甫	EUから見た東アジア共同体の可能性	北陸大学	株式会社EUTOP	2015/5/21
Chen Wei Wu	東アジア社会における「兵法」の許容	明知大学	中山大学	2015/5/21
Mete Tuncoku	日本の外交政策	ＴＯＢＢ経済工科大学		2015/5/22
Eda Miwa	大衆文化とアジア的価値観の呼応	スパーヌウォン大学	目白大学	2015/5/22
Voon Phin Keong	中国の共同墓地と環境倫理：マレーシアからの洞察	マラヤ大学	New Era University College	2015/5/22
Ling Tek Soon	中国の共同墓地に関する調査の再考	マラヤ大学	マラヤ大学	2015/5/22
王閏梅	植民地現代と詩社伝統意識との乖離	安徽大学		2015/5/22
Chang Eunjeong	国際法と社会福祉	啓明大学	慶北大学	2015/5/22
白范鉄	東アジアに対するアメリカの政策	湖南大学（KR）	韓国大連領事館	2015/5/22
柳江夏	東アジア神話と共同体	尚志大学	国立江原大学	2015/5/22
古田和子	近代アジアの経済交流：19世紀後半の中国と日本	中央大学（JP）	慶應義塾大学	2015/5/22
新川登亀男	「東アジア世界と漢字文化圏」を問い直す	鄭州大学	早稲田大学	2015/5/22
胡左浩	アジア共同体の経営　マーケティング視点	鹿児島国際大学	清華大学	2015/5/23
若林靖永	アジア共同体の経営　マーケティング視点	鹿児島国際大学	京都大学	2015/5/23

講師名	講義名	講義大学	所属	講義日
Le Dang Doanh	AEC および TPP などの新自由貿易協定に参加する過程でのヴェトナムの機会と課題	貿易大学	Central Institute for Economic Management	2015/5/23
李曦珍	中国のテレビ番組がアジアニュースについても報道の整合	暨南大学	蘭州大学	2015/5/24
本多創史	近代日本社会と優生学	一橋大学	東日本国際大学	2015/5/25
鹽澤雅代	日本と台湾の関係発展と交流協会の機能	国立暨南国際大学	日本公益法人交流協会	2015/5/25
Lee Cheol	アジア共同体と金融産業	国立済州大学	Value Invest Korea	2015/5/26
張莉	抗日戦争時代における重慶の歌謡	重慶師範大学	重慶抗戦文史研究基地	2015/5/26
葛勤芳	南宋の海外商人の構成，規模及び経営性質について	上海師範大学	北京師範大学	2015/5/26
櫛谷圭司	「環日本海」地域からみた東アジア共同体	新潟県立大学	新潟県立大学	2015/5/26
並河英紀	化学反応の数理モデル	山形大学	山形大学	2015/5/27
寺本康俊	戦後の日本外交政策と日中関係	大連民族大学	広島大学	2015/5/27
具知瑛	植民地経験者の歴史と記憶	長崎大学	韓国海洋大学	2015/5/27
シュミット・ケネス	社交辞令と文化対立	東北福祉大学	東北福祉大学	2015/5/27
Keo Samell	カンボジアとアジアの共同体	バッタンバン大学	バッタンバン大学	2015/5/28
半谷史朗	ロシアのアジア観と日本観からみたアジア共同体	愛知県立大学	愛知県立大学	2015/5/28
孫ボンホ	多様な文化・唯一の正義	韓南大学	ソウル大学	2015/5/28
趙季	漢詩と東亜文化交流	南開大学	南開大学	2015/5/28

講師名	講義名	講義大学	所属	講義日
佐渡友哲	東アジアの歴史和解への道：ドイツ戦後処理経験から何を学ぶのか	北陸大学	北陸大学	2015/5/28
Zhao Pingan	現実的な東アジア　漢字と中国文明の普及	明知大学	清華大学	2015/5/28
陳本昌	北東アジア地域における経済協力の障害と推進の考え方	遼寧大学	遼寧大学	2015/5/28
鐘声	世界経済危機と近代アジアの社会経済的変動	湖南師範大学	湖南師範大学	2015/5/28
Zhu Wenbin	方修とリアリズム	マラヤ大学	浙江越秀外国語学院	2015/5/29
Zhu Chongke	魯迅の苦闘と黄錦樹の南洋小説におけるパラドクス	マラヤ大学	吉林大学	2015/5/29
キム・チョンテ	社会革新とアジア共同体	啓明大学	Merry Year Social Company (MYSC)	2015/5/29
李聖揆	アジア共同体に対するモンゴルの役割	檀国大学	檀国大学	2015/5/29
深町英夫	近代日本のアジア主義	中央大学 (JP)	中央大学 (JP)	2015/5/29
須田牧子	「倭寇図巻」を読む	東京造形大学	東京大学	2015/5/29
Gerald Fry	包括的な国際化を実施するにあたっての課題	国立暨南国際大学	ミネソタ大学	2015/5/30
Stephanie Doyle	未来を見据えて：ニュージーランドの高等教育国際化	国立暨南国際大学	ヴィクトリア大学	2015/5/30
堀田泰司	生徒が一緒に学ぶにはどうすれば良いか？グローバルな学習環境のための「アジア大学単位」の導入	国立暨南国際大学	広島大学	2015/5/30
Nguren Manh Cuong	ヴェトナムの教育理念の再編成	国立暨南国際大学	ハノイ大学	2015/5/30
塩地洋	アジア共同体の経営　モノ作り視点	鹿児島国際大学	京都大学	2015/5/30

講師名	講義名	講義大学	所属	講義日
康上賢淑	アジア共同体の経営　モノ作り視点	鹿児島国際大学	鹿児島国際大学	2015/5/30
金安利	抗日戦争時代における重慶の金融的協力	重慶師範大学	重慶抗戦文史研究基地	2015/5/30
渋谷長生	日本と中国のナマコ消費の違い─ナマコのキャラクターから見る	青島大学	弘前大学	2015/5/30
Mia Mikic	アジア諸国の交易に基づいた持続可能な成長に向けての制度的・経済的改革	貿易大学	Trade Investment division-United Nations ESCAP	2015/5/30
Dao Ngoc Tien	アジア共同体設立に向けてのヴェトナムの国際統合戦略	貿易大学	ベトナム貿易大学	2015/5/30
陳登武	唐代判詞の世界	安徽大学		2015/6/1
ファン・サンイク	ES細胞の備忘録：黄禹錫事件10年	一橋大学	ソウル大学	2015/6/1
裵涼秀	ベトナムのビジネス環境理解と求められる人材	釜山外国語大学	釜山外国語大学	2015/6/1
邱淑珍	台湾原住民族研究與日本	国立暨南国際大学	遠野研究所	2015/6/1
中嶋聖雄	文化交流の重要性：国家の影響に関するアジア・太平洋6カ国の認識	国立暨南国際大学	早稲田大学	2015/6/1
張西平	海外漢学研究と中国文化の世界伝播	鄭州大学	北京外国語大学	2015/6/1
Nurlan Baltabaev	アジアの文明的階層とアジア共同体設立の概念普及実施への展望	ビシュケク人文大学	ビシュケク人文大学	2015/6/2
楊鈞池	日台シティ交流の新しい考え	国立政治大学	高雄大学	2015/6/2
上村威	日中関係からみた東アジア共同体	新潟県立大学	新潟県立大学	2015/6/2
玉村千治	シンガポールの政治と社会	帝京大学	アジア経済研究所	2015/6/2

講師名	講義名	講義大学	所属	講義日
対馬宏	ASEAN の歩みとアジアの未来への示唆	東洋学園大学	東洋学園大学	2015/6/2
呉志揚	感謝と共にある私の研究の旅	元智大学	国立中正大学	2015/6/3
史傑	韓国におけるボランティア活動	山東師範大学	山東師範大学	2015/6/3
金鍾日	アジア共同体への韓国の国際的位相と役割	順天大学	韓国教員大学	2015/6/3
キム・ヨンソン	ASEAN と韓国：アジアの未来	仁荷大学	アセアンセンター	2015/6/3
首藤明和	漂泊する民	長崎大学	長崎大学	2015/6/3
赤塚俊治	東南アジア諸国の光と影—ベトナムからみた人間の安全保障とアジア共同体	東北福祉大学	東北福祉大学	2015/6/3
辛珠柏	東アジアにおける歴史問題と韓国の進路	韓国放送通信大学	延世大学	2015/6/4
衣若芬	アジアにおける韓流のエコノミック・文化的効果とその反動	国立台湾大学	南洋理工大学	2015/6/4
李元雨	東アジア共同体構築のため史的考察	大連大学	東北亜財団	2015/6/4
江沛	東亜共同研究と中国の歴史認識	南開大学	南開大学	2015/6/4
田村光影	東アジアにおけるサブリージョンと東アジア共同体構想	北陸大学	日本大学	2015/6/4
殷紅	中ロ経済協力の新たな好機と課題	遼寧大学	遼寧大学	2015/6/4
李伝斌	東アジア三国におけるキリスト教会医療事業とアジア共同体	湖南師範大学	湖南師範大学	2015/6/4
李昌秀	古代東アジアと日本神話	尚志大学	慶熙大学	2015/6/5
Kin Changsoo	韓半島の統一とアジア平和共同体の未来	檀国大学	Korea 研究院	2015/6/5
村井章介	境界人としての倭寇	東京造形大学	立正大学	2015/6/5

講師名	講義名	講義大学	所属	講義日
丁明蘭	アジア共同体の環境　エネルギー視点	鹿児島国際大学	広東省低炭素企業協会	2015/6/6
李春利	アジア共同体の環境　エネルギー視点	鹿児島国際大学	愛知大学	2015/6/6
周咏梅	会計国際化について	青島大学	青島大学	2015/6/6
ジュン・ユ	植民地朝鮮におけるジェンダーポリティクス	一橋大学	ハワイ大学	2015/6/8
韓岡佑	中国のビジネス環境理解と求められる人材	釜山外国語大学	釜山外国語大学	2015/6/8
押谷由夫	日本の道徳教育の現状と課題	大連民族大学	昭和女子大学	2015/6/8
葛継勇	中原文化と東アジア共同体	鄭州大学	鄭州大学	2015/6/8
波多野節子	李光洙の小説「大東亜」と大東亜共栄圏	新潟県立大学	新潟県立大学	2015/6/9
馬立誠	中国から見たアジアの共同知	東洋学園大学	元人民日報評論員	2015/6/9
滝澤克彦	越境する人と宗教	長崎大学	長崎大学	2015/6/10
中村哲	アフガンに命の水を	東北福祉大学	ペシャワール会	2015/6/10
Chang Donghee	農業のメガトレンド	バッタンバン大学	Cargill Korea	2015/6/11
曽永義	台湾伝統民間芸能とは	国立台湾大学	台湾中央研究院	2015/6/11
曽燿鋒	台湾の職業技術体系における日本語教育の現状と挑戦	山東師範大学	国立台中科技大学	2015/6/11
竹田憲史	日本の及びアジアの金融─中小企業の資金繰り	青山学院大学	青山学院大学	2015/6/11
姜徳福	中日の東アジア認識と東アジア共同体の創設	大連大学	大連大学	2015/6/11
今西淳子	国際交流の現場からのアジアの相互理解	北陸大学	公益法人渥美国際交流財団	2015/6/11
趙平安	中国の京劇と韓国の伝統歌劇の比較	明知大学	南京大学	2015/6/11
程文	北東アジアにおける地縁政治の安全と日本	遼寧大学	遼寧大学	2015/6/11

講師名	講義名	講義大学	所属	講義日
Louis	ASEAN 経済共同体（AEC）になるための課題	スパーヌウォン大学	スパーヌウォン大学	2015/6/12
彭广陆	「視点」から日中両語の類型論的特徴	安徽大学		2015/6/12
Kiran Rupakhetee	社会問題と安全保障措置：ネパールの事例	啓明大学	Government of Nepal	2015/6/12
林金竜	自分の鎌で他人の稲を刈らない―創造的思考について	山東師範大学	国立台中科技大学	2015/6/12
楊海峰	アメリカとアジア共同体の構築	大連民族大学	吉林省共産党学校	2015/6/12
許育銘	近代の台湾と日本	中央大学（JP）	東華大学	2015/6/12
丁毅	アジア共同体の金融と政策視点	鹿児島国際大学	中国社会科学院	2015/6/13
周升起	EU の発展課程，成果及び困惑	青島大学	青島大学	2015/6/13
木村晴美	ろう文化宣言再考―20 年を経て	一橋大学	国立障害者リハビリテーションセンター学院	2015/6/15
Lim Dubin	中南米におけるビジネス環境理解と求められる人材	釜山外国語大学	釜山外国語大学	2015/6/15
Joel Campbell	アメリカの外交政策：オバマの再均衡策	ソウル市立大学	トロイ大学	2015/6/16
鄭亨奎	新語，流行語から見る日本社会	延辺大学	日本大学	2015/6/16
金光林	海を渡った標木を通して見る東アジア共同体	新潟県立大学	新潟県立大学	2015/6/16
神田由美子	近代作家における西と東	東洋学園大学	東洋学園大学	2015/6/16
趙景欣	農村留守児童の心理的適応―中国の農村留守家庭に関する考察	山東師範大学	山東師範大学	2015/6/17

講師名	講義名	講義大学	所属	講義日
佐藤順平	ワンアジア財団の活動について	上海師範大学	ワンアジア財団	2015/6/17
孫江	歴史と記憶：東アジアの和解のために	長崎大学	南京大学	2015/6/17
田上俶	東アジアの民族主義と共産主義	韓国放送通信大学	延世大学	2015/6/18
Surin Pitsuwan	アジア地域協力におけるASEANの重要性	青山学院大学	ASEAN	2015/6/18
金南順	東アジア共同体の創設の背景下における韓国文化輸出の中国に対する啓示	大連大学	大連大学	2015/6/18
花田麿公	北東アジア地域協力と日本外交	北陸大学	元日本駐モンゴル大使	2015/6/18
楊攻研	新たな政治経済学的視点による政府債務問題の研究	遼寧大学	遼寧大学	2015/6/18
Kim Edoo	韓国系ラオス人の伝統習慣を理解する（講義後に韓国伝統料理パーティー）	スパーヌウォン大学	蔚山大学	2015/6/19
都暁琳	通訳，社会，人生	安徽大学		2015/6/19
張淑英	中日韓の道徳教育—アジア共同体構築意識の育成	大連民族大学	大連民族大学	2015/6/19
藤井匡	対馬の仏像について	東京造形大学	東京造形大学	2015/6/19
尹新華	近代国際公約とアジア共同体	湖南師範大学	湖南師範大学	2015/6/19
濱下武志	アジアのディアスポラネットワーク	ＴＯＢＢ経済工科大学	龍谷大学	2015/6/20
Pan Jianguo	「西遊記」と心を豊かにする中国人の理想	マラヤ大学	北京大学	2015/6/20
Lin Anwu	21世紀における儒教，仏教，道教の理念の役割	マラヤ大学	慈済大学	2015/6/20
李明学	中韓日の文化の比較—伝統文化を中心に	青島大学	青島大学	2015/6/20

講師名	講義名	講義大学	所属	講義日
尾身茂	WHO そして JCHO 国内外の経験を生かしたリーダー論～若い方への期待	一橋大学	独立行政法人地医療機能推進機構	2015/6/22
長谷川直樹	感染症と国境：アジアにおける感染症	一橋大学	慶應義塾大学	2015/6/22
ユスロン・イーザ	東南アジアから見るアジアの未来	東洋学園大学	インドネシア駐日大使	2015/6/23
張暁宇	数理統計と市場価格モデル	山形大学	北京林業大学	2015/6/24
石野莞司	アジア諸国と我が国のＯＤＡ	東北福祉大学	東北福祉大学	2015/6/24
Baek Sookhee	カンボジアでのKOICA（韓国国際協力団）の活動とこれから	バッタンバン大学	KOICA Phnom Penh	2015/6/25
王維	東アジアの文化交流	長崎大学	長崎大学	2015/6/25
許通元	商晩筠の研究からその最後の未完小説 2 編―『蚕』,『人の世の花火』	南方大学学院	南方大学学院	2015/6/25
安柄珉	北東アジアの物流システムの構築	北陸大学	韓国交通研院	2015/6/25
韓秀暎	ネットワーキングのための融合的想像力	韓国放送通信大学	中央大学（KR）	2015/6/26
杜崎群傑	戦後の日中関係と歴史問題	中央大学（JP）	中央大学（JP）	2015/6/26
星野鈴	美術史から見た日中交流	東京造形大学	東京造形大学	2015/6/26
徐正解	アジア共同体の経済ビジョン	鹿児島国際大学	慶北大学	2015/6/27
宋磊	アジア共同体の経済ビジョン	鹿児島国際大学	北京大学	2015/6/27
王恵珍	台湾原住民文学から考えるアジアのマイノリティ	一橋大学	清華大学	2015/6/29
熊飞宇	抗日戦争時代の重慶に置かれた大韓民国政府	重慶師範大学	重慶抗戦文史研究基地	2015/6/30

講師名	講義名	講義大学	所属	講義日
後藤岩奈	日中文学交流にみる東アジア共同体	新潟県立大学	新潟県立大学	2015/6/30
金鳳珍	東アジアの知的公共性	東洋学園大学	北九州市立大学	2015/6/30
野上建紀	アジア海域交流史	長崎大学	長崎大学	2015/7/1
黄淵熙	アジア共同体とインクルーシヴ教育	東北福祉大学	東北福祉大学	2015/7/1
上川道夫	歴史・歴史認識とアジア共同体―弥勒菩薩の古代と近代―	愛知県立大学	愛知県立大学	2015/7/2
Olivier Chopin	安全保障からみるアジア共同体	神戸大学	パリ政治学院	2015/7/2
川口智彦	日朝国交正常化問題とアジア共同体	北陸大学	日本大学国際関係学部	2015/7/2
Lim Chooi Kwa	ワンアジア財団の未来，私の中国研究の夢	マラヤ大学	Universiti Tunku Abdul Rahman	2015/7/4
津曲貞利	アジア共同体の外交ビジョン	鹿児島国際大学	鹿児島国際大学	2015/7/4
李天然	アジア共同体の外交ビジョン	鹿児島国際大学	中華人民共和国駐福岡領事館	2015/7/4
岩佐昌暲	中国現代詩を読み，中国を考える	一橋大学	九州大学	2015/7/6
小松悟	＜経済アジア＞貧困からの脱却	長崎大学	長崎大学	2015/7/8
朴煥善	(国交正常化50周年を迎えた)未来韓日関係と青年の役割	愛知県立大学	駐名古屋大韓民国総領事	2015/7/9
貴志俊彦	東アジアの流行歌：国境を越える音楽	中央大学(JP)	京都大学	2015/7/10
中島楽章	鉄砲伝来の時代の東アジア	東京造形大学	九州大学	2015/7/10
丁紅衛	アジア共同体の文明ビジョン	鹿児島国際大学	北京外国語大学	2015/7/11

資料２　講義担当者およびワンアジアコンベンションスピーカーのリスト　523

講師名	講義名	講義大学	所属	講義日
劉聡毅	アジア共同体の文明ビジョン	鹿児島国際大学	中国中央テレビ局	2015/7/11
王恩美	華僑・華人社会からみる東アジア共同体	新潟県立大学	国立台湾師範大学	2015/7/14
モンテ・カセム	南アジアから見るアジアの可能性	東洋学園大学	立命館アジア太平洋大学	2015/7/14
徐顕芬	日中関係と歴史認識	長崎大学	華東師範大学	2015/7/15
Kang In Gun	「知恵と愛が出会う：アジアにおける仏教とキリスト教の対話と平和への行動」	バッタンバン大学	the Center for Interreligious Dialogue in Cambodia	2015/7/16
李圭洙	東アジアの人権弁護士，布施辰治	中央大学(JP)	高麗大学	2015/7/17
上田信	倭寇首領王直の生涯	東京造形大学	立教大学	2015/7/17
正田夏子	アジアの海をめぐる染織と服飾	東京造形大学	東京造形大学	2015/7/24
高田寛	アジアの知的所有権を巡る紛争事例	富山大学	富山大学	2015/7/29
林尚立	ラウンドテーブル1発表	ワンアジアコンベンション上海	復旦大学	2015/7/31
李永茂	ラウンドテーブル1発表	ワンアジアコンベンション上海	漢陽大学	2015/7/31
Tri Hanggono Achmad	ラウンドテーブル1発表	ワンアジアコンベンション上海	パジャジャラン大学	2015/7/31

講師名	講義名	講義大学	所属	講義日
海江田万里	挨拶	ワンアジアコンベンション上海	日本・元国会議員	2015/8/1
沙祖康	基調講演	ワンアジアコンベンション上海	国際連合・元事務次長 /復旦大学国際問題研究院・名誉院長	2015/8/1
Eko Cahyono	分科会 1 発表	ワンアジアコンベンション上海	ダルマ・プルサダ大学	2015/8/1
タギル・フジヤートフ	分科会 1 発表	ワンアジアコンベンション上海	極東連邦大学	2015/8/1
潘碧華	分科会 3 発表	ワンアジアコンベンション上海	マラヤ大学	2015/8/1
楊光	近代黒竜交流域における外国人と僑民研究	ハルビン商業大学	ハルビン商業大学	2015/8/19
徐林実	東方を向かうシベリア：経済統合の可能性	ハルビン商業大学	ハルビン商業大学	2015/8/26
董永裁	「アジア共同体」の構築とその対策	黒龍江大学	中日関係史学会雑誌『中日関係史』	2015/8/30
陸相孝	バンガと韓国の外国人	魯東大学	韓国映画協会	2015/8/31
タチアナ・ワガノワ	「アジア共同体の形成（2015年）」申請者	極東国際関係大学	極東国際関係大学	2015/9–2015/11
PARK Byung-in	アジアにおける地域協力の歴史	慶南大学	慶南大学	2015/9–2015/12

講師名	講義名	講義大学	所属	講義日
Lee Soo-hyung	北朝鮮の核開発への冒険：アジア共同体構築の安全保障の障害の克服	慶南大学		2015/9–2015/12
金應權	「アジア共同体論（2015年）」申請者	又石大学	又石大学	2015/9–2015/12
Roger Pratt	現代日本文化の影響と様相	セントメアリー大学	テキサス大学	2015/9/2
李晟文	序論：空間，人民，歴史と文化	ラヴァル大学	ラヴァル大学	2015/9/2
Baek Wondam	アジア文化共同体	翰林国際大学院大学	聖公会大学	2015/9/5
崔溶澈	朝鮮後期の漂海録における江南：李邦翼『漂海録』と文順得『漂流始末』	香港城市大学	高麗大学	2015/9/7
張成良	書法風格形成に関する諸要素	魯東大学	魯東大学	2015/9/7
樊志輝	此方か或いはあちらか，または此方とあちらの間か—孔子とイエス・キリストとのいくつかの比較	黒龍江大学	黒龍江大学	2015/9/8
Hua Meng	ヴォルテールと孔子	ラヴァル大学	北京大学	2015/9/9
梁キフン	人生の方向設定について	済州国際大学	漢拏日報	2015/9/9
徐在烘	自我の発見と世界の理解	朝鮮大学	朝鮮大学	2015/9/10
李海榮	'東アジア論'と進歩：いくつかのテーゼ	又石大学	韓神大学	2015/9/10
韓容澤	アジア共同体形成のための多層文化主義の公民教育	嶺南大学	建国大学	2015/9/10
翟崑	バングラディシュ・中国・インドミャンマー経済回廊のパブリック・ディプロマシーに関するマクロ・デザイン	雲南大学	北京大学	2015/9/11
呉飛	データベース化と「忘却権」	煙台大学	煙台大学	2015/9/12
姜仁涛	東アジアの戦略的構築を考える	魯東大学	煙台大学	2015/9/12

講師名	講義名	講義大学	所属	講義日
喬林生	世襲政治論：日本「衰退」の謎	黒龍江大学	南開大学	2015/9/13
チェ・チャンウォン	韓国人としてのリーダーシップ教育	漢陽大学	国立東ティモール大学	2015/9/14
林学成	アジアにおける超越と離散	魯東大学	仁荷大学	2015/9/14
Zonova T.V	ロシアの外交とアジア太平洋地域の安全保障問題	極東国際関係大学	Moscow State Institute of International Relations	2015/9/15
李嗣堯	東アジアの企業経営と文化交流の現状と展望	国立台中科技大学	国立台中科技大学	2015/9/15
黎立仁	東アジアの企業経営と文化交流の現状と展望	国立台中科技大学	国立台中科技大学	2015/9/15
趙梅春	アジアとアジア共同体	蘭州大学	蘭州大学	2015/9/15
李娟	国際商務談判における理性思惟	ハルビン商業大学	ハルビン商業大学	2015/9/16
Mizoe Tatsuhide	討論　言語と文化：中国，日本，韓国	ラヴァル大学	澳門大学	2015/9/16
Sonia Engberts	討論　言語と文化：中国，日本，韓国	ラヴァル大学	ラヴァル大学	2015/9/16
Xiaomian Xie	討論　言語と文化：中国，日本，韓国	ラヴァル大学	ラヴァル大学	2015/9/16
ヨン・チョルハ	太平洋からバルト海へ	亜洲大学	ワシントン大学	2015/9/16
刘寧	アジアの大学教育	安徽三聯学院	安徽工程大学	2015/9/16
Kim Joongho	北東アジア経済協力プラン	延辺科学技術大学	The Export-Import Bank of Korea	2015/9/16

講師名	講義名	講義大学	所属	講義日
Raynkhardt R.O.	ASEAN 経済外交 — 新たな挑戦	極東国際関係大学	Moscow State Institute of International Relations	2015/9/16
チョウ・ミヨン	世界への挑戦	済州国際大学		2015/9/16
許南麟	主要な概念，諸理論，実践	ブリティッシュ・コロンビア大学	ブリティッシュ・コロンビア大学	2015/9/17
王殿英	法制から見たアジア共同体	煙台大学	煙台大学	2015/9/17
申東関	アジアの災難危機管理	韓国交通大学	韓国交通大学	2015/9/17
朴桂利	'アジア共同体，アジア美術'：アジア的な美術という方法論は可能か	又石大学	弘益大学	2015/9/17
Ijichi Noriko	済州島と東アジア関係史	嶺南大学	大阪市立大学	2015/9/17
キュチュク・アリ・アケミク	東アジアとアジア共同体	カディル・ハス大学	カディル・ハス大学	2015/9/18
Bury A.G.	東アジア共同体の形成	極東国際関係大学	極東国際関係大学	2015/9/18
賈庆国	中国が対外関係で直面する情勢と課題	天津外国語大学	北京大学	2015/9/18
外村大	イントロ，中国・韓国・日本からの移民総論	東京大学教養学部	東京大学教養学部	2015/9/18
三ツ井崇	イントロ，中国・韓国・日本からの移民総論	東京大学教養学部	東京大学大学院総合文化研究科	2015/9/18
李佳莎	中日の観光発展に関する私見	内蒙古師範大学	広州大学	2015/9/18
金智嬰	韓国・北朝鮮の生活相	国立慶尚大学		2015/9/18

講師名	講義名	講義大学	所属	講義日
黄良日	マレーシアとシンガポールで現地化した語彙の中英翻訳に関する若干の考察	南方大学学院	南方大学学院	2015/9/21
王鉄軍	近代中国東北地域の鉄道と日本	黒龍江大学	遼寧大学	2015/9/22
Maksat Kobonbaev	新興エネルギーと資源に関する協力	アラバエワ記念キルギス大学	Eurasian Institute of International Relations	2015/9/23
Bill Israel	アメリカ，韓国，EU：旅行，貿易，警告	セントメアリー大学	セントメアリー大学	2015/9/23
Matsunuma Miho	近代日本の国際関係（1853—1919）	ラヴァル大学	群馬大学	2015/9/23
Abe Makoto	韓日経済協力	亜洲大学	Asian Economic Research Institute	2015/9/23
Hong Jeongpyo	東アジア共同体の平和と安全保障	延辺科学技術大学	Miyazaki International College	2015/9/23
劉永明	漢と魏の時代の道教と東アジア文化	蘭州大学	蘭州大学	2015/9/23
Christina Han	イデオロギー，覇権，あるいは妄想？	ブリティッシュ・コロンビア大学	ウィルフリッド・ローリエ大学	2015/9/24
申賢承	東アジア前近代儒佛社会と文化共同体	韓国交通大学		2015/9/24
Gracia Liu-Farrer	東シナ海の架け橋：日本の中華系移民	香港理工大学	早稲田大学	2015/9/24
金洙珉	北東アジア情勢の変化と私たちの選択	朝鮮大学	鮮文大学	2015/9/24
林永珍	古代東亜交流史研究成果	内蒙古師範大学	全南大学	2015/9/24

講師名	講義名	講義大学	所属	講義日
李東燮	アジア共同体に向けた模索：希望レール	又石大学	財団法人希望レール	2015/9/24
Yang Guoqing	城壁から南京の歴史を理解する	ラヴァル大学	Nankin Ramports Museum	2015/9/25
曹雲華	成長の悩み―復興する中国は如何に ASEAN と共存共栄を求めるか	雲南大学	暨南大学	2015/9/25
神長英輔	北洋漁業から見た日露関係史	東京大学教養学部	新潟国際情報大学	2015/9/25
康時煌	シンガポールの文化及び経済について	国立慶尚大学	シンガポール/Corevest 投資ファンド	2015/9/25
松下倫子	留学生が思う韓国と東アジア	漢陽大学	漢陽大学	2015/9/28
李永東	宗教文化景観資源の価値構造	河南大学	河南大学	2015/9/29
佐土井有里	アジアにおける人材育成と技術移転	国立台中科技大学	名城大学	2015/9/29
陳輝	日本の現代企業人事管理について	黒龍江大学	黒龍江大学	2015/9/29
Alisher Abidjanov	移民人口による共同体精神の変化およびアジアにおける社会生活の変容	アラバエワ記念キルギス大学	National University of Uzbekistan	2015/9/30
Li Weixing	中国人の心の内面：かき傷	セントメアリー大学	FMF Investment	2015/9/30
Men Lianfeng	中国の高等教育入学試験の特徴とその影響	ラヴァル大学	南開大学	2015/9/30
Yin Xingteng	荘子と東アジア文化	蘭州大学	蘭州大学	2015/9/30
マタン・ブレムバ	「アジア共同体における文化と宗教の役割（2015 年）」申請者	コンゴ・カトリック大学	コンゴ・カトリック大学	2015/10–2016/6

講師名	講義名	講義大学	所属	講義日
Zhenping Wang	唐代中国の叙任と朝貢	ブリティッシュ・コロンビア大学	National Institute of Education	2015/10/1
朴健植	韓・中メディアコンテンツ産業の現状と展望	国立慶尚大学	韓国／放送プロデューサー連合会	2015/10/2
李永炯	地政学から見たアジア共同体	慶熙大学	漢陽大学	2015/10/2
田中仁	21世紀東アジアの「歴史の語り」とアジア共同体	大阪大学	大阪大学	2015/10/2
中山大将	日本の植民地としての樺太研究	東京大学教養学部	京都大学	2015/10/2
Ju Hwan Kim	領土紛争と東アジアの地域共同体	韓国カトリック大学	YTN	2015/10/5
宗享根	アジア共同体と韓国語教育	培材大学	世宗学堂	2015/10/5
MBANDI Alexandre	アジアの哲学とアフリカの哲学	コンゴ・カトリック大学		2015/10/5–11/6
金野純	総論：アジア共同体構想の概観	学習院女子大学	学習院女子大学	2015/10/6
蔡錫勲	安倍政権下における日本の再生戦略	国立台中科技大学	淡江大学	2015/10/6
Elva Adams	中国への道	セントメアリー大学	Wells Fargo Bank	2015/10/7
Andre Couture	古代と近代のヒンズー教	ラヴァル大学	ラヴァル大学	2015/10/7
Claudia Nadeau-Morissette	古代と近代のヒンズー教	ラヴァル大学	ラヴァル大学	2015/10/7
ダニエル	文化交流の意味—ヨーロッパの場合	済州国際大学	元在韓パリ文化院	2015/10/7
喬健	老師の思想	蘭州大学	蘭州大学	2015/10/7

資料2　講義担当者およびワンアジアコンベンションスピーカーのリスト　531

講師名	講義名	講義大学	所属	講義日
高美礼	「韓国・アルゼンチン・日本・上海」4か国での生活記	国立慶尚大学	中国/韓国料理教室	2015/10/7
Benjamin Elman	17－18世紀の中日文化交流	ブリティッシュ・コロンビア大学	プリンストン大学	2015/10/8
丸山孝一	東アジア儒教倫理の現代的意義	韓国交通大学	九州大学	2015/10/8
鄭毓瑜	博物学的知識と博覧会	香港城市大学	国立台湾大学	2015/10/8
Stephen R.Nagy	東アジア共同体に向けて：共同体構築の土台としての環境協力	香港理工大学	国際基督教大学	2015/10/8
李大根	偉大なる統一の試み70年，分断70年	又石大学	京郷新聞	2015/10/8
Park Hun	近代東アジアの歴史的文脈	嶺南大学	ソウル大学	2015/10/8
水羽信男	中華民国における「民主」をめぐる「歴史の語り」	大阪大学	広島大学	2015/10/9
王銘玉	「一帯一路」の発展と言語戦略	天津外国語大学	天津外国語大学	2015/10/9
陳永志	草原のシルクロードと東西文化交流	内蒙古大学	内蒙古考古所	2015/10/9
林春美	蕉風とポスト移民馬華文学	南方大学学院	Universiti Putra	2015/10/9
王惠賢	アジア共同体における日本の環境保護政策	大連外国語大学	大連外国語大学	2015/10/9
Andri Sumaryadi	森林農業または林業漁業の発展におけるインドネシアと日本および周辺諸国との関係	マカッサル国立大学	Tokyo Embassy	2015/10/12
Lam Penger	中国の海のシルクロード，その東南アジアと南アジアにおける課題：地政学，国内および民族の対立	雲南大学	シンガポール国立大学	2015/10/12

講師名	講義名	講義大学	所属	講義日
Kim Jongbeob	東アジアの文化と地域共同体	韓国カトリック大学	大田大学	2015/10/12
石之瑜	華人性，中華性と後華性：再想像した文化共有から東アジアの世界化	香港城市大学	国立台湾大学	2015/10/12
王杰飛	科学技術と文化の融合発展に関する国際的展望や対策研究	魯東大学	魯東大学	2015/10/12
Iqbal Djawad	学生の流動性：人的資源の戦い	マカッサル国立大学	Tokyo Embassy	2015/10/13
渡辺信一郎	儒家—イスラーム・コネクション（2）「中華帝国論と礼楽秩序」	愛知大学		2015/10/13
李昌林	中米関係	安徽三聯学院	安徽省外为	2015/10/13
Lye Liangfook	包括的アプローチを通じたシンガポール，中国，南西国境隣接地域のつながりの推進	雲南大学	シンガポール国立大学	2015/10/13
李芳實	遊びから見るアジア文化共同体	嘉泉大学	烏山大学	2015/10/13
李嘉冬	歴史：戦時期における日中交流史	学習院女子大学	東華大学	2015/10/13
範純	制度の視野から見た北東アジアの環境協力—管理からガバナンス（governance）へ	黒龍江大学	黒龍江大学	2015/10/13
Talaibek Koichumanov	中央アジア地域統合と主権統治に関係した論説	アラバエワ記念キルギス大学	Kyrgyz Russian Slavic University	2015/10/14
Prasad Padmanabhan	インドの経済成長：どんな未来が待っているのか？	セントメアリー大学	セントメアリー大学	2015/10/14
常岡せつ子	日本国憲法から考えるアジアの平和	フェリス女学院大学	フェリス女学院大学	2015/10/14
Miyajima Hiroshi	韓国，中国，日本文化の比較	亜洲大学	成均館大学	2015/10/14

講師名	講義名	講義大学	所属	講義日
孫立祥	中国と日本の関係に対する二大障害とその解決策	蘭州大学	蘭州大学	2015/10/14
姜升技	中国就職成功記—肌で感じる中国	国立慶尚大学	中国／若陽集団有限公司	2015/10/14
Michele Thompson	明朝の大越との関係概論	ブリティッシュ・コロンビア大学	サザンコネチカット州立大学	2015/10/15
柳聖善	懲毖録のリーダーシップと時代精神—21世紀東アジアを中心に	韓国交通大学		2015/10/15
杜鋼建	中国古代憲法と湖湘文化	湖南大学（CN）	湖南大学（CN）	2015/10/15
Hye K.Pae	韓語と筆記システム	香港理工大学	シンシナティ大学	2015/10/15
載文捷	近世日本と中国の関係——華夷論と自他認識を中心に	上海杉達学院	上海杉達学院	2015/10/15
崔宰薫	ＩＳを通じた中東の今日を理解する	又石大学	国際人権連帯	2015/10/15
セルチュク・エセンベル	アジア地域統合の歴史と日本の役割	カディル・ハス大学	ボアジチ大学	2015/10/16
鄭継永	習近平時代の対朝政策	天津外国語大学	復旦大学	2015/10/16
李榮俊	アメリカでの韓国学研究	国立慶尚大学	慶熙大学大学フマニタスカレッジ	2015/10/16
Hoang Anh Tuan	国家史の地域化：前近代期の東アジア海域におけるヴェトナム	ベトナム国家大学ハノイ校	ベトナム国家大学ハノイ校	2015/10/17
Yonemura Koichi	アジア共同体のための日本の視点	翰林国際大学院大学	毎日ジャーナル	2015/10/17
毕憲順	中国高等教育の越境式発展に関する戦略的思考とその弁論的思惟	魯東大学	魯東大学	2015/10/17

講師名	講義名	講義大学	所属	講義日
アントネッタ・ルチア・ブルーノ	国境を越えた共同体の創造：挑戦（一般的な歴史概説を講義）	ローマ大学サピエンツァ校	ローマ大学サピエンツァ校	2015/10/19
後藤康浩	アジア経済の現場から	帝京平成大学	日本経済新聞社	2015/10/19
載暁芙	日本の金融改革とアジア経済	復旦大学	復旦大学	2015/10/19
孫彩恵	国際化視野における辞書現代化研究	魯東大学	魯東大学	2015/10/19
朴尚洙	歴史：中国・韓国の歴史認識	学習院女子大学	高麗大学	2015/10/20
Luke van der Laan	概念時代への突入：東アジアのリーダーと「未来に即した」認知的競争力の緊急性	極東国際関係大学	サザンクイーンズランド大学	2015/10/20
劉慶瑞	アジア共同体：日本経済とアジア経済	国立台中科技大学	輔仁大学	2015/10/20
康渝生	「アジア共同体」から「人類の共同運命」―「真正の共同体」理論と実践	黒龍江大学	黒龍江大学	2015/10/20
西岡省二	解読挑戦	天津外国語大学	毎日新聞	2015/10/20
ベ・ビョンイン	ヨーロッパの経験とアジア共同体の可能性	祥明大学	国民大学	2015/10/21
Adam Bohnet	外国人あるいは忠誠者：韓国の明朝移民	ブリティッシュ・コロンビア大学	ウェスタン大学	2015/10/22
洪容熙	アジアの倫理共同体的價値	韓国交通大学	韓国交通大学	2015/10/22
銭暁波	谷崎潤一郎とミステリー小説	上海杉達学院	東華大学	2015/10/22
李錫信	東アジア談論と近代日本の思想家	又石大学	又石大学	2015/10/22
コスタス・イファンティス	中央アジアと安全保障	カディル・ハス大学	カディル・ハス大学	2015/10/23
金子肇	中華民国史と「歴史の語り」	大阪大学	広島大学	2015/10/23

資料2　講義担当者およびワンアジアコンベンションスピーカーのリスト　535

講師名	講義名	講義大学	所属	講義日
崔賢	在日済州人の歴史と現在	東京大学教養学部	済州大学済州人研究センター	2015/10/23
姜海守	日本の歴史	国立慶尚大学	国際基督教大学アジア文化研究所	2015/10/23
Lim Youngsin	旅を通じて平和を想像する	韓信大学	Imagine Peace (NGO)	2015/10/24
イム・ヘリ	歴史の中の女性	済州国際大学		2015/10/25
李日	人類運命共同体とアジア共同体	煙台大学	煙台大学	2015/10/26
Lee Lixin	アジア共同体：韓国における杜甫の詩の影響	香港大学		2015/10/26
西前紀和子	ネパールとはどんな国	帝京平成大学	国際協力機構（JICA)	2015/10/26
泰跃宇	「春江花月夜」のテクスト分析	魯東大学	魯東大学	2015/10/26
入江昭	〈アジア〉理解と和解への道—隣国関係をどう捉えるか—	愛知大学	ハーバード大学	2015/10/27
高橋義仁	東南アジア諸国での戦略的海外進出可能性	河南大学	専修大学	2015/10/27
李培徳	歴史：東アジア経済史	学習院女子大学	香港大学	2015/10/27
阿部顕三	日本の貿易自由化と東アジア	国立台中科技大学	大阪大学	2015/10/27
Baktybek Asanov	アジア共同体設立のための中国，韓国，日本の役割	アラバエワ記念キルギス大学	Eurasian Institute of International Relations	2015/10/28
朴貞烈	韓国大学介紹	安徽三聯学院	拿撒勒大学	2015/10/28

講師名	講義名	講義大学	所属	講義日
金炳鎮	東アジア共同体の歴史	延辺科学技術大学	延辺科学技術大学	2015/10/28
呉万錫	生態学から見る新しい文明と東洋思想	華中師範大学	韓国学中央研究院	2015/10/28
張西俊	アジア共同体の可能性分析	煙台大学	煙台大学	2015/10/29
孫鵬	世界映画の発展	煙台大学	魯東大学	2015/10/29
李南根	言語と人間	朝鮮大学		2015/10/29
呉基出	気候変動時代：巨大な転換ワクチンかコミュニティか	又石大学	財団法人青いアジア	2015/10/29
Jin Jai Gyo	漢字と韓国文学およびアジア共同体	嶺南大学	成均館大学	2015/10/29
セルチュク・チョラコール	韓国の観点からみてアジアの統合	カディル・ハス大学	Yildirim Beyazit University	2015/10/30
楊沐	一帯一路と地政的交通，経済，政治の連動	雲南大学	華南理工大学	2015/10/30
佐藤周平	ワンアジア財団の活動について	煙台大学	ワンアジア財団	2015/10/30
土田哲夫	戦間期国際政治のなかの中国と「歴史の語り」	大阪大学	中央大学（JP）	2015/10/30
Lim Dongwon	ふたつの朝鮮の統一	翰林国際大学院大学	Korea Peace Forum	2015/10/31
角田猛之	日本の暴力団組織の取締と課題	湖南大学（CN）	関西大学	2015/10/31
加藤嘉一	安保法案からTPPに：日本は何処から何処に行こうとしているのか？	黒龍江大学		2015/11/1
Kim Seonghwan	東アジアにおける宗教と地域共同体	韓国カトリック大学	群山大学	2015/11/2
彭春凌	近代中韓の国際的儒教改革運動―康有為と李炳憲の周辺の学者達に関する考察	香港城市大学	中国社会科学院	2015/11/2
Zhu Shoutong	アジア共同体：韓国のドラマ「春香伝」における中国要素	香港大学		2015/11/2

講師名	講義名	講義大学	所属	講義日
西澤信善	日中両国は独仏に学び歴史的和解を	河南大学	東亜大学（JP）	2015/11/3
Soe Moe Thu	移民労働者と多層文化共同体	韓信大学	MWTV（Migrant Workers TV)	2015/11/3
小倉明浩	東アジアの経済協力の進展のために	国立台中科技大学	滋賀大学	2015/11/3
呉志成	現在の安全保障情勢と中国外交	天津外国語大学	南開大学	2015/11/3
Ham Hyunjin	ゴスペルの魔法：聖書，TRIZ（トゥリーズ），魔法の集約	セントメアリー大学	Magic Association	2015/11/4
彭徳良	中日関係の新変化と展望	ハルビン商業大学	吉林大学	2015/11/4
Anna Ghiglione	儒教：伝統と近代性	ラヴァル大学	モントリオール大学	2015/11/4
住川雅洋	アジア企業と韓国および日本の役割	亜洲大学	AFLAC/広島銀行	2015/11/4
小口彦太	法は国によって違う―中日契約法の比較	華中師範大学	早稲田大学	2015/11/4
ジョン・トゥファン	メンバーシップとトレーニング	済州国際大学	極東大学	2015/11/4
イ・シンチョル	アジアの歴史―葛藤と和解	祥明大学	成均館大学	2015/11/4
田崎徳友	世界主要国における教育の動向	大連民族大学	九州女子大学	2015/11/4
珠心	若者の国―ベトナムについて	国立慶尚大学	国立慶尚大学	2015/11/4
James Lewis	李氏朝鮮下のキリスト教信者の苦闘	ブリティッシュ・コロンビア大学	オックスフォード大学	2015/11/5
金会慶	道家的経済思想	韓国交通大学	安徽三聯学院	2015/11/5

講師名	講義名	講義大学	所属	講義日
中島和男	歴史認識の「かたち」——朝鮮総督府下の国語政策を一例として	吉林大学	西南学院大学	2015/11/5
Jerome Packard	社会グループが異なると話す中国語が変わるのか？	香港理工大学	イリノイ大学アーバナ・シャンペーン校	2015/11/5
閔榮敦	東洋古典を介して見て私たちの意識	朝鮮大学	朝鮮大学	2015/11/5
朴仁奎	光福70年，行く先を失った韓国外交	又石大学	インターネット新聞プレシアン	2015/11/5
Qu Lindong	遺産と新しいアイデアの産出	蘭州大学	北京師範大学	2015/11/5
Hwang Chibok	韓国，中国，日本の国境を越えた文学	嶺南大学	高麗大学	2015/11/5
李佳	中国経済の現状と未来	カディル・ハス大学	新潟県立大学	2015/11/6
Kent Deng	20世紀以前の中国，韓国，日本の初期貿易	ローマ大学サピエンツァ校	ロンドン・スクール・オブ・エコノミクス	2015/11/6
潘志平	中国外交大戦略と西に向けた開放	雲南大学	新疆大学	2015/11/6
孫愛珍	東西言語構造と思考方式の相違	三亜学院	三亜学院	2015/11/6
松重充浩	戦間期の「満州」と「歴史の語り」	大阪大学	日本大学	2015/11/6
羅京洙	コリアンディアスポラと国際環境	東京大学教養学部	学習院女子大学	2015/11/6
桜井肖典	ソーシャル・イノベーション，ソーシャルビジネス，そして東アジア①	立命館大学	一般社団法人オープン・ガーデン	2015/11/6

講師名	講義名	講義大学	所属	講義日
樓正豪	韓・中の歴史と文化	国立慶尚大学	浙江海洋大学東海発展研究所	2015/11/6
樫村愛子	〈アジア〉における恥辱と矜持をめぐるトラウマ—〈自発的隷従〉の現況—	愛知大学	愛知大学	2015/11/9
Lee Taedong	東アジアの環境問題と地域共同体	韓国カトリック大学	延世大学	2015/11/9
Kwong Kin Hung	アジア共同体：中国と韓国の学者の目撃体験の交換「Ganjington bitan」	香港大学	香港大学	2015/11/9
MUSWA Mathieu	アフリカとアジアの開発理念	コンゴ・カトリック大学		2015/11/9–12/11
ONGOMBE David	異文化間対話におけるアフリカ思想。プロセス哲学とその他（アジア，西欧）の文化との関係。近代以後における魅力	コンゴ・カトリック大学		2015/11/9–12/11
古村治彦	〈アジア〉における価値共有の可能性—東アジア知識人その位置と役割—	愛知大学	愛知大学	2015/11/10
副島隆彦	〈アジア〉における価値共有の可能性—東アジア知識人その位置と役割—	愛知大学	ＳＮＳＩ	2015/11/10
ナム・スア	楽器と音楽から見るアジア文化共同体	嘉泉大学	嘉泉大学	2015/11/10
時安邦治	市民社会：日本社会のシティズンシップ	学習院女子大学	学習院女子大学	2015/11/10
Kim Yeonghwan	歴史的対立の和解	韓信大学	民族問題研究所	2015/11/10
Hahn Choonghee	ひとつの朝鮮，ひとつの世界：持続可能な発展のための2030年宣言において人間の尊厳と正義はどう促進されるか	セントメアリー大学	United Nations	2015/11/11

講師名	講義名	講義大学	所属	講義日
朱徳貴	中国対外貿易競争力の影響要因分析	ハルビン商業大学	ハルビン商業大学	2015/11/11
Scott Simon	現代社会における台湾の原住民	ラヴァル大学	オタワ大学	2015/11/11
Keyu GONG	韓中関係	亜洲大学	上海外国語大学	2015/11/11
Baeg Seongho	東アジアの地域発展と国際物流管理	延辺科学技術大学	Northeast Asia Logistics Institute	2015/11/11
田衛平	特許連盟の組織と運営問題	湖南大学（CN）	ＣＴＵ会社	2015/11/11
呉龍	平和と繁栄	済州国際大学	平和研究員	2015/11/11
李強	気候に関する協力：中国とアメリカによる新型大国関係構築の架け橋	天津外国語大学	天津外国語大学	2015/11/11
Xu Longfei	「神の国」における歴史哲学	蘭州大学	北京大学	2015/11/11
Surachai Jewcha-roensakul	食文化から考えるアジアの未来	和歌山大学	カセサート大学	2015/11/11
Yungkang Wang	清朝の外交政策	ブリティッシュ・コロンビア大学	ウェスタン・ミシガン大学	2015/11/12
鈴木貞美	日本近代におけるシルクロード——国際戦略と学術の動き	吉林大学	国際日本文化研究センター	2015/11/12
Timoshenko V.N	東アジア共同体およびロシアとアジア太平洋諸国のための視点	極東国際関係大学	パシフィック大学	2015/11/12
陳祖恩	日本企業の歴史と文化	上海杉達学院	東華大学	2015/11/12
朱聖秀	アジア市民社会とＮＧＯ	又石大学	漢陽大学	2015/11/12
Kim Hoyoung	東アジア映画の潮流と展望	嶺南大学	漢陽大学	2015/11/12
オズグル・オルハンガージ	現代世界経済とアジアの役割	カディル・ハス大学	カディル・ハス大学	2015/11/13

講師名	講義名	講義大学	所属	講義日
Enrico Fardella	Lo Xiyabeifei：北アフリカと中東における北京の役割	ローマ大学サピエンツァ校	北京大学歴史学部	2015/11/13
範祚軍	国際関係における政治と経済の連動—中国とASEANの協力を視点に	雲南大学	広西大学	2015/11/13
譚晶華	中国文化を世界に発信するための文学翻訳—莫言のノーベル文学賞獲得視点から	華中師範大学	上海外国語大学	2015/11/13
James Cunningham	東アジア共同体に向けて：ニュージーランドからの視点	極東国際関係大学	Pacific International Hotel Management School	2015/11/13
吉田豊子	冷戦期中国の「平和共存」政策と「歴史の語り」	大阪大学	京都産業大学	2015/11/13
八尾祥平	戦後の琉球華僑	東京大学教養学部	早稲田大学アジア研究機構	2015/11/13
藤田高夫	東アジア史を読む	国立慶尚大学	関西大学	2015/11/13
Lee Ilyoung	アジア共同体における中国の視点	翰林国際大学院大学	韓信大学	2015/11/14
冷麗敏	ポートフォリオと学習者オートノミー	吉林大学	北京師範大学	2015/11/15
ソク・チョン	両岸関係の展望	漢陽大学	駐韓台湾代表部	2015/11/16
Jeong Hanbeom	東アジア地域共同体と朝鮮半島における平和	韓国カトリック大学	韓国国防大学	2015/11/16
Michelle Louise Kuhn	源氏物語と愛知県：なぜ国宝源氏物語絵巻は名古屋・徳川美術館にあるのか	吉林大学	名古屋大学	2015/11/16
伊東章子	鉄道網の発展と日本の近代化	吉林大学	名古屋大学	2015/11/16

講師名	講義名	講義大学	所属	講義日
岡井宏文	日本の中の多様性	帝京平成大学	早稲田大学	2015/11/16
キム・ポッキ	美術から見るアジア文化共同体	嘉泉大学	京畿大学	2015/11/17
松岡栄志	中国翻訳のキーポイント―「詩経」日本語翻訳の現場から	華中師範大学	東京学芸大学	2015/11/17
皆川涼子	市民社会：日本における外国人への法的支援	学習院女子大学	マイルストーン総合法律事務所	2015/11/17
Kim Sungkyung	流動性と心の再編成：北朝鮮付近で女性が国境を越える	韓信大学	Graduate School of North Korean Studies	2015/11/17
Zhang Xiaoming	東アジア地域主義の歴史的進化	極東国際関係大学	北京大学	2015/11/17
何思慎	東アジア共同体と安全保障	国立台中科技大学	輔仁大学	2015/11/17
何穎	政府機能の転換と社会管理の新しい模索	黒龍江大学	黒龍江大学	2015/11/17
Sichan Siv	カンボジア，はじめてのアメリカンドリーム	セントメアリー大学	Former UN Ambassa-dor	2015/11/18
杉之原真子	アジアの経済統合とＴＰＰ	フェリス女学院大学	フェリス女学院大学	2015/11/18
蘇展	アジア諸国の経済発展パターン	ラヴァル大学	ラヴァル大学	2015/11/18
Bae Hyoyul	韓国 – 中国 – 日本の未来図から見るアジア共同体とその課題	延辺科学技術大学	延辺科学技術大学	2015/11/18
劉石明	知的財産権と金融問題	湖南大学（CN）	深セン科学技術局	2015/11/18
白君竹	インターネットが政策意思決定を変えた過程	天津外国語大学	ジョージ・ワシントン大学	2015/11/18

講師名	講義名	講義大学	所属	講義日
柳印泰	デジタル・ヒューマニティーズとは	国立慶尚大学	韓国学中央研究院	2015/11/18
笪志剛	東北アジア経済協力の現状と挑戦	ハルビン商業大学	黒龍江省社会科学研究院	2015/11/19
林淑丹	台湾映画における日本のイメージ	上海杉達学院	文藻外語大学	2015/11/19
宋政滷	アジア共同体と朝鮮半島の未来	又石大学	又石大学	2015/11/19
Tomii Masanori	東アジアの現代都市と建築	嶺南大学	漢陽大学	2015/11/19
ディミトリー・トリアンタフィロー	国際関係学観点から見てグローバル化とアジア地域統合	カディル・ハス大学	カディル・ハス大学	2015/11/20
Antonio Fiori	東アジアの三国安全保障協力：ユートピアで終わるか，実現できるか？	ローマ大学サピエンツァ校	ボローニャ大学	2015/11/20
楊保筠	一帯一路の企画と建設における西南民族地域の参与に関する思考	雲南大学	北京大学	2015/11/20
単冰茸	文化 vs CULTURE	三亜学院	三亜学院	2015/11/20
呂耀東	「大陸政策」から「海洋国家」への構想	天津外国語大学	中国社会科学院	2015/11/20
秋林こずえ	非戦闘区域を通過した女性たちの経験	立命館大学	同志社大学	2015/11/20
尹泰鈺	中国人文紀行─中国文化や人に触れ合う方法について	国立慶尚大学	韓国／ドキュメンタリー製作会社ワンダースケイフ	2015/11/20
朱士群	創新と科学	安徽三聯学院	安徽社会科学院	2015/11/23
A・アンドリュー	アメリカのアジア均衡政策	漢陽大学	駐韓米国大使館	2015/11/23
横森佳世	ミャンマーとはどんな国	帝京平成大学	帝京平成大学	2015/11/23

講師名	講義名	講義大学	所属	講義日
巴殿君	日本の戦略的調整と中日関係のジレンマ	蘭州大学	吉林大学	2015/11/23
阿久津正幸	〈アジア〉におけるムスリムの諸相	愛知大学	東洋大学	2015/11/24
青木武信	〈アジア〉におけるムスリムの諸相	愛知大学	千葉大学	2015/11/24
阿古智子	市民社会：中国社会のシティズンシップ	学習院女子大学	東京大学	2015/11/24
Teranishi Sumiko	アジアの平和運動：JVCによる平壌と東京の子供たちの映像交流活動	韓信大学	JVC (Japanese Volunteer Center)	2015/11/24
清水剛	日本の企業システムと東アジア	国立台中科技大学	東京大学	2015/11/24
喬榛	経済の「新常態」,「一路一帯」と中国の未来	黒龍江大学	黒龍江大学	2015/11/24
道上知弘	香港映画	東京大学教養学部	東京大学	2015/11/24
T. Tchoroev	アジア共同体統一プロセスにおけるプーチンのユーラシア併合イニシアチヴ	アラバエワ記念キルギス大学		2015/11/25
李王徹	東アジア経済共同体（グローバル生産ネットワークの視点）	亜洲大学	亜洲大学	2015/11/25
崔星	クラウド・フィンテック（金融テクノロジー）北東アジア金融共同体建設のための成功ビジネスモデル	延辺科学技術大学	南ソウル大学	2015/11/25
樋口清秀	アジアの発展，世界の発展	華中師範大学	早稲田大学	2015/11/25
劉伍堂	知的財産権の資産評価問題	湖南大学（CN）	連城資産評価会社	2015/11/25
丘鋒	かつて日本でも学んだ王志国（Wang Shiguo）の芸術 人生のスケッチ	蘭州大学	蘭州大学	2015/11/25

講師名	講義名	講義大学	所属	講義日
Yufen Chang	旅する文明	ブリティッシュ・コロンビア大学	Academia Sinica	2015/11/26
Nick Palfreyman	インドネシアの手話と手話調査研究	マカッサル国立大学	セントラル・ランカシャー大学	2015/11/26
李美子	東洋漢字文化交流	韓国交通大学	浙江工商大学	2015/11/26
Renzin O.M	アジア太平洋地域の金融統合	極東国際関係大学	Economic Research Institute, Far Eastern Branch of the Russian Academy of Sciences	2015/11/26
Ping Xin	多層文化的視点から見る中国の語彙と文化分析	香港理工大学	北京大学	2015/11/26
韓正美	韓国と日本の神話的創造力と文化	嶺南大学	檀国大学	2015/11/26
ジェレン・エリゲンチ	中国におけるアジア共同体意識	カディル・ハス大学	中東工科大学	2015/11/27
Zhao Jianmin	東アジアの超文化的コミュニケーション：日本の教育に関する森有礼の本（1873）の中国語翻訳（1896）	ベトナム国家大学ホーチミン校	復旦大学	2015/11/27
鄭雅英	ロッテとソフトバンク～在日コリアン企業の光と影	延辺大学		2015/11/27
Kim Hyuntaek	韓国とロシア極東	極東国際関係大学	韓国外国語大学	2015/11/27
黄紹倫	インド系移民と中国系移民の比較	東京大学教養学部	香港大学	2015/11/27
郭世榮	中国と李氏朝鮮による科学技術交流の概説	内蒙古師範大学	内蒙古師範大学	2015/11/27

講師名	講義名	講義大学	所属	講義日
金元雄	韓国の国定教科書と東アジアの歴史認識	立命館大学	前韓国国会統一外交通商委員会	2015/11/27
社鳳剛	アジア共同体における環境社会学の展開	大連外国語大学	大連理工大学	2015/11/27
申相賢	満州語を通じてみる韓国語	国立慶尚大学	高麗大学民族文化研究所	2015/11/27
陶徳民	羅森や衛三畏と吉田松陰や平山謙二郎―19世紀中葉の香港・マカオと日本の開国	香港城市大学	関西大学	2015/11/30
Al Momen Abdullah	地図が読めないアラブ人／道が聞けない日本人	帝京平成大学	東海大学	2015/11/30
金珉延	心理学から見る本アジア文化共同体	嘉泉大学	嘉泉大学	2015/12/1
Zausaev K.V	21世紀におけるロシア極東の国際的経済活動のシナリオ	極東国際関係大学	Far Eastern Scientific Institute of Market Research	2015/12/1
陳禮俊	東アジアの持続可能な発展に向けた環境政策とエネルギー保証：日本の経験	国立台中科技大学	山口大学	2015/12/1
宋瑞芝	外部の要素とフィリピン，タイ，インドネシア諸国の民主化進展	黒龍江大学	黒龍江大学	2015/12/1
木曽純子	アジアにおける開発と労働	フェリス女学院大学	フェリス女学院大学	2015/12/2
朴盛彬	韓日関係の変化（歴史的対立を超えて）	亜洲大学	亜洲大学	2015/12/2
鄧捷	東アジアの近代化	関東学院大学	関東学院大学	2015/12/2
Liu Chenyu	日本の教育と日本文化の特徴	蘭州大学	蘭州大学	2015/12/2
章開元	新三国演義―共に安定且繁栄する新しいアジアを構築	華中師範大学	華中師範大学	2015/12/3

講師名	講義名	講義大学	所属	講義日
秋谷治	日本の社会・文化の基層—ムラ社会—	華中師範大学	行知学園	2015/12/3
呉侃	日本語の自動詞と他動詞	吉林大学	同済大学	2015/12/3
潘世聖	魯迅の留日生活	上海杉達学院	華東師範大学	2015/12/3
洪起惠	個人，境界を越える共同体としてのアジア	又石大学	プレシアン	2015/12/3
李姃和	アジア伝統演劇の世界から見るアジア共同体の未来	嶺南大学	嶺南大学	2015/12/3
チャールズ・ユージ・ホリオカ	日本における貯蓄・利他主義について	カディル・ハスサ大学	公益財団法人アジア成長研究所	2015/12/4
鄭賢壽	南北韓関係における市民社会の役割	慶熙大学	（社）平和韓国	2015/12/4
瀧口剛	近代日本とアジア主義	大阪大学	大阪大学	2015/12/4
桔川純子	起業がうまれるまち—ソンミサン・マウル	立命館大学	NPO法人希望の種	2015/12/4
方愛郷	アジア共同体における水循環と流域環境	大連外国語大学	東北財形大学	2015/12/4
李民	部屋に隠されている話—韓国での中国，韓流・韓中関係への展望	国立慶尚大学	大連外国語大学	2015/12/4
Pham Van Quyet	アジアとヴェトナムの人口：現状と傾向	ベトナム国家大学ハノイ校	ベトナム国家大学ハノイ校	2015/12/5
林昶	中国における日本研究—雑誌及び雑誌とネットの融和の視点から	黒龍江大学	中国社会科学院	2015/12/6
魯義	日本が中国国内に廃棄した科学武器の処分問題について	黒龍江大学	北京大学国際学部	2015/12/6
Daniel Long	流動性の高まりにおける言語教育の役割	マカッサル国立大学	首都大学東京	2015/12/7
小林恒夫	交易，交流・東アジアから考える日本	延辺大学		2015/12/7

講師名	講義名	講義大学	所属	講義日
Anchana Heemmina	アジアの人権について考える	帝京平成大学	Duayjai Group	2015/12/7
飯村豊	東南アジアの国際関係を考える	東京外国語大学	外務省	2015/12/7
臼杵陽	儒家—イスラーム・コネクション（3）大川周明をめぐって	愛知大学	日本女子大学	2015/12/8
信達郎	岐路に立つ日本	極東国際関係大学	国士舘大学	2015/12/8
斎藤直	アジア市場と日本企業の進出	フェリス女学院大学	フェリス女学院大学	2015/12/9
Oliver Servais	西洋ビデオゲームの中の中国	ラヴァル大学	ルーヴァン・カトリック大学	2015/12/9
Frederic Laugrand	マニラとダヴァオの中国人の死と葬式	ラヴァル大学	ラヴァル大学	2015/12/9
全永善	南北住民の情緒：感性の統制と情緒の企画	又石大学	建国大学	2015/12/10
アリ・メルトハン・ヂュンダル	アジアの歴史文化	カディル・ハス大学	アンカラ大学	2015/12/11
Rosella Ideo	アメリカのアジア回帰は北東アジア諸国にどういう意味を持つのか？	ローマ大学サピエンツァ校	トリエステ大学	2015/12/11
王緝思	中国の地政学戦略に関するいくつかの思考	雲南大学	北京大学	2015/12/11
金海浩司	アジア共同体と日本の戦略	慶熙大学	（社）ソニャル	2015/12/11
俞萌萌	新聞記者の職業と使命	三亜学院	三亜テレビ放送局	2015/12/11
高橋慶吉	アメリカのアジア外交と「歴史の語り」	大阪大学	大阪大学	2015/12/11
鄭己烈	「アジアはひとつ，世界はひとつ」は可能か？挑戦と機会	立命館大学	中国社会科学院	2015/12/11

資料2　講義担当者およびワンアジアコンベンションスピーカーのリスト　549

講師名	講義名	講義大学	所属	講義日
Pham Hong Thai	日本と韓国の文化産業とその国際的な影響	ベトナム国家大学ハノイ校	Institute of East Asia Studies, VASS Hanoi	2015/12/12
Xie Daning	アジア共同体：中国哲学，建築，映像	香港大学	Fo Guang University	2015/12/13
関尾史郎	東アジアの漢字文化—日本からの視座	華中師範大学	新潟大学	2015/12/14
ビクター・ポ	シエラレオネ統合と韓国との協力	漢陽大学	シエラレオネ	2015/12/14
玉懸光枝	カンボジアとはどんな国	帝京平成大学	月刊「国際開発ジャーナル」	2015/12/14
田中明彦	日本の国際協力とアジア外交	東京外国語大学	東京大学	2015/12/14
KUMBE Eleuthere	キリスト教と対話するアジアの諸宗教	コンゴ・カトリック大学		2015/12/14–1/9
MIMBU	古代エジプトと私たち，イシス信仰と le culte de Liangombe	コンゴ・カトリック大学		2015/12/14–1/9
下谷政弘	東アジア共同体と日本経済	国立台中科技大学	福井県立大学	2015/12/15
Syrtbai Musaev	宗教世界から見たアジア共同体	アラバエワ記念キルギス大学	Kyrgyz National State University named after Arabaev	2015/12/16
張月嬌	ＷＴＯと知的財産権問題	湖南大学（CN）	世界貿易機関ＤＳＢ	2015/12/17
Guiuseppina De Nicola	韓国社会と統一：若者世代の視点を探る	ローマ大学サピエンツァ校	ローマ大学サピエンツァ校	2015/12/18

講師名	講義名	講義大学	所属	講義日
朴振秀	東北アジア平和協力構想推進の概念図	慶熙大学	徳成女子大学	2015/12/18
張平	特許運営と科学技術の実用化	湖南大学（CN）	北京大学	2015/12/18
郝佳	中国ＮＰＯのシンクタンク型発展について	三亜学院	三亜学院	2015/12/18
坂本一哉	安倍談話，歴史認識，戦後処理	大阪大学	大阪大学	2015/12/18
修剛	多文化交流の視点から見たアジアの一体化	天津外国語大学	天津外国語大学	2015/12/18
李基東	朝鮮半島の平和的統一と中国	天津外国語大学	韓国国家安保戦略研究所	2015/12/18
河成昊	西洋帝国主義と東洋伝統社会との出会い	国立慶尚大学	アラスカ大学アンカレッジ校	2015/12/18
Nguyen Quang Lieu	アジア共同体におけるヴェトナム学生の雇用：機会と挑戦	ベトナム国家大学ハノイ校	ベトナム国家大学ハノイ校	2015/12/19
張菊芳	東アジア共同体の物資の文化—陶芸	西安交通大学	西安交通大学	2015/12/20
徐氷	中国における日本学研究の重鎮—黄遵憲から周氏父子まで	華中師範大学	東北師範大学	2015/12/21
荘林幹太郎	環境：農業・環境問題からみる東アジア	学習院女子大学	学習院女子大学	2015/12/22
塩澤雅代	日本とアジアの文化交流～交流協会と日本国際交流基金会の活動から	国立台中科技大学	日本交流協会台北事務所	2015/12/22
Park Seyoung	韓国済州島での里山づくりから学んだこと	立命館大学	NPO Dungsil	2015/12/22
Murataly Djamanbaev	キルギス州立ラザコフ記念工科大学における遠隔教育：アジア諸国の事例	キルギス工科大学		2015/12/25
中川淳司	ＷＴＯＴＰＰと世界貿易ガバナンスの将来	湖南大学（CN）	東京大学	2015/12/25

講師名	講義名	講義大学	所属	講義日
高娟	日本占領期の海南島「朝鮮報国隊」史跡調査	三亜学院	三亜学院	2015/12/25
黄愛蓮	NLD時代の中国・ミャンマー関係に関する分析	雲南大学	広西大学	2015/12/26
熊雯	東アジアの仏教	西安交通大学	西安交通大学	2015/12/27
藤井省三	魯迅と日本文学―夏目漱石から村上春樹まで	華中師範大学	東京大学	2015/12/28
馬敏	アジア視点から見る近代儒商精神―張謇と渋沢栄一の比較	華中師範大学	華中師範大学	2015/12/29
呉銀澤	東アジアの貿易分業ネットワークからみる企業間の協力と競争	国立台中科技大学	育達科技大学	2015/12/29
薛雲	海外交流の礼儀	吉林大学	吉林省外事弁公室アジア処	2015/12/30
李征	身体の重み――『細雪』における女性像	上海杉達学院	復旦大学	2015/12/31
Humayun Kabir	アジア共同体の発展：バングラディシュの視点	イースタン大学	Former Ambassador People's Republic of Bangladesh	2016/1–2016/4
Salehuddin Ahmed	バングラディシュのような新興国における地理経済と経済保証の意味	イースタン大学	Business School BRAC University	2016/1–2016/4
AKM Moazzem Hussain	バングラディシュをアジア経済に統合する	イースタン大学	バングラデシュ・ユニバーシティ・オブ・エンジニアリング・アンド・テクノロジー	2016/1–2016/4

講師名	講義名	講義大学	所属	講義日
シャリーフ・ヌルル・アークム	アジア共同体形成の裏にある単純論理	イースタン大学	イースタン大学	2016/1–2016/4
大橋知穂	アジアのなかのジェンダー	フェリス女学院大学	国際協力機構（ＪＩＣＡ)	2016/1/6
佐治暁人	日本の戦争責任と戦犯裁判	関東学院大学	関東学院大学	2016/1/6
多田孝志	ワンアジア：多文化理解と国際教育	和歌山大学	目白大学	2016/1/6
銭耕森	中国における哲学教育の未来	安徽三聯学院	安徽大学	2016/1/7
段穎隷	外交関係者と通釈のあるべき素質	吉林大学	吉林省外事弁公室	2016/1/7
呉冬青	仮名の来た道―「漢字文化圏」の来し方行く末を考えるために	上海杉達学院	上海杉達学院	2016/1/7
YENDA	アフリカと日本の宗教における儀式の意義について	コンゴ・カトリック大学		2016/1/9–2/2
MWEZE Dominique	伝統的なアフリカ宗教の，アジアの宗教との対話	コンゴ・カトリック大学		2016/1/9–2/2
魯先長	アジア音楽の鑑賞と分析	安徽三聯学院	安徽三聯学院	2016/1/13
朴英愛	新しい海洋秩序の下での北東アジア海洋権益争奪戦	吉林大学	吉林大学	2016/1/14
張慧智	朝鮮政治経済の新状況	吉林大学	吉林大学	2016/1/14
于瀟	北東アジア区域合作の新しい傾向	吉林大学	吉林大学	2016/1/14
孫静霞	日本の長寿企業	上海杉達学院	上海杉達学院	2016/1/14
Ryoo Sungchang	韓国教育者政策	カザフ国立大学	国民大学	2016/1/20
泉谷陽子	中国の社会主義とアジア	フェリス女学院大学	フェリス女学院大学	2016/1/20

講師名	講義名	講義大学	所属	講義日
大塚耕司	ベトナムの環境保全と住民参加	和歌山大学	大阪府立大学	2016/1/20
Yu Huang Chieh	中国の美意識入門	マラヤ大学		2016/1/23
Pan Hsiao Huei	子供に関する理論と実践	マラヤ大学		2016/1/23
李明陽	アジア文化と書道の伝統	安徽三聯学院	安徽三聯学院	2016/1/24
崔洋一	監督の視点から見た日本映画の過去，現在，未来	香港城市大学	日本電影導演協会	2016/1/28
柳鏞泰	自国史の帝国性を問う	大阪大学	ソウル大学	2016/1/29
王瑞來	20世紀以来日本の東洋史研究と宋代史研究	上海師範大学	日本学習院大学	2016/2–2016/6
青木敦	アジアの比較法制史から見た中国法の伝統	上海師範大学	青山学院大学	2016/2–2016/6
ロバート	アジア共同体とアジアの国際関係史	上海師範大学	オックスフォード大学	2016/2–2016/6
王暁徳	世界歴史中の文化受容と相互吸収：中国と日本の間を例として	上海師範大学	福建師範大学	2016/2–2016/6
程郁	日本の中国女性史研究について	上海師範大学	上海師範大学	2016/2–2016/6
周昆平	ワンアジアと現代中日経済交流	上海師範大学	中国交通銀行	2016/2–2016/6
Kubanichbek Jusaev	文明（儒教）のアイデンティティあるいはその制度の中身：中国社会の普遍的モデル探求の問題	ビシュケク人文大学	MFA Kyrgyz Republic	2016/2/2
Salamat Dushenbiev	極東諸国の近代化における伝統的儒教・神道・仏教思想の役割	ビシュケク人文大学	ビシュケク人文大学	2016/2/2
呂寅碩	病原体，疫病，場所：韓国の感染史	香港城市大学	延世大学	2016/2/2

講師名	講義名	講義大学	所属	講義日
N. Hushrudi	アジア共同体形成への重要な一歩としてのイランの国際的制裁解除の価値	ビシュケク人文大学		2016/2/3
中村元哉	20世紀中国憲政與日本，台湾，香港	香港城市大学	津田塾大学	2016/2/22
KAPOPWE Athanase	アジア・アフリカの諸文化と西欧の諸文化	コンゴ・カトリック大学		2016/2/23–3/6
BADIBANGA	アジア由来の信仰に対するアフリカの宗教と思想	コンゴ・カトリック大学		2016/2/23–3/6
Gumira Sultangaliyeva	中央アジアとシルクロード	カザフ国立大学	カザフ国立大学	2016/2/24
辛圭煥	東アジアにおける教会と病院の比較研究：済衆院と施医院での経験	香港城市大学	延世大学	2016/2/24
リ・ナランゴア	導入：なぜ和解なのか？	オーストラリア国立大学	オーストラリア国立大学	2016/2/26
テッサ・モリス・スズキ	植民地後の日本と韓国の和解：いまだ続く挑戦	オーストラリア国立大学	オーストラリア国立大学	2016/2/26
金敬黙	我々はまだ再統一を望むのか？第一部：朝鮮戦争と共和国連邦－ソウル・キャンベラ・オタワの戦争遺産の再検討／第二部：北朝鮮問題と東アジアにおける超国家的NGOネットワーク	オーストラリア国立大学	早稲田大学	2016/2/27
Christine Winter	和解と記憶：ドイツの場合	オーストラリア国立大学	Flinders University	2016/2/27
Gavan McCormack	琉球／沖縄と四世紀にわたる消えないわだかまり	オーストラリア国立大学	オーストラリア国立大学	2016/2/27
サム・ガー	カンボジアとASEAN共同体	ミエンチェイ大学	ミエンチェイ大学	2016/2/29
Lan Zhang	日本孤児の現状	暨南大学	千葉大学	2016/3/1

講師名	講義名	講義大学	所属	講義日
芦暁博	『アジア文化共同体論と日本』講座開設オリエンテーション	浙江理工大学	浙江理工大学	2016/3/1
董浩平	アジア共同体設立についての入門編	河南工程学院	河南工程学院	2016/3/2
朴潤鎬	歴史から会う，アジア人の生活	順天大学	順天大学	2016/3/2
姜求鐵	東洋画か韓国画か	韓南大学	韓南大学	2016/3/3
林基興	アジアの中の韓国（アジア共同体論の構想と背景）	光州女子大学	光州女子大学	2016/3/3
Robert Cribb	公開講座：和解と歴史的正義	オーストラリア国立大学	オーストラリア国立大学	2016/3/4
具教泰	アジア共同体とメディアの概要	啓明大学	啓明大学	2016/3/4
張文新	社会の変遷と家庭における青少年の義務感および関係	山東師範大学	山東師範大学	2016/3/4
Pei Liang	日本文学についての研究と翻訳	武漢大学	武漢大学	2016/3/4
沈小喜	東アジアの文化交流	梨花女子大学	梨花女子大学	2016/3/4
Craig Reynolds	小論文報告会	オーストラリア国立大学	オーストラリア国立大学	2016/3/5
Adam Broinowski	和解と破壊的目撃者：20世紀中盤から後半にかけての日本と東ティモール	オーストラリア国立大学	オーストラリア国立大学	2016/3/5
Seng Sary	ASEANの地域的統合：カンボジアの挑戦と展望	ミエンチェイ大学	Mean Chey University	2016/3/7
Gnel Rattha	アジア太平洋経済モデル，ASEANとカンボジアの経済	ミエンチェイ大学	University of Sou-East Asia	2016/3/7
劉俊裕	東アジアの文化政策が台湾にもたらす示唆：「文化経済」の再東方化を現代文化の政策や管理方法に	国立暨南国際大学	国立台湾芸術大学	2016/3/7
苑舉正	活用哲学	文藻外語大学	国立台湾大学	2016/3/7

講師名	講義名	講義大学	所属	講義日
Oh Yeoncheon	特別講義	蔚山大学	蔚山大学	2016/3/8
陳実	偽満州童話とテーマと「未来国民」の描写	華東政法大学	華東師範大学	2016/3/8
Uchiyama Seiya	宋朝における「八景」現象の研究	武漢大学	早稲田大学	2016/3/8
朱天	中国と日本の文化交流：文化的想像力と近代の概念	暨南大学	四川大学	2016/3/8
張麗山	日本の陰陽師と中国文化——安部晴明を中心として	浙江理工大学	浙江理工大学	2016/3/8
李夏子	アジア共同体と美意識	順天大学	順天大学	2016/3/9
Kim Jun	アジア共同体の台頭と進歩	東国大学	中央大学（KR）	2016/3/10
Jacqueline Lo	大地の記憶に還る：アジアと原住民との和解に向けて	オーストラリア国立大学	オーストラリア国立大学	2016/3/11
呉秀卿	「春香伝」の三国演「芸」	国立台湾大学	漢陽大学中国語学科	2016/3/11
坂元ひろこ	ハワイ大学とのコラボレーション／苦い歴史から学ぶ知恵：1903年の「人種パビリオン」事件と第二次中日戦争の風刺漫画	オーストラリア国立大学	一橋大学	2016/3/12
田村恵子	戦争記念博物館とのコラボレーション／戦争遺物，記憶の対象	オーストラリア国立大学	オーストラリア国立大学	2016/3/12
Chan Tah Wei	ソウルにて‐都市文学の研究	マラヤ大学		2016/3/12
Yudi Chrisnadi	優れた統治とアジアの人材開発	パジャジャラン大学	インドネシア国家機構権限委譲・行革省大臣	2016/3/12
森山新	アジア共同体とグローバル人材交流	釜山外国語大学	お茶の水女子大学	2016/3/14
文言	国の競争力とアジア共同体	大連民族大学	九州産業大学	2016/3/14

講師名	講義名	講義大学	所属	講義日
韋立新	東アジア視野から見る日本生死観と「心中」文化	鄭州大学	広東外語外貿大学	2016/3/14
三松幸雄	アートとその余生	文藻外語大学	明治大学	2016/3/14
都健佑	外国人投資—アジア域内の統合	国立済州大学	DAEGU GYEONG-BUK FREE ENCO-NOMIC ZONE AUTH-RITY	2016/3/15
ハン・ゴンス	文化間の理解戦略：文化相対主義と多文化の理解	仁荷大学	国立江原大学	2016/3/15
李珍景	青春のための自由と勇気	中央大学（KR）	ソウル科学技術大学	2016/3/15
司志武	日本の「好色」文学の研究	暨南大学	暨南大学	2016/3/15
朴婷姫	東アジア共同体と多民族文化共生	大連大学	瀋陽大学	2016/3/16
F. Sajuri	環境近代化における日本の経験	ビシュケク人文大学		2016/3/17
高杉暢也	未来指向の日韓関係	韓南大学	金&長法律事務所	2016/3/17
Hwang Sungdon	世界の地域共同体の現実	東国大学	Foreign Language University	2016/3/17
常耀華	アジアの旅行・儀式・舞踏文化	明知大学	北京第二外国語大学	2016/3/17
真田芳憲	東アジア平和共同体の構築	聖公会大学	中央大学	2016/3/17
Enkhsaikhan Jargalsaikhan	公開講座：近隣の核保有二カ国が影を落とすモンゴル	オーストラリア国立大学	Blue Banner	2016/3/18

講師名	講義名	講義大学	所属	講義日
J. Batbaatar	現代のマスメディア課題	モンゴル国立教育大学	モンゴル国立教育大学	2016/3/18
邱貴芬	台湾当代ドキュメンタリー映画	国立台湾大学	中興大学台湾文学と越境文化研究科	2016/3/18
孫書文	仁愛三義	山東師範大学	山東師範大学	2016/3/18
崔容碩	疎通の動因とアジア共同体	尚志大学	尚志大学	2016/3/18
川尻秋生	「東アジア世界論と漢字文化圏」国際シンポジウム	鄭州大学	早稲田大学	2016/3/18
Jin Chengyu	中国と日本の文化における桜	武漢大学	南京大学	2016/3/18
Daryl Wesley	徴集，本国送還，和解：オーストラリア原住民にとっての植民地時代の回帰	オーストラリア国立大学	オーストラリア国立大学	2016/3/20
Alexis Dudden	歴史は苛烈，それでも記憶は順応する	オーストラリア国立大学	University of Conneticut	2016/3/20
Deddy Marciano	ASEAN 経済共同体（AEC）はインドネシアにとって有益か？	ベトナム国家大学ホーチミン校	Surabaya University	2016/3/21
Chum Sovakunthearos	ASEAN の歴史	ミエンチェイ大学	Mean Chey University	2016/3/21
王心揚	跨国主義と美国移民史学	南開大学	香港科技大学人文学部	2016/3/21
陳東升	若い世代による社会革新―台湾と日本での経験	文藻外語大学	国立台湾大学	2016/3/21
Jaehyun Lee	ASEAN：統合への道	ソウル市立大学	Asan Institute	2016/3/22
リ・ジョンミ	次世代在同胞と相互理解	仁荷大学	Overseas Korean Foundation	2016/3/22

講師名	講義名	講義大学	所属	講義日
李基勲	東アジアの歴史と青年，「青年よ，我が青年よ」	中央大学（KR）	延世大学	2016/3/22
陳偉慶	宋朝における中日文学交流の変化	暨南大学	国立政治大学	2016/3/22
渠長根	抗日戦争勝利記念を深化，中日関係向好発展を促進	浙江理工大学	浙江理工大学	2016/3/22
Thok Sokkom	ASEAN の業務と協調—グローバルな関係と協調に対する地域の視点	バッタンバン大学	Department of International Cooperation and ASEAN	2016/3/23
山田利博	アジア共同体形成のための大衆文化	順天大学	宮崎大学	2016/3/23
Yun Sangsil	日本と韓国の言語と文化の比較	明知大学	明知大学	2016/3/24
佐々充昭	東アジア共同体の形成のための文化的共通性	聖公会大学	立命館大学	2016/3/24
U. Erdenebat	元時代カラコルムの文化—出土遺物を中心に—	モンゴル国立教育大学	モンゴル国立大学	2016/3/25
下野寿子	九州と訪日観光客を中心に	河南工程学院	北九州市立大学	2016/3/25
金盛海	アジア媒體生態論	啓明大学	大邱大学	2016/3/25
千野拓政	私たちはどこへ向かうか？——東アジア諸都市の青年文化と青少年心理：アニメとマンガ，ライトノベル，コスプレ，そして村上春樹	国立台湾大学	早稲田大学　文学学術院	2016/3/25
趙衛国	在日華僑青少年の言語と文化的アイデンティティに影響する要素	山東師範大学	山東師範大学	2016/3/25
Ge Gangyan	文学から見た東アジア共同体	武漢大学	武漢大学	2016/3/25
Y. Sindji	日本の教育制度の近代化（母国語と外国語の学習を例に）	ビシュケク人文大学		2016/3/26

講師名	講義名	講義大学	所属	講義日
庭田俊一	ヤマハとアジア	浙江理工大学	簫山ヤマハ楽器有限会社	2016/3/26
Arief Yahya	アジアの観光業における五面構造概念	パジャジャラン大学	インドネシア観光省大臣	2016/3/26
清水俊広	言語学，第一および第二言語言語習得，そして外国語教育	山東師範大学	九州大学	2016/3/27
阿部康久	日系企業での就職と将来性について考える	山東師範大学	九州大学	2016/3/27
金容雲	円環史観と漢民族の未来	釜山外国語大学	漢陽大学	2016/3/28
博維利	東アジア国々の道徳的伝統とその変革の道筋	大連民族大学	遼寧師範大学	2016/3/28
Kalim Chun	中国の戦略と外交関係	ソウル市立大学	Hoseo University	2016/3/29
章遠	宗教安全とアジア共同体の未来	華東政法大学	華東政法大学	2016/3/29
Bang Kibong	若い日の夢と未来—アジア	国立済州大学	HANKOOK SPECIAL METAL IND.CO., LTD	2016/3/29
李演都	東洋の大同思想とユートピア的思惟	中央大学（KR）	中央大学	2016/3/29
Bingtao Ma	中国における仏教解釈モデルの考察	暨南大学	香港中文大学	2016/3/29
緒形康	丸山真男思想の心路歴程	浙江理工大学	神戸大学	2016/3/29
Baiyan Zhubatova	言語における文化の反映	カザフ国立大学	カザフ国立大学	2016/3/30
閆継臣	能力開発訓練から講師の技術：企業研修とその発展モデルに関する研究	河南工程学院	河南工程学院	2016/3/30

講師名	講義名	講義大学	所属	講義日
李大華	職場での四大基本表現能力	元智大学	1111 Manpoew Co., Ltd.	2016/3/30
趙來喆	アジア共同体のための言語と国際交流	順天大学	順天大学	2016/3/30
Tauch Manit	アジア共同体における UBB（バベシュ・ボヨイ大学）の数学と科学	バッタンバン大学	バッタンバン大学	2016/3/31
鎌倉英也	小さき人の声に耳を傾ける	韓南大学	NHK	2016/3/31
金貴坤	東北アジア3國（韓国，日本，中国）の国際マーケティングの比較と経済協力	光州女子大学	金鳥工科大学	2016/3/31
金琮鎬	東北アジア3國（韓国，日本，中国）の国際マーケティングの比較研究	光州女子大学	朝鮮大学	2016/3/31
囁友軍	東アジア三国の相互認識に関する例証	国立江原大学	浙江工商大学	2016/3/31
許宗華	東アジア視野における語用学と日本語学習	鄭州大学	洛陽外国語学院	2016/3/31
Jo Donggun	未解決の経済問題を伴う協調スキーム	明知大学	明知大学	2016/3/31
權鎮琯	アジア神学者にアジアとは何か	聖公会大学	聖公会大学	2016/3/31
ペ・ソンチョル	「特別講座建築から考えるアジア共同体−アジア各国の建築文化・歴史・最新研究動向を通じて−（2016 年）」申請者	東京理科大学	東京理科大学	2016/4–2016/7
原君江	ハワイ大学とのコラボレーション：サンフランシスコ制度とそのアジア太平洋地域におけるレガシー：アジア太平洋地域での継続性，変遷，歴史的和解	オーストラリア国立大学	University of Waterloo	2016/4/1
Brij Lal	公開講座：多層民族国家における民族アイデンティティと和解の政治：フィジーの場合	オーストラリア国立大学	オーストラリア国立大学	2016/4/1
Yang Tse	台湾の現代詩における二種類の放蕩息子たち	マラヤ大学		2016/4/1

講師名	講義名	講義大学	所属	講義日
安誠眞	アジア媒體	啓明大学	TV Chosun	2016/4/1
Bruce Reznick	数学の模型の中で多項式恒等式の奥秘	北京林業大学	イリノイ州大学	2016/4/1
許成道	漢字と想像力の問題	梨花女子大学	ソウル大学	2016/4/1
Armida Alisjahbana	グローバル世界におけるアジアの競争力	パジャジャラン大学	インドネシア国家計画省前大臣	2016/4/2
李泰赫	アジア共同体と中南米，そして私	釜山外国語大学	釜山外国語大学	2016/4/4
Ming Lee	台湾海峡における協力と対立	ソウル市立大学	国立政治大学	2016/4/5
Oh Hyunju	韓国と中国の禁忌	蔚山大学	蔚山大学	2016/4/5
チェ・ギョンヒ	アセアン共同体を理解する	仁荷大学	ソウル大学	2016/4/5
崔淳永	ヒーリングをこえてファイティングへ　ニーチェの運命愛と運七枝三の世界	中央大学（KR）	西原大学	2016/4/5
崔婷	中国と日本の起業文化の比較	暨南大学	中山大学	2016/4/5
Georgy Gang	中央アジア・ステップにおける考古学的発掘調査	カザフ国立大学	Ryskulov Kazakh University of Economics	2016/4/6
Au Sow Yee	歴史的映像，幻影，再構築，創造と反撃 – 區秀詒の手法と映像実践	マラヤ大学		2016/4/6
金承泰	アジア共同体形成のための経済的な前進と繁栄	順天大学	韓国去來所	2016/4/6
郝虹	「韓流」から見た東アジアの文化交流	大連大学	大連大学	2016/4/6
郭定平	韓中日協力の動力と展望	韓南大学	復旦大学	2016/4/7

講師名	講義名	講義大学	所属	講義日
李秀澈	東北アジア3國（韓国，日本，中国）の環境。エネルギー問題現況と問題解決のための協力方案	光州女子大学	名城大学	2016/4/7
田世民	台湾から中華文明・中華意識を考える―台湾の少数民族に関する政策と状況を視野に入れて	国立江原大学	台湾淡江大学	2016/4/7
Kim Byongguan	アジア共同体と北東アジアの朝鮮半島の安全保障に対する脅威と現状	明知大学	National Security Strategy Institute President	2016/4/7
吳光輝	川端康成の『雪国』冒頭文の訳文に関する批評と感想	浙江工商大学	厦門大学	2016/4/7
李志雲	アジアの映像コンテンツ制作	啓明大学	韓国放送	2016/4/8
廖咸浩	台湾映画における日本への想像	国立台湾大学	国立台湾大学	2016/4/8
宋金文	社会学的な視点から見た日本の社会	山東師範大学	北京外国語大学	2016/4/8
沈 Jaehoon	アジア共同体の源流，中国文明と東アジアの共存	檀国大学	檀国大学	2016/4/8
Yu Ting	西洋人の目に映る東アジアと中国の姿の変化	武漢大学	武漢大学	2016/4/8
許鳳	林化専門研究の焦点と業界の発展の状況	北京林業大学	北京林業大学	2016/4/8
鄭在書	東アジア文化の原型を求めて	梨花女子大学	梨花女子大学	2016/4/8
Hee Wai Siam	フィクションと現実―エドワード・ヤンの映画「恐怖分子」の都市体験について	マラヤ大学		2016/4/9
Deddy Mulyana	アジア諸国の文化間コミュニケーション	パジャジャラン大学	UNPAD通信科学部長	2016/4/9
MPUKU	アフリカの国民性とアジアの国民性	コンゴ・カトリック大学		2016/4/1-5/29

講師名	講義名	講義大学	所属	講義日
BOLIKO Charles	人的資源の管理とアジアの信仰	コンゴ・カトリック大学		2016/4/1–5/29
姜哲斗	写真を通じてみたグローバル人材交流	釜山外国語大学	釜山外国語大学	2016/4/11
呉軍超	東アジア学フォーラム	鄭州大学	鄭州大学	2016/4/11
前島志保	近代消費者文化と日本の「モダンガール」の誕生	文藻外語大学	東京大学	2016/4/11
Seungwon Suh	日本：何を求めているのか？	ソウル市立大学	Korea Universtiy	2016/4/12
Kwon Yonghyek	家族に関する韓中日の相互文化理解とコミュニケーション	蔚山大学	蔚山大学	2016/4/12
关斐	アジアの価値観からアジア共同体	河南工程学院	河南工程学院	2016/4/12
朴鑛棟	アジア共同体と法制交流	国立済州大学	韓国法制研究員	2016/4/12
オ・ギョンソック	アジア移住労働者と韓国の社会：現況，文化，共存の可能性	仁荷大学	京畿道外国人人権支援センター	2016/4/12
沈雅亭	絶望の国家日本で熱い「インヨ」として生きること	中央大学（KR）	研究共同体スユノモN	2016/4/12
周述波	清朝後期以降の文化間コミュニケーションのパラダイム変容	暨南大学	南京大学	2016/4/12
曾婧婧	技術と技術政策	中南財経政法大学	中南財経政法大学	2016/4/13
申東嵩	アジアのサービス産業の競争力確保	光州女子大学	韓国経営革新研究所	2016/4/14
宋日基	黄海文化と湖南知性	光州女子大学	中央大学（KR）	2016/4/14
李基原	東アジアをどう理解してきたのか	国立江原大学	国立江原大学	2016/4/14
李偉	アジアの文化と中国語	明知大学	中山大学	2016/4/14

講師名	講義名	講義大学	所属	講義日
M. Nakagava	障害者の社会的リハビリに関する日本の経験	ビシュケク人文大学		2016/4/15
木村貴	ガイダンス，北九州から見たアジアとの共生	九州国際大学	九州国際大学	2016/4/15
李文鎬	アジア共同体とニュース通信社	啓明大学	Korean News Agency Commission	2016/4/15
張正	一緒に人気のないところへ宝探し：東南アジアと私	国立台湾大学	燦爛時光：東南アジアテーマ書店	2016/4/15
廖雲章	一緒に人気のないところへ宝探し：東南アジアと私	国立台湾大学	天下雑誌教育公益法人	2016/4/15
楊存昌	中国伝統文化の美学精神	山東師範大学	山東師範大学	2016/4/15
張亜池	ミラノ展世界の木製品開発動向	北京林業大学	北京林業大学	2016/4/15
金光憶	東アジア共同体のための比較文化論	梨花女子大学	ソウル大学	2016/4/15
梁永哲	アジア共同体概論－法学・政治で考えるアジア共同体－	東京理科大学	国立済州大学	2016/4/15
Bagir Manan	アジアの人権問題	パジャジャラン大学	インドネシア最高裁判所前判事	2016/4/16
David Walton	オーストラリアとそのアジア共同体での役割	ソウル市立大学	University of Western Sydney	2016/4/19
尹汝一	東アジアを勉強すること　東アジア人になっていくこと	中央大学（KR）	済州大学	2016/4/19
劉錦	遊牧民社会の政治秩序と統一アジア	曁南大学	Guangdong provincial party school	2016/4/19

講師名	講義名	講義大学	所属	講義日
朴承龍	アジア共同体のための保健医療政策	順天大学	建国大学	2016/4/20
林少華	村上春樹文学35年	青島理工大学	中国海洋大学	2016/4/20
中村則弘	アジア的経営とは何か	長崎大学	長崎大学	2016/4/20
Otto Chang	アメリカの保守的経済と社会運動におけるシンクタンクの役割	河南工程学院	パデュー大学維恩分校	2016/4/21
張大成	東アジア諸国における企業競争力と最高経営者	光州女子大学	京畿大学	2016/4/21
高文漢	日本和歌における修辞について	山東師範大学	山東大学	2016/4/21
Ha Youngsam	アジア共同体と東アジアの衣食住の文化	明知大学	国立慶尚大学	2016/4/21
嚴海玉	国境を越えたアジア：中国の朝鮮族の歴史と現住所	聖公会大学	延辺大学	2016/4/21
崔洛辰	なぜ私たちはアジア共同体であるべきか	モンゴル国立教育大学	済州国際大学	2016/4/22
高嘉謙	シンガポール・マレーシア映画と文学の歴史記憶	国立台湾大学	国立台湾大学	2016/4/22
掲侠	日本語と中国語の修辞に関する検討	山東師範大学	南京国際関係学院	2016/4/22
高穎	グローバル視野下構造用木質と構造建築研究応用	北京林業大学	北京林業大学	2016/4/22
朴慶哲	東西文化遺産踏査	梨花女子大学	安東新世界クリニック	2016/4/22
Roy Alok	グローバル人材交流の現状および改善点	釜山外国語大学	釜山国際交流財団	2016/4/25
高橋大輔	日本と台湾の経済関係	国立暨南国際大学	日本公益法人交流協会	2016/4/25
余新忠	東亜世界の中国医療史研究	南開大学	南開大学	2016/4/25
陳学然	香港における初期の知的空間	武漢大学	香港城市大学	2016/4/25

講師名	講義名	講義大学	所属	講義日
Wanli Wang	なぜ東アジアに協力が必要か？EUの教訓	ソウル市立大学	Taipei Mission in EU	2016/4/26
Rho Kyunghee	東アジアの印刷文化と知識コミュニケーション	蔚山大学	蔚山大学	2016/4/26
李兪美	青春のエッセイ―EXAM	中央大学（KR）	中央大学（KR）	2016/4/26
菊池正	ベトナムの政治・社会・文化	帝京大学	帝京大学	2016/4/26
久保孝雄	大転換の時代―新旧「世界秩序」の移行期と日本の課題―	東洋学園大学	アジアサイエンスパーク協会	2016/4/26
Lam Hok Chung	東アジアの世界：国際法の時代	武漢大学	香港城市大学	2016/4/26
湯川真樹江	帝国日本の歴史経験――「満州国」の「農業遺産」	文教大学	学習院大学	2016/4/26
程暁勇	なぜ六者協議で北朝鮮問題が解決できないのか	暨南大学	復旦大学	2016/4/26
Bill Y. Chen	農産業の国際的比較 – 中国は他所から何を学べるか？	河南工程学院	ノースウェスタン大学	2016/4/27
房極哲	東アジアの平和と新しい韓日関係の模索	順天大学	順天大学	2016/4/27
修斌	海洋：中日交流の舞台と対立の舞台	青島理工大学	中国海洋大学	2016/4/27
崔吉城	異文化との出会い	大連大学	東亜大学（JP）	2016/4/27
温都日娜	中露蒙国境地域の文化交流について	大連大学	内蒙古大学	2016/4/27
冨永佐登美	被爆体験の継承を実践する	長崎大学	長崎県立大学	2016/4/27
小林尚朗	グローバル時代のなかのアジア共同体構想	福島大学	明治大学	2016/4/27
徐啓新	日本文化の中の中国的要素	浙江工商大学	中国中日関係史学会	2016/4/27

講師名	講義名	講義大学	所属	講義日
康ビョンハ	国際技能オリンピックと韓国の経済成長	韓南大学	国民大学	2016/4/28
呉敏	東アジア文化資源としての「春香」の物語	国立江原大学	華東政法大学	2016/4/28
昌明	証券化市場のケーススタディ	中南財経政法大学	朗閏資産管理投資有限会社	2016/4/28
金恩圭	アジア共同体とアジア神学 / 中間試験期間	聖公会大学	聖公会大学	2016/4/28
Koh Hosung	韓国の成長と国際協力	モンゴル国立教育大学	国立済州大学	2016/4/29
張錦忠	霧の中で内緒話——マレーシア華文文学と小民国	国立台湾大学	中山大学外国語学科	2016/4/29
安 Hyonho	東アジア経済共同体—韓中日経済三国志	檀国大学	檀国大学	2016/4/29
金大偉	アートから見るアジア共同体	中央大学(JP)	関東学院大学	2016/4/29
雷建都	林業資源に基づくナノ材料の制備及び応用	北京林業大学	北京林業大学	2016/4/29
李鴻泳	東アジア政治文化比較	梨花女子大学	バークレー大学	2016/4/29
山名善之	建築史から考えるアジアの歴史	東京理科大学	東京理科大学	2016/4/29
National Opera and Ballet Theater and Ak Maral National Dance bard	1. 国立オペラ・バレエ歌劇場の主席歌手による演奏　2. アク・マラル国立ダンスバンドによる演奏	ビシュケク人文大学		2016/4/30
K. Tolyonov	BHU（バラナーシー・ヒンドゥー大学）言語演劇フェスティバル	ビシュケク人文大学	ビシュケク人文大学	2016/4/30
Schmidt Hertha	高等教育の評判	国立暨南国際大学	Eberhard-Karls-University of Tuebingen	2016/4/30

資料2　講義担当者およびワンアジアコンベンションスピーカーのリスト　569

講師名	講義名	講義大学	所属	講義日
Laurent Lima	フランス学生の学習時間：傾向と決定要因	国立暨南国際大学	グルノーブルアルプ大学	2016/4/30
Gita Steiner-Khamsi	教育改革におけるグローバルな傾向を理論化する：政策借用と官民に関するリサーチの貢献	国立暨南国際大学	コロンビア大学	2016/4/30
Huala Adolf	アジアの現況における紛争解決	パジャジャラン大学	UNPAD国際法担当	2016/4/30
Vincenzo Campitelli	グローバル時代の人文学（イタリア・欧米・韓国）	釜山外国語大学	イタリア名誉領事	2016/5/2
齋藤希史	近代東アジア世界の形成と漢字圏	文藻外語大学	東京大学	2016/5/2
Kang Younghwan	東アジアの伝統的住居と文化	蔚山大学	蔚山大学	2016/5/3
孔洪剛	中韓メディア対比および東アジア共同体に対する思考	華東政法大学	華東政法大学	2016/5/3
金珉泰	「一生の仕事」を探すための青年の質問	中央大学（KR）	韓国教育放送公社	2016/5/3
周毅	観客とアジア共同体の空間的修辞法	暨南大学	四川大学	2016/5/3
Yen Ghifeng	台湾の住居タイプと管理モデルに関する探索的調査	河南工程学院	中原大学	2016/5/4
崔泳杉	アジア平和と繁栄の道	順天大学	韓国外交部	2016/5/4
Seav Sovanna	ASEANの学生　高等教育に関するリサーチ	バッタンバン大学	バッタンバン大学	2016/5/5
伊松林	世界の木材加工研究は生産過程で研究現状と応用	北京林業大学	北京林業大学	2016/5/5
藤井大輔	市民社会におけるアジア相互交流と国際協力	九州国際大学	九州国際大学	2016/5/6
何撒娜	韓流から見た社会と文化	国立台湾大学	東呉大学社会科学学科	2016/5/6

講師名	講義名	講義大学	所属	講義日
全祐永	グローカル農業文化 Hub 構築—アジア農業共同体の可能性	尚志大学	栄州農業技術センター	2016/5/6
徐延珉	中東とアジア共同体の未来	檀国大学	韓国外国語大学	2016/5/6
柳玫熙	人権から見るアジア共同体	中央大学(JP)		2016/5/6
梁占軍	グローバル視野から中国の「抗日戦争」を見る——東方主戦場の分析	鄭州大学	首都師範大学	2016/5/6
Chen Wenxin	李氏朝鮮期の中国小説の普及	武漢大学	武漢大学	2016/5/6
朴在光	超国家的アジアのネットワーキング	梨花女子大学	株式会社ＳＫ	2016/5/6
趙声良	敦煌の芸術と大唐文明	浙江工商大学	敦煌研究院	2016/5/6
慮盛江	入唐八家の一人：空海と『文鏡秘府論』	浙江工商大学	南開大学	2016/5/6
迫慶一郎	アジア各国の現代建築設計	東京理科大学	舎SAKO建築設計工舎	2016/5/6
Puchong Senanuch	タイの社会問題と社会福祉	ミエンチェイ大学	Huochiew Chlerm-prakiet University	2016/5/9
松金公正	日本大学「国際化 / 全球化」與留学政策	国立暨南国際大学	宇都宮大学	2016/5/9
神谷秀二	歴史学から見る「東アジア」	大連民族大学	大連民族大学	2016/5/9
Kim Kyungja	韓国の消費者と市場	文藻外語大学	韓国カトリック大学	2016/5/9
Charnvit Kasetsiri	ASEAN 地域における対立の探求	ミエンチェイ大学	Thammasat University	2016/5/10

資料２　講義担当者およびワンアジアコンベンションスピーカーのリスト　571

講師名	講義名	講義大学	所属	講義日
Chu Cheng Ping	中国の伝統的孝心に基づく経営哲学の意味するところ：体系的視点	河南工程学院	中原大学	2016/5/10
詹小洪	東アジア各国実力競争における韓国	華東政法大学	中国社会科学研究院	2016/5/10
ホン・ミョンギ	東アジアの未来と韓半島統一の再発見	仁荷大学	Northeast Asian History Foundation	2016/5/10
金鎭澤	未来を拓くＩＴ融合想像力	中央大学（KR）	浦港工科大学	2016/5/10
崔茂新	孔子の思想とアジアの未来	東洋学園大学	曲阜師範大学	2016/5/10
董宏	欧州から見た日本と中国	文教大学	日中翻訳家	2016/5/10
Buzzanell Patrice	アジア文学の特徴と紹介	暨南大学	Peen university	2016/5/10
河宇鳳	通信士行の東亜文化史的意義	順天大学	全北大学	2016/5/11
徐興慶	近世日中文化の歩み	長崎大学	台湾大学	2016/5/11
Jong Beng Hy	韓国の政治的・文化的近代化の経験	ビシュケク人文大学		2016/5/12
朴ノザ	韓―日，下からの連帯	韓南大学	オスロ大学	2016/5/12
Sanjay Kumar	アジア的寛容―インドと韓国を通して考えるアジア的配慮と疎通の問題	国立江原大学	ネール大学	2016/5/12
金秉林	亜細亜共同体の創設の向けての文化融合	浙江樹人大学	浙江工商大学	2016/5/12
朴孟洙	全琫準と田中正造の公共的生涯：韓国と日本の近代	聖公会大学	円光大学	2016/5/12
崔祐溶	地方自治を通じたアジア共同体の可能性	九州国際大学	東亜大学（KR）	2016/5/13
洪淑芩	東南アジアの華文詩歌におけるアイデンティティーと多文化	国立台湾大学	国立台湾大学	2016/5/13

講師名	講義名	講義大学	所属	講義日
高在旭	儒家倫理の特性と五常の現代的意義	尚志大学	国立江原大学	2016/5/13
飯塚容	演劇から見るアジア共同体	中央大学（JP）	中央大学（JP）	2016/5/13
Zhang Desheng	スポーツとドラマの共通構造	武漢大学	武漢体育学院	2016/5/13
中野明彦	超解像度で見られるように，細部内膜交通のライブイメージング	北京林業大学	東京大学	2016/5/13
張必和	アジア女性学と女性教育	梨花女子大学	梨花女子大学	2016/5/13
佐野賢治	"もののけ姫"から見た日本文化	浙江工商大学	浙江工商大学	2016/5/13
呂順長	囲碁の黒先手と「棋礼」	浙江工商大学	浙江工商大学	2016/5/13
増子和男	三遊亭圓朝作・落語『死神』の再考	浙江工商大学	茨城大学	2016/5/13
吉原浩人	日本の絵解きの歴史と現状	浙江工商大学	早稲田大学	2016/5/13
三遊亭竜楽	落語に学ぶ日本文化	浙江工商大学	円楽一門会	2016/5/13
林憲徳	アジアの環境を考えた建築環境およ設備	東京理科大学	成功大学	2016/5/13
Chap Prem	周辺諸国における国境経済と地方の力	ミエンチェイ大学	Mean Chey University	2016/5/16
鄭求宗	アジア・太平洋地域の最近情勢と人的交流	釜山外国語大学	東西大学	2016/5/16
莽景石	二戦以後日本経済発展の原因	南開大学	南開大学	2016/5/16
K. Kikuchi	アジア共同体形成の文脈から見た日本国際協力機構（JICA）のキルギスでの活動	ビシュケク人文大学		2016/5/17
Pa Chanroeun	発展倫理は重要か？	ミエンチェイ大学	Freeland From Australia	2016/5/17
Jung Inseuck	アジアの宇宙計画	蔚山大学	ソウル大学	2016/5/17

講師名	講義名	講義大学	所属	講義日
薛海翔	共産党と国民党の諜報活動の歴史及び未来関係方向	華東政法大学	アメリカ華文文学学会	2016/5/17
柳世和	29歳，青春挑戦記　環境運動，平和運動	中央大学（KR）	環境運動団体　地球人	2016/5/17
岡田充	東アジア平和・安定のカギだ中国・台湾の「両岸関係」	東洋学園大学	共同通信	2016/5/17
Vorderer Peted	個人主義／集団主義的文化とアジア諸国	暨南大学	Vigirna communication university	2016/5/17
裵國煥	韓中日の歴史文化と韓国の伝統美	順天大学	（元）公務員	2016/5/18
焦潤民	「満州事変」前夜における日本国内世論	大連大学	遼寧大学	2016/5/18
R. Compel	政治学とポストとしての沖縄	長崎大学	長崎大学	2016/5/18
石川幸一	ASEANの経済共同体の創設と東アジア共同体	福島大学	亜細亜大学	2016/5/18
Ming Yen Lee	職業集団を超えたコラボレーションに向けての部下の反応	河南工程学院	中原大学	2016/5/19
成白庸	ヨーロッパの理念とヨーロッパ統合の歴史的背景	韓南大学	韓南大学	2016/5/19
鄭眞英	東アジア現代舞踊の理解	光州女子大学	朝鮮理工大学	2016/5/19
鄭成一	東アジア地域間の接触と文化交流（17世紀初頭～19世紀半ば）	光州女子大学	光州女子大学	2016/5/19
森川哲雄	アジア歴史における遊牧民族の歴史的役割	青島理工大学	九州大学	2016/5/19
有馬学	第一次大戦期の日本財界人と日中親善論―	青島理工大学	福岡博物館	2016/5/19
Park Kyungil	アジア共同体のための未来デザイン	東国大学	東国大学	2016/5/19
Yu Bin	20世紀初頭の東アジア共同体と中国の現代文学	明知大学	南京大学	2016/5/19

講師名	講義名	講義大学	所属	講義日
金美林	アジア共同体について	浙江樹人大学	浙江樹人大学	2016/5/19
Eamon Adams	韓国と日本の共通性	聖公会大学	Ireland St.Columban Mission Society	2016/5/19
上野正道	グローバル時代における芸術教育と公共性の変容	山東師範大学	大東文化大学	2016/5/20
大田美和	詩から見るアジア共同体	中央大学(JP)	中央大学(JP)	2016/5/20
張耀武	中日関係の"結氷"と"破氷"	鄭州大学	大連外国語大学	2016/5/20
Mark D. Rausher	強化と遺伝的変化の予測可能性の進化	北京林業大学	デューク大学	2016/5/20
杜芳琴	中国的家父長制の歴史と今日，そして変化する女性の行動	梨花女子大学	天津師範大学	2016/5/20
曲哲	アジア共同体のためのエンジニアの役割	東京理科大学	中国地震局工程力学研究所	2016/5/20
Song Yangpeng	マレーシア史における中国の歴史遺産研究のための国境を越えた調査と手法	マラヤ大学		2016/5/21
西成彦	元日本兵の帰郷	文藻外語大学	立命館大学	2016/5/21
東山彰良	台湾で生まれ，日本で書く	文藻外語大学		2016/5/21
Bui Anh Tuan	労働力の地域流動性需要に見合った教育の高度革新	貿易大学	ベトナム貿易大学	2016/5/21
Nguyen Quang Huy	国際統合プロセスにおける革新と起業家精神	貿易大学	ベトナム貿易大学	2016/5/21
Hill Sothea	大学単位流動性のためのASEAN提携フレームワークへの道のり	ミエンチェイ大学	Mean Chey University	2016/5/23
永井リサ	北東アジア環境文化史から見るアジア共同体	青島理工大学	九州大学	2016/5/23
張淑麗	アジア・太平洋の漫画	文藻外語大学	成功大学	2016/5/23

講師名	講義名	講義大学	所属	講義日
Leonard Andaya	近代初期における東インドネシアの交易に対する中国の関わり	マラヤ大学		2016/5/24
Barbara Andaya	キリスト教，改宗，海を渡った中国人：宗教交流における歴史的瞬間	マラヤ大学		2016/5/24
Hwang Pillkyu	人権とアジア共同体	蔚山大学	"Empathy" Human Rights Law Foundation of public interest	2016/5/24
載小華	中国とマレーシアの文化交流にわたる30年の体験について	華東政法大学	マレーシア中国系住民文化総会	2016/5/24
崔誚智	東アジア海洋紛争と解決策	国立済州大学	中国政法大学	2016/5/24
金暎根	アジア的災難と安全共同体	中央大学（KR）	高麗大学	2016/5/24
野田泰三	人と森と生命の共生による現代アジアへの示唆〜180年長寿企業からの提言〜	東洋学園大学	株式会社セラリカ	2016/5/24
黄銘	近代中国におけるアジア意識の発生	暨南大学	四川大学	2016/5/24
Nov Sokmady	発展するジェンダー：女性の挑戦を家庭から公共のステージへと移行する	ミエンチェイ大学	Mean Chey University	2016/5/25
イン・セバン	ユジンベル後継者たちは誰か？	韓南大学	ユジンベル財団	2016/5/25
孫維新	泥まみれの溝から星空を見上げる	元智大学		2016/5/25
肖立晟	人民元市場の発展と改革	中南財経政法大学	中国社会科学院	2016/5/25
Patsy Perry	ファッション業界サプライチェーンにおける企業の社会責任	河南工程学院	マンチェスター大学	2016/5/26

講師名	講義名	講義大学	所属	講義日
盧圭成	東アジア国家経済共同体の過去と現在，未来	光州女子大学	宣文大学	2016/5/26
Wang Yunzhi	漢字によるアジアの伝播	明知大学	Henan University	2016/5/26
張彦	多文化社会論	浙江樹人大学	浙江樹人大学	2016/5/26
朴泰均	ベトナム戦争と朝鮮半島：目標は達成されたのか？	九州国際大学	ソウル大学	2016/5/27
黄勁輝	文字と映像の可能性：『劉以鬯：1918』と也斯：東西』の映画実験	国立台湾大学	香港映画シナリオ作家協会	2016/5/27
李昶	我が国の文化産業発展戦略に関する考察	山東師範大学	清華大学	2016/5/27
金在旺	アジア市民社会と人権	檀国大学	法人）希望を作る法	2016/5/27
李香真	土壌微生物の多様性と世界の変化	北京林業大学	中国科学院	2016/5/27
崔瑶	アジア各国の建築構造設計について	東京理科大学	大連理工大学	2016/5/27
宇野忠義	近代における日本と中国の友好交流に対する考察	青島大学	弘前大学	2016/5/28
Hisanori Kato	新たなアイデンティティ：国内，国際，グローバル	ミエンチェイ大学		2016/5/30
金正基	米国と韓中日の光栄の道	釜山外国語大学	国民大学	2016/5/30
金善姫	21世紀韓国人のidentityと人文教育の関連性に関する治癒的接近	国立江原大学	国立江原大学	2016/5/30
Kwanchewan Buadaeng	タイ北部の民族の多層文化教育に向けた運動	国立暨南国際大学	チェンマイ大学	2016/5/30
Joel R. Campbell	アメリカ外交政策：オバマによるアジアの再均衡化	ソウル市立大学	Troy University	2016/5/31
Hahn Sangjin	アジアの未来と環境	蔚山大学	蔚山大学	2016/5/31

講師名	講義名	講義大学	所属	講義日
黄淑嫻	也斯と香港・台湾文学の交流	国立台湾大学	香港嶺南大学　人文科学研究センター，中国文学科	2016/5/31
李知慧	アジア女性と社会的企業	中央大学（KR）	社会的企業ＯＹＯＲＩ　ＡＳＩＡ	2016/5/31
徳川家広	関ヶ原から戦後日本を考える	東洋学園大学	徳川記念財団	2016/5/31
Hong Jun-ho	アジア共同体のための国際法	順天大学	KIM & CHANG法律事務所	2016/6/1
黄忠	東アジア共同体構築と日本文化外交	青島理工大学	広東外国語大学	2016/6/1
宮島美佳	コリアンのトランスナショナルネットワーク	長崎大学	香川大学	2016/6/1
李紅梅	東アジア共同体とインフラ整備	福島大学	吉林大学	2016/6/1
Srean Pao	アジア共同体の農業発展	バッタンバン大学		2016/6/2
金世昊	日露戦争を見る様々な視線	韓南大学	韓南大学	2016/6/2
潘炳吉	東洋と西洋の違い	光州女子大学	韓国経営組織研究院	2016/6/2
You Junguun	東アジア的治癒とはなにか	国立江原大学	国立江原大学	2016/6/2
Kim Chagyu	イエズス会のアジア文化への影響	明知大学	明知大学	2016/6/2
金炳魯	北韓と韓国：韓半島の統一の為に	聖公会大学	ソウル大学	2016/6/2
加藤和英	東アジア地域主義と「アジア共同体」の可能性	九州国際大学	九州国際大学	2016/6/3

講師名	講義名	講義大学	所属	講義日
Kwak Nojin	アジア媒體と社会変動	啓明大学	ミシガン大学	2016/6/3
妹尾達彦	歴史から見るアジア共同体	中央大学（JP）	中央大学（JP）	2016/6/3
上野千鶴子	日本のネオリベ改革とジェンダーに対する影響	梨花女子大学	東京大学	2016/6/3
Rachaporn Choochuey	アジア各国の伝統建築概論	東京理科大学	Chulalong-korn University	2016/6/3
Nguyen Van Minh	東アジア製造網の形成と発展	貿易大学	ベトナム貿易大学	2016/6/4
Drl Olga	アジア共同体と持続可能なグローバル競争力	パジャジャラン大学	ロシア	2016/6/4
顔慶章	台湾における「見えることなき手」の存在	元智大学	国立台湾大学	2016/6/6
林開忠	「多元文化と教育とは？」：マレーシアのベールを開く	国立暨南国際大学	国立暨南国際大学	2016/6/6
孫静茹	仕女画と浮世絵—中日美意識比較研究—	大連民族大学	遼寧師範大学	2016/6/6
佐藤利行	日本おける比較文化学研究	大連民族大学	広島大学	2016/6/6
Ganbold Baasanjav	モンゴルと韓国の友好関係：包括的パートナーシップの強調	ソウル市立大学	Ambassador of Moglia in Korea	2016/6/7
詹秀娟	台湾とアジア共同体	新潟県立大学	新潟産業大学	2016/6/7
村田忠禧	中国の台頭，「大国化」をどう受け止めるのか—冷静・客観的視点の大切さ—	東洋学園大学	横浜国立大学	2016/6/7
Evgeni Kablukov	20 世紀のインド社会における政治発展の基本パラメーターの形成：インドの解放への「波」	ビシュケク人文大学	DA MFA	2016/6/8
新井洋史	アジアの経済交流を支える国際物流	福島大学	環日本海経済研究所	2016/6/8

講師名	講義名	講義大学	所属	講義日
Zhigunov Anatolii	ロシア林業	北京林業大学	サンクトペテルブルク林業科技大学	2016/6/8
韓ピロン	東アジアの共同体空間	韓南大学	韓南大学	2016/6/9
Kaneko Yuki	アジアの港湾都市とビジネス文化	明知大学	大阪大学	2016/6/9
黄芳	日本と中国，そして発展問題	浙江樹人大学	浙江樹人大学	2016/6/9
KATIKISHI Blaise	アジアと比較しての，アフリカの近代以後のグローバル化	コンゴ・カトリック大学		2016/6/1–6/15
BAAMBE	アフリカ社会とアジア社会の比較研究	コンゴ・カトリック大学		2016/6/1–6/15
崔永鎬	福岡と釜山の国際的民間交流	九州国際大学	霊山大学	2016/6/10
尹在植	アジアと韓流	啓明大学	Korea Creative Content Agency	2016/6/10
尾崎孝宏	異文化コミュニケーションにおける中国と日本	山東師範大学	鹿児島大学	2016/6/10
林鍾錫	共同体の疎通手段：ローカル放送の企画と構成及び戦略	尚志大学	TBN江原交通放送	2016/6/10
安ジェチョル	環境に優しいアジア建築材料	東京理科大学	東亜大学	2016/6/10
Nguyen Duc Khuong	東アジアとアジア共同体における金融および通貨協力	貿易大学	IPAG Business School-France	2016/6/11
Tilektesh Ishemkulov	東アジアの文化近代化のパラメーター，およびアジア共同体における統合文化形成への疑問	ビシュケク人文大学	ビシュケク人文大学	2016/6/12
呉昶銀	アジア青年フォーラム	中央大学（KR）	中央大学（KR）	2016/6/14

講師名	講義名	講義大学	所属	講義日
小坂文乃	孫文と梅屋庄吉〜Transnational な生き方を学ぶ	東洋学園大学	日比谷松本楼	2016/6/14
渡邉暁子	アジア共同体とＮＧＯ——ＮＧＯは社会を変える力となるか	文教大学	文教大学	2016/6/14
鄭義徹	多文化社会とメディア	啓明大学	尚志大学	2016/6/15
李勁松	国境を越える移動と多文化交流権の形成	青島理工大学	青島理工大学	2016/6/15
安善花	近代日本の東アジア観と東アジア共同体について	大連大学	大連大学	2016/6/15
孫蓮花	東アジア文化の比較—「内」と「外」を中心に	大連大学	大連理工大学	2016/6/15
上垣外憲一	日韓交流史六千年の展望	長崎大学	大妻女子大学	2016/6/15
イ・サンヒョン	宇宙に対するアジアン・ドリーム	蔚山大学	蔚山大学	2016/6/17
佐藤大樹	アジアにおける建築耐震構造設計の共同研究動向	東京理科大学	東京工業大学	2016/6/17
Daeun Lee	私の北朝鮮からの脱出とその後	ソウル市立大学	National Insitute for Unification	2016/6/21
村石恵照	仏教の「和」の精神と，アジアの新しい協働社会への道	東洋学園大学	武蔵野大学	2016/6/21
暉峻僚三	アジア共同体の可能性と市民意識の変革（北東アジアを中心として：記憶・課題，そして我々の未来）	文教大学	東洋学園大学	2016/6/21
佐野孝治	アジアにおける移民・国際労働移動	福島大学	福島大学	2016/6/22
Nguon Thou	『アジア共同体論』についての指導	バッタンバン大学		2016/6/23
Tith Chandy	『アジア共同体論』についての指導	バッタンバン大学		2016/6/23

資料２　講義担当者およびワンアジアコンベンションスピーカーのリスト　581

講師名	講義名	講義大学	所属	講義日
Niramon Kulsrisombat	バンコクの都市デザイン・都市開発	東京理科大学	Chul-along-korn University	2016/6/24
叶芳和	ASEAN 経済統合のとアジアの行方	東洋学園大学	国民経済研究協会	2016/6/28
寺野摩弓	アジア共同体とグローバル教育	文教大学	国際教養大学	2016/6/28
伊藤俊介	近代日朝関係史からみる東アジア共同体の可能性	福島大学	福島大学	2016/6/29
Min Dong Gu	課題に立ち向かう　カンボジア米業界	バッタンバン大学	KMEC Inc.	2016/6/30
黄女玲	アジアにおける日本の若者の国際交流活動	九州国際大学	高雄餐旅大学	2016/7/1
朴キボン	アジアの環境を考慮した建築材料開発	東京理科大学	Kangwon University	2016/7/1
沖村憲樹	日本を抜いた中国の科学技術——日中科学技術交流の強化が急務	東洋学園大学	独立行政法人科学技術振興機構	2016/7/5
清水展	環境とアジア，フィリピン	長崎大学	京都大学	2016/7/6
花松泰倫	ボーダツーリズム（国境観光）を通してみたアジア共同体論	九州国際大学	九州大学	2016/7/8
蒲武川	アジア各国の耐震構造の研究動向	東京理科大学	武漢理工大学	2016/7/8
Chung Hwan Ki	カンボジアの森林産業の発展	バッタンバン大学	Yes One Trading Co., Ltd	2016/7/14
Yap Teng Teng	中華系マレーシア人の言語について	マラヤ大学		2016/7/15
Lew Siew Boon	中華系マレーシア人の民族文化について	マラヤ大学		2016/7/15
東賢太朗	アジア共同体論—フィリピンの呪術的世界から	九州国際大学	名古屋大学	2016/7/15
趙維平	音楽から見るアジア共同体	中央大学（JP）	上海音楽学院	2016/7/15

講師名	講義名	講義大学	所属	講義日
福川伸次	20世紀の日本，アジアの未来への教訓	東洋学園大学	東洋大学	2016/7/15
麻生晴一郎	市民社会から見るアジア共同体	中央大学（JP）		2016/7/22
朱永浩	まとめ：アジア共同体構想と地域協力の展開	福島大学	福島大学	2016/7/27
Chealy CHET	ラウンドテーブル1発表	ワンアジアコンベンションプノンペン	王立プノンペン大学	2016/8/5
Hang Choun Naron	挨拶	ワンアジアコンベンションプノンペン	カンボジア・教育,青少年,スポーツ省大臣	2016/8/6
Pa Sochetvong	挨拶	ワンアジアコンベンションプノンペン	カンボジア・プノンペン市長	2016/8/6
Chul Soo KIM	挨拶	ワンアジアコンベンションプノンペン	韓国・大学教授会・議長	2016/8/6
Mey Kalyan	挨拶	ワンアジアコンベンションプノンペン	プノンペン王立大学・理事長	2016/8/6
アンソニー・ジャクソン	基調講演	ワンアジアコンベンションプノンペン	アメリカ・アジア協会・副代表	2016/8/6

講師名	講義名	講義大学	所属	講義日
Siem Emtotim	分科会 1 発表	ワンアジアコンベンションプノンペン	バッタンバン大学	2016/8/6
Dede Mariana	分科会 1 発表	ワンアジアコンベンションプノンペン	インドネシア・パジャジャラン大学)	2016/8/6
鈴木洋子	分科会 1 発表	ワンアジアコンベンションプノンペン	昭和女子大学	2016/8/6
Sok Soth	分科会 2 発表	ワンアジアコンベンションプノンペン	王立プノンペン大学	2016/8/6
KIM Eun-Shil	分科会 2 発表	ワンアジアコンベンションプノンペン	梨花女子大学	2016/8/6
Islaminur Pempasa	分科会 3 発表	ワンアジアコンベンションプノンペン	インドネシア・Pikiran Rakyat	2016/8/6
Jung Chang Wook	観光産業とアジア諸国間の結びつき	国立ハノイ外国語大学	韓国観光公社	2016/9–2016/12
Do Tuan Minh	講座の紹介：および東アジア国際関係の動向	国立ハノイ外国語大学	国立ハノイ外国語大学	2016/9–2016/12
Nguyen Ngoc Binhy	国際協力の先のアジア共同体創設を目指して：ベトナムとタイの事例	国立ハノイ外国語大学	国立ハノイ外国語大学	2016/9–2016/12

講師名	講義名	講義大学	所属	講義日
Hoang Khac Nam	東アジア協力における韓国の役割と韓国－ASEAN 関係の可能性	国立ハノイ外国語大学	University of Foerign Language and International Studies	2016/9–2016/12
Dao Thi Nga My	日本の見地からする歴史とアジア共同体	国立ハノイ外国語大学	University of Foerign Language and International Studies	2016/9–2016/12
Tran Thi Huong	「アジア共同体の理解（2016年）」申請者	国立ハノイ外国語大学	国立ハノイ外国語大学	2016/9–2016/12
李鎬仁	価値観とアジア共同体	全州大学	全州大学	2016/9/1
Tongwon Kim	アジア共同体講座の概要と，アジア共同体と社会福祉	成均館大学	成均館大学	2016/9/1
秦信行	日本のベンチャー事情	ハルビン商業大学	國学院大学	2016/9/2
高橋克秀	日本の新規卒業者と有名企業のネットワーク	ハルビン商業大学	國学院大学	2016/9/2
石川守	アジア共同体における環境社会学の展開	大連外国語大学	拓殖大学	2016/9/6
宋丹瑛	アジア地域クルーズ観光の振興及び中国クルーズ観光の現状	海南熱帯海洋学院	海南熱帯海洋大学	2016/9/6
Jose Batancourt	アメリカ健康保険制度間の比較	セントメアリー大学		2016/9/7
鐘俊生	アジアの海洋養殖ネットワーク	上海海洋大学	上海海洋大学	2016/9/7
李東軍	アジア共同体の視点からみた東方詩学の新構築	蘇州大学	蘇州大学	2016/9/7
劉利国	アジア共同体における環境倫理観	大連外国語大学	大連外国語大学	2016/9/7
Hong Ihkpyo	南北の経済協力とユーラシア大陸	カトリック関東大学	大韓民国国会	2016/9/8

講師名	講義名	講義大学	所属	講義日
王煥祥	アジア共同体の起源と発展	嘉興学院	嘉興学院	2016/9/8
Kim Dongyub	北朝鮮問題と北東アジア	慶南大学	慶南大学	2016/9/8
李在云	古代東アジアのディアスポラの表象―崔至遠	全州大学	全州大学	2016/9/8
Unoda Shoya	極東アジアの近代と現代	嶺南大学	大阪大学	2016/9/8
Nguyen Hoa	東洋から見た相互文化コミュニケーション	国立ハノイ外国語大学	国立ハノイ外国語大学	2016/9/9
外園幸一	アジア共同体における日本の環境保護対策	大連外国語大学	鹿児島国際大学	2016/9/9
河野貴美子	東アジアにおける漢籍の伝播と共同体構築	渤海大学	早稲田大学	2016/9/9
修綱	民間交流を通してとアジア諸国の共同体	天津外国語大学	天津外国大学	2016/9/9
Choong Yee Voon	国境を超えた文学	マラヤ大学		2016/9/10
Nobuo Shimotomai	日本とロシアの間のアイデンティティ	極東国際関係大学	法政大学	2016/9/12
Zhu Gaozheng	「近思録（Reflections on Things at Hand）」の紹介	北京外国語大学	Chinese Academy of Social Sciences	2016/9/13
関剣平	授業の説明，財団の紹介	浙江農林大学	浙江農林大学	2016/9/13
鈴木勝	アジア地域の観光振興及び協力	海南熱帯海洋学院	共栄大学	2016/9/13
Joonam Kim	アジア経済における韓国の役割	セントメアリー大学		2016/9/14
Kim Yongki	東南アジアとアジア共同体	亜洲大学	亜洲大学	2016/9/14
于克峰	日本の海環境	上海海洋大学	上海海洋大学	2016/9/14
陳岩	アジア共同体における環境生態文学	大連外国語大学	大連外国語大学	2016/9/14
Heeryong Won	アジア共同体の形成と済州島の役割	成均館大学	済州道知事	2016/9/15

講師名	講義名	講義大学	所属	講義日
Nguyen Hoang Anh	ヴェトナムと韓国のビジネス文化の比較研究と，ヴェトナムにおける韓国企業の業績への影響	国立ハノイ外国語大学	ベトナム貿易大学	2016/9/16
Muhammad Basir	開会，アジア共同体の必要性	タドゥラコ大学	タドゥラコ大学	2016/9/16
徐冰	中日文化交流と東アジア共同体の構築	天津外国語大学	東北師範大学	2016/9/16
劉序楓	アジア共同体の組織と運営	福建師範大学	台湾の中央研修院	2016/9/17
潘徳昌	歴史を鑑にして，東アジア平和へ	渤海大学	渤海大学	2016/9/18
Pierre-Etienne Will	清朝時代の中国の伝統的な社会／政治制度	ラヴァル大学	コレージュ・ド・フランス	2016/9/19
Wang Kun	アジア共同体における地域統合の前向きな影響	嘉興学院	嘉興学院	2016/9/20
Tharit Charungvat	トルコ・タイ関係	ＴＯＢＢ経済工科大学	タイ外務所	2016/9/20
Robert Hu	中国の文化と社会を理解する	セントメアリー大学		2016/9/21
霍耀林	日本は「アジア」に対する思考	井岡山大学	井岡山大学	2016/9/21
王泉川	中国文化への理解	済州国際大学	済州国際大学	2016/9/21
楊金龍	海洋の貝類	上海海洋大学	上海海洋大学	2016/9/21
Kim Guenbae	新興国のモデルとしてのアジアの科学技術	全北大学	全北大学	2016/9/21
施暉	アジア共同体の構想と言語教育	蘇州大学	蘇州大学	2016/9/21
曲維	アジア共同体における環境保護意識の改善	大連外国語大学	遼寧師範大学	2016/9/21
陳長江	ガイダンス，中国経済社会の変化と日本	桃山学院大学	南通大学	2016/9/21

講師名	講義名	講義大学	所属	講義日
Han Hongsoon	東アジアのキリスト教精神と平和	カトリック関東大学	Former Korean Ambassador of Vatican	2016/9/22
朱鵬霄	近代における日本言語学研究視点の変遷	安徽農業大学	天津外国語大学	2016/9/22
Kim Youngsun	ASEANとアジア共同体	信韓大学	Korea-ASEAN Center	2016/9/22
李効民	海外医療救護活動と国際連帯	新羅大学	国境なき医師団（MSF）	2016/9/22
尹相元	なぜ，韓国にはチャイナタウンがないのか	全州大学	全北大学	2016/9/22
Liao Ben	湯顕祖とシェークスピアは比較可能か？	北京外国語大学	China Writers Association	2016/9/22
Hori Madoka	タゴールの文学と極東アジア諸国	嶺南大学	大阪大学	2016/9/22
張源哲	東アジアの伝統文化について	国立慶尚大学	国立慶尚大学	2016/9/22
Michele Thompson	大越（ベトナム）/東南アジアと中国	ブリティッシュ・コロンビア大学	南コネティカット大学	2016/9/22
Wonyeong Choi	保健と福祉面の国際開発協力の観点から見るアジア	成均館大学	保健福祉省前副大臣	2016/9/22
Li Ping	アジアFTAAPとアジア共同体の関係I	嘉興学院	嘉興学院	2016/9/23
Kobayashi Yoshiko	日本のコミック（マンガ）：歴史と表現	香港理工大学	北海道大学	2016/9/23
呉光輝	アジアの地政学と共同体の構築	蘇州大学	厦門大学	2016/9/23
Ghiglione Anna	儒教とアジア：伝統と近代	ラヴァル大学	モントリオール大学	2016/9/26

講師名	講義名	講義大学	所属	講義日
Li Ya	上海自由貿易試験区と東アジア共同体	嘉興学院	嘉興学院	2016/9/27
Rong Xinjiang	シルクロードを旅する	北京外国語大学	北京大学	2016/9/27
Dato Amran Mohamed Zin	トルコ・マレーシア関係	ＴＯＢＢ経済工科大学	マレーシア外務所	2016/9/27
王万茂	アジア諸国大型遊覧船の受け入れ基盤整備	海南熱帯海洋学院	鳳凰島国際クルーズ港㈲	2016/9/27
張剣韻	日本の最新事情	安徽農業大学	安徽農業大学	2016/9/28
Kanaev E.A.	ASEAN の近代政策：戦略と協力	極東国際関係大学	National research University Moscow	2016/9/28
李京姫	現代の中国の政治史	湖南大学（KR）	湖南大学（KR）	2016/9/28
韓興勇	海洋文化：海の神と海	上海海洋大学	上海海洋大学	2016/9/28
田中豊治	アジア共同体創成をアジア人財育成	西九州大学	西九州大学	2016/9/28
向井常博	西九州大学の国際化戦略と100 年ビジョン	西九州大学	西九州大学	2016/9/28
Shin Dongwon	アジア共同体における韓国の科学と文明を理解する	全北大学	全北大学	2016/9/28
Lee Eunjin	北東アジアの海事協力	慶南大学	慶南大学	2016/9/29
江虹	東アジア共同体における中日貿易動向について	上海商学院	上海商学院	2016/9/29
Seo Jungmin	アジアにおける国境，共存，共同体	信韓大学	延世大学	2016/9/29
張喜貞	アジア共同体のための観光の役割	新羅大学	新羅大学	2016/9/29
卞恩真	韓半島の分断，統一の問題とアジア共同体	全州大学	韓国放送通信大学	2016/9/29

講師名	講義名	講義大学	所属	講義日
蔡明哲	災害医療と国際人道援助：国際社会における台湾の参画と責任	中山医学大学	中山医学大学	2016/9/29
Sohn Seunghui	極東アジアの政治史	嶺南大学	嶺南大学	2016/9/29
朴鍾喆	東アジアでの冷戦構造とその解決	国立慶尚大学	国立慶尚大学	2016/9/29
David Curtis Wright	唐 / 宋中国と東アジア	ブリティッシュ・コロンビア大学	カルガリ大学	2016/9/29
小峰和明	東アジアの物語	吉林大学	立教大学	2016/9/29
林平	ヨーロッパ統合の歴史の現状	国立中正大学	国立中正大学	2016/9/29
Eunhee Kang	多文化主義とアジア	成均館大学	性の平等と家族省大臣	2016/9/29
林嵐	東アジアから読む『枕草子』	渤海大学	東北師範大学	2016/9/30
赤嶺守	人の移動と 21 世紀のアジア共同社会	福建師範大学	琉球大学	2016/9/30
易寧	アジアの歴史と同一のアジア	中国人民大学	北京師範大学	2016/9/30
イザベラ・ストロニアス	アジア共同体コスチュームデザイン	国立ストシェミンスキ美術大学	国立ストシェミンスキ美術大学	2016/10–2017/1
河原裕子	アジア共同体と世界一大きな絵	国立ストシェミンスキ美術大学	アース・アイデンティティー・プロジェクツ	2016/10–2017/1
マウゴジャタ・チュダック	アジア共同体における色・ファッションデザイン	国立ストシェミンスキ美術大学	国立ストシェミンスキ美術大学	2016/10–2017/1

講師名	講義名	講義大学	所属	講義日
アンジェイ・ミハリック	アジア共同体における絵画	国立ストシェミンスキ美術大学	国立ストシェミンスキ美術大学	2016/10–2017/1
エバ・ラトコフスカ	アジア共同体における紙	国立ストシェミンスキ美術大学	国立ストシェミンスキ美術大学	2016/10–2017/1
ビトルド・バジボダ	アジア共同体における古典グラフィック手法	国立ストシェミンスキ美術大学	国立ストシェミンスキ美術大学	2016/10–2017/1
アンジェイ・バホビッチ	アジア共同体における小物デザイン	国立ストシェミンスキ美術大学	国立ストシェミンスキ美術大学	2016/10–2017/1
ボグスワフ・クシュチュック	アジア共同体における諸デザイン	国立ストシェミンスキ美術大学	国立ストシェミンスキ美術大学	2016/10–2017/1
クリスティナ・チャイコフスカ	アジア共同体における繊維上の印刷	国立ストシェミンスキ美術大学	国立ストシェミンスキ美術大学	2016/10–2017/1
イザベラ・ボイティチュカ	アジア共同体における地理	国立ストシェミンスキ美術大学	国立ストシェミンスキ美術大学	2016/10–2017/1
稲吉紘実	アジア共同体におけるデザイン	国立ストシェミンスキ美術大学	国立ストシェミンスキ美術大学	2016/10–2017/1
トマッシュ・コバルチック	アジア共同体における陶器	国立ストシェミンスキ美術大学	国立ストシェミンスキ美術大学	2016/10–2017/1

講師名	講義名	講義大学	所属	講義日
セルギウシュ・クフチンスキ	アジア共同体における宝石	国立ストシェミンスキ美術大学	国立ストシェミンスキ美術大学	2016/10–2017/1
露草和賛	アジア共同体における歴史概要	国立ストシェミンスキ美術大学	ヴロツワフ銀行大学	2016/10–2017/1
カタジナ・シミラック	アジア共同体のプロモーション	国立ストシェミンスキ美術大学	国立ストシェミンスキ美術大学	2016/10–2017/1
ジグムント・ウカシエビッチ	アジア共同体の文化	国立ストシェミンスキ美術大学	国立ストシェミンスキ美術大学	2016/10–2017/1
ドミニカ・クログルスカ	アジア共同体の文化	国立ストシェミンスキ美術大学	国立ストシェミンスキ美術大学	2016/10–2017/1
イザベラ・バルチャック	アジア共同体の文化	国立ストシェミンスキ美術大学	国立ストシェミンスキ美術大学	2016/10–2017/1
クシシュトフ・ティチュコフスキ	上記アジア共同体におけるデザインの大学側調整・協力役	国立ストシェミンスキ美術大学	国立ストシェミンスキ美術大学	2016/10–2017/1
櫛田宏治	アジアの社会，文化と共同体	東亜大学（JP）	東亜大学（JP）	2016/10/1
Maria Rowena Mendoza Sanchez	トルコ・フィリピン関係	ＴＯＢＢ経済工科大学	フィリピン外務所	2016/10/3
吉岡大雅	アジアにおける日本企業の経営実態と人材育成	国立台中科技大学	旭硝子顕示玻璃股份有限公司	2016/10/4

講師名	講義名	講義大学	所属	講義日
牧野英二	安重根・東洋平和論とカント・永遠平和論	龍谷大学	法政大学	2016/10/4
長谷川照	教育のグローバル化と大学のミッション	西九州大学		2016/10/5
Lim Jongtae	地球に対するアジアの伝統的理解	全北大学	ソウル大学	2016/10/5
李東潤	アセアンと東アジア地域協力	新羅大学	新羅大学	2016/10/6
ソン・ジャンナ	現代の高麗人は誰であるか	全州大学	モスクワ経済大学	2016/10/6
Sohn SangBum	韓中日の経済交流の現状と展望	嶺南大学	嶺南大学	2016/10/6
吾妻重二	朱子学と東アジアーその普遍性	国立慶尚大学	関西大学	2016/10/6
Dafydd Fell	アジア地域統合と発展（一）	国立中正大学	University of London	2016/10/6
Yeongmok Kim	東アジア共同体の設立：諸文化社会の共存を目指して	成均館大学	KOICA会長	2016/10/6
Hoa Huu Lan	ASEAN経済共同体における発展と統合の可能性	国立ハノイ外国語大学	Hanoi Institute for Socio-economic Development Studies	2016/10/7
鄭曉華	東アジア書法芸術とアジア共同体	中国人民大学	中国人民大学	2016/10/7
黄智慧	多民族多文化社会の台湾からみるアジア共同体の構築	東亜大学(JP)	台湾中央研究院	2016/10/8
下斗米伸夫	ロシアのアジア・シフトと日ロ関係	東京外国語大学	法政大学	2016/10/10
長田紀之	ミャンマー経済の現状と統合への展望	帝京大学	日本貿易振興機構アジア経済研究所	2016/10/11
Lin Meicun	チンギス・ハーンを探して	北京外国語大学	北京大学	2016/10/11

講師名	講義名	講義大学	所属	講義日
重本直利	戦後補償問題からのアプローチⅠ：強制連行企業，過去との対話	龍谷大学	龍谷大学	2016/10/11
Mohd Sahrip Othman	トルコ・ブルネイ関係	ＴＯＢＢ経済工科大学	ブルネイ外務所	2016/10/11
陳国東	観光における地域文化の伝承及び発信	海南熱帯海洋学院	海南省檳郎谷景区	2016/10/11
Ge Nikolai	韓国独立運動家たちの子孫とその後の人生	カザフ国立大学	Public Association of Doknip	2016/10/12
新城道彦	東アジアの歴史と歴史認識	フェリス女学院大学	フェリス女学院大学	2016/10/12
Junho Yoon	アジアにおけるモンゴル	亜洲大学	International University of Ulaan-baatar	2016/10/12
曾建平	池田大作と中国	井岡山大学	井岡山大学	2016/10/12
白真珠	暴力のない社会，ともに生きる社会	済州国際大学	中文高等学校	2016/10/12
李欣	日本の水産物市場	上海海洋大学	上海海洋大学	2016/10/12
松本茂幸	地方創生時代における地域と大学	西九州大学	神埼市役所	2016/10/12
文晩龍	吉野桜の起源を巡る争い：生物学と東アジアの歴史	全北大学	全北大学	2016/10/12
森路未央	アジアにおける貿易と投資	桃山学院大学		2016/10/12
劉金才	中日間の文化差異と相互認識	安徽農業大学	北京大学	2016/10/13
Lee Chaerak	アジア共同体と新聞社の役割	信韓大学	kyungyang Newspaper	2016/10/13
ジョ・バシンリ	全ロシアの高麗人連合会とアジア共同体の可能性	全州大学	全高麗人連合会	2016/10/13

講師名	講義名	講義大学	所属	講義日
柳翰浩	アジア共同体と青年の未来	朝鮮大学	光州大学	2016/10/13
Yang Ilmo	アジア主義とアジア共同体の経験	嶺南大学	嶺南大学	2016/10/13
姜宝有	アジア文学とマイノリティ	韓国交通大学	復旦大学	2016/10/13
Peter Shapinsky	16世紀のアジアにおけるヨーロッパ人たち，海賊，貿易	ブリティッシュ・コロンビア大学	イリノイ大学	2016/10/13
Harkness Nickolas	韓国のキリスト教とアジア共同体の福音メディア	ローマ大学サピエンツァ校	ハーバード大学	2016/10/13
Hyun Sun Lee	アジア地域統合と発展（二）	国立中正大学	Tokyo University	2016/10/13
Hoyeol Jung	ワンアジアの法律制度	成均館大学	成均館大学法学部	2016/10/13
チューダシュ・ユンゴル・スナル	中国の政治と行方	カディル・ハス大学	マルアラ大学	2016/10/14
Claudio Jung	オペラマ（オペラ＋ドラマ）コンサート	セントメアリー大学		2016/10/14
Nguyen Ngoc Binh	国際協力を超えたアジア共同体の創造：ヴェトナムとタイの事例	国立ハノイ外国語大学	ベトナム国家大学ハノイ校	2016/10/14
Lin Wencheng	中米対立とアジア統合における台湾の選択	国立中興大学	中山大学	2016/10/14
李銘敬	日本説話文学と中国典籍	渤海大学	中国人民大学	2016/10/14
楊慶中	東アジア《易経》学研究	中国人民大学	中国人民大学	2016/10/14
金勲	宗教思想とアジア共同体	天津外国語大学	北京大学	2016/10/14
鵜沢和宏	アジアの人類集団，そしてアジア共同体	東亜大学（JP）	東亜大学（JP）	2016/10/15
Liu Yunchao	中国－日本の非政府間の友好コミュニケーション	嘉興学院	東北大学（CN）	2016/10/18

講師名	講義名	講義大学	所属	講義日
Pham Anh Tuan	ベトナム・トルコ関係	ＴＯＢＢ経済工科大学	ベトナム外務所	2016/10/18
柳教烈	港町と文化交渉	海南熱帯海洋学院	韓国海洋大学	2016/10/18
朴敬玉	近代東アジアにおける稲作農業	フェリス女学院大学	日本学術振興会	2016/10/19
Park Jinhan	東洋の開放港湾都市比較	亜洲大学	仁川大学	2016/10/19
Kuchuck V.V.	アジアの地域経済統合	極東国際関係大学	Economic Research Institute, Far Eastern Branch of the Russian Academy of Sciences	2016/10/19
許貞玉	地域共同体と女性	済州国際大学	ソウル科学大学院大学	2016/10/19
徐亮	『アジア共同な大海洋へーアジア共同体創生に向けて』についての指導	上海海洋大学	上海新世界教育グループ	2016/10/19
劉坤	日本の飲食文化	上海海洋大学	上海海洋大学	2016/10/19
Christopher Cullen	グローバルな視点から見るアジア共同体の科学と文明	全北大学	ケンブリッジ大学	2016/10/19
徐衛	アジア交流における公文書の種類と相互影響	蘇州大学	蘇州大学	2016/10/19
Furong Jin	中国経済と文化	祥明大学		2016/10/20
南榮浩	中央アジア国境からの韓国人	信韓大学	信韓大学	2016/10/20
大石進	アジア共同体の記憶	全州大学	日本評論社	2016/10/20
薮田貫	東アジアの女性史	国立慶尚大学	兵庫県立歴史博物館	2016/10/20

講師名	講義名	講義大学	所属	講義日
Shinae Kang	近代以前の東アジアにおける美（絵画）の流れ	ブリティッシュ・コロンビア大学	ソウル大学	2016/10/20
Jang Soohyun	越境文化制作と東アジアの国家的物語：アジア共同体の一例としての韓国ポップカルチャー	ローマ大学サピエンツァ校	光雲大学	2016/10/20
Jeehun Kim	アジア地域統合と発展（三）	国立中正大学	Inha University	2016/10/20
張玉来	TPPと東アジア生産ネットワーク	ハルビン商業大学	南開大学	2016/10/21
Peng Bo	東アジア再編成における中国の台頭：グローバルな統治の反映	嘉興学院	Aalborg University	2016/10/21
Kim Ae-ran	韓国文学：「若い両親と年老いた子供」	香港理工大学		2016/10/21
Nguyen Huu Anh	ヴェトナムと韓国の経済関係：現状と展望	国立ハノイ外国語大学	National Economic University	2016/10/21
Taniguchi Yoji	アジアにおける共同体構築のための経済局面	国立中興大学	中央大学（JP）	2016/10/21
趙向東	イギリスの高等教育における障害学生	内蒙古師範大学	内蒙古師範大学	2016/10/21
馬駿	東アジア変体漢字と漢文仏典文体の比較研究	渤海大学	対外経済貿易大学	2016/10/21
李春虎	金正恩時代の北朝鮮政治過程	天津外国語大学	上海外国語大学	2016/10/21
陳尚勝	古代漢字圏とアジア共同体	福建師範大学	山東大学	2016/10/22
丸田孝志	中華人民共和国とアジア	広島大学	広島大学	2016/10/23
鄭昭延	アジア共同体と移住人権	培材大学	ボダ法律事務所	2016/10/24
Uchida Keiichi	言語および文化接触に関する研究	北京外国語大学	関西大学	2016/10/24
小磯千尋	南アジアの食文化	浙江農林大学	金沢星稜大学	2016/10/25

講師名	講義名	講義大学	所属	講義日
Monica Parzinger	世界各地の情報格差	セントメアリー大学		2016/10/26
袁邦株	漢語，漢語，日本語の相互関係と民族交流	井岡山大学	井岡山大学	2016/10/26
蘇憲法	ヴェニスを旅する	元智大学	国立台湾師範大学	2016/10/26
呉美琴	遺伝子 DNA が分かる？	上海海洋大学	上海海洋大学	2016/10/26
劉軍	日本語科学生の国際交流	上海海洋大学	上海海洋大学	2016/10/26
張韓模	教育のグローバル化	西九州大学	佐賀大学	2016/10/26
于飛	アジア共同体における漢字の問題	大連外国語大学	大連外国語大学	2016/10/26
石塚哉史	アジア向け食品輸出による地域活性化	桃山学院大学	桃山学院大学	2016/10/26
Kawamitsu Shinichi	国境を超えたアジア共和国社会へ向けて	信韓大学	Okinawa Times	2016/10/27
曹昌堯	人類の遺伝子進化法則と第四次産業革命の衝撃という側面から現代人が向き合うべき世界的な変化と競争を語る	中山医学大学	中山医学大学	2016/10/27
Shim Eunjin	アジアにおける感情概説：東アジアのフィルモグラフィー	嶺南大学	全州大学	2016/10/27
長森美信	韓国と日本の過去，そして現代と未来	国立慶尚大学	天理大学	2016/10/27
Benjamin Schmidt	戦争，外交，貿易の三角関係	ブリティッシュ・コロンビア大学	ワシントン大学	2016/10/27
Mara Matta	北東インドにおける韓流を通じてのアジア共同体スペースの創設	ローマ大学サピエンツァ校	サピエンツァ校	2016/10/27
連清吉	東アジアの文化交流——中国と日本の典型事例を中心に	吉林大学	長崎大学	2016/10/27

講師名	講義名	講義大学	所属	講義日
Yeongjin Kim	アジア共同体の設立：その制約と展望	成均館大学	韓国会計検査院前院長	2016/10/27
渓欣華	汎家族規則の影響による日本国民思惟の極致と極端	安徽農業大学	安徽大学	2016/10/28
李芯	東アジアの地域発展と統合：課題，問題，展望	嘉興学院	山東女子学院	2016/10/28
崔賢珍	東アジアにおける資源紛争	慶熙大学	慶熙大学	2016/10/28
Chen Chingchang	儒教アジアにおける不和を理解する	国立中興大学	龍谷大学	2016/10/28
斉亜麗	大学生の個性を伸ばすため	上海海洋大学	上海海洋大学	2016/10/28
孫暁	漢籍の道ー古代東アジアにおける漢籍の流伝を中心に	内蒙古師範大学	中国社会科学院	2016/10/28
王暁平	中日文化おける漢字の世界	渤海大学	天津師範大学	2016/10/28
黄興涛	東西歴史学比較研究	中国人民大学	中国人民大学	2016/10/28
川村博忠	絵図から見るアジア	東亜大学(JP)	東亜大学(JP)	2016/10/29
福田耕治	Brexit 以後の EU ガバナンスからアジア共同体を考える	東京外国語大学	早稲田大学	2016/10/31
梁燕	梅蘭芳と海外の京劇	北京外国語大学	北京外国語大学	2016/10/31
A Selverajah	シンガポール・トルコ関係	ＴＯＢＢ経済工科大学	シンガポール外務所	2016/10/31
Rodica-Livia Monnet	今日の日本文化：文学と映画	ラヴァル大学	モントリオール大学	2016/10/31
王磊	アジア共同体と中日関係	安徽農業大学	安徽農業大学	2016/11/1
張家瑜	日本企業的国際経営	国立台中科技大学	台湾優衣庫有限公司	2016/11/1

資料２　講義担当者およびワンアジアコンベンションスピーカーのリスト　599

講師名	講義名	講義大学	所属	講義日
菅瀬晶子	西アジアの食文化	浙江農林大学	大阪国立民族学博物館	2016/11/1
陳耀	アジア地域海洋レジャー産業の発展	海南熱帯海洋学院	海南省観光局	2016/11/1
Aaron Tyler	中東に関する対話	セントメアリー大学		2016/11/2
冨山一郎	沖縄の自立と東アジア	井岡山大学	同志社大学	2016/11/2
銭鴎	交差的な日中近代学術史	井岡山大学	同志社大学	2016/11/2
Chae Hwan Seo	東アジアにおける文化共同体	韓国カトリック大学	韓国カトリック大学	2016/11/2
Jae-Young Lee	韓国ユーラシア・イニシアチヴとロシアとの協力	極東国際関係大学	Korean Euroasian initiative and cooperation with Russia	2016/11/2
石川捷治	アジアコミュニティの可能性と条件	西九州大学	久留米大学	2016/11/2
Lee Dongchul	アジア共同体の翻訳と近代化	全北大学	龍仁大学	2016/11/2
劉九令	古代東アジア共有宗教信仰の形成と意義	渤海大学	渤海大学	2016/11/2
林邑	日本の新聞事業の歴史と現在	渤海大学	渤海大学	2016/11/2
Jinnyuh Tsu	台湾とアジア共同体の境界線	信韓大学	国立台湾大学	2016/11/3
徐京浩	東アジアの共通の思惟	新羅大学	ソウル大学	2016/11/3
Josef Brada	南北統一とアジア共同体	仁川大学		2016/11/3
李燊娘	在日朝鮮人とアジア共同体	全州大学	中央大学（JP）	2016/11/3
金秀珉	北東アジア情勢の変化と私たちの選択	朝鮮大学	鮮文大学	2016/11/3

講師名	講義名	講義大学	所属	講義日
Kwon Heonik	冷戦とアジア共同体諸国	嶺南大学	ケンブリッジ大学	2016/11/3
篠原啓方	東アジア古代史における韓国と日本	国立慶尚大学	関西大学	2016/11/3
Bradley Camp Davis	17世紀の東アジア	ブリティッシュ・コロンビア大学	東コネティカット州立大学	2016/11/3
Kim Young Hun	ナショナル・ジオグラフィックによるアジア拝見：朝鮮の事例	ローマ大学サピエンツァ校	梨花女子大学国際研究大学院	2016/11/3
藍先茜	教育統合とアジアの現状（二）：資格の枠組みと学歴の認証	国立中正大学	教育部・国際両岸教育司	2016/11/3
Mankeun Yu	アジア共同体阻害要因の克服：韓日関係の再検討	成均館大学	成均館大学	2016/11/3
Laurent Weil	金融とイスラーム	カディル・ハス大学	Robsons Chartered Surveyors	2016/11/4
南誠	＜日本＞本国帰還者と歴史認識	ハルビン商業大学	長崎大学	2016/11/4
趙平	異文化交流におけるノンバーバルコミュニケーション	安徽農業大学	貴州財政大学	2016/11/4
ハム・ジェボン	アメリカと東アジア	延世大学経済学部		2016/11/4
Zhijun Wang	アメリカにおける中国語の指導と学習：文化を超えた努力	香港理工大学	The University of Massachusetts	2016/11/4
Nguyen Duy Dung	地域構造の中心としてのASEANと中国の台頭	国立ハノイ外国語大学	Institute of Southeast Asian Studies	2016/11/4
石龍譚	環境と法	大連外国語大学	山口大学	2016/11/4

講師名	講義名	講義大学	所属	講義日
徐慶平	東アジアの絵画芸術とアジア共同体	中国人民大学	中国人民大学	2016/11/4
武貞秀士	北朝鮮の変化と東北アジア情勢	天津外国語大学	拓殖大学	2016/11/4
王旭	アメリカとアジア共同体	福建師範大学	厦門大学	2016/11/5
川口隆行	日本の現代文化	広島大学	広島大学	2016/11/6
伊豆見元	朝鮮半島から見たアジア	東京外国語大学	東京国際大学	2016/11/7
Kuo Taichun	台湾の経済改革	北京外国語大学	スタンフォード大学	2016/11/7
スーザン・メナデュー・チョン	安重根の汎アジア主義と日本の朝鮮学校のトランスナショナルな類似点について	龍谷大学	立教大学	2016/11/8
耿国紀	アジア共同体創成とアジア哲学の相関性研究	安徽三聯学院	合肥師範学院	2016/11/8
Hanho Bae	民間（ベアフット）ドクターと健康食ドクター	セントメアリー大学		2016/11/9
高光民	済州島の伝統的な共同体	済州国際大学	木浦大学	2016/11/9
于洋	アジア共同体におけるグローバル的環境意識と倫理の育成	大連外国語大学	城西大学	2016/11/9
李国棟	日本天孫降臨神話的な意味について	蘇州大学	貴州大学	2016/11/10
Mary Shepard Wong	相互文化的およびグローバルコミュニケーション的競争力	中山医学大学	Azusa Pacific University	2016/11/10
Hwang Soyeon	朝鮮通信使，江戸へ行く	嶺南大学	円光大学	2016/11/10
王向華	アジア共同体とサブカルチャー	韓国交通大学	香港大学	2016/11/10
Yuanchong Wang	18 世紀の東アジア	ブリティッシュ・コロンビア大学	デラウェア大学	2016/11/10

講師名	講義名	講義大学	所属	講義日
Paolo Barberi	アジア共同体の面影：現代ラオスにおけるベトナム戦争の形跡	ローマ大学サピエンツァ校	伊フェラーラ大学	2016/11/10
Morshidi Sirat	教育統合とアジアの現状（三）：ASEAN+3（アセアン・日中韓）	国立中正大学	Universiti Sains Malaysia	2016/11/10
Michael Tse	香港のモザイクのような歴史：外国文化のアッサンブラージュ	香港理工大学	香港理工大学	2016/11/11
Hwang Jaeho	アジアの共同体構築のための安全保障	国立中興大学	韓国外国語大学	2016/11/11
張小梅	北斎高粛と《美陵王入陣曲》—中日間の古曲往来流播記	中国人民大学	北京師範大学	2016/11/11
孫基雄	朝鮮半島統一環境の変化	天津外国語大学	韓国統一研究院	2016/11/11
小熊誠	氏族社会とアジア共同体	福建師範大学	神奈川大学	2016/11/12
布川弘	ライシャワーの中国認識と日本	広島大学	広島大学	2016/11/13
Paul Servais	東洋と西洋：お互いについての認識と表明	ラヴァル大学	ルーヴァンカトリック大学	2016/11/14
劉仁傑	台湾におけるモノづくり革新と日台連携	国立台中科技大学	東海大学	2016/11/15
キム・テユン	ASEAN 経済統合の進捗と示唆点	仁川大学		2016/11/15
中田光信	東アジアの未来のために必要なこと	龍谷大学	日鉄裁判支援する会	2016/11/15
熊倉功夫	日本の食文化	浙江農林大学	MIHOミュージアム	2016/11/15
劉佳	観光経済とアジア共同体	海南熱帯海洋学院	中国海洋大学	2016/11/15

講師名	講義名	講義大学	所属	講義日
大橋正明	ポピュラーカルチャーと緩やかな東アジアの文化共同体	フェリス女学院大学	聖心女子大学	2016/11/16
Pang Zhongying	グローバリゼーションの後退と中国の未来	亜洲大学	中国人民大学	2016/11/16
Lee Seungsin	人文学を通じた東アジア共同体構築	韓国カトリック大学		2016/11/16
鄭友仁	産業4.0に関する新思想	元智大学	国立中正大学	2016/11/16
パンセク・アトントゥラスク	タイにおける日本人コミュニティ	西九州大学	ブラパー大学	2016/11/16
Wang Siming	米と麺類：中国の耕作と食の歴史はどのように変遷してきたか	全北大学	南京農業大学	2016/11/16
戦慶勝	アジア共同体における環境意識の共有	大連外国語大学	鹿児島国際大学	2016/11/16
Kuehun Cho	日韓関係	祥明大学		2016/11/17
毛文偉	東アジア言語文化圏視点から見る	上海商学院	上海外国語大学	2016/11/17
Kim Minhwan	中国における国境設置とその解除	信韓大学	韓信大学	2016/11/17
金光熙	中国延辺の朝鮮族自治州とアジア共同体	全州大学	延辺大学	2016/11/17
Ku Weiying	映像から見た歴史の研究	北京外国語大学	国立台湾大学	2016/11/17
藤田髙夫	東アジア史を読む	国立慶尚大学	関西大学	2016/11/17
Joshua Van Lieu	変革期から近代へ向かう東アジア	ブリティッシュ・コロンビア大学	ラグランジュ大学	2016/11/17
Yang Yong Kyun	韓流をつうじての，韓国とアジア諸国の文化交流	ローマ大学サピエンツァ校	韓国学中央研究院	2016/11/17
王勝今	東アジアの人口政策——中日の相違点をめぐって	吉林大学	吉林大学	2016/11/17

講師名	講義名	講義大学	所属	講義日
沈不欽	哲学理念の融合とアジアの統合	国立中正大学	北京大学	2016/11/17
高橋基樹	日本における国際開発協力の課題と戦略	成均館大学	神戸大学・日本ODA協会会長	2016/11/17
モハマド・ユソフ・サーリ	マレーシアの社会・経済発展	カディル・ハス大学	Universiti Putra	2016/11/18
馬宏坤	社会文化，衛生制作および心理健康の関係分析	ハルビン商業大学	ハルビン商業大学	2016/11/18
李先瑞	日本の女性文学から女性主義文学へと	安徽農業大学	浙江越秀外国語学院	2016/11/18
Nguyen Quang	相互文化理解のための超文化意識	国立ハノイ外国語大学	国立ハノイ外国語大学	2016/11/18
Emilian Kavalski	台頭する地域，台頭する力？アジアの世紀か中国の支配か	国立中興大学	オーストラリアカトリック大学	2016/11/18
Li Sher-shiueh	西洋の知識と中国の三教の関係	北京外国語大学	Academia Sinica	2016/11/18
張亜傑	中日文化差異を読む	渤海大学	渤海大学	2016/11/18
Hanafie Sulaeman	アジア共同体構築の架け橋としての言語	タドゥラコ大学	タドゥラコ大学	2016/11/18
中村圭尔	日本学界の東洋史研究	中国人民大学	大阪市立大学	2016/11/18
上水流久彦	民族構成とナショナリズムからの脱出	東亜大学(JP)	広島市立大学	2016/11/19
岡本輝代志	アジア共同体における水循環と流域環境	大連外国語大学	岡山商科大学	2016/11/21
添谷芳秀	ミドルパワーの力とアジア共同体	ＴＯＢＢ経済工科大学	慶應義塾大学	2016/11/21
森類臣	日本の主要新聞による『北朝鮮』認識についての研究	龍谷大学	立命館大学	2016/11/22

講師名	講義名	講義大学	所属	講義日
石毛直道	東アジアの食文化	浙江農林大学	大阪国立民族学博物館	2016/11/22
Asayama Yoshiro	古代東アジアの言語文化	亜洲大学	獨協大学	2016/11/23
Dong Hoon Han	トランプ政権下の東アジアと米中経済関係	韓国カトリック大学	韓国カトリック大学	2016/11/23
張慶瑞	物質的管理	元智大学	国立台湾大学	2016/11/23
Young Kyun Oh	アジア共同体の印刷出版文化	全北大学	アリゾナ州立大学	2016/11/23
Kim Hongsoo	北東アジア共同体と統一教育	慶南大学	釜山大学	2016/11/24
清原春芳	東アジア文化の視点から見る華道	上海商学院	大阪府立大学	2016/11/24
Kim Kyeongil	東アジア共同体の文脈から見た中国，北朝鮮，ロシアの関係	信韓大学	北京大学	2016/11/24
金允嬉	韓国のディアスポラ	全州大学	高麗大学	2016/11/24
陳英輝	医学生に対して競争力のある英語プログラムをデザインする方法	中山医学大学	亜洲大学	2016/11/24
Ronnie Po-Chia Hsia	海を守護する二人の女神についての研究	北京外国語大学	ペンシルベニア大学	2016/11/24
鄭恩伊	東アジア経済の現在未来	国立慶尚大学	国立慶尚大学	2016/11/24
Carter J. Ecker	アジア共同体の歴史的観点における朝鮮の"国"とナショナリズム	ローマ大学サピエンツァ校	ハーバード大学	2016/11/24
陳多友	グローバル地域化の文脈でのアジアシ主義に関する一考察	吉林大学	広東外語外貿大学	2016/11/24
Bruce Macfarlane	アジア高等教育発展と地域統合国際シンポジウム：アジアのアカデミックな市民	国立中正大学	University of Southampton	2016/11/24

講師名	講義名	講義大学	所属	講義日
Jung Cheol Shin	アジア高等教育発展と地域統合国際シンポジウム：アジアにおける学術的可動性	国立中正大学	Seoul National University	2016/11/24
Ka Ho Mok	アジア高等教育発展と地域統合国際シンポジウム：アジアにおける高等教育管理の収束と分岐	国立中正大学	Lingnam University	2016/11/24
Thein Tun	アジアの諸問題—アジアの思考様式と，開発途上諸国との協力	成均館大学	国際協力大学学長・ミャンマー	2016/11/24
亀坂あきこ	日本の幸福度	カディル・ハス大学	青山学院大学	2016/11/25
徐萍	戦後日本の急発展の原因分析	ハルビン商業大学	吉林大学	2016/11/25
ユン・ドクリュル	アジア経済共同体と通過統合	延世大学経済学部		2016/11/25
Natthaya Sattayaphongphan	消費主義の発達とその韓国とタイ社会に対する影響	国立ハノイ外国語大学	University of the Thai Chamber of Commerce	2016/11/25
Tarumi Hideo	日本の新たな外交政策の方向性	国立中興大学	国立中興大学	2016/11/25
崔春花	西学東漸と中日外国語教育の黎明期	渤海大学	渤海大学	2016/11/25
李潤和	韓国学界の東北アジア史研究	中国人民大学	安東大学	2016/11/25
須藤季夫	グローバルトレンドと日本のアジア外交政策	西九州大学	南山大学	2016/11/26
姜信杓	スポーツとオリンピックからみるアジア	東亜大学(JP)	仁済大学	2016/11/26
三木直大	台湾の近現代史	広島大学	広島大学	2016/11/27
任大英	アジア共同体と培材精神，国際産学協力	培材大学	培材大学	2016/11/28

講師名	講義名	講義大学	所属	講義日
Yan Shaodang	中日文化関係	北京外国語大学	北京師範大学	2016/11/28
Simon Scott	台湾の先住民族と多文化	ラヴァル大学	オタワ大学	2016/11/28
桑原巧一	日本人が韓国でフリーハグをしてみた	龍谷大学	民間企業	2016/11/29
金海龍	アジア諸国観光政策の変化	海南熱帯海洋学院	海南熱帯海洋大学	2016/11/29
筧雅博	日本とアジアの文化交流	フェリス女学院大学	フェリス女学院大学	2016/11/30
金鐘植	近代韓国を理解する	亜洲大学	亜洲大学	2016/11/30
楊子葆	ワインを見れば文化が分かる	元智大学	ministry of Culture	2016/11/30
Jeon Jongwook	アジア人の身体と西洋人の身体	全北大学	全北大学	2016/11/30
楊偉	中日モダニズム詩から見るアジア共同体の可能性	蘇州大学	四川外国語大学	2016/11/30
Sang Yucheng	中国の国家成長プランと政治発展，および東アジア共同体	カトリック関東大学	復旦大学	2016/12/1
Yin Yanjun	初期および最近の日中外交関係と東アジアの国際政治	カトリック関東大学	関東学院大学	2016/12/1
Lee Dongil	近代社会における田舎の村	慶南大学	高麗大学	2016/12/1
Junghang Lee	アジア共同体への提言（1）	祥明大学		2016/12/1
Sol Kim	アジア共同体への提言（2）	祥明大学		2016/12/1
鄒波	美しさの発見と東洋の自我	上海杉達学院	復旦大学	2016/12/1
姜景太	長い人生，成功した人生	新羅大学	新羅大学	2016/12/1
洪熊浩	ロシア少数民族政策と東アジア共同体	全州大学	東国大学	2016/12/1
鄭英實	朝鮮通信使による日朝交流	国立慶尚大学	国立慶尚大学	2016/12/1

講師名	講義名	講義大学	所属	講義日
Joshua A. Fogel	「近代以前の東アジアにおける国際関係：人とモノの流れから見たワンアジア共同体」の結論	ブリティッシュ・コロンビア大学	ヨーク大学	2016/12/1
Andrea De Benedittis	高句麗壁画図像分析における新見解とアジア共同体の出会い	ローマ大学サピエンツァ校	ヴェネツィア大学	2016/12/1
Raya Muttarak	経済統合とアジアの現状	国立中正大学	Austrian Academy of Sciences	2016/12/1
中尾武彦	アジア共同体の展望とADBの役割	成均館大学	アジア開発銀行総裁	2016/12/1
アルタイ・アトル	近代シルクロード	カディル・ハス大学	ボアジチ大学	2016/12/2
Masumi Matsumoto	日本語の特徴と筆記法	香港理工大学	香港理工大学	2016/12/2
Tran Viet Thai	ヴェトナムのASEAN共同体への統合プロセス	国立ハノイ外国語大学	Institute for Foreign Policy and Strategic Studies	2016/12/2
Chen Xiancai	両岸的関係と地域協力	国立中興大学	厦門大学	2016/12/2
馮培紅	北朝・隋・唐の河西回廊とソグディアナ	内蒙古師範大学	浙江大学	2016/12/2
崔向東	東アジアロード・シルクロードと中日韓の文化交流	渤海大学	渤海大学	2016/12/2
Lukman Nadjamuddin	歴史の視点からするアジア共同体	タドゥラコ大学	タドゥラコ大学歴史教育	2016/12/2
許海云	ヨーロッパ歴史研究とEU設立	中国人民大学	中国人民大学	2016/12/2

資料2　講義担当者およびワンアジアコンベンションスピーカーのリスト　609

講師名	講義名	講義大学	所属	講義日
Tamara Warhol	ビジュアルアートを使った外国語教育	中山医学大学	ミシシッピ大学	2016/12/3
明石純一	多文化社会はいかに構築されるのか	中山医学大学	筑波大学	2016/12/3
于乃明	日本語教育と台湾における日本研究の現状	中山医学大学	国立政治大学	2016/12/3
長坂格	フィエイピンからみるアジア	広島大学	広島大学	2016/12/4
楊德民	大学英語の教学改革	上海海洋大学	上海海洋大学	2016/12/5
金卓喚	アジア共同体のための市民大体の役割	培材大学		2016/12/5
Gerard Hervouet	アジア諸社会の政治制度：アジアの経済協力と地域の安全保障問題	ラヴァル大学	ラヴァル大学	2016/12/5
平田厚志	明治期東西本願寺教団における朝鮮布教の濫觴	龍谷大学	龍谷大学	2016/12/6
任重氏	生態文学と食文化	浙江農林大学	浙江農林大学	2016/12/6
藤村一郎	アジア共同体創成における日本哲学教育の価値	安徽三聯学院	東京大学	2016/12/6
Joseph S. Chen	観光業の持続的発展と利益相関者の態度	海南熱帯海洋学院	Indiana University	2016/12/6
柯承恩	会計から起業文化を理解する	元智大学	国立台湾大学	2016/12/7
周艶紅	アジアの海と共存共生の海洋民族学	上海海洋大学	上海海洋大学	2016/12/7
Kim Kihyup	アジアの世紀におけるアジア共同体の科学と文明	全北大学	Pressian Co.	2016/12/7
Youn Changyong	中央アジアとアジア共同体の変化	カトリック関東大学	カトリック関東大学	2016/12/8
呉玲	遣隋使と遣唐使	安徽農業大学	安徽農業大学	2016/12/8
董永傑	日本の大学生の実像	上海商学院	上海大学	2016/12/8
Sem Vermeersch	仏教から見たアジア共同体	信韓大学	ソウル大学	2016/12/8

講師名	講義名	講義大学	所属	講義日
金倫廷	北朝鮮離脱の女性の脱北の原因と現状	全州大学	大真大学	2016/12/8
楊承淑	国際協力と医学翻訳の教育および実務	中山医学大学	輔仁大学	2016/12/8
姜東完	大学ルネッサンスからアジアルネッサンスへ	朝鮮大学	朝鮮大学	2016/12/8
Huang Houming	中国美術史に関するヨーロッパとアメリカの研究	北京外国語大学	浙江大学	2016/12/8
梁忠銘	アジアの人材移動：日本の視点から	国立中正大学	台東大学	2016/12/8
宋鉄毅	邪教：定義原則，形態およびその思考方式の特徴	ハルビン商業大学	黒竜江省委党校	2016/12/9
張世光	隣国文化伝播解析	ハルビン商業大学	"工人日報"社	2016/12/9
TRAN HUU TRI	韓国とヴェトナムの農村地域開発運動：実施の仕組みと効果の観点から	国立ハノイ外国語大学	国立ハノイ外国語大学	2016/12/9
Chen Peihsiu	地域協力に対する ASEAN の経験	国立中興大学	国立中興大学	2016/12/9
原田環	韓国の近代とアジア	東亜大学(JP)	県立広島大学	2016/12/10
西佳代	アジア共同体 vs. アジア太平洋共同体	広島大学	広島大学	2016/12/11
岡田昭人	アジアにおける教育共同体の可能性とグローバル人材育成の課題	東京外国語大学	東京外国語大学	2016/12/12
Reinier Hesselink	近代以前と近代の日本と西欧との関係	ラヴァル大学	北アイオワ大学	2016/12/12
戸塚悦郎	歴史認識問題，人権からのアプローチ	龍谷大学	龍谷大学元教授	2016/12/13
佐藤泰平	ワンアジア財団の活動について	亜洲大学	ワンアジア財団	2016/12/14
張志民	人工知能（AI）はどう役に立つのか？	元智大学	元智大学	2016/12/14
清水浩昭	東アジア社会の高齢化問題と家族コミュニティの変容	西九州大学	日本大学	2016/12/14

講師名	講義名	講義大学	所属	講義日
Kim Myungja	アジア共同体における環境およびエネルギー問題	全北大学	KOFST	2016/12/14
陳毅立	儒教と東アジア社会	上海商学院	同済大学	2016/12/15
沈亨哲	アジア共同体のための中国人と中国文化の理解	新羅大学	新羅大学	2016/12/15
邊柱承	『アジア共同体とディアスポラ（Ⅰ）』総まとめ，奨学金授与式	全州大学	全州大学	2016/12/15
郭天明	アジアの国際儀礼に関する専門分野の発展と現況	中山医学大学	台北YMCA国際書院	2016/12/15
Youngsoon Kim	朝鮮古代史における文化流入/多文化：百済ソソノ女王の研究事例	ローマ大学サピエンツァ校	仁荷大学	2016/12/15
Futao Huan	アジア国際移動学術フォーラム：学術業の国際化	国立中正大学	広島大学	2016/12/15
ミタット・チェリキパラ	中央アジアとシルクロード	カディル・ハス大学	カディル・ハス大学	2016/12/16
Kobayashi Tomohiko	地域協力に対する日本の政策	国立中興大学	小樽商科大学	2016/12/16
Eko Hadisudjiono	学生の移動可能性とアジア共同体	タドゥラコ大学	国立マカッサル大学	2016/12/16
森谷一樹	近年の日本考古および成功	中国人民大学	中国人民大学	2016/12/16
吉村慎太郎	日本と西アジア間住環	広島大学	広島大学	2016/12/18
岸上伸啓	北アジアの食文化	浙江農林大学	大阪国立民族学博物館	2016/12/20
文尚哲	レジャー型高級ホテルの運営と外国人受け入れ体制	海南熱帯海洋学院	保利鳳凰ホテル	2016/12/20
大泉啓一郎	老いてゆくアジアと共同体	フェリス女学院大学	フェリス女学院大学	2016/12/21

講師名	講義名	講義大学	所属	講義日
孫志農	文化差異とビジネスコミュニケーション	安徽農業大学	安徽農業大学	2016/12/21
Diclo	中国は東アジアから世界へと決定的な第三世界主義に直面する：理論の整理と経験主義的分析	嘉興学院	London University	2016/12/21
孫勝強	日中関係〜中国から見た日本〜	西九州大学	厦門大学	2016/12/21
齊藤緑	アジアにおける観光業の発展	桃山学院大学	ゴールド文化交流企画	2016/12/21
洪偉民	端午の節句における「孝」について	上海商学院	上海商学院	2016/12/22
林茂松	アジアにおける英語教育の趨勢	中山医学大学	東呉大学	2016/12/22
Maurizio Riotto	ソリンギ将軍と Caule について	ローマ大学サピエンツァ校	ナポリ大学東洋研究所	2016/12/22
楊深抗	グローバル化における国際教育：アジア・太平洋の視点から	国立中正大学	台湾師範大学	2016/12/22
佟君	俳句の世界	安徽農業大学	中山大学	2016/12/23
趙容俊	東アジア古代医学研究	中国人民大学	中国人民大学	2016/12/23
金田晉	アジアの美	東亜大学(JP)	東亜大学(JP)	2016/12/24
青木利夫	ラテンアメリカからみるアジア	広島大学	広島大学	2016/12/25
Liu Hongtao	北アメリカの大学30校における中国研究の現状分析	北京外国語大学	北京師範大学	2016/12/26
佐藤寛	アジア共同体における中国の環境問題	大連外国語大学	中央学院大学	2016/12/28
小出慶一	日本語文法の教育と習得	吉林大学	埼玉大学	2016/12/29
楊德睿	政治統合の契機と挑戦	国立中正大学	南京大学	2016/12/29

講師名	講義名	講義大学	所属	講義日
エルダル・キュチャクヤルチュン	トルコから見た日本の歴史	カディル・ハス大学	ボアジチ大学	2016/12/30
楊浩然	女性新移民の文化的適応と心理的健康：国民統合という観点から	中山医学大学	中山医学大学	2017/1/5
Furuya Jun	オバマ政権後のアメリカのアジア政策	国立中興大学	北海商科大学	2017/1/6
金海蒼	韓国は今，民主主義と脱刻への道	龍谷大学	慶星大学	2017/1/10
谷口仁史	コミュニティ人間教育	西九州大学	NPOスチュデント・サポート・フェイス	2017/1/11
岡野寿彦	中国・東南アジアにおける日本企業の活動	桃山学院大学	NTTDATA	2017/1/11
刈谷明美	アジアのグローバル・ヘルス	タドゥラコ大学	県立広島大学	2017/1/13
小林茂	東アジアの近代地図研究と地図画像データベース	東亜大学(JP)	大阪大学	2017/1/14
岩本昌樹	国際シンポジウム：「アジアの時代における健康福祉プロフェッショナル人財育成」	西九州大学		2017/1/21
滝口真	国際シンポジウム：「アジアの時代における健康福祉プロフェッショナル人財育成」	西九州大学		2017/1/21
炭谷茂	国際シンポジウム：「アジアの時代における健康福祉プロフェッショナル人財育成」	西九州大学		2017/1/21
日野稔邦	国際シンポジウム：「アジアの時代における健康福祉プロフェッショナル人財育成」	西九州大学		2017/1/21
冨永健司	国際シンポジウム：「アジアの時代における健康福祉プロフェッショナル人財育成」	西九州大学		2017/1/21

講師名	講義名	講義大学	所属	講義日
福岡資麿	国際シンポジウム：「アジアの時代における健康福祉プロフェッショナル人財育成」	西九州大学		2017/1/21
趙文基	国際シンポジウム：「アジアの時代における健康福祉プロフェッショナル人財育成」	西九州大学		2017/1/21
Mery Napitupulu	アジアの向上のための科学教育	タドゥラコ大学	タドゥラコ大学	2017/1/27
八尾隆夫	近現代ヴェトナムへの日本人の関与	広島大学	広島大学	2017/1/29
Dadan Wildan	アジア経済共同体	タドゥラコ大学	タドゥラコ大学	2017/2/10
西郡仁朗	アジア共同体強化のための言語教育	タドゥラコ大学	首部大学東京	2017/2/24
Maria Roberta	アジア共同体の視点からする日本アニメ	ローマ大学サピエンツァ校	ヴェネツィア大学	2017/3/2
Valentina Anzoise	中国都市化の現場研究，アジア共同体の反射性を高めるメディアと技術	ローマ大学サピエンツァ校	ヴェネツィア大学	2017/3/9
Hugo de Burgh	大局的に見た習近平とアジア共同体にとっての意味	ローマ大学サピエンツァ校	ウェストミンスター大学中国メディアセンター	2017/3/16
Rosa Caroli	東アジア世界秩序の解消とアジアのアイデンティティ：外因性・内因性のパースペクティブ	ローマ大学サピエンツァ校	ヴェネツィア大学	2017/3/23

資料３

ワンアジアコンベンション
発表論文

論 文 一 覧

資料 3 の掲載ページは『ワンアジア財団 7 年のあゆみ―2009～2016―』に収載の CD における掲載ページです。記載言語は論文の原語です。

済州コンベンション

基調講演
- 革新のためのアジア共同体を目指して　*627*

  リチャード・ダッシャー（スタンフォード大学）英語

分科会 1（政治・経済）
- アジア各国が共有する共通の目標を通じての理想的なワンアジア創り　*631*

  イム・ソンベ（セント・メアリー大学）英語
- イメージング・アジア―ありうべき様々なる意匠　*640*

  鈴木規夫（愛知大学）日本語
- 戦後の東アジアにおける政治発展の概要　*649*

  王新生（北京大学）中国語・英語
- アジア共同体：課題と展望　*673*

  ダミール・アサノフ（キルギス国立大学）キルギス語・英語
- 中国と日本の競争と東アジア共同体　*689*

  崔永宗（韓国カトリック大学）英語
- 儒教の徳治による民主と東アジア的な現代性―牟宗三『民主展開論』の解釈と再考　*702*

祝家華（南方大学学院）中国語・英語

- 台湾と日本の経済協力からみる東アジアの経済構造の変化　*722*

蔡増家（国立政治大学）中国語・英語

- メコン地域開発に外部巨大資本の参加：妨害または協力　*751*

畢世鴻（雲南大学）中国語・英語

- 安倍首相の靖国神社参拝の波紋と歴史認識問題　*774*

星野富一（富山大学）日本語・英語

- Changjitu（長春-吉林-図們）開発の副作用と東北アジアの協力　*792*

衣保中（吉林大学）中国語・英語

分科会2（歴史・社会）

- 東アジアの視野から研究した中国歴史　*804*

孫衛国（南開大学）日本語・中国語・英語

- 日本の歴史認識の問題と国際社会の対応　*823*

許寿童（三亜大学）中国語・英語

- アジアでの移住協力：ワンアジアに向けて　*847*

李振翎（仁荷大学）韓国語・英語

- 国際ネットワークと全世界管理：東アジア経済発展の傾向と挑戦　*890*

劉宏（南洋理工大学）中国語・英語

- アジア共同体へ向けて：古代シルクロードから21世紀までの研究と教育の
  ハイウェイ　*935*

アスカー・クタノフ（キルギス工科大学）日本語・英語

- 日韓の歴史認識をめぐる対話—ヨーロッパ歴史教科書対話の教訓　*956*

李成市（早稲田大学）日本語・英語

- アジア共同体の組織的な建設に関する研究　*969*

田柯（河南大学）中国語・英語

- ウクライナにおけるアジア共同体の歴史教育について　*987*

オリガ・ホメンコ（キエフモヒラーアカデミー国立大学）日本語・英語

- トルコの外交政策におけるアジアへの展望　*996*

　バハドゥル・ペリヴァントゥルク（TOBB経済技術大学）英語

分科会3（文化・芸術）

- 東アジアの視点から見た"漢文学"　*1010*

　王勇（浙江工商大学）中国語

- 東アジアの視点から見た儒教運動　*1039*

　金俊（浙江樹人大学）中国語・英語

- 5.4運動と日本とアジアの協力：章太炎, 顧頡剛, 唐君毅　*1061*

　陳学然（香港城市大学）中国語・英語

- モンゴルの遊牧文化　*1084*

　宋義敏（モンゴル国立教育大学）韓国語・英語

- 伝統的な多文化とアジア共同体の中の私事に触れた交流　*1105*

　ロイ・レスミー（王立プノンペン大学）日本語・英語

- 中央アジア地域の民族間そして国家間の対立　*1117*

　全炳淳（カザフ国立大学）韓国語・英語

- ワンアジアの視点から見た芸術の役割　*1141*

　木村政司（日本大学）日本語・英語

- アジア共同体のためのメディアの役割　*1157*

　ミン・キョンジュン（CBS責任者）韓国語・英語

- 中国朝鮮族文化のアイデンティティーに関する研究　*1173*

　黄有福（中央民族大学）中国語

- アジアの多文化社会のために：韓国とインドネシアの国家アイデンティティーの探究　*1181*

　ヌル・アイニ・セティアワティ（ガジャマダ大学）韓国語・英語

資料3　ワンアジアコンベンション発表論文　621

上海コンベンション

基調講演

- 運命共同体としてアジア共同体を構築する：相互理解と統合の促進　*1205*

  沙祖康（復旦大学）英語

分科会 1 （政治・経済・社会）

- 女性労働者：中国, 日本, 韓国の比較分析　*1215*

  張抗私（東北財経大学）中国語
- 文化交流と民族和解　*1226*

  胡令遠（復旦大学）日本語
- アジア平和空間の創出と大学の役割　*1232*

  李起豪（韓信大学）日本語・韓国語
- 世界の経済と変わる東アジアー地域協力のアジアと共同体への課題ー　*1275*

  平川均（名古屋大学）日本語
- 経済統合からアジア共同体へ　*1295*

  エコ・カヒョノ（ダルマ・プルサダ大学）英語
- アジア共同体構築のための貿易と輸送の接続性：ウラジオストク自由港を例に　*1302*

  タギル・フジヤトフ（極東連邦大学）英語

分科会 2 （歴史・教育・思想）

- 思想文化の共感と東アジア「儒仏共同体」　*1307*

  辛炫承（尚志大学）日本語・英語
- 21世紀日本における中国抗日戦争研究　*1317*

  田中仁（大阪大学）日本語

- 儒教伝統文化と東アジア社会　*1326*

  李晟文（ラヴァル大学）中国語
- やがて世界は1つになる〈どこから来たの？　何者なの？　どこへゆくの？〉　*1331*

  佐藤洋治（ワンアジア財団）日本語・英語

分科会3（文化・芸術・メディア）
- 戦略としての「誤読」―中国における村上受容を考える　*1429*

  施小煒（上海杉達学院）日本語
- メディアによる「自己表象」の創出と「他者表象」の産出―朝鮮中央テレビと日本テレビにおける「北朝鮮」表象を中心に　*1438*

  李文哲（煙台大学）日本語
- 東アジアの高齢社会問題と孝文化　*1457*

  韓奎良（韓国交通大学）日本語
- 東アジアの記憶の場としての端島 / 軍艦島―新聞記事の質的データ分析に基づいて　*1471*

  葉柳和則（長崎大学）日本語・英語
- 「音声」と中国文学におけるモダニティの探求　*1491*

  梅家玲（国立台湾大学）英語
- ラオ族と東南アジアのヴァナキュラー住居にみる，生きている文化と類型学　*1546*

  サヤポアン・ヴォンヴィライ（スパーヌウォン大学）英語
- 五四新文学から「動地吟」へ―マレーシアにおける中国語詩の朗読に関する社会的効果（1988―2014）　*1556*

  潘碧華（マラヤ大学）中国語
- スポーツはワンアジア運動において価値ある道具となりうるか　*1566*

  鄭求哲（済州国際大学）英語

資料3　ワンアジアコンベンション発表論文　623

プノンペンコンベンション

基調講演
- ワンアジア財団プレゼンテーション　*1579*
  アンソニー・ジャクソン（アジア協会）英語

分科会 1（政治・経済・社会）
- 「アジアの共通意識」を喚起するには―日本での連続講座から考えるその問題点と可能性　*1615*
  朱建榮（東洋学園大学）日本語
- 移民, 流動化, 協力：「ワンアジア」 のための, 効果的な管理による移民政策に向けて　*1620*
  李振翎（仁荷大学）英語
- 欧州統合の逆転, 東アジア統合の推進？―地域主義の比較視点　*1637*
  グレン・フック（シェフィールド大学）英語
- バッタンバン大学（UBB）における農村部から学びに来る学生のための課題　*1646*
  Sieg Emtotim（バッタンバン大学）英語
- アセアン：展望と課題　*1654*
  Dede Mariana（パジャジャラン大学）英語
- 地域経済統合の実践と展望　*1666*
  遅国泰（大連理工大学）中国語
- アジアにおける自動車産業の技術移転と人材育成―日本型生産システムを中心に　*1684*
  黎立仁（台中科技大学）日本語
- グローバル化する日本―人の動きを中心に　*1704*

鈴木洋子（昭和女子大学）日本語

- アジア共同体に向けて：中央アジアの科学コミュニティとアジアの間での協力 *1715*

  アスカー・クタノフ（キルギス工科大学）日本語・英語

分科会2（歴史・教育・思想）
- グローカルと文化的多元主義：アジア共同体意識とその展望 *1724*

  祁進玉（中央民族大学）中国語
- アジアでの教育： 1つにする, 最大の力 *1743*

  シャリール・ヌルル・アークム（イースタン大学）英語
- 多文化についての認識を形成する：インドネシア教育大学での研究 *1753*

  Elly Malihah（インドネシア教育大学）英語
- 「共」,「共同体」の動力：世界化時代, 脱国家的宗教共同体の可能性 *1769*

  李贊洙（ソウル大学）日本語
- 韓国社会と, 国外の同国人の民族アイデンティティの変化 *1782*

  朴銀姫（魯東大学）中国語
- 崔承喜（1911−1969）： 近代と民族性と冷戦の交差点にいた, 朝鮮人舞踏家 *1797*

  イ・ヨンスク（一橋大学）英語

分科会3（文化・芸能・メディア）
- シャンハイ・モダンガールと東亜—張愛玲と李香蘭 *1083*

  徐青（浙江理工大学）日本語
- 済州島の平和イニシアチブとアジアの協力 *1821*

  KOH Ho Sung（国立済州大学）英語
- 「美」のディアスポラと近代朝鮮磁器 *1834*

  許南麟（ブリティッシュ・コロンビア大学）英語

- アジアにおけるオンラインでの祖先崇拝儀式：アジア共同体？　*1840*
  アントネッタ・ブルーノ（ローマ大学サピエンツァ校）英語
- アジアから「Oneアジア」へ：ヨーロッパ, アジア, そしてアフリカは一つであった。　*1848*
  成仁秀（蔚山大学）英語
- 中央アジアにおけるアジア系少数民族―ソ連崩壊後の高麗人と**請負季節農業**　*1886*
  李愛俐娥（早稲田大学）日本語
- 取材から見たアジアと日本――映像作品がもつ可能性　*1901*
  鎌倉英也（ドキュメンタリー映像作家）日本語・英語

一般財団法人ワンアジア財団 7 年のあゆみ編纂委員会

西塚英和
鄭俊坤
メリット千明
平希美
本田祥子
勝又千裕
大室詩雅

一般財団法人ワンアジア財団
〒 116-0013
東京都荒川区西日暮里 2-22-1
ステーションプラザタワー 405 号
TEL：03-5615-5500
FAX：03-5615-5501

ワンアジア財団7年のあゆみ―2009～2016　資料編―

■発　行──2017年8月15日初版第1刷

■著　者──一般財団法人ワンアジア財団7年のあゆみ編纂委員会

■発行者──一般財団法人ワンアジア財団

■発売者──中山元春　　〒101－0048東京都千代田区神田司町2－5
　　　　　　　　　　　　電話03－3293－0556　FAX03－3293－0557

■発売所──株式会社芦書房　http://www.ashi.co.jp

■印　刷──新日本印刷

■製　本──新日本印刷

©2017 One Asia Foundation

本書の一部あるいは全部の無断複写，複製
（コピー）は法律で認められた場合をのぞき
著作者・出版社の権利の侵害になります。

ISBN978-4-7556-1289-3 C0000